- auf www.schuelerlexikon.de alle Inhalte auch online nutzbar
- übergreifende Suchmöglichkeiten in allen Fächern

- mobiles Basiswissen für Handy und Smartphone
- mit deinem mobilen Internetzugang online nutzbar

Wissenstests – mit interaktiven Aufgaben für deinen Selbstcheck
Zu allen Kapiteln kannst du dein Wissen testen – als Abschluss der Beschäftigung mit dem Basiswissen oder als Einstiegscheck.

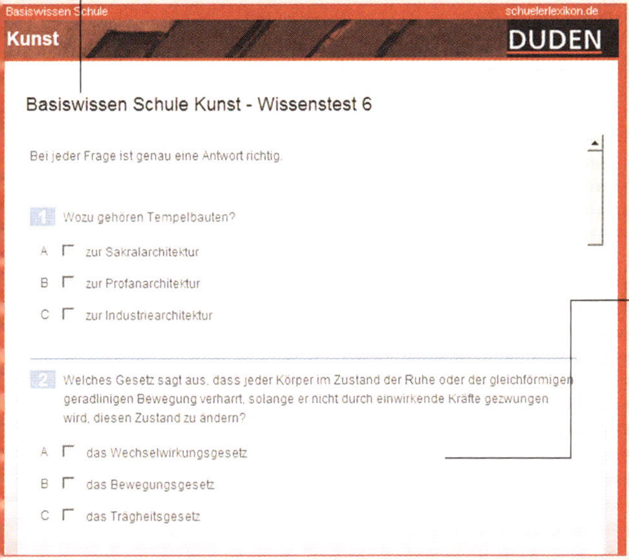

Die richtigen **Antworten** wählst du mit einem Klick aus.

Die übersichtliche **Auswertung** gibt dir eine schnelle Rückmeldung über deine Ergebnisse.

In der Reihe „Basiswissen Schule" sind erschienen:

5. bis 10. Klasse

Biologie (400 Seiten)
ISBN 978-3-411-71484-1

Chemie (368 Seiten)
ISBN 978-3-411-71474-2

Deutsch (416 Seiten)
ISBN 978-3-411-71593-0

Englisch (336 Seiten)
ISBN 978-3-411-71962-4

Mathematik (400 Seiten)
ISBN 978-3-411-71504-6

Physik (384 Seiten)
ISBN 978-3-411-71464-3

7. Klasse bis Abitur

Astronomie (272 Seiten)
ISBN 978-3-411-71491-9

Geografie (416 Seiten)
ISBN 978-3-411-71612-8

Geschichte (464 Seiten)
ISBN 978-3-411-71582-4

Kunst (400 Seiten)
ISBN 978-3-411-71971-6

Literatur (464 Seiten)
ISBN 978-3-411-71602-9

Musik (352 Seiten)
ISBN 978-3-411-71981-5

Politik (464 Seiten)
ISBN 978-3-411-04702-4

Wirtschaft (288 Seiten)
ISBN 978-3-411-71533-6

11. Klasse bis Abitur

Biologie Abitur (464 Seiten)
ISBN 978-3-411-04612-6

Chemie Abitur (464 Seiten)
ISBN 978-3-411-04592-1

Englisch Abitur (360 Seiten)
ISBN 978-3-411-71951-8

Mathematik Abitur
(464 Seiten)
ISBN 978-3-411-71742-2

Physik Abitur (464 Seiten)
ISBN 978-3-411-71752-1

Detaillierte Informationen zu den einzelnen Bänden unter **www.schuelerlexikon.de**

Duden

Basiswissen Schule

Kunst

7. Klasse bis Abitur

2., neu bearbeitete Auflage

Duden Schulbuchverlag
Berlin · Mannheim · Zürich

Herausgeber
Simone Felgentreu, Prof. Dr. Karlheinz Nowald

Autoren
Klaus Borkmann, Dr. Sibylle Ehringhaus, Simone Felgentreu, Dr. Detlef Langermann, Undine Lau-Franke, Julia Kruse, Pascal Maier, Prof. Dr. Karlheinz Nowald, Dr. Gisela Oertel, Katherin Bauersfeld, Rainer Scholz, Peter Schulz-Leonhard

Die Autoren der Inhalte der beigefügten DVD-ROM sind im elektronischen Impressum auf der DVD-ROM aufgeführt.

Bibliografische Information der Deutschen Nationalbibliothek
Die Deutsche Nationalbibliothek verzeichnet diese Publikation in der Deutschen Nationalbibliografie; detaillierte bibliografische Daten sind im Internet über http://dnb.ddb.de abrufbar.

 F E D C B A
Bibliographisches Institut GmbH, Dudenstraße 6, 68167 Mannheim, und
Duden Paetec GmbH, Bouchéstraße 12, 12435 Berlin

Redaktion Dr. Detlef Langermann
Gestaltungskonzept Britta Scharffenberg
Umschlaggestaltung WohlgemuthPartners, Bremen
Umschlagabbildung The Yorck Project 2003
Layout Marlis Konrad
Grafik Simone Felgentreu, Marlis Konrad, Dieter Ruhmke, Walther-Maria Scheid

Druck und Bindung Těšínská tiskárna, Česky Těšín
Printed in Czech Republic

ISBN 978-3-89818-731-2 (Duden Schulbuchverlag)
ISBN 978-3-411-71972-3 (Dudenverlag)

Inhaltsverzeichnis

Methoden im Kunstunterricht

M

M

1.1 Kunst als Wissenschaft

1.1.1 Einordnung der bildenden Kunst in die Wissenschaften

Die **Kunstwissenschaft** untersucht sowohl die historische Entwicklung der bildenden Künste als auch deren kulturelle Funktionen.

Die Kunstwissenschaft beschäftigt sich theoretisch-historisch mit den unterschiedlichen Bildwelten und Bildpraktiken der Künste und untersucht ihre Formen und Bedeutungen sowie ihre künstlerischen und kulturellen Kontexte. Dabei geht die Fachwissenschaft Korrelationen mit der Philosophie und Ästhetik ein.
Kunstwissenschaft bzw. **Kunstgeschichte** als akademisches Fach ist noch relativ jung, obwohl Bestrebungen wissenschaftlicher Kunstbetrachtung bis in die Antike zurückreichen. MARCUS VITRUVIUS POLLIO (VITRUV, um 70/60–10 v. Chr.) hinterließ mit seinem Werk „De architectura libri decem“ (dt.: „Zehn Bücher über Architektur“) das einzige Buch über die Architektur der Antike. Für die **Renaissance** ist GIORGIO VASARI (1511 bis 1574) mit „Le Vite delle più eccellenti Architetti, Pittori et Scultori italiani, da Cimabue insino a' tempi nostri“ (dt.: „Die Lebensbeschreibungen der hervorragendsten italienischen Architekten, Maler und Bildhauer, von Cimabue bis in unsere Zeit“, 1550) die Lichtgestalt der Kunstgeschichte. In den Niederlanden beschäftigte sich KAREL VAN MANDER (1548–1606) mit Biografien berühmter Maler, die er im „Schilder-Boeck“ (dt.: „Maler-Buch“) veröffentlichte.

JOHANN JOACHIM WINCKELMANN (Gemälde von Anton von Maron, eigenhändige Replik seines Porträts von 1768)

JOHANN JOACHIM WINCKELMANN (1717–1768) gilt mit seinem epochalen Werk „Gedanken über die Nachahmung der Griechischen Werke in der Malerey und Bildhauerkunst“ (1755) als Begründer der Kunstwissenschaft. Zwar gab es zahlreiche Denker vor ihm, die sich mit Systematisierungsfragen der Kunst beschäftigten, jedoch übten WINCKELMANNS Schriften den nachhaltigsten Eindruck auf spätere Generationen aus. Schon 1799 – rund dreißig Jahre nach WINCKELMANNS Tod – wurde in Göttingen die erste Professur für Kunstgeschichte eingerichtet. Bahnbrechend und sehr stark auf die Philosophie (IMMANUEL KANT) und Kunstwissenschaft zurückstrahlend war ALEXANDER GOTTLIEB BAUMGARTEN (1714–1762), der als Begründer der deutschen Ästhetik gilt. Er war es, der die Ästhetik als eigenständige philosophische Disziplin im System der Wissenschaften etablierte. BAUMGARTEN leitete seine Prolegomena[1] ein: „Aesthetica [...] est scientia cognitionis sensitivae" (dt.: „Ästhetik [...] ist die Wissenschaft der sinnlichen Erkenntnis")[2]. Der Schweizer Kulturhistoriker JACOB BURCKHARDT (1818–1897) mit seiner Veröffentlichung „Die Cultur der Renaissance in Italien" (1860) sowie die Deutschen HERMAN GRIMM (1828–1901) und CARL JUSTI (1832–1912) legten die fachwissenschaftlichen Grundlagen für die akademische Ausbildung in der Kunstwissenschaft.

Einordnung der Kunst in das System der Wissenschaften

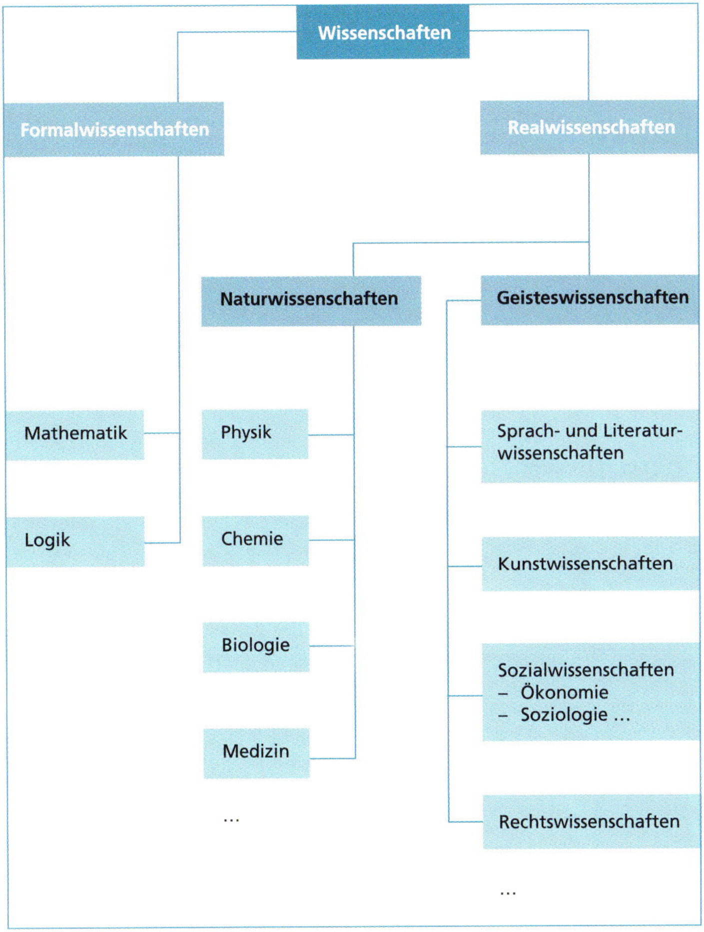

1 Prolegomena (griech.): Vorbemerkungen, Vorwort

2 Baumgarten, Johannes Gottlieb: Aesthetica. [Frankfurt/Oder]: Ioannis Christiani Kleyb, 1750, S. 1

M

1.1.2 Künste, Kunst, bildende Kunst

Was ist Kunst?

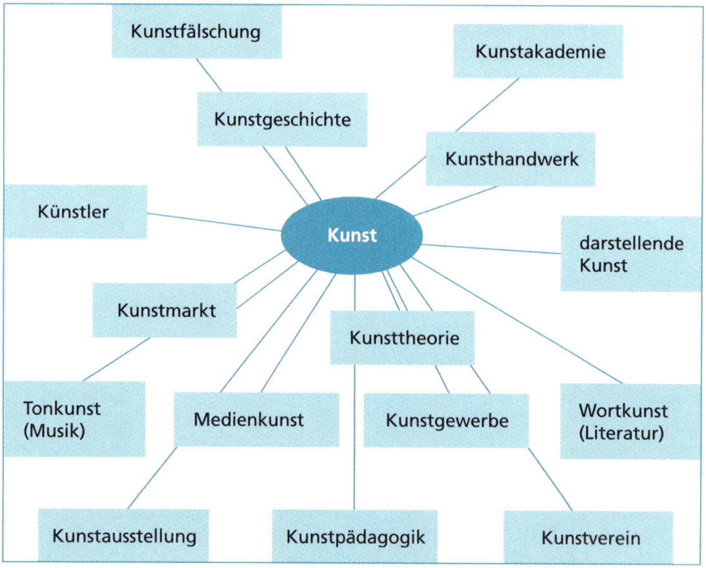

Der Begriff „Kunst" bezeichnet heute im Allgemeinen sowohl die Produkte schöpferischer menschlicher Tätigkeiten als auch den Prozess der Herstellung, also die präsentierte Handlung (Fluxus, Happening).
Die künstlerische Tätigkeit schließt dabei ein, Dinge zu schaffen, die über den funktionalen Gebrauchswert hinausgehen. Das trifft vor allem für die bildende Kunst mit ihren Gattungen Malerei, Grafik und Skulptur zu. Jedoch gehören zur Kunst durchaus auch Gegenstände, Objekte und Ähnliches, die einen bestimmten Zweck erfüllen (Architektur, Design) und darüber hinaus eine eigene Schönheit entwickeln.
Kunst zu schaffen bedeutet, mit Hilfe bestimmter Medien, z. B. Leinwand, Papier usw., bewusst zu reflektieren und zu gestalten. Dabei streben die Künstler einen hohen Grad der Meisterschaft in ihrem Schaffen an. Diese „Könnerschaft" beruht oftmals auf Begabung, die durch Lernen und Üben von Techniken und Fertigkeiten noch gesteigert werden können.

Kleine Geschichte des Kunstbegriffs

Altsteinzeit

Bereits in der Altsteinzeit finden sich erste Spuren künstlerischer Tätigkeit, die sehr eng mit möglichen schamanistischen Ritualen der Jäger verbunden war. Erhalten geblieben sind Kleinplastiken, wie etwa Mammutfiguren, kleine Frauenskulpturen oder eingeritzte Felszeichnungen. Da diese erhalten gebliebenen Fundstücke keinen direkten Nutzen zur Lebenserhaltung erkennen lassen, werden sie als „Kunst" bezeichnet.

Altertum
Zur Epoche des Altertums gehören die ägyptischen Dynastien, das klassische Griechenland und das Römische Reich. Zunächst umfasste der antike Kunstbegriff die Fähigkeit, eine Sache zu beherrschen, z. B. Baukunst, Schreibkunst usw. Jedoch gehörten die Malereien und Skulpturen nicht zur Kunst, sondern zum Handwerk, da sie mit den Händen ausgeführt wurden. Später fasste man unter den Begriff der Kunst vor allem solche Fähigkeiten zusammen, die nichts mit handwerklicher Tätigkeit zu tun hatten, sondern allein geistige Fähigkeiten waren.
Das Altertum unterschied (nach MARTIANUS CAPELLA, 400 v. Chr.) sieben Künste: Grammatik, Dialektik, Rhetorik (das Trivium) und Geometrie, Arithmetik, Astronomie und Musik (das Quadrivium). Im späten Römischen Reich zählten ebenso die Medizin und die Architektur zu den freien Künsten. Damit bezeichnete man die Kenntnisse, die nur den freien Bürgern zur Verfügung standen.

Mittelalter
Die Kunst im Mittelalter war häufig an religiöse Inhalte und kirchliche Auftraggeber, später auch an den feudalen Adel, gebunden. Das betraf vor allen Dingen die Malerei und die Bildhauerei. Der Künstler tritt als Produzent von Kunst oftmals nicht in Erscheinung. So kommt es, dass viele Werke nur signiert wurden, aber keine Informationen über den Künstler selbst erhalten geblieben sind. Die bildenden Künstler und Architekten waren in Zünften organisiert und gehörten somit dem Handwerk an. Alle Fertigkeiten, die dem unmittelbaren Broterwerb dienten, gehörten zu den „artes mechanicae". Dazu gehörten die Webekunst, die Waffenschmiedekunst, das Bauhandwerk, die Schifffahrt, die Jagd, die Heilkunst und die Schauspielkunst.
Daneben gab es, ähnlich wie im Altertum, den Begriff „artes liberales" für die freien Künste. Er bezeichnete ein philosophisches Grundstudium für die Studienfächer Theologie, Rechtswissenschaft und Medizin.

Frühe Neuzeit (1450–1600)
Mitte des 15. Jahrhunderts erfahren die Kunst und auch der Kunstbegriff eine grundlegende Wandlung. Der Künstler wird ein anerkanntes Mitglied der Gesellschaft, dessen Beruf und Werke geschätzt und geachtet werden. Er tritt als Kunstschaffender selbstbewusst in Erscheinung, indem er nicht nur seine Werke signiert, sondern sich auch selbst porträtiert.
Diese Veränderungen hängen zusammen mit der Entstehung einer neuen gesellschaftlichen Schicht – dem Bürgertum. Der Künstler ist nicht mehr nur an die Kirche als Auftraggeber gebunden, sondern zeigt zum Beispiel mit Porträts und Stillleben das gewachsene Selbstbewusstsein der gebildeten und reichen Bürger.
Auch in der Literatur wird über Kunst reflektiert (Ekphrasis). Kunstwerke der Malerei und Architektur werden ausführlich beschrieben, die ersten Künstlerbiografien (GIORGIO VASARI) erscheinen. 1617 unterteilte der französische Architekt ANDRÉ FÉLIBIEN die Malerei in verschiedene Gattungen, die uns bis heute bekannt sind:
- die allegorische Malerei,
- die Historienmalerei,

- die Porträtmalerei,
- die Genremalerei,
- die Tiermalerei,
- die Stilllebenmalerei,
- die Marinemalerei,
- die Landschaftsmalerei.

Aufklärung
In der zweiten Hälfte des 18. Jahrhunderts beginnt die Trennung der Kunst in die großen Inhalte Gemälde und Skulpturen, Architektur, Literatur und Musik. Wobei der Begriff „Kunst" erst einmal nur für Gemälde und Skulpturen benutzt wurde. Die handwerkliche Seite des Könnens verlor immer mehr an Bedeutung. Wichtiger wurde das künstlerische Ausdrücken von Idealen wie Freiheit oder Patriotismus. Philosophen wie KANT oder HEGEL setzten sich ausführlich mit dem Kunstbegriff und dem Begriff der Ästhetik auseinander. Wesentlich ist auch, dass für das gebildete Bürgertum künstlerisches Schaffen öffentlich in Zeitungen und Zeitschriften für einen sich entwickelnden Kunstmarkt vorgestellt und bewertet wurde.

Moderne
Die Frage nach einer Trennung von geistiger und handwerklicher Komponente des Kunstbegriffs wird in der zweiten Hälfte des 19. Jahrhunderts folgendermaßen geklärt: Das Handwerk wird zur angewandten Kunst in dem Moment, in dem die Maschine einen Großteil der handwerklichen Arbeitsgänge ersetzt und anonyme Massenware produziert. Das bedeutet, dass die manuelle Herstellung eines funktionalen Gegenstandes vom (geistigen) Entwurf bis zur Ausführung unter der Regie eines Künstlers steht. Die künstlerischen Werke, die allein aus sich heraus existierten (ohne funktionale Zusammenhänge), fasste der Begriff Kunst in den Bereichen Musik, Literatur und bildende Kunst zusammen.

Innerhalb eines sich in der Gesellschaft immer weiter verbreiternden öffentlichen Kunstmarktes kommt es zur Entwicklung verschiedener Stile. Hier arbeiten Künstler mit gleichen oder ähnlichen Intentionen zusammen. Die verschiedenen künstlerischen Gruppierungen (Impressionisten, Expressionisten, Surrealisten u.a.) waren bestrebt, mit ihren Werken eigene Ausdrucksformen gegen herrschende ästhetische Normen und Regeln zu entwickeln, die zum Teil auch über die rein künstlerische Reflexion der Wirklichkeit hinausgingen (expressionistische Gruppe „Brücke").
Die hohe Beherrschung des künstlerischen Könnens stand nicht mehr im Vordergrund. Experimente mit Klängen, Worten oder Farben sollten eher innere Zustände, Wahrheiten oder ganz individuelle künstlerische Vorstellungen zum Ausdruck bringen. Die so entstandenen Kunstwerke brachen mit den ästhetischen Wertvorstellungen der bürgerlichen Gesellschaft, was zur Entfremdung und auch zur Ablehnung einzelner Kunstrichtungen führte („entartete" Kunst – Nationalsozialismus). Eine weitere Abhängigkeit der Kunst vom politischen System entwickelte sich mit dem Aufkommen der sozialistisch-kommunistischen Gesellschaften. Hier wurde der Kunstbegriff klar definiert (sozialistischer Realismus) und er sollte das herrschende politische System widerspiegeln und festigen.

Gegenwart

Kennzeichnend für den Kunstbegriff der Gegenwart ist die Verbindung, Durchdringung und Ergänzung der verschiedensten künstlerischen Stile, Auffassungen und Medien. Die klassische Aufteilung in Malerei, Bildhauerei, Tanz, Musik usw. ist im Einzelnen noch vorhanden, jedoch werden die Grenzen oft verwischt und die Kunstformen miteinander verbunden (Performance). Neben den klassischen Kunstgattungen entstehen mit den modernen Medien neue Bereiche, wie zum Beispiel digitale Kunst. Es gibt keine verbindlichen Regeln oder Normen mehr, die künstlerisches Schaffen unter sich vereinigen. Mehr denn je gelten individuelle, schöpferische Tätigkeiten als Kunst, werden als solche in der Gesellschaft wahrgenommen und als bedeutsam eingeschätzt.

Bildende Kunst

> Der Begriff bildende Kunst umfasst im Allgemeinen alle visuell gestaltenden Künste. Dazu zählen die klassischen Bereiche der Malerei, Grafik, Plastik, Architektur und das Design, aber auch die Fotografie und der Film.

In der Gegenwart wird der Begriff der bildenden Kunst jedoch komplexer aufgefasst, da eine Abgrenzung zu anderen Kunstformen oft nicht mehr erkennbar ist. Das einstmals nur visuell erlebbare Kunstwerk (Malerei) kann heute haptische, akustische oder dynamische Reize und Eindrücke vermitteln (Performance). Während bis ins 19. Jahrhundert hinein das meisterhafte Beherrschen von grafischen, malerischen und anderen gestalterischen Techniken ein entscheidendes Kriterium der Bewertung von bildender Kunst war, gelten heute andere Maßstäbe. Einen wesentlichen Beitrag zur neuen Rezeption leistete JOSEPH BEUYS (1921–1986). Mit seinen Aktionen und sozialen Plastiken stellte er die Idee und deren Bedeutung für die Gesellschaft in den Vordergrund (z. B. „Honigpumpe am Arbeitsplatz“, documenta 6, 1977). Ähnlich funktionieren neuere Formen der bildenden Kunst, zum Beispiel **Konzeptkunst.** Trotz aller individuellen Ausdrucksweisen, die sich nicht unbedingt einem breiten Publikum erschließen, bleiben die Werke der bildenden Kunst Bestandteil eines Systems „bildende Kunst“, welches Kunstmarkt und Kunstkritik mit einschließt. Die Frage, was „gute Kunst“ sei, bestimmen verschiedene Faktoren. Neben der inhaltlichen, begründbaren Durchdringung eines „menschlichen“ Problems mithilfe darstellerischer Techniken ist außerdem die öffentliche Präsentation und Akzeptanz notwendig. Das bedeutet, der Kunst-Schaffende drückt zum Beispiel Gedanken, Gefühle, Ängste oder Leidenschaften aus, die vom Betrachter möglichst verstanden und geschätzt werden. So kann bildende Kunst heute verstören, verängstigen und durcheinanderbringen. Solche Reaktionen werden vom Künstler mithilfe bestimmter künstlerischer Techniken bewusst hervorgerufen. Ebenso wie sich das Zusammenleben in der Gesellschaft durch Naturereignisse, Politik, Wissenschaft und Technik weiterentwickelt, wird sich die bildende Kunst (wie alle Künste) mit entwickeln und darauf reagieren.

1.2 Kunst im Unterricht

1.2.1 Die Ziele des Kunstunterrichts

„Das Unterrichtsfach Bildende Kunst ist zentraler und unverzichtbarer Bestandteil der ästhetischen und kulturellen und damit gleichzeitig der allgemeinen Bildung. Es hat den kulturell kompetenten Menschen zum Ziel, in dessen Lebensentwurf Kultur einen hohen Stellenwert besitzt. Es vermittelt grundsätzliche Qualifikationen im rezeptiven und produktiven Umgang mit Bildsprachen sowie medialen Verständigungssystemen und -strategien."[1]

1.2.2 Kompetenzbereiche und ihre Arbeitstechniken

Bildkompetenz

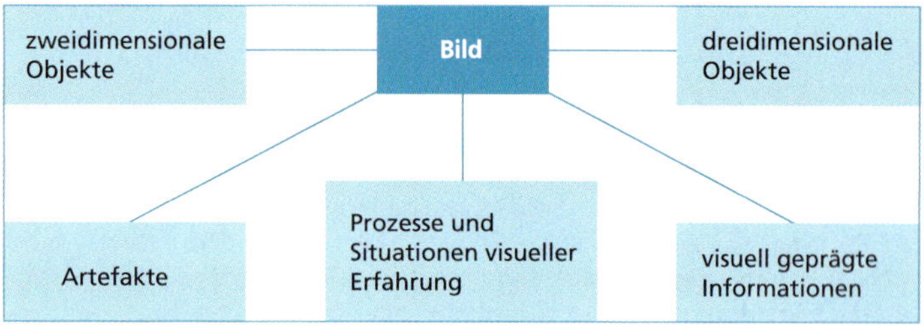

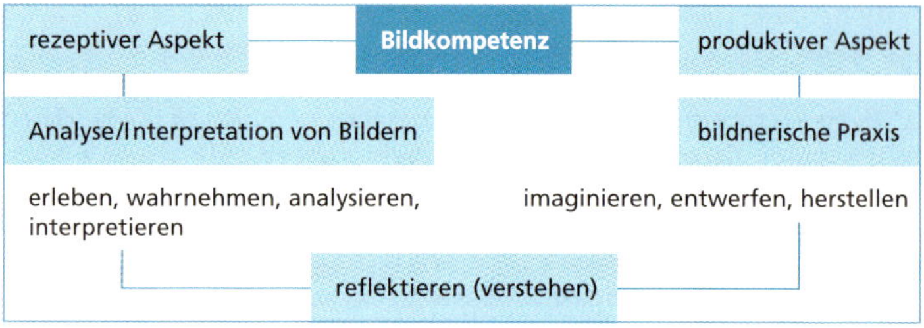

Standards für die Kompetenzbereiche des Faches Kunst

▶ Die Standards für die Kompetenzbereiche des Faches Kunst folgen den BDK-Mitteilungen 3/2008.

Rezeption

- *Wahrnehmen*
  - Wahrnehmen und Benennen sinnlich gegebener Gegenstände und visueller Sachverhalte

1 In: Beschlüsse der Kultusministerkonferenz. Einheitliche Prüfungsanforderungen in der Abiturprüfung. Bildende Kunst. Beschluss der Kultusministerkonferenz vom 01.12.1989 i. d. F. vom 10.02.2005, S. 2.

- Differenzieren und Benennen von Elementen und Gegenständen in Bildern
- Erkennen und Benennen von Ordnungen, Strukturen und Kompositionen in Bildern
- Wahrnehmen und Benennen von Fläche, Raum und Zeit als mögliche Dimensionen eines Kunstwerks
- Wahrnehmen von Bildern als technisch gestaltete Phänomene, Differenzieren und Formulieren der Spezifika medialer Gattungen
- Differenzieren unterschiedlicher Bildgattungen

• *Beschreiben*
  - Benennen und Beschreiben von Bildelementen und Bildgegenständen sowie ihrer Beziehungen
  - Darstellen wesentlicher, für die Wirkung relevanter Darstellungsmittel
  - Formulieren von Material-Form-Inhalts-Beziehungen
  - Zuordnen unterschiedlicher Bildsorten und Bildmedien zu ihren Gattungen
  - Finden sinnvoller Gliederungsaspekte für Beschreibungen

• *Analysieren*
  - Kennen und Anwenden von Verfahren der Analyse (Untersuchen, Vergleichen, Kommentieren)
  - Herstellen von Zusammenhängen zwischen Wahrnehmung und Gestaltung in der bildnerischen Praxis
  - Erkennen unterschiedlicher Gestaltungsprozesse und Nachvollziehen ihrer Bedeutungen für das Bild
  - Analysieren des Einflusses von Bildgestaltung (Größe, Technik, Bildaufbau, Medium usw.) auf den Betrachter
  - strukturiertes und systematisches Vorgehen bei der Analyse von Bildern

• *Empfinden*
  - sprachliches und/oder bildnerisches Formulieren subjektiver Bildempfindungen
  - Darstellen der Verbindungen von subjektiven Bildempfindungen mit formalen und inhaltlichen Bildgegebenheiten
  - Erkennen und Beschreiben der Bildwirkungen auf die eigene Person sowie im sozialen Kontext

• *Deuten*
  - Unterscheiden und Deuten der Wirkung einzelner Bildelemente und -gegenstände
  - Deuten einzelner Bildelemente in ihrem formalen und Motivzusammenhang
  - Erkennen und Deuten von Gestaltungsmitteln in ihren Wirkungszusammenhängen und in ihrer historischen Bedingtheit
  - Benennen und Deuten von Bildthemen
  - Entwickeln und Darstellen möglicher Sinnbezüge von Bildern zum historischen, zum kulturell geprägten bzw. zum heutigen Betrachter
  - strukturiertes und systematisches Vorgehen bei der Deutung von Bildern

• *Werten*
  - Führen sachbezogener Gespräche über Bilder
  - begründetes Vertreten eigener Meinungen über Bilder

Produktion

- *Herstellen*
  - Planen, Strukturieren und Organisieren der Arbeitsprozesse in einzelnen Arbeitsschritten
  - sachgerechtes Organisieren des Arbeitsumfeldes
  - Erproben und stragetisch sinnvolles Verwenden bildnerischer Verfahren
- *Gestalten*
  - Formulieren äußerer und innerer Wirklichkeiten, Verarbeiten eigener und fremder Erfahrungen
  - Erproben unterschiedlicher Zugänge und bildnerischer bzw. gestalterischer Strategien
  - Formulieren und Skizzieren vielfältiger Bildideen, experimentelles Erkunden und Finden bildnerischer Gestaltungen im Zusammenspiel von Form, Material und Medium
  - Dokumentieren und Reflektieren eigener bildnerischer Lösungen
  - kreatives und strukturiertes Vorgehen bei der Gestaltung von Bildern
- *Verwenden*
  - Präsentieren der Bilder
  - Nutzen eigener bildnerischer Lösungen als Anlass für variantenreiches Weiterarbeiten
- *Kommunizieren*
  - ziel-, sach- und adressatengerechtes Kommunizieren mithilfe von Bildern
  - Verstehen von Sehen und Wahrnehmen als wesentliche Elemente menschlicher Kommunikation
  - kreatives und strukturiertes Vorgehen bei der Kommunikation mit Bildern

1.2.3 Analyse und Interpretation eines Bildwerkes

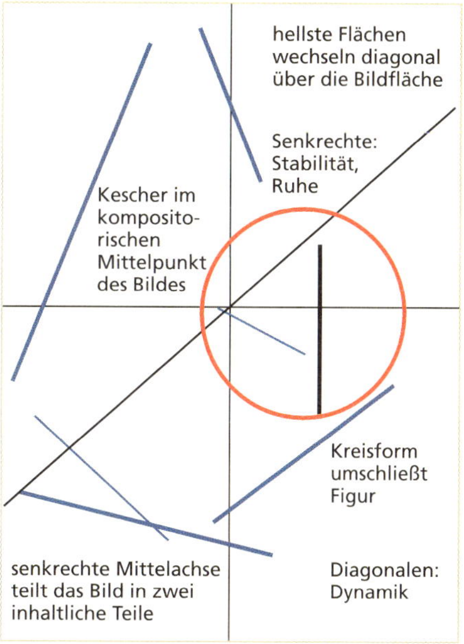

Analyse der bildnerischen Mittel

Bildaufbau/ Komposition	Bildnerische Mittel	Bildbeispiel: Carl Spitzweg, Der Schmetterlingssammler
Format	Hochformat, Querformat, Tondo …	Hochformat
Kompositionsprinzipien	Strukturierung der Bildfläche – Symmetrie – Asymmetrie – Parallelität – Rhythmus, Reihung, Streuung, Ballung – Dynamik, Stabilität – Gruppierung, Zentrierung	asymmetrisch, mehrere Gruppierungen (Bäume, Schmetterlinge), Schwerpunkt Figur in der rechten Bildhälfte, nicht auf der senkrechten Bildachse, wenig Dynamik (Palmen)
Kompositionslinien	– senkrechte und waagerechte Mittelachse – Diagonalen – horizontale, vertikale Linien – Kurven, Bogen	senkrechte Mittelachse trennt das Bild in zwei inhaltliche Hälften: Mensch und Natur (Palmen, Schmetterlinge), mehrere Diagonalen: Wegdiagonale führt ins Bild hinein, wird durch den Ast im Vordergrund wieder aufgehoben

		sich kreuzende Diagonalen in den Bäumen (angedeutet), vertikale Linien, Strauch im rechten Bildrand, stehende Figur, Kurven: Umgrenzung der Figur durch Natur und Licht
Kompositionsfiguren	– Dreieck, Rechteck, Kreise, Ovale …	Kreis, ↗ Kompositionsskizze
Bildfarbe		
Farbkonzept	– valeuristisch – koloristisch – harmonisch, disharmonisch, monoton	valeuristisch (↗ S. 196)
Farbkontraste	– Komplementärkontrast – Qualitätskontrast – Helldunkelkontrast – Quantitätskontrast ….	– Rot-Grün-Kontrast angedeutet, aber nicht bestimmend – leuchtend gesättigtes Blau des Schmetterlings gegen getrübte und stumpfe Farben in der Natur – durch die diagonalen Bildachsen geteiltes Helldunkel – getrübte Farben überwiegen
Funktion der Farbe	– Eigenwert der Farbe – Darstellungswert der Farbe – Symbolfarbe, Lokalfarbe – Erscheinungsfarbe – Ausdrucksfarbe, absolute Farbe	Darstellungswert (↗ S. 244) Erscheinungsfarbe (↗ S. 245)
Symbolik der Farbe	↗ 3.6.5	Blau für Romantik …
Bildraum		
Räumliche Gliederung der Bildfläche	Räumliche Situation: – Tiefenwirksamkeit – Überschneidungen – Größenverhältnisse im Raum Perspektivisches Malkonzept: – Anwendung einer konkreten Perspektive, z. B. Zentralperspektive Aperspektivisches Malkonzept: – keine o. verfälschte Perspektive – verzerrte räumliche Tiefe – unreale Größenverhältnisse	Einteilung in Vordergrund, Mittelgrund, Hintergrund; Entstehung von Tiefenräumlichkeit durch Überschneidungen, Größenverhältnisse, Helldunkel, Farb- und Luftperspektive (↗ 3.5.4) Betrachterperspektive: Diagonaler Weg führt in die Tiefe. Keine konstruierte Perspektive erkennbar (motivabhängig).

Bildform		
	Grad der Nachahmung der Realität (extrem hoher Grad der Nachahmung bis hin zu freier künstlerischer Form ohne Bezug zu realen Vorgaben) (↗ 3.8.1)	eher hoher Grad der Nachahmung mit impressionistischen Momenten große Detailtreue im Vordergrund: Schmetterlinge, Waldboden, Vegetation und Wurzeln, abnehmende Detailtreue im Hintergrund: Stofflichkeit und Materialität werden nicht genau gekennzeichnet, Licht und Schatten folgen gestalterischen Aspekten.
Bildspannung		
	spannungsvolles, anregendes Bildgefüge durch Kontraste: – Größenkontraste – Mengenkontraste – Formkontraste – Farbkontraste – Abstände – Richtungen	Größenkontraste: Palmen, Mensch, Schmetterlinge; Mengenkontraste: Mensch, Schmetterlinge; Formkontraste: stark differenzierte Formen gegen relativ geschlossene Flächen; Farbkontraste: (↗ oben); Abstände: unterschiedliche Abstände zwischen den beiden Hauptmotiven im Bildformat; Richtungen: (siehe oben)
	harmonisch, ausgeglichenes, ruhiges Bildgefüge durch Vermeidung von Kontrasten: gleichartige Formqualitäten	↗ 3.7, spannendes Bildgefüge durch viele Kontraste

Biografie

CARL SPITZWEG wird 1808 in Unterpfaffenhofen geboren. Er beginnt bereits als Kind – trotz seiner extremen Kurzsichtigkeit – zu zeichnen und zu malen. Ab 1824 experimentiert er mit Ölfarben. Er besucht allerdings nie eine Kunstschule. Seit 1828 studiert er nach seiner praktischen Ausbildung als Apotheker Pharmazie, Botanik und Chemie an der Münchner Universität. 1833 erkrankt SPITZWEG an Typhus: In der Kur lernt er einen Maler kennen und beschließt, selbst Maler zu werden. 1835 wird er Mitglied des Münchner Kunstvereins. 1839/40 reist SPITZWEG nach Dalmatien und Österreich. Er malt 1840 den „Schmetterlingsfänger". Seit 1844 ist SPITZWEG Zeichner für die „Fliegenden Blätter", 1850 reist er nach Venedig, weitere Reisen führen ihn zur Weltausstellung in Paris und zur Industrieausstellung in London (beide im Jahr 1851). CARL SPITZWEG stirbt am 23. September 1885 in München.

Interpretation

Anforderungen	Interpretatorischer Ansatz
Zeitliche und stilistische Einordnung des Bildes	„Der Schmetterlingsjäger", 1840, Öl auf Holz, 31 × 25 cm, Spätromantik, Biedermeier
Stellung und Bedeutung des Bildes im Gesamtwerk des Künstlers	Das Bild gehört zum Frühwerk des Künstlers. Spitzweg malte das Motiv bereits 1835: „Der Naturforscher in den Tropen" (Öl auf Leinwand, 49,4 x 43,4 cm) – hier fehlt das Schmetterlingsmotiv noch – sowie um 1836/37: „Der Schmetterlingsfänger (Botaniker)"(29,8 × 24,5 cm, Öl auf Leinwand) – hier fehlen noch die überdimensionierten Schmetterlinge (der Schmetterling rettet sich auf den Hut des Botanikers).
Bedeutung des Bildes im Zusammenhang mit der Biografie des Künstlers	Schmetterlingsfänger = Naturforscher, SPITZWEG war selbst Botaniker. Er griff immer wieder Motive aus seiner Biografie auf („Der arme Poet", „Der Bücherwurm" – er schrieb auch Gedichte –; „Der Alchimist" – er war auch Chemiker –). SPITZWEG unternahm selbst viele Reisen. Möglicherweise hatte er die exotischen Pflanzen in einem Gewächshaus gesehen.
Bedeutung des Bildes als Zeitdokument	Darstellung des Botanikers bei seiner Arbeit, in seiner Umgebung, Kleinbürgertum, Sonderling, romantische Begebenheit
Bildgenre (Landschaft, Stillleben o. a.)	Genremalerei, Landschaftsmalerei (illusionistisch)
Bedeutung des Bildes in der Geschichte des Genres	Witziges Pointenbild, Mensch (Wissenschaftler) in der ihn umgebenden Natur, Alltagsszenerie wird hier jedoch parodiert und selbstironisch reflektiert. Das Bild ist deshalb keine für das Genre typische Malerei.
Moralisierende, belehrende, kritische Bildaussage, subjektive Bildaussage	Naive Schilderung der guten alten (Biedermeier-)Zeit, Parodie auf die Entdecker (HUMBOLDT u. a.), selbstironisch (SPITZWEG als Botaniker), lichtundurchlässige Brille deutet auf die extreme Kurzsichtigkeit des Malers hin, genaue Pointierung, Skurriles und scheinbar Komisches
Mythologische, allegorische oder symbolische Ebenen der Bildbedeutung (Ikonografie)	Schmetterling: griech. = Psyche, Sinnbild von Auferstehung und Wiedergeburt der von der Hülle des Körpers befreiten Seele, exotisch, fremd, Sehnsucht nach der vollkommenen Liebe („Blaue Blume")
Bedeutung des Bildes in der Zeit seiner Entstehung	Das Bild zeigt SPITZWEGS Außenseiterposition als Künstler sehr deutlich. Christliches Schmetterlingsmotiv wird persifliert, ängstliches Erstaunen des Menschen vor der Natur von den Zeitgenossen erkannt.
Bedeutung des Bildes in Bezug auf die Gegenwart	Schmetterlingsmotiv wurde in der Geschichte der Kunst (auch der Literatur) mehrfach aufgegriffen, u. a. von DAMIEN HIRST (All You Need is Love). SPITZWEGS Werke werden nach dem Ersten Weltkrieg zu gefragten Sammlerobjekten.
Persönliche, subjektive Wertung des Bildes	Individuelle Schülerleistung

Kunstgeschichte 2

2

Totemismus: Vorstellung von einer Verwandtschaft und Schicksalsgemeinschaft zwischen Menschen und ihrem Totem, das ein Naturobjekt, meist ein Tier ist. Das Totemtier gilt oft als Doppelgänger bzw. Ahne einer Gruppe oder Einzelperson.
Ritual, Ritus: ordnungsgemäßer, heiliger Brauch, eine Handlung, die nicht spontan erfolgt, sondern durch Traditionen, liturgische Texte etc. festgelegt ist.
Schamanismus: eine Technik der Ekstase, die durch den Ausführenden (Schamane) mithilfe von Narkotika, Trommeln, Tanz erreicht werden kann. In Trance nimmt er Verbindung mit Geistern auf, um übersinnliche Erkenntnisse zu gewinnen, um Beistand und Hilfe zu bitten oder böse Geister zu bannen.

2.1 Vor- und Frühzeit, Altertum

2.1.1 Kunst der Steinzeit

Mit dem Begriff **Steinzeit** wird der älteste und längste Abschnitt (ca. 2 Millionen Jahre) der Menschheitsgeschichte bezeichnet, in der die wichtigsten Werkzeuge und Geräte aus Stein hergestellt wurden. Die **Anfänge der Kunst** beginnen in der Periode der jüngeren Altsteinzeit (Jungpaläolithikum) etwa um 30000 v. Chr. mit Felsbildern und kleinplastischen Figuren.

Die menschlichen Gemeinschaften lebten vom Jagen und Sammeln, waren noch nicht sesshaft und bearbeiteten Stein zur Herstellung von Werkzeugen und Waffen. Nicht nur als Nahrungsquelle, sondern auch als Materiallieferant für Hütten, Zelte und Kleidung, für Werkzeuge und andere Gebrauchsgegenstände wurde die erjagte Beute unverzichtbar. Aus diesem Grund entwickelten die Menschen eine starke Bindung zu ihren Jagdtieren und deren vermuteten Geistern. **Totemismus, Schamanismus** und **Rituale** haben wahrscheinlich eine wichtige Rolle im Leben der Sippen und bei der Entstehung der frühen Kunst gespielt.
Längere Zeit wurde der so genannte „Jagdzauber“ als Zweck und Anlass für Felszeichnungen vermutet. Das Jagdglück wurde mit kultischem Tanz und dem Beschuss des Tierabbildes heraufbeschworen. Malerei, Kulttanz und symbolische Tötung sollten gleichsam eine Vorwegnahme des gewünschten Jagdverlaufes erreichen. Eine andere These geht davon aus, dass die altsteinzeitlichen Jäger Tiere als gleichberechtigte Lebewesen achteten. Durch die bildliche Darstellung versuchten sie, den Tiergeist vor oder nach der Tötung zu versöhnen, zu verewigen oder vielleicht aus Angst in den Stein zu bannen. Tiere fungierten als Schutzherren des Lebensraumes und waren als Ahnengeister eng mit dem Ursprung der eigenen Sippe oder des Clans verbunden. Man glaubte, dass der „Herr der Tiere“ den Jägern die Jagdtiere vorenthalten könne, wenn sie mutwillig töteten oder erlegtes Wild unehrerbietig behandelten. Wenn aber alle mit der Jagd verbundenen rituellen Handlungen vollzogen würden, stünde dem Erfolg nichts im Wege. Vermutlich spielte in diesem Zusammenhang die „Verewigung“ der beabsichtigten Beute als genaues Abbild eine magische Rolle.

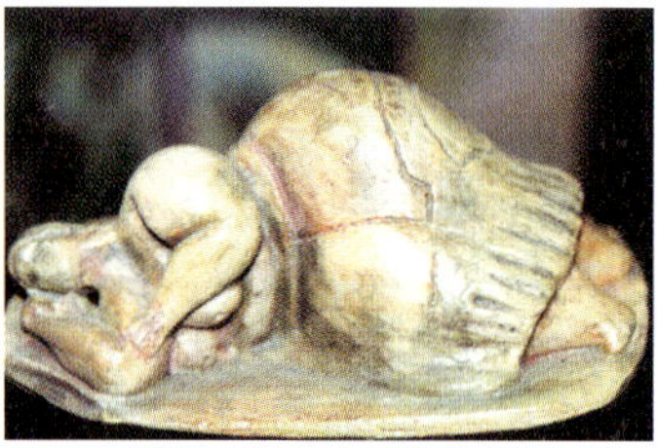

Bild: *Schlafende,* um 3000 v. Chr., Malta, Terrakotta mit Spuren roter Bemalung, Neolithikum

Der Übergang vom Jagen und Sammeln zum Anbau von Pflanzen und zur Zähmung und Haltung von Haustieren erfolgte In der Jungsteinzeit (5000–3000 v. Chr.). In Südosteuropa entstanden die ersten jungsteinzeitlichen Siedlungen. Religiöse Anschauungen wurden erweitert. Frauen besaßen als Verkörperung der menschlichen Fruchtbarkeit eine geachtete und einflussreiche Stellung. Wichtig wurde die Verehrung der Ahnen. Mit Tempeln, Megalithanlagen,

Kult- und Grabanlagen entstand die Architektur. In den Jahrtausenden der Steinzeit erfolgte ein Übergang von der die Natur nachahmenden, beschwörenden Kunst zur bewusst gestaltenden und ordnenden Auffassung. Diese kommt auch durch die Formung und Ornamentierung der Keramik zum Ausdruck. Die Kunst wurde „architektonisch". Sie schuf Räume: große – als Tempel und Grabbauten; kleine – als Hohlräume von Gefäßen, die den Toten in die Gräber mitgegeben wurden.

Man geht heute davon aus, dass die Felsmalereien in Europa eine lange kulturelle Tradition von mindestens 20 000 Jahren haben und dafür eine bestimmte Grenze in der Entwicklung des menschlichen Geistes überschritten werden musste. Frühe Kunst hatte somit einen Anteil an der menschlichen Evolution.

Felsmalerei

	Technik	**Material**
Felszeichnung (Piktographe) Auftragen von Pigmenten auf die Steinoberfläche	trockene Farben ähnlich wie Kreide; streichfähige Farben: Erden zermahlen und mit Flüssigkeit (Wasser, Fett, Blut) versetzt; Auftrag mit Händen, Schwanzhaaren von Tieren, durch Spucken und mithilfe eines „Blasröhrchens"	roter Ocker, weiße Kaolin-Tonerde; selten verwendete Gelb-, Orange,-Blau-, Grüntöne aus Mineralerden
Felsgravuren (Petroglyphen)	geritzt, gekratzt, „eingehämmert"	Hammersteine, Steinmesser

In Europa sind ungefähr 350 Fundorte von Felsmalereien bekannt. Die meisten befinden sich in Spanien und Frankreich. Der älteste bislang datierte Fundort ist die 1994 entdeckte Höhle von Chauvet in Frankreich. Die Zeichnungen entstanden um 30 000 v. Chr. Auf einer Gesamtlänge von 490 m und in mehreren Seitentunnels sind Tiere, Symbole und ein Tiermensch dargestellt. Wunderbar realistisch gemalte Tiere, großartige Kompositionen einer Vielzahl von Tieren und ein körperhaftes Empfinden unter Ausnutzung von Vorsprüngen und Nischen beeindrucken durch ihre Originalität. Als Symbole sind Handpositive und -negative neben roten Punktornamenten entdeckt worden.
Die 1940 entdeckte Höhle von Lascaux wurde als die „Sixtinische Kapelle der menschlichen Vorgeschichte" (GEORGES BATAILLE, 1955) bezeichnet.

Die Bilderhöhle von Chauvet gilt als eine der schönsten weltweit. Sie ist aber der Öffentlichkeit nicht zugänglich, um die Malereien und die noch vorhandenen Spuren von Menschen und Höhlenbären nicht zu zerstören.

Die Bilder der Höhle von Lascaux in Südfrankreich um 17 000 v. Chr. und Altamira in Nordspanien um 17 000 v. Chr. galten bis zur Entdeckung von CHAUVET als die schönsten. Majestätisch wirken die gemalten Auerochsen, Hirsche, Stiere, Pferde und Steinböcke von Lascaux. Als Besonderheit sind gezeichnete „Speere", „Lanzen" oder fallenähnliche Strichkombinationen zu finden. Mysteriös

Bild: *Verwundeter Bison greift einen Vogelmenschen an,* Wandmalerei aus der Höhle von Lascaux, um 17000 v. Chr., Altsteinzeit

Fallender Bison aus der Höhle von Altamira, Spanien

erscheint auch eine Szene in einem schmalen Schacht. Vor einem tödlich verwundeten Wisent fällt ein dünner Mann mit einem Vogelkopf nach hinten. Darunter ist – ebenfalls nur im Umriss – ein Vogel auf einer Stange sitzend gezeichnet. Zunächst als Jagdunfall gedeutet, denkt man heute eher an die Darstellung schamanistischer Praxis – den Zeitpunkt, an dem die Seele (Vogel) des Schamanen seinen Körper verlässt, um Kontakt mit den Geistern aufzunehmen.
In der **Mittelsteinzeit** (Mesolithikum) entstand in Ostspanien (Vallitorta, Remigia) eine andere Art von Felsmalerei unter überhängenden Felsvorsprüngen in natürlichem Licht. Nicht mehr das Tier mit seiner Gewichtigkeit, Stofflichkeit und seiner Farbe stand im Mittelpunkt des Interesses, sondern der Mensch. Die Aufmerksamkeit der ostspanischen „Künstler" galt einer Handlung. Häufig werden Jagd-, Kampf- und Tötungsszenen dargestellt. Die Einzelgestalten der vielfigurigen Szenen sind nicht mehr Abbild, sondern bereits abstrahiert, als wollten die Künstler diese von Unwesentlichem befreien.
In der Jungsteinzeit (Neolithikum) fand die Felsbildkunst der Mittelsteinzeit eine regionale Fortsetzung. Bevorzugt wurde dabei die Technik der **Steingravierung** auf flachen, in der Landschaft liegenden Felsplatten. Darstellungen von Schiffen, Wagen, Sonnenrädern, Beilen, Bumerangs, Tieren und Menschen in Norwegen, Schweden, Italien, Sibirien und Armenien weisen auf magische Kulte.
In Catal Hüyük/Türkei erscheinen erstmalig Wandmalereien in Kulträumen – so genannten Schreinen. Die Darstellungen werden noch stärker vereinfacht und bilden teilweise abstrakte Zeichen. Das Vorhandensein gleicher und ähnlicher Symbole in weit voneinander entfernten Gebieten lässt eine universelle Bedeutung bestimmter Gestaltungsformen vermuten.

Plastik

▶ Gefunden wurden diese Skulpturen meist in Nischen oder in Herdnähe von Behausungen. Vielleicht waren sie Symbole der „Stamm-Mutter", der „Herrin des Herdes" und der Fruchtbarkeit.

In der Lebenswelt der steinzeitlichen Jäger haben neben den Tieren auch die Frauen eine besondere Rolle gespielt. Die Frau war der soziale Mittelpunkt und sorgte für die Fortpflanzung und den Erhalt bzw. die Vergrößerung der Sippe.
Die berühmteste Skulptur aus der jüngeren Altsteinzeit ist die „Venus von Willendorf", eine in Österreich gefundene Frauenstatuette. Etwa zeitgleich mit den Bildern der Höhle von Chauvet entstand diese noch sockellose Skulptur aus Kalkstein. Hände, Arme, Unterschenkel und Kopf sind nur skizzenhaft dargestellt. Durch die Überbetonung der weiblichen Geschlechtsmerkmale wird sie als Wunschbild einer gebärtüchtigen Frau empfunden, die für ihre Nachkommenschaft sorgen kann. Solche Frauenstatuetten waren zwischen Atlantik und Baikalsee verbreitet. Bei einigen ist der Leib so stark vorgewölbt, dass es sich um Schwangere zu handeln scheint, einige sind mit Halsketten und Gürteln geschmückt. Nicht alle dieser weiblichen Figuren haben Köpfe. Wohl aus ritueller Scheu hat

Bild: *Venus von Willendorf,* um 30000–25000 v. Chr.; Kalksteinstatuette, 11,5 cm; Naturhistorisches Museum Wien

man viele völlig gesichtslos, manchmal mit einer Haube oder angedeuteten Haartracht dargestellt. Als Material verwendete man Elfenbein, Geweih, Knochen, Gagat (Pechkohle), Rötel, Ton und Stein. Bis auf wenige Ausnahmen sind die Figuren nackt.
In der Jungsteinzeit (Neolithikum) war die Gestaltung und Anbetung weiblicher Götter auf der Basis eines mutterrechtlichen Gesellschaftssystems entstanden. Die Frau war nicht nur der soziale Mittelpunkt, sondern bestimmte auch das Geschlecht der obersten Gottheit. Deshalb wurden vor allem weibliche Statuetten, die Gottheiten symbolisierten, aus Ton geformt. Auf Tempelaltären, an Opferplätzen, in Vorratsbehältern, in Höhlen und Gräbern wurden offensichtlich Figurengruppen für die Ausübung religiöser Rituale eingesetzt. Die kleinen Statuen sind als Idole menschlich bzw. halb menschlich und halb tierisch gekennzeichnet.

Eine Ausnahme bildet die so genannte „Magna Mater" (große Mutter) von Malta (ca. 3000–2500 v. Chr.). Das Fragment dieser Skulptur mit dicken Beinen ist in ein rockähnliches Gewand gekleidet und bildet den unteren Teil einer vermutlich über 2 m großen korpulenten Kolossalstatue.

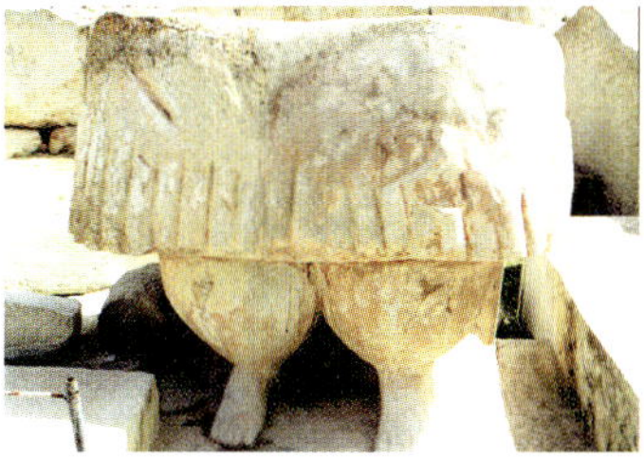

Magna Mater (↗ Bild), um 3000–2500 v. Chr. Dieser ca. 1 m hohe Teil der größten Steinskulptur Maltas wurde im Tempel von Tarxien gefunden. Die Skulptur wurde vermutlich als „Große Muttergöttin" bzw. als „Mutter Erde", aus deren Schoß alle Dinge und Wesen hervorgehen und in den sie wieder zurückkehren, verehrt.

Architektur

In Zentralanatolien (Türkei) entstand in der Jungsteinzeit (Neolithikum) um 6500 v. Chr. mit **Catal Hüyük** eine der ersten Städte der Welt. Wahrscheinlich lebten in den dicht aneinander gebauten **Lehmziegelhäusern,** die nur mit einer Leiter über die Dächer zu erreichen waren, ca. 5 000 Menschen. Die Wände der Räume mit rechteckigem Grundriss waren meist bemalt. Jagdszenen, geometrische Muster, aber auch gebärende Frauen waren dargestellt. Unter den Schlafplattformen der Häuser wurden die Toten begraben.
Besondere Bedeutung erlangte die europäische **Megalithkultur.** Anlagen aus unbehauenen Steinen dienten als Grabbauten **(„Hünengräber");** sie wurden für astronomische Bestimmungen bzw. religiöse Zeremonien benutzt.

Menhir, kelt. Hünenstein = aufrecht stehender, bis 20 m hoher Stein von kultischer Bedeutung; Menhire können in mehrreihigen Alleen **(Alignements)** bzw. in runden oder ovalen Umhegungen **(Cromlechs)** angeordnet sein. Manche dieser Steinkreise waren mit einem Graben umgebene Monumente. Dann werden sie **Henges** genannt.

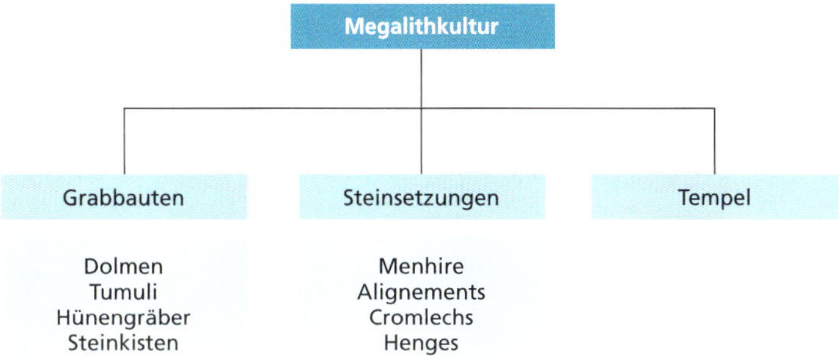

Megalith, griech. großer Stein = großer unbehauener Steinblock. Steine galten als kraft- und machtgeladen, als Symbol für Dauer und Festigkeit, als Sitz höherer Wesen und als Wohnstätte vergangener und zukünftiger Generationen.

Großsteingrab bei Nadelitz auf Rügen, um 2500 v. Chr., Jungsteinzeit

Stonehenge, England, um 3300–1800 v. Chr., Bronzezeit

Steinalleen bei Carnac, Frankreich, Jungsteinzeit

Die ältesten Grabbauten befinden sich in der Bretagne (um 4700 v. Chr.). Wahrscheinlich waren diese Megalithgräber nicht nur Plätze für Kollektivbestattungen, sondern auch die heiligen Orte einer Sippe oder eines Stammes. Sie hatten die Funktion, eine Verbindung der Verstorbenen zu den Ahnen und den Mitgliedern der ehemaligen Gemeinschaft herzustellen. Die gewaltigen Anstrengungen beim Bauen mussten den jungsteinzeitlichen Menschen als notwendig und wichtig erschienen sein. Die ersten Megalithgräber waren Dolmen – so genannte Steintische. In Frankreich wurden diese schon sehr früh zu Dolmengruppen vereint und mit Hügeln bedeckt. Diese Hügelgräber werden Tumuli genannt. Ab 3000 v. Chr. wurde in Portugal, Westfrankreich, auf den Britischen Inseln, in Südskandinavien und Norddeutschland zunehmend das rechteckige **Ganggrab** gebräuchlich. Die jüngsten „Hünengräber" fand man in Mecklenburg.

Bauweisen norddeutscher Megalithanlagen

Urdolmen	**erweiterter Dolmen**	**Großdolmen**	**Ganggräber**	**Steinkistengräber**
2 Wandsteine, 1 Deckstein	4 Wandsteine, 2 Decksteine	4 Wandsteine, 2 Decksteine, 2 Schluss-Steine	bis zu 18 Wandsteine lang, Zugang an der Schmalseite, mit Erdhügel geschützt	in den Boden eingesenkte, mit Steinen ausgekleidete Kammer

Bild: *Tempel von Hagar Quim,* Malta,um 3000–2500 v. Chr., Neolithikum
Es wird vermutet, dass die Tempel zu Ehren der „Magna Mater" – der Großen Erdmutter – erbaut wurden.

Auf Malta und der Nachbarinsel Gozo stehen die ältesten Steintempel der Welt (ca. 3600–2500 v. Chr.). Sie sind aus riesigen Steinblöcken ohne Mörtel zusammengefügt. Bemerkenswert und typisch für fast alle maltesischen Tempel ist ein kleeblattförmiger Grundriss, der durch ein Apsispaar erweitert wurde und auf diese Weise fünf abgerundete Ausbuchtungen erhielt. Meist sind die Tempel paarweise gebaut, wobei einer deutlich größer ist als der andere. Die zu den Tempeln gehörenden Vorhöfe mit großen durchbohrten Steinen in der Nähe des Eingangs (Tarxien, Hagar Quim, Mnajdra) deuten darauf hin, dass dort größere Tiere zur Opferung angebunden worden waren. In den meisten Tempeln befanden sich mehrere Altartische. Brandspuren, Tierknochen und Trinkgefäße verweisen auf rituelle Opferungen, die im Zusammenhang mit der Verehrung einer Muttergottheit standen.

Gefäßkeramik

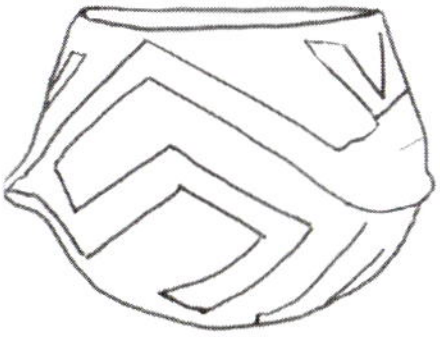

Bandkeramik; Gräberfeld Sondershausen (Thüringen), 5300–4900 v. Chr., Altneolithikum

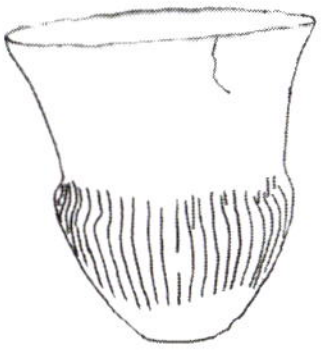

Trichterbecher (typisch für Mittel- und Norddeutschland), 3200–2100 v. Chr., Spätneolithikum

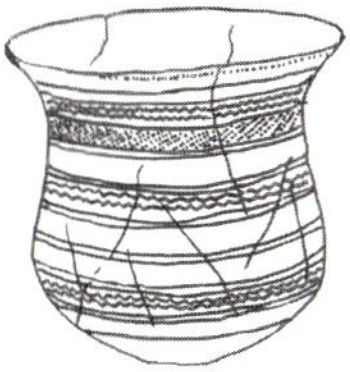

Glockenbecher, 2400–1800 v. Chr., Endneolithikum

Die frühe Keramik wurde nicht auf der Töpferscheibe gedreht, sondern sie war Aufbaukeramik. Die Töpferscheibe wurde etwa 3000 v. Chr. in Mesopotamien erfunden.

Eine besondere Rolle spielte die künstlerische Tätigkeit in der Keramik. Eine Fülle von Verzierungsstilen und Formvarianten sind nachweisbar. Formung und Ornamentierung von Keramik sind bis heute wichtigstes Mittel für die zeitliche und räumliche Einordnung vor- und frühgeschichtlicher Kulturen.
Am Anfang ihrer Entwicklung ist Kunst nicht mit dem heutigen Verständnis von Kunst zu charakterisieren. Sie hatte viele Funktionen zu erfüllen, die später von Wissenschaft, Religion und Schrift übernommen wurden. Untrennbar war sie mit den Lebensprozessen der Gemeinschaft verbunden. Durch sie wurden nicht nur Gefühle und Ideen, sondern auch materielle und geistige Erfahrungen und Erkenntnisse in anschaulicher Form ausgedrückt und weitergegeben.

2.1.2 Kunst des Altertums: Ägypten

Mit dem Begriff **Altertum** wird der Zeitraum vom Ende der Vorgeschichte und den Anfängen geschichtlicher Überlieferungen (ca. 3000–2800 v. Chr. im alten Orient Erfindung der Schrift) bis zum Ende der griechisch-römischen Antike (4.–6. Jh.) bezeichnet.

Für Antike (lat. antiquus = alt) ist auch die Bezeichnung **klassisches Altertum** gebräuchlich.

Ägyptische Kunst

Unter ägyptischer Kunst wird allgemein Kunst und Kultur des alten Ägypten, der Pharaonenzeit (3000 v. Chr.–395 n. Chr.) verstanden. Dabei ist zwischen der Kunst des Alten Reiches (2620–2100 v. Chr.), des Mittleren Reiches (2040–1650 v. Chr.), des Neuen Reiches (1551–1070 v. Chr.) und der Spätzeit/griechisch-römische Zeit (711 v. Chr.–395 n. Chr.) zu unterscheiden.

Die allgemein übliche geschichtliche Einteilung in 31 Dynastien (Herrschern) von der Reichsgründung bis zu ALEXANDER DEM GROSSEN geht auf den ägyptischen Priester- und Tempelschreiber MANETHO (um 280 v. Chr.) zurück.

Hieroglyphen, griech. = heilige Einkerbungen, Bilder- oder Lautschrift; 3000 v. Chr. in Ägypten erfunden, etwa 600 Zeichen, 1822 von JEAN FRANÇOIS CHAMPOLLION entschlüsselt.

Erstaunlich dauerhaft und nur wenig verändert existierte diese Kunst an den fruchtbaren Ufern des Nils über 3000 Jahre lang. Bereits um 3300 v. Chr. existierte im südlichen Ägypten ein prähistorisches Reich mit der Hauptstadt Abydos.
Nach ca. 200 Jahren Kriegführung hatte das südliche Unterägypten den nördlichen Teil besiegt. Dieser Prozess – die Wissenschaft spricht von der **0. Dynastie** (3000 v. Chr.) mit 15 **Pharaonen** – endete mit der so genannten Reichseinigung. Die Hauptstadt wurde in den Norden nach Memphis verlegt. Zwei jährliche Überschwemmungen der Flussebene durch den Nil sorgten für reiche Ernten. Die Erfindung der Schrift, ein immer straffer organisiertes Staatssystem, Bürokratie, tiefe Religiosität des Volkes und die Machtbefugnisse von Priestern schufen die Grundlagen für die Blüte von Kunst und Kultur.

HERODOT (um 490–430 v. Chr.) hat Ägypten als Geschenk des Nils bezeichnet.

Die Kunst der **Pharaonenzeit** begann sich allmählich in der frühdynastischen Epoche herauszubilden und stabilisierte sich in den folgenden Jahrtausenden trotz zeitweiligem Zerfall des Staates, Hyksos- und Perserherrschaft. Selbst ALEXANDER DER GROSSE, der 332 v. Chr. Ägypten besiegte, und seine Nachfolger, die **Ptolemäer,** ließen die Traditionen ägyptischer Kunst und Kultur unangetastet. Sie unterzogen sich aus staatserhaltenden Gründen den religiösen Ritualen und ließen sich zu Pharaonen krönen. Als Ägypten 30 v. Chr. römische Provinz wurde, begann u. a. auch durch die Verbreitung des Christentums der allmähliche Verfall der „pharaonischen" Kunst.

Bild:
Ramses II., Granit, Karnak, Neues Reich, 19. Dynastie

Die Bezeichnung Pharao wurde von einer respektvollen Anrede des Königs als „großes Haus" (per-aa) abgeleitet.

Der Pharao übte die unumschränkte weltliche und geistliche Macht aus und hatte eine gottgleiche Stellung. Komplizierte religiöse Zeremonien, die Vorstellung vom Weiterleben nach dem Tod und die Ausstattung für ein Leben im Jenseits hatten außergewöhnlichen Einfluss auf die Kunst. Das setzte nicht nur die Existenz unsterblicher Seelen, sondern auch eines unvergänglichen Körpers (Mumifizierung) voraus. Zum Verständnis ägyptischer Kunst sind vor allem zwei Seelen bedeutsam: Das **„ka"** stand für die Lebenskraft des Menschen, der symbolisch als **Statue** des Toten Opfergaben, Speise und Trank entgegennahm; das **„ba"** verkörperte das innere Wesen und wurde als Vogel mit Menschenkopf dargestellt.
Begräbnis- und Totenkult, Götterverehrung und Verherrlichung der Pharaonen bildeten einen geistigen Zusammenhang, der auch die künstlerische Einheit von Architektur, Skulptur und Malerei durch ein spezifisches Proportionssystem **(Kanon,** ↗ S. 21) verlangte.

Architektur

Ägyptische Architektur war vor allem **Grab- und Sakralarchitektur.** Die profanen Bauten, wie Königspaläste, Priester- und Beamtenwohnungen, stellte man aus vergänglichen Materialien, aus Nilschlammziegeln, Schilfmatten und Holz, her. Die dauerhafte Steinarchitektur blieb den „Häusern für die Ewigkeit" vorbehalten, denn sie sollten unzerstörbar sein. So entstanden bereits in der 1. und 2. Dynastie steinerne Grabbauten – die **Mastabas.**

Kanon: Regeln zur Proportionierung von Skulpturen und Reliefs. Er umfasste die Komposition der Kunstwerke, die Form und den Inhalt des Gestalteten und die künstlerischen Mittel der Ausführung

Seit König DJOSER (3. Dynastie 2665 bis 2600 v. Chr.) entwickelte sich der Pyramidenbau. Seine anfänglich 9 m hohe Mastaba wurde mehrmals verbreitert und diente schließlich als Sockel einer sechsstufigen Pyramide. Die 60 m hohe Stufenpyramide war der Ausdruck eines höheren Monumentalanspruchs des Pharaos und lag im Zentrum eines vollständig in Stein ausgeführten „Jenseitsbezirkes". Eine 544 m lange und 10,50 m hohe Umfassungsmauer schloss Höfe, verschiedene Gebäude und unterirdische Kammern ein. Damit trennte sie den Grabbezirk von der Außenwelt. Dies ist der erste Fall, dass der Name des Baumeisters bekannt ist: Es war der geniale IMHOTEP (um 2650 v. Chr.).

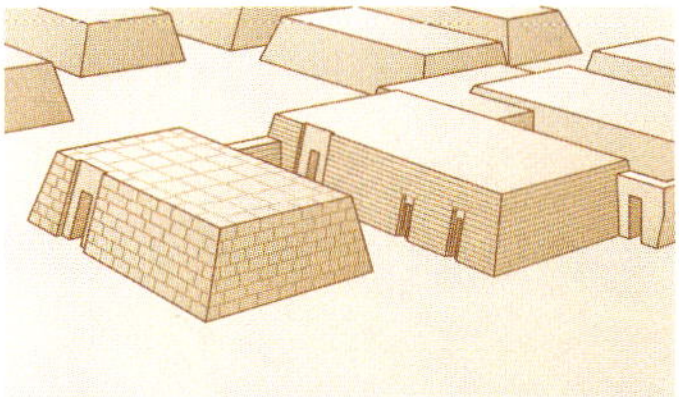

Bild:
Rekonstruktion eines Mastaba-Feldes von Giseh

Mastaba, arab. Bank = altägyptischer Grabtyp mit rechteckigem, flachen Oberbau aus Ziegeln oder Stein mit leicht geböschten Wänden, errichtet über unterirdischen Anlagen (Sargkammer, Vorratsräume)

Mit den Pyramiden des CHEOPS (Seitenlänge 230 m, Höhe 146 m), CHEFREN (215 m, 143 m) und MYKERINOS (105 m, 66 m) in Giseh erfolgte um 2550–2470 v. Chr. rein äußerlich die Abstraktion von einem scheinbar organisch gewachsenen Hügel (Mastaba) in eine geometrische Form. Die monumentale Übersteigerung betonte die besondere Bedeutung als schräg ansteigende „Himmelsrampe", die direkt zu Re, dem Sonnengott, führte und die jede Nacht erfolgte Neubelebung des Toten und damit seine Unsterblichkeit garantierte.

Stufenpyramide des DJOSER gebaut von IMHOTEP; Altes Reich, 3. Dynastie

Bild:
links *Cheops-,* Mitte *Chefren-,* rechts *Mykerinos-Pyramide,* Altes Reich, 4. Dynastie

Die Cheops-Pyramide hat ein Volumen von etwa 2,5 Mio. m3. Der Höhenunterschied von Pyramidenecke zu -ecke beträgt nicht mehr als 2 cm. Die von Hand behauenen Steinquader wurden ohne Mörtel zusammengefügt. Bis heute rätselt die Wissenschaft, wie diese schier unbegreifliche technische, logistische und geistige Leistung gelingen konnte.

Da die Chefren-Pyramide auf einem höheren Felsplateau steht, wirkt sie scheinbar größer und mächtiger als die Cheops-Pyramide.

Während des **Neuen Reiches** bestattete man die Pharaonen ausschließlich in Felsengräbern. Diese Entwicklung in der Königsbestattung muss mit entscheidenden Veränderungen des Jenseitsbildes verbunden gewesen sein. Nach diesen Vorstellungen – so die Deutung – stieg der Pharao nun nicht mehr über die monumentale Himmelsleiter der Pyramiden ins Jenseits, sondern ging über ein tief liegendes Grab im Fels in die Unterwelt ein.

Bild: *Terrassentempel der Hatschepsut im Tal der Könige,* Neues Reich, 18. Dynastie, vom eigentlichen Grab getrennter Totentempel. Die Fortexistenz des Pharaos wurde hier in ritueller Verbindung des Götter- und Königskultes zelebriert.

Der „Friedhof" **(Nekropole)** dieser Zeit, das **Tal der Könige** in Theben (West), lag weitab vom Niltal. Die zugehörigen Tempelanlagen für den Totenkult lagen nun in größerer Entfernung von den eigentlichen Gräbern. Bisher sind 64 Pharaonengräber bekannt, die sich trotz vieler Besonderheiten im architektonischen Grundschema ähneln. Treppen, abfallende Korridore, von denen aus sich Hallen öffnen, und die Grabkammer für den Sarkophag blieben notwendige Elemente. Am spektakulärsten war wohl die Entdeckung des unberührten Grabes von TUT-ENCH-AMUN im Jahr 1922 durch HOWARD CARTER. Die Grabbeigaben des jung gestorbenen Pharaos für das jenseitige Leben – Schmuck, Möbel, Waffen, Wagen usw. – vermitteln einen Eindruck vom luxuriösen Lebensstil am königlichen Hof.

Bild: *Widderköpfige Sphingenallee im Tempel von Karnak,* Neues Reich, 19. Dynastie Widder waren eine Verkörperung des Gottes Amun, zwischen ihren Pranken stehen kleine Statuen RAMSES II.

Außer den Grabtempeln entstanden zunehmend **Göttertempel,** in denen die unterschiedlichsten Götter verehrt wurden. Neben Göttern von lokaler Bedeutung gab es andere, die den Status eines „großen Gottes" besaßen, so z.B. der Sonnengott Re oder der Gott des Windes Amon. Die Verschmelzung beider Hauptgötter gipfelt in dem Kult um Amun-Re. Ihm zu Ehren wurde der große Tempel von Karnak in der damaligen Hauptstadt Theben gebaut. Wie andere Göttertempel diente er nicht nur zur religiösen Verehrung, sondern auch der Selbstdarstellung der Pharaonen und war als religiöses Zentrum auch politisch motiviert. Den Amuntempel begann man schon um 2000 v. Chr. zu bauen und erweiterte ihn ständig bis in die römische Kaiserzeit. Die Hauptbauherren waren THUTMOSIS II. (18. Dynastie) und RAMSES II. (19. Dynastie). Noch in ptolemäisch-römischer Zeit wurden die Tempel in der Tradition ägyptischer Architektur erbaut.

Ägyptische Tempelanlagen waren eine Stadt für sich und mit einer Lehmziegelmauer umgeben. Außer den Priestern und Pharaonen durfte kein Gläubiger die Tore durchschreiten.

Die Tempel bildeten den Rahmen für große kultische Prozessionen. Die Anlagen begannen mit langen Sphingen- oder Widderalleen, führten durch mehrere Torbauten mit prächtigen Schauseiten **(Pylone),** den Säulensaal, Statuenhöfe, vorbei an Stationskapellen, in denen das Götterbild bei rituellen Ausfahrten vorübergehend Platz zu nehmen hatte, bis ins Allerheiligste (Sanktuar) mit dem Götterbild.

Die ägyptischen Göttertempel waren als **Abbilder der Welt** angelegt. Jeder Teil des Bauwerkes hatte eine symbolische Bedeutung: z. B. galten die Pylone als Gebirgszüge, zwischen denen die Sonne aufging. Durch eng stehende Säulen glichen die Hallen einem steingewordenen Wald. Ihre Kapitelle waren pflanzlichen Formen – Papyrus, Lotos, Palme – nachempfunden, mit Reliefs und **Hieroglyphen** geschmückt und bemalt.

Pylon, griech. Portal = massiver, sich nach oben verjüngender, rechteckiger Torturm, der paarweise den Eingang altägyptischer Tempelanlagen flankiert

Eine Sonderform ägyptischer Tempelanlagen sind die beiden Felsentempel von Abu Simbel, die RAMSES II. 280 km südlich von Assuan am Nil anlegen ließ. Beim großen Tempel symbolisierte die abgeschrägte Felswand die Eingangspylone eines Göttertempels, vor denen vier 22 m hohe Sitzfiguren angeordnet wurden. Sie verkörpern den Pharao als Gott. Aus dem Felsen wurden auch alle notwendigen Räume – Pfeilersaal, Magazine, Allerheiligstes – herausgebrochen. Zweimal im Jahr werden die 60 m tief im Allerheiligsten stehenden Kultbilder für wenige Minuten von der aufgehenden Sonne beleuchtet. Der benachbarte kleinere Tempel ist der Göttin Hathor und der vergöttlichten Königin NEFERTARI geweiht. Sie und Ramses sind hier als Schreitfiguren vor die Fassade gesetzt.

Bild: *Kleiner Felstempel von Abu Simbel,* Neues Reich, 19. Dynastie

Hieroglyphen, griech. hieros = heilig, glypho = gravieren, altägyptische Bilderschrift, um die Wende des 4. zum 3. Jt. v. Chr. entstanden

Plastik

Die besondere Bedeutung und Anerkennung der Skulptur im alten Ägypten ergab sich aus ihrer Verwendung für den kultisch wichtigsten Ort. Die Statuen hatten die magische Funktion eines Ersatzkörpers. Im Alten Reich ist das „ka" des Toten als lebensgroße Statue im **Serdab** anwesend. Im Mittleren und Neuen Reich thront die „ka-Statue" in der Mittelachse des Grabes. Daneben gab es unzählige Götter- und Königsstatuen in den Tempeln.

Serdab, arab. Sirdab = Keller = unzugänglicher kleiner Raum für die Statue des Verstorbenen im Oberbau von Mastabas bzw. Pyramidentempeln. Er war mit den anderen Kulträumen nur durch einen Mauerspalt in Augenhöhe verbunden.

Meist haben die ägyptischen Plastiken eine Grund- und eine Rückenplatte, die den plastischen Raum festlegten. Zwei Typen von Statuen sind zu unterscheiden: **Sitzfiguren** symbolisieren eine Sonderstellung in der Gesellschaft. Sie thronen und sind damit herausgehoben aus der Masse und zu einem ewigen Dasein verklärt (CHEOPS, um 2600 v. Chr.; CHEFREN, um 2550 v. Chr.). Im Unterschied dazu symbolisieren die **Stand-Schreit-Figuren** die Fähigkeit zur Bewegung. Eine gewisse Anspannung wird sichtbar, die durch Muskulatur und geballte Fäuste unterstrichen wird. Unabhängig vom Lebensalter oder Zufälligkeiten des Augenblickes meißelte man die Skulptur frontal aus dem Steinblock. Arme und Beine blieben meist eng mit Körper und Steinblock

Bild: *Großer Tempel von Abu Simbel mit vier sitzenden Kolossalstatuen,* die den Göttern Amun-Re, Horus, Ptah und dem vergöttlichten König RAMSES II. geweiht waren, Neues Reich, 19. Dynastie

bzw. der Rückenplatte verbunden. Bei den Schreitfiguren wurde immer das linke Bein vorgestellt. Trotz strenger und blockhafter Formen gestaltete man im Alten Reich fast porträthaft. Bemalung und aus Steinen eingelegte Augen sollten diese Wirkung unterstützen. Auch im Mittleren Reich fanden sich Königsstatuen, die durch individuelle Charakterisierung über den vorgeschriebenen Idealtypus hinausgingen.

Bild:
Goldmaske des TUT-ENCH-AMUN, Neues Reich, 18. Dynastie

Um die Lebenskraft des „ka" zu verwirklichen, mussten die Skulpturen **Porträtähnlichkeit** aufweisen. Gleichzeitig hatten sie aber auch die gottähnlichen Eigenschaften des Pharaos sichtbar zu machen. So entstand die für das pharaonische Ägypten typische **Synthese von Idealbild und Porträt.**

In der **Amarnakunst** 1400 v. Chr. kulminierte der Stil zur Individualisierung.
Der „Ketzerkönig" ECHNATON hatte einen ausgewählten Gott zum Reichsgott erhoben: Aton, die Sonne. Außerdem ließ er die neue Residenz Amarna in Mittelägypten bauen. Auch wenn diese „Revolution" unter seinen Nachfolgern TUT-ANCH-AMUN und HAREMHAB rückgängig gemacht wurde, sind die Kunstwerke aus dieser Zeit international berühmt geworden. Realistische und sehr intime Skulpturen entstanden, die durch naturgetreue Wiedergabe bestimmter, auch hässlicher Persönlichkeitsmerkmale expressiven Porträts nahe stehen.

Amarna: von Pharao AMENOPHIS IV. (d.i. ECHNATON = „Seele des Aton", 1356 bis 1340 v. Chr.) und NOFRETETE gegründete Residenz zur Verehrung des Sonnengottes Aton. Weil dieser Pharao seinen Untertanen eine monotheistische Religion aufzwang, mit den religiösen und einigen kulturellen Traditionen brach, wurde er von der Geschichtsschreibung auch als „Ketzerkönig" bezeichnet.

Unter RAMSES II. kam es im Neuen Reich zur massenhaften Herstellung von Königs- und Götterdarstellungen, die wegen ihrer riesigen Ausmaße als **Kolossalstatuen** bezeichnet werden. Als Fassadenskulptur oder Osirispfeiler ragten sie über mehrere Meter hoch und sollten schon durch die Größe Rang und Bedeutung von Göttern und Herrschern betonen.

Bild:
Sphinx an der Pyramide des CHEFREN (Länge 73,5 m; Höhe 20 m) aus Kalkstein, Altes Reich um 2550 v. Chr., 4. Dynastie

3000 Jahre gestalteten die Ägypter in Skulptur und Malerei außerdem Götter und Pharaonen als „Mischwesen". Wesen und Charakter eines Herrschers wurden im Menschenkopf ausgedrückt, Größe und Stärke aber im unbezwingbaren Leib des Löwen (Sphinx von Giseh). Die Statuen der Götter dagegen wurden mit Tierköpfen auf Menschenkörpern dargestellt: z. B. Anubis mit einem Schakal-, Bastet mit einem Katzen-, Amun und Chnum mit einem Widder- und Horus mit einem Falkenkopf. Daneben existierten eigenständige, sehr gut beobachtete Tierdarstellungen, die häufig im Zusammenhang mit der betreffenden Gottheit zu sehen waren.

Malerei

Auch Malerei und Reliefkunst waren fast ausschließlich für Gräber und Tempel bestimmt. Im Sinne dieses sakralen Charakters dienten die Reliefs und Malereien nicht als Wanddekoration, sondern sie waren Bedeutungsträger für Götterglauben, Jenseitsvorstellungen, Kult und Königsverehrung.
Im Alten Reich schildern die bemalten Reliefs der Mastabas das irdische Leben des Grabherren als verklärte Wirklichkeit. Erfahrungen des eigenen Lebens und des Alltags mit seiner Familie wurden in idealisierter Form ins Jenseits übertragen. Ab dem Mittleren Reich kamen neue Inhalte hinzu: der siegreiche Pharao, der seine Feinde unterwirft, und, vor allem in den Tempelreliefs, König-Gott-Szenen. Der Pharao stand der Gottheit nun als Betender oder Opfernder in gleicher Größe auf der gleichen Standlinie gegenüber, sozusagen gleichberechtigt. Segnend spendete die Gottheit Lebens- und Glückssymbole.

Bedeutungsmaßstab: Unterscheidungen der Größenverhältnisse der Figuren in Abhängigkeit von ihrer sozialen Stellung und ihrer Bedeutung für das Dargestellte: z. B. Pharao und Götter am größten und an hervorragender Stelle der Komposition

Bei den Malereien in den Felsengräbern des Neuen Reiches beschrieben die Bilder die Reise des Pharaos zu Osiris, dem Gott der Unterwelt, Gefahren und Schwierigkeiten, die auf dem Weg ins Paradies zu überwinden waren, und Totenrituale, z. B. die symbolische Mund- und Augenöffnung.

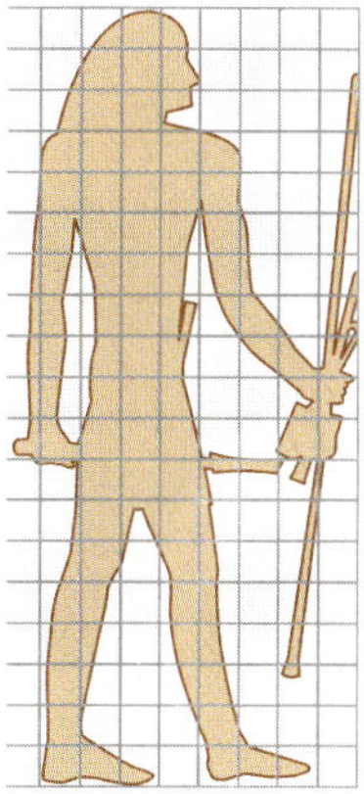

Die **Proportionsfigur** stellt stilisiert den Oberschreiber HESÎRÉ dar – original ein Holzrelief aus der 3. Dynastie 3500 v. Chr. Er trägt sein Arbeitsgerät und das „Sechem-Szepter", das Abzeichen der Beamten mit ausübender Gewalt.

Wie in Architektur und Skulptur gab es auch in Reliefkunst und Malerei fast 3 000 Jahre nur geringe Stiländerungen. Es gab Regeln und Normen, die jeder ägyptische „Künstler" und Handwerker beherrschen musste. Dazu gehörten die Einhaltung traditioneller Proportionen und der so genannte **Bedeutungsmaßstab.** Wandflächen und später auch die Papyri wurden z. B. mithilfe von **Registern** (Bildzonen) in verschieden breite Standlinien für Figuren oder Textspalten für Hieroglyphen gegliedert. Bei Menschen und Tieren sollte das Wesentliche der Körperteile unverzerrt in typischer Form hervorgehoben werden. Das führte dazu, dass Figuren „aperspektivisch" dargestellt wurden: der Kopf im Profil, Auge, Schultern, Arme und die Brust frontal, aber vom Nabel abwärts wieder im Profil. Die ausführenden Handwerker bedienten sich dabei eines Proportionskanons. Mithilfe eines Quadratnetzes, das auf Grundmaßen des menschlichen Körpers – abgeleitet von Handbreite, Fingerbreite und Elle – beruhte, wurde die Figurendarstellung vorbereitet. Eine stehende Figur war z. B. 18 Quadrate hoch, sechs bis zum Knie, neun bis zum Gesäß, zwölf bis zum Ellenbogen. Einer sitzenden Figur fehlten die vier Quadrate vom Knie bis zum Gesäß. Durch den Bedeutungsmaßstab konnte die soziale Stellung von Personen ausgedrückt werden. Pharaonen wurden größer – gottgleich – dargestellt, Frauen und der Hofstaat kleiner.

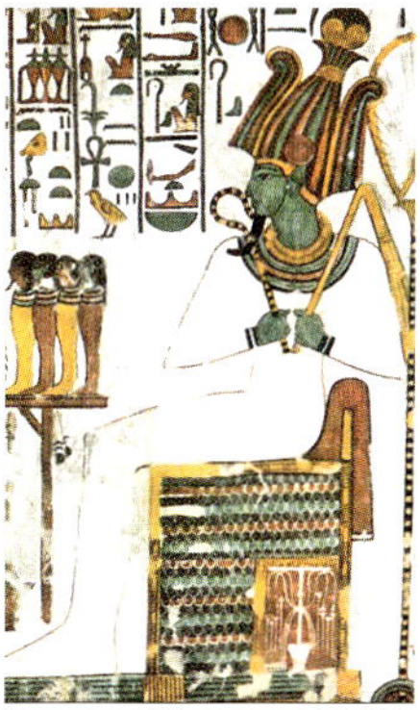

Bild: Wandmalerei: *Osiris, sitzend*

Kartusche: in ägyptischen Hieroglyphentexten die ovale Umrahmung des Königsnamens (auch „Königsring" oder „Namensring")

Hieroglyphentexte (bS. 16) und die **Kartusche** vervollständigten die Wanddekorationen.

Neben Flachreliefs (Basrelief), bei denen die Wandfläche um die Figuren abgetragen wurde, gab es vor allem für die Außenwände versenkte Reliefs, bei denen die Figuren tief in die Wand eingeschnitten wurden. So entstanden starke Licht-Schatten-Wirkungen.

Die Reliefs waren wie die Skulpturen nach festgelegten Farbsystemen bemalt. Männliche Figuren charakterisierte man mit braunroter, weibliche mit gelber Hautfarbe. Außerdem hatte jede Farbe ihre besondere Bedeutung: z. B. symbolisierte Blau den Himmel und die Götter; Gelb stand für Gold – das Fleisch der Götter; Rot für Feuer und Blut; Grün für Wiederherstellung und Schwarz für Tod.

In der Amarnakunst wurden vorübergehend die überlieferten Inhalte außer Kraft gesetzt. Die reale Welt mit einmaligen, sogar intimen Szenen wurde gestaltet. Individuell geprägte Darstellungen ECHNATONS, NOFRETETES bzw. der Königsfamilie geben den Wissenschaftlern bis heute Rätsel auf, so sehr widersprachen die fast karikierenden Darstellungen der Tradition.

2.1.3 Kunst des Altertums: Griechenland

Als **Antike** (lat. antiquus = alt) bezeichnet man die Zeit des griechisch-römischen oder klassischen Altertums (ca. 11. Jh. v. Chr.– ca. 4.–6. Jh. n. Chr.). Unter diesem Begriff werden die griechische und römische Kunst und die so genannte Spätantike zusammengefasst, einschließlich der frühchristlichen Kunst (3.–6. Jh. n. Chr.).

geometrische Kunst 1050–700 v. Chr.	**archaische Kunst** 700–490 v. Chr.	**klassische Kunst** 490–320 v. Chr.	**hellenistische Kunst** 320 v. Chr.–1. Jh.

Korinthischer Tempel, um 280 v. Chr., Pergamon, hellenistisch

Die antike griechische Kunst umfasst alle Kunstzeugnisse aus den ehemaligen Siedlungsgebieten der Griechen: vom griechischen Festland, von den Inseln der Ägäis, aus dem westlichen Kleinasien, aus Süditalien, Sizilien, Frankreich, Spanien, Nordafrika, Palästina und aus dem Schwarzmeergebiet.

Um 1100 v. Chr. wanderten die Dorer aus dem Norden in „Griechenland" ein und damit endete die Epoche der **mykenischen Kultur.** Die Westküste Kleinasiens besiedelten die Ionier. Die damit verbundenen kriegerischen Auseinandersetzungen wurden um 750 v. Chr. von einer friedlichen Entwicklung abgelöst. Neue politische Ordnungen führten zu neuen Gesellschaftsstrukturen. Adelige Landbesitzer lösten die bisherigen Könige ab. In den fruchtbaren Ebenen entstanden Stadtstaaten (z. B. Athen, Sparta). Diese wurden zum Motor einer vielschichtigen dynamischen Entwicklung, die das griechische Denken entscheidend prägte. Davon zeugen die religiösen Vorstellungen. Die Griechen stellten sich ihre Götter men-

Dorischer Tempel, um 500 v. Chr., Agina, archaisch

schenähnlich vor, nicht als Despoten, die kein eigenverantwortliches Handeln zuließen. Bei der Ausformung der harmonisch ausgebildeten Persönlichkeit (Kalokagathia) erfüllten Spiele zu Ehren der Götter eine wichtige Rolle. Prozessionen, Opfer, Musik- und Rezitationswettbewerbe sowie sportliche Wettkämpfe fanden bei diesen Gelegenheiten statt. Einige dieser Spiele gewannen schon in der Antike überregionale Bedeutung (Olympia, Pythien, Neemen, Isthmien).

Kalokagathia, von griech. kalos = schön u. agathos = gut, edel, gebildet, meint die vollkommene Entfaltung der Persönlichkeit durch eine ausgewogene Erziehung von Körper und Geist.

Ab 359 v. Chr. eroberten PHILIPP II. und danach sein junger Sohn ALEXANDER DER GROSSE die griechischen Stadtstaaten und ehemaligen Kolonien. Im „makedonischen" Griechenland entstanden nun größere politische Gebilde. Mit den neuen Eroberungen ALEXANDERS begann eine Epoche, die kulturell griechisch geprägt war. Man bezeichnet sie heute als Hellenismus. Nach dem Tod ALEXANDERS 323 v. Chr. teilten seine Feldherren, die Diadochen, das Großreich. Die einzelnen hellenistischen Staaten bestanden bis zur Eroberung durch das Römische Reich (zwischen 168–30 v. Chr.). Trotzdem existierte das hellenistische Erbe noch bis ins 2. Jh. n. Chr., vor allem in Kleinasien.

Architektur

Die **Architektur** des Abendlandes wurde vor allem durch den Tempel und das Theater geprägt. Tempel bildeten den kultischen Mittelpunkt der Stadtstaaten und dienten als schützende architektonische Hülle für das Götterstandbild. Der eigentliche Götterkult war öffentlich und wurde an Altären zelebriert, die im Freien standen. Die frühesten Tempel aus Holz und luftgetrockneten Lehmziegeln stammen aus der Zeit um 800 v. Chr. Damit die empfindlichen Wände nicht der Witterung unmittelbar ausgesetzt waren, schützte man sie durch weit vorragende abgestützte Dächer. Spätestens im 7. Jh. v. Chr. entwickelte sich daraus der Säulenumgang/ die Ringhalle **(Peristase)** als Kunstform. Alle Tempel standen frei und waren mit einer **Cella** ausgestattet. Zunehmend wurde Stein als Baumaterial benutzt – häufig war es Marmor – und farbig bemalt. In der Folgezeit konnte die Cella dreischiffig sein und eine offene Vorhalle im Osten (Pronaos) und eine offene Halle im Westen (Opisthodomos) erhalten.

Tempel in **dorischer Säulenordnung**: der Apollotempel in Korinth und der Aphaiatempel auf Agina, Tempel in **ionischer Ordnung:** Erechteion in Athen, Artemistempel in Ephesus, Tempel in **korinthischer Ordnung:** Side, Aphrodisias

Unterschiede im Tempelbau ergaben sich aus veränderten Proportionen, Maßen, Größen, der Anwendung verschiedener Dekorationssysteme (Säulenordnungen) und der bauplastischen Ausstattung. Eine Maßeinheit, die als Berechnungsgrundlage für alle anderen Maße diente, war oft der Durchmesser einer Säule an ihrer dünnsten Stelle. Die Säulenordnungen unterscheiden sich nicht nur durch die unterschiedlichen Kapitellformen, sondern auch durch das Verhältnis von Höhe, Durchmesser und Abstand der Säulen, durch Unterschiede der Proportionen und der Dekoration von Gesims und Gebälk.

Cella, lat. Kammer = ein fensterloser Raum für das Kultbild

Bild: Säulenkapitelle im Vergleich: dorisch, ionisch, korinthisch

In archaischer Zeit entstanden monumentale, schlichte Tempel in **dorischer Säulenordnung.** Hinzu kommen in der klassischen Zeit Tempel in **ionischer Ordnung** und in hellenistischer Zeit Tempel in **korinthischer Ordnung.** Letztere ist eine Ableitung aus der ionischen Säulenordnung mit einem reicheren Blattkapitell.

Akropolis, griech. = hochgelegener geschützter Zufluchtsplatz vieler griechischer Städte

Der vollendetste dorische Bau ist der Parthenon (447 – 438 v. Chr.; Grundriss 30,88 m x 69,50 m) auf der **Akropolis** in Athen aus der klassischen Periode. Der Säulenumgang besteht aus je 8 x 17 Säulen. An den Schmalseiten wird der Innenraum nochmals durch sechs Säulen vor der Vorhalle (Pronaos) und der hinteren Halle (Opisthodomos) gegliedert. Im Kernbau befindet sich die Cella, in der ehemals das Kultbild der Athena von PHIDIAS (um 440 v. Chr.) stand, u-förmig umgeben von einem zweistöckigen Säulenumgang. Vollständig abgetrennt und nur von der Westseite zugänglich liegt das „Schatzhaus" für die Weihegeschenke. Hier tragen vier zusätzliche ionische Säulen das Dach aus Marmorziegeln. Feine Korrekturen – winzige Abweichungen von den Horizontalen und Vertikalen – sollten die optische Wirkung des Tempels noch steigern.
Kultgebäude wurden ab dem 4. Jh. v. Chr. häufig in Form des Rundbaus (griech. **tholos**) gebaut.

Bild: *Parthenontempel,* 447–438 v. Chr., Athen, dorisch, klassische Epoche, Aufriss der Nordecke und Ostfassade

Die 11 m hohe Statue der Athene im Inneren war mit Goldplatten behängt, die ca. eine Tonne gewogen haben sollen. Das Gold war im Bedarfsfall abnehmbar und zu Finanzierungszwecken für die Staatskasse verwendbar.

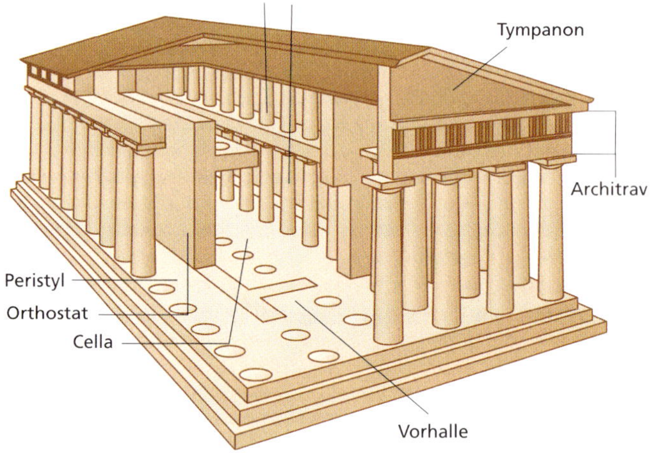

Agora, griech. = rechteckiger oft von Säulenhallen (Stoa) umschlossener Platz; Markt- und Versammlungsplatz, mit Altären, Statuen, Bänken geschmückt; in der Nähe lagen das Rathaus (Buleoterion) und Behördenhaus (Prytaneion)

Akropolis und **Agora** bildeten die beiden Zentren in der griechischen Stadt. Für kulturelle und sportliche Aktivitäten wurden öffentliche Bauten neben den Heiligtümern oder in den Städten Theater, Gymnasien (Hallen zum Laufen), Palästren (Hallen zum Ringen und Boxen), Umkleide- und Waschräume errichtet. Die Stoa fungierte als Treffpunkt, Ladenstraße, Ausstellungs- und Schulungsraum. Um übermäßige Terrassierungsarbeiten zu vermeiden, wurden Theater im Freien meist muschelförmig am Hang eines Hügels angelegt. Eine Mauer, die später zu einem komplexen Gebäude ausgebaut wurde, schloss die Anlage ab (Aspendos). Im Hellenismus kamen Bibliotheken als städtische Bauwerke hinzu.

Plastik

Das zentrale Thema der griechischen Kunst war die menschliche Gestalt. Nicht das einzelne Individuum, sondern der Mensch als Repräsentant einer Gesellschaft wurde zum Leitbild der **Skulptur.**

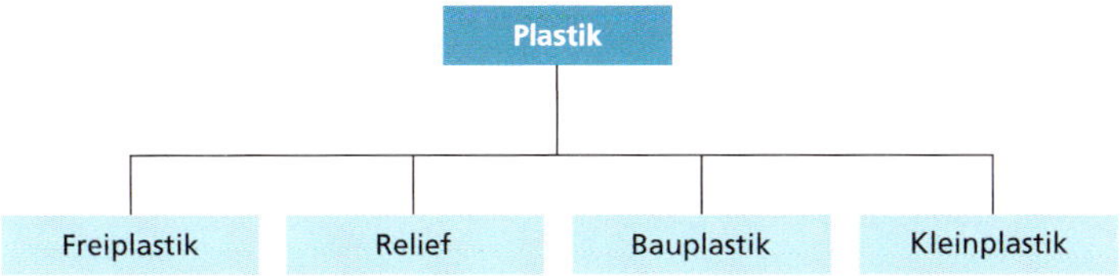

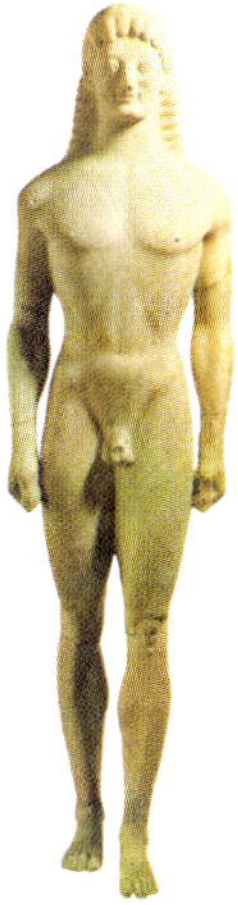

Apollo von Tenea, 560–550 v. Chr., Marmor, 153 cm, archaische Epoche, München, Glyptothek

Die Harmonie von Körper und Geist spiegelte sich in einem verallgemeinerten Schönheitsideal der Plastiken. Diese waren in der Antike farbig bemalt. Großplastiken standen in Tempeln, Heiligtümern, in öffentlichen Gebäuden, Privathäusern, Gartenanlagen, auf Plätzen oder wurden als Siegerstatue, als Votivbild für eine Gottheit oder als Statue eines Grabmals hergestellt. Reliefs schmückten Tempel, Altäre und Grabmale.

In der **geometrischen Epoche** gab es wahrscheinlich nur Holzplastiken, die für kultische Zwecke gewaschen, bekleidet und geschmückt wurden, bzw. Kleinplastiken, die als Weihegeschenke für die lokalen Gottheiten dienten.

▶ **geometrische Epoche:** benannt nach den geometrischen Mustern der neu beginnenden Töpferei und Vasenmalerei ca. 900–700 v. Chr.

Die Anfänge der Großplastik setzten in archaischer Zeit (um 650 v. Chr.) ein. Lebens- oder überlebensgroße Statuen von nackten Jünglingen (Kuroi) und bekleideten Mädchen (Koren) ähneln ägyptischen Skulpturen: z. B. in der Frontalität, der starren Haltung, in geballten Fäusten und dem vorgesetzten linken Bein des Kuros. Die Figur steht frei, ohne Rückenplatte. Die Haltung vermittelt Selbstbewusstsein, Spannung und Energie, Nacktheit und das so genannte „archaische Lächeln" sind typisch. Allen Mädchenstatuen gemeinsam sind die stoffreichen, drapierten Gewänder, sorgfältig frisierten Haare mit Kopfschmuck und wiederum das archaische Lächeln. Kore und Kuros verkörpern die Norm einer adeligen Elite, die das gesellschaftliche Leben Griechenlands bestimmte. In den Skulpturen bzw. dem plastischen Schmuck im Giebelfeld der Tempel werden zielgerichtete Handlungen sichtbar.

In der klassischen Periode bevorzugte man starke Bewegungsimpulse. Die Anatomie und die Funktion des menschlichen Körpers wurden in Bewegungen erfasst. Der Reliefschmuck des Parthenons, mit dem die beiden Giebelfelder sowie die **Metopen** und die Cella dekoriert wurden, zeigt eine perspektivische Umsetzung der Einzelfiguren in Dreiviertelansicht, eine Zwanglosigkeit von Figurengruppen, eine gekonnte Ausnutzung des vorgegebenen Raumes und eine Staffelung der Figuren in den verschiedenen Ebenen des Reliefs. Das Neue, das die klassische griechische Statue gegenüber der Gebundenheit der ägyptischen Statue und des Kuros-Typs auszeichnet, ist das Gliederspiel. Es zeigt sich im Wechsel von Stand- und Spielbein, in der Biegung der Wirbelsäule, der Neigung von Hüften und Schultern und der Drehmöglichkeit der Glieder (Kontrapost, Ponderation).

▶ **Metope,** griech.-lat. = Teil des Gebälks beim dorischen Tempel; abgeteilte, fast quadratische, bemalte oder mit Reliefs verzierte Platte aus Ton oder Stein

Kontrapost, lat. contrapposto = gegeneinander Gesetztes, Ausgleich der tragenden und lastenden, der ruhenden und treibenden Kräfte in einer Statue. Auf dem Standbein der Figur ruht die Last des Körpers, während das Spielbein frei beweglich nur leicht aufgestützt dargestellt wird.

Der Kontrast von Bewegung und Gegenbewegung erreicht im **Kontrapost** einen harmonischen Ausgleich. POLYKLET entwickelte mithilfe von Maß- und Zahlensystemen ein schriftliches Regelwerk (Kanon), das vermutlich seinen Plastiken zugrunde lag. In den Skulpturen der Bildhauer MYRON und PHIDIAS wurden alle Teile des Körpers im Verhältnis zum Ganzen gesehen. Der Speerträger (Doryphoros, um 440 v. Chr.) links im Bild ist nach dem Prinzip des Kontrapostes gestaltet. Im Vergleich dazu steht der Apoll von Tenea in strenger Haltung.

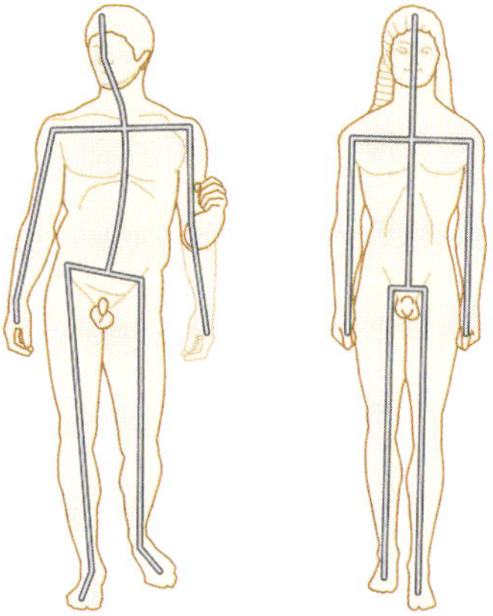

PRAXITELES, *Apoll mit Dionysosknaben,* ca. 340 v. Chr., Marmor, Olympia

In der Spätklassik und im Hellenismus blieb das klassische Menschenbild weiterhin Vorbild. Es wurde variiert und erweitert. Schwellende Muskeln, ausgreifende Gesten und ein bewegterer Gesichtsausdruck wurden üblich. Die Proportionen der Statuen änderten sich. Sie wirkten schlanker und größer mit kleineren Köpfen und bewegten Gewändern bei Frauenstatuen. PRAXITELES schuf mit der „Aphrodite von Knidos“ um 340 v. Chr. die erste nackte Großplastik einer Frau.

Gruppen, die zwei oder mehr Körper zu einer Einheit verbinden, gehören zu den eindrucksvollsten Leistungen der hellenistischen Plastik (Laokoon-Gruppe, ↗Bild). Die Szenen wurden nach der größtmöglichen Spannung ausgewählt und gestalterisch umgesetzt. Daneben gab es unzählige Plastiken mit genrehaften Menschendarstellungen von Angehörigen aus den unteren Schichten: Marktfrauen, Fischer, Hirten, eine trunkene Alte, dornausziehender Knabe usw. Gemessen an dem klassischen Schönheitsideal vergöttlichter Menschen wirkten diese Plastiken wie Karikaturen. Zahlreiche griechische Standbilder wurden in Bronze ausgeführt. Von ihnen sind nur sehr wenige im Original erhalten, dagegen viele Marmorkopien aus römischer Zeit.

Bild: *Laokoon-Gruppe,* 1. Jh. n. Chr., Marmor, hellenistische Epoche, Rom, Vatikanische Sammlungen

Ein Höhepunkt hellenistischer Plastik sind die Friese am Pergamonaltar (170 v. Chr.). Die mythologische Szene „Der Kampf der Götter gegen die Giganten“ ist mit dicht gedrängten, fast freiplastischen Figuren als Hochrelief ausgeführt. In Marmor gebannt, spielen sich dramatische Szenen ab. Realistisch werden seelische und körperliche Qualen in den Gesichtern und Körpern der Giganten den kühl überlegen wirkenden Göttern gegenübergestellt.

Malerei

Von der griechischen Wand- und Tafelmalerei hat sich fast nichts erhalten, doch wissen wir von ihr aus den Werken antiker Schriftsteller. Eine Vorstellung von ihren künstlerischen Möglichkeiten vermittelt uns die Vasenmalerei.
In der **geometrischen Epoche** betonten Linien, Kreise, Schachbrettmuster, Mäander u. a. den strengen Aufbau der Gefäße. Mitte des 9. Jh. v. Chr. wurden figürliche Elemente – Tiere und Menschen – eingebunden und allmählich zu Friesen mit erzählendem Inhalt (Totenklage, Wagenrennen, mythische und religiöse Vorstellungen) erweitert.

Bei den Vasen unterscheidet man eine Vielfalt von Gefäßformen, von denen die **Amphoren, Hydrias** und **Krater** die bekanntesten geworden sind. Alle Vasen wurden auf der Töpferscheibe gedreht und vor dem Brand bemalt. Das Malmaterial, feiner Tonschlicker, gewann man aus besonderen Erden, die durch das Brennen eine schwarz glänzende Oberfläche bekamen. Diese **schwarzfigurige Vasenmalerei** wurde um 530 v. Chr. in Athen von der **rotfigurigen Malerei** abgelöst. Figuren und Muster wurden nun nicht mehr schwarz auf rotem Grund dargestellt, sondern umgekehrt rot auf schwarzem.
In der klassischen Epoche wurden in Athen auch, wie höchstwahrscheinlich in Wand- und Tafelmalerei üblich, Kontrapost, Verkürzungen, Schrägansichten und Überschneidungen angewendet. Wie antike Schriftsteller berichteten, erfand man gegen Ende des 5. Jh. die „Schattenmalerei" (skiagraphia). Für die Vasenmalerei wurden statt der Umrissdarstellung nun flächig gemalte Körper und Gewänder üblich.
In den Königsgräbern von Vergina (Nordgriechenland) – der Residenz des Makedonenkönigs PHILIPP II. – sind **Wandmalereien** an der Fassade und den Innenräumen entdeckt worden. Die dramatische Aktion des mythologischen Geschehens wird durch unterschiedliche Bewegungsrichtungen, wehende Haare und gebauschte Gewänder gesteigert.

Karyatide, griech.-lat. = weibliche Statue mit langem Gewand, die anstelle einer Säule das Gebälk eines Bauwerks trägt

Bilder:
links: *Ostgiebelskulpturen des Parthenons* (klassisch, wahrscheinlich von PHIDIAS entworfen), 448–432 v. Chr.;
rechts: *Pergamonaltar,* Fries „Der Kampf der Götter gegen die Giganten", hellenistisch

Triglyphe, griech. = Dreischlitz, recht-eckige Steinplatte am dorischen Tempel mit zwei Einkerbungen, die die Fläche in drei senkrechte Felder teilen. Sie bilden mit den Metopen den Fries des Tempels.

Bild:
Attischer Glockenkrater, rotfiguriger Stil (um 440 v. Chr.), Altenburg, Lindenaumuseum.

Vase, ital. vaso = Gefäß
Analog zu menschlichen Körperteilen spricht man von Fuß, Bauch, Schulter, Hals und Lippe der Gefäße.

„Hades entführt Persephone“, *Wandmalerei mit mythologischer Szene,* um 350 v. Chr., Königsgrab in Vergina, klassische Epoche

Alexander-Mosaik aus Pompeji, Ende 2. Jh.

Berühmt geworden ist das fast 6 m breite „Alexander-Mosaik“ aus Pompeji. Es ist die in Pompeji ausgegrabene, um 100 v. Chr. gefertigte Kopie eines griechischen Wandgemäldes von 317/15 v. Chr. Die Kopie von Pompeji war eine Fußbodendekoration. Sie zeigt eine der Schlachten zwischen ALEXANDER DEM GROSSEN (links auf dem Pferd) und dem Perserkönig DAREIOS III. (rechts auf seinem Streitwagen).
Die figurenreiche Komposition ist hochdramatisch. Der Künstler beherrscht die Mittel der Verkürzung und der rundenden Körpermodellierung mit Licht und Schatten.

2.1.4 Kunst der Altertums: Rom

Die ständigen militärischen Eroberungen prägten die römische Gesellschaft, formten ihre Wertvorstellungen, die sich in Körperkultur, Spielen und Festen widerspiegelten.

Unter **römischer Kunst** versteht man die antike Kunst Italiens und der außeritalienischen Provinzen des Römischen Kaiserreiches. Sie beginnt im 5. Jh. v. Chr. mit der Vorherrschaft Roms über die Etrusker und endet mit dem Zerfall des Reiches durch die Einfälle der Germanen im 5. Jh. n. Chr. Das Ende der römischen Kunst ist nicht scharf zu begrenzen. Meist bezeichnet man die Kunst nach Kaiser KONSTANTIN (306–324 n. Chr.) bis zum Tod JUSTINIANS (565 n. Chr.) als Spätantike und bezieht die frühchristliche Kunst mit ein.

Im 8. Jh. v. Chr. gründeten die Etrusker in Mittelitalien die Stadt Rom. Bis zum 6. Jh. v. Chr. wurde diese von etruskischen Königen regiert und danach zu einer städtischen Adelsrepublik. Um 470 v. Chr. übernahmen die Römer die Vorherrschaft in Italien. Neben den griechischen Städten im Süden, den etruskischen im Norden eroberten sie auch Karthago,

Makedonien, Griechenland, Vorderasien, Ägypten und Westeuropa bis Britannien. Gegen Ende des 1. Jh. v. Chr. wurde aus der Republik ein Kaiserreich. Seit dem 2. Jh. n. Chr. breitete sich das Christentum im Römischen Reich aus. Nach zunächst schweren Verfolgungen wurde das Christentum Ende des 4. Jh. zur Staatsreligion. Im Jahr 395 erfolgte die Teilung des Römischen Reiches in das Oströmische (später: Byzantinisches Reich) und das Weströmische Reich, das unter dem Ansturm der Germanen im 5. Jh. zerfiel.

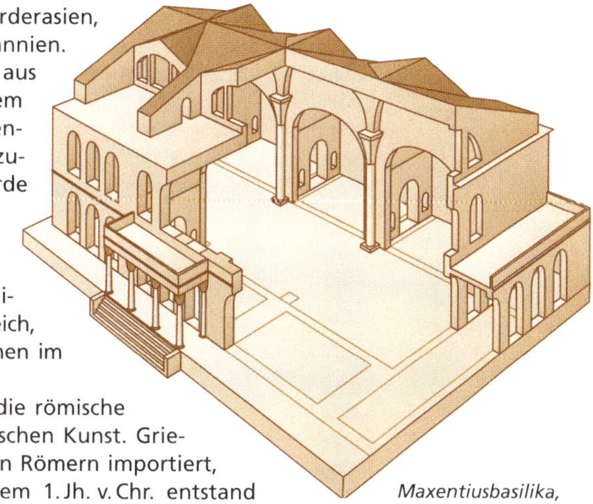

Maxentiusbasilika, um 306–312 n. Chr., Rekonstruktionszeichnung

Ihre kulturellen Grundlagen hatte die römische in der griechischen und der etruskischen Kunst. Griechische Kunstwerke wurden von den Römern importiert, kopiert oder auch geraubt. Seit dem 1. Jh. v. Chr. entstand eine eigene römische Reichskunst, die das Kaiserhaus verherrlichte. Ab dem 3. Jh. n. Chr. entstanden parallel zu den „heidnischen" Inhalten der römischen Kunst Kunstwerke mit christlichen Themen. Sie unterscheiden sich nur im Inhalt, nicht in Form und Technik von der Reichskunst.

Architektur

Die antike römische Architektur arbeitete zwar mit dem von den griechischen Baumeistern entwickelten Vokabular (Säulen, Gebälk etc.) weiter, brachte aber die Baukörper zueinander in andere Beziehungen. So vermied man in Griechenland die Anordnung der Gebäude auf gemeinsamer Achse und bevorzugte stattdessen ihr freies Verhältnis zueinander. Die Römer dagegen entschieden sich anders: Sie reihten ihre Tempel, Hallen, Thermen, Säulengänge symmetrisch auf langen zentralen Achsen. Echte Gewölbe und Arkaden (Bögen) waren bei den Griechen äußerst selten. Bei den Römern wurden sie zum charakteristischen Leitmotiv der Architektur (Pantheon, Colosseum, Wasserleitungen, Thermen etc.).

In den römischen Provinzen außerhalb Italiens blühte vor allem im 1.–4. Jh. n. Chr. die so genannte provinzialrömische Kunst mit lokaler Ausprägung und manchmal großen Qualitätsunterschieden.

Bild: *Römischer Podiumstempel: Maison Carée in Nimes,* 1. Jh. n. Chr.

Wenn die Griechen Säulen übereinander stellten (z. B. im Inneren mancher Tempel), dann blieben sie bei derselben Säulenordnung (also dorische Säule über dorische Säule – Paestum). Die Römer aber entwickelten bei diesem Stapeln eine besondere Systematik: Unten eine schwere gedrungene Ordnung (dorisch), darüber eine leichtere, schlankere (ionisch), darüber eine noch leichtere und noch schlankere (korinthisch). Falls noch ein Geschoss nötig war, dann wählte man dafür eine komposite (zusammengesetzte) Ordnung aus ionischer und korinthischer. Man kann diese Abfolge in Rom am Colosseum sehen, das in der Frührenaissance (L. B. ALBERTI, Palazzo Rucellai) zum Vorbild für die Säulenordnungen mehrstöckiger Gebäude wurde – und vorbildlich blieb bis zum Ende des 19. Jh.

Bild: *Aquädukt in Segovia,* Spanien, Ende 1. Jh. n. Chr.

Aquädukt, lat. = Wasserleitung, monumentaler Brückenbau zur Überführung von Wasserleitungen aus dem Gebirge über Täler in die Städte

Mit der Entwicklung der Bogen- und Gewölbetechnik entstanden **Aquädukte** zur Versorgung der Bevölkerung in den Städten, Steinbrücken als Bestandteil eines hoch entwickelten Straßenbaus, überwölbte Thermenanlagen mit Hypokaustenheizung, riesige Speicherhallen und die originale Schöpfung der **profanen Basilika** als Gerichts-, Handels- und Massenversammlungsraum. Der Normaltyp der Basilika (lat. = königliche Halle, ↗ S. 49, 52 ff., 61 ff., 373 f.) wurde im Innenraum von umlaufenden Säulen- oder Pfeilerreihen in drei oder mehr Schiffe geteilt – einen großen, breiten Mittelraum und schmalere seitliche Umgänge. Das Mittelschiff, meist zweistöckig, sorgte durch hoch angebrachte Fenster für ausreichende Beleuchtung. Ein Podium war möglicherweise für Börsengeschäfte, Versteigerungen und Gerichtsangelegenheiten vorgesehen. Üblich waren flach gedeckte und eingewölbte Basiliken.

Bild: *Pantheon in Rom,* ca. 118–128 n. Chr., bedeutendster Kuppelbau der Antike

Gussmauerwerk (Opus caementicum): Gemisch aus kleinen Steinen, Sand, Kalk und Wasser. Zur Herstellung dieses „Betons" wurde eine Holzverschalung benutzt, in die man die nasse Masse hineingoss und die Schalung nach dem Trocknen entfernte.

Forum: Markt- und Versammlungsplatz in den römischen Städten

Folgenreich für die Gesamtentwicklung der Architektur wurde die Anwendung des **Gussmauerwerkes.** Damit waren nicht nur die Errichtung riesiger Kuppeln über weiten Räumen (Pantheon, 118 bis 128 n. Chr.), sondern auch Unterbauten für Terrassen und Amphitheater möglich geworden. Diese Bauwerke konnte man nun unabhängig von Geländeformationen frei in die Ebene bauen.

In den Unterbauten der elliptischen Amphitheater waren u. a. auch unterirdische Anlagen für die Tier- und Gladiatorenkämpfe untergebracht. Als größtes Amphitheater der antiken Welt baute man das „Flavische Theater" in Rom, das so genannte **Kolosseum** (79–80 n. Chr.). Es verfügte über 50 000 Sitzplätze.

Neben den öffentlichen Bauten wie Tempel, Foren, Thermen, Toranlagen (Porta Nigra in Trier, 2.–4. Jh. n. Chr.), genormten Militärcastellen usw. entstanden städtische und ländliche Häuser, die um einen zentralen offenen Raum **(Atrium)** angeordnet oder zusätzlich mit einer Säulenhalle (Peristyl) gebaut waren, Villen und Kaiserpaläste. Es wurde nun mit der Verfeinerung der Sitten größerer Wert auf Verschönerung im privaten Bereich gelegt. Die Außenmauern verkleidete man seit der frühen Kaiserzeit mit Marmor, Innenwände mit Putz oder Stuck. Auch die römische Grabarchitektur (Hadrian-Mausoleum/Engelsburg, 139 n. Chr.) und besonders die Rundgräber (Augustus-Mausoleum, 28 v. Chr.) erfüllten als Repräsentationsbauten wichtige architektonische Aufgaben im Stadtbild. Die Stadtzentren wurden seit AUGUSTUS zu großen geschlossenen Freiraumanlagen mit axialer Ausrichtung auf einen Podiumstempel, mit Basilika und Stoa. Die Bauten bekamen monumentale Schauseiten durch eine ausgebildete Fassadenarchitektur.
Nach der Anerkennung des Christentums durch Kaiser KONSTANTIN im Jahr 313 n. Chr. wurden im ganzen Reich und nach der Teilung in beiden römischen Reichen Kirchen gebaut. Dafür erfolgte die Wahl des Typs der profanen dreischiffigen **Basilika.** Die frühchristlichen Basiliken besaßen alle einen offenen Säulenhof (Atrium oder Paradies, häufig mit Brunnen) oder eine offene Vorhalle **(Narthex),** von denen man in den sakralen Kirchenraum gelangte. Dieser bestand aus einem hohen Mittelschiff mit Fenstern **(Obergaden)** über dem Dachansatz der niedrigeren Seitenschiffe. In der dem Haupeingang gegenüberliegenden Apsis befanden sich der Bischofsstuhl **(Cathedra)** und die Priesterbank, vor der **Apsis** meist der Altar. Im Mittelalter wurde die Basilika zum bestimmenden Typ des europäischen Kirchenbaus.

Portikus: von Säulen und Pfeilern getragener Vorbau an der Haupteingangsseite, häufig mit Dreiecksgiebel

Thermen: antike Badeanlagen, seit dem 5. Jh. v. Chr. in Griechenland (Olympia) nachweisbar. Römische Thermen (seit dem 2. Jh. v. Chr.) entwickelten sich zu Stätten der Erholung, Zerstreuung, Unterhaltung und Bildung.

Apsis, griech. = Bogen, meist im Grundriss halbkreisförmiger, mit einer Halbkuppel überwölbter Raum, der einem Hauptraum (Kirchenschiff, Chor) zugeordnet ist, z. T. mit Mosaikschmuck in der Halbkuppel

Plastik

Römische Plastiken erschienen als dekorative Ausgestaltung von Plätzen und Gebäuden mit repräsentativen Statuen, historischen Reliefs an Triumphbögen und Monumentalsäulen, als Sarkophagreliefs und Porträts.
Anfang des 2. Jh. n. Chr. änderten sich die römischen Grabsitten. Man ging von der Leichenverbrennung zur Körperbestattung über. Statt Urnen wurden nun Erdgräber oder steinerne **Sarkophage** benutzt, die je nach Aufstellung an allen vier Seiten oder nur dreiseitig mit Reliefschmuck versehen waren. Man unterscheidet architektonisch gegliederte Sarkophage von so genannten **Friessarkophagen.** Im Bildprogramm der Sarkophage konzipierte man sinnbildhaft die Tugenden der Verstorbenen, eine Folge von Ereignissen aus Feldzügen und mythologische Szenen. Sarkophage wurden auch für christliche Begräbnisse genutzt.
In den Reliefs tauchten nun neben antiken auch Themen aus dem Alten und Neuen Testament auf. Sie sind wertvolle Bildquellen der Spätantike. Die historischen Reliefs an Triumphbögen in Rom und Monumentalsäulen beschrieben siegreiche Feldzüge und militärisches Alltagsleben bzw. verherrlichten propagandistisch die Taten der Feldherren.

Bild: *Großer Ludovisischer Schlachtensarkophag,* um 260 n. Chr., Marmor, Rom, Nationalmuseum

Bild:
Panzerstatue des AUGUSTUS,
um 19 v. Chr., Marmor mit Farbresten, Rom, Vatikanische Sammlungen

Kolossalkopf KONSTANTINS,
4. Jh. n. Chr., Spätantike Herrscherbildnisse sind überlebensgroße Statuen mit keinerlei individuellen Gesichtszügen.

Bedeutungsvolle Ausprägung fand in Rom das **Porträt**. Im Unterschied zum idealisierenden Porträt der griechischen Kunst wurde immer eine konkrete Einzelpersönlichkeit wiedergegeben. Im Verlauf der Jahrhunderte wandelte sich die Auffassung vom Bildnis mehrmals. Die Wurzeln dieser Kunst lagen in der Ahnenverehrung. In diesem Zusammenhang war es Sitte, Wachsmasken von den Toten abzunehmen und diese Masken im Haus aufzustellen. Bereits in der Zeit der römischen Republik gelangen mit der Ersetzung des Wachses durch dauerhaftere Materialien realistische Abbilder von Personen. Die Porträts aus dieser Zeit betonen das Individuelle durch Derbheit und charaktervolle Unverfälschtheit. Seit AUGUSTUS erhielten Repräsentationsstatuen, die zwar bekleidet, aber nach griechischem Vorbild im Kontrapost und typisiert gearbeitet wurden, nur individuelle Porträtköpfe. Der Staat beeinflusste eine Denkmalkunst, in der klassizistisch-ideale Kaiserporträts mit pathetischen oder auch realistischen wechselten. Während sich Porträts in augusteischer Zeit an die alterslose Auffassung der griechischen Klassik anlehnten, wurden ab der 2. Hälfte des 2. Jh. wieder realistischere Physiognomien gestaltet. Die Bildniskunst wandelte sich mit der jeweiligen Auffassung kaiserlicher „Selbstdarstellung".

Malerei

Römische Malerei fand seit dem 3. Jh. v. Chr. in den „Triumphalgemälden" ihre Ausprägung. Zur Ehrung siegreicher Feldherren führte man Bilder als volkstümliche Berichterstattung in den Triumphzügen mit und stellte sie anschließend öffentlich aus. Leider sind diese Gemälde nicht erhalten und nur in der antiken Literatur bezeugt. Mit Wandmalereien und bemaltem Stuck schmückte man die Fassaden und Innenräume von öffentlichen Gebäuden, Grabbauten, Palästen und Villen. Dabei wurde eine gemischte Technik angewandt: Man malte auf den noch feuchten Putz (Fresko) und auf den schon getrockneten Putz (Secco). Aus den erhaltenen Malereien der vom Vesuvausbruch (79 v. Chr,) verschütteten Wohnhäuser und Villen Pompejis und Herkulaneums kann man vier Stile der römischen Innendekoration ableiten.

Bild:
Venus,
Wandbild aus einer pompejanischen Villa

In der römischen Malerei sind vier Stile zu unterscheiden: Inkrustationsstil (2. Jh. v. Chr.–80 v. Chr.), Architekturstil (80–30 v. Chr.), ein von augusteischen Kulturvorstellungen geprägter Stil (30 v. Chr.–62 n. Chr) sowie eine Stilistik ab 62 n. Chr. Scheinarchitekturen, Mysteriendarstellungen und Landschaftsausblicke gehörten zu den Hauptthemen der Malerei. Durch neue perspektivische Mittel erzielten die Römer eine großartige Illusion von Räumlichkeit und Körperhaftigkeit. Der griechische Einfluss wurde vor allem in den Landschaften mit mythologischen Szenen (Odysseefresken, 2. Jh. v. Chr.) deutlich. Diesen Darstellungen einer harmonischen Einheit von Mensch und Natur lag letztlich ein Ideal (Arkadien, Paradies) zugrunde. Durch atmosphärische Stimmungen und duftig wirkende Farbaufträge wurde dieser Eindruck unterstützt. Die „Landschaftsmalerei“ der Antike hatte großen Einfluss auf die europäische Malerei seit der Renaissance. Ab dem 2. Jh. n. Chr. bahnte sich ein **flächig linearer Stil** an, der unter anderem das frühchristliche Mosaik vorbereitete.

Auch die frühen Christen pflegten die Wandmalerei schon zur Zeit der Christenverfolgung in ihren Privatgemächern und in unterirdischen Grabanlagen, den Katakomben. Wie in Architektur und Skulptur folgten sie auch in Malerei und Mosaik der Gestaltungsweise des „heidnischen Roms“ und benutzten diese zur Darstellung biblischer Szenen.

Mosaik, frz. mosaique, über ital. mosaico, musaico = Flächendekoration, meist aus kleinen farbigen Natursteinen oder speziell zugeschnittenen Stücken von verschiedenem Material, die in einem Mörtelbett zu Ornamenten und Bildern zusammengesetzt sind

Römische **Mosaikkunst** fand sich in öffentlichen Gebäuden und privaten Palästen und Villen als Bodenmosaik („Alexander-Mosaik“, Ende 2. Jh v. Chr.). Die Mosaiken des 2. und 1. Jh. v. Chr. waren schwarze Zeichnungen auf hellem Grund. Im 2. Jh. n. Chr. kamen teppichartige ornamentale Friese mit mythologischen Szenen, Stillleben und später Alltagsmotive, Gladiatorenkampfszenen und Jagdmotive hinzu. Vor allem in den römischen Provinzen ist die antike Mosaikkunst gut erhalten. In den frühchristlichen Basiliken übernahmen Mosaiken die Rolle der Wandmalerei. Apsis, Triumphbogen, Langhauswände und Gewölbe der neueren Zentralbauten wurden mit christlichen Darstellungen geschmückt.

Bild:
Bodenmosaik aus einer Villa in Volubilis, Marokko

2.2 Kunst des Mittelalters

2.2.1 Karolingische Kunst

Gesellschaftliche Bedeutung der Religion im frühen Mittelalter

Das frühe Mittelalter beginnt mit dem Übertritt des Merowingerkönigs CHLODWIG zum Christentum 486 n. Chr. und der Ausweitung fränkischer Stammesgebiete auf weströmisches und germanisches Gebiet mit der gleichzeitigen Christianisierung der eroberten germanischen Territorien. Damit waren die wesentlichen Voraussetzungen geschaffen für das weitere Denken und Handeln des ganzen „Abendlandes". Die Einführung des Christentums als Staatsreligion sowie die Christianisierung germanischer Gebiete führte auf der Herrscherebene zum **Dualismus von Kirche und Staat:** Das Streben der Kirche nach weltlicher Macht ließ das Papsttum über die Jahrhunderte zu einer politischen Größe werden, die letztlich das gesamte politische Geschehen in Westeuropa beeinflusste. Päpste durften Kaiser inthronisieren und absetzen, sie mit dem Bann belegen und für vogelfrei erklären. Die weltlichen Herrscher wehrten sich gegen diesen Einfluss, setzten Päpste und Gegenpäpste ein, zogen gegen päpstliche Truppen zu Felde. Geistliche wurden mit weltlichen Ämtern belehnt, nahmen im Auftrage der Kaiser und Könige deren Aufgaben wahr. Weltliche übernahmen andererseits geistliche Ämter. Dagegen wandten sich Kirchenreformer (Cluniazensische Kirchenreform 10. und 11. Jh.). Durch diese Kämpfe wurde das Königtum im Heiligen Römischen Reich Deutscher Nation geschwächt, Partikulargewalten und Papsttum errangen die Oberhand.

▶ Am Beginn des Karolingischen Reiches waren Papsttum und Kaisertum noch relativ gleichberechtigt. So setzte sich KARLS Sohn LUDWIG, als er 813 zum Mitkaiser gekrönt wurde, selbst die Kaiserkrone auf.

Auch im einfachen Volk kam es zu die Folgezeit prägenden Phänomenen: Christliche Religion und germanische Götter- und Geistervorstellungen trafen aufeinander. Dadurch entwickelte sich ein **Aberglaube,** der sich auf die gesamte Gesellschaft auswirkte. Mündlichkeit **(Analphabetentum)** der Gesellschaft und Schriftlichkeit **(Bildungsmonopol)** der Kirche führten nicht dazu, dass diese Widersprüche aufgehoben werden konnten. Noch KARL DER GROSSE hatte die Bildung des Volkes gefördert und in seiner „Capitulare de partibus Saxoniae" (781–785) die Bestrafung des Aberglaubens verfügt: *„Glaubt einer vom Teufel verführt nach Art der Heiden, ein Mann oder eine Frau seien Zauberer oder Hexe und äßen Menschen, und er verbrennt sie deswegen und gibt ihr Fleisch jemandem zu essen oder ißt es selber, so soll er an Haupt und Leben bestraft werden."*
Die Ansätze einer Wiederbelebung antiker Bildungsideale wurden bald gestoppt. Mit dem Anwachsen kirchlicher Macht förderten Klerus und weltliche Herrscher Analphabetentum und Aberglauben im Reichsgebiet. Die Klosterschule – und damit die Geistlichkeit – erhielt das **Bildungsmonopol.** Der Einfluss des Christentums auf die Gesellschaft nahm beständig zu. Es bestimmte das Leben im Mittelalter.

▶ „Capitulare de partibus Saxoniae" (dt.: „Gesetzestexte für den Teil Sachsen"): Gesetz, das nach den Sachsenkriegen KARLS DES GROSSEN die Christianisierung der Sachsen sichern sollte

Gesellschaftliche Rolle der Kunst im frühen Mittelalter

Mit dem Übertritt CHLODWIGS zum Christentum und der Ausweitung des fränkischen Stammesgebietes auf das christianisierte Westrom stießen zwei unterschiedliche Kulturen aufeinander, die sich – germanisch-heidnisch auf der einen, antik-christlich auf der anderen Seite – mit der Zeit vermischten und (in der Folge) die karolingische Kunst hervorbrachten:

Als **karolingische Kunst** bezeichnet man die aus dem Zusammentreffen christlich-römischen, byzantinischen und germanischen Kulturerbes entstandene Kunst auf dem Boden des Fränkischen Reiches zu Zeiten KARLS DES GROSSEN und seiner Nachfolger (etwa 740 – 900).

Diese Kunst war hauptsächlich gekennzeichnet durch:
- religiöse Motivik,
- Übernahme der Baumaterialien von den Römern (Natursteinbau),
- christliche und weltliche Darstellung des Menschen (römische Vorbilder),
- florale und Tierornamentik (germanische und arabische Vorbilder).

Einflüsse auf die karolingische Kunst

Architektur	Bildkunst
• christlich-römische Basilika • byzantinischer Zentralbau • antike (griechisch-römische) Kapitelle	• byzantinische, früher christliche Mosaiken • germanische Ornamentik • germanische Kleinkunst • antike Plastik • spätantike und byzantinische Buchmalerei

Die karolingische Kunst entwickelte Formen der merowingischen Kunst (um 500 – 740) weiter, in der bereits eine Auseinandersetzung germanischer Kunstvorstellungen mit der heidnischen und christlichen Kunst Roms und Byzanz' stattgefunden hatte. Ihren Namen hat die karolingische Kunst von KARL DEM GROSSEN, der eine Erneuerung des Römischen Reiches (Renovatio Imperii Romani) anstrebte und sich einerseits als Nachfolger germanisch-keltischer Stämme auf dem Boden des Frankenreiches und andererseits als Beschützer Roms und Nachfolger weströmischer Kaiser betrachtete. Die sich in der Auseinandersetzung mit tradierten Kunstformen dieses Staatsgebietes (und über seine angelsächsischen Berater auch der irisch-angelsächsischen Kunst) herausbildende **karolingische Renaissance** brachte Hervorragendes in
- Buchkunst (Buchmalerei),
- Freskomalerei (Wandmalerei),
- Architektur,
- Kleinplastik,
- Kunsthandwerk (Elfenbein- und Metallarbeiten),
- Schriftgestaltung

hervor.

KARL DER GROSSE, lat. CAROLUS MAGNUS, franz. CHARLEMAGNE, lebte von 742 bis 814. Er verstand sich als Augustus Imperator Renovatio Imperii Romani (Kaiser des erneuerten Römischen Reiches).

2

Als **karolingische Renaissance** bezeichnet man das Wiederaufleben römisch-antiker Elemente in der frühmittelalterlichen Kunst.

Karolingische Malerei

Bild: *Godescalc-Evangeliar, Szene: Christus.* 781–783, Paris, Bibliothèque Nationale.
Purpurpergament: Purpur und Gold galten in frühmittelalterlicher Zeit als Farben des Überirdischen, Himmlischen.

Bedeutsam für die karolingische Malerei waren Fresko- und Buchmalerei. An KARLS Hofschule wurde die Buchmalerei gepflegt. Der Herrscher gab das Godescalc-Evangeliar (zwischen 781 und 783, benannt nach dem Hofschreiber KARLS DES GROSSEN), in Auftrag, eine Prachthandschrift mit goldenen und silbernen Buchstaben auf **Purpurpergament,** die eine Reihe karolingischer Miniaturen, ganzseitiger Initialen und Kanontafeln enthält und zugleich die von KARL angestrebte gesellschaftliche Erneuerung im Sinne einer christlichen Weltordnung begründet. Dieses Buch wie auch die Alkuin-Bibeln, das Reichs-Evangeliar und der Dagulf-Psalter, verwenden bereits die **karolingische Minuskel,** eine standardisierte Handschrift, die sich schnell schreiben ließ und dabei gleichmäßig ausgebildete kleine Buchstaben besaß, die sehr gut lesbar waren. Sie kommen fast ohne Ligaturen aus. Die karolingische Minuskel, vom Mönch ALKUIN entworfen, war Ausgangspunkt für alle heute gebräuchlichen Antiqua-(= Serifen-)Schriften.
Aus der Spätantike übernommen wurde die Freskomalerei (Reste befinden sich noch in der Krypta von Saint-Germain in Auxerre, in der Kirche des ehemaligen Benediktinerklosters Corvey u. a.).

▶ **Minuskel,** lat. minusculus = etwas kleiner, Kleinbuchstaben der Schriften des lateinischen Alphabets. Minuskelschriften bestehen aus kleinen Buchstaben mit Ober- und Unterlängen.
Majuskel, lat. maiusculus = etwas größer, Großbuchstaben des lateinischen Alphabets
Ligatur: Verbindung zweier Buchstaben zu einer Einheit, noch heute als ß (Verbindung von s und z im Frakturalphabet) sichtbar

Karolingische Architektur

Karolingische sakrale Baukunst war vor allem von Kirchenbauten in Ravenna und Rom beeinflusst. Als der Reiseherrscher KARL seinen Hof **(palatium)** nach Aachen verlegte und dort seine Pfalz (Königshof) errichten ließ (Könige hatten zu jener Zeit keinen festen Herrschaftssitz), griff er auf die Kirche San Vitale (527 begonnen) in Ravenna zurück. Diese war als Umgangszentralbau nach byzantinischem Vorbild (die Stadt war nach 540 Sitz des byzantinischen Vizekaisers im eroberten Verwaltungsdistrikt, dem Exarchat von Ravenna) gebaut worden. Die Architektur und die Mosaiken im Inneren der Kirche beeinflussten besonders die Romanik.
Die Aachener Kapelle (in Form eines Oktogons) wurde 796–805 nach einem Entwurf von EUDES (ODO) VON METZ als damals größter Kuppelbau nördlich der Alpen erbaut. Der Kuppelraum wird von einem kreuzgrat

▶ Von dem lateinischen Wort „palatium" leiten sich die Wörter Pfalz, Palast und Palais ab. Das Wort selbst bezeichnete ursprünglich das Haus des AUGUSTUS auf dem Palatin, einem der sieben Hügel Roms.

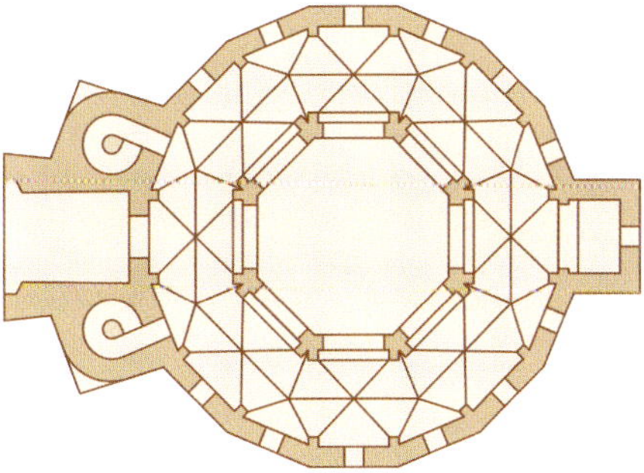

gewölbten zweigeschossigen Umgang umzogen, dessen Außenmauern ein Sechzehneck bilden. Die über den Arkaden befindlichen Geschosse des Umgangs stattete EUDES VON METZ mit Bögen unter Verwendung spätantiker Granit-, Porphyr- und Marmorsäulen aus Rom, Trier und Ravenna aus. An der Westseite des Oktogons befinden sich zwei aus karolingischer Zeit stammende Treppentürme sowie ein aufwendig gestaltetes **Westwerk** (als baulicher Ausdruck für das „imperium mundi", die weltliche Herrschaft), das Vorbildcharakter für romanische und gotische Bauten hatte. Spätere An- und Einbauten stammen vorwiegend aus der Romanik (Karlsschrein) und Gotik (Chor, Kapellen). Bis 1531 war die Pfalzkapelle Krönungsort der deutschen Kaiser.

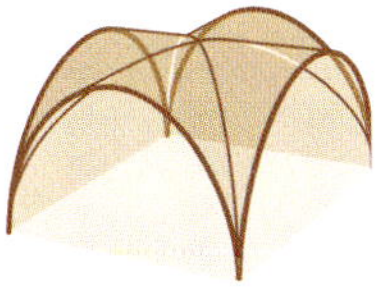

Kreuzgratgewölbe

Basilika, griech./lat. = Königshalle, altrömische Markt- und Gerichtshalle, später Kirchenbauform mit überhöhtem Mittelschiff, ↗S. 38 f., 61 ff., 373

Die Übernahme der frühchristlichen **Basilika** als weitere Bauform neben dem Zentralbau durch die Baumeister der karolingischen Renaissance wirkte sich nachhaltig auf die Kirchenbauten der Romanik und Gotik aus.

Vorbild wurde die Kirche von Saint-Denis (775 geweiht, von Abt SUGER im gotischen Stil umgebaut, 1130/35–1144). Sie verfügte über Langhaus sowie Querhaus und Apsis mit Ringkrypta. Mit der Stiftskirche in Fulda (790 – 819) wurde die **Doppelchoranlage** als typischer Bestandteil der späteren Romanik in die Architektur Westeuropas eingeführt. Das Benediktinerkloster Corvey bei Höxter (Westfalen, 844 geweiht) war – als einer der wenigen noch erhaltenen Bauten – mit einem Westwerk (885 geweiht) ausgestattet.
In Sankt Gallen begann ab etwa 820 der Bau eines karolingischen Klosters. Der vollständig erhaltene Grundrissplan zeigt eine doppelchörige Basilika. Der Bau wurde nicht vollendet.

Das **Langhaus** einer Basilika besteht aus Mittelschiff und zwei oder mehr Seitenschiffen.

Karolingische Plastik

Beeindruckendes Beispiel für die seltene karolingische Plastik ist die Bronzestatuette, die vermutlich KARL DEN GROSSEN darstellt (9. Jh.). Das Reiterstandbild war ursprünglich vergoldet, Reiter und Pferd sind einzeln gegossen, aber offenbar gemeinsam entworfen worden. Das Gesicht zeigt ein Idealbild des Kaisers, es folgt den Beschreibungen EINHARDS, des Biografen KARLS. Vermutet wird, dass es um 850, zu Lebzeiten KARLS DES KAHLEN, eines Enkels KARLS DES GROSSEN, entstanden ist. Deshalb halten es einige Kunsthistoriker für das Bildnis KARLS DES KAHLEN.
Blieb auch die Plastik wenig ausgebildet, so hatte doch die **karolingische Kleinkunst** mit ihren Elfenbeinschnitzereien und Metallarbeiten eine Blütezeit. Beliebt waren ornamentale bzw. figurale Buchdeckel aus

Reiterstatuette KARLS DES GROSSEN

2

Bild: *Einbanddeckel des Codex aureus* (lat. = goldenes Buch, um 870), Goldblech aus einer Reimser Werkstatt, München, Staatsbibliothek

Mandorla (griech.) bezeichnet in der bildenden Kunst den ovalen (mandelförmigen) Heiligenschein um die ganze Jesus- oder Muttergottesgestalt.

getriebenem Edelblech (zumeist Gold), oft mit Elfenbeinschnitzereien oder Edelsteinen besetzt. Der achsensymmetrisch in der Mitte des Bucheinbandes des „Codex aureus" thronende Christus (Goldrelief) aus der Hofschule KARLS DES KAHLEN zeigt ein fein gearbeitetes Gesicht und ein Gewand mit filigranem Faltenwurf. Die Figur ist von einer mandelförmigen Aureole **(Mandorla)** umgeben. Die Reliefs der vier Evangelisten flankieren den Gottessohn. Darunter bzw. darüber gibt es Darstellungen der Sternzeichen. Gerahmt wird es von Smaragden aus Indien und Saphiren aus Sibirien.
Die karolingische Kunst schuf die Grundlagen für die ottonische Kunst (936–1024) und die Hoch- und Spätromanik.

2.2.2 Romanik

> Als **Romanik** wird die kunstgeschichtliche Epoche etwa zwischen 1000 und 1250 bezeichnet, die alle Gattungen der Kunst umfasst. Die Romanik wurde von der Gotik abgelöst.

Der Begriff Romanik entstammt dem frühen 19. Jh. Er wurde vom französischen Archäologen CHARLES DUHÉSSIER DE GERVILLE eingeführt. DE GERVILLE war der Meinung, dass der Baustil Roms, den man auch als **Rundbogenstil** bezeichnet, sich von dort über ganz Westeuropa ausgebreitet hätte. Tatsächlich übernahm die Romanik neben der aus römischer Zeit stammenden steinernen Wölbung auch die aus dem arabischen Raum stammende Rundbogenornamentik und die germanische Tierornamentik.

Zeitliche und geographische Einordnung der Romanik

Die Romanik konnte sich besonders in Italien, Frankreich, England und Deutschland ausbreiten. Bezug nehmend auf die früh- und hochmittelalterlichen Dynastien, gliedert man die **deutsche Romanik** in
- die ottonische (936–1024),
- die salische (1024–1137) und
- die staufische (1138–1250) Kunst.

St.-Étienne wurde von WILLIAM THE CONQUEROR, dem späteren englischen König WILLIAM I., gegründet.

Die karolingische Kunst (↗ S. 44) kann in diesem Zusammenhang auch als **Vorromanik** bezeichnet werden.
In **Frankreich** setzte die Romanik um 1000 ein. Erste Kirchenbauten entstanden in Tours (St. Martin, um 1000) und im Kloster Saint-Étienne in

Caen (ab 1059). Mit der Abtei von Cluny (ab 1088, in der Französischen Revolution zerstört) wurde die größte Kirche der Frühromanik errichtet, an der sich viele Nachfolgebauten orientierten. In Nordfrankreich setzte sich der **normannische Baustil** (um 950–1024) durch. Der Normanne WILLIAM THE CONQUEROR (1027–1087) brachte diesen ab 1066 (Schlacht bei Hastings) nach **England** (White Tower). Daneben entwickelte man in englischen Klöstern die aus nachrömischer Zeit überlieferte **Buchmalerei** weiter, die sich von der im übrigen Europa durch eine besondere Expressivität des Ausdruckes unterscheidet. Romanische Kunst in **Italien** ist durch den nie verloren gegangenen Bezug zur Kunst der Antike gekennzeichnet. Weitere Einflüsse kamen aus Byzanz, aus Frankreich, Deutschland und im Süden aus dem islamischen Kulturkreis. Auf Sizilien zeigen sich, bedingt durch die normannischen Eroberungen nach 1017 (ROBERT GUISCARD, ROGER I., ROGER II.), Einflüsse des normannischen Stils.

Hinsichtlich des **zeitlichen Ablaufs** ordnet man die Romanik in
- Frühromanik (um 1000 –1024),
- Hochromanik (1024 –1150),
- Spätromanik (1150 –1250).

Kirchen und Klöster waren seit dem Untergang des Römischen Reiches zu Zentren von Kultur und Kunst geworden. Romanische Kunst entstand deshalb zu großen Teilen als Sakralkunst. Auch die weltliche Kunst (Teppich von Bayeux) wurde über Jahrhunderte von christlicher Motivik (Goldschmiedekunst) beherrscht.

OTTO III. erwog sogar, sich zum Papst wählen zu lassen.

Gesellschaftliche Bedeutung der Religion im Hochmittelalter

Die Religion bestimmte zu weiten Teilen das Alltagsleben der Menschen. Weltliches und Christliches waren ineinander verwoben, bedingten einander. Grundlage allen Handelns im Mittelalter war die „Treuga Dei", der Gottesfrieden. Neben der grausamen Bestrafung schon kleinster Vergehen konnte der Einzelne gesellschaftliche und kirchliche Ächtung (Acht und Bann) erfahren. Man glaubte, nur durch gottgefälliges Verhalten im Diesseits das ewige Leben im Himmel (Jenseits) erreichen zu können. Symbolik und Bildsprache des Christentums waren jedem bekannt. Gott wurde als zorniger Gott begriffen, die Angst vor der Hölle war groß.

Erst allmählich setzte sich anstelle des Gottesfriedens der **Landfriede** durch, der auf **weltlicher Machtausübung** beruhte.

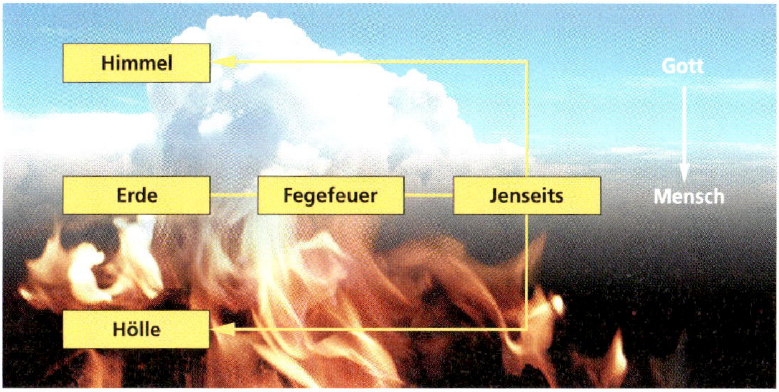

Bild:
HIERONYMUS BOSCH, *Der Garten der Lüste,* Detail: Die Hölle, um 1500, Madrid, Museo del Prado.
In seinem Werk widerspiegelt BOSCH, teilweise satirisch überhöht, die aus dem Mittelalter übernommenen Vorstellungen vom Dämonischen, Bösen und der Hölle.

Bischof OTTO VON FREISING schrieb um 1150: *„Wir spüren heute das Ende der Zeiten in uns".* Er war wie seine Zeitgenossen der Auffassung, das Reich Gottes sei nahe. *„Je nach ihren Verdiensten … (wird es) … Unterschiede im Genuss der Seligkeit geben. Je mehr einer im diesseitigen Leben durch Glaube und Liebe gewirkt hat, desto näher wird er dem Glanz des göttlichen Lichtes stehen."* Daraus ergab sich ein starrer Verhaltenskodex der mittelalterlichen Stände. Dieser manifestierte sich in der Verantwortung der Ständemitglieder für das Gemeinwesen.

Die Kunst wurde von den christlichen Auftraggebern (Klostervorsteher, Kirchenfürsten) dazu benutzt, dieses Weltbild durchzusetzen. Das Innere der Kirchen war deshalb reich bemalt und wurde – wegen des Analphabetismus der Bevölkerung – zu einer Art „Bibel der Armen" als bildhafte Übersetzung der religiösen Erziehungsabsichten.

Bibel der Armen, lat. biblia pauperum, eigentlich eine reich bebilderte Bibel, die der Unterweisung von Novizen und Scholaren in den Klöstern diente

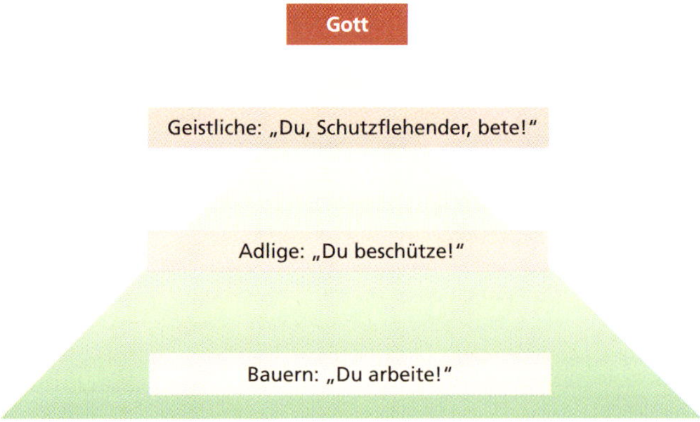

Aufgaben der Stände im Mittelalter

Romanische Architektur

Am deutlichsten sichtbar werden die **Merkmale der Romanik** in der Sakralarchitektur. Romanische Kirchen waren eine Weiterentwicklung der frühchristlichen Basilika.

Kennzeichen der romanischen sakralen Baukunst sind:
- in der Regel ein kreuzförmiger Grundriss,
- dreischiffige Basilika mit erhöhtem Mittelschiff (Versammlungsort der Gemeinde) und mit zwei niedrigeren Seitenschiffen,

- Querschiff (Bezirk für den Klerus),
- Chor mit der Apsis (Bezirk für den Klerus, Standort des Altars),
- Rundbögen an Fenstern, Portalen und Arkaden,
- Kreuz- oder Tonnengewölbe,
- Pfeiler und Säulen,
- Quadrat als Grundmaß,
- äußerst massive Wände.

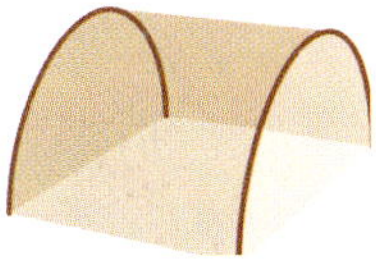

Tonnengewölbe

quadratische Vierung

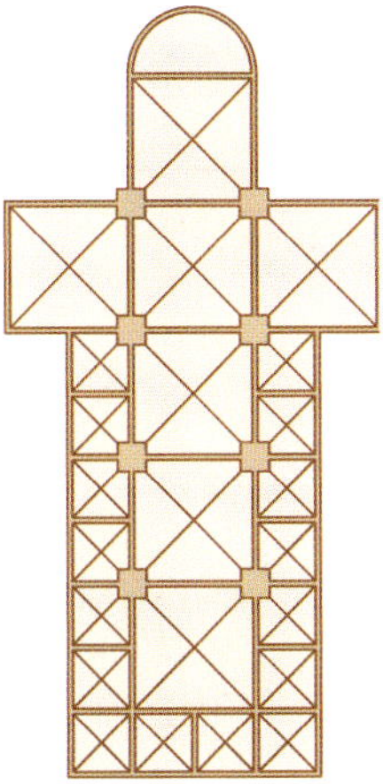

Für den Bau der Kirchen benutzte man Naturstein: Sandstein, Kalkstein, Porphyr (Vulkangestein) u.a. In Norddeutschland wurde oft mit Feldstein gebaut. Eine Sonderform der romanischen Sakralarchitektur sind die **norddeutschen Backsteinbauten**, wobei bis heute nicht geklärt ist, auf welchem Wege der Backsteinbau nach Norddeutschland gelangte. Nachgewiesen ist diese Art des Bauens in romanischer Zeit u.a. für den Brandenburger Dom sowie für das Kloster Jerichow.
Das **Vierungsquadrat** (Kreuzung aus Querschiff und Mittelschiff) legte das Maß für die anderen Diagonalen (Joche) fest (Seitenschiff = halbe Breite des Mittelschiffs, jochgebundenes System). Eine Unterkirche, die so genannte **Krypta,** befand sich oft unterhalb des (erhöhten) Chorraums. Laien- und Klerikalbereich bzw. Chor und Mittelschiff trennte zunächst die so genannte Chorschranke, ab 1225 der Lettner.

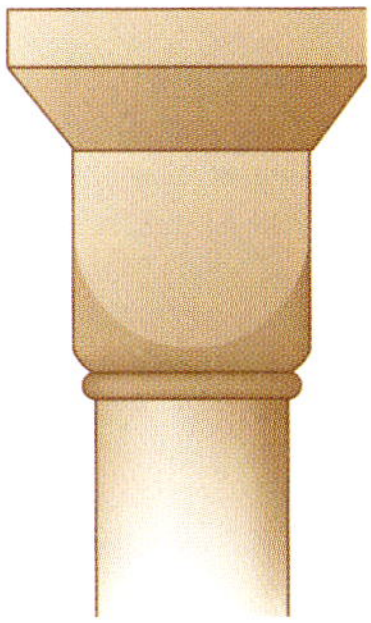

Neben stilisierten Blatt- oder Tiermotiven gibt es seit Anfang des 11. Jh. Würfelkapitelle, die den Übergang von der runden Säule zur viereckigen Wandauflage demonstrieren.

Bild:
Romanisches Kapitell, 11. Jh., Victoria u. Albert Museum, London

Romanische Architektur erkennt man leicht an ihrer typischen Leitform, dem Rundbogen. Rundbögen gibt es an Fenstern, Portalen, an den die Kirchenschiffe begleitenden Bogenreihen, an Blendarkaden, Friesen, Galerien und Emporen.
Große Kirchenräume (Mittelschiffe) werden in der Regel mit einer flachen Holzdecke gedeckt; kleinere (Seitenschiffe) können gewölbt sein, entweder mit einem Tonnen- oder einem Kreuz(grat)gewölbe. Kreuzgewölbe entstehen bei der Durchdringung zweier Tonnen von gleicher Scheitelhöhe und haben den statischen Vorzug, die Hauptlast des Gewölbes auf seine Eckpunkte zu übertragen.
Rundbögen und Gewölbe (↗ S. 396) werden von Pfeilern (Stützen mit quadratischem bzw. rechteckigem Querschnitt) getragen. Sie können (z.B. zwischen Mittel- und Seitenschiffen) abwechselnd eingesetzt sein, man nennt diese Rhythmisierung Stützenwechsel:
- einfacher (rheinischer) Stützenwechsel: Pfeiler – Säule – Pfeiler,
- doppelter (niedersächsischer) Stützenwechsel: Pfeiler – Säule – Säule – Pfeiler.

Die Säulen stehen unten auf einer Basis (Fußring, eventuell mit untergelegter Plinthe) und enden oben mit einem Kapitell (von lat. caput = Haut, Kopf).

Stiftskirche Gernrode

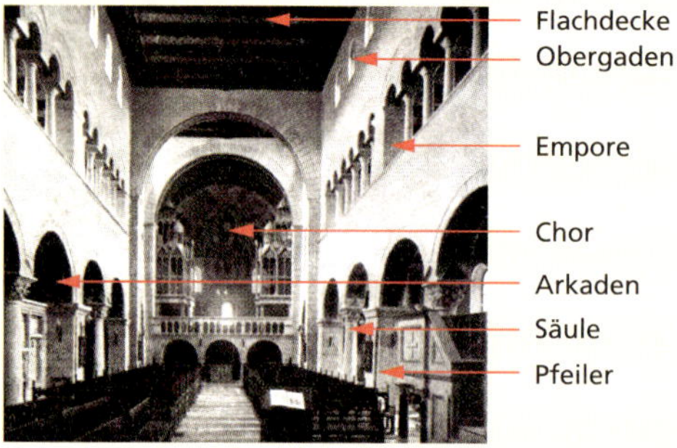

Ein Beispiel für frühromanische (ottonische) Klosterkirchen ist die dem heiligen Cyriakus gewidmete **Stiftskirche in Gernrode** (Baubeginn 961), die noch als flach gedecktes dreischiffiges Langhaus mit Querschiff, West- und Ostapsis und Doppeltürmen errichtet wurde. Die Seitenwände des Mittelschiffs weisen einen einfachen Stützenwechsel Pfeiler – Säule – Pfeiler auf. Darüber befinden sich ein Emporengeschoss und Oberlichter, so genannte Licht- bzw. Obergaden, die das Mittelschiff erhellen. Der **Kreuzgang** aus späterer Zeit weist ein **Kreuzgewölbe** auf.

Die Abbildung des Grundrisses ist idealisiert. Die Mauern der Stiftskirche sind in Wirklichkeit nicht rechtwinklig zueinander angeordnet.

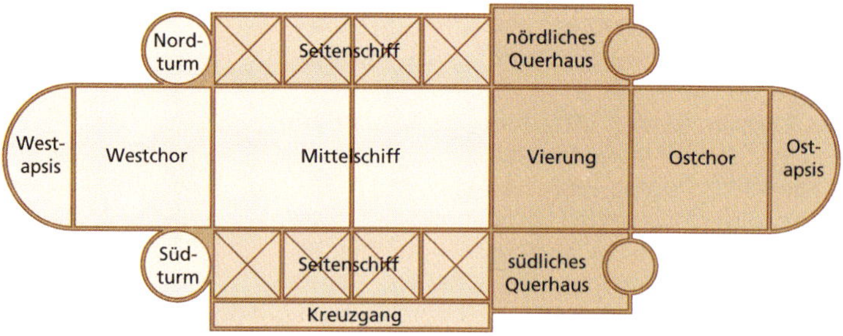

Im 11. Jh. beeinflusste die **Cluniazensische Kirchenreform** (die Klöster befreiten sich aus weltlicher und bischöflicher Abhängigkeit, unterstanden dem Papst nun direkt) auch den Baustil der Sakralbauten. Der Abt von Cluny, HUGO (1049–1109), ließ ab 1088 ein monumentales, 187 m langes, fünfschiffiges Langhaus von elf Jochen mit einem Querhaus an der östlichen Seite errichten, das als Vorbildbau für viele Klosterbauten in Frankreich und dem übrigen Europa diente. Es sollte eine „Burg Gottes" sein, baulich nicht nur die Nähe zu Gott symbolisieren, sondern auch demonstrieren, dass der Glaube an Gott und die Kirche als Institution über jeglicher weltlicher Macht standen. Cluny wurde zum christlichen Leitbild des Mittelalters.

Die Kirche des Abtes HUGO wies neben mehreren Chören vier Türme sowie einen Vierungsturm auf und trat somit auch bewusst in Konkurrenz zum Kaiserdom zu Speyer. Sie war bis zum Bau des Petersdoms in Rom der größte Kirchenbau der Christenheit.

Die **Monumentalität** erreichte man durch

1. **Addition,** indem meist gleiche Baukörper aneinander gereiht wurden,

2. **Gruppierung,** indem diese und ähnliche Formen zusammengefügt wurden,
3. **Durchdringung,** indem sie so angelegt waren, dass sie sich durchdrangen.

Dabei griffen die Konstrukteure auf wenige Grundformen zurück:

Grundformen

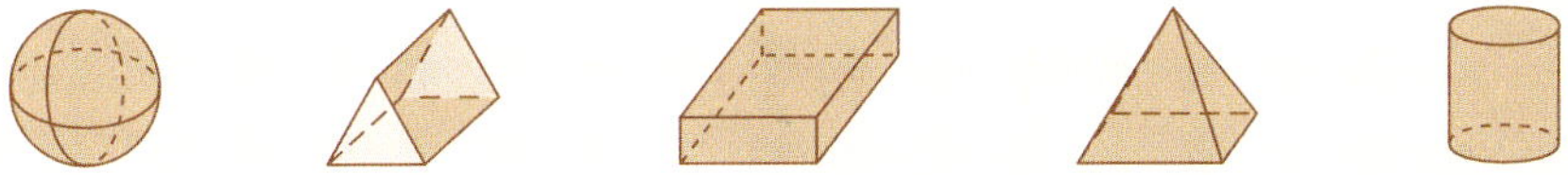

Kugel (Kuppeldach)	**dreiseitiges Prisma** (Satteldach)	**Quader** (Schiffe, Türme)	**Pyramide** (Zeltdach)	**Zylinder** (Treppentürme)

Der **normannische Baustil** entstand in Nordfrankreich. Von dort gelangte er nach England und Süditalien. Er ist gekennzeichnet durch
- dreischiffige Basilika,
- dreiteiligen Wandaufriss (Arkade, Empore, Obergaden),
- Vierungsturm,
- quadratische Vierung,
- Doppelturmfassade,
- Staffelchor.

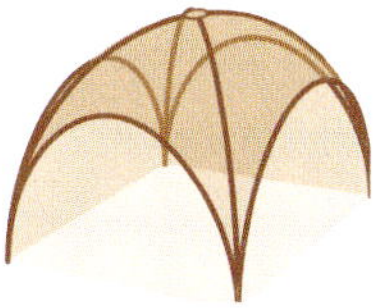

Kreuzrippengewölbe

Ursprünglich waren die normannischen Kirchen mit einer hölzernen Flachdecke ausgestattet, später baute man Tonnengewölbe, danach **Kreuzrippengewölbe** ein.

Bild:
Saint-Étienne (erbaut 1064–1077) in Caen gilt als der Gründungsbau der reifen normannischen Architektur.

In Jumiéges (1047–1067) sowie in Caen (Sainte-Trinité, 1059–1077, Saint-Étienne, 1064–1077) entstanden die ersten romanischen Kirchen normannischen Stils. Sie wurden zur wichtigsten Vorstufe der Gotik in Nordfrankreich: Sie wiesen bereits Dienste sowie Ansätze zu einem Strebewerk auf.
In Apulien (Süditalien) und auf Sizilien entwickelte sich ein eigenständiger normannischer Stil, der von arabischer und byzantinischer Architektur beeinflusst ist.
Der Normannendom von Monreale bei Palermo ist mit einem arabischen Kreuzgang, arabischen Spitzbögen und byzantinisch beeinflussten Säulen ausgestattet. Die Kirche enthält 6300 m² Goldmosaike. An den Mittelschiffwänden befinden sich Szenen aus dem Alten Testament, im Querschiff aus dem Neuen. Errichtet wurde der bedeutendste Bau des

italienischen normannischen Stils 1172 – 1185 unter dem König WILHELM II. (um 1153 – 1189). Ein Beispiel für den normannischen Profanbau ist der Palazzo dei Normanni in Palermo.

Grundriss des Doms zu Speyer

In Deutschland ließen so genannte Reisekaiser, die von Pfalz zu Pfalz zogen, die Kaiserpfalzen und ihre Vasallen Burgen errichten. Diese bestanden i. d. R. aus dem Palas (Herrenhaus), einer Kapelle sowie Gesinde- und Wirtschaftsräumen. Ein Bergfried (Turm) gestattete den Blick über Dächer und Mauern auf das umliegende Land. Die Kirchen wurden später oft zu Bischofssitzen (Domen) erhoben. Der salische Kaiser KONRAD II. ließ um 1030 auf salischem Familienbesitz in Speyer die dreischiffige Pfeilerbasilika mit gewölbten Seitenschiffen, allerdings einer hölzernen Flachdecke im Mittelschiff, bauen. KONRADS Ehrgeiz war es, den größten Dom des christlichen Abendlandes zu errichten. Unter HEINRICH IV. erfuhr er einige Umbauten, so erhielt das Mittelschiff ein imposantes **Kreuzgewölbe**, welches das erste seiner Art in dieser Größe darstellt. Ein **Laufgang** (Zwerggalerie) zieht sich außen um das ganze Bauwerk. Erstmals wurden auch so genannte Blendbögen gebaut, das sind der Mauer dekorativ oder gliedernd vorgebaute Bögen, die jedoch keine Maueröffnungen umschließen. Das imposante Westwerk sollte die Dimensionen kaiserlicher Macht verdeutlichen und ein bauliches Gegengewicht zur klerikalen Ostseite schaffen.

Der Dom zu Speyer ist 134 m lang (von den Eingangsstufen bis zur Außenwand der Ostapsis) und 37,62 m breit (von Außenmauer zu Außenmauer). Das Mittelschiff ist 33 m hoch.

Vier Türme rahmen den Kaiserdom ein. Sie sind 71,20 m bzw. 65,60 m hoch. Die Krypta diente als Bestattungsstätte salischer und staufischer Kaiser. Auch die Kaiserdome von Worms und Mainz sind dreischiffige Großbasiliken mit Kreuzgewölben, Doppelchören, Querhäusern und sich über der Vierung erhebenden Vierungstürmen.

▶ In Speyer wurden beigesetzt: Kaiser KONRAD II., seine Gemahlin, Kaiserin GISELA, die Kaiser HEINRICH III., HEINRICH IV., HEINRICH V., Kaiserin BEATRIX, zweite Gemahlin FRIEDRICH BARBAROSSAS, zwei Kinder FRIEDRICH BARBAROSSAS: AGNES und König PHILIPP VON SCHWABEN, sowie König RUDOLF VON HABSBURG und König ADOLF VON NASSAU.

Profanarchitektur

Die Pfalzbauten und Burgen der deutschen Herzöge und Könige waren von starken Mauern umgeben. Reste von Pfalzen und Burgen befinden sich heute u. a. noch in Gelnhausen (Barbarossa-Pfalz), Braunschweig (Dankwarderode, Burg HEINRICH DES LÖWEN), in Eisenach (Wartburg) und in Castel del Monte (Pfalzbau Kaiser FRIEDRICHS II.). HEINRICH II. (um 1005 – 1015) ließ in Goslar einen zweigeschossigen romanischen Bau errichten, der Ort von 23 Reichstagen wurde und das wichtigste profane

Baudenkmal der Salierzeit darstellt. Der Kaisersaal im Obergeschoss besitzt eine Warmluftheizung und ist mit fast 50 m Saallänge der größte jemals in Deutschland gebaute der Romanik.

Als der Normanne WILHELM DER EROBERER (1027 – 1087) in der Schlacht von Hastings die Briten besiegte und die Inseln besetzte, ließ er (ab 1070) als Schutz vor den Einheimischen den White Tower in London errichten. Die Kalksteine, von denen sich der Name Weißer Turm ableitet, brachte man aus dem französischen Caen. Im White Tower befindet sich eine dreischiffige romanische Basilika mit Tonnengewölbe und Apsis. Die **St. John's Chapel** ist die älteste noch in ihrer Ursprungsgestalt existierende Kirche Londons.

Romanische Malerei

Kennzeichen der romanischen Malerei

- Verzicht auf Raumtiefe
- feste Umrisslinien
- zeichenhaft symbolischer Stil
- symmetriebetonte Anordnung der Bildgegenstände
- ausdrucksstarke Gebärdensprache
- sinnbildliche Funktion von Farbe und Proportionen

Die romanische Malerei war vor allem schmückendes Beiwerk sakraler Bauten bzw. der Heiligen Schrift und anderer religiöser Bücher als
- Fresko (Wandmalerei),
- Glasmalerei,
- Tafelmalerei,
- Buchmalerei,
- Mosaikkunst.

Eine Illustration der Bibel ist die „Apokalypse" eines englischen Meisters aus dem 13. Jh. Der obere Teil des Bildes verweist auf Apokalypse 4.4: In einem Rhombus in der Mitte thront der Herr. *„Und um den Thron waren vierundzwanzig Throne, und auf den Thronen saßen vierundzwanzig Älteste, mit weißen Kleidern angetan, und hatten auf ihren Häuptern goldene Kronen."* Sie huldigen ihm mit den Worten *„Amen Halleluja"*. Die vier Gestalten an den vier Seiten des Rhombus illustrie-

Bild:
Englischer Meister um 1220, *Der Christus der Apokalypse* (oberer Teil), um 1220, Buchmalerei, Cambridge (Großbritannien), Trinity College

Die **vier Gestalten** um Jesus stellen die Apostel dar: JOHANNES = Adler, LUKAS = Stier, MARKUS = Löwe, MATTHÄUS = Mensch (Engel), **Lamm Gottes** (lat. = Agnus Dei) = Christus-Symbol

ren Apokalypse 4.7: *„Und die erste Gestalt war gleich einem Löwen, und die zweite Gestalt war gleich einem Stier, und die dritte Gestalt hatte ein Antlitz wie ein Mensch, und die vierte Gestalt war gleich einem fliegenden Adler."* Im linken Bildteil sieht man JOHANNES, der das Geschehen beobachtet. Der untere Bildteil zeigt das **Lamm Gottes** neben dem Herrn, umgeben von den Königen mit Harfe und Laute.

Das Glasfenster (um 1100) eines süddeutschen Meisters im Obergaden des Augsburger Domes ist das früheste noch erhaltene Zeugnis monumentaler Glasmalerei in Deutschland. Es zeigt den Propheten DANIEL aus dem Alten Testament. Auf dem Kopf trägt er den so genannten Judenhut, er ist also im Stile des 12. Jh. gekleidet. Das zeigt auch die Fibel (Gewandschnalle) in Form einer blauen Rose, die sein grün-rot gesäumtes Gewand hält. In der Linken hält DANIEL eine Schriftrolle, die ihn als Weisen und Propheten ausweist. Den Zeigefinger der Rechten hat er mahnend ausgestreckt. Dass es sich hier um *Malerei* handelt, verraten u. a. das stilisierte Gesicht sowie die Hände des Propheten. Sie sind flächig auf das Glas gemalt und weisen feste Umrisslinien auf. Der Kopf ist im Vergleich zum Körper ungewöhnlich groß.

Die bemalte Flachdecke in der Hildesheimer Benediktiner-Klosterkirche St. Michael ist eine Tempera-Arbeit auf Holz. Adam und Eva sind um den Apfelbaum gruppiert, an dessen Stamm eine Schlange züngelt. Aus dem Baum am linken oberen Bildrand schaut Gott der Szenerie zu. Diese Deckenmalerei des anonymen Niedersächsischen Meisters ist auf ungefähr 1200 datiert. Auch hier sind typische Merkmale der Romanik zu erkennen, wie Umrisshaftigkeit und Flächenhaftigkeit der Gesichter und Körper, Andeutung der Raumebenen, Symbolhaftigkeit der Darstellung.

Romanische Plastik

Goldene Madonna im Domschatz zu Essen, um 980, Lindenholz

Die Plastik der Romanik ist zunächst in Form des Reliefs, der Kapitell- und Portalplastik anzutreffen. **Vollplastiken** sind in früher Romanik selten, geläufig ist die Plastik als architektonisches Beiwerk. Bildhauer arbeiteten vor allem in Stein und Holz. Daneben gab es Goldschmiede- und Elfenbeinschnitzkunst. Zentren dieses Kunsthandwerks waren Köln, Trier, Aachen, Regensburg, Essen und Hildesheim. Vor allem in Trier, Lüttich und Metz entstanden Buchdeckel und Antependien (Verkleidung des Vorderteils des Altars).
Die früh- und hochromanischen Plastiken knüpfen an karolingische Vorbilder an und nehmen, wie diese, byzantinische Anregungen auf. Sie wirken insgesamt relativ starr und formelhaft. Die Essener Goldmadonna (um 980) ist die älteste erhaltene vollplastische Marienfigur in West-

europa. In ihrer Haltung und Formgebung ähnelt sie den reliefartigen Darstellungen in anderen Schmiedekünsten sowie den zeitgenössischen Buchmalereien. Auffallend ist das starre, unbewegte Gesicht der Mutter Gottes, das durch die Emaille-Augen noch starrer wirkt. Ungewöhnlich ist auch die Querlage des Kindes im Schoß der Mutter. Maria-Jesus-Darstellungen jener Zeit bezogen sich auf die Vorstellung von Maria als der zweiten Eva, die durch das Austragen des göttlichen Kindes die Erbsünde der ersten Menschen aufgehoben hatte.

Bedeutsam ist auch das Gero-Kreuz (um 970) im Kölner Dom, das mit 1,87 m eine der ältesten Christus-Darstellungen am Kreuz in solch einer Größe ist. Es zählt zu den ersten Kunstwerken, die Jesus als leidenden Menschen zeigten, und besticht durch seine Wirklichkeitsnähe in Körperhaltung und Gesichtsausdruck. Bischof GERO hat es in Auftrag gegeben. Romanische Plastiken treten kaum aus der sie umgebenden Wand heraus, sind oft so genannte Halbplastiken (Reliefs). Als „sprechende" Plastiken stellen sie das Evangelium bzw. das Alte Testament dar.

Die Goldene Pforte (um 1230) am Dom zu Freiberg (Sachsen) ist das erste vollständig erhaltene Statuenportal in Deutschland. Sie entstand unter französischem Einfluss. Das Tympanon zeigt die thronende Maria mit der Anbetung der Weisen als Relief. In der linken und rechten Leibung des Tores befinden sich Figuren des Alten Testaments – schon als Vollplastiken, sich jedoch noch nicht von der Wand lösend. In den Bögen befinden sich ornamentale und figürliche Reliefs.

Als **Tympanon** bezeichnet man in Romanik und Gotik die Fläche über dem Türsturz von Portalen, die oft für bildnerische Arbeiten verwendet wurde. Als **Leibung** bezeichnet man die innere Wandfläche einer Maueröffnung, wie Fenster, Tür oder Bogen.

Von den zwölf Stifterfiguren im Westchor des Naumburger Doms aus der Spätromanik sind Uta und Eckehard (um 1250) die berühmtesten. Wie nie ein Bildhauer zuvor hat sie der hier tätige Meister (man hat ihm den Notnamen „Naumburger Meister" gegeben) mit individuellen Eigenheiten versehen – ein aristokratisches Markgrafenpaar, das selbstbewusst und distanziert auftritt. Er mit dem Schwert, das seine Rechtshoheit anzeigt, sie schön und anmutig, mit dem hochgeschlagenen Mantelkragen ihre Unnahbarkeit unterstreichend. Unter den Kleidern meint man ihre Körper zu spüren – eine sehr seltene Art der Darstel-

Stifterfiguren zeigen die Abbilder von Persönlichkeiten des Mittelalters, die der Kirche Schenkungen vermachten oder größere Beträge stifteten.

Naumburger Dom

lung im Mittelalter. Die Gewandfalten stehen um (oder umhüllen) sie so ähnlich wie die Dienstbündel gotischer Kirchenpfeiler. Es sieht so aus, als lösten sich diese Figuren von der Architektur und stünden einen Schritt vor den Wänden. In Wirklichkeit sind ihre Körper, wie schon in der französischen Portalplastik, aus jeweils demselben Steinblock gehauen wie die Dienststücke, vor denen sie stehen und die als tragende Teile in die Gewölbekonstruktion eingebunden sind. Der Schöpfer der Figuren, der **Naumburger Meister,** wird seine Lehrjahre in Nordfrankreich verbracht haben, von wo aus er die frühe Gotik mit nach Deutschland brachte. Er bleibt jedoch namenlos. Von ihm stammen u. a. die „Gruppe der Verdammten" am Westlettner im Mainzer Dom (um 1240, heute im Mainzer Dommuseum) sowie die sieben Steinfiguren im Meißner Dom.

2.2.4 Gotik

Als **Gotik** bezeichnet man die kunstgeschichtliche Epoche zwischen 1150 und 1500, die der Romanik folgte und von der Renaissance abgelöst wurde. Gotik umfasst alle Gattungen der Kunst bis hin zum Kunsthandwerk.

Maniera Gotica, ital. = in der Manier der Barbaren, im „rohen und ungeschliffenen Stil" (VASARI)

Dom, lat. domus Dei = Haus Gottes, Bischofskirche

Der Name Gotik taucht zuerst bei GIORGIO VASARI (1511–1574) auf, der das Wortpaar Maniera Gotica von den **Goten** (Barbaren) ableitete und damit die Baukunst nördlich und westlich der Alpen (Frankreich, Deutschland, England) bezeichnete. Tatsächlich machte Italien diese kunstgeschichtliche Epoche nur in abgeschwächter Form mit (die einzige mit den französischen Kathedralen zu vergleichende gotische Kirche ist der Mailänder Dom). Die **Gotik in Frankreich** begann keineswegs im Süden, wo man – durch die Abwehr der Mauren von der Pyrenäenhalbinsel bedingt – in direkten Kontakt mit der islamischen Baukunst gelangt war und von dort den Spitzbogen entlieh. Zuerst wurde in und um Paris (Île-de-France), später in Südfrankreich, Spanien, England und erst ab Mitte des 13. Jh. in Deutschland im gotischen Stil gebaut. Neben Kirchen wurden Rathäuser, Spitäler und Bürgerhäuser im gotischen Stil errichtet.

Gotische Architektur

Kennzeichen	Formen
• Spitzbögen • Skelettbauweise • Kreuzrippengewölbe • Bündelpfeiler • mächtige Raumhöhe • Auflösung der Wände • dreigeschossige Hochschiffwand (Arkade, Triforium, Obergaden) • rechteckiges Grundmaß • Zweiturm- bzw. Einturmfassade	**Sakralbau:** • drei- oder mehrschiffige Basilika (in der Spätgotik) • Hallenkirche (gleich hohe Schiffe) • Saalkirchen = einschiffig • Zentralbauten **Profanbau:** • Bürgerhäuser • Rathäuser

• reichhaltiger plastischer Schmuck: Maßwerke, Wimperge, Kreuzblumen, figürliche Plastik • Verzierungen durch Dienste, Rippen, Strebewerke • farbige Glasfenster und Fensterrosen (Fenstermalerei statt Freskomalerei)	• Stadttore • Brunnen • Spitäler

Gotische Kathedralen des westlichen Kontinentaleuropas scheinen dem Himmel zuzustreben. Somit symbolisieren sie die Gottesnähe. Durch neuartige Bauweise gelang es, die Mittelschiffe enorm hoch zu bauen. Die Marienkirche in Lübeck z.B. besitzt mit ihrem 40m hohen Mittelschiff das höchste gemauerte Backsteinkirchenschiff der Welt.

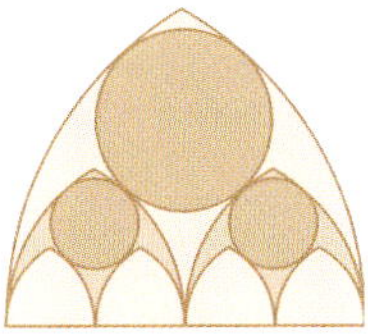

Maßwerk gotischer Fenster und Portale

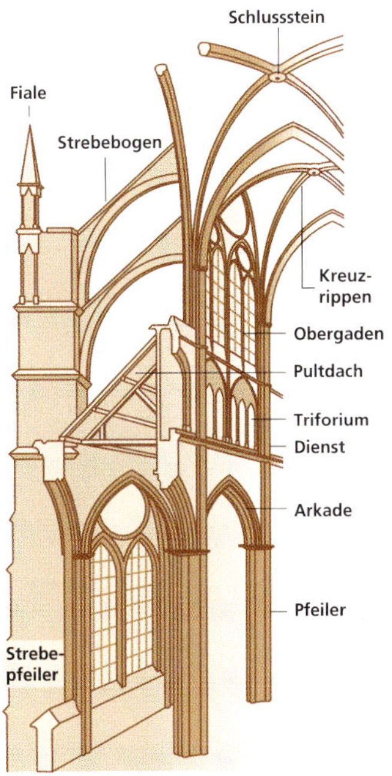

Die gotische Architektur verlor an Schwere, die hohen Kirchenschiffe, die lang gestreckten Fenster und Portale mit ihren Spitzbögen und **Maßwerken** ließen die Gebäude geradezu grazil erscheinen. Und das, obwohl die Baumeister noch nicht über schriftliche Überlieferungen der Statik verfügten. Mittelalterliche Baumeister gaben ihre Erfahrungen mündlich weiter. Im Inneren der Kirchen sorgten Pfeiler, die in den Gewölberippen aufgingen, für die nötige Höhe (inneres Strebewerk). Das äußere **Strebewerk** mit Strebepfeilern und Strebebögen diente dazu, den Gewölbeschub nach außen abzuleiten.

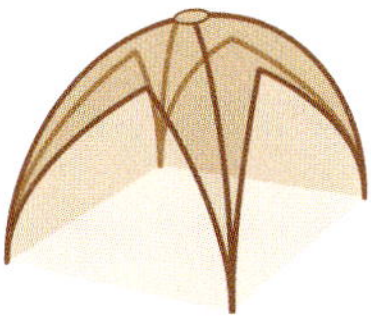

Vierteiliges spitzbogiges Kreuzrippengewölbe auf quadratischem Grund

Statik (↗ S. 382 ff.) als Wissenschaft setzte sich erst im 17. Jh. durch.

Die Abteikirche von **Saint-Denis** nördlich von Paris ist der **Gründungsbau** der Gotik. Als der Abt SUGER (1081–1151) im Jahre 1122 sein Amt übernahm, zog eine kleine, noch aus der Karolingerzeit stammende Kirche sehr viele Pilger an, war doch unter ihrer Schwelle PIPPIN III., der Vater KARLS DES GROSSEN und Gründer des fränkischen Königtums, begraben. Deshalb begann SUGER 1130/35 mit dem Bau eines neuen zweitürmigen Westwerks, das 1140 geweiht wurde. Hier gibt es zum ersten Mal eine Fensterrose; solche Rosen wurden im 13. Jh. zum Leitmotiv der gotischen Kathedralen. Anschließend ließ er im Osten einen Chor errichteten mit doppeltem Kapellenkranz und Umgang (Weihe: 1144). Das niedrige karolingische Langhaus dazwischen ließ er unangetastet, denn es war einer Legende nach von Christus selbst geweiht worden.

Die ehemalige Abteikirche Saint-Denis war seit dem 8. Jh. Grablege fast aller französischen Könige. Abt SUGER, Staatsminister LUDWIGS VI., veranlasste das Begräbnis seines Königs in dieser Kirche.

2

Rayonnantstil, frz. rayonnant = strahlend, Bezug nehmend auf die strahlenförmigen Speichen in den riesigen Fensterrosen der Kathedralen. Damit sollte die Helligkeit des Innenraumes durch eine weitere Auflösung der Wand gesteigert werden.

Abt SUGERS Chor mit Umgang bot zwar in seinen Einzelheiten wenig Neues, wohl aber eine neue Kombination. Mit bekannten Elementen wurde etwas völlig Neues geschaffen. Chor, Altarraum, doppelter Kapellenkranz wurden zum strahlenden Zielpunkt der gesamten Kirche: durch fast bis zum Boden herabgezogene, farbig verglaste Fenster, durch filigrane schmal-schlanke Stützen, die ein wie schwebendes Kreuzrippengewölbe tragen, durch äußerste Verminderung der Wandflächen, also durch den Aufbau eines Gebäudes nicht aus stabilen Wänden, sondern aus zarten Gliedern – charakteristisch für die gotische Sakralbaukunst. Erst im 13. Jh. wurde das alte karolingische Langhaus abgebrochen und durch ein neues im Stil der reifen Gotik ersetzt: spitzbogige Arkaden unten, in der Mitte das Triforium, darüber die spitzbogigen großen Fenster.

Mittelalterliches Glasfenster in der Heiligen-Geist-Kirche in Wismar

Zwischen 1211 und 1300, auf dem Höhepunkt der gotischen Architektur, wurde die Kathedrale Notre-Dame (Unsere Liebe Frau) in Reims erbaut. 1210 war ihr romanischer Vorläufer bei einem Brand zerstört worden. Der Wiederaufbau im gotischen Stil als dreischiffige Basilika mit dreifachem Querhaus und Chorumgang mit Kapellenkranz begann ein Jahr später. Die mit Reliefs und Figuren reich verzierte Westfassade ist 48,80 m breit. Oberhalb der Hauptrosette zeigt die „Galerie der Könige" die Taufe CHLODWIGS I. sowie Statuen seiner Nachfolger. Die Höhe des Langhauses erreicht mit 38 m nicht die Höhe der Kathedrale von Amiens (43 m), ist aber höher als der Vorbildbau der Hochgotik, Notre-Dame de Chartres. Eindrucksvoll ist der vergrößerte Lichtgaden der Kathedrale. Die Kirche war einige Jahrhunderte lang Krönungskirche der französischen Könige. 1974 gestaltete MARC CHAGALL die farbigen Glasfenster neu.

In **Deutschland,** dem heutigen Österreich und der Schweiz (Teile des Heiligen Römischen Reiches) wurde die französische Gotik erst sehr spät, um 1250, übernommen. Zwar war nach 1209 als erstes gotisches Werk der Magdeburger Dom als dreischiffige Basilika mit Querschiff, Chorumgang und Kapellenkranz begonnen worden, er wurde aber erst 1520 beendet. So ist der Einfluss der Spätromanik noch in den Proportionen des Chores erkennbar, das Langhaus eindeutig der Hochgotik zuzuordnen und die Westtürme spätgotisch. Der Kölner Dom wurde ab 1248 nach den Vorbildern der Kathedralen von Amiens und Beauvais gebaut und blieb lange Zeit ein Fragment. Erst 1880 waren, nach 300 Jahren Baustopp, die Westtürme fertig gestellt worden.
Der Stephansdom in Wien wurde zwischen 1230 und 1245 als romanischer Bau begonnen (Reste sind noch im Westwerk mit seinen Heiden-

türmen enthalten), ab 1304 errichtete man den dreischiffigen Hallenchor („Albertinischer Chor“, nach ALBRECHT II., 1330–1358, benannt) und ab 1349 das 38,9 m breite Langhaus bereits im Stil der Gotik. 1433 war der Bau des hohen Südturmes (136,7 m) beendet. Der 1450 begonnene Bau des Nordturms wurde 1511 eingestellt. Charakteristisch für das Wahrzeichen Wiens sind die selbstständige seitliche Stellung der Türme sowie das mächtige Steildach mit bunter Ziegelmusterung.

Bild: *Stephansdom*, Wien

Ein weiteres Beispiel für gotische Kathedralen ist das Münster St. Vincent. Es ist der bedeutendste gotische Sakralbau der Schweiz. Das Gotteshaus wurde 1421 von MATTHÄUS ENSINGER im Stile der Gotik begonnen. Es verfügt über ein dekoratives Kreuzrippengewölbe im Hauptschiff, über Obergaden und Arkaden.

Norddeutsche Backsteingotik verdankt ihre Existenz dem Mangel an geeignetem Baumaterial. So entstanden originäre, äußerlich weniger reich verzierte Sakral- und Profanbauten, die bis heute das Bild der norddeutschen Städte prägen. Dekorative Elemente stellen glasierte, verschiedenfarbige bzw. Formsteine dar.

Die Fenster der Backsteinkirchen gerieten, aufgrund des Baumaterials, nicht so mächtig wie in Süddeutschland und Frankreich.

Die Backsteingotik konnte sich dank des mittelalterlichen Städtebundes, der Hanse, verbreiten. Lübeck, als „Königin der Hanse“, war mit seiner Kirche St. Marien Vorbild für weitere Sakralbauten in Hamburg, Wismar, Rostock (↗ Bild: Marienkirche), Stralsund und darüber hinaus im gesamten Nord- und Ostseeraum. Das Langschiff von St. Marien ist mit 40 m das höchste Backsteingewölbe der Welt und die Kirche selbst die drittgrößte Deutschlands.

Englische Gotik wird in drei Phasen eingeteilt:
- Early English Style (um 1180–1250),
- Decorated Style (1250–1340),
- Perpendicular Style (1340–1520).

Die St. Mary's Cathedral von Salisbury wurde um 1220 begonnen. Der Bau des Kirchenschiffs im **Early English Style** wurde 1258 beendet. Die Kirche hat 365 Fenster.

Der **Early English Style** war noch stark vom normannischen Stil Nordfrankreichs geprägt. Dabei war er in der Übernahme der überlieferten Formen wesentlich freier als gotische Stile auf dem Kontinent. Englische Kathedralen der Frühgo-

2

tik sind im Vergleich zu ihren französischen Vorbildern oft niedriger, allerdings meist länger und immer wesentlich reicher ausgestattet. Die St. Mary's Cathedral von Salisbury (Grafschaft Wiltshire) ist die wohl einzige englische Kirche, die ganz und gar in diesem Stil gebaut wurde. Alle anderen Kirchen in England sind Mixe aus verschiedenen gotischen Stilen.

Bild:
Grundriss von St. Mary's Cathedral in Salisbury

Die Kathedrale wurde aus zwei verschiedenfarbigen Sandsteinen (Kennzeichen englischer Frühgotik war ihre ungewöhnliche Farbigkeit) errichtet: aus silbergrauem Kalkstein aus der Region (Chilmark) sowie aus Buntsandstein aus Portland, im Innern finden sich marmorne Details. St. Mary's Cathedral ist eine dreischiffige Basilika mit zwei Querschiffen nach dem Vorbild von Cluny. Über der größeren Vierung erhebt sich ein Turm, der mit 123 m der größte gotische Kirchturm Englands ist. Er wurde 1315 vollendet. Das Fundament ist wegen des feuchten Baugrundes lediglich zwischen 1,30 und 1,50 m tief, konnte allerdings dank des genialen Entwurfs des Baumeisters sowie statiksichernder Maßnahmen die Jahrhunderte unbeschadet überdauern.

Bild:
Fassade von Westminster Abbey in London

Der **Decorated Style** übernahm Maßwerke von der Kontinentalgotik und entwickelte sie weiter zum **Perpendicular Style.** Die Westminster Abbey in London wurde zwischen 1045 und 1065 unter EDWARD THE CONFESSOR (der Bekenner) als Benediktinerabtei gegründet. 1245, unter HENRY III., wurde mit dem Bau der heutigen dreischiffigen Basilika mit Querhaus, Chor und Chorumgang begonnen. Seit WILLIAM THE CONQUEROR diente die Abbey als Krönungskirche und Grablege der britischen Monarchen.
Der Perpendicular Style (Senkrechtstil) ist durch die gitterartigen, senkrechten Maßwerkstäbe an Fenstern und Wänden gekennzeichnet. Im Innern der Kirchen finden sich Fächergewölbe. Spitzbögen werden zu flachen Korb- und Tudorbögen. Die Benediktinerabtei von Gloucester ist die erste im Perpendicular Style gebaute Kirche.

Für die Architektur nach 1485 wird manchmal auch der Terminus **Tudor-Style** verwendet, deren prägendes Merkmal die Tudorrose ist. Die Kapelle (1500 – 1525) HEINRICHS VII. in der Westminster Abbey stammt aus dieser spätgotischen Zeit.

Tudorrose: weiß-rot bzw. eine große und eine darüberliegende kleinere Rose

Gotische Plastik

Kennzeichen gotischer Plastik	Materialien	Darstellungsformen und -themen
• bewegte Figuren mit größerer Lebendigkeit, oft leidend dargestellt • Lockerung der Architekturgebundenheit • Herausbildung der Freiplastik • plastische Durchgestaltung von Architekturteilen, wie z. B. Fialen (Ziertürmchen), Wasserspeier, Wimperge	• Stein, z. T. bemalt • Holz, z. T. bemalt • Edelmetalle	• Flügelaltar • Pieta • Christus-Johannes-Gruppe • Christus als Schmerzensmann • Madonnengruppe • Kruzifix • Christus-Apostel-Gruppe • Anna selbdritt (gemeinsame Darstellung der hl. Anna mit Maria und dem Jesuskind)

Eine besondere Kunstfertigkeit erreichten gotische Holzschnitzer bei **Flügelaltären.** Diese bestehen aus Mensa (Tisch) und Predella (Sockel). Über der Predella befindet sich das Retabel (der Altaraufsatz, der Schrein). Das Gesprenge bildet den oberen Abschluss des Altars.

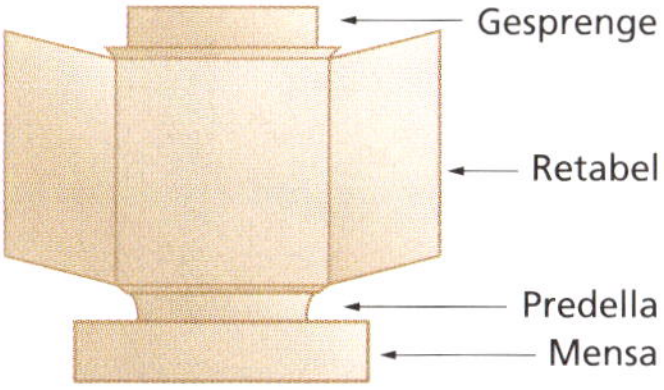

Bild: *Aufbau eines mittelalterlichen Altars*

Von besonderer Ausdruckskraft ist der in der Marienkirche von Krakau (heute Kraków, Polen) zu sehende Marienaltar (1477–1489), den VEIT STOSS (1447–1533) schuf. Er ist mit seiner Breite von 11 m und einer Höhe von 13 m der größte Schnitzaltar Europas. Die ca. 2,7 m großen Skulpturen wurden aus Lindenholz geschnitzt, die tragende Konstruktion aus Eichenholz. Die Haupttafel des Retabels in Krakau zeigt Tod und Himmelfahrt Marias. Im Zentrum des unteren Bildteils sinkt Maria sterbend in die Arme eines Apostels, darüber sind Himmelfahrt und Krönung Mariens in Begleitung des heiligen Adalbert dargestellt. Die beiden Flügel des Altars beinhalten Szenen aus dem Leben Marias und Jesu.

Bild: *Marienaltar in der Krakauer Marienkirche*

Im Bamberger Dom befindet sich auch die Grablege des Fürstbischofs von Hohenlohe. Aus einer Platte ragt das Relief einer überlängten Bischofsfigur heraus, sich mit der Rechten auf den Stab stützend, die Linke umfasst ein Buch, weist ihn als Gelehrten aus. Die Figur ist leicht geschraubt, der Kopf löst sich von der Platte, ist demütig nach vorn gebeugt, das Gewand des Bischofs weist, genau wie das des Bamberger Reiters, den für die Gotik typischen raffinierten Faltenwurf aus. Vor 1352 wurde dieses Relief geschaffen.

Am Schaffen VEIT STOSS' lässt sich der Übergang von der Spätgotik (Krakauer Altar) zur Renaissance (Bamberger Altar) sehr gut ablesen.

Der wohl bedeutendste spätgotische Holzschnitzer und Steinbildhauer im mainfränkischen Raum war TILMAN RIEMENSCHNEIDER (um 1455 – 1531). Auch sein Werk ist ein Beispiel des Übergangs von der Spätgotik zur Renaissance. Seine Werke sind durch den **holländischen Realismus** beeinflusst, die Gesichter und Haltungen seiner Figuren sind bereits sehr individuell geprägt. Dadurch wird eine besondere Nähe der Figuren zu den Menschen des ausgehenden Mittelalters deutlich. Die Heiligen werden in den Alltag einbezogen. Während STOSS seine Figuren noch bemalte, verzichtete RIEMENSCHNEIDER in vielen seiner Werke völlig auf Farbe. Sie bestechen durch das Spiel von Licht und Schatten.

RIEMENSCHNEIDERS Heilig-Blut-Altar in der St. Jakobskirche in Rothenburg ob der Tauber (1501–1505) stellt das letzte Abendmahl ins Zentrum. Jesus reicht Judas ein Stück Brot als Zeichen, dass er ihn verraten wird, Judas hält den Beutel mit den 30 Silberlingen bereits in der Hand. Die in der Aposteldarstellung obligatorische so genannte **Christus-Johannes-Gruppe** wird durch ihn fast verdeckt. Traditionell bildet sie die Mitte der Abendmahlsszene. Diese **„Johannesminne"** genannte Beziehung der Figuren wird als Vereinigung der Seele mit Gott gedeutet. RIEMENSCHNEIDER stellt sie in die linke Bildhälfte und den Verrat, also Judas, ins Zentrum. Die dargestellten Jünger Jesu, wie auch der Heiland selbst, tragen individuelle Gesichtszüge, selbst Bart- und Haupthaar sind akribisch aus dem Holz herausgearbeitet, die Körperhaltungen sowie der Fall der Gewänder wirken weitgehend natürlich. Auffallend sind die lang gestreckten Gesichter.

Bild:
TILMAN RIEMENSCHNEIDER, *Das letzte Abendmahl*,
unten: *Christus-Johannes-Gruppe*

Der Maler und Bildschnitzer MICHAEL PACHER (um 1435–1498) ist der Hauptmeister der österreichischen Spätgotik mit Einflüssen der Renaissance. Als seine reifste Leistung gilt der Hochaltar von Sankt Wolfgang (1471) im Salzkammergut. Die Haupttafel zeigt eine geschnitzte Gruppe der Marien-Krönung, die Flügel einen Zyklus von Tafelbildern.

Gotische Malerei und Grafik

Formen	Themen	Material	Techniken
• Glasmalerei • Tafelmalerei • Fresko • Buchmalerei • Holzschnitt • Kupferstich	• biblische Darstellungen • höfisches Leben • Jagdszenen • Gebrauchskunst • Porträt	• Glas • Holz • Leinwand • Papier • Kalkputz	• Tempera • Mischtechnik • Öllasur • Öl • Druckgrafik

Der Heilige Christophorus (um 1435) des Basler Malers KONRAD WITZ (um 1400–1447) trägt das ihn segnende Christuskind zwar in gebeugter Haltung durch das Wasser, sein Gesicht wirkt jedoch nicht überanstrengt von der Last des immer schwerer werdenden Kindes, sondern entspannt, lächelnd und ruhig in Erwartung der Taufe. In der Rechten hält der Riese einen Stab, der in Höhe des Christuskindes zu knospen beginnt.

In der italienischen Malerei des **Trecento** (13./14. Jh.) begann sich mit GIOTTO in Ansätzen bereits die Formensprache der Renaissancemalerei herauszubilden. Die von GIOTTO beeinflussten Maler in Florenz, Siena und Pisa waren Anreger für die gotische Malerei nördlich der Alpen. Da begann sich in Italien jedoch bereits die Frührenaissance durchzusetzen. Schon Künstler der Romanik hatten überregional gewirkt, im 15. Jh. arbeiteten jedoch italienische, französische und deutsche Meister oft gemeinsam (deutsch-böhmische Malschule), wodurch die deutsche Malerei zahlreiche Anregungen erhielt. Auch der holländische Realismus strahlte auf die Kunst im Heiligen Römischen Reich aus.

„Der wunderbare Fischzug" (1444) vom Seitenflügel des Petrus-Altars der Petrus-Kathedrale von Genf stammt von KONRAD WITZ. Im Hintergrund sieht man hier die erste identifizierbare Landschaft, den Genfer See mit seinem Ufer, verschiedenen Gebäuden und den Bergen. Damit beginnt die für die anschließende Renaissancezeit dann so typische „Entdeckung der Welt und des Menschen" (JACOB BURCKHARDT, 1860).

Bild:
KONRAD WITZ, *Petrusaltar der Petruskathedrale in Genf, linker Flügel*

„Der wunderbare Fischzug" wurde auf eine Holztafel gemalt. Die **Tafelmalerei** ist aber keine Neuschöpfung der Gotik. Sie wurde im byzantinischen Raum bereits bei der Herstellung von Ikonen verwendet.
In Westeuropa bemalte man zunächst die hölzernen Flachdecken und Altäre der Kirchen. Dazu wurden Holztafeln mit Gips oder Schlemmkreide grundiert. So erreichte man einen ebenen Malgrund. Auf diesen wurden anfangs Temperafarben aufgetragen, später malte man in so genannten Mischtechniken aus Tempera und Öl. Erst im 15. Jh. begann man in den Niederlanden mit der **Ölmalerei** (↗S. 215). Aus der Altarmalerei entstand die Tafelmalerei als eigenständiges Genre der westeuropäischen Kunst, als im 14. Jh. der Trend dahin ging, Altäre mit seitlichen Flügeln auszustatten. Im 15. Jh. fand dann die Loslösung des Altarflügels statt, und die Entwicklung des Tafelbildes begann. Mit dem Mäzenatentum des Bürgertums hielt auch das weltliche Thema in der Tafelmalerei Einzug in die Kunst.

Bild:
HIERONYMUS BOSCH, Das Narrenschiff (Ausschnitt), 1490 – 1500, Öl auf Holz, Paris, Musée du Louvre

Beliebt wurden nun Porträts wohlhabender Bürger. HANS HOLBEIN D. Ä. war der führende Augsburger Künstler der Spätgotik an der Schwelle zur Renaissance. Sein umfangreiches Schaffen umfasst neben Altar- und Glas-

Bild:
HANS HOLBEIN D. Ä.,
Porträt einer 34-jährigen Frau,
1516 – 1517, Holz,
Basel, Kunstmuseum

malerei auch die frühen Porträtmalereien im deutschen Raum.

Weltliche Thematik gab es auch in der Buchmalerei (Manessische Liederhandschrift).

Weitere Maler der Spätgotik waren:
- HUBERT (um 1370–1426) und JAN VAN EYCK (um 1390–1441) sowie HIERONYMUS BOSCH (um 1450–1516) in den Niederlanden,
- Meister BERTRAM (um 1345–1415), STEPHAN LOCHNER (um 1410–1451), MARTIN SCHONGAUER (um 1450 bis 1491) in Deutschland,
- JEAN FOUQUET (um 1420–1480) in Frankreich.

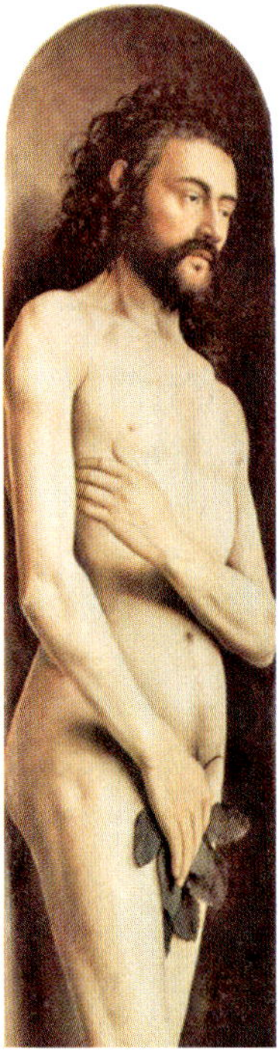

HUBERT und JAN VAN EYCK, Adam, Detail.
Die Verwendung von Licht und Schatten lässt den Körper Adams plastisch aussehen.

Die niederländische Malerei des 15. Jahrhunderts

Kamen die wichtigsten Impulse für die europäische Malerei zunächst aus Italien (GIOTTO-Schüler), so wurde im 15. Jh. die niederländische Malerei tonangebend. Diese Künstler begannen, intensiv die Natur zu studieren und die Wirklichkeit zu beobachten.

Der Genter Altar von HUBERT und JAN VAN EYCK, ein 3,75 m hoher und aufgeklappt über 4 m breiter Flügelaltar, wirkte noch fast 100 Jahre nach seiner Fertigstellung auf den jungen ALBRECHT DÜRER nach, als dieser

1521 erstmals Gent besuchte und schrieb: *„ ... das ist ein über köstlich, hoch verständig gemähl"*. Im geöffneten Altar befinden sich oben links und rechts mit den Figuren Adams und Evas die ersten realistisch gemalten Akte der nordeuropäischen Malerei. Die zentrale obere Tafel stellt die Dreiergruppe von Gottvater, Maria als Himmelskönigin und Johannes dem Täufer (als Patron der Stadt Gent) dar. Links daneben singen, rechts spielen Engel. Die zentrale untere Tafel zeigt die Anbetung des Lammes. Das Lamm Gottes ist eine Verkörperung von Jesus Christus. Flankiert wird die Anbetung auf der linken Außentafel durch die „gerechten Richter", daneben die „Streiter Christi" und auf der äußersten rechten Tafel durch die heiligen Pilger mit dem heiligen Christophorus im Vordergrund. Alle Figuren des Altars beziehen sich aufeinander. Es scheinen fast alle Figuren der Anbetung des Lammes zuzuschreiten. Die Tafeln des unteren Registers beziehen sich auf einen einzigen Bildraum, eine Landschaft. Die Figur des Gottvaters in der oberen Bildmitte trägt eine Tiara – eine Papstkrone –, zu seinen Füßen liegt eine weltliche Krone. Die kirchliche Macht wird über die weltliche gestellt und die weltliche Macht wird mit dem Segen Gottes ausgeübt.

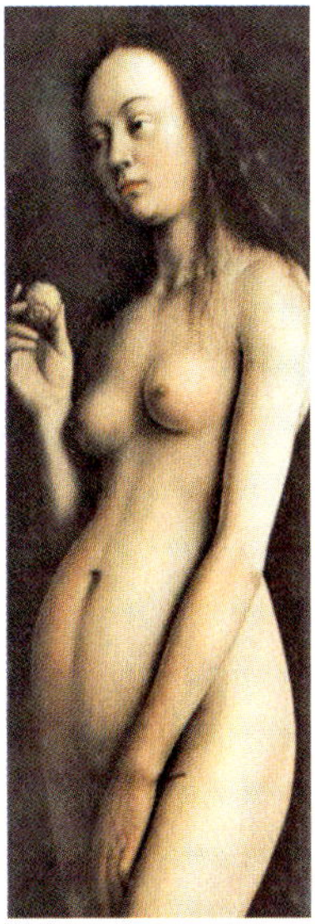

Genter Altar: Eva

Auffällig an diesem und an anderen Werken der niederländischen Schule ist der völlig neue Umgang mit der Farbe. Menschen und Natur werden realitätsnah wiedergegeben. So sind auf dem Genter Altar über 30 Pflanzenarten bestimmbar. Daraus kann geschlossen werden, dass VAN EYCK Studien nach der Natur betrieb. Auch die Aktmalereien Adams und Evas dürften so entstanden sein. Auffällig am Altar ist zudem das subtile Licht- und Schattenspiel.
JAN und HUBERT VAN EYCK gehörten zu den ersten Künstlern der Niederlande, die eine Reihe ihrer Gemälde signierten und datierten.

JAN VAN EYCK'S „Madonna in der Kirche" (um 1425, ↗Bild S. 74) zeigt die Gottesmutter mit dem Jesuskind im Langhaus einer wirklichkeitsgetreu wiedergegebenen gotischen Kathedrale. Die Überlebensgröße von Mutter und Kind zeigt jedoch, dass dieses Bild nicht realistisch, sondern symbolisch gemeint ist. Denn seit frühchristlicher Zeit wurde Maria als „templum" (Tempel) und „domus Dei" (Gotteshaus) bezeichnet, weil Christus bei seiner Menschwerdung in ihr wie in einem Tempel Wohnung genommen hat. Ebenso symbolisch ist die auffallende Darstellung des Lichts gemeint, das Sonnenkringel auf den Boden malt. Während Sonne und Sonnenlicht als Symbole Gottes und Christi verstanden wurden, waren vom Sonnenlicht durchschienene Fenster in Gemälden als geläufige Zeichen für Marias Jungfräulichkeit gemeint. Denn wie das Licht das Fensterglas durchdringt, ohne es zu zerstören, so hat Maria den Gottessohn als Jungfrau empfangen: „Ut virum non leaditur / sole penetrante / sic illaesa creditur / virgo post et ante."

Signatur JAN VAN EYCKS in der Ardolfini-Hochzeit: „Johann van Eyck war hier, 1434." Der Spiegel zeigt spiegelverkehrt die Anwesenheit weiterer Personen im Raum und ist somit Ausdruck der besonderen Authentizität. Bildraum und Betrachterraum werden als zusammengehörig gesehen.

Akribisch ist der Faltenwurf des blauen Umhangs gearbeitet. Zusammen mit dem leicht nach links gebeugten Kopf Marias ergibt die Frauengestalt eine S-Form, eine angedeutete Figura serpentinata.
Die Kirche ist nicht nur heiliger Raum, sondern Sinnbild für das himmlische Jerusalem, für das Paradies, das die Mutter wieder mit dem Sohn vereint.

Bild:
JAN VAN EYCK,
Mutter Gottes in der Kirche, um 1425, Berlin, Gemäldegalerie

Die frappierende Hell-Dunkel-Technik des Bildes wurde ermöglicht durch die Erfindung der Ölmalerei. Ein weiteres wichtiges Merkmal holländischer Malerei findet sich im Werk ROGIER VAN DER WEYDENS. In der „Verkündigung“ (um 1435) kniet die Jungfrau Maria vor einem Flügelaltar. Hinter ihr steht der Engel der Verkündigung. Das Motiv fängt jenen Moment aus Lukas 1,26–38 ein, in dem Gott den Erzengel Gabriel auf die Erde zu Maria sendet, um ihr zu verkünden, dass sie den Gottessohn in sich tragen wird. ROGIER verlegt den Schauplatz von Nazareth in eine holländische Stadt des 15. Jh. Zeitgenossenschaft ist den Holländern des 15. Jh. wichtig: Kleidung der Figuren und Interieur legen nahe, es handle sich hier um gegenwärtiges Geschehen. Der private Raum des Bürgerlichen wird gezeigt. Bis ins Feinste ist der Brokatumhang des Erzengels, der Faltenwurf des blauen Kleides Mariens, sind die Fliesen des Fußbodens usw. ausgearbeitet. Das Streben nach Authentizität ist zugleich ein Mittel, Gott ganz nahe zu sein.

Bild unten:
HIERONYMUS BOSCH,
Der Garten der Lüste, rechter Flügel: Die Hölle, um 1500, Madrid, Museo del Prado

Im Werk von HIERONYMUS BOSCH (1450–1516) wird dieser obsessive Detailreichtum zur Darstellung von Charakterzügen des Menschen umgedeutet. Irdische Lebensfreude und Vergänglichkeitsdrastik kontrastieren in seinen Bildern auffallend. Für den heutigen Betrachter scheint es sich um hermetische Werke zu handeln, deren Entschlüsselung kaum möglich ist. Fantasiewesen gesellen sich zu geradezu realen Gestalten, Monster und Mutationen scheinen der Hölle entstiegen, kontrastieren zu lichtdurchscheinenden engelsgleichen Wesen, der Mensch begegnet der Hölle und dem Himmel gleichzeitig: ein gemalter Albtraum. Diese Allegorien für Versuchungen, Todsünden und Höllenstrafen können ebenso als satirische Sittenbildmalerei verstanden werden. Dieser Formenreichtum der Figuren und diese fantasiereiche Bildsprache gilt als Vorwegnahme des **Surrealismus** (↗S. 158).

2.3 Renaissance (Neuzeit)

2.3.1 Begriffsbestimmung

Als **Renaissance** (frz: Wiedergeburt, Wiedererweckung; aus ital. Rinascimento oder Rinascità) bezeichnet man eine kunst- und geistesgeschichtliche Epoche zwischen etwa 1400 und 1600, die – von Italien ausgehend – der Gotik folgte und vom Barock abgelöst wurde und eine Wiederbelebung antiker Kunst und Gedanken zum Ziel hatte.

„Unser Vaterland erscheint berufen, das Altertum zu neuem Leben zu erwecken, das haben unsere Dichter, Bildhauer und Maler bewiesen." (NICCOLO MACHIAVELLI 1469–1527)

Die bildende Kunst dieser Epoche ahmte nicht einfach Motive und Ausdrucksformen der Antike nach, sondern griff sie kritisch auf und entwickelte sie eigenständig weiter.
Die Renaissance war gekennzeichnet durch:

Entdeckung der Welt und des Raums	Befreiung des Individuums aus kirchlicher und höfischer mittelalterlicher Ordnung	Befreiung von den schematischen Bildsprachen des Mittelalters
↓	↓	↓
große geographische Entdeckungen • Seeweg nach Indien • Entdeckung Amerikas **Taschenuhr**	**Humanismus** • geistige Erneuerung (ERASMUS VON ROTTERDAM) **Reformation** • religiöse Erneuerung (LUTHER, ZWINGLI) • Bibelübersetzung **Buchdruck**	**Renaissance** • Mensch = Maß aller Dinge • Schönheit des menschlichen Körpers • anatomische Richtigkeit • Naturnachahmung (imitatio memesi) • Zentralperspektive • Tafelmalerei • Wandmalerei (Sgraffito, Fresko) • Schloss- und Bürgerbauten • Sakralbauten

Bild: ALBRECHT DÜRER, *Selbstporträt,* 1498, Madrid, Museo del Prado. Das Bild zeigt eine individualisierte Physiognomie.

Kennzeichnend für das neue Weltbild in der bildenden Kunst ist das **Porträt.** Die dargestellten Gesichter traten aus der Verallgemeinerung, der Stilisierung heraus, betonten das Besondere des Einzelwesens Mensch. Nicht mehr Künstlichkeit der Pose, wie noch im Mittelalter üblich, sondern Natürlichkeit des Ausdrucks, **Realismus** wurde wichtig. Die Landschaft wird einbezogen in die natürliche Welt des Individuums. Die Natur wurde zum Idealzustand der Freiheit. Die Naturstudien bereiten die Geburt des **Stilllebens** als neues künstlerisches Genre vor. Die Flächigkeit des mittelalterlichen Kunstwerkes wurde überwunden: Plastizität und Räumlichkeit wurden für die Malerei entdeckt. Der Bürger wurde wie früher der Adel und der Klerus zum **Mäzen und Auftraggeber der Künstler.** Dadurch traten weltliche Themen in die Kunst ein.

Die **Protorenaissance** gehört nicht zur Renaissance, sondern kennzeichnet lediglich bestimmte Stilformen des Hochmittelalters in Italien.

Allgemein wird zwischen **Frührenaissance, Hochrenaissance** und **Spätrenaissance** (Manierismus) unterschieden.

Der Frührenaissance voraus ging die so genannte **Protorenaissance** (Vorrenaissance). Unter Renaissance wird auch der **Beginn der Neuzeit** verstanden. Renaissancekunst gliedert sich in Malerei, Bildhauerei, Architektur und Kunsthandwerk. Sie entstand zuerst in Italien.

In Frankreich hatte JULES MICHELET (1798–1874) 1854 bereits den Epochenbegriff Renaissance geprägt.

GIORGIO VASARI auf einer Renaissancebronzemedaille

Der Begriff Renaissance stammt aus dem 19. Jh. und wurde in Deutschland vom Kunsthistoriker JACOB BURCKHARDT (1818–1897, ↗ Bild) in seinem Werk „Die Kunst der Renaissance in Italien" (1860) verwendet und umschrieb damit den Zeitraum zwischen den Malern AMBROGIO BONDONE, genannt GIOTTO (um 1267–1337), und MICHELANGELO BUONAROTTI (1475–1564). Allerdings sprach bereits GIORGIO VASARI (1511–1574) in seinen „Lebensbeschreibungen" („Le Vite de' piú eccelenti architetti, pittori, et scultori italiani, da Cimabue insino a' tempi nostri", Florenz, 1550) von einer „rinascità", einer „Wiedergeburt" der Künste. Das bedeutete für ihn die Überwindung des Mittelalters und das Aufgreifen antiker Formensprache durch GIOTTO einerseits sowie die Orientierung des Renaissancekünstlers am Vorbild der Natur andererseits.

2.3.2 Veränderung des Weltbildes im Mittelalter

Italien bis zum Quattrocento (15. Jh.)

Die Zeit zwischen dem **Duecento** (13. Jh.) und dem **Quattrocento** (15. Jh.) in Italien war geprägt durch große politische, weltanschauliche und wirtschaftliche Veränderungen. Diese wirkten sich auf Literatur, Architektur und Kunst aus.

Im Streit zwischen Kaiser und Papst seit dem 11. Jh. (Investiturstreit) verlor der Kaiser in Italien immer mehr an weltlicher Macht. Der Kaiser trachtete danach, seinen politischen Einfluss sowohl auf die Kirche als auch auf die politisch wie wirtschaftlich erstarkten oberitalienischen Städte wiederherzustellen. Der Papst dagegen versuchte nicht nur, dies zu verhindern, sondern seine kirchliche Macht auf die weltliche Sphäre auszudehnen. Und auch die wirtschaftlich erstarkten Städte wollten sich dem Kaiser nicht beugen. Das **politische Geschehen** im beginnenden

Duecento wurde darüber hinaus von den Streitigkeiten zwischen Staufern und Welfen bestimmt. Diese Faktoren wirkten sich nachhaltig auf die italienische politische Landkarte aus.

Das Bürgertum in Gestalt der Kaufleute und Handwerker wurde zur neuen politischen Macht im Italien des 13. Jh. Der wirtschaftliche Aufschwung der Städte war Folge der florierenden Industrie der Wolltuchherstellung. Es kam zu einer Trennung von Handwerk und Handel, die Arbeit wurde nach neuen, frühkapitalistischen Gesichtspunkten organisiert, bisher unbekannte Handelstechniken entwickelt. Durch den Fernhandel bedingt, kehrte Wohlstand in die mittelitalienischen Stadtstaaten ein. Es gab Anfänge der **Geldwirtschaft.** Hier wurden die ersten Goldmünzen **(Gulden)** der Neuzeit geprägt. Eine Errungenschaft war die Erfindung der doppelten Buchführung, die heute fast ausschließlich verwendet wird. Die Erfindung der doppelten Buchführung gilt als Geburtsstunde des Kapitalismus.

Die Abkürzung fl. für den Gulden deutet auf Florenz als seinen Ursprung hin.

Das **Bankwesen** entwickelte sich und damit der einflussreiche Beruf des Bankiers. Der moderne Geldverkehr führte dazu, dass das erstarkte wohlhabende Bürgertum – neben Klerus und weltlichem Adel – jetzt selbst zum Mäzen und Auftraggeber für die Kunst wurde.

Buchführung beinhaltet die zahlenmäßige Erfassung aller wirtschaftlichen Vorgänge.
LUCA PACIOLI verfasste 1494 das erste Lehrbuch für die doppelte Buchführung.

Politisch emanzipierten sich die oberitalienischen Städterepubliken. Sie besaßen bald eine rechtliche Sonderstellung. Besonders **Florenz** und **Venedig** wurden zu Zentren bürgerlicher Kultur. Der Bürger selbst bildete sich, bedingt durch den anwachsenden Handel musste er lesen, schreiben und rechnen können. Es kam zur Gründung von Stadtschulen und Universitäten. Dadurch veränderte sich das Verhältnis des Menschen zur Welt.

Auch im Inneren der Kirche gab es Veränderungen. Der Wanderprediger und Ordensstifter FRANZ VON ASSISI (1181/82–1226) lehrte neue Sichten auf die mittelalterliche Welt. Statt der Anhäufung von Reichtum, wie er es bei den Bürgern reicher Städte gesehen hatte, predigte FRANZISKUS die Armut: *„Eigentum trennt dich von Gott … trennt dich von denen, die mit dir leben – und damit trennt Eigentum dich vom Leben“* (FRANZ VON ASSISI). Hartnäckig verfolgte er seinen Weg, stellte sich gegen seinen Vater, schlug das Erbe aus, ging in die Einsiedelei. Somit wurde FRANZ VON ASSISI zu einem Vorbild für Selbstwerdung und Selbstfindung, zum Sinnbild für Freiheit der persönlichen Lebensführung und Verwirklichung der eigenen Identität. Es ging ihm darum, dass die Menschen religiöse Rührung eingedenk der Leiden Christi erführen. FRANZISKUS' Vorstellungen vom brüderlichen Gott bewirkten, dass man sich Jesus als Menschensohn näherte. Diese Entwicklung innerhalb der Kirche führte dazu, dass neue Kunstauffassungen Raum greifen konnten, sich ein neuer **Realismus** durchsetzte, Christus als leidender Mensch dargestellt wurde.

FRANZ VON ASSISIS (eigentlich GIOVANNI BERNARDONE) Beiname FRANCESCO bedeutet „kleiner Franzose“. Das Bild zeigt eine Arbeit GIOTTOS (ASSISI, San Francesco, Oberkirche): Der heilige FRANZISKUS gibt seinen Mantel einem armen Ritter. Die Auffassungen FRANZISKUS' wurden über seinen Orden – die Franziskaner – nach West- und Mitteleuropa gebracht. FRANZ selbst wurde zwei Jahre nach seinem Tod heilig gesprochen.

2

Mit seinen Werken „Divina Commedia“ und „Vita Nuova“ begründete DANTE die italienische Klassik. Mit FRANCESCO PETRARCA und GIOVANNI BOCCACCIO war DANTE einer der so genannten **tre corone.**

Die Veränderungen der Gesellschaft begannen sich in den Künsten zuerst innerhalb der Literatur auszuwirken. Am Hofe Kaiser FRIEDRICHS II. in Sizilien setzte sich im Duecento, nachdem es bis dahin üblich war, in Latein zu dichten, eine **volkssprachliche Tendenz** (lingua volgare) mit weltlicher Thematik durch, die **Sizilianische Dichterschule** („Scuola poetica siciliana“, 1220–1250). Sie breitete sich nach Norden immer weiter aus, wurde zum **„Dolce Stil nuovo“** (1280–1310) der Dichter GUIDO GUINIZELLI (ca. 1235–1276), CINO DA PISTOIA (1270–1337) und GUIDO CAVALCANTI (1255–1300) und kulminierte in den Werken DANTE ALIGHIERIS (1265 bis 1313). DANTE gab jener neuen literarischen Strömung auch ihren Namen. Dieser Stil war gekennzeichnet durch Lebensnähe. Bildende Künstler setzten die Ideale in Skulpturen und Gemälden um. Dazu benötigten sie neue Raum-, Zeit- und Perspektivverfahrungen.

Entdeckung des Raumes und der Zeit

Bild:
DUCCIO, *Versuchung Christi auf dem Berg,* 1308–1311, New York, Frick Collection

Bis ins hohe Mittelalter hatte man innerhalb der bildenden Kunst die Personen nicht nach ihrer Position im Raum, sondern nach ihrer Bedeutung festgelegt **(Bedeutungsperspektive).** Noch DUCCIO (um 1250/60–1319) malte so. In seiner „Versuchung Christi auf dem Berg“ wird der Bildvordergrund zwar annähernd perspektivisch, jedoch viel kleiner als der Gottessohn mit Engeln und „Versucher“ im Bildhintergrund dargestellt. Die Bauwerke sind additiv ins Bild gestellt, haben jedes für sich eine eigene Perspektive, die nicht mit der des Gesamtbildes übereinstimmt. Deshalb wirken sie wie nicht zum Bild gehörig, puppenstubenhaft. Diese **Raumvorstellungen** wurden erst allmählich und zuerst in der Architektur (gotischer Kirchenbau) überwunden.

Die neuen, lichtdurchfluteten Kathedralen der Gotik hoben die Schwere des Kirchenraums, wie sie noch in der Romanik präsent war, auf. Um so bauen zu können, mussten die Architekten räumlich denken können, sich das Bauwerk als Ganzes vorstellbar machen. Dazu genügte das additive Bauprinzip nicht mehr.

Bild:
GIOTTO, *Bürger von Assisi breitet seinen Mantel vor dem hl. Franziskus aus,* 1296–1298, Fresko, Assisi, San Francesco

Einzig GIOTTO (um 1266–1337) vermochte um 1300 einen neuen Stil innerhalb der bildenden Kunst zu kreieren. Auch er stellt die Gebäude in seinem Fresko in Assisi noch additiv nebeneinander, erreicht aber durch Licht- und Schattenwirkung Dreidimensionalität. Die Menschen im Vordergrund treten in eine glaubhafte Beziehung zu den Gebäuden im Hintergrund: Die Größenverhältnisse wirken harmonisch. Damit verlässt GIOTTO die Prinzipien der Bedeutungsperspektive. Seine Malerei wirkt wirklichkeitsgetreuer. GIOTTOS Gestalten beginnen sich von den byzantinischen Vorbildern zu emanzipieren durch plastische, körperhafte Darstellung.

AMERIGO VESPUCCI, ein Florentiner Seefahrer, gab dem Kontinent Amerika seinen Namen.

Kaum ein Ereignis veränderte das Denken des ausgehenden Mittelalters so wie die Entdeckungen neuer Räume jenseits des vermuteten Endes der Welt: Amerika. Neben einem neuen Raumverständnis bedurfte es jedoch auch eines neuen Verständnisses von Zeit. Der mittelalterliche Mensch außerhalb von Klöstern lebte faktisch ohne Zeit. Für ihn ging der Tag von Sonnenaufgang bis Sonnenuntergang, war im Sommer länger als im Winter. Man richtete sich im Tagesverlauf nach dem Stand der Sonne. Erst die **Erfindung der Uhr** im 13. Jh. machte eine genauere Organisation von Zeit möglich. Die Bewusstwerdung von Raum und Zeit bereitete den Weg für ein perspektivisches, dreidimensionales Weltverständnis.

Mit der Erfindung der Taschenuhr (Nürnberger Ei) durch PETER HENLEIN wird die Zeit jedem zugänglich.

2.3.3 Frührenaissance (1420–1500)

Zentren der Frührenaissance waren Florenz und Venedig.

	Plastik	**Architektur**	**Malerei**
13. Jh. **Duecento** **Protorenaissance**	NICCOLO PISANO (1220–1278) GIOVANNI PISANO (1245–um 1314) ARNOLFO DI CAMBIO (1240/5–um 1305)	NICCOLO PISANO	JACOPO TORRITI (Ende 13. Jh) CIMABUE (um 1240–nach 1302) PIETRO CAVALLINI (um 1250–um 1340) DUCCIO (um 1255–1319)
14. Jh. **Trecento** **Protorenaissance**	ANDREA PISANO (um 1295–1348) NINO PISANO (1315–1368)	FRANCESCO TALENTI (um 1300–ca. 1369) ANDREA ORCAGNA (1308–1368)	GIOTTO (um 1266–1337) AMBROGIO LORENZETTI (um 1285–1348) SIMONE MARTINI (1280/5–1344) TADDEO GADDI (1300–1366) BERNARDO DADDI (1290–1348)
15 Jh. **Quattrocento** **Frührenaissance**	FILIPPO BRUNELLESCHI (1377–1446) LORENZO GHIBERTI (1378–1455) DONATELLO (um 1386–1466) ANDREA DEL VERROCCHIO (1436–1488) FRANCESCO DI GIORGIO MARTINI (1439–1501)	FILIPPO BRUNELLESCHI MICHELOZZO MICHELOZZI (1396–1472) FRANCESCO DI GIORGIO MARTINI	DONATELLO MASACCIO (1401–1428) SANDRO BOTTICELLI (1445–1510) PIERO DELLA FRANCESCO (1416–1492)

2

GIOTTO war der erste Künstler, der seine Bilder signierte.

Jesus Christus wurde nicht mehr unnahbar dargestellt, sondern als Mensch. Mensch und Gott wurden einander ähnlich. Das Weltbild der Renaissance wurde **anthropozentrisch** (Mensch im Mittelpunkt): Dadurch veränderte sich auch die Rolle der Kunst und die Stellung des Künstlers innerhalb der Gesellschaft. Im Mittelalter war der Maler, Bildhauer oder Architekt lediglich **Handwerker,** als solcher ein Meister seines Faches, der Lehrlinge ausbildete und Gesellen beschäftigte. Die Künstler hatten kein Mitspracherecht bei der Gestaltung der Bildnisse. Sie hatten sich an einen Regelkanon zu halten, der dem Gebrauchszweck des Kunstwerkes entsprach. Vorwiegend gestalteten die Künstler Wandbilder (Fresken) und Altäre in Kirchen oder produzierten private Andachtsbilder. In der Frührenaissance waren die Künstler nicht mehr anonym, sondern sie signierten ihre Werke. Sie nahmen Einfluss auf Motivwahl, Bildaufbau, künstlerische Umsetzung.
Innerhalb der Sakralkunst bekam das Göttliche eine personalisierte Physiognomie (LEONARDO DA VINCI: Christusstudie zum Abendmahlsbild, um 1495). Das weltliche Porträt wird für die Kunst entdeckt: Bedeutende Porträtkünstler im 15. Jh. waren SANDRO BOTTICELLI, JAN VAN EYCK, PIERO DELLA FRANCESCO, LEONARDO DA VINCI. Als Malmedium setzte sich das Ölbild gegen die Temperamalerei durch. Man benutzte verstärkt die Leinwand gegenüber der herkömmlichen Holztafel.

Architektur der Frührenaissance

Die gewachsene Macht von Patriziat und städtischem Bürgertum im Trecento schlug sich zunächst in der Architektur nieder. Man benötigte neben Sakralbauten zunehmend Bauten der so genannten **Profanarchitektur,** also Rathäuser, Stadtpaläste und Villen.
Die italienische Baukunst hat den gotischen Stil, der in Nordeuropa stilbildend war, nie richtig mitgemacht. Stattdessen gab es immer wieder Anknüpfungspunkte an die Stilelemente der Antike. Bereits im 12./13. Jh. ist eine kritische Sichtung und ein schöpferischer Umgang mit dem antiken Erbe in der Architektur Italiens zu bemerken, weshalb diese Zeit auch als **Protorenaissance** bezeichnet wird. Einzigartiges Beispiel dafür ist der als gotischer Bau geplante und begonnene, dann aber im Stil der Frührenaissance beendete Florentiner Dom (1296–1436) Santa Maria del Fiores. Der Entwurf stammt von ARNOLFODI CAMBRO (ca. 1245–1302). Die Kuppel entwarf FILIPPO BRUNELLESCHI (1377–1446). Den Bauplan für den Glockenturm lieferte GIOTTO.

BRUNELLESCHI entwarf die Kuppel des Florentiner Doms.

Der Florentiner Baumeister FILIPPO BRUNELLESCHI gilt als „Vater der Renaissance". Der gelernte Goldschmied ging nach 1401 nach Rom und studierte dort die antiken Gebäude. Er zeichnete und vermaß sie und soll in diesem Zusammenhang, gemeinsam mit seinem Schüler, dem Mathematiker und Architekten ANTONIO DI TUCCIO MANETTI (1423–1497), der später auch sein Biograf wurde, die Prinzipien der **Zentralperspektive** entdeckt haben. In einem Experiment entwickelte FILIPPO BRUNELLESCHI zwischen 1412 und 1425 die Fluchtpunktperspektive.

Zentralperspektive

Die Zentralperspektive, von lat. perspicere, „mit Blicken durchdringen", „hindurchsehen", imitiert Räumlichkeit auf einer Bildfläche. Dabei geht man davon aus, dass sich die Sehstrahlen im Auge des Betrachters treffen. In Augenhöhe befindet sich (in der Regel) der Horizont, auf dem sich der Fluchtpunkt befindet.

↗S. 228 ff.

Bildrand

Zum Fluchtpunkt führen alle nach hinten verlaufenden Linien

Bildrand

Horizontlinie mit Fluchtpunkt

Die parallel zu den seitlichen Bildrändern verlaufenden Linien erscheinen auch im Bild parallel

Bild:
SANDRO BOTTICELLI, *hl. Augustinus in Klausur,* um 1495, Florenz, Galleria degli Uffizi

Bild:
In LEONARDOS *Abendmahl* treffen sich die in die Tiefen führenden Kanten des Raumes im Antlitz Jesu. Hier liegt auch der geometrische Mittelpunkt.

Befindet sich der Fluchtpunkt im oberen Drittel des Bildes, nennt man dies die **Froschperspektive,** befindet er sich im unteren Drittel, so heißt dies die **Vogelperspektive.** Der Fluchtpunkt kann sich außerdem auch links oder rechts im Bild befinden.
Erste Versuche, eine dreidimensionale Körperlichkeit auf einer zweidimensionalen Fläche zu erreichen, finden sich bereits in der Antike.

ANTONIO DI TUCCIO MANETTI (1423–1497), Freund und Schüler BRUNELLESCHIS, schreibt, dass die Zentralperspektive *„eine gute und systematische Verkleinerung oder Vergrößerung, wie es dem menschlichen Auge erscheint, von Gegenständen bewirkt, die sei's entrückt, sei's greifbar nahe sind – von Gebäuden, Ebenen, Gebirgen oder Landschaften jeder Art – und von den Figuren und anderen Dingen an jedem Punkt, bis zur Größe, die sie aus der Entfernung zu haben scheinen, entsprechend ihrer größeren oder geringeren Entrücktheit".*
Und LEONARDO DA VINCI (1452–1519) verdeutlichte: *„Perspektive ist nichts anderes, als eine Stelle oder Gegenstände hinter einer Glasscheibe zu betrachten und auf diese dann die dahinterliegenden Objekte zu zeichnen."*

Das gedankliche Experiment DA VINCIS setzte ALBRECHT DÜRER in einer Serie von Holzstichen um, u. a. in „Der Zeichner der Kanne" (um 1525).

Erstmals wurde die Zentralperspektive 1435 in dem Werk „De Pictura" (Über die Malerei) des Architekten, Malers und Schriftstellers LEON BAPTISTA ALBERTI (1404–1472) wissenschaftlich begründet.

↗ S. 228f.

Auswirkungen hatte die Entdeckung der Zentralperspektive nicht nur auf die Kunst, sondern auch auf die Philosophie und die großen geografischen Entdeckungen seit dem 15. Jh. Es veränderte sich die Haltung des Menschen gegenüber der Welt und dem Leben. – „L'uomo universale", der universell gebildete, allseitige Mensch, überwand allein die Enge des mittelalterlichen Denkens. Er begriff sich als Individuum einzigartig und LEON BAPTISTA ALBERTI brachte dies auf die Formel: „Der Mensch ist das Wesen und Maß aller Dinge" (in: „De re aedificatoria", dt.: „Über die Baukunst") und bezog sich damit auf PROTAGORAS VON ABDERA (ca. 485–415 v. Chr.).

PROTAGORAS VON ABDERA: *„Der Mensch ist das Maß aller Dinge, der seienden, daß sie sind, der nicht seienden, daß sie nicht sind" (Homo-mensura-Satz).*

„Homo bene figuratus" und goldener Schnitt

ALBERTI war nicht nur Architekt, sondern auch Dramatiker, Musiker, Maler, Mathematiker, Naturwissenschaftler, Kunsttheoretiker und Sportler und verkörperte so den ausgebildeten Menschen der Renaissance. Auf

dem Gebiet der Architekturtheorie stützte er sich nicht nur auf die Erfahrungen BRUNELLESCHIS, sondern auch auf den antiken Architekten MARCUS VITRUVIUS POLLIO (VITRUV, 1. Jh. v. Chr.), der in seiner Schrift „De Architectura" eine erste systematische Architekturtheorie vorgelegt hatte.
Das Buch „De Architectura" von VITRUV war erst in einer Abschrift um 1415 wiederentdeckt worden. Seine darin enthaltene Idee vom „homo bene figuratus", dem wohlproportionierten Menschen, regte LEONARDO DA VINCI zu einer Skizze an, die wohl die am meisten zitierte der Kunstgeschichte wurde. Nach VITRUV sollen alle Teile eines Baues in einem bestimmten Verhältnis zueinander stehen. Das gilt auch für die Teile des menschlichen Körpers. Diese idealen Proportionen spielen bei der Wiederentdeckung des goldenen Schnittes eine Rolle.

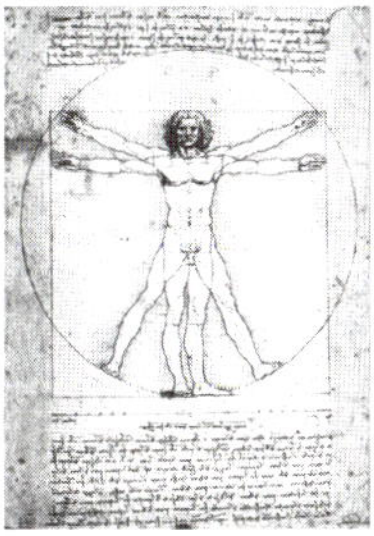

Der **goldene Schnitt** (lat. sectio aurea, stetige bzw. goldene Teilung) bezeichnet ein Teilungsverhältnis. Dabei wird eine Strecke AB durch einen Punkt T derart geteilt, dass sich die Länge der ganzen Strecke zu der größeren Strecke BT verhält wie diese zur restlichen Strecke AT. Das bedeutet, dass die größere Teilstrecke BT geteilt durch die kleinere Teilstrecke AT die gleiche Zahl ergibt wie die ganze Strecke AB geteilt durch die größere Strecke BT.

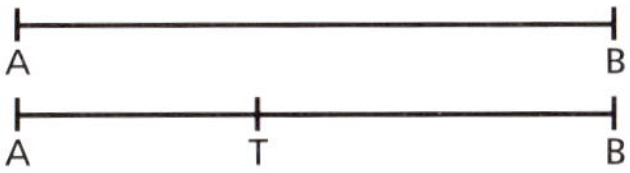

Dieses ideale **Teilungsverhältnis** entspricht 0,382 : 0,618, in Prozent 38,2 % : 61,8 % bzw. gerundet 3 : 5. Man findet es häufig in der Malerei, aber auch in Plastik und Architektur, weil es von den Menschen als besonders harmonisch empfunden wird.

Ionische Säule nach ANDREA PALLADIO mit dreiwulstiger Basis, Schaft, Kapitell mit zwei zu den Seiten hin ausladenden Voluten

Der goldene Schnitt wurde vom italienischen Mathematiker LEONARDO FIBONACCI (um 1180 bis nach 1240, der Name ist eine Verkürzung von „FILIUS BONACCI", also „Sohn des BONACCI") in seinem Rechenbuch „Liber abaci" aus dem Jahre 1202 erstmals nach der Antike wieder nachgewiesen.
Als ideale, harmonische Figuren galten wegen ihrer Symmetrie in der Frührenaissance Quadrat und Kreis. Sie wurden zusammen mit Achteck und griechischem Kreuz zur Grundlage für die Konstruktion so genannter Zentralbauten.

Zentralbau nennt man Bauwerke, deren Grundrisse aus Kreis, Quadrat oder Vieleck (meist Oktogon) entwickelt sind.

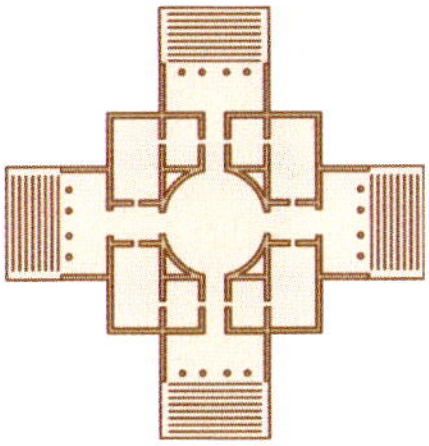

ALBERTI leitete das Architekturprinzip von der Natur ab, von der er behauptete, sie beweise die Liebe zum Kreis. Als Beispiele fügte er die Planeten, Vogelnester und Blumen an. Als klassischer Zentralbau der Antike gilt der Pantheon in Rom. Zentralbauten wurden in der Renaissance selten verwirklicht. PALLADIOS Villa Rotonda in Vicenza (um 1567) ist solch ein

▶ *„Nachdem sie die richtige Anordnung des menschlichen Körpers erkannt hatten, proportionierten die Alten jedes ihrer Werke in Übereinstimmung mit diesen Maßen. Am Körper des Menschen entdeckten sie zwei Hauptformen, … nämlich den Kreis und das Quadrat."* (VITRUV)

idealer Profanbau der Renaissance. Als bedeutendstes Beispiel für sakrale überkuppelte Zentralbauten gilt der Petersdom in Rom (↗ S. 100). Allerdings wurde der ursprüngliche Plan nicht verwirklicht und stattdessen ein Langhaus gebaut.
Auch die Proportionen der Säulen entlehnte man der antiken Baukunst. Sie sollten das menschliche Ebenmaß symbolisieren: Dabei stellte die Basis den Fuß, der Schaft den Leib und das Kapitell das Haupt des Menschen dar. Den Abstand zwischen den Säulen nennt man Intervall, die auf den Säulen ruhenden Teile sind das Gebälk.

Plastik der Frührenaissance

Die Plastik der Protorenaissance war bedeutendster Schmuck der Sakralbauten (Kirchen). In Anlehnung an die griechisch-römische Antike wurden seit dem 13. Jh. statt der bisher üblichen Sinnbilder individualisierte Abbilder geschaffen. Bereits NINO PISANO (1315–1368) schuf körperhaft-realistische vollplastische Madonnenfiguren („Madonna mit Kind" in der Florentiner Kirche Santa Maria Novella, „Madonna von Trapani" in der Marienwallfahrtskirche Santuario dell´Annunziata von Trapani). Die Reliefs auf den Bronzetüren des Südportals des Florentiner Baptisteriums (1330–1336) wurden von PISANOS Vater ANDREA geschaffen, sind von den Freskenzyklen GIOTTOS beeinflusst und stellen Szenen aus dem Leben Johannes des Täufers vor.

In der italienischen Frührenaissance lösten die Bildhauer die Plastik von der Architektur. Sie stellten **freiplastische Figuren** her, die sie in den Raum stellten.
Stilistisch knüpften sie an die Antike an. Es wurden sowohl Plastiken für Sakralbauten als auch für Profanbauten und öffentliche Plätze geschaffen. Zunächst rein sakralen Inhalts (DONATELLOS „David" von 1430 als erste lebensgroße frei stehende Aktfigur seit der Antike), nimmt sich die Renaissanceplastik später auch weltlicher Themen an. Neben antiken Motiven finden sich Reiterstandbilder venezianischer oder florentinischer Militärs (DONATELLO, ANDREA VERROCCHIO) sowie Porträtbüsten (DESIDERIO DA SETTIGNANO). Mit der freiplastischen Figur war das Bestreben verbunden, sie aus der Einansichtigkeit zu lösen und stattdessen Mehransichtigkeit zu erreichen, wie sie in der Antike üblich gewesen war. Statuen wurden bevorzugt als **ponderierte Standfiguren** – nach antikem Vorbild – mit Stand- und Spielbein geschaffen. Neben DONATELLOS „David" ragen auch Plastiken von NANNI DI BANCO (1373 bis 1421) heraus. Von LORENZO GHIBERTI stammt die sechs Meter hohe Paradiestür am Baptisterium von Florenz. GHIBERTI wandte hier das **Prinzip der Zentralperspektive** auf ein Relief an. Die Figuren wirken fast freiplastisch, die architektonischen Elemente im Mittelgrund sind halbplastisch ausgeführt.

DONATELLOS Plastik „David" wirkte so natürlich, dass VASARI vermutete, es handelte sich um den Abguss nach einem lebendigen Modell.

ponderieren, lat. = abwägen, ist der Ausgleich der Gewichtsverhältnisse des Körpers. Die bekannteste Art der Ponderation ist der Kontrapost (von ital. contrapposto = gegeneinander Gesetztes).

Die Bildhauer (und Maler) studierten den menschlichen Körper an lebenden Modellen und erforschten die Anatomie des Menschen durch das von Kirche und Staat verbotene Sezieren von Leichen. Durch diese Studien erreichten sie eine besondere Wirklichkeitsnähe der Darstellung.

Malerei der Frührenaissance

Hauptort der Malerei der Frührenaissance war Florenz. Hier gab es reiche Patrizier, die sich als Mäzene betätigten. Vor allem die MEDICI machten die Stadt zu einem kulturellen Zentrum. COSIMO DE MEDICI begründete mit der „Platonischen Akademie" einen Gelehrtenzirkel nach antikem Vorbild.

Auf der Grundlage der Entdeckungen BRUNELLESCHIS schuf MASACCIO (TOMMASO DI GIOVANNI DI SIMONE GUIDI, 1401–1428) mit der „Heiligen Dreifaltigkeit" (= „Trinität" ↗Bild) um 1427 ein erstes Fresko, das die Zentralperspektive in der Malerei anwendet.
Die täuschend echte räumliche Perspektive versetzte die Besucher der Kirche in Aufregung. Man glaubte einen Mauerdurchbruch vor sich zu haben und ins Innere einer Kapelle zu schauen. Diese Wirkung entstand durch die Abstimmung der Perspektivkonstruktion auf die Augenhöhe des Betrachters. Die Menschen und der Raum sind im selben Maßstab gemalt. Der scheinbare Lichteinfall von nur einer Seite gibt den Figuren Plastizität.

MASACCIO schuf sein Fresko für die Kirche Santa Maria Novella in Florenz. Gott stützt den Gekreuzigten. Zwischen beider Häupter schwebt die Taube des Heiligen Geistes. Die Trinität wird ergänzt durch die Gottesmutter Maria (links neben dem Kreuz) und den Lieblingsjünger Johannes (rechts neben dem Kreuz). Vor den korinthischen Pilastern, sozusagen außerhalb des eigentlichen Bildes, kniet das Stifterpaar.

MASACCIO gilt als der Begründer der Renaissancemalerei. Er schuf sein Fresko im Alter von 27 Jahren. Ein Zeitgenosse war auch der Dominikanermönch FRA ANGELICO (GUIDO DI PIETRO, 1400–1455). Er orientierte sich in seiner Malerei an der neu entdeckten Zentralperspektive. Allerdings sind seine Fresken spärlicher mit Staffage ausgestattet, die Figuren seiner Spätzeit wirken, wie die MASACCIOS, plastisch und zart. COSIMO DE MEDICI beauftragte ihn 1436 mit der Ausgestaltung von Kirche und Kloster von San Marco in Florenz. Aus diesem stammt die „Grablegung Christi".

BILD:
FRA ANGELICO,
Grablegung Christi,
Fresko, um 1437–46,
Florenz,
Museo di San Morca

2

SANDRO BOTTICELLI, *Geburt der Venus,* um 1482–1483, Florenz, Galleria degli Uffizi

Der Florentiner SANDRO BOTTICELLI (1445–1510) schuf mythologische Allegorien, wie das Bild „Nascita di Venere" (Geburt der Venus, 1486/87), das die Geburt der Aphrodite (lat. Venus) aus dem Meeresschaum thematisiert. Bei BOTTICELLI trägt eine Muschel die eben Geborene ans Ufer, der Windgott Zephyros, der seine Frau Flora, die Königin der Blumen, eng umschlungen hält, flankiert sie zur Linken, die mit Kleidung zur Göttin eilende Hora zur Rechten. Der warme Atem Zephyros' (Zephyr steht für den griechischen Westwind) weht die Venus ans Ufer. Die Haltung der Göttin entspricht den Vorstellungen von der **Venus pudica,** der schamhaften Venus.

Horen, Sg. Hora, waren in der griechischen Mythologie die Göttinnen der Jahreszeiten und des sittlichen Anstandes.

Das Bild BOTTICELLIS war eine Auftragsarbeit von LORENZO DE MEDICI. Venus trägt das Antlitz der SIMONETTA VESPUCCI, der Geliebten des Auftraggebers. Viele seiner religiösen Bilder für die Florentiner Kirchen sowie Porträts berühmter Patrizier waren Auftragsarbeiten für die MEDICI.

Porträtmalerei

Mit der Frührenaissance etablierte sich die **Porträtmalerei** als eigenständiges Genre innerhalb der Malerei. Die Porträts des Mittelalters zeigten noch stilisierte und idealisierte Figuren ohne individuelle Merkmale. Erst die Renaissance schuf nach der Antike erneut realistische Porträts. Das 15. Jh. bevorzugte noch Bildnisse im Profil, angelehnt an antike Münzdarstellungen. Sie sagten jedoch wenig über das Wesen der Porträtierten aus. Deshalb wurden die Personen später oft als Dreiviertelansichten dargestellt, sie interagieren meist mit dem Betrachter durch Augenkontakt. Auch im Porträt lässt sich oft das Teilungsverhältnis des goldenen Schnitts feststellen.

Bild:
LEONARDO DA VINCI, *Mona Lisa, Paris,* Louvre

LEONARDO DA VINCI gehört zu den bedeutendsten Porträtmalern am Beginn der Hochrenaissance. Sein Bild einer jungen Florentinerin ist unter dem Namen **Mona Lisa** bekannt. Es stellt nach den Schilderungen VASARIS wahrscheinlich die Kaufmannsfrau LISA DEL GIOCONDO dar. Es könnte sich aber auch um die Ehegattinnen anderer hochgestellter Florentiner Bürger handeln. In einigen neueren Theorien taucht der Gedanke auf, LEONARDO – bekannt für seine Vorliebe für junge Männer – habe einen Jüngling in Frauenkleidern dargestellt oder das Bildnis sei ein androgynes Selbstporträt des Künstlers.

LEONARDO wendete bei diesem Porträt offenbar sein Wissen über das **binokulare** (zweiäugige) Sehen (↗S. 199ff.) an, wodurch nahe Gegenstände oder Personen leicht unscharf erscheinen.
Dass die Mona Lisa leicht verwischt erscheint, liegt – maltechnisch gesehen – am so genannten **sfumato** (↗S. 232), womit der Maler eine Verschleierung der dargestellten Konturen erreicht. Des Weiteren besticht die Mona Lisa durch das **Chiaroscuro** (ital.: hell-dunkel), die Hell-Dunkel-Malerei.
Das Ergebnis ist ein Bild idealisierter Harmonien, vor allem eine Harmonie der Proportionen. Dies wird u. a. durch die konsequente Anwendung räumlich-perspektivischer Darstellung (Licht – Schatten, sfumato usw.) erreicht, die auch im Porträt der Mona Lisa zum Ordnungsprinzip wird.
Mit LEONARDO DA VINCI beginnt die Hochrenaissance in Italien.

▶ Die Periodisierung der Hochrenaissance ist umstritten. Einige Kunstwissenschaftler meinen den Zeitraum 1490–1520 bzw. 1500–1530, andere gar 1480–1530.

2.3.4 Hochrenaissance (1500–1520)

Die **Hochrenaissance** währte lediglich zwanzig Jahre und ist mit dem Wirken von LEONARDO DA VINCI, MICHELANGELO (Frühwerk), RAFFAEL, TIZIAN (Frühwerk) und GIORGIONE in Italien verbunden. Insbesondere Rom wurde zum Zentrum der Hochrenaissance. Hier kulminierte das Wissen über Architektur und Kunst Venedigs, Florenz' und anderer oberitalienischer Städte. In Florenz hatten die Bürger nach dem Tod LORENZOS DE MEDICI seinen Nachfolger PIERO 1494 gestürzt, die Familie aus der Stadt vertrieben und dem Dominikanermönch GIROLAMO SAVONAROLA (1452–1498) die Macht übertragen. Als letztes großes Werk in Florenz meißelte MICHELANGELO anlässlich des Sturzes der MEDICI aus einem einzigen Marmorblock den David, bevor sein neues Wirkungsgebiet Rom wurde. Florentinische Künstler nahmen sich – bis auf MICHELANGELO (ab 1505 in Rom) und LEONARDO DA VINCI – nicht der Formensprache der Hochrenaissance an. In Venedig entwickelten die Künstler die spezifischen Ausprägungen der Frührenaissance weiter und insbesondere TIZIANS und GIORGIONES Malweisen prägten die Künstler der Lagunenstadt stark. Renaissancekünstler außerhalb Italiens waren ALBRECHT DÜRER (1471–1528), der die Formensprache bei zwei Italienreisen kennen lernte, HANS HOLBEIN D.J. (1497–1543), LUCAS CRANACH D.Ä. (1472–1553), ALBRECHT ALTDORFER (ca. 1480–1538), der neben CRANACH wichtigste Vertreter der so genannten **Donauschule,** PIETER BRUEGEL D.Ä. (ca. 1525–1569) u. a.

▶ **Donauschule:** von Österreich ausgehender, sich über Bayern nach Norden ausbreitender Malstil, der sich durch eine besonders poetische Naturdarstellung auszeichnete.

Malerei der Hochrenaissance

Den Malern der Hochrenaissance genügte es nicht mehr, nur Abbilder der Realität zu schaffen. Man begriff die Kunst als Vollenderin der Natur. Beim Naturstudium entdeckten sie, dass die Umrisse von Dingen in der Ferne unschärfer werden, die Details sich aufzulösen scheinen, Eckiges erscheint abgerundet. Dieses Phänomen, das mit den Staubteilchen in der Luft auftritt, nennt man **Luftperspektive.** Bereits KONRAD WITZ (um 1400–1445/47) wandte die von LEONARDO DA VINCI **sfumato** genannte Technik an, den Hintergrund des Bildes als atmosphärischen Dunstschleier ungenau und verschwommen in kalten Farben darzustellen („Hl. Christophorus").

Luftperspektive, ↗S. 232

Bild:
TIZIAN, *Der Zinsgroschen,* um 1515

Farbperspektive, ↗S. 232

Die Farben verlieren an Sättigung, das Rot wird herausgefiltert, weit Entferntes erscheint blau. Im Vordergrund erscheinen warme, dunkle, kontrastreiche Gegenstänwde. Diese Beobachtung, die man **Farbperspektive** nennt, wurde bewusst in der Malerei eingesetzt.
Zu besonderer Meisterschaft in der Verwendung der Farbe als vorherrschendem Gestaltungsmittel brachte es TIZIAN – „Erster Maler Venedigs". Die sinnliche Farbwirkung seiner Bilder beeindruckte bis ins 19. Jh. Maler wie PETER PAUL RUBENS, REMBRANDT VAN RIJN, DIEGO VELAZQUEZ, NICOLAS POUSSIN, JEAN-ANTOINE WATTEAU und EUGÉNE DELACROIX. TIZIAN gelingt es, durch Farbunterschiede und Lichteffekte die Oberflächen der Dinge plastisch erscheinen zu lassen, typisch ist die **Kontrastierung von warmen und kalten Farben** in seinen Werken.

Bild:
GIORGIONE, *La Tempesta (Das Gewitter),* Venedig, Galerie dell´Accademia

GIORGIONE (um 1478–1510) gilt als Vater der modernen venezianischen Malerei des 16. Jh. Er war nicht nur ein faszinierender Porträtmaler, er schuf auch poetische Landschaftsbilder. Dabei kombinierte er die sfumato-Technik LEONARDO DA VINCIS mit der lasierenden Technik und Farbwahl der Niederländer. Völlig neu ist der Umgang GIORGIONES mit dem Licht. In „La Tempesta" flankiert im Bildvordergrund rechts, etwas erhöht, eine Mutter mit Kind und links ein Wanderer eine idyllische Landschaft. Hinter ihnen erhebt sich ein gewaltiges Gewitter, das aber diese Idylle nicht trüben kann. Schon Zeitgenossen bewunderten die Lebendigkeit des farblichen Ausdrucks dieses gemalten Gewitters.

▶ GIORGIONE und TIZIAN übernahmen die Lasurmalerei von den Holländern JAN VAN EYCK und ROGIER VAN DER WEYDEN. Diese Technik brachte ANTONELLO DA MESSINA nach Venedig, der die Werke der Holländer in Neapel studiert hatte.

RAFFAEL (1483–1520) bewies sein Talent, erst siebzehnjährig, als er Teile der „Krönung des heiligen Nikolaus von Tolentino" für einen Altar in Città di Castello malte. Bereits hier zeigen die Gottvater- und Madonnafigur eine Lebendigkeit des Ausdrucks, als hätte RAFFAEL nach der Natur porträtiert. In Florenz schulte er sich ab 1504 an Werken LEONARDO DA VINCIS und MICHELANGELOS. Er wollte nicht nur seine Fertigkeiten in der Darstellung bewegter Gruppen, sondern auch im Porträt weiterentwickeln. Diese sollten den Ausdruck der menschlichen Seele materialisieren. In Florenz erwarb er so viel Handwerklichkeit und Kunstverständnis, dass die Kompositionen seiner Werke als Inbegriff klassischer Vollkommenheit gelten.

RAFFAEL malte viele Madonnenbilder. Das Besondere seiner Malerei ist seine gekonnte Kompositionskunst, die Fähigkeit, räumliche Illusion unter Berücksichtigung der Flächigkeit des Bildes zu erzeugen. Seine „Sixtinische Madonna" 1513/14 ist eine zur Symmetrie tendierende pyramidenartige Komposition: Der heilige Sixtus und die heilige Barbara besetzen die beiden unteren Ecken eines aufrecht stehenden Dreiecks, dessen Spitze die Gottesmutter mit dem Jesuskind bildet. Wenige Farben sind eingesetzt. Vor dem leicht bläulich schimmernden Weiß der Wolken kommen das Blau und Rot in Marias Kleidern, das Gelb und Rot im Umhang von Sixtus und die Töne im Gewand von Katharina (Petrol, Grün, Hellblau, Orange) zu feierlicher Wirkung. Der sich symmetrisch teilende grüne Vorhang begleitet diesen pyramidalen Aufbau. Der Hintergrund scheint ins Unendliche zu greifen.

Bild:
RAFFAEL, *Sixtinische Madonna*

Madonna (ital. = meine Herrin): Beiname für Maria, die Mutter Gottes

Der Legende nach soll der Vater die heilige Barbara in einem Turm eingekerkert haben. Weil sie sich zum Christentum bekannte, habe er sie eigenhändig mit seinem Schwert getötet.

Neben LEONARDO und RAFFAEL war MICHELANGELO (1475–1564) der bedeutendste Künstler des Cinquecento. Er war Maler, Bildhauer, Architekt und Dichter. Wegen seiner wuchtig-dynamischen Bildwerke wurde er früher gelegentlich als Vater des Barocks bezeichnet. Heute zählt man ihn eher unter die so genannten Manieristen. Seine weit überlebensgroße David-Statue (4,34 m hoch) von 1501–1504 war ursprünglich für einen der Strebepfeiler des Florentiner Doms bestimmt, wurde dann aber vor dem Rathaus aufgestellt. Der israelitische Hirtenjunge David als Sieger über den Riesen Goliath war schon im 15. Jh. zu einer Symbolfigur des Stadtstaates Florenz geworden. Und so war er von DONATELLO und VERROCCHIO in Bronzestandbildern dargestellt worden – als Überwinder des Bösen. Beide zeigen sie David nach der beendeten Auseinandersetzung in Siegerpose mit dem abgeschlagenen Haupt Goliaths zu Füßen. Und beide zeigen einen knabenhaften David, der göttlicher Hilfe bedürftig war, um den Gegner zu überwinden. Michelangelo dagegen bietet einen ausgewachsenen jungen Mann, der Goliath auch ohne göttliche Einwirkung zu besiegen vermag – Zeichen für

MICHELANGELO hat seinen David aus einem von AGOSTINO DI DUCCIO 1464 verhauenen Marmorblock gemeißelt, der im Hof der Dom-Werkstatt liegen geblieben war. Heute befindet er sich in der Accademia von Florenz, vor dem Rathaus steht seit 1887 eine Kopie.

das gewachsene Selbstbewusstsein des Renaissancemenschen. Und MICHELANGELO wählt als Darstellungsmoment einen Augenblick kurz vor dem Kampf. David fasst den Gegner zielend ins Auge, gleich wird er die Schleuder von der Schulter nehmen – ein höchst dramatischer Zeitpunkt. Vor dem Rathausportal aufgestellt, war diese Statue – die erste überlebensgroße Aktfigur seit der Antike – eine Warnung an alle Feinde der Stadt Florenz.

Renaissance in Deutschland und den Niederlanden

Bild:
Albrecht Dürers Haus in Nürnberg

In Deutschland kam die Renaissance fast ein Jahrhundert später zur Blüte. Sie ist eng verbunden mit dem Schaffen des Nürnbergers **ALBRECHT DÜRER** (1471–1528). Er begann seine Arbeit unter MICHAEL WOHLGEMUT und unter dem Einfluss der altniederländischen Schule. 1495 und 1505 reiste er nach Venedig. Hier setzte er sich mit der Perspektive auseinander und studierte die Anatomie. Mathematik, insbesondere die Geometrie, wurde für ihn zu einer Art Hilfswissenschaft der Kunst. DÜRER setzte sich somit auch theoretisch mit der Kunst auseinander. Es entstanden die „Underweysung der Messung mit dem Zirckel und Richtscheyt …" (1525), „Etliche Underricht zur Befestigung der Stett, Schloß und Flecken" (1527) und die „Vier Bücher von der menschlichen Proportion" (1528). DÜRERS erste grafische Arbeiten entspringen der mittelalterlichen Tradition, sind jedoch durch den deutschen Humanismus (WILLIBALD PIRCKHEIMER u. a.) beeinflusst. Seine Holzschnitte und Kupferstiche greifen Themen wie die „Apocalypse", „Ritter, Tod und Teufel" auf. Sie bestechen bis heute durch ihre große Detailgenauigkeit und Präzision des Stichs. Mit seinen Arbeiten entwickelte DÜRER Grafik und Zeichnung zu eigenständigen Kunstgattungen. Auf seiner ersten Italienreise beschäftigte er sich außerdem mit dem Aquarell, das er zu meisterlicher Perfektion führte.

DÜRER, *Selbstporträt,* Silberstiftzeichnung (1484)

Auch in der Tafelmalerei begann DÜRER mit religiöser Thematik, so mit zahlreichen Marien- und Christusdarstellungen. Früh interessierten ihn jedoch auch weltliche Themen, vor allem das Porträt. Bereits als Dreizehnjähriger zeichnete er ein bis heute faszinierendes Selbstporträt. Von 1497 stammt das Porträt des Vaters, 1493 hatte er die Mutter, BARBARA DÜRER, porträtiert. Seine Selbstporträts widerspiegeln sein Selbstverständnis als Künstler, das für die Malerei nördlich der Alpen etwas völlig Neues darstellt.

Er entwickelte das Selbstporträt zu einem eigenen Genre.
Studien nach der Natur lassen zahlreiche Pflanzen- und Tieraquarelle (u. a. „Der Feldhase", „Rasenstück") und menschliche Akte entstehen.

Wegen seines großen Einflusses auf seine Zeit und nachfolgende Künstler bezeichnet man die Epoche DÜRERS auch als die **Dürer-Zeit.**

Bild:
ALBRECHT DÜRER, *Adam und Eva,* Kupferstich, 1504, London, British Museum

Hauptwerk von MATHIAS GRÜNEWALD (um 1470–1528) ist der Isenheimer Flügelaltar. Er besteht aus zehn Bildtafeln und einem geschnitzten Schrein (Wandelaltar). GRÜNEWALDS Œuvre verrät eine intensive Beschäftigung mit italienischer und altniederländischer Renaissancemalerei. Die zweite Schauseite des Altars zeigt leuchtende Farbkompositionen, die an venezianische Meister erinnern.
Die „Verkündigung an Maria" steht in ihrem Realismus den Werken der Holländer JAN VAN EYCK und ROGIER VAN DER WEYDEN in nichts nach. Die Figuren werden nicht nur realistisch abgebildet, sondern der Betrachter sieht Christus als Menschen, kann die Qualen Christi nachempfinden. Das wird u. a. durch die besonders expressive Formensprache und Verwendung der Farbe erreicht.

Ein Flügelaltar kann zu verschiedenen kirchlichen Feiertagen, je nach geöffneten oder geschlossenen Flügeln, ein „gewandeltes" Aussehen haben, deshalb spricht man auch von einem Wandelaltar.

Bild:
MATHIAS GRÜNEWALD, *Isenheimer Altar, zweite Schauseite, Szene (von links): Verkündigung an Maria, Geburt Christi, Auferstehung Christi, Predella: Beweinung Christi,* 1512–1516, Öl auf Holz

Architektur der Hochrenaissance

- Zentralbau (Petersdom)
- Rundbau (Tempietto in San Pietro in Montorio, DONATO BRAMANTE)
- Paläste und Stadtvillen

Die ehrgeizigste Bauleistung der Hochrenaissance war der neue Petersdom in Rom. Dazu musste die baufällige Vorgängerkirche (eine unter Kaiser KONSTANTIN 324 begonnene und 349 vollendete fünfschiffige

2

Am Grundriss von St. Peter lässt sich gut das ursprünglich geplante Ideal vom tatsächlich gebauten „Kompromiss“ unterscheiden.

griechisches Kreuz: Kreuz mit gleich langen Armen

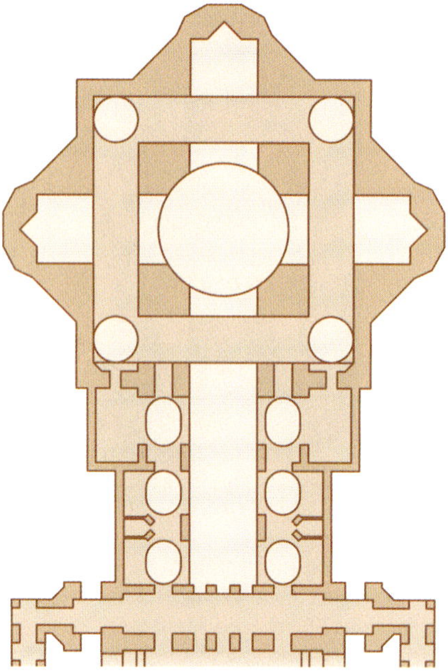

Basilika, die über dem Grab des heiligen Petrus errichtet worden war) abgebrochen werden.
1506 erteilte Papst JULIUS II. DONATO BRAMANTE (1444 bis 1514) den Auftrag für die neue Kirche. Der Architekt entwarf einen Zentralbau über dem Grundriss eines griechischen Kreuzes. Er beabsichtigte, *„das Pantheon auf die Konstantinsbasilika (des Forums) zu türmen“.*
Nach BRAMANTES Tod wurde die Bauleitung RAFFAEL übergeben, der sich gegen einen Zentralbau entschied. 1547 übernahm der greise MICHELANGELO die weitere Planung und kehrte zu BRAMANTES Kuppel-Projekt zurück. Erst 1626 war die Peterskirche vollendet, und zwar als mehrschiffige Basilika. Ihre Fassade hat keine besonders geglückten Proportionen, sie ist zu breit, ragt nicht, sondern lagert. Immerhin hat CARLO MADERNA (1598–1680) versucht, das mit den betonten Senkrechten kolossaler Säulen auszugleichen. Er konnte die Fassade nicht erhöhen, wollte er nicht die Kuppel um ihre Wirkung vom Petersplatz aus bringen. Diese Kuppel über einem von radial auskeilenden Doppelsäulen umstellten Tambour war von MICHELANGELO als Halbkugel geplant. Sein Nachfolger GIACOMO DELLA PORTA hat sie leicht erhöht und ihr so eine Form gegeben, dass es aussieht, als schwebe sie empor.
St. Peter erreicht gigantische Ausmaße: Die Länge beträgt 211,5 m, die äußere Höhe der Kuppel 132,5 m, der Kuppeldurchmesser 42 m. Die Fläche der Kirche beträgt 20 000 m^2. 45 Altäre und 11 Kapellen befinden sich im Petersdom. Er bietet 60 000 Gläubigen Platz.
Eine bedeutende Skulptur von MICHELANGELO, die Marmorgruppe der Pietà, befindet sich im Petersdom. Die Sixtinische Kapelle in unmittelbarer Nähe des Doms ist vatikanische Hofkapelle (Capella Sistina) und Ort der Papstwahl. Hier hat MICHELANGELO 1508–1512 die Decke freskiert und 1531–1541 die Altarwand (Jüngstes Gericht).

Neben Sakralbauten entstanden – vor allem in Venedig – prachtvolle Stadtvillen, die noch im Barock nachgeahmt wurden. Vor allem in Veneto, dem Machtbereich Venedigs auf dem Festland, ließen sich reiche Bürger Landhäuser errichten, die noch heute vom einstigen Reichtum ihrer Besitzer künden. Die Renaissancebauten nördlich der Alpen – in Deutschland und Frankreich – entstanden in Auseinandersetzung mit der noch vorherrschenden Spätgotik.

2.3.5 Manierismus (Spätrenaissance, 1520/30–1600)

Manierismus als erste gesamteuropäische Kunstbewegung meint die Werke, die, nach GIORGIO VASARI, in der „Maniera di Michelangelo" entstanden, also den Spätstil MICHELANGELOS nachzuahmen trachteten.

Maniera = so viel wie Eigenart

Manierismus umfasst die Zeit zwischen etwa 1520 und 1600, die durch Reformation und Gegenreformation gekennzeichnet ist.
Der Anlass für die Abkehr vom Ideal der Renaissance war weltlicher Natur: Die Parteinahme von Papst KLEMENS VII. für Frankreich führte 1527 zur Plünderung Roms durch das kaiserliche Heer **(Sacco di Roma)** KARLS V. Einen Monat lang wurden Häuser in Brand gesetzt, die Einwohner ermordet, Kunstschätze zerstört. Dieses Ereignis wirkte wie ein Schock auf die römischen Künstler – ebenso wie Reformation und Gegenreformation auf Künstler in Deutschland. Viele von ihnen flohen in andere Regionen Italiens und bis nach Frankreich. Sie verbreiteten die Formensprache MICHELANGELOS. Der von ihm beeinflusste ROSSO FIORENTINO (1494–1540) ging als Hofmaler nach Frankreich und begründete dort die **Schule von Fontainebleau.** In Frankreich wird so der Manierismus genannt. In der Zeit des Manierismus baute man nördlich der Alpen nicht mehr Burgen, sondern Schlösser. König FRANZ I. (1515–1547) von Frankreich ließ das Schloss Fontainebleau von den Italienern ausschmücken. Nach ihm nennt man den neuen Stil auch „François-premier-Stil" (FRANÇOIS-I.-Stil). Neben FIORENTINO wirkte der Stuckateur und Architekt FRANCESCO PRIMATICCIO (1504–1570) in Fontainebleau stilbildend. Die Schule von Fontainebleau war eine Mischform aus italienischem Manierismus und Elementen der Spätgotik vor allem in der Malerei, Bildhauerei und Innenarchitektur. Erstmals taucht das so genannte Rollwerk auf.
Diesem Stil folgte der HENRI-DEUX-Stil, nach König HEINRICH II. (1547–1559) und seiner Nachfolger (1547–1589). Zwischen 1590 und 1620 zeigten sich in der zweiten Schule von Fontainebleau flämische Einflüsse.

Sacco di Roma, ital. = Plünderung Roms, begann am 06. Mai 1527 und dauerte rund einen Monat. Über 30 000 Menschen starben. 90 % der Kunstwerke wurden zerstört.

Rollwerk: Zierform mit eingerollten Rändern und Ecken, besonders im Floris-Stil verwendet

In England herrschten spätgotische bzw. neugotische Kunstformen vor, die nach den Regenten bzw. Herrscherhäusern Tudor-Stil, Elisabethanischer Stil und jakobinischer Stil genannt werden. In Portugal begann sich ein eigenständiger manieristischer Stil durchzusetzen, der nach MANUEL I. (1495–1521) Manuelinismus bzw. manuelinische Renaissance genannt wird.

Der Manierismus in Deutschland entstand in Auseinandersetzung mit dem Spätrenaissancestil in Italien sowie der Spätgotik in Deutschland.

Bild: Manuelinischer Stil, ***Fensterfront „Palacio Nacional"***, Nationalpalast Sintra, Portugal

2

Merkmale des Manierismus	Herausragendste Werke des Manierismus
• Abkehr vom Harmonie-Ideal der Renaissance • oft unnatürlich wirkende Haltungen bzw. Perspektiven • figura serpentinata in Bildhauerei und Malerei • lange Raumfluchten in der Architektur • scheinbare Aufhebung des Raums • Intellektualisierung der Kunst • verschlüsselte (hermetische) Bildinhalte • Regellosigkeit im Stilistisch-Formalen • gestreckte Formen und Figuren • gesteigerte Emotionalität • gesteigerte Bewegung und Ausdruckskraft • starke Spannung zwischen Figuren und Raum • Überladenheit • Anfänge der Gartenkunst • Floris-Stil (Dekorstil, nach CORNELIS FLORIS, 1514–1575, benannt)	• „Jüngstes Gericht" (1536–1541) in der Sixtinischen Kapelle (MICHELANGELO) • Uffizien in Venedig (VASARI) • Palazzo Massimo alle Colonne in Rom (BALDASSARE PERUZZI) • Spätwerk von TIZIAN • Malerei EL GRECOS, CORREGGIOS und PARMIGIANINOS • Skulpturen und Plastiken von GIAMBOLOGNA • Jesuitenkirche St. Michael in München • Schloss Fontainebleau und Loire-Schlösser • Fürstenhof zu Wismar

Architektur des Manierismus

Der Name der „Galleria degli Uffizi" leitet sich von „Uffici delle magistrature" = „Büros der Richterämter" ab.

Zentrum und Ausgangspunkt des Manierismus war Florenz unter den aus dem Exil zurückgekehrten MEDICI. GIORGIO VASARI war der Baumeister der Uffizien in Florenz. Der Bau, einer der ersten manieristischen Bauten, wurde von COSIMO I. DE MEDICI, Großherzog der Toskana, in Auftrag gegeben und nach VASARIS Tod (1574) von BERNARDO BUONTALENTI und ALFONSO PARIGI bis ca. 1581 fertig gestellt.

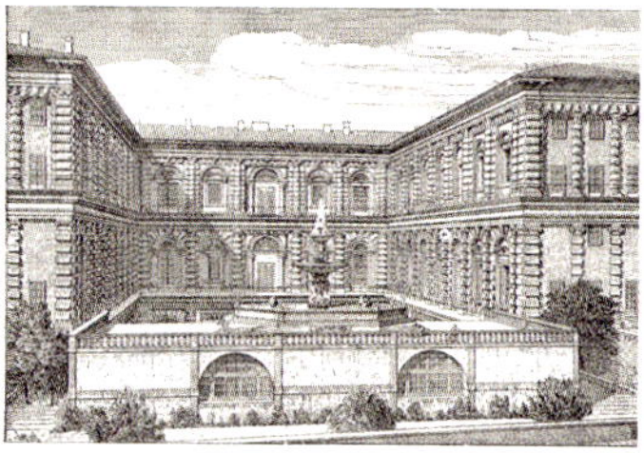

Bild: *Palazzo Pitti, Gartenfassade*

Weitere repräsentative Bauwerke sind der Palazzo del Te in Mantua, die von VIGNOLA gebaute Villa Farnese in Caprarola und der von BARTOLOMMEO AMMANATI 1559–1577 zu einer Dreiflügelanlage umgebaute Palazzo Pitti in Florenz. Die Pilaster- und Säulengliederung der Gartenfassade des Palastes der ELEONORA VON TOLEDO, GATTIN COSIMOS I. DE MEDICI, zeigt bereits die für den Manierismus typische Verschmelzung von Wand und Säule.

Außerhalb Italiens baute man am konsequentesten in Prag im so genannten „rudolfinischen Stil" (nach dem in Spanien aufgewachsenen Kaiser RUDOLF II., 1552–1612). In Spanien ließ PHILIPP II. (span. FELIPE II., 1527–1598) sich außerhalb von Madrid das „Real Monasterio de El Escorial" (rund 60 km nordwestlich von Madrid) als Burg, Kloster und Prunkschloss errichten. Die Residenz PHILIPPS – ursprünglich als Begräbnisstätte für KARL V. und seine Nachfolger gedacht – steht auf einem 208 x 162 m großen Grundstück und ist das weltgrößte Gebäude der Spätrenaissance. Entworfen und gebaut wurde es von einem Schüler BALDASSARE PERUZZIS,

JACOPO SANSOVINOS, ANDREA PALLADIOS sowie Mitarbeitern MICHELANGELOS beim Bau des Petersdoms. JUAN BAUTISTA DE TOLEDO (um 1500–1567) plante den Bau mit 1200 Türen, 2700 Fenstern, 86 Treppen und 15 bis zu 150m langen Kreuzgängen im **„estilo desornamentado"**. JUAN DE HERRERA (um 1530–1597), sein einstiger Assistent, vollendete es – nach BAUTISTAS Tod – 1584. Die Kuppel der Kirche ist 90m hoch. Die Kirche besitzt 43 Altäre, darunter den 26m hohen Hauptaltar. Das Museum des Escorial beherbergt Gemälde von Weltrang, darunter „Die 7 Todsünden" von HIERONYMUS BOSCH, den „Ecce Homo" von TIZIAN und das „Martyrium des heiligen Mauritius" von EL GRECO.

„estilo desornamentado", span. = ohne Verzierungen, deutsch Desornamentado-Stil, nennt man in der Baukunst einen einfachen, schmucklosen Stil.

Renaissancebauten in Deutschland

Süddeutschland und Österreich wurden Ende des 16. Jh. zu Zentren der Spätrenaissance (Manierismus). Man baute Fürstensitze, Schlösser, später auch Bürgerhäuser. Zeugnis von manieristischer Baukunst legen u. a. die Stallburg (um 1558–1569) und die Amalienburg (1605 vollendet) der Wiener Hofburg ab. In Deutschland ist München Zentrum des Manierismus (Jesuitenkirche St. Michael, 1583–1597, Münchner Residenz 1607–1619). In Norddeutschland fielen die Bauten der Renaissance wesentlich bescheidener aus. Die Architektur folgte nicht der besonderen Strenge italienischer Architektur hinsichtlich der Antike als Vorbild. Impulsgeber für die norddeutsche Renaissance war der Holländer HANS VREDEMAN DE VRIES (1526–1609).

Im Weserraum entwickelte sich die so genannte **Weserrenaissance** (1520 bis 1620). Häuser wurden in Steinbau- und Fachwerkbauweise errichtet.
Kennzeichen der Weserrenaissance:
- „Welsche Giebel" nach italienischem Vorbild,
- Kerbschnitt-Bossensteine (Quader mit gleichförmigen, kerbenartigen Ornamenten),
- Fächerrosetten (Halbkreise mit Fächerornamenten),
- Streifenputz (Putz in rautenförmiger Schraffur),
- „Utlucht".

Welsche Giebel: Giebel mit geschweifter Form

„Utlucht": Auslucht, erkerartiger Vorbau des Erdgeschosses bzw. mehrerer Geschosse, ebenerdig beginnend

Bauten der **Renaissance im Ostseeraum** finden sich im Güstrower Schloss, das ab 1558 als repräsentative Residenz Herzog ULRICHS VON MECKLENBURG begonnen wurde, sowie in Wismar. 1553 ließen die mecklenburgischen Herzöge in der Hansestadt den **Fürstenhof** (↗ Bild) im Stil der italienischen Renaissance nach dem Vorbild des Palazzo Roverella in Ferrara/ Italien als Sommerresidenz errichten. Die Fassade wurde mit halbplastischen Terrakottaplatten versehen. Figürliche Friese trennen die drei Geschosse, die der Straße zugewandten Friese erzählen Geschichten aus dem Trojanischen Krieg, die der Hofseite zeigen das Gleichnis vom verlorenen Sohn. Das Eingangsportal aus dänischem Sandstein ist mit damals beliebten groteskfigürlichen Darstellungen versehen. Der Fürstenhof ist das nördlichste Renaissanceschloss Europas.

Bild: *Wasserkunst in Wismar*

Von 1580 bis 1602 wurde die „Wasserkunst" nach den Plänen des Utrechter Baumeisters PHILLIPP BRANDIN (um 1530–1594) im Stil der holländischen Renaissance errichtet. Das pavillonartige Bauwerk – das bis 1897 die Wasserversorgung der Stadt sicherte – hat einen regelmäßigen zwölfeckigen Grundriss. Die zwölf Hermen – Pfeilerschäfte, die mit reliefartigen Kalksteinfiguren geschmückt sind – tragen ein geschwungenes kupfernes Glockendach mit sechseckiger Laterne. 1860/61 wurde die Wasserkunst (Schöpf- und Pumpwerk) unter HEINRICH TORMANN rekonstruiert.

Bild: *Schabbelhaus in Wismar*

Das als Wohn- und Brauhaus errichtete „Schabbelhaus" (1569–1571, Backstein mit Sandsteinelementen) nach Plänen PHILIPP BRANDINS ist eines der frühesten und bedeutendsten bürgerlichen Renaissancebauten Mecklenburgs sowie des Ostseegebiets. Die zweigeschossigen Straßenfronten sowie der um vier Geschosse aufgestockte geschweifte Beschlagwerkgiebel mit kannelierten Pilastern bestehen aus rotem Backstein, der durch weißen Sandstein eingefasst ist.

Malerei und Plastik des Manierismus

Hauptvertreter in italien sind:
- ANTONINO CORREGGIO (um 1489–1534),
- PAOLO VERONESE (1528–1588),
- PARMIGIANINO (eigtl. FRANCESCO MAZZOLA, 1503 bis 1540),
- TINTORETTO, eigtl. JACOPO ROBUSTI (1518 bis 1594),
- AGNOLO BRONZINO (1503–1572).

Mit der Gegenreformation schwanden die weltlichen Themen allmählich, man wandte sich wieder stärker christlichen Themen zu, die mit ekstatischer Übersteigerung ausgezeichnet waren. Maler und Bildhauer des Manierismus strebten danach, in ihren Kunstwerken Bewegungsabläufe festzuhalten. Das gab diesen Bildern und Skulpturen das typisch Dynamische. Ein Kennzeichen des Manierismus sind die stark verzerrten Proportionen menschlicher Körper. Hinsichtlich der Perspektive werden in der Malerei **optische Täuschungen,** wie das **Trompe-l'Œil** (↗ S. 204) sowie **Anamorphosen** typisch. GUISEPPE ARCIMBOLDO wurde berühmt durch seine allegorischen Köpfe aus Früchten, die er nach den Jahreszeiten („Frühling", „Sommer", „Herbst", „Winter") nannte. Er malte auch so genannte **Vexierbilder** (Umkehrbilder), wie „Gemüse in einer Schüssel", das man auch als „Der Gärtner" lesen kann. Für die Malerei werden expressive Farbunterschiede bedeutsam. Die Gartenbaukunst entdeckt die „künstliche Natur" als Entstellung der Natur für sich.

Anamorphose: verzerrt gezeichnete Darstellung eines Gegenstandes, dessen Entschlüsselung oft nur von einem bestimmten Winkel aus gelingt

Hauptmeister des spanischen Manierismus war EL GRECO („Der Grieche", eigtl. DOMINIKOS THEOTOKOPULUS, ca. 1541–1614). Als Ikonenmaler und Schüler von TIZIAN sowie beeinflusst von TINTORETTO und JACOPO BASSANO (eigtl. JACOPO DA PONTE, um 1517–1592) wurde er in Spanien zum gefragten Hofmaler, der byzantinische, italienisch-manieristische und spanische Einflüsse verband. Seine Bilder sind durch lang gestreckte Formen und Körper, wirkungsvolle Kontraste und kalte, leuchtende Farben (Rot-, Gelb,- Grüntöne) gekennzeichnet. EL GRECOS bedeutendstes Werk ist „Das Begräbnis des Grafen von Orgaz" (1586–1588), das der Maler als Altarbild für die Kirche Santo Tomé in Toledo malte.

Bild:
EL GRECO,
Auferstehung Christi,
1584–1594, Öl auf Leinwand, Madrid, Museo del Prado

Beliebt während des Manierismus wurde der **Tondo,** ein Rundbild, dessen Kreisform ein Sinnbild der Vollkommenheit darstellte. Der aus Parma stammende Maler und Radierer PARMIGIANINO (eigtl. GIROLAMA FRANCESCO MAZZOLA, 1503–1540) benutzte den Tondo für ein erstaunliches Selbstporträt. Sein „Selbstbildnis im Konvexspiegel" (um 1523/24), das er mit 20 Jahren malte, gehört zu den augenfälligsten manieristischen Gemälden. Meisterhaft gelingt es dem Künstler, den Eindruck des Blickes in einen konvexen Spiegel zu vermitteln. Hand und dargestellter Raum sind verzerrt, einzig das jugendliche Porträt des Malers bleibt nahezu unverzerrt. Die Illusion wirkt perfekt, denn PARMIGIANINO malte sein Selbstporträt nicht auf eine flache Tafel oder auf Leinwand, sondern auf eine Kugelkalotte aus Holz. M. C. ESCHER trieb dieses Spiel mit der optischen Täuschung im 20. Jh. noch weiter, indem er um 1937 seine Hand, die eine Kugel trägt, abbildete. In dieser Kugel spiegeln sich sowohl Hand und Körper ESCHERS als auch dessen Arbeitszimmer.
Viele Darstellungen PARMIGIANINOS fallen durch überlängte Hälse und, wie VASARI schreibt, durch Köpfe mit „ungemein lebendig blickenden Augen" auf. Auch war VASARI von PARMIGIANINOS „eigentlicher Art, wunderschöne Landschaften zu schaffen", angetan.

BILD:
PARMIGIANINO,
Sebstporträt im konvexen Spiegel,
Holzkugelkalotte, 24 cm, Kunsthistorisches Museum, Wien

Bild:
GIAMBOLOGNA, *Raub der Sabinerin,* 4,20 m hoch, 1583, Loggia dei Lanzi, Florenz

In Plastik und Malerei war die **Figura serpentinata** (von lat. serpens = Schlange bzw. serpentinus = schlangenförmig) für den Manierismus bestimmend. So bezeichnet man eine Ausdrucksform, die durch schlangenförmig gewundene Figuren gekennzeichnet ist. Der „Raub der Sabinerin" des Bildhauers GIOVANNI DA BOLOGNA (gen. GIAMBOLOGNA) ist ein repräsentatives Beispiel dafür. Die für die Malerei des Manierismus vorbildhafte „Madonna Doni" von MICHELANGELO ist allerdings bereits zwischen 1503 und 1504 entstanden.

Die Bildhauer des Manierismus verzichteten bei Vollplastiken zumeist auf eine Hauptansicht. Sie begnügten sich auch nicht – wie noch die Bildhauer der Hochrenaissance – mit der Mehransichtigkeit von Skulpturen, sondern strebten die Allansichtigkeit ihrer Werke an. Auch hierfür ist GIAMBOLOGNAS „Raub der Sabinerin" ein beredtes Beispiel.

„Alle Bewegungen des Körpers sollten so dargestellt werden, dass die Figur jenes gewisse Serpentinata hat, das sich sehr gut mit der Natur verträgt … Die Figur wird nur dann anmutig wirken, wenn sie diese gewundene Serpentinata-Form hat, wie Michelangelo sie bezeichnet hat", schreibt der Kunstschriftsteller GIOVANNI PAOLO LOMAZZO (1538–1600) in seinem „Trattatio Dell´Arte de la Pittura, scoltura et Architettura" (1584/85). Er spielte damit auf eine angebliche Äußerung MICHELANGELOS an einen seiner Schüler an („la figura pirimidale, serpentinata et moltiplicata").

Bild:
Satyrn, Portal des Fürstenhofes in Wismar

Auch im Relief und in der architekturgebundenen Halbplastik zeigt sich die Überdehnung der Körper. FRANZ I. ließ für das Schloss Fontainebleau kunstvoll gearbeitete Stuckarbeiten als Halbplastiken fertigen. Sie dienten als Umrahmungen von Gemälden. BENVENUTO CELLINI schuf für das Schloss eine bronzene liegende Diana mit überlängten Beinen, mit dem rechten Arm einen Hirsch umarmend, dessen Kopf und Geweih als Vollplastik aus der Bronze herausragt. Die über der Liegenden mittig angeordnete Figur wird von Wildschweinen, Rehen und Bären begleitet.

Skurrile Figuren mit ineinander verschränkten Armen aus dänischem Sandstein zieren auch das Portal des Fürstenhofs in Wismar. Die Gesichter mit ihren übergroßen Mündern erinnern sowohl an antike Theatermasken als auch an altgriechische Satyrn. Dieser Eindruck wird verstärkt durch die angedeuteten Schweife der Fabelwesen sowie durch ihre Bocksbeine.

2.4 Barock und Rokoko

2.4.1 Barock (1600–1730)

Begriff und zeitliche Einordnung

> Als (der oder das) **Barock** bezeichnet man in Europa die Kunst des 17. und 18. Jh. Er folgt auf die letzte Phase der Renaissance – den Manierismus – und endet im Klassizismus der zweiten Hälfte des 18. Jh.

Sehr grob und ungeachtet regionaler Besonderheiten lässt sich diese Kulturepoche zeitlich gliedern:

Frühbarock	Hochbarock	Spätbarock (Rokoko)
1600–1630	1630–1730	um 1720–1770

Historisch markiert der Dreißigjährige Krieg (1618–1648) den Beginn des Barocks in Mitteleuropa. Der Ausbruch der Französischen Revolution (1789) kennzeichnet sein Ende.

Politisch-soziale Grundlagen des Barocks

Barock umschreibt die Gesamtheit der Kunst in der Epoche des entfalteten Absolutismus und des Manufakturkapitalismus in seiner merkantilistischen Form. In der politischen Geschichte entspricht die Epoche der Periode gravierender sozialer und religiöser Umwälzungen: des Machtkampfes unter den europäischen Monarchien und der Auseinandersetzung zwischen geistigen Strömungen, der Aufklärung und den Anfängen der modernen Wissenschaft. Barocke Kunst ist wesentlich verflochten mit den widersprüchlichen und langwierigen Übergangsprozessen vom Feudalismus zum Kapitalismus, mit der Ausprägung frühmoderner Staaten, den Konflikten zwischen den sie tragenden Schichten bzw. dem zeitweiligen Interessenausgleich.
In dieser sozialen Situation bedienten sich die feudal-absolutistischen Kräfte, auch die Kirche, aller Mittel der Repräsentation, Illusion und Prunkentfaltung, um ihre Macht gegenüber dem nie voll unterworfenen Bürgertum zu demonstrieren, das besonders in Holland und England frühe kapitalistische Verhältnisse herzustellen begann und sich dort ebenso autoritär gegenüber den anderen Kräften durchzusetzen suchte.

Die **Gegenreformation** förderte eine massenwirksame Kunst als Kunst einer volksnahen Kirche (CARAVAGGIO). Ein neues Lebensgefühl hocharistokratischer Auftraggeber und die Stagnation des Spätmanierismus erzwangen vor 1600 die Abkehr von den intellektualisierten Schemata und der gelehrten Allegorik des Manierismus sowie den Übergang zu einer an RAFFAEL, TIZIAN und CORREGGIO anknüpfenden sensualistischen, gefühlsbetonten und allgemeiner verständlichen Kunstsprache. Alle Schichten der Gesellschaft erstrebten in dieser Epoche mehr Ausdrucks-

▶ **Barock,** aus der portugiesischen Juwelierbezeichnung für eine schiefe, unregelmäßig gewachsene Perle (barucca/barroco) abgeleitet, wohl erstmals 1563 (GARCIA DA ORTA) gebraucht. Barocco (ital./frz.) auch für den „Stein des Anstoßes", für eine allzu hoch gesteigerte Vorstellung oder einen unnatürlich komplizierten Gedankengang in der scholastischen Logik; später bezeichnet der Barock-Begriff zunächst für die Architektur, dann allgemein „Regelwidriges", „Sonderbares", „Exzentrisches" oder „Bizarres" (seltsam Geformtes).

▶ Neben dem Barock entstand zweimal (im 17. und 18. Jh. – vor allem in Frankreich, später auch in Preußen) eine klassisch orientierte und ihm teils entgegengesetzte Strömung. Der Realismus (CARAVAGGIO und viele holländische Maler) war eine weitere abweichende Kunstrichtung der Zeit. Diese drei Kunstauffassungen blieben mit Abwandlungen bis ins 18. Jh. wirksam, die beiden letztgenannten noch weit in das 19. Jh.

2

▶ Der **Triumph** ist das große Zentralthema der barocken Kunst – und der Ruhm, in dem sich die Tat des Einzelnen verewigt. Das Barockzeitalter ist das Zeitalter der Phantasie, die notwendig war, um die Menschen geistig zu erheben. Triumphal ist das oft übersteigerte Lebensgefühl, mit dem uns die Persönlichkeiten der Zeit von Bildnissen und Denkmälern entgegensehen. Triumphal ist der Geist, aus dem heraus Schlösser, Kirchen, Plätze, ja selbst ganze Stadtanlagen entstanden. Bauwerke und Denkmäler bilden die großen Formen einer noch heute verständlichen Symbolik. In den barocken Gärten mit ihrem geometrischen Regelmaß, ihrer Strenge, mit den technischen Wunderwerken ihrer Wasserspiele triumphiert die Kunst des Barocks sogar über die Natur.

stärke und gesteigerte Erlebnisse bis zu ekstatischen Visionen (BERNINI, MURILLO).

Zentrale Ideen des Barocks

Barock wird als in Bewegung geratene, dynamisierte Renaissance verständlich.
Die Kunst im 17. Jh. erfasste Gegensätze, die nicht nivelliert, sondern bekräftigt werden sollten:
- Streben nach gesellschaftlicher Totalität und sozialer Polarisierung,
- Spannung zwischen Individualität und ständischer Ordnung,
- Spannung zwischen entfalteter sinnlich-emotionaler Alltagserfahrung, der Sensibilität für das Einzelne und bewusstem rational-reflektierendem Besitzergreifen der Welt als Ganzes,
- Spannung zwischen neuer Qualität der Wahrnehmung und Skepsis gegenüber der Fähigkeit der Sinne,
- Konflikt von Lebensgenuss und seiner Zügelung,
- nicht Harmonisierung der Kontraste, sondern deren Bewältigung in einer künstlerischen Gestalt, in der die Elemente gegenwärtig bleiben und dynamisch aufgehoben sind.

Zentren des Barocks in Europa

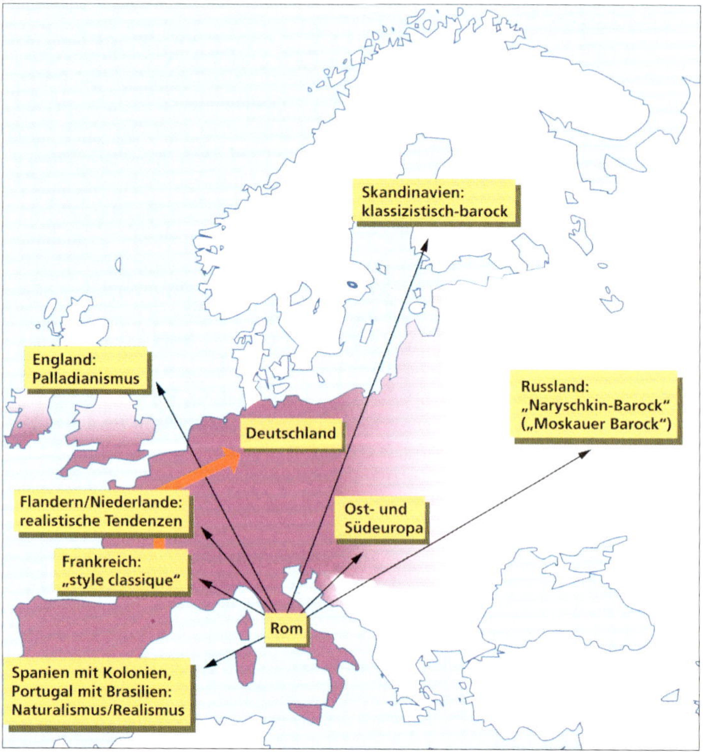

Wesentliche Stilmerkmale des Barocks

- kraftvolle dynamische Bewegungsformen (Architektur, Malerei, Plastik)
- mehrere Geschosse verklammernde „Kolossalordnungen"
- Verdoppelung von Säulen oder Pilastern, Übereckstellung von Pfeilern, starke Gebälkverkröpfungen
- Konvex-konkave Schwingungen und Risalitbildungen führen wellenartig oder stufig in die Bauwerkstiefe.
- Symmetrie und Mittenbetonung in Fassaden
- Voluten, Kartuschen und plastisch-figürlicher Schmuck (Engelsputten, Hermenfiguren) bestimmen Fassaden.
- Tendenz zu Überschwang und pathetischgehäuften, üppigschwellenden oder kühlhoheitsvollen Formen und Dimensionen
- Ellipse und geschweifte Formen bei Grund- und Aufrissen (Kuppeln) und Dekorationen
- dynamische Betonung des Gegensatzes von Licht und Schatten in Architektur, Malerei, Plastik und Dekorationskunst
- vehemente Kontraste in Lichtführung, Farbigkeit, Formen
- Bevorzugung betont plastischer Modellierung der Figuren und des Ornaments vor Flächigkeit
- Dominanz der malerischen Auffassung und farbigen Modulation statt zeichnerischer, Überspielen und Überwuchern von konturierenden Linien, auch in Architektur und Plastik
- hohes Maß an naturalistischer Wirkung bei gleichzeitiger Veranschaulichung von Übersinnlichem
- illusionistische Tendenz, Grenzverwischung zwischen Realraum und Kunstraum, perspektivisch täuschend echt gemalte Scheinarchitekturen (u.a. in der Trompe-l'Œil-Malerei, ↗S. 226)
- Bevorzugung außerordentlicher Geschehnisse und Gestalten in Malerei und Plastik
- spannungsvoll-rhythmisierte, dynamische Bild-Komposition (Diagonale, Ellipse), die sich auf das Prinzip der Subordination der Teile unter das Ganze stützt
- Architektur, Gartenkunst, Plastik, Malerei und Kunsthandwerk durchdringen und befruchten sich gegenseitig – oft unter Einbeziehung theatralischen, zeremoniellen oder festlich-ausgelassenen Lebens, auch der Musik.
- Dynamische und plastische Kräfte in Bauwerken scheinen sichtbar zu werden in Atlanten und Hermen.
- Materielle Schwere scheint besonders im „jubilierenden" Süddtiroler österreichischen Spätbarock und Rokoko überwunden.
- Skulptur wird raumgreifend, Bauwerks- oder Raumachsen werden häufig aus der Figur in den Raum hinausgeschoben.
- Stürmischer Bewegungsdrang offenbart sich in rauschenden, knitternden Gewandmassen.
- Psychologische Verfeinerung, brillante Ausführung, Sinn für momentane Effekte und Affekte und Repräsentation bestimmen Porträts und Denkmäler.

Architektur des Barocks

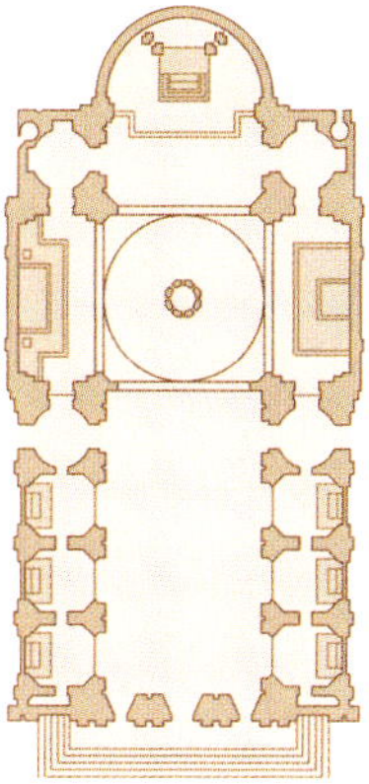

Fassade und Grundriss von „Il Gesú" (GIACOMO DELLA PORTA)

Der/das Barock ist kein radikaler Bruch mit der Vergangenheit, sondern hat sich organisch aus der Renaissance entwickelt. Deren architektonische Formen wurden zwar übernommen, aber in einer gänzlich anderen Weise ausgelegt.
Sakrale Architektur des Früh- und Hochbarocks in Europa wurde vor allem durch ein Bauwerk geprägt: Die Kirche „Il Gesù" (1568–1584) in Rom (VIGNOLA, DELLA PORTA). Sie wurde zum Vorbild der meisten Barockkirchen bis ins 18. Jh. Im Grundriss wandte man sich von der Idealvorstellung der Hochrenaissance – dem reinen Zentralbau – ab und schuf eine schöpferische Verschmelzung zwischen Langhausbau und Zentralbau. Den Arkaden vorgelagerte

Hatte man in früheren Zeiten den frei stehenden **Campanile** (frei stehender Glockenturm, bekannt ist der Schiefe Turm von Pisa) neben der Kirche platziert, verzichtete man nun ganz darauf und konzentrierte sich auf das Motiv der Kuppel.

kannelierte Halbsäulen tragen ein wuchtiges Gesims, von dem ein Tonnengewölbe aufsteigt und halbrund das Langhaus überspannt. Das Tonnengewölbe setzt sich, ausgehend von der kreisrund überkuppelten Vierung, in Chor und Querhausarmen fort. Die Kuppel fügt sich zwischen die Wölbungen dynamisch richtungskontrastierend und harmonisch ein. Die Fassade von Il Gesù wurde durch die Anwendung der **Kolossalordnung** richtungweisend für die Barockarchitektur. Dem zweigeschossigen Unterbau sind Doppelpilaster vorgeblendet. Sie markieren und rhythmisieren die Vorsprünge der Fassade bis zur Rahmung des Portals zwischen zwei Halbsäulen. Korinthische Kapitelle tragen ein kantig-wuchtiges Gebälk, aus dem ein hoher Giebel erwächst. In Fortführung der Vertikalen der Kolossalordnung stemmen flache Pilaster den Oberbau regelrecht empor und lenken den Blick zum bekrönenden Dreiecksgiebel. Die Eckansätze zwischen Unterbau und Giebel wurden mit Ringlinien **(Voluten)** ausgeschmückt und zu einer beherrschenden Dekorationsform des Barocks. Der Kontrast zwischen vertikalen Stützelementen und horizontalen Gebälken oder Gesimsen, ihre gegenseitige Unterbrechung oder Verkröpfung und dynamisierend-organische Verbindungen beispielsweise durch Bögen und Voluten realisieren den Eindruck einer barocken Schaufront. Hier dominiert die Gesamtwirkung.

Kolossalordnung, griech. kolossos = riesige Bildsäule, aus Säulen bestehende Fassadengliederung, die über mehrere Stockwerke greift

Volute: Schweifwerk, seitliche Einrollungen an einem Ornament

Einen entscheidenden Impuls zur Entwicklung barocker Formen gab noch MICHELANGELO mit der Kuppel für **St. Peter in Rom.** Statt der Reinheit der Kugel wollte er die kraftvolle Dehnung der Parabel. CARLO MADERNA baute den noch nicht vollendeten Ostteil des Domes als Langhaus weit in den Petersplatz vor. Unter Einbeziehung der Renaissancekuppel entstand das größte sakrale Barockkunstwerk und die größte Kirche der Christenheit. 1612 schuf MADERNA die dem **Petersplatz** zugewandte Fassade. Eine Kolossalordnung gewaltiger Säulen und Pfeiler fasst die unteren Geschosse zusammen. Die Stützenstellung wird zunehmend enger, aus flachen Pilastern werden Säulen, die eine den Bogen des Hauptportals rahmende Tempelfront mit Dreiecksgiebel bilden und die Last des gewaltigen Gebälks und der hohen Attika gegen MICHELANGELOS Kuppel stemmen.

BERNINI war der bedeutendste und den gesamten Stil prägende Baumeister des italienischen Frühbarocks und der Petersdom wurde zu seiner Lebensaufgabe. Bis zu seinem Tode 1680 konnte er das künstlerische Gesicht der Stadt Rom maßgeblich mitbestimmen. Seine Ideen wirkten weit über die Grenzen Italiens hinaus.

Die Gestaltung von **Wallfahrtsstätten** und der **Klosterbau** erlebten während des Barocks eine Blüte, wie es sie seit dem späten Mittelalter nicht mehr gegeben hatte. Der Zwiebelturm wurde zum Wahrzeichen geistlichen Bauens zunächst im süddeutschen Barock. Man ließ riesige Anlagen mit Wohntrakten, Schulen, Gasträumen usw. schaffen, die den fürstlichen Schlössern in nichts nachstanden.

Die Theatinerkirche – am Münchener Odeonsplatz errichtet – ist der erste bedeutende Barockbau in Deutschland. Vorbild waren die römischen Kirchen. Die Fassadenwand ist wie bei Il Gesú mit kolossalen Säulen und Pilastern dekoriert, die über ihren Kapitellen ein Gebälk tragen. Eine typisch deutsche Neuheit sind die – aus Romanik und Gotik tradierten – beiden hohen Fassadentürme, die den Giebel flankieren. Die turmbreiten Distanzachsen in der Fassade werden über dem Gebälk in italienischer Tradition organisch mit je einem Volutenschwung überwunden. Zentren sakraler Baukunst im deutschsprachi-gen Raum waren Dresden unter AUGUST DEM STARKEN, Bayern unter MAXIMILIAN I. und Österreich bis zur Zeit MARIA THERESIAS.

Weitere Beispiele sakraler Baukunst sind:

Kloster Weltenburg der Brüder ASAM: Hochaltar (1721–1723) der Benediktinerklosterkirche

Dresdener Frauenkirche von GEORG BÄHR

Dresdener Katholische Hofkirche von GAETANO CHIAVERI

Stift Melk an der Donau von JACOB PRANDTAUER

Wallfahrtskirche zum Gegeißelten Heiland auf der Wies von DOMINIKUS ZIMMERMANN

Karlskirche in Wien von JOHANN BERNHARD und JOSEPH EMANUEL FISCHER

Bürgerliche Wohnbauten ahmten in Details und Dekor die Stadtpalais des Adels in Rom und Genua bescheidener nach.
Ein markantes Beispiel einer vollendeten barocken **Stadtanlage** ist Karlsruhe. Den Ausgangspunkt der Stadtanlage bildet das Residenzschloss. Die 32 Alleen und Hauptstraßen verlaufen anfangs strahlenförmig vom Schlosspark aus und werden zunächst im Konvexschwung, dann immer gerader und zunehmend rechtwinklig von den Quermagistralen geschnit-

ten. Schloss, Gartengestaltung und Stadtbild verdeutlichen den barocken Anspruch des Gesamtkunstwerkes. Diese Ordnung symbolisiert visuell den absolutistischen Herrschaftsanspruch.

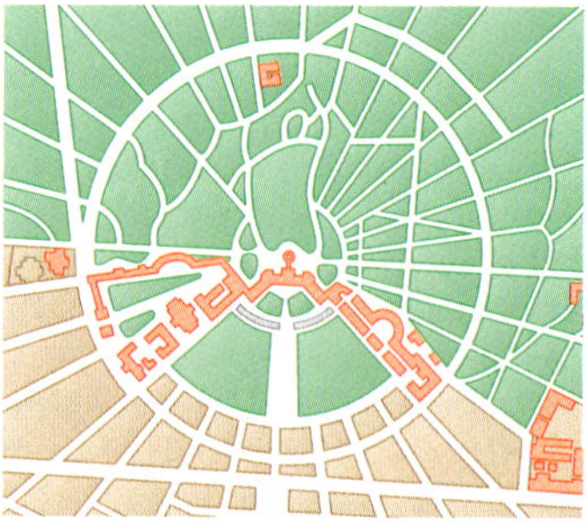

Bild:
Stadtplan Karlsruhe, Karlsruhe wurde 1715 durch Graf KARL WILHELM VON BADEN-BURLACH gegründet.

In der **Profanarchitektur** ist das **fürstliche Schloss** mit Park, Orangerie usw. die führende Bauaufgabe. Es erhält betonte Portale, breite Treppen, einen zurückspringenden Mitteltrakt, weit ausgreifende seitliche Gebäudeflügel, die einen Ehrenhof oder eine Auffahrt umschließen. In deutschen Schlössern findet man aufwendige Treppenhäuser und reiche Innendekoration.

▶ In einer Mischung aus Bewunderung und Neid schaltete LUDWIG XIV. seinen Konkurrenten FOUQUET, der gleichzeitig sein Finanzminister war, aus, verurteilte den Minister zu lebenslänglicher Haft und konfiszierte dessen gesamten Besitz einschließlich des Künstlerstabes.

Bild:
Schloss Vaux-le-Vicomte, 1656–1661

Der Minister LUDWIGS XIV. von Frankreich, FOUQUET, hatte seinen Landsitz, das Schloss **Vaux-le-Vicomte,** umgeben von einem breiten Wassergraben und gesäumt von einem Park voller exotischer Bäume und aufwendigsten Gartenanlagen anlegen lassen. Am 17. August 1661 hatte FOUQUET zu Ehren des Königs zum Fest mit 6 000 Gästen geladen, ein grandioses Feuerwerk bildete den Höhepunkt. LUDWIG XIV. dürfte hier schlagartig klar geworden sein, wie königliches Bauen aussehen müsste. Die Anlage mit ihren gewaltigen Achsen und geometrisch abgezirkelten Quartieren wurde zum Vorbild für die Einheit von Schloss- und Gartenbauarchitektur im französischen Barock – und zum Vorbild des Schlosses Versailles.

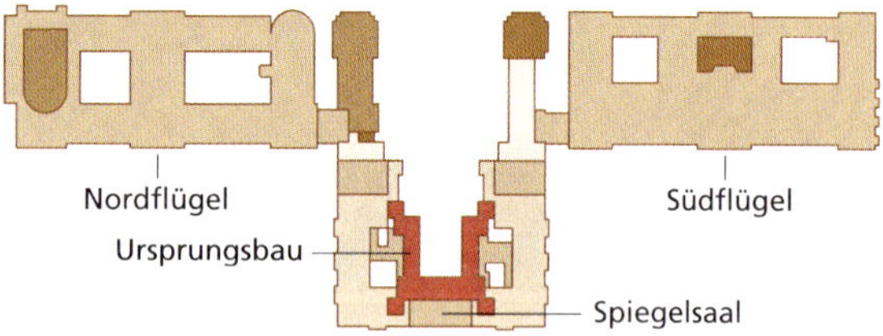

Bild:
Schloss Versailles

Die Mitte der neuen Schlossanlage westlich von Paris sollte ein kleines Jagdschloss bilden. Seit 1668 in verschiedenen Bauetappen erweitert, wuchs Versailles zur größten absolutistischen Residenz des Abendlandes. Zur Stadtseite hin, zum Marmorhof, hat LOUIS LEVAUX den Charakter des Jagdschlosses LUDWIGS XIII. bewahrt. Später fügte JULES HARDOUIN-MANSART die beiden Seitenflügel an und kam damit auf die immense Breitenausdehnung von 576 Metern.

Bis ins letzte Detail ließ der König seine Residenz zum sinnträchtigen Gleichnis kosmischer Ordnung gestalten. Überall begegnet uns das Zeichen des alten Herrschergleichnisses: die Sonne. Den geometrischen Mittelpunkt der Gesamtanlage bildet das königliche Schlafzimmer. In allegorischer Parallele zum Auf- und Untergang der Sonne zelebrierte er das morgendliche Aufstehen und abendliche Zubettgehen als genau reglementierten Staatsakt – oder höfisches Staatstheater.

Die neue Residenz LUDWIGS XIV. war Vorbild für die Prachtbauten europäischer Fürsten. Geistliche Fürsten standen den weltlichen nicht nach. Getreu dem Vorbild wurde es üblich, die Baukörper hufeisenförmig um einen Innenhof zu gruppieren, dessen offene Seite zur Stadt weist. Zur Gartenseite hin dominiert der Mittelbau – oft als Risalit vor die Fassadenlinie gezogen. Erhöhte Eckpavillons bilden ebenfalls risalitartige Vorsprünge der Gartenfassade und verbinden den Querbau mit den Seitenflügeln.

LUDWIG XIV. hat in erheblichem Maße auf die Gestaltung seiner Residenz Einfluss genommen. Gleichzeitig erhob COLBERT, sein neuer Oberintendant der Finanzen, hohe Einfuhrschranken, sodass Manufakturen für Luxusgüter, die bislang preiswerter aus dem Ausland kamen, Hochkonjunktur hatten. LUDWIGS Kunstpolitik war gleichzeitig Wirtschaftspolitik, die das einheimische Handwerk förderte und Europa von französischen Luxusgütern abhängig machte.

Beispiele für weitere barocke Residenzen:

Würzburger Residenz, Stadtfassade von BALTHASAR NEUMANN

Oberes Belvedere in Wien von LUCAS VON HILDEBRANDT

Malerei des Barocks

In den bildenden Künsten werden religiöse und mythologische Szenen dramatisch mit bewegten, kräftigen Körpern und bühnenmäßiger Inszenierung und Gestik dargestellt. Legendäre Wunder und Martyrien erhalten durch drastischen Detailnaturalismus den Anschein des Realen. Das repräsentative Bildnis des Herrschers wird vorbildlich für die Porträtkunst. Von Rom aus verbreiteten sich die tiefräumigen, wohlgebauten, oft mythologisch staffierten „idealen Landschaften". Später entstand die archäologische oder topografisch getreue **Vedute,** die G. B. PIRANESI zur dramatischen Vision großer Vergangenheit trieb.

Bild: CANALETTO, *Ansicht von Dresden vom linken Elbufer, Die Bastion Sol mit Augustusbrücke und der Hofkirche,* 1748, Dresden, Gemäldegalerie

Eine wachsende Rolle begann der Kunsthandel zu spielen, mit ihm ist, besonders in Holland, die Entfaltung des „mobil“ gewordenen Tafelbildes als profanes Handelsgut widersprüchlich verknüpft. Dazu gehört auch die große Bedeutung der Zeichnung und des Entwurfs, die auch Sammelgegenstand werden.

Die Barockmalerei gipfelt in der scheinbar Innen- und Außenraum, Erde und Himmel verbindenden illusionistisch untersichtigen, apotheotischen Deckenmalerei.
Im Barock vollzieht sich eine fortschreitende Differenzierung der Gattungen und Genres, einschließlich der Spezialisierung von Künstlern. Kennzeichnend ist ein ausgeprägt lebensnahes, vergegenwärtigendes Bildverständnis mit einer entsprechend reichen Syntax und Vollkommenheit der Beobachtung und Darstellung. Die Bilder forderten auf eine neue Weise die Wahrnehmungskraft des Betrachters heraus, der die Kunst der Beobachtung und Selbstbeobachtung auch in seinem alltäglichen Leben brauchte. Die reiche und natürlich wirkende Bildform begünstigte ein „Ausleben der Affekte im Zusehen“ (NORBERT ELIAS). Das schließt auch die Spannung zwischen Freude an den Dingen, der Natur und der Erkenntnis einerseits und dem Zweifel an des Menschen Beständigkeit (**Vanitas-Motiv,** ↗ S. 307), an der Gewissheit seiner Wahrnehmung und an seiner Fähigkeit, die Affekte zu beherrschen, andererseits ein. Zugleich wird die neue Fülle des Gegenständlichen, der Wahrnehmung zugänglich, geordnet, klassifiziert, noch einmal in universelle Zusammenhänge eingebunden (Jahreszeitenfolge u. a. in der Landschaftskunst; Fünfsinnedarstellungen u. a.).

Fresko, von ital. fresco = frisch, auf den frischen Putz gemalt, ↗ S. 214

Mit der Architektur eng verbunden ist die **Freskomalerei.** An den großen Kuppeln und in den Tonnengewölben der Barockkirchen konnte sich die Malerei wieder entfalten. Der düsteren Wucht der Malerei CARRAVAGGIOS stellte der Bologneser ANNIBALE CARRACCI eine helle schönfarbige Bildwelt entgegen, die an RAFFAEL, MICHELANGELO und CORREGGIO geschult war. Im Festsaal des Palazzo Farnese – einem der großartigsten Dekorationsprogramme des römischen Frühbarocks – konnte CARRACCI seine Idee von einer Wiederkehr des „goldenen Zeitalters“ der Renaissance am besten verwirklichen. Der Wirklichkeitsgrad zwischen Gemaltem, Reliefhaftem und Vollplastischem in figürlichen Motiven, Rahmungen der Bildfelder und Architekturelementen ist hier kaum zu bestimmen.

Bild: MICHELANGELO CARAVAGGIO, *Bekehrung Sauli,* 1600–1601, Rom, Santa Maria del Popolo

Auch die Fresken GUIDO RENIS sind ein Kompendium aller Gattungen und Aufgaben der Malerei und vereinigen Figur, Landschaft, **Stillleben**haftes, Historie und Allegorie. In RENIS Aurora-Fresko scheint die Überfülle einem einzigen Ziel untergeordnet: der dynamisch-üppigen Ästhetisierung eines Mythos.
Der Bahnbrecher barocker **Tafelmalerei** ist MICHELANGELO DA CARAVAGGIO. Er war in Mailand TIZIANS Schüler und wirkte hauptsächlich in Rom und Neapel. Bei seinem Bild „Die Bekehrung des Saulus“ wählt der Maler den Moment, als Saulus erblindet am Boden liegt. Trotzdem

ist vom religiösen Gehalt des Bildthemas wenig zu spüren. Offenbar kam es dem Maler darauf an, gut durchzeichnete Körper bei starker Bewegung in komplizierten Perspektiven im dramatischen Spiel von Licht und Schatten zur Schau zu stellen.

Der spanische Barock wird vor allem durch DIEGO VELÁZQUEZ bestimmt. Sein Meisterwerk schuf er als Hofmaler König PHILIPPS IV. mit den „Meninas". Links steht der Maler bei der Arbeit an der Staffelei, im Mittelpunkt der Szenerie die kleine Prinzessin, umgeben von ihrem Gefolge, zwei Hofdamen und einer Zwergin. Den Schlüssel zu dem Gemälde birgt aber der Spiegel an der Rückwand, in dem das Doppelbildnis des Königspaares erscheint. Virtuos spielt VELAZQUEZ mit den verschiedenen Wirklichkeitsebenen, bringt gar sich selbst als Hofmaler in die königliche Familie ein und macht so die Würde der Malerei zum eigentlichen Thema.

Bild:
DIEGO VELÁZQUEZ, *Las Meninas (Selbstporträt mit der königlichen Familie)*, 1656–1657, Madrid, Museo del Prado

PETER PAUL RUBENS ist der Hauptmeister der flämischen Barockmalerei, die im katholischen Flandern viele große, oft spezialisierte Meister mit Weltgeltung hervorbrachte. Das Selbstbildnis mit seiner Frau ist eines der wenigen Werke, in denen sein privates Glück zum Ausdruck kommt. Sein eigentliches Thema sind die großen Dramen der Bibel und der antiken Mythologie. Der „Raub der Töchter des Leukippos durch Castor und Pollux" ist eine einzige Verherrlichung des menschlichen Leibes als männliches und weibliches Prinzip in einer Komposition voller Dramatik und barocker Sinnenfülle. In der „Amazonenschlacht" (↗ S. 217) steigert sich diese Polarität zum mythischen Kampf der Geschlechter. Jeder Mann, jede Frauenfigur und jedes Pferd sind erfasst von einem kreiselnden Bewegungsstrom, der das ganze Bild erfüllt. In die entfesselten Leidenschaften mischen sich die Elemente Wasser, Luft, Erde und ein Feuer als Gleichnis von Krieg und Liebe. Seine figürlichen Malereien oft üppig proportionierter weiblicher Figuren und auch die dramatischen Jagdszenen sind typisch barocke Darstellungen meist stark bewegter Vorgänge.

Bild:
PETER PAUL RUBENS, *Selbstporträt des Malers mit seiner Frau Isabella Brant in der Geißblattlaube*, um 1609, München, Alte Pinakothek

RUBENS wirkte in Antwerpen. Als er dort 1640 starb, hinterließ er über 1000 Bilder.

GUIDO RENI, *Apoll folgt der voraneilenden Aurora in seinem Wagen,* 1612–1614, 280 x 700 cm, Rom, Casino Rospigliosi Pallavicini

REMBRANDT HARMENSZ VAN RIJN, *Die Nachtwache,* 1642, Amsterdam, Rijksmuseum

ANTOINE WATTEAU, *Einschiffung nach Kythera,* 1717, Paris, Musée du Louvre

ANTOINE WATTEAU, *Gersains Ladenschild,* 1720, Berlin, Schloss Charlottenburg

Neben RUBENS ist ANTONYS VAN DYCK der bedeutendste Maler des flämischen Barocks. Aus seinem Bild „Die Beweinung Christi" sprechen die ganze Dynamik und Bewegtheit des Barockstiles.

Bild S. 106: Eigentlich nebensächliche Details, wie ein kleiner Hund oder ein Mädchen, das durch die offene Aufstellung der Mitglieder der Schützengilde huscht, lockern die ohnehin dynamische Komposition zusätzlich auf.

Ohne Vorgeschichte und Übergang hat sich zu Beginn des 17. Jh. Im protestantischen Holland eine eigene Schule entwickelt, die das Land künstlerisch prägte. Über dreißig anerkannte Meister, zu denen auch JAN VERMEER VAN DELFT gehört, hat die holländische Malerei hervorgebracht. Ihr unumstrittener Hauptmeister ist REMBRANDT HARMENSZ VAN RIJN. Schon in frühen Auftragswerken zeigte er Eigensinn und Originalität. In einem Zunftbild, wie der „Anatomie des Dr. Tulp", liegt das Hauptaugenmerk eher auf der zur Sektion drapierten Leiche. Noch sind die Porträts gleichwertig präsentiert, aber in den Physiognomien charaktervoll differenziert.

„Die Nachtwache" ist sein wohl bekanntestes Werk. REMBRANDT bricht hier – sehr zum Unmut seiner Auftraggeber – mit den althergebrachten Traditionen repräsentativer Gruppenporträts und will im Triumph des Lichtes über die Finsternis eine neue Bildidee verwirklichen, die zugleich von dem für ihn typischen schonungslosen Realismus in den Einzelporträts begleitet wird.

REMBRANDTS Akteure sind keine Helden, sie sind einfache, ja oft hässliche Menschen. REMBRANDT ist der Maler der Seelentiefe und der Verinnerlichung. Wenn er Szenen aus der Bibel malt, verzichtet er auf allen Prunk. Wie CARAVAGGIO hat auch er Licht und Dunkel zur Dramatisierung seiner Bilderzählungen eingesetzt.

Im 18. Jh. gab es in Deutschland keinen Künstler, der Weltgeltung erlangen konnte. Auch die Tafelmalerei des aus Frankfurt (Main) stammenden und in Italien tätigen Malers ADAM ELSHEIMER leidet oft an einer geradezu manierierten Übersteigerung der Beleuchtungsgegensätze.

Plastik des Barocks

1645–1652 schuf BERNINI die Altarplastik „Die Verzückung der heiligen Theresa" für die Familienkapelle des venezianischen Kardinals FEDERIGO CORNARO. Er inszenierte eine geradezu theatralische Situation. Der Himmel – personifiziert durch die Engelsfigur im Strahlenregen – überkommt mit ekstatischer Macht die 1622 heilig gesprochene spanische Mystikerin. BERNINI bildet die religiöse Eingebung als Einheit von sinnlicher und körperlicher Erfahrung. In seiner Figurengruppe „Apoll und Daphne" erreicht er eine nie dagewesene Qualität der Marmorbearbeitung. Der transparent wirkende Stein scheint lebendes, atmendes Fleisch zu sein. Der verliebte Apoll verfolgt die fliehende Nymphe, deren flehenden Ruf der Legende nach Diana, die Göttin der Jagd und Keuschheit, erhört und Daphne im Moment der Berührung des Verfolgers in einen Lorbeerbaum verwandelt. Das Flüchtigste eines Augenblickes

Bild: GIOVANNI LORENZO BERNINI, *Verzückung der heiligen Theresia von Avila,* 1647–1652, Rom, Santa Maria della Vittoria, Cappella Cornaro, Marmor

– die Bewegung und die Verwandlung in der Bewegung – ist virtuos aus dem Material gearbeitet. Damit geht BERNINI weit über alle konventionellen Auffassungen von Plastik hinaus.

Rocaille, frz. = Muschelwerk, in schwingenden Muschelformen gebildetes Ornament und Grundelement der Rokokodekoration; auch in künstlichen Grotten der Barockzeit

Die Barockgärten wurden mit malerischen Brunnenplastiken, oft mit Engelsputten, einem Hauptmotiv des Barocks, ausgestattet. Die Skulptur wird raumgreifend, die Achsen werden häufig aus der Figur in den Raum hinausgeschoben. Stürmischer Bewegungsdrang offenbart sich in rauschenden, knitternden Gewandmassen.

2.4.2 Rokoko (1720–1770)

Im 18. Jh. entstand als neuer Stil das/der **Rokoko,** das zum Barock in einem ähnlichen Verhältnis steht wie der Manierismus zur Renaissance. Waren visuell vermittelte Kraftanstrengung, Wucht und Ernst der Charakter des Hochbarocks, so erscheint das Rokoko leicht, heiter, elegant und verspielt. Wohl aber entstehen die Formen des Rokoko organisch aus dem Barock und lassen sich zunächst kaum von ihm unterscheiden. Erst als die herrschenden Wertvorstellungen des 17. Jh. zu wanken begannen und sich die Menschen im 18. Jh. vom Geist der universellen Brüderlichkeit und des Skeptizismus der Aufklärung beeinflussen ließen, zeigten sich im Kunstschaffen Züge von Respektlosigkeit, Sinn für Intimität und die Ablehnung des theatralischen Charakters des Barocks. Benannt wurde die Kunstepoche nach der **Rocaille** (↗ Bild), dem in schwingenden Muschelformen gebildeten Ornament. Dieses dekorative Motiv findet man in vielfältigster Abwandlung in Ausschmückungen und an Ausstattungen des Rokoko.
Bezaubernde Schlösser und Kirchen, der natürlich gestaltete Landschaftsgarten, filigrane Porzellanfiguren und die das flüchtige Glück festhaltende Malerei versinnbildlichen die ersehnte „Leichtigkeit des Seins“ jener Epoche. Das Rokoko setzte sich zwischen 1720 und 1760 in Europa und in den Kolonialreichen Spaniens und Portugals durch.

In der älteren Kunstgeschichtsschreibung wird Rokoko als Spätbarock bezeichnet.
Rokoko ist eine Stilrichtung französischen Ursprungs, die sich vor allem während der Regierungszeit LOUIS XV. (1723–1774) entwickelte und deshalb auch mit der Stilbezeichnung „Louis-Quinze“ besetzt wurde.
Streng genommen ist das Rokoko als eine Dekorationsmode zu verstehen, die sich vor allem in der Innenausstattung ausprägte. Aber auch in Architektur, Malerei und in der neu erfundenen Porzellanherstellung verwischt überreich verspieltes, oft exotisches Dekor wie die Chinoiserie die Grenze zwischen Schein und Wirklichkeit.

Malerei des Rokoko

In der Malerei entsprechen die Pastelle mit ihren weichen, zarten Farben dem Rokokogeschmack. Der 1721 früh verstorbene ANTOINE WATTEAU war vielleicht der größte Maler der Epoche. Mit seinem Gemälde „Die Einschiffung nach Kythera“ (1717), das allgemein als Schlüsselbild der neuen Epoche angesehen wird, prägte WATTEAU ein neues künstlerisches Genre, die „fêtes galantes“, die Darstellung höfischer Feste im Freien. Hier ist es eine Gesellschaft von Damen und Kavalieren, gekleidet in Fantasietrachten, die in Wirklichkeit gar nicht – und wenn, dann nur in Theatervorstellungen – getragen wurden. Die Gesellschaft von Liebespaaren ist – umflattert von witzigen Amor-Putten – im Aufbruch. Eingeladen von den Liebesgöttern wird man die Barke nach Kythera – der Insel der Glückseligen, der Liebesgöttin Venus – besteigen. Man ist glücklich, berauscht, in Gedanken an die zu erwartenden Erlebnisse verzückt. Eine gewisse Trauer liegt auch über diesem Gemälde WATTEAUS, über dem Traum einer kleinen, privilegierten Gesellschaftsschicht, dem Traum von Müßiggang, vollkommener Kultur und der Verschmelzung von Kultur und Natur.

Ein leidenschaftlicher Sammler der Bilder WATTEAUS und Förderer seiner Nachfolger war FRIEDRICH DER GROSSE, König von Preußen. Er erwarb auch WATTEAUS Bild einer Kunsthandlung, das der Maler 1720 für seinen Freund GERSAIN als Ladenschild gemalt hatte. Wie in WATTEAUS „Einschiffung" sind auch hier die Besucher des Ladens in einer Situation des Aufbruches festgehalten. Die Kenner und Liebhaber dringen mit gierigen Augen oder vergeistigt-sinnlichen Gedanken und Gesten in das Fantasieland der gehandelten Kunst ein, die sie nicht mehr frei geben wird. Arbeiter packen ein Bild – ein Porträt LUDWIGS XIV. – in eine Kiste. Das Detail hat Symbolcharakter. Hier wird über der barocken Epoche des „Sonnenkönigs" der Deckel geschlossen.

Bild:
FRANÇOIS BOUCHER, *Amor als Gefangener,* 1754, London, Wallace Collection

In Frankreich erreichte das ausklingende Rokoko noch einmal in der Malerei einen Höhepunkt. Unter dem Vorwand, mythologische Geschichten zu erzählen, entstanden unzählige Aktbilder verführerisch präsentierter junger Mädchen. Maler wie BOUCHER oder FRAGONARD kamen damit dem geradezu unersättlichen Wunsch reicher Genießer nach weiblichen Sinnesreizen nach. FRANÇOIS BOUCHER (1703–1770) war der Lieblingsmaler („Premier Paintre an Roi") der Madame DE POMPADOUR, Hauptmätresse LUDWIGS XV., wohl weil er dazu in der Lage war, eine absolut künstliche Welt der Eroten, der Venus und der Nymphen in ebenso künstlich wirkenden Farben zu entwerfen. BOUCHER war der Repräsentant der Rokokomalerei. Nicht nur, was seine Malweise betrifft, sondern es waren auch seine Themen, die ihm Erfolg garantierten, wie Bilder der Liebesgöttin Venus und der jungfräulichen Jagdgöttin Diana, die von den Auftraggebern bestellt wurden. Die **Pastorale,** also das gemalte Hirtengedicht, spiegelt eine durch und durch künstlich-idyllische Welt. Nicht zufällig arbeitete BOUCHER hin und wieder als Bühnenbildner und als „Designer" für das königliche Porzellan. Seine arkadischen oder pastoralen Landschaften scheinen immer die Hintergrundkulisse einer Opernaufführung abzugeben.

DENIS DIDEROT, der Philosoph und Dramatiker, der auch zu den ersten Kunstkritikern gehörte, hasste BOUCHER wegen des völligen Mangels an Wahrhaftigkeit, wegen seiner Typisierungen und Verniedlichungen. Seine Modelle seien Huren und er mache Püppchen daraus.

Als der Maler JEAN HONORÉ FRAGONARD (1732–1806), BOUCHERS erfolgreichster Schüler, 1767 von einem Edelmann den Auftrag erhielt, dessen Geliebte in der verfänglichen Situation zu malen, wie sie – einer zugeworfenen Rosenblüte gleich – von der Schaukel in die Luft gehoben wird, während dem Galan sich unerwartete oder erhoffte Einblicke bieten, war ihm das Thema noch vorgeschrieben. Das Bild wurde ein Symbol der späten Epoche des Rokoko. Es ging um den kurzen, glücklichen Augenblick. Ein erotisches Thema ist fast wie ein sakrales aufgefasst. Wie ein Engel in den Himmelswolken schwebt hier eine weltliche Nymphe in den Baumkronen eines Gartens und – welche Ironie – verliert ihren Pantoffel.

Bild:
JEAN HONORÉ FRAGONARD, *Die Schaukel*, 1766–1767, London, Wallace Collection

Die arkadischen Bildwelten CLAUDE LORRAINS oder NICOLAS POUSSINS scheinen Vorwegnahmen der später nach englischem Vorbild verwirklichten Landschaftsgärten.

Der gleichzeitigen englischen Malerei (GAINSBOROUGH/HOGARTH/REYNOLDS) verdanken wir auch die Bildnisse der neureichen Kaufleute und Bankiers, die einerseits ihren Besitz dem Adel anglichen und zugleich einer antibarocken, liberalen Richtung der Politik angehörten. GAINSBORROGH war der gefeierte Bildnismaler des Adels, der in Opposition gegen die Unnatur und geschmackliche Verirrung des Absolutismus trat.
GAINSBOROUGH postierte seine Porträts mit Vorliebe in eine idyllische Landschaft, wobei er hohes Augenmerk auf den raffinierten Fall der Kleidung legte.

Bild:
THOMAS GAINSBOROUGH, *Porträt der Mrs. Thomas Graham*, 1777, Edinburgh, National Gallery of Scotland

Architektur des Rokoko

Etwa ab 1735 begannen sich die strengen Formen des Hochbarocks aufzulösen. Fassaden waren nicht mehr wie bei den römischen Vorbildern des Hochbarocks fest gefügt und von Kraftanstrengung, Wucht und Ernst charakterisiert. Die Architektur des Rokoko wirkt leicht, heiter, elegant und spielerisch. Das Innere einer Rokokokirche oder eines Salons überwältigt mit dekorativer Fülle. Die Wand kommt kaum mehr zur Geltung, wird filigran dekoriert. Wandpfeiler werden durch vorgestellte Säulen und Dekoration spielerisch aufgelöst.

Der Verzicht des französischen Stadtadels auf barockes Pathos, seine Flucht in Stadtpaläste, hinderte jedoch die Fürsten Europas, vor allem

Bild:
Kronentor des Dresdener Zwingers

die im „Heiligen Römischen Reich Deutscher Nation", nicht daran, den „Sonnenkönig" in seinem Regierungsstil und Repräsentationsaufwand weiterhin nachzuahmen. Ab 1711 baute der Architekt MATTHÄUS DANIEL PÖPPELMANN in Dresden für AUGUST DEN STARKEN den Zwinger. Anstelle eines hölzernen Theaters entstand eine – von der Außenwelt vollständig abschirmende – steinerne Kulisse für Festaufführungen.

Aus seiner Residenzstadt wollte AUGUST DER STARKE die schönste Stadt des Reiches machen. Die höfischen Bauten und tagelangen Lustbarkeiten beanspruchten bisweilen die halbe Bevölkerung. Die immensen Kosten für diesen Luxus wurden nicht selten durch Rekrutierung und Verkauf der eigenen Landeskinder bestritten.

In Pillnitz bei Dresden ließ sich AUGUST DER STARKE ein Schloss im chinesischen Stil bauen. Zwei überwiegend dreigeschossige Palais mit exotisch-pagodenartig anmutenden Dachlandschaften – ein Wasser- und ein Bergpalais – liegen einander gegenüber. Gemalte Friese mit Chinoiserien verlaufen unter dem Traufengesims der breit gelagerten – entsprechend den vertikalen Fensterachsen farblich zurückhaltend gegliederten – Fassaden. Die heiter-unbeschwerte Welt der Chinesen, wie man sie sich aus Reiseberichten vorstellte, wurde dekorativ ausgebreitet. Die Baukörper werden aus dem repräsentativen Mittelgeschoss über eine zweiläufige, teils geschwungene Treppe zur Anlegestelle an der Elbe geführt und spiegeln sich im Flusslauf wider.

Bild:
Schloss Pillnitz, von der Wasserseite her gesehen

Die französische Rokokodekoration, Stilelemente und Dekorationsformen der Schloss- und Gartenarchitektur, wurden zuerst in Bayern eingeführt, wo sie durch die Kirchenbaukunst besondere Volkstümlichkeit erlangten.

Die Wallfahrtskirche von „Vierzehnheiligen" im süddeutschen Main-Franken wurde ab 1744 nach Plänen des Würzburger Hofbaumeisters BALTHASAR NEUMANN errichtet. Sie zählt schon angesichts der Einbindung in die Landschaft zu den schönsten Beispielen der Sakralbaukunst der damaligen wallfahrtsfreudigen Zeit. Die gesamte Fassade scheint in Schwingung zu geraten und zeigt eine vollendete Rokokoform. Das Kernstück des Grundrisses bilden drei Längsellipsen. Durch quer liegende kleinere Ellipsen werden Vorraum (im Westen, mit der Orgelempore) und Hauptraum, Hauptraum und Chor sowie die beiden runden Seitenschiffe verbunden.

Bild:
Schloss Sanssouci, Potsdam
Sanssouci wurde von dem Architekten WENZELSLAUS VON KNOBELSDORFF über dem zuvor terrassierten „Wüsten Berg" mit herrlichem Rundblick zur Stadt und in die Havellandschaft erbaut.

Schloss Sanssouci (1745–1747) König FRIEDRICHS II. von Preussen ist kein großes Residenzschloss, sondern eine „maison de plaisance", ein Lustschlösschen, wohin man sich zurückziehen konnte. Die Seitenflügel dienten als Orangerie. Den Grundriss seines Schlosses lieferte FRIEDRICH DER GROSSE selbst. Gegen den Willen seines Architekten setzte er durch, dass das Gebäude als ebenerdiger Bau nicht mehr über dem Weinberg triumphiert, sondern maßvoll, fast bescheiden, pavillonartig zurücktritt. Die sechs Terrassen des Weinberges sind mittig von einer Treppenanlage mit jeweils zum Schloss hin sich leicht einengend schwingenden Wangen durchschnitten. Würdevoll schreitend erfasst man Podest für Podest die Schlossansicht: zuerst die Kuppel des höheren Mittelbaues mit den von Putten umtanzten und kartuschenartig gerahmten elliptischen Fenstern, dann Bedachung, Vasenschmuck, Attikabrüstung und Gesims der Seitenflügel und Eckpavillons, schließlich das mächtige, konkav geschwungene Gebälk mit den Bronzelettern SANS SOUCI (Ohne Sorge). Doppelte Pilaster – besetzt mit Karyatiden und Atlanten, die das Gebälk zu tragen scheinen – flankieren die etagenhohen Rundbogenfenster der breiten Seitenflügel und des leicht vorbauchenden elliptischen Mittelbaues, der von einer gedrückten Kuppel mit einem niedrigen Tambourring bekrönt wird.

Palladianismus

Bild:
The Royal Crescent von Bath

In **England** bestand eine Tradition der noblen und nüchternen Gliederung. Das Rokoko im Sinne des europäischen Festlandes hatte in Architektur und Dekorationskunst zwar weniger Erfolg, zeigte aber Einflüsse. So bildete sich eine Möbelbaukunst auf bürgerlicher Grundlage aus – das **Chippendale.** Zweckmäßigkeit, aber auch eine gewisse Steifheit bestimmen diesen Stil. Die Dekoration zeigte jedoch französische und ostasiatische Einflüsse. Im 18. Jh. kam der vornehme südwestenglische Kurort Bath in Mode. Der Architekt JOHN WOOD D. Ä. realisierte eine großzügige Stadtplanung mit regelmäßigen Platzanlagen und vereinheitlichten Fassaden mit Kolossalordnung im Stil des englischen **Palladianismus.** Der quadratische „Queen Square" (1729–1736), der kreisförmige „Circus" (1754 ff.) sowie der als Halboval zum Park geöffnete „Royal Crescent" (1764–1774) sind durch geradlinige Straßenzüge verbunden und bilden ein einzigartig geschlossenes Ensemble.

▶ **Chippendale,** benannt nach dem englischen Möbeltischler THOMAS CHIPPENDALE (1709–1779). Sein Buch „The gentleman and cabinet maker's director" (1754) war das erste Buch des Designs.

▶ **Palladianismus,** nach ANDREA PALLADIO benannter Baustil

2

Ein weiterer Hauptvertreter dieser Baukunst war CHRISTOPHER WREN (1632–1723), der Schöpfer der Saint Paul's Cathedral in London (erbaut 1672–1700).
In England entstand um 1720 eine ganz neue, revolutionäre Kunstform: der **Landschaftsgarten.** Er ist nun nicht mehr in geometrische Formen und Formeln gezwängt wie in Frankreich (Versailles). Es scheint alles freie Wachstum erlaubt zu sein. Und doch ist auch der Landschaftsgarten ganz bewusst und künstlich angelegt, um die Bauwerke – meist von antikischem Zuschnitt – in der floralen Rahmung oder gewollten Spiegelung innerhalb einer organisierten Sichtachse wirken zu lassen.

Die Soziologie spricht hier von „Eskapismus", dem Drang, sich von der Wirklichkeit abzusetzen. In dem Jahrhundert exotischer Reiseberichte von fremden Ländern und Welten oder phantastisch anmutender Abenteuer, in dem JONATHAN SWIFT die Fahrten des „Gulliver" aufschrieb und DANIEL DEFOE mit „Robinson Crusoe" berühmt wurde, verlegte man gern all seine Wünsche und Vorstellungen vom besseren Menschen oder einer besseren Welt weit in die Ferne.

Plastik des Rokoko

Berühmt war die Nymphenburger Porzellanmanufaktur, in der man bis heute nach Rokokomustern dekorative Figurinen modelliert. FRANZ ANTON BUSTELLI, der wahrscheinlich aus dem Tessin nach München kam, war der bedeutendste Porzellanmodelleur der Nymphenburger Manufaktur. Als Inbegriff des galanten Rokoko gilt seine Serie mit Figuren der „Commedia dell´ Arte" (1754–1763).

Bild: JOHANN JOACHIM KÄNDLER, *Porzellangruppe Dame mit Mops,* 1737, Sankt Petersburg, Eremitage, Höhe 15,5 cm

In Meißen, wo JOHANN FRIEDRICH BÖTTGER 1709 das Porzellan entdeckt hatte, wirkte der gleichermaßen bekannte JOHANN JOACHIM KÄNDLER in der Porzellanmanufaktur AUGUSTS DES STARKEN. Seine filigranen Kleinpastiken sind durch die Adaption der Formensprache französischen Rokokos gekennzeichnet.

Die Verschwendungssucht AUGUST DES STARKEN war weltbekannt. Die Ansammlung von Schönem, unbezahlbar Teurem in den Gewölben der kurfürstlichen Residenz war wohl auch ein verzweifelter Versuch, durch den bloßen Schein des Schönen mehr zu sein. In den Schatzkammern häuften sich die erlesensten Kostbarkeiten, Goldschmiedearbeiten, Tafelaufsätze, Porzellane und Juwelen.

Goldenes Kaffeezeug AUGUSTS DES STARKEN, Silberschmiedekunst, deutsch, 1697–1701

Hervorragende Künstler, wie PERMOSER und DINGLINGER, arbeiteten für den sächsischen Kurfürsten. Zu den schönsten Schatzkammerstücken gehört der Dianapokal mit PERMOSERS Jagdgöttin in Elfenbein. Der Dresdener Goldschmied DINGLINGER fertigte für AUGUST DEN STARKEN Tafelaufsätze, deren Material, Gold, Elfenbein und Edelsteine, mehr kosteten als manches mittlere Schloss des Potentaten. Der gesamte Hofstaat eines Sultans, Großmoguls oder des Kaisers von China wurde von dem genialen Kunsthandwerker aus Tausenden filigraner Figurinen in bizarre Architekturbühnen eingefügt und bis ins kleinste Detail mit Ausstattung versehen.
Die Zeit der großen barocken Gesten, der pompösen Aufzüge war um die Mitte des 18. Jh. zu Ende. Am Ende der Epoche war aus dem großen Welttheater die künstliche Welt des schönen Scheins geworden.

2.5 Das 19. Jahrhundert

Als Stilepoche der Kunstgeschichte ist **das 19. Jh.** ein „langes" Jahrhundert. Es reicht vom Ende des Barocks bis zum Beginn der abstrakten Kunst, also von etwa 1770 bis zum Ersten Weltkrieg.

Das 19. Jh. fand zu keinem einheitlichen Stil, sondern entwickelte ganz verschiedene Gestaltungsweisen. Die künstlerischen Gattungen (Architektur, Plastik, Malerei), die bis dahin stets untereinander verwandt gewesen waren, trennten sich voneinander und gingen je eigene Wege.
Die Zersplitterungen und Entzweiungen des 19. Jh. sind Folgen der großen historischen Umwälzungen, die sich in dieser Zeit vollzogen und Lebensgefühl und -weise einschneidend verwandelten.
In der Politik ist das markanteste Ereignis die **Französische Revolution** von 1789 bis 1794. Sie bewirkte das Ende von Feudalherrschaft und Absolutismus und die Freisetzung des einzelnen bürgerlichen Individuums (Subjektivismus), das seine gesellschaftliche Geltung nicht Geburt oder Stand verdankte, sondern der persönlichen Leistung: *„Alle Menschen sind gleich; es gibt nur den einzigen Unterschied des persönlichen Verdienstes"* (aus TALLEYRANDS Entwurf zur Erklärung der Menschenrechte).
So entwickelte dieses Jahrhundert allein auf technischem Gebiet eine nie dagewesene Dynamik: Die Natur- und animalischen Antriebskräfte werden ersetzt durch die Maschinen. In der Wirtschaft vollzieht sich der Übergang von der einfachen Warenproduktion in der Manufaktur zur Massenproduktion in Fabriken (Kapitalismus).
Die meisten Erfindungen dienten der Beschleunigung
- von Reise und Transport (Eisenbahn, Dampfschiff, Straßen- und Untergrundbahn, Automobil, Flugzeug, aber auch das Fahrrad),
- der Nachrichtenübermittlung (Telegrafie und Telefon),
- der Bildherstellung (Fotografie und Film).

Man wagte den Bau
- von Wolkenkratzern,
- von Brücken mit großen Spannweiten,
- der stützenlosen Überwölbung riesiger Hallen.

Eine ähnliche Erfindungskraft und ähnliche Beschleunigungen wie in Wissenschaft, Technik und Wirtschaft zeigten sich auch in den Künsten. In den Jahren vor Ausbruch der Französischen Revolution ging es vor allem um eine Abgrenzung gegenüber Barock und Rokoko, also um die Unterscheidung von **höfisch-adliger Propagandakunst.** In den anschließenden Jahrzehnten und bis um 1900 arbeiteten z. B. die Maler zunehmend daran, eine persönliche Weltsicht und -auslegung anzustreben und zu demonstrieren.
Mit der Entmachtung von Adel und Klerus verloren die Künstler ihre traditionellen Auftraggeber. Sie fanden Ersatz in den jetzt wichtig werdenden regelmäßigen Kunstausstellungen. Diese waren für die Künstler unverzichtbar, denn allein sie boten die Chance zum Erfolg, zu öffentlicher Anerkennung, Verkauf, Auftrag und Ruhm.

Wegen seiner kaleidoskopartigen Zersplitterung hat man es auch das „entzweite Jahrhundert" genannt. Daher wird die Kunst dieser Zeit unter der Jahrhundertzahl zusammengefasst, ebenso wie dann die des 20. Jh.

Das Kunstwerk wurde zur Ware auf dem freien Markt, der von Angebot und Nachfrage, von Gefallen oder Nichtgefallen reguliert wurde – also von unberechenbaren Kriterien.
Die ersten Kunstausstellungen fanden in Paris bereits im 17. Jh. statt und wurden von der Königlichen Kunstakademie organisiert. Aber es waren auch Atelierausstellungen üblich. Kunstgalerien, wie wir sie heute kennen, gibt es erst seit dem späten 19. Jh.

▶ Parallel zu den Ausstellungen entwickelte sich eine professionelle **Kunstkritik.** Sie setzte öffentliche Debatten in Gang, die auf die Entwicklung der Kunst zurückwirkten und sie antrieben.

Die Kunstwerke wurden immer individueller und subjektiver. Dem konnte das Publikum oft nicht mehr folgen. Es spaltete sich in die Anhänger der offiziellen (akademischen) Kunst und die der Avantgardisten. Aus dieser Differenz entstanden die für die zweite Hälfte des 19. Jh. so typischen Kunstskandale.

2.5.1 Baukunst

▶ Die Baukunst ist jetzt nicht mehr nur Sache der Kaiser, Könige, Fürsten und der Kirche, sondern wird öffentlich und Gegenstand von allgemeinem bürgerlichem Interesse. Sie soll sozial nützlich sein.

Die **Architektur** des 19. Jh. ist bereits in den Jahren vor Ausbruch der Französischen Revolution gekennzeichnet durch Absagen an die Ideale der Fürsten- und Adelshöfe und ihr Luxusbedürfnis.

	1780 1800 1820 1840 1860 1880 1900
Klassizismus	(1770 bis 1840)
Historismus	(auch Eklektizismus genannt: Neugotik, -romanik, -renaissance, -barock, 1770 bis um 1900)
Revolutionsarchitektur	(1780 bis 1800)
Ingenieurbauten	(1850 bis zur Gegenwart)
Jugendstil	(1890 bis 1910)

In der Mitte des 18. Jh. hatte sich das Bauwesen in einen technischen und einen ästhetischen Zweig geteilt. Das innovative Potenzial lag auf Seiten der Ingenieure, besonders nach der Einführung der neuen Baumaterialien Eisen, Glas und Beton.
Das auf **Ästhetik** gerichtete Bauwesen brachte keinen eigenen einheitlichen Stil hervor, sondern orientierte sich an der Baukunst der Vergangenheit. Man griff auf Elemente der ägyptischen, griechischen und römischen Architektur zurück, aber auch auf die frühchristliche, mittelalterliche, die der Renaissance und später sogar auf die des Barocks und Rokoko. Bei der Wahl des Baustils ließ man sich vom Gebäudezweck leiten:
- Der ägyptische Stil war ideal für Grabmäler und Memorialbauten,
- der antike für Bauten der Kultur (Museum, Theater etc.),
- der mittelalterliche für Sakralbauten,
- der Rundbogenstil der italienischen Frührenaissance für Bauten bürgerlicher Bestimmung und für Wohnbauten.

chem Style sollen wir

Beantwortet

von

H. Hübsch

1827 erschien das Buch des Baurats HEINRICH HÜBSCH (1795–1863) „In welchem Style sollen wir bauen?"

2

Klassizismus

> Den auf Barock und Rokoko folgenden Stil nennt man **Klassizismus.** Er ist gekennzeichnet durch Anklänge an die antike Tempelarchitektur.

Portikus: Säulenhalle als Vorbau für den Haupteingang eines Gebäudes

Die ersten Gebäude dieses Stils wurden in England errichtet, in Deutschland entstanden sie zuerst um 1770 in Wörlitz bei Dessau. Hier ließ LEOPOLD III. FRIEDRICH FRANZ VON ANHALT-DESSAU (1740–1817) einen weitläufigen Landschaftspark anlegen und mit vielen Gebäuden unterschiedlicher Funktion und in unterschiedlichen Stilen schmücken. Der Architekt war FRIEDRICH WILHELM VON ERDMANNSDORFF (1736–1800). Mit seinem „Englischen Haus" entstand eines der frühesten Meisterwerke des deutschen Klassizismus: Ein schlichter, hell verputzter Kubus mit 11 x 7 Fensterachsen und zwei Obergeschossen, dem ein über einer Freitreppe sich erhebender antikisierender **Portikus** mit vier kolossalen korinthischen Säulen vorangestellt ist. Im Erdgeschoss innen befindet sich ein Kuppelsaal, darüber ein Lichthof.

Bild: *Schloss Wörlitz – Englisches Haus mit korinthischen Säulen,* gebaut von FRIEDRICH WILHELM VON ERDMANNSDORFF, 1769–1773

Man orientierte sich an griechischen und römischen Tempeln nicht nur ihrer Schlichtheit und Würde, ihrer Harmonie und Schönheit wegen, sondern auch deshalb, weil man sie für Hervorbringungen eines vorbildlichen republikanisch regierten politischen Systems hielt – wenn auch die meisten Bauten des Klassizismus in königlichem oder fürstlichem Auftrag entstanden.

Bedeutende klassizistische Gebäude, Ensembles und urbanistische Gruppen entstanden in folgenden Städten:

Berlin:
- Brandenburger Tor (1788–1791) von CARL GOTTHARD LANGHANS (1732 bis 1808) im Auftrag von König FRIEDRICH WILHELM II. VON PREUSSEN (1744 bis 1797)
- die Neue Wache (1816–1818), das Schauspielhaus (1818–1821), das Alte Museum (1824–1828) von KARL FRIEDRICH SCHINKEL (1781 bis 1841) für König FRIEDRICH WILHELM III. (1770–1840)

Bild: *Die Neue Wache* von KARL FRIEDRICH SCHINKEL, gebaut von 1816–1818

München:
- Königsplatz (ab 1816) von LEO VON KLENZE (1784–1864) für den Kronprinzen LUDWIG (1786–1868)

Donaustauf bei Regensburg:
- Walhalla (1830–1841) von KLENZE für König LUDWIG I. VON BAYERN Hier wirken sich die intensiven antiquarischen Forschungen der vorangegangenen Jahrzehnte aus und die Ausgrabungen antiker Stätten in Griechenland und in Italien.

Bild: *Wahalla,* Das Äußere der Walhalla bei Donaustauf ist die Nachbildung eines griechischen Tempels, entworfen von FRANZ KARL LEO VON KLENZE, gebaut von 1830 bis 1842.

aber keine Kopien antiker Gebäude, sondern Interpretationen. Einen Bau wie das „Englische Haus" in Wörlitz hat es in der Antike nicht gegeben. Das Brandenburger Tor in Berlin (↗ Bild) zitiert den Eingangsbereich der Akropolis in Athen, die so genannten „Propyläen". Aber als LANGHANS sein Tor entwarf, waren die Ausgrabungen in Athen nicht so weit fortgeschritten, dass er hätte entscheiden können, wie der obere Abschluss ursprünglich ausgesehen hatte. LANGHANS folgte dem Rekonstruktionsvorschlag englischer Ausgräber und setzte über seine dorische Säulenreihe eine rechteckige Attika. Es hätte aber ein griechischer Dreiecksgiebel sein müssen.

Der Vesuv am Golf von Neapel hatte bei seinem Ausbruch 79 v. Chr. die an seinem Fuß liegenden Städte zerstört. Herkulaneum wurde seit 1738, Pompeji seit 1748 ausgegraben.

Hauptmotiv der klassizistischen Gebäude ist in der Regel eine antikisierende Tempelfront, deren plastische Säulenstellungen kontrastierend abgesetzt sind von den sie begleitenden Mauerflächen mit ihren einfachen Fensterreihen – nichts pompös, alles voll Würde und Einfachheit.

Revolutionsarchitektur

Revolutionsarchitektur wird eine Richtung der französischen Baukunst in den Jahren vor, während und nach der Französischen Revolution genannt, die ein Bauen in nüchtern-monumentalen, stereometrischen Formen forderte.

Bereits um 1800 standen die Architekten vor neuen Bauaufgaben: Museum, bürgerliches Theater, Ruhmeshalle (als architektonisches Denkmal). Weitere kamen im Laufe des 19. Jh. hinzu: Bahnhöfe, Bibliotheken, Parlamente, Justizpaläste, Markt- und Ausstellungshallen, Fabriken, Warenhäuser, Wolkenkratzer.

Diese Entwürfe französischer Baumeister waren größtenteils unausführbar, weil oft von utopischer Riesigkeit, und nur wenige zur Verwirklichung bestimmt.

Ein Beispiel dafür war ÉTIENNE-LOUIS BOULLÉES (1728–1799) Projekt eines **Kenotaphs** (1784) für den damals hochverehrten englischen Naturforscher ISAAC NEWTON (1643 bis 1727), den Entdecker des Gravitationsgesetzes: In und über einem mächtigen zylindrischen Unterbau sollte sich eine Weltkugel runden (Innendurchmesser ca. 120 m). Nur zwei geometrische Grundformen beherrschen den Bau. Die Wände sind schmucklos, es herrscht höchste Schlichtheit bei herrischer Größe – dieses Werk sollte der Geistigkeit eines einzelnen Menschen ein Denkmal setzen, er wäre hier „vergöttert" worden.

Kenotaph = leeres Grabmahl zur Erinnerung an einen Toten, der an anderer Stelle beigesetzt ist

Ein anderer wichtiger Vertreter der Revolutionsarchitektur ist CLAUDE-NICOLAS LEDOUX (1736–1806). Er entwarf die ab 1785 gebauten Wach- und Zollhäuser von Paris (u. a. Barrière de la Villette) und in den 1770er-Jahren den Idealplan einer Fabrikstadt für die „Saline Royale" (Königliche Fabrik zur Salzgewinnung) in Arc-et-Senans. Er wurde zwischen 1775 und 1779 zur Hälfte verwirklicht, dann versiegte die Salzquelle.

Bild: Paris – *Die Barrière de la Villette* (1784–1789) entstand als eines von sechzig Zollhäusern, die LEDOUX um Paris errichtete. Nur vier sind erhalten. Die anderen wurden bereits im Juli 1789 im ersten Ansturm der Revolution zerstört.

Die Neo-Stile

> **Neo-Stile** berufen sich auf frühere Architekturstile, auf Romanik, Gotik, Renaissance. Sie werden auch unter den Begriffen **Historismus** bzw. **Eklektizismus** zusammengefasst.

In Wörlitz entstanden Gebäude für unterschiedliche Funktionen und in unterschiedlichen Stilen, etwa das „Gotische Haus".
Die Wörlitzer Bauten sind ein frühes und umfassendes Beispiel für das Bauen des **Historismus** in Deutschland.

Bild: Wörlitz – *Gotisches Haus,* 1773–1813

Historismus: Bezeichnung für nach dem Muster früherer Architekturstile errichtete Gebäude

Eklektizismus: Abwertend gemeinter Begriff für eine unschöpferische, auf Formen und Ideen früherer Epochen zurückgreifende Arbeitsweise

Die Architekten und Architekturkritiker des 20. Jh. warfen dem 19. Jh. **Eklektizismus** vor. Man bediente sich – interpretierend und umdeutend – bei der Vergangenheit. Das ist eine Folge der nun einsetzenden Geschichtsforschung, die in der Vergangenheit auch viel Vorbildliches entdeckte (etwa die riskanten gotischen Gewölbekonstruktionen). Aber es ist auch ein Zeichen von Unsicherheit und Zweifel.
So legte KARL FRIEDRICH SCHINKEL (1781–1841) für den Neubau der Friedrichwerderschen Kirche in Berlin, 1824–1830, zwei verschiedene Entwürfe vor, einen antikisierenden Tempel und eine gotische Backsteinkirche.

Bild links: Antikisierender Tempelentwurf SCHINKELS
Bild Mitte: Gotischer Kirchenentwurf SCHINKELS
Bild rechts: Friedrichwerdersche Kirche in Berlin, heute Schinkel-Museum

Der König entschied sich für Gotik, denn sie galt ihm als „christlich-germanischer Stil“. Das anschaulichste Beispiel für das eklektizistisch-historistische Bauen ist die Ringstraße in Wien. 1857 hatte Kaiser FRANZ JOSEPH I. (1830–1916) die Schleifung der die Stadt umringenden und ihr Wachstum behindernden alten Wallanlagen und Befestigungen angeordnet. Der Architekt LUDWIG FÖRSTER (1797–1863) entwarf an ihrer Stelle eine parkartige Szenerie, an deren Rand er eine Reihe repräsentativer Bauten postierte:

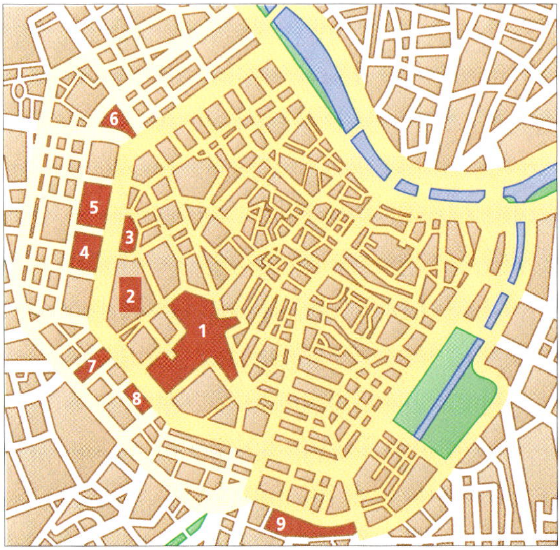

Karte: *historisches Zentrum Wien*

1 Hofburg
2 Theseustempel
3 Burgtheater
4 Parlament
5 Rathaus
6 Votivkirche
7 Naturkunde-museum
8 Kunsthistorisches Museum
9 Historisches Museum

- die barocke Hofburg mit dem neobarocken Anbau des Michaelertraktes (entworfen von FRIEDRICH KIRSCHNER) und der Neuen Burg (GOTTFRIED SEMPER, KARL HASENAUER),
- das Äußere Burgtor im Stil der Revolutionsarchitektur (LUIGI CAGNOLA, PETER NOBILE),
- das Kunsthistorische und das Naturhistorische Museum im Gewand der Neorenaissance (SEMPER, HASENAUER),
- das Parlament in den feierlichen Formen des an der Antike geschulten Klassizismus (THEOPHIL HANSEN),
- das neogotische Rathaus (FRIEDRICH VON SCHMIDT),
- die ebenso neogotische Votivkirche (HEINRICH FERSTEL),
- das Universitätsgebäude im Neorenaissancestil (FERSTEL),
- das Burgtheater im Neorenaissancekleid (SEMPER, HASENAUER) und den antikisierenden Theseustempel (NOBILE).

Ingenieurarchitektur

Völlig neue Anforderungen stellten Gebäude, für welche die stützenfreie Überspannung großer Distanzen notwendig war: Brücken, Bahnhofs-, Ausstellungs- und Maschinenhallen. Hier waren Ingenieure gefragt.

Bild: *Kristallpalast* von JOSEPH PAXTON für die erste Weltausstellung von 1851 in London

Die Aufsehen erregendste Ingenieurkonstruktion in der Mitte des 19. Jh. war der „Kristallpalast“ von JOSEPH PAXTON (1801–1865) für die erste Weltausstellung von 1851 in Londons Hydepark. Der Kristallpalast wurde in nur acht Monaten aus vorfabrizierten gusseisernen Stützen über einem durchgehenden Raster von 7,32 m errichtet und war ringsum verglast. (1936 fiel er einem Brand zum Opfer.)

Ähnlich bedeutende Ingenieurleistungen sind der nach seinem Architekten GUSTAVE EIFFEL (1832–1923) benannte 300 m hohe Stahlturm für die Weltausstellung von 1889 in Paris sowie die für dieselbe Ausstellung bestimmte „Galerie des Machines" aus Stahl und Glas des Ingenieurs VICTOR CONTAMIN (1840–1893) und des Architekten FERDINAND DUTERT (1845–1906). Mit einem Dreigelenkbogen wurden hier bei 45 m Höhe und 420 m Länge 115 m stützenfrei überspannt. Die Halle erhebt sich nicht auf schweren Fundamenten, sondern steigt von einem schmalen Bodenlager empor. Hatte PAXTON mit den durchsichtigen Glaswänden jetzt eine Architektur entstanden, die zu schweben schien.

Bild:
Palais des Machines von VICTOR CONTAMIN und FERDINAND DUTERT

Die neue Schönheit der Stahlbauten wurde von den Zeitgenossen durchaus erkannt.
ROGER MARX: *„Seht euch die Wege an, die gewählt wurden, das Ziel zu erreichen, die Leichtigkeit der Struktur, den kühnen Schwung der anmutigen Biegung der Bogen, die gleich den ausgebreiteten Schwingen des Vogels in seinem Flug den Raum teilen."*

Hochhäuser wurden wegen der steigenden Bodenpreise in den USA nötig, und die Erfindung des elektrischen Fahrstuhls 1852 machte sie möglich. Der erste **Wolkenkratzer** entstand in den 1870er-Jahren in New York, war rund 80 m hoch, in traditioneller Mauertechnik errichtet und historistisch dekoriert. Das erste Hochhaus, das als Skelettbau ausgeführt und bei dem neben Guss- und Schmiedeeisen erstmals Bessemerstahl verwendet wurde, war das „Home Life Insurance Company Building" von 1883–1885 in Chicago. Auch hier gab es eine historistische Verkleidung aus Haustein – bis zu den auf jedes Dekor verzichtenden Bauten des **Funktionalismus** im 20. Jh. (MIES VAN DER ROHE) war es noch ein weiter Weg.

Jugendstil

Am Ende des 19. Jh. entwickelte sich in ganz Europa ein sehr variantenreicher Stil, der in Frankreich „L'Art Nouveau", in Deutschland „Jugendstil", in Österreich „Sezessionsstil", in England „Modern Style" genannt wurde, eine eigenwillig-moderne Mischung aus Elementen von Historismus und Ingenieurbaukunst. Einer der führenden Entwerfer war HECTOR GUIMARD (1867–1942), der sich selbst „Kunstarchitekt" („architect de l'art") nannte. Seine Bauten sind Kreuzungen aus Architektur und Kunstgewerbe, aus Skulptur und Deko-

Bild:
Metroeingang in Paris von HECTOR GUIMARD

ration. Sein Hauptwerk sind die Eingänge zur Pariser Untergrundbahn, der Metropolitain, die um 1900 entstand. Grün gestrichene Elemente aus Gusseisen schwingen in orchideenhaften Formen, stoßen nervös in den Raum. Ihre Lineamente haben etwas Pflanzliches, gewinnen dem technischen Werkstoff florale Natürlichkeit ab.

Bild: *Gebäude der Wiener Sezession,* 1898, erbaut unter der Leitung von JOSEPH MARIA OLBRICH. Die Inschrift über dem Eingang lautet: „Der Zeit ihre Kunst/ Der Kunst ihre Freiheit".

Ein Beispiel für die Vielgestaltigkeit des Jugendstils ist das „Haus der Sezession" von 1898 in Wien von JOSEPH OLBRICH (1867–1908). Es ist ein Kunstausstellungsgebäude aus den Elementen Quader, Kubus und Dreiviertelkugel, die scharfkantig nebeneinander und übereinander gestellt sind, ohne sich zu durchdringen. Die sich nach oben verjüngenden Baukörper und Pylone wirken ägyptisierend. Sparsam eingesetzte florale Ornamente betonen die blendend weißen Wandflächen, über dem Eingang befindet sich eine Inschrift. Darüber wölbt sich eine feingliedrige Dreiviertelkugel von Lorbeerblättern aus vergoldetem Metall. Damit klingt noch einmal das Motiv von BOULLÉES Kenotaph für NEWTON an – hier übertragen von der Verehrung für einen einzelnen genialen Menschen in einen allgemeinen Kunstkultus.

2.5.2 Bildhauerei

JOHANN JOACHIM WINCKELMANN gilt als der Begründer der klassischen Archäologie und der neueren Kunstwissenschaft. 1855 erschien seine Schrift „Gedanken über die Nachahmung der griechischen Werke in der Malerei und Bildhauerkunst". Sie war von großem Einfluss auf die Kunst.

Wie in der Baukunst zeigte sich auch in der Bildhauerei ab der zweiten Hälfte des 18. Jh. die Abkehr von Barock und Rokoko und die Rückwendung zur Antike. Sie war vor allem angeregt von den Ideen des deutschen Kunstschriftstellers JOHANN JOACHIM WINCKELMANN (1717–1768). Er kam zu der für den bürgerlichen Emanzipationskampf wesentlichen Einsicht, dass es gerade die in den griechischen Stadtstaaten herrschende Freiheit war, die für die Kunst ein idealer Nährboden gewesen sei. Er war der Ansicht, dass man der griechischen Kunst und ihrer, wie er fand, „edlen Einfalt und stillen Größe" nacheifern müsse.

Aus WINCKELMANNS Schrift: *„Der einzige Weg für uns groß, ja, wenn es möglich ist, unnachahmlich zu werden, ist die Nachahmung der Alten."*

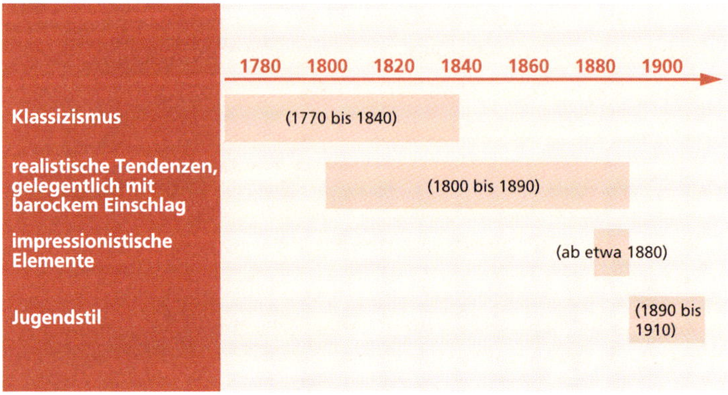

Klassizismus

> Der an der Antike geschulte **Klassizismus** ist der letzte große, einheitliche, internationale und alle Kunstgattungen beherrschende Stil und zugleich der erste „-ismus", dem bis heute zahllose weitere folgen sollten.

Die bedeutendsten Bildhauer des Klassizismus verstanden WINCKELMANNS Gedanken als Aufforderung zu einer möglichst wörtlichen Nachahmung antiker Skulpturen. So nahmen sich der Italiener ANTONIO CANOVA (1757–1822) und der Däne BERTEL THORVALDSEN (1770–1844) die römischen Marmorkopien griechischer Bronzeoriginale zum Vorbild.

ANTONIO CANOVA und BERTEL THORVALDSEN haben lange in Rom gelebt und sich an den dortigen Antiken ausgebildet.
Bilder von links: CANOVAS *Perseus, Apoll* von BELVEDERE, THORVALDSENS *Jason mit dem Goldenen Vlies* und *Dorypheros.*

Der „Perseus", den CANOVA 1797–1801 gemeißelt hat, geht auf das Muster des „Apollon von Belvedere" (hadrianische Marmorkopie einer griechischen Bronze von 330/320 v. Chr.) zurück und der „Jason mit dem Goldenen Vlies" (1802/03) von THORVALDSEN variiert den so genannten „Dorypheros" (Speerträger, römische Kopie einer griechischen Bronze von um 440 v. Chr.).
Aber es entgingen ihnen die feineren Spannungen der antiken Skulpturen, und so entwickelten sie ihre Figuren weniger aus der Körperhaftigkeit, als vielmehr aus den Umrissen, also aus der Zeichnung.
Aber die Zeitgenossen waren begeistert. Sie liebten diese makellos weißen und glatten Marmorfiguren und errichteten den beiden Künstlern an ihren Geburtsorten Tempel.

ROBERT MUSIL über Denkmale: *„Warum greift der in Erz gegossene Held nicht wenigstens zu dem anderwärts längst überholten Mittel, mit dem Finger an eine Glasscheibe zu klopfen? … Das mindeste, was man verlangen müßte, um die Aufmerksamkeit zu erregen, wären bewährte Aufschriften wie ‚Goethes Faust ist der beste!' oder ‚Die dramatischen Ideen des bekannten Dichters X. sind die billigsten!"*

Das Denkmal

Das 19. Jh. war das Jahrhundert des Denkmals: Um 1800 gab es von solchen Denkmälern in Deutschland nicht mehr als ein Dutzend. Um 1890 waren es an die 1000. Diese Inflation blieb nicht ohne Widerspruch: Über die „Monumentensucht" seiner Zeit klagte bereits 1837 der Philosoph ARTHUR SCHOPENHAUER (1788–1860).
Andere drückten sich drastischer aus und sprachen von „Denkmalpest", „Denkmalbettel", „Denkmalwut", „Denkmalsbetrieb", „Denkmalseuche", „Denkmalindustrie", „Denkmalmisere".

2

Meinungsverschiedenheiten im Denkmalkomitee führten oft zu langen Verzögerungen. So wünschte man sich in Weimar noch zu GOETHES Lebzeiten ein Doppeldenkmal für GOETHE und SCHILLER. Doch erst 1835, drei Jahre nach GOETHES Tod, beauftragte man den Berliner Bildhauer CHRISTIAN DANIEL RAUCH mit einem Entwurf. 1849 (GOETHE wäre in diesem Jahr hundert Jahre alt geworden) präsentierte der seine Idee. Sie gefiel nicht. Ein anderer Bildhauer wurde beauftragt. Enthüllung des Denkmals: 1857.

Bild:
ERNST RIETSCHEL – *Goethe-Schiller-Denkmal in Weimar*

Ein Denkmal sollte, so der Schweizer Ästhetiker JOHANN GEORG SULZER (1720–1779) 1773, *„das Andenken jedes verdienstvollen Bürgers des Staats für die Nachwelt aufbehalten, ... um die Menschen zum Verdienst und zur bürgerlichen Tugend aufzumuntern“ („Allgemeine Theorie der schönen Künste“).*

Denkmäler wurden einzelnen Persönlichkeiten gesetzt oder bedeutenden historischen Ereignissen. Viele dienten der politischen Propaganda: Die Bavaria in München 1838–1845, die Siegessäule in Berlin 1873, das Hermannsdenkmal im Teutoburger Wald 1875, das Niederwalddenkmal 1883, die Freiheitsstatue in New York 1886, das Kyffhäuserdenkmal 1891–1896, das Völkerschlachtdenkmal in Leipzig 1898–1913 (↗ Bild).

Die Bildhauer standen vor einer schwierigen Aufgabe: Sie sollten die Bedeutung und Verdienste einer Persönlichkeit darstellen. Und sie mussten das in einem statischen Medium tun, meist in Marmor oder Bronze. Kann inspirierte Geistigkeit durch Körperstellung und -haltung, durch Geste und Miene in Verbindung mit dem entsprechenden Gewand und passenden Requisiten zum Ausdruck gebracht werden?

Meist wurden die Denkmäler von Bürgervereinen, den Denkmalkomitees, in Auftrag gegeben. Da sie sie bezahlten, sollten sie nach ihrem Geschmack sein. Das führte oft zu Streit. So kam es in Weimar anlässlich des Goethe-Schiller-Denkmals zu Meinungsverschiedenheiten über das Kostüm – zeitgenössisch oder klassischantik?

CHRISTIAN DANIEL RAUCH (1777–1857) lieferte 1849 ein Gipsmodell für ein Goethe-Schiller-Denkmal in Weimar: Es zeigte die beiden Dichterfürsten als Heroen nebeneinander stehend in antikem Gewand. König LUDWIG I. von Bayern, der einen erheblichen finanziellen Beitrag geleistet hatte, erhob Einspruch und befahl: „Deutsches Kostüm!“ Das wollte RAUCH nicht. So übernahm der Dresdener Bildhauer ERNST RIETSCHEL (1804–1861) den Auftrag. Sein Denkmal wurde im September 1857 auf dem Platz vor dem Nationaltheater enthüllt: RIETSCHEL zeigt GOETHE und SCHILLER in zeitgenössischer bürgerlicher Tracht, SCHILLER mit langem, weit aufgeschlagenem Mantel, jugendlich, bewegt, visionär, GOETHE mit kürzerem, aber nicht zugeknöpftem Rock verhalten, gesammelt, gesetzt, wirklichkeitszugewandt. Mit der Rechten ergreifen sie gemeinsam einen Lorbeerkranz, GOETHES Linke liegt kameradschaftlich auf SCHILLERS Schulter. Die beiden Dichter werden dargestellt als deutsche Bürger, in realitätsnaher und zugleich idealer Verkörperung. Die Inschrift am Sockel des Denkmals lautet: „Dem Dichterpaar/Goethe und Schiller/ das deutsche Vaterland“.

Mit dem französischen Bildhauer **AUGUSTE RODIN** (1840–1917) beginnt die **Moderne** in der Plastik. Er war vor allem Modelleur, arbeitete am liebsten in Ton. So wie die Maler seiner Generation, die Impressionisten, die Effizienz des Pinselstrichs als Möglichkeit entdeckt hatten, ihren Werken Vibration, Lebendigkeit, Frische zu verleihen, so nutzte er (und andere: HONORÉ DAUMIER 1808–1879, EDGAR DEGAS 1834–1917, MEDARDO ROSSO 1858–1928) die Chancen einer gelösten, aus der Tonmasse entwickelten Modellierweise.

AUGUSTE RODIN: *„Wenn der Künstler nur oberflächliche Züge wiedergibt, wie sie auch die Photographie machen kann ... so verdient er keine Bewunderung. Er muß die geistige Ähnlichkeit zum Ausdruck bringen können, darauf kommt es einzig und allein an."*

Zwei Denkmäler haben seinen Ruhm begründet: „Die Bürger von Calais" 1884–1895 und der „Balzac" 1891–1898.
Mit dem Denkmal für den Romancier HONORÉ DE BALZAC (1799–1850) wurde RODIN 1891 beauftragt. er grub sich in den Stoff ein, las, beschaffte sich Porträts, fuhr in BALZACS Heimat, befragte Augenzeugen, machte Hunderte von Skizzen, Entwürfen, Modellen und präsentierte 1898 ein drei Meter hohes Gipsmodell. Man fand es unähnlich, plump, monströs, eine Schändung des Dichters. Die Sehweise der Auftraggeber war aufs Gegenständliche und Figürliche gerichtet und nicht aufs Künstlerische.
RODIN kam es nicht auf korrekte Anatomie, aufs Kostüm, auf Gesten oder Details an, sondern auf die Dynamik der großen Form. So tauchte er einen Schlafrock in flüssigen Gips, drapierte ihn auf ein Gestell und montierte in den Halsausschnitt einen der vielen Bildnisköpfe BALZACS aus dem Atelier: Die Gestalt des Dichters schießt wie eine Fontäne steil vom Sockel auf und lehnt dabei leicht schräg am Raum. Die Faltenzüge der Kutte bilden energische Volumenbahnen, die Licht fangen und leiten. Am Gipfel der Plastik leuchtet das Haupt, hier strahlt Licht dank zahlloser Volumenpartikel als blendender Glanz. So bezeugt die Figur höchste schöpferische Potenz als Ausdruck dichterischer Inspiration.

Bild links:
AUGUSTE RODIN,
Schlafrock, drapiert auf einem Drahtgestell

Bild rechts:
AUGUSTE RODIN,
Denkmal für Honoré de Balzac
1891–1898

2

Ein überlebensgroßer Bronzeguss von RODINS „Balzac" wurde erst 1939 aufgestellt, am Boulevard Raspail, schräg gegenüber vom berühmten Künstlertreff, dem Café Le Dôme.

Das Denkmalkomitee lehnte ab und gab den Auftrag an JEAN ALEXANDRE JOSEPH FALGUIÈRE (1831–1900). Jener lieferte einen in Stein gemeißelten BALZAC, der über klotzigem Sockel schwer auf einer Bank thront und eher müde zu sinnen scheint. Gegenständlich zeigt er den Dichter beim Nachdenken, künstlerisch besteht er – und ganz im Gegensatz zu RODINS Werk – aus lauter matt abfallenden Linien.

Das Denkmal für die Bürger von Calais erinnert an die Opferbereitschaft einiger Einwohner zur Zeit der Belagerung der Stadt durch englische Truppen im Mittelalter. Mit Kutten bekleidet, den Schlüssel der Stadt zwecks Übergabe an den Feind in Händen, stehen sie als unzentrierte Gruppe zusammen, unterwegs in den sicheren Tod.

Bild: AUGUSTE RODIN, *Die Bürger von Calais,* 1884–1886, aufgestellt 1895; © www.bigfoto.com

Der Torso

Seit der Prähistorie wurde der Mensch in der Bildhauerei entweder als vollständige Gestalt dargestellt („Venus von Willendorf", ↗S. 24s) oder konzentriert auf den Kopf. Mit seinem „Schreitenden Mann" (Bild) von 1884 ging RODIN von diesem Prinzip ab. Er stellte einen Menschen ohne Kopf und Arme dar, die erste als Torso konzipierte Plastik überhaupt.

Dieses Werk meint weder eine bestimmte Person noch eine bestimmte Handlung und ist aus zwei Teilen als Collage zusammengestückt, der breiten Sockelplatte mit den Beinen und dem Rumpf. Man erkennt Beine und Rumpf wieder, aber man sieht auch das Nicht-Anatomische, die durch ihr Auf und Ab wie in Bewegung gesetzte Modelliermasse: Diese scheinbare Bewegung der Materie ist das eigentliche Thema der Plastik.

Bild: MAX KLINGER, *Beethoven,* 1902

Symbolismus

Der Symbolismus wendet sich gegen **Positivismus** und **Materialismus,** gegen Realismus und Impressionismus, gegen Historismus und akademischen **Naturalismus.** Er richtet sein Interesse auf Imaginäres, auf Ideen und Gefühle und tut dabei manchmal des Guten zu viel.

Der „Beethoven" von MAX KLINGER (1857–1920) ist mit bedeutenden Einfällen befrachtet und unter Zugabe von Bronzeteilen aus verschiedenfarbi-

gen Steinsorten zusammengesetzt. Auf der Rückseite der Thronlehne ist das erste Menschenpaar dargestellt und sogar eine Kreuzigung Christi; der Adler zu Beethovens Füßen spielt auf Zeus an, den höchsten der antiken Götter. So soll der Gedankenkosmos des genialen Komponisten vergegenwärtigt werden.
Aber der Symbolismus ist auch interessiert an Ursprünglichkeit und Unverbrauchtheit.

Jugendstil

Trotz mancher Gemeinsamkeiten mit dem Symbolismus haben die **Jugendstilkünstler** doch andere Ideale. Sie fanden sie in einem eleganten **Ästhetizismus,** der das ganze Leben durchdringen sollte, von den einfachsten Gebrauchsgegenständen bis hin zu plastischen Kunstwerken, in denen sich hohe Sensibilität für Lineamente und floral schwingende Ornamente zeigt.

Bild:
GEORGES MINNE,
Brunnen mit fünf knienden Knaben,
1906

Man findet dies etwa in dem „Brunnen mit fünf knienden Knaben" des belgischen Bildhauers GEORGES MINNE (1866–1941). Es sind fünf gleiche, auf dem Brunnenrand kniende Knabenfiguren aus Marmor. Überschmale, sich je selbst umarmende, sinnend niederblickende Jünglinge mit stark stilisierten, in eine elegante S-Schwingung versetzten Körpern, stehen zwar zusammen, dabei doch einzeln – eine seltsam traumverlorene Gruppe von hoher Künstlichkeit.

2.5.3 Malerei

	1780 1800 1820 1840 1860 1880 1900
Klassizismus	(1770 bis 1840)
Romantik	(1795 bis 1840)
Biedermeier	(1825 bis 1850)
Realismus	(1850 bis 1900)
Impressionimus	(1870 bis 1890)
Gründerzeitmalerei	(1870 bis 1900)
Nachimpressionimus	(1880 bis 1900)
Jugendstil	(1890 bis 1910)

Daneben viele regionale oder nationale Unterstile:
in Frankreich: Schule von Barbizon, Schule von Pont Aven
in Deutschland: Nazarener, Deutschrömer
in Italien: Macchiaioli
in England: Präraffaeliten

▶ Eine Besonderheit des 19. Jh. ist, dass einige bedeutende Maler nicht in dieses Stilschema passen: FRANCISCO DE GOYA Y LUCIENTES (1746–1828), ÉDOUARD MANET (1832–1883), der späte VINCENT VAN GOGH (1853–90), das Spätwerk von PAUL CÉZANNE (1839–1906) u. a.

Trotz der großen Stil-Unterschiede blieb die nachahmende Darstellung der Natur (Mimesis) durchs ganze 19. Jh. verbindlich. Erst im frühen 20. Jh. löste sich die Malerei vom Gegenstand und wurde phasenweise abstrakt.

Die Malerei ist weniger zeit- und kostenintensiv als Architektur und Skulptur und darum von Auftraggebern unabhängiger. Sie reagierte am beweglichsten auf die Umwälzungen in allen Lebensbereichen.
Die Hauptrichtungen der Malerei im 19. Jh.:
- Sie begann in der zweiten Hälfte des 18. Jh. mit einer von der Antike inspirierten Idealität (Klassizismus),
- tendierte seit 1790 zu einer Art Gedankenmalerei (Romantik),
- fasste ab um 1830 immer aufmerksamer die sichtbare Wirklichkeit ins Auge (Realismus).

Klassizismus

Der **Klassizismus** ging auch in der Malerei von der Antike aus, sowohl in der Themenwahl wie in der Form, vernachlässigte die emotionalen Aspekte der Farbe, stattdessen herrschte die konturbestimmte Zeichnung, die Bild-Kompositionen tendieren zu Klarheit, Strenge und zu von Rationalität gelenkter Einfachheit.

JOHANN JOACHIM WINCKELMANN: *„Der Pinsel, so der Künstler führet, soll im Verstand getunkt sein“* (1755).

Auch hier wirkten die Ideen von JOHANN JOACHIM WINCKELMANN.

Epoche machte „Der Schwur der Horatier“ des Franzosen JAQUES-LOUIS DAVID (1748–1825), gemalt 1784 in Rom und die Sensation des „Salons“ von 1785 in Paris. Die Bezeichnung „Salon“ für die in Paris seit dem 17. Jh. regelmäßig stattfindenden großen Kunstausstellungen ist vom „Salon carré“ (dem „quadratischen Saal“) im Louvre, wo die Kunstwerke gezeigt wurden, abgeleitet. Die Bezeichnung ging auch auf die Ausstellungsrezensionen über (z. B. von DIDEROT, HEINRICH HEINE, BAUDELAIRE, ZOLA). DAVIDS Bild zeigt eine von LIVIUS überlieferte Szene aus der Zeit der römischen Republik (7. Jh. v. Chr.): Die drei Horatier werden von ihrem Vater vor dem Kampf gegen das feindliche Alba Longa auf die Waffen eingeschworen. Sie sind bereit, ihr Leben fürs Vaterland zu opfern. Das drückte Patriotismus und Bürgertugend aus und wendete sich so gegen die Haltung der damals herrschenden Stände. Vorgetragen ist das in einer strengen Komposition von spartanischer Einfachheit – das Bild ist also ein Affront sowohl gegen die Barockmalerei als auch gegen den Absolutismus.

Bild: JACQUES-LOUIS DAVID, *Der ermordete Marat,* 1793, Bildaufteilung

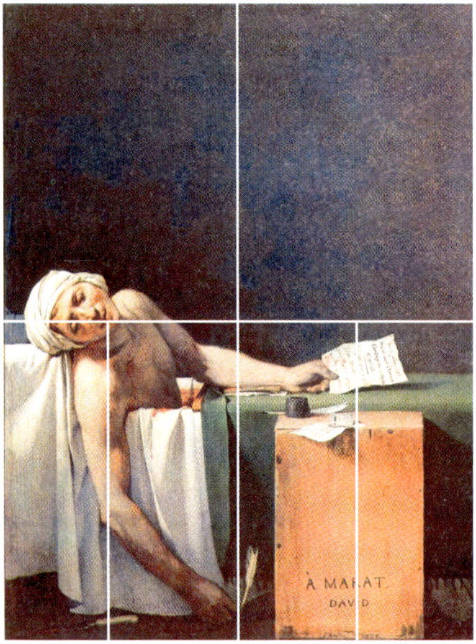

DAVID wurde der Staatsmaler der Französischen Revolution und NAPOLEONS. Im Auftrag des Nationalkonvents entwarf er das Bild „Schwur im Ballhaus“ (1791) und das des „Ermordeten Marat“, 1793. MARAT, einer der radikalsten Führer der Französischen Revolution, wurde in der Badewanne ermordet. DAVID stilisierte ihn zu einem Märtyrer der Revolution, indem er ein religiöses Motiv einblendete:

JACQUES-LOUIS DAVID, *Schwur der Horatier,* Paris, Musée de Louvre

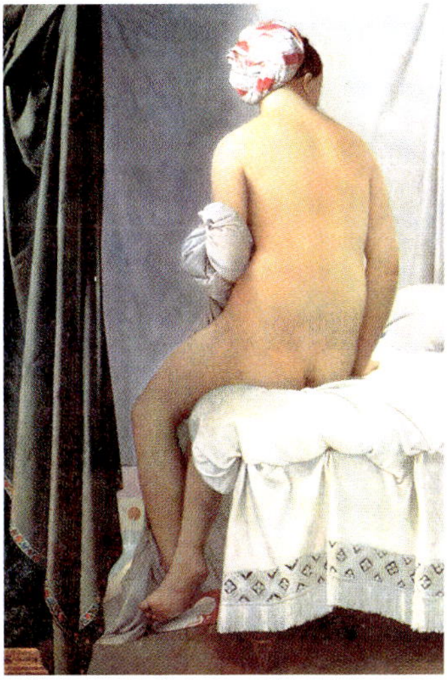

MICHELANGELOS „Pietà" von 1499 mit dem toten Christus im Schoß seiner Mutter.

Für NAPOLEON malte DAVID u.a. „Die Krönung des Kaisers und der Kaiserin", 1806/07.

Unter DAVIDS zahlreichen Schülern ist JEAN AUGUSTE DOMINIQUE INGRES (1780–1867) der bedeutendste. Er ist der erste formale Purist einer selbstgenügsamen Kunst (L'art pour l'art), die künftig eine große Rolle spielen sollte. Die „Badende von Valpençon", 1808, ein weiblicher Rückenakt, erzählt nichts und will nichts als sich selbst: reine Schönheit von Linien und Flächen, die mit äußerster Feinheit ausbalanciert sind.

Bild:
JEAN AUGUSTE DOMINIQUE INGRES, *Die Badende von Valpençon,* 1808, Paris, Musée du Louvre

L'art pour l'art, frz. = „die Kunst um der Kunst willen", war die Parole einer in der ersten Hälfte des 19. Jh. in Frankreich entstandenen Kunstauffassung. Danach kommt es nicht auf Botschaft oder Aussage an, sondern auf die künstlerische Form. Sie besitzt absolute Priorität.

Der Spanier **FRANCISCO DE GOYA Y LUCIENTES** (1746–1828) war ein Zeitgenosse GOETHES. Seine Gemälde und Druckgrafiken stellen – ganz im Gegensatz zum Klassizismus – eine ganz und gar nicht ideale Welt dar, sondern eine, in der Bosheit, Dummheit, Eitelkeit, Mordlust, Unheimlichkeit herrschen. 1810–1813 entstand unter dem Eindruck der napoleonischen Kriege die Aquatintafolge „Die Schrecken des Krieges" als Schilderung von Grausamkeiten auf beiden Seiten der Front. GOYA ist ihr entsetzter Protokollant.

Bild:
FRANCISCO DE GOYA Y LUCIENTES, *Die Erschießung der Aufständischen von 1808,* 1814, Madrid, Museo del Prado

Das gilt auch für sein Bild „Die Erschießung der Aufständischen von 1808": Im Zentrum steht ein namenloser Held, zu seinen Füßen liegen die Leiber der bereits Hingerichteten. Hinter ihm nahen die kommenden Opfer, er selbst ist das Ziel der nächsten Salve der Erschießungsmaschinerie. Das ist wie eine statische Filmsequenz komponiert, mit einem Vorher, einem Jetzt und dem Nachher. Wegen seiner Einprägsamkeit wurde es von anderen Malern wiederholt zitiert (MANET, PICASSO). Als Nachtszene ist das dramatisch gesehen und geschildert. Der Künstler nimmt Partei mit einem unauffälligen Indiz: Auf den Handflächen des Mannes mit dem weißen Hemd und den emporgerissenen Armen erkennt man die Wundmale von Christi Kreuzigung.

HEINRICH VON KLEIST schrieb über das Bild „Mönch am Meer", S. 131, in den „Berliner Abendblättern" vom 13. 10. 1810: *„Das Bild liegt mit seinen zwei oder drei geheimnisvollen Gegenständen wie die Apokalypse da … und da es in seiner Einförmigkeit und Uferlosigkeit nichts als den Rahmen zum Vordergrund hat, so ist es, wenn man es betrachtet, als wenn einem die Augenlider weggeschnitten wären."*

Romantik

> Die **Romantik** war eine europäische Geistesbewegung in der Zeit zwischen 1790 und 1830.

Der Begriff wurde von ihren Gegnern geprägt, die an diesem Stil das Irrationale und Überspannte kritisierten. Allerdings war es kein ganz einheitlicher Stil, weder der Form noch den Themen nach. Die englische Malerei der Romantik sieht ganz anders aus als die französische oder die deutsche. In England (TURNER) und Deutschland (FRIEDRICH, RUNGE) überwiegen landschaftliche Motive, in Frankreich (DELACROIX, GÉRICAULT) dramatische Historienbilder. Die englischen und französischen Künstler bevorzugen einen offenen Pinselduktus und interessieren sich für Farbwirkungen, die deutschen tendieren zu einer gedankenschweren Feinmalerei.

GOETHE ZU ECKERMANN: *„Das Klassische nenne ich das Gesunde, und das Romantische das Kranke."*

Bild:
CASPAR DAVID FRIEDRICH, *Mönch am Meer,* 1809/10

CASPAR DAVID FRIEDRICHS (1774 bis 1840) „Mönch am Meer" zeigt die Vereinzelung des Menschen angesichts der erhabenen Unendlichkeit der Schöpfung. Das Bild macht das durch eine radikal abgemagerte Komposition anschaulich: Himmel, Meer, Ufer werden als waagerecht gebreitete Naturelemente wiedergegeben. Darin steht die winzige und aus der Mitte gerückte Senkrechte des Mönchs – eine kühne Konfrontation von Mensch und Welt. Denn das ist nicht einfache Naturdarstellung, sondern vom Künstler gefilterte: *„Der Maler soll nicht bloß malen, was er vor sich sieht, sondern auch was er in sich sieht. Sieht er aber nichts in sich, so unterlasse er zu malen, was er vor sich sieht"* (Notiz von CASPAR DAVID FRIEDRICH).

Bild:
PHILIPP OTTO RUNGE, *Der Morgen,* 1808, Hamburg, Kunsthalle

PHILIPP OTTO RUNGE (1777–1810) dagegen ging es um Zusammenhänge. In seinem streng symmetrischen Bild „Der Morgen" bietet er ein schwer entzifferbares Bild, das den Anbruch des Tages in allegorischen Gestalten veranschaulicht. Im Zentrum steht eine weibliche Gestalt, die gleichzeitig drei verschiedene Personen verkörpert: Aurora (die Göttin der Morgenröte), Venus (die Göttin der Liebe und Schönheit) und die Gottesmutter Maria (sie hat Christus, das Licht der Welt, geboren). Der Säugling in der unteren Bildmitte symbolisiert den Beginn des Lebens.

Tagebuchnotiz von EUGÉNE DELACROIX: *„Es ist die erste Pflicht eines Bildes, ein Fest für die Augen zu sein. Ich will damit nicht sagen, dass es nichts vorzustellen brauche"* (1863).

Die deutsche Gedankenmalerei war den französischen Künstlern fremd. EUGÉNE DELACROIX (1798–1863) bevorzugte Themen, die weniger an den Verstand als ans Auge und seine Farbempfindlichkeit adressiert waren. Bei einer Reise durch Marokko (1831/32) entdeckte er den gesetzlichen

Bild:
EUGÉNE DELACROIX, *Frauen von Algier,* 1834, Paris, Musée du Louvre

Zusammenhang von Farbwirkungen im Licht und im Schatten: Die drei Primärfarben Rot, Blau und Gelb korrespondieren mit den drei sekundären Orange, Grün, Violett. Diese Einsicht wurde für DELACROIX zur Grundlage für den Farbaufbau seiner Bilder – denn für ihn war, anders als für die Klassizisten, die Farbe das wesentlichste Bildelement, nicht der gezeichnete Umriss.
Die Farben und ihre Korrespondenzen, nicht die Konturen, machen seine Bilder aus.

Bild oben:
THÉODORE GÉRICAULT, *Das Floß der Medusa,* 1818–1819, Paris, Musée du Louvre

Großes politisches Aufsehen erregte der Maler THÉODORE GÉRICAULT (1791–1824) mit seinem in unruhigen Hell-Dunkel-Kontrasten gehaltenen Gemälde „Das Floß der Medusa", 1817/19.
Es schildert die Folgen eines Schiffsunglücks an der westafrikanischen Küste, dessen Umstände auch zur Kritik an der französischen Regierung Anlass gaben. GÉRICAULT brach hier in doppelter Weise mit dem Klassizismus: Er wählte ein nicht repräsentatives und unheroisches Thema aus dem aktuellen Zeitgeschehen und entschied sich für eine bis dahin ungekannte Wahrhaftigkeit in der Darstellung realistischer Details anstelle abstrakter Formideale.

Bild links:
WILLIAM TURNER, *Regen, Dampf und Geschwindigkeit – Die große Westeisenbahn,* 1844, London, National Gallery

Bild rechts:
ADOLPH VON MENZEL, *Berlin-Potsdamer Bahn,* 1847, Berlin, Alte Nationalgalerie

Der Engländer WILLIAM TURNER (1775–1851) ist einer der originellsten Künstler der Neuzeit. Seine Bilder sind ein Vorspiel von Impressionismus, Expressionismus und Informel. Sie bringen völlig neue Modi und Klangfarben in die Malerei des 19. Jh. ein. TURNER malte hauptsächlich Landschaften, Tageszeiten, Wetterzustände, Wolkenbildungen mit aufgelöst-verwischten Konturen, dazwischen scharfe Details. Sein Gemälde „Regen, Dampf und Geschwindigkeit – Die große Westeisenbahn" ist eine der ersten Eisenbahndarstellungen überhaupt: Aus nebulösem Farbgewölk drängt die eiserne Dampfmaschine – Hässlichkeit und Großartigkeit der von der Industrie veränderten Welt zugleich ansprechend – aus der Tiefe der Landschaft in den Vordergrund.

Realismus

> Künstler des **Realismus** wollten die Wirklichkeit nicht nach vorformulierten Idealen und Gestaltungsregeln überhöhen oder vervollkommnen, sondern die sichtbare Wirklichkeit ungeschönt darstellen, selbst von ihren gewöhnlichen und hässlichen Seiten.

Der französische Maler GUSTAVE COURBET (1819–1877) war der erste Künstler, der den Realismus zu seinem Programm gemacht hatte. Anlässlich der Weltausstellung von 1855 in Paris zeigte er eine Auswahl seiner Werke in einem Pavillon, über dessen Eingang er ein Schild angebracht hatte: „Le Realisme“. Er propagierte eine Kunst, welche einen Anblick der Wirklichkeit ohne alle Idealisierungen bot und das auch durch eine grobe Malweise verdeutlichte. Das war eine Absage an Klassizismus und Romantik, auch an die Historienmalerei. Es war eine Verpflichtung zur Wiedergabe allein des Wirklichen – auf welche Weise auch immer. Als COURBET im Salon von 1850/51 seine „Steinklopfer“ ausstellte, traf er auf den erbitterten Widerstand der Kunstkritik. Man stieß sich am Thema und an der Malweise. Das Bild beschreibt das Elend von Straßenarbeitern und glorifiziert es nicht als opferbereiten Heroismus. Das geschieht mit Mitteln ohne allen Glanz. Entsprechend wurde das Gemälde von der Kritik herabgewürdigt: Es sei hässlich und hässlich gemalt.

Bild:
GUSTAVE COURBET, *Die Steinklopfer,* 1849, Öl auf Leinwand, 165 x 257 cm, Dresdener Gemäldegalerie

Bild:
ADOLPH VON MENZEL, *Eisenwalzwerk (Moderne Cyklopen),* 1872–1875, Berlin, Alte Nationalgalerie

Eine besondere Spielart wirklichkeitsbezogener Kunst stellen die Bilder des deutschen Malers ADOLPH VON MENZEL (1815–1905) dar. Er war ein unermüdlich zeichnender Beobachter, dem schon in den 1840er-Jahren Werke gelangen, die auf den französischen Impressionismus vorausweisen.
In seinem „Eisenwalzwerk“ (1872 bis 1875) stellt er die schwere Arbeit in einer Eisenhütte dar. Bevor er sich an Einzelstudien zu diesem Bild machte, erarbeitete er sich in groben Skizzen eine Vorstellung vom Zusammenhang der Arbeitsvorgänge. Er sah und meinte dabei nicht die ausgebeuteten Proletarier,

sondern zeitgenössische Giganten. Das folgt aus dem ursprünglichen Bildtitel: „Moderne Cyklopen".

In einem offenen Brief von 1861 schrieb COURBET: *„Ich halte dafür, dass die Malerei ihrem Wesen nach eine konkrete Kunst ist und einzig in der Darstellung der wirklichen und vorhandenen Dinge bestehen kann. Sie ist eine ganz und gar körperliche Sprache, die sich anstelle von Worten aus allen sichtbaren Dingen zusammensetzt; ein abstraktes, nicht sichtbares, nicht vorhandenes Ding hat im Bereich der Malerei nichts zu suchen."*

ÉDOUARD MANET (1832–1883) gilt als Wegbereiter des Impressionismus. Er pflegte zwar Gedankenaustausch mit EDGAR DEGAS, CLAUDE MONET und AUGUSTE RENOIR, aber er beteiligte sich an keiner der Aktivitäten der Impressionisten, die seit 1874 regelmäßig gemeinsam in Paris ausstellten. Seine gelöste Malweise, die helle Palette, die leuchtenden Farben und die Wahl großstädtischer Themen machen ihn zu einem der ersten Maler des modernen Lebens. Nicht wenige seiner Bilder fußen auf gründlichen Studien der alten Meister in den Museen, besonders von TIZIAN, VELÁZQUEZ und GOYA. Aus deren Werken übernehmen einige seiner Bilder das KOMPOSITIONELLE Grundgerüst.
So interpretiert und aktualisiert seine „Olympia" von 1863, die zum Skandalbild des Salons von 1865 wurde, TIZIANS „Venus von Urbino". MANETS Bild zeigt eine unbekleidete Kokotte auf ihrer Lagerstatt in Erwartung ihres Galans. Aber nicht nur das unwillkommene Thema erregte das Publikum, sondern auch die offene, teilweise skizzenhafte Malweise.

Bild links:
ÉDOUARD MANET, *Olympia*, 1863, Paris, Musée d'Orsay
Bild rechts:
TIZIAN – ***Venus von Urbino***, 1538

Impressionismus

Bild:
CLAUDE MONET, *Impression soleil levant*, 1872, Paris, Musée Marmottan

Der Stilbegriff **Impressionismus** geht auf den Titel eines Gemäldes von CLAUDE MONET (1840–1926) zurück: „Impression Sonnenaufgang (frz.: Impression soleil levant)" von 1872. Impression meint Eindruck, flüchtigen Anblick. Ihn wollten die Impressionisten festhalten. Dabei achteten sie weniger auf Form und Gestalt der einzelnen Gegenstände, als vielmehr auf ihren Zusammenhang im Licht und auf die von der Sonne zum Leuchten gebrachten Farben. Die Impressionisten malten vor allem Landschaften, aber auch das Leben auf den großen Pariser Boulevards.

Anders als die Realisten sahen die Impressionisten die Welt nicht als ein Nebeneinander von Dingen, sondern als einen großen Zusammenhang aus Farben und Licht. Der ließ sich am besten mit groben, die Details unterdrückenden Pinselstrichen wiedergeben. Den Zeitgenossen miss-

fiel diese unakademische Arbeitsweise, und so meinte ein Kritiker, diese Maler machten nichts anderes, als eine mit verschiedenen Farben geladene Pistole auf die Leinwand abzufeuern.
MONET bezog sich stets auf die jeweilige Farb- und Lichtsituation und unterbrach das Malen, wenn sie sich änderte. Er griff dann zu einer neuen Leinwand und kehrte zur ersten zurück, wenn die urspüngliche Beleuchtung wieder eingetreten war. So entstanden seine berühmten Serien: die „Heuschober", die Fassade der „Kathedrale von Rouen", die „Pappeln", die „Seerosen" u. a. Sie zeigen das jeweilige Motiv in seinem jeweiligen Licht. MONETS Bilder-Serien besagen: Es gibt kein feststehendes Bild von der Wirklichkeit, es gibt nur ein jeweiliges, momentanes, vorübergehendes.

Bild:
CLAUDE MONET, *Boulevard des Capucines,* 1873, Kansas City (Missouri), Nelson-Atkins Museum of Art
CLAUDE MONET: *„Ich male wie der Vogel singt."*

Nachimpressionismus/Pointillismus

Die Nachimpressionisten – GEORGES SEURAT (1859–1891) und PAUL SIGNAC (1863–1935) sind ihre Hauptvertreter – radikalisierten die Sicht der Impressionisten und trieben sie bis zu einer wissenschaftlich begründeten Sehtheorie: Sie setzten ihre Farben in unverbundenen Punkten (points) so nebeneinander auf die Leinwand, dass erst ihre optische Mischung im Auge des Betrachters den gewünschten Ton erzeugte. Um dieses Vorgehen möglichst objektiv werden zu lassen, gingen die Maler zu einer etwas schematischen Rasterung der Bildfläche mit kleinen Rechtecken über.

↗S. 206

Bild:
GEORGES SEURAT, *Die Seine an der Grand Jatte, Frühling,* 1888, Brüssel, Musée Royaux des Beaux Arts

VINCENT VAN GOGH (1853–1890) begann mit einer dunkeltonigen Palette, stellte anfangs häufig Landarbeiter und Proletarier dar, wandte sich anschließend dem Impressionismus zu. So fand er zu einer sehr persönlichen Malweise, in der zeichnerische Pinselführung und Einsatz intensiver Farben zusammenwirken.

Bild:
VINCENT VAN GOGH, *Sternennacht,* 1889, New York, Museum of Modern Art

CHARLES THÉOPHILE ANGRAND: *Mann und Frau auf der Straße, 1*887, Leinwand, 38,1 × 33 cm, Paris, Musée National d'Art Moderne.

Die „Sternennacht" von 1889 zeigt dieses Zusammen in besonders eindrucksvoller Weise. Es ist keine elegante Malerei, sondern eher eine rustikale. Im Rhythmus der Pinselbewegungen spürt man sozusagen den Herzschlag des Malers, sein Staunen angesichts der Harmonie der Natur, und in den Farben erkennt man eine Steigerung, die bereits auf den Expressionismus vorausweist.

PAUL CÉZANNE ist im späten 19. Jh. neben MONET der eigentliche Erneuerer der Malerei allein auf dem Fundament der **Farbe.** Alles Erzählerische und Symbolische schloss er aus seinen Landschaftsgemälden aus und versuchte, durch das kalkulierte Nebeneinandersetzen von Farbflecken auf langen, sensibel ausdifferenzierten Skalen *„eine Harmonie parallel zur Natur"* zu erreichen. Tief religiös, wollte er durch dieses Aneinanderreihen eine Verkettung der Farbtöne des ganzen Bildes erzeugen und damit die Harmonie der Schöpfung anschaulich machen.

Bild:
PAUL CÉZANNE, *Montagne Sainte-Victoire, Blick vom Steinbruch Bibémus,* um 1897, Baltimore, Museum of Modern Art

Seine Gemälde sind, anders als die von CLAUDE MONET, von allen Zufälligkeiten der Lichtstimmung unabhängig. Und anders als die von VINCENT VAN GOGH sind sie ohne alle persönliche Erregtheit. Es ist keine expressive Ausdrucksmalerei, sondern eine, die darauf abzielt, das Bild als eine auf den Farben beruhende geschlossene Ganzheit zu entwerfen.

Historismus

Mit ihrer mehr ans Auge als an den Verstand (Bildung, Wissen) gerichteten Malerei wurden COURBET, MANET, MONET, CÉZANNE u.a. von ihrer Zeit verkannt. Ihre Bedeutung als Avantgardisten wurde erst von der Nachwelt entdeckt. Die Zeitgenossen bevorzugten erzählende, die Welt und ihre Geschichte möglichst präzise beschreibende Bilder. Dabei nahm das Historienbild den höchsten Rang ein. Illustriert wurden gern schicksalsschwangere, möglichst sensationelle Motive, etwa „Seni an der Leiche Wallensteins" von KARL THEODOR VON PILOTY (1826–1886). Das Bild ist für den Bildungsbürger bestimmt, der SCHILLERS Drama kennt und die vielen theatralisch inszenierten Details zu entziffern versteht – etwa die verlöschende Kerze auf dem Tisch oder die abgewandte Glücksgöttin auf dem Leuchter. Seni steht nicht entsetzt vor der Leiche, sondern sieht die Zeichen der Sterne erfüllt: Seni sah den Tod Wallensteins voraus. Ein solches Bild „sieht" man nicht, man buchstabiert es.

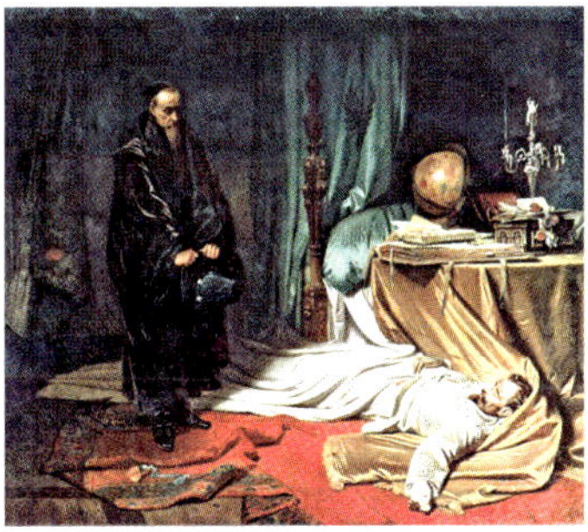

Bild:
KARL THEODOR VON PILOTY, *Seni an der Leiche Wallensteins,* 1855, München, Neue Pinakothek

Symbolismus

Bild:
ARNOLD BÖCKLIN, *Insel der Toten,* 1880, Leipzig, Museum der bildenden Künste

Der Symbolismus aktiviert die Fantasie, das Unbewusste, ruft Erinnerungen an Alpträume und Ängste auf und bewegt sich in einem Themenrevier, wo Ahnungen, Gefühle und Geträumtes nach Verbildlichung rufen. Ein Beispiel dafür ist ARNOLD BÖCKLINS (1827–1901) „Toteninsel". Die Auftraggeberin wünschte sich „ein Bild zum Träumen". BÖCKLINS Erfindung fand so großen Anklang, dass er nach und nach fünf Fassungen davon fertigte. Die stille See, die Felsenkulisse der Insel, der Nachen mit der weiß gekleideten Gestalt, die geheimnisvolle Stimmung, unheimliche Todesahnung und -sehnsucht, aber auch die penibel-solide Malweise – das alles bewirkt eine Anziehung, die bis heute anhält.

Bild:
GUSTAV KLIMT, *Der Kuss,* 1907–1908, Wien, Österreichische Galerie

Jugendstil

Die Idee des Jugendstils war es, den nach dem Klassizismus verlorenen Zusammenhang der Künste wieder zurückzugewinnen. Gebäude, Skulpturen, Gemälde, Möbel, Geschirr, Besteck, Kunstgewerbe – das alles sollte wieder zu einer Einheit werden und den Rahmen bilden für ein Leben in Harmonie und Schönheit. Darein hatte sich die Malerei als Dekoration zu fügen, die Gemälde wurden zu Schmuckstücken des Interieurs.

Der Österreicher GUSTAV KLIMT (1862–1918) verstand es meisterhaft, die entsprechenden Bilder zu liefern. „Der Kuss" von 1907/08 inszeniert menschliche Nähe und Intimität als ein Ensemble verschieden gefärbter und strukturierter Flächenelemente mit wunderbar schwingenden Umrissen. Aufgetragenes Blattgold erhöht den Eindruck von Kostbarkeit.

Die Plakate von ALFONS MUCHA (1860–1939) mit den zarten Farben und dekorativen Elementen byzantinischen Stils und die filigranen Illustrationen von PETER BEHRENS (1868–1940) gelten als Inbegriff des Jugendstils. Der Sechsfarben-Holzschnitt „Der Kuss", erstmals 1898 in der Zeitschrift „Pan" veröffentlicht, zeigt deutlich die für den Jugendstil typische Randlinienbetonung der Figuren sowie die stilisierten, ornamental ineinander verschlungenen Haupthaare der sich Küssenden in floral anmutenden geschwungenen, fließenden Linien.

Bild:
PETER BEHRENS,
Der Kuss, 1898

Dem Norweger EDVARD MUNCH (1863–1944) gelang es, die Stilmittel des Jugendstils (weich gerundete Umrisse, lichte Regenbogenfarben) für schicksalsschwere Bilder umzumodeln.
Ein Bild wie „Der Schrei", 1902, wäre für KLIMT schon als Thema undenkbar gewesen. MUNCHS Gemälde bietet einen trichterförmigen Abgrund, entfaltet einen unentrinnbaren Sog und erzeugt ein endlos widerhallendes Echo von Ängsten, ein verzweifeltes Aufbegehren und eine große Hoffnungslosigkeit. Die oberflächliche „Dekoratiefsinnigkeit" des Jugendstils lässt ein solches Bild weit hinter sich.

Bild:
EDVARD MUNCH,
Der Schrei, 1902

Das 20. Jh. glaubte, das neunzehnte wegen dessen Stillosigkeit verachten zu dürfen, machte es jedoch nicht besser. Die Malerei des 19. Jh. hat sich große, zuvor nie in den Blick genommene Themenbereiche erarbeitet und sich dabei auch auf die künstlerischen Mittel besonnen, besonders die Farbe. Die Maler haben immer wieder gegen starre Regelhaftigkeit aufbegehrt und darauf bestanden, ihre subjektive Sicht zu demonstrieren. Am Anfang des 20. Jh. verstießen sie sogar gegen eine seit Jahrtausenden bestehende Konvention, die Pflicht zur Naturnachahmung. Da hatten die Künstler des späten 19. Jh. vorgearbeitet. Nicht nur in ihren Werken, auch mit ihren Grundsätzliches ansprechenden Theorien. Darauf baute die Kunst des 20. Jh. auf.

▶ So definierte der französische Maler MAURICE DENIS (1870–1943) bereits 1890, *„dass ein Bild, bevor es ein Streitross, eine nackte Frau oder eine beliebige Anekdote wird, seinem Wesen nach eine ebene, in einer bestimmten Anordnung mit Farben bedeckte Fläche Ist".*

Die Kunst des 19. Jahrhunderts

Der Begriff „Kunst des 19. Jahrhunderts“ bezeichnet die Epoche zwischen der Französischen Revolution und dem Ersten Weltkrieg. In dieser Zeit vollzog sich eine der größten Umwälzungen in der Menschheitsgeschichte. Sie veränderte alle Lebensbereiche: Politik, Wirtschaft, Technik, Wissenschaft und auch die Künste.
Die Auflösung des absolutistischen Ständestaates durch die Französische Revolution und die Entstehung einer bürgerlichen Gesellschaft blieb nicht ohne Folgen für die Künstler: Sie verloren ihre traditionellen Auftraggeber (Kirche und fürstliche Höfe) und mussten lernen, sich am Geschmack und den Ansprüchen der neuen Klasse, der Bourgeoisie, zu orientieren. Da die alten Regeln und Normen nicht mehr galten, führte das zu Verunsicherungen und der oft konstatierten „Krise der Kunst um 1800“.
Das wirkte sich in den drei Kunstgattungen unterschiedlich aus: Baukunst und Bildhauerei waren schon der hohen Kosten wegen immer abhängig von Auftraggebern. Deren Geschmackswandel spiegelt sich in den stilistischen Wendungen von Architektur und Plastik des 19. Jh. wider. Die Malerei war unabhängiger und reagierte beweglicher: Sie wehrte sich schon früh gegen jedes Kunstdiktat von außen und pochte auf Unabhängigkeit.
Die Werke aller drei Gattungen aber entstanden in einer Welt, die sich mit bis dahin ungekannter Geschwindigkeit veränderte – und mit ihr die Künste, die viele verschiedene Stile hervorbrachte – und so ist die Bezeichnung „Kunst des 19. Jahrhunderts“ ein Sammelbegriff für ganz unterschiedliche Wahrnehmungs-, Darstellungs- und Gestaltungsweisen.

Architektur
In der Baukunst entstanden seit dem späten 18. Jh. neben Klassizismus und Revolutionsarchitektur die so genannten Neu- oder Neo-Stile, also Neogotik, Neoromanik, Neorenaissance, Neobarock, Neorokoko. Sie greifen auf ältere Bauformen zurück, wiederholen und variieren sie. Deshalb werden sie auch mit den Oberbegriffen Eklektizismus (unschöpferische Verwendung fremder Ideen) oder Historismus (Überbewertung geschichtlicher Muster) bezeichnet. Daneben etablierte sich seit der Mitte des 19. Jh. eine von Ingenieuren entworfene Architektur. Dafür wurden die neuen Baumaterialien Stahl, Glas und Beton eingesetzt, was für die Bewältigung vieler neuer und bis dahin unbekannter Bauaufgaben auch nötig war: Bahnhöfe, Ausstellungs- und Messehallen, große Distanzen überspannende Brücken.

Bildhauerei
Skulptur und Plastik orientierten sich dagegen lange und über die Mitte des 19. Jh. hinaus an den Idealen der Antike (Klassizismus), bevor man zu einer Art idealisiertem Realismus überging. Das hängt mit den Erfordernissen der damals wichtigsten aktuellen Aufgabe der Bildhauerkunst zusammen, dem öffentlichen Denkmal.

Der konservative Grundzug der Bildhauerei verlor sich erst gegen 1900 mit dem Auftreten des französischen Plastikers AUGUSTE RODIN, der mit einer nervösen, aus der Materialmasse entwickelten Modellierweise und mit auf der Oberfläche erzeugten Lichteffekten arbeitete und auf diese Weise seine Werke verlebendigte.

Malerei

Die Malerei reagierte auf die Krise der Kunst um 1800 am sensibelsten und mit zahlreichen neuen Konzepten: Auf Klassizismus und Sturm und Drang folgten Romantik, die Kunst der Nazarener, Biedermeier, Realismus, Freilichtmalerei, Impressionismus, Neoimpressionismus, die Präraffaeliten, Symbolismus, Jugendstil, Orphismus, Fauvismus, Expressionismus – je mit unterschiedlichen nationalen, regionalen, lokalen, individuellen Varianten. Das hängt mit der veränderten Lage der Künstler durch die gesellschaftlichen Erschütterungen im Umkreis der Französischen Revolution zusammen. Damals hatten die Maler ihre traditionellen Auftraggeber (Adel und Klerus) verloren und konkurrierten nun untereinander um die Gunst eines anonymen Publikums auf einem anonymen Markt – die Kunst wurde zur Ware.

Den Markt bildeten die seit der zweiten Hälfte des 18. Jh. (zunächst vor allem in England und Frankreich) regelmäßig stattfindenden Kunstausstellungen. Sie wurden anfangs von den königlichen Kunstakademien veranstaltet und von deren Mitgliedern auch beherrscht. Im frühen 19. Jh. kam es dann zur Gründung von bürgerlichen Kunst- und Künstlervereinen, die Verkaufschancen eröffneten: Aus dem Hofkünstler wurde der Ausstellungskünstler.
Zusammen mit den Ausstellungen entstand die Kunstkritik. Sie verstand sich sowohl als Sprachrohr des Publikums, als auch als dessen Erzieherin, trug zur Kunstdiskussion und -reflexion bei und trieb so die Kunstentwicklung beschleunigend voran.
Die Ausstellungskünstler waren einerseits dem Publikum, andererseits ihrem persönlichen Kunstideal und -anspruch verpflichtet. Beide Tendenzen strebten oft auseinander, und so kam es seit der Mitte des 19. Jh. wiederholt zu Kunstskandalen: Der Schock des Neuen spaltete Künstler, Kritiker und Publikum in feindliche Lager: in Avantgardisten einerseits und Traditionalisten bzw. Akademiker andererseits. Die Traditionalisten, meist Akademieprofessoren, legten Wert auf handwerkliche Solidität und würdige Themenwahl. Prominentestes Bildmotiv blieb – wie schon seit der Mitte des 15. Jh. – das Historienbild. Die Avantgardisten dagegen verabscheuten die akademischen Regeln und Konventionen. Sie suchten nach neuen Motiven und Gestaltungsweisen und interessierten sich für die vielen Wirklichkeiten der Welt. Und so entdeckten sie als bildwürdig den Steinklopfer am Wegesrand ebenso wie den Arbeiter in der Fabrik, die sich über die Boulevards der Großstädte schiebenden Menschenmassen und das irisierende Licht über Seerosenteichen, kurz: Sie fassten den bürgerlichen Alltag ebenso ins Auge wie (wenn auch zögernd) auch den proletarischen. Aber es ging ihnen nicht nur um neue Bildmotive, es ging auch um ein Nachdenken über die Malerei mit den Mitteln der Malerei. Dabei machten sie viele Entdeckungen, z. B. zu den Wirkungsmöglichkeiten der Farbe oder den Ausdruckschancen des gelösten Pinselstrichs.

2.6 Von 1900 bis zur Jahrhundertmitte

2.6.1 Wegbereiter der Moderne

Die Ursprünge der modernen Kunst des 20. Jh. reichen weit bis ins 19. Jh. zurück.

Die moderne Kunst des 20. Jh. wird vom gegenwärtigen Standpunkt aus auch oft als „klassische Moderne" bezeichnet.

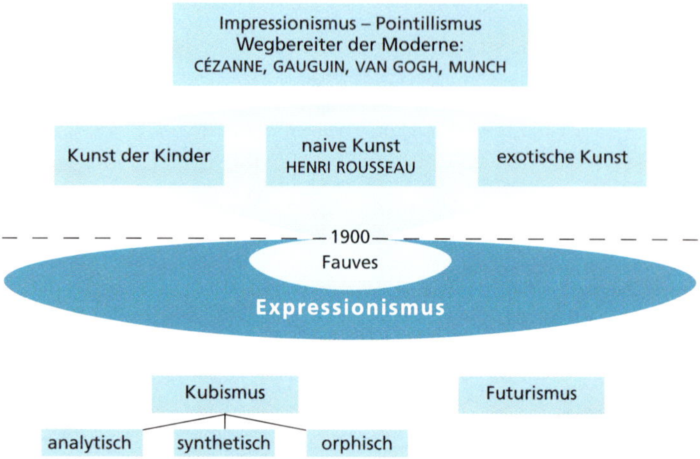

Mimesis = nachahmende Darstellung der Natur.
Als **mimetische Funktion** der Kunst wird die nachahmende, gegenständlich-naturalistische Abbildung in der Malerei bezeichnet.

Die **mimetische Funktion** der Kunst war durch die Erfindung der **Fotografie** vor neue Herausforderungen gestellt worden. Auch die gesellschaftlichen Entwicklungen führten zu einem facettenreichen, oft unversöhnlich-gegensätzlichen Kunstpluralismus, der durch den Wandel in der gestalterischen Entwicklung der Künstler noch vielfältiger wurde. Gemeinsame Grundlinie aller Bestrebungen blieb jedoch der ständige Kampf um die Freiheit der Kunst und der Anspruch auf Befreiung des Individuums aus seinen inneren und äußeren Zwängen. Obwohl die „moderne Kunst" besonders in ihrer Entwicklung zur „abstrakten" Malerei meist als überwiegend formale Kunst gesehen wird, zeigen gerade die inhaltlichen Themen oft die tiefe Sehnsucht nach einem neuen Menschen in einer besseren, natürlichen Umwelt.

VAN GOGH schrieb zu seiner Arbeitsweise: *„Ich habe Augenblicke, in denen die Begeisterung bis zum Wahnsinn oder zur Prophetie gesteigert ist. Anstatt, daß ich das, was ich vor mir habe, genau wiedergebe, bediene ich mich willkürlicher Farben, um mich stark auszudrücken."*

PAUL CÉZANNE, PAUL GAUGUIN und VINCENT VAN GOGH gingen in ihrer Malerei über den Impressionismus hinaus und wurden zu Wegbereitern der Moderne.

Auf der Suche nach dem „Ursprünglichen" entdeckten Künstler und Kunstwissenschaftler die bis dahin unbeachteten Werke naiver Kunst. Die Gemälde des pensionierten Zollbeamten HENRI ROUSSEAU nahmen dabei eine Schlüsselstellung für die weitere Entwicklung der Kunst im 20. Jh. ein. In seinem Bemühen, das Erlebte, das Erdachte und das Erträumte möglichst eindringlich und überdeutlich darzustellen, veränderte er die Größenverhältnisse, um so die für ihn wichtigen Einzelheiten zu betonen. Starke Hell-Dunkel-Kontraste und magische Farben lassen eine wie verzaubert wirkende Traumwelt entstehen, die zu einer Reise in die Erinnerungen und Träume der eigenen Kindheit einladen. Die Maler des Expressionismus, des Kubismus, des Surrealismus und des magischen Realismus beriefen sich auf die naive Kunst und machten sie so zu einer bedeutenden Quelle ihres Schaffens.

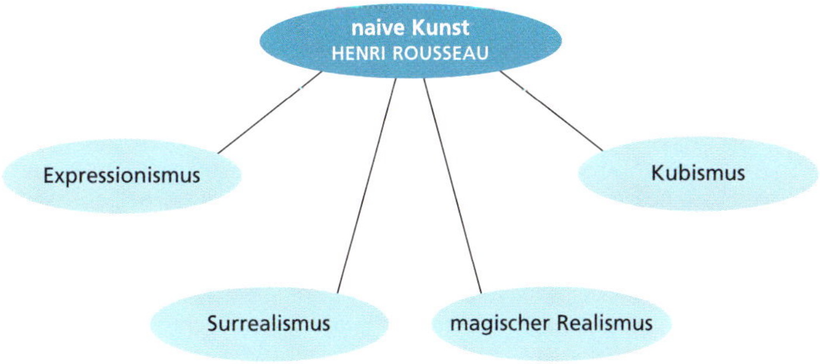

Ausstellungen: „Das Kind als Künstler" in Hamburg 1897 und „Der Genius im Kinde".
GIORGIO DE CHIRICO (1888–1978) schrieb 1911: *„Wenn ein Kunstwerk unsterblich sein soll, muss es alle Schranken des Menschlichen sprengen: Es darf weder Vernunft noch Logik haben. Auf diese Weise kommt es dem Traum und dem Geiste des Kindes nahe."*

Auch die naive Schaffensfreude und unbewusste Gestaltungskraft der Kinder fanden eine neue, verstärkte Beachtung. Um 1900 entfaltete sich mit der Kunsterzieherbewegung ein systematisches, pädagogisches sowie psychologisches Interesse an der Pflege der schöpferischen Kräfte der Kinder. Der erste Kunsterzieherkongress in Dresden 1901 fand mit seinen Forderungen nach einer musisch-ästhetischen Erziehung großen Widerhall innerhalb und außerhalb der Schule. Seine Empfehlungen mündeten in die Reformbewegung der 1920er-Jahre. Die Folgen dieser psychologischen Erkenntnisse wirkten auch auf die Kunst zurück und fanden sich in Bildern des Expressionismus und des Surrealismus wieder.

Expressionismus, von lat. expressio = Ausdruck

2.6.2 Expressionismus

Der **Expressionismus** ist eine zu Beginn des 20. Jh. vorherrschende Richtung in bildender Kunst und Literatur. Er stellte als Gegenbewegung zum Realismus, Naturalismus und Impressionismus durch Vereinfachung der Formen und starke, oft kontrastreiche Farben die subjektive, emotionale Ausdrucksfähigkeit des Künstlers in den Mittelpunkt des Schaffens.

Matisse kommentiert seine Malerei so: *„Ausdruck entsteht nicht nur durch die Leidenschaft, die sich in einem menschlichen Gesicht widerspiegelt oder durch eine eindringliche Geste. Das gesamte Arrangement meiner Bilder trägt zum Ausdruck bei. Sowohl der Platz, der von einer Figur oder einem Gegenstand eingenommen wird, wie auch der leere Raum, der sie umgibt, die Proportion – alles spielt dabei eine Rolle."*

In den ersten Jahrzehnten des neuen Jahrhunderts wollten sich die Künstler vollständig von den Fesseln der offiziell geförderten Akademie- und Salonkunst befreien und gründeten deshalb ihre eigenen Künstlervereinigungen. 1903 zeigten die „Fauves", die „Wilden", wie eine erschreckte Kunstkritik sie nannte, ihre Werke. Sie erhoben in der Nachfolge von CÉZANNE, GAUGUIN und VAN GOGH die Farbe zum Hauptgestaltungsmerkmal ihrer Malerei. Reine, starkfarbige Flächen und kraftvolle Linien bestimmen die Bildkompositionen. Die Deformation der Figuren und der gegenständlichen Motive führt zu einer Steigerung der subjektiven Ausdruckskraft. Zu den ursprünglichen Mitgliedern der Gruppe gehörten HENRI MATISSE (1869–1954), ANDRÉ DERAIN (1880–1954) sowie MAURICE DE VLAMINCK (1876–1958).

Im Deutschland der Kaiserzeit (1871–1918) herrschte in der offiziellen, national gesinnten Kulturpolitik offene Ablehnung gegenüber den neuen Entwicklungen der Kunst in Frankreich. WILHELM II. hatte sie pauschal als „Rinnsteinkunst" verworfen. Die Werke von EDVARD MUNCH – 1892 erstmals in Berlin gezeigt – provozierten deshalb einen ungeheuren Skandal, da anstatt der erwarteten Erneuerung durch den „Mythos des Nordens" in seinen Bildern ein unerwartet ausdrucksstarker Subjektivismus sichtbar wurde. „Das Innere malen" wurde zum Leitmotiv, schon bevor SIGMUND FREUD die Grundzüge der Psychoanalyse entwickelt hatte. Die existentielle Not des Menschen, seine Angst vor Einsamkeit, Krankheit und Tod und das Ausgeliefertsein an ein übermächtiges Schicksal spiegelten sich in MUNCHS Bildern wie in einem Psychogramm wider. Für seine symbolisch-psychologischen Bildthemen entwickelte MUNCH eine Malweise, bei der sich Anklänge an die lineare Dynamik des Jugendstils mit einer verzerrten Perspektive und mit einem flächigen, oft in dramatischem Kolorit gehaltenen Farbauftrag verbinden.

„Brücke" war ein Zusammenschluss von Architekturstudenten der Technischen Hochschule in Dresden. Mitglieder waren ERICH HECKEL, ERNST LUDWIG KIRCHNER, KARL SCHMIDT-ROTTLUFF, MAX PECHSTEIN, EMIL NOLDE, OTTO MUELLER.

„Der blaue Reiter" war eine Künstlergruppe in München. Ihre Mitglieder waren WASSILY KANDINSKY, FRANZ MARC, GABRIELE MÜNTER, PAUL KLEE, ALFRED KUBIN, AUGUST MACKE, ALEXEJ VON JAWLENSKY, LYONEL FEININGER u.a.

Zentren des Expressionismus

Dresden, 1905
„Brücke"

Programm:

- Bekenntnis zur schöpferisch ungebrochenen Kraft der Jugend und zur emotionalen Erlebnisfähigkeit in der Kunst
- Pädagogisch und moralisch bestimmte Erneuerung sollte zu einer allgemein künstlerischen Gestaltung des Lebens führen.

München, 1911
„Der blaue Reiter"

Programm:

- **Reitermotiv** (vom heiligen Georg über die apokalyptischen Reiter DÜRERS bis zum „Reiter mit dem Sonnenschild", der die gemeinsamen Kräfte des Kosmos symbolisiert) als Zeichen für den Aufbruch und den Kampf um die Erneuerung der Kunst

Die Idee der „Entkörperung" der Malerei (auf NOVALIS und die Gedankenwelt der Romantiker zurückgehend) orientierte sich stark an PAUL CÉZANNE und ROBERT DELAUNAY.
Die **Geometrisierung** der Formen, die Verwendung der **Farben** nach ihrer inneren Gesetzmäßigkeit und die teils völlige Ablösung von jeglicher wieder erkennbarer **Abbildung** führte zu einer erst teilweisen, dann vollkommenen **Abstraktion** der Bildkomposition.

In einem Aufsatz von 1911 bezeichnete HERWARTH WALDEN (1878–1941), der Herausgeber der Zeitschrift „Der Sturm", den neuen Malstil der Dresdener und Münchener als „Expressionismus".

Die Maler der „Brücke" betonen den Gegensatz von Farbflächen und Umrisslinien. Die Farben werden oft in krassen Kontrasten eingesetzt, die zum Teil direkt auf die Leinwand („alla prima") ohne Grundierung aufgetragen werden. Besonders in den Bildern von OTTO MUELLER (1874 bis 1930) wird die Textur der gewebten Leinwand mit den wie nur angewischt wirkenden Farben und den nur noch grob angedeuteten Konturen zu einem Merkmal des Expressionismus, in dem die Farbe zum reinen Ausdruck der Emotion wird.

Die auf das Wesentliche reduzierte Formensprache führte bei den expressionistischen Künstlern auch zu einer verstärkten Beschäftigung mit der Technik des Holzschnitts. Das spröde Material erlaubt eine klare, kontrastreiche –„holzschnittartige"–Darstellung, die zum stilistischen Merkmal einer durch Vereinfachung gekennzeichneten neuen Ausdruckskraft wird.

Bild:
EMIL NOLDE, *Der Prophet*, Holzschnitt, 1912

Die Geometrisierung der Formen, die Verwendung der Farben nach ihrer inneren Gesetzmäßigkeit und die Ablösung von jeglicher wiedererkennbarer Abbildung führte bei der Gruppe „Der blaue Reiter" zu einer zunehmenden Abstraktion der Bildkomposition.

FRANZ MARC (1880–1916) folgte in seiner Malerei eher einer pantheistischen Naturbetrachtung. Er wollte die Natur nicht so darstellen, wie sie in der einfachen Wahrnehmung erscheint, sondern ihre innere geistige Seite, den inneren Zusammenhang alles Organischen als Spiel der Kräfte und als ewigen Kreislauf von Leben und Tod anschaulich machen. *„Was wir unter ‚abstrakter Kunst' verstehen … ist der Versuch, die Welt selbst zum Reden zu bringen."* Die abstrahierte Naturform wird so zu einer bildnerischen Formel, die auf der Suche nach tieferer Erkenntnis zur Erforschung der „metaphysischen Gesetze" führt.

KANDINSKY forderte: *„Neben der Musik sollte die Malerei die zweite Kunst sein, die heute ohne Konstruktion nicht mehr denkbar ist."*

KANDINSKY ging dabei am weitesten und bezeichnete seine Bilder *„als rein malerische Wesen, die ihr vollständiges, intensives Leben führen"*.

Bild links:
AUGUST MACKE, *Farbige Komposition* (Hommage à Johann Sebastian Bach), 1912, Ludwigshafen, Wilhelm-Hack-Museum

Bild rechts:
FRANZ MARC, *Tierschicksale*, 1913, Basel, Kunstmuseum

Die Bilder „Farbige Komposition" von AUGUST MACKE (1887–1914, 1912) und die „Tierschicksale" von FRANZ MARC (1913) zeigen, wie Formen und Farben ähnlich dem rhythmisch-melodischen Wechsel in der Musik oder gar physikalischen und psychologischen Prozessen eingesetzt werden.

2.6.3 Kubismus

Als **Kubismus** bezeichnet man eine Kunstrichtung, die durch Reduktion der Formen auf einfache Flächen und Kuben die illusionistische Zentralperspektive auflöst und aus den geometrischen Formelementen eine vielschichtige Bildkomposition entwickelt.

Kubismus, von lat. cubus = Würfel

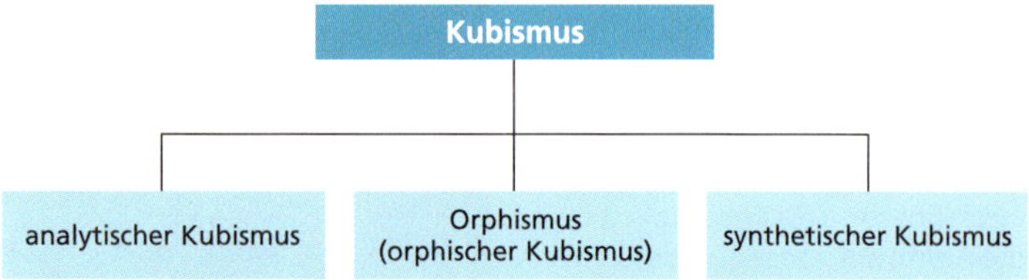

Die Maler der Jahrhundertwende waren auf der Suche nach einer neuen Wahrhaftigkeit. Für sie sollte die Fläche eines Bildes nicht mehr als illusionistisch tiefer Bildraum dienen, sondern die Bildfläche selbst sollte als konkrete Wirklichkeit erkennbar werden.

Bilder von links:
PAUL CÉZANNE, *Haus in der Provence,* 1885–1886, Indianapolis, Museum of Art

GEORGES BRAQUE, *Häuser bei L'Estaque,* 1908, Bern, Kunstmuseum

PABLO PICASSO, *Maisonette dans un jardin,* 1909, Staatliches Puschkin-Museum Moskau

Angeregt durch CÉZANNE, GAUGUIN und VAN GOGH vollzogen die Maler des Kubismus, GEORGES BRAQUE (1882–1963), PABLO PICASSO (1881–1973), JUAN GRIS (1887–1927), FERNAND LEGER (1881–1955) u. a. den bisher radikalsten Schritt. Sie zerlegten die Gegenstände in eine Komposition aus gleichzeitigen Ansichten von verschiedenen Seiten. Sie griffen dabei auf die schon von CÉZANNE beschriebene Geometrisierung aus Grundformen zurück. Wie in einem Vorstellungsbild eines Gegenstandes, von dem man weiß, dass er hinter der sichtbaren Vorderseite auch eine gerade nur verdeckte Rückseite hat, wurden nun gleichzeitig Facetten verschiedener Ansichten und Fragmente der Umrissformen zu Elementen der Bildkomposition. Sie zerstörte die abbildhafte Illusion zugunsten einer neuen Wahrhaftigkeit endgültig.
Obwohl BRAQUE und PICASSO in enger Freundschaft und in gemeinsamer parallel verlaufender Arbeit den Kubismus entwickelten, wird immer wieder PICASSOS Bild „Les Demoiselles d'Avignon" von 1907 als erstes rein kubistisches Bild bezeichnet. Hier schockierte nun nicht mehr die Darstellung von fünf Prostituierten, sondern die Brutalität der Mal-

weise fügen mit scharfen Kanten und hart umgrenzten Flächen. Der grobe Einsatz von Schraffuren und Linien, die die Körper und Gesichter zu entstellen scheinen, verschreckte sogar Malerkollegen und Freunde.

Bild:
PABLO PICASSO, *Les Demoiselles d'Avignon*, 1907, New York, Museum of Modern Art

Dieser **„analytische Kubismus"** zerlegte die Gegenstände zu einer Komposition aus abgeleiteten Grundformen. Im **„synthetischen Kubismus"** wurden die eigenständigen Bildelemente in einer freien Komposition so zusammengesetzt, dass sie sich gedanklich wieder zu Gegenständen oder Personen zusammenfügen lassen. Diese gedanklich aktive Mitwirkung des Betrachters wurde nun zu einem unentbehrlichen Bestandteil des Rezeptionsprozesses. Da im synthetischen Kubismus die Grundformen schon autonom, also unabhängig von der Vorstellung eines Gegenstandes, eingesetzt wurden und als frei kombinierbare Elemente der Bildkomposition dienten, war es folgerichtig, nun auch ganz auf gegenständliche Assoziationen zu verzichten. Dieser **„orphische Kubismus"** bzw. **„Orphismus"** lässt sich am besten in den Bildern von ROBERT (1885–1941) und SONIA DELAUNAY (1885–1979) verfolgen. Licht und Räumlichkeit entstehen allein aus den Intervallen und Kontrasten der Farben. Aus Landschaftsmotiven kristallisierte sich die Sonnenscheibe als Quelle des Lichts, die zunehmend zu einer freien, rein geometrischen Kreisform wurde. Die völlige Aufgabe des Gegenständlichen führte zur Entwicklung völlig abstrakter, harmonisch-musikalisch wirkender Kompositionen aus farbigen Kreisflächen.
SONIA DELAUNAY verwendete diese Art von Bildkompositionen zu Musik und Literatur in Entwürfen für Buchtitel und als ungegenständliche Illustrationen zu zeitgenössischer Poesie. Besonders erfolgreich waren aber auch ihre Entwürfe für Stoffmuster und Modeartikel, in denen die dekorativen und ornamentalen Qualitäten zunehmend wichtiger wurden.

Für die Zeitschrift „Der Sturm" formulierte R. DELAUNY 1913: *„Die Natur ist von einer in ihrer Vielfältigkeit nicht zu beengenden Rhythmik durchdrungen. Die Kunst ahme ihr hierin nach, um sich in gleicher Erhabenheit zu klären, sich zu Gesichten vielfachen Zusammenklanges zu erheben, eines Zusammenklanges von Farben, die sich teilen, und in gleicher Aktion wieder zum Ganzen zusammenschließen. Die ‚synchromische Aktion' ist als eigentlicher und einziger Entwurf (‚sujet') der Malerei zu betrachten."*

2.6.4 Futurismus

> Der **Futurismus** ist eine Richtung in der bildenden Kunst, in der Bewegung und dynamische Energieverläufe als Ausdruck der technischen Zivilisation sichtbar gemacht werden und so zentrale Themen von abstrahierenden Bildkompositionen sind.

Futurismus, von lat. futurus = Zukunft

In Italien bildete sich eine Gruppe junger Künstler, die das Phänomen der Zeit selbst mit der Energie ihrer Bewegungsabläufe in ihren Bildern darstellen wollte. Maler wie UMBERTO BOCCIONI (1882–1916), GINO SEVERINI (1883–1966) und GIACOMO BALLA (1871–1958) lösten die starren geometrischen Strukturen und festen Umrisslinien auf. Sie entwickelten einen dynamisch wirkenden Farbauftrag aus Strichen und Farbfeldern, wie

2

ihn schon die Neoimpressionisten oder auch VAN GOGH für ihre Zwecke eingesetzt hatten.

Bilder von oben nach unten:
EADWEARD MUYBRIDGE, *Gehender Mann, den Arm schwingend*
MARCEL DUCHAMP, *Akt, eine Treppe hinuntersteigend,* ***Nr. II,*** 1912, Philadelphia, Museum of Art

UMBERTO BOCCIONI, *Einzigartige Formen der Kontinuität im Raum,* 1913, Sammlung Mattioli, Milano

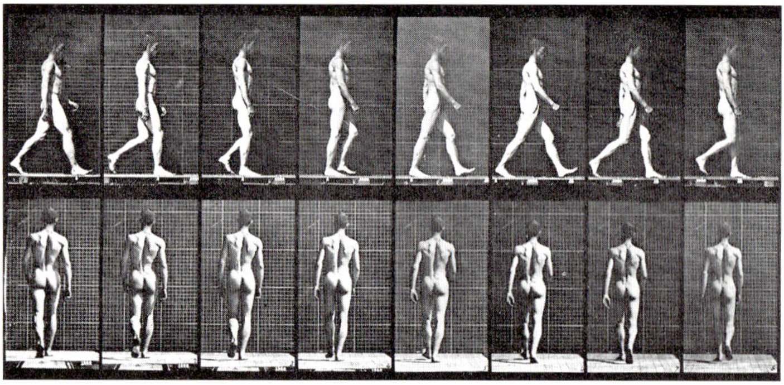

Inspiriert durch die „Chronofotografie", mit der EADWEARD MUYBRIDGE (1830–1904) und JULES MARCY (1830–1904) schon am Ende des 19. Jh. Bewegungsabläufe in einzelne Phasenfotografien aufgelöst hatten, und angeregt durch die Erfindung der Filmtechnik, setzten die Futuristen in ihren Bildern die Konturen wie in einer mehrfach belichteten Fotoplatte ein. MARCEL DUCHAMP (1887–1968) ironisiert die traditionelle Gattung der Aktdarstellung in seinem Bild „Akt, eine Treppe hinuntersteigend" und versetzt die traditionell lasziv ruhende weibliche Gestalt in Bewegung.
Die Futuristen um TOMMASO MARINETTI (1876 bis 1944) wollten jedoch Bewegung nicht nur abbilden, sondern empfanden die Dynamik der Zeit als Ausdruck für eine Erneuerung der gesamten Kultur.

TOMMASO MARINETTI im „Manifest des Futurismus" (1909): *„Wir wollen die Museen, die Bibliotheken und die Akademien jeder Art zerstören und gegen den Moralismus, den Feminismus und gegen jede Feigheit kämpfen, die auf Zweckmäßigkeit und Eigennutz beruht. ... Museen: Friedhöfe. Museen: Öffentliche Schlafsäle, in denen man für immer neben verhassten oder unbekannten Wesen schläft. Museen: Absurde Schlachthöfe der Maler und Bildhauer, die sich gegenseitig wild mit Farben und Linien entlang der umkämpften Ausstellungswände abschlachten."*

Die Bronzeplastik „Einzigartige Formen der Kontinuität im Raum" von UMBERTO BOCCIONI stellt mit der weit ausschreitenden Gestalt aus dynamischen Formelementen anschaulich den ungebrochenen Fortschrittsglauben der Futuristen dar. Sie erhofften sich durch die Entwicklung der Technik und die Kraft der Geschwindigkeit auch eine Veränderung erstarrter gesellschaftlicher Verhältnisse.
Über den Geschwindigkeitsrausch hinaus führte die unkritische Technikbegeisterung auch zu einer Verherrlichung des Krieges als angeblicher Kraft der Erneuerung. Einige futuristische Künstler suchten eine Annäherung an BENITO MUSSOLINIS (1883–1945) faschistische Bewegung, die aber für diesen formalen Avantgardismus nur wenig Verständnis aufbringen konnte.

Die Faszination der Gleichzeitigkeit, gekoppelt mit dem Erlebnis von Energie und Geschwindigkeit, war nach der Jahrhundertwende das neue Lebensgefühl, das durch die Errungenschaften der modernen Technik vermittelt wurde. Die Ausstrahlungskraft der Futuristen wirkte deshalb weit über Italien hinaus. In ihren Bildern wurde eine neue Zeitkonzeption sichtbar, die in der **Montagetechnik** des Films ihren überzeugenden Ausdruck fand.

Es handelt sich oft nur um **Suggestion von Bewegung** durch Vervielfältigung der Konturen oder Einsatz von Strömungslinien bis hin zu Scheinbewegungen durch starke Farbkontraste u. a. optische Täuschungen.

> Die **Wirklichkeit** wurde als eine fortwährende Bewegung begriffen, die sich weiterentwickelte, sich ständig veränderte und selbst in Bildern nicht mehr als abgeschlossen betrachtet werden kann.

Bild:
ALEXANDER CALDER, *The Tree; Mobile, Stahl bemalt,* 1966; aufgestellt im Park der Fondation Beyeler, Riehen (bei Basel)

Bewegung wird deshalb generell zu einem Thema der Kunst. Der Wahrnehmungsvorgang wird als dynamischer Prozess begriffen. Die Blickführung des Betrachters mit den dadurch ausgelösten Bewusstseinsveränderungen kann zum Bestandteil der künstlerischen Absicht werden.
In der **Plastik** gibt es erste Ansätze einer kinetischen Kunst, vom „Licht-Raum-Modulator" von LÁSZLÓ MOHOLY-NAGY (1895–1946) bis hin zu den „Mobiles" von ALEXANDER CALDER (1898–1976), in denen ein labiles Gleichgewicht der Formelemente schon durch den kleinsten Windhauch in Bewegung versetzt wird.

2.6.5 Von den 1920er-Jahren bis 1945

Weimarer Republik (1919–1933): Zwanzigerjahre	
Konstruktivismus	**Dadaismus**
• Suprematismus • Neoplastizismus/De Stijl • Bauhaus	• Zürich • Berlin • Köln • Hannover • Paris
Neue Sachlichkeit	**Surrealismus**
• magischer Realismus • sozialkritischer Realismus • Verismus	• Pittura metafisica • automatische Methode • paranoisch-kritische Methode • begrifflich-analoge Methode

Die Grausamkeiten des Ersten Weltkriegs (1914–1918) zeigten die brutalen und negativen Seiten einer missbrauchten Technik, in der der einzelne Mensch nur noch zum namenlosen Opfer werden konnte.

Die Unmenschlichkeit einer missbrauchten Technik zeigte sich im Ersten Weltkrieg in Materialschlachten, dem skrupellosen Einsatz von Giftgas und dem menschenverachtenden „Abnutzungskrieg" mit Millionen von Toten.

Der Zusammenbruch der alten Ordnung in Europa führte besonders in Deutschland zu erbitterten und gewalttätigen Auseinandersetzungen, an denen die Weimarer Republik schließlich scheitern musste. Im Chaos der Nachkriegszeit, das von revolutionären Aufständen und reaktionären Putschversuchen gekennzeichnet war, versuchten auch die Künstler, die Ansätze zu einer Erneuerung der Kultur fortzuführen.
Entsprechend den politischen Gegensätzen zeigte sich die Aufsplitterung der Kultur in ihren unterschiedlichen Ansätzen noch ausgeprägter als vor dem Krieg. Die Gleichzeitigkeit der Kunstströmungen erschwert eine systematische Zuordnung. Die gegenseitigen Beeinflussungen und Anregungen erlauben keine scharfe Abgrenzung. Zugleich lassen die kontrastreichen bis feindseligen Gegensätze der Kunstauffassungen sich nicht mehr zu einem einheitlichen oder kontinuierlichen Bild der Kultur einer Epoche zusammenfassen. Aus dem Überblick ergibt sich keine logische Abfolge oder lineare Entwicklung. Es zeigt sich so ein facettenreiches und widersprüchliches Spektrum der Kunst. Das führt schließlich zu einem erweiterten Kunstbegriff, der als „Kunstpluralismus" die Kunst der Gegenwart inspiriert und durchaus als Quelle und Ausdruck eines ständig sich wandelnden, demokratischen Kunstverständnisses gesehen werden kann.

▶ **Konstruktivismus,** von lat. constructio = Bau, in der Philosophie: Vertreter der Meinung, die Wirklichkeit würde vom Menschen subjektiv erfunden, konstruiert

▶ Um 1910 entstand in Moskau eine Künstlergruppe, zu der neben KASIMIR MALEWITSCH (1878–1935) und WLADIMIR TATLIN (1885–1953) noch EL LISSITZKY (1890–1941), ANTOINE PEVSNER (1886–1962), NAUM GABO (1890–1977), NATALIA GONTSCHAROWA (1881–1962), LJUBOW POPOWA (1889–1924) und OLGA ROSANOWA (1886–1918) gehörten, die sich alle mit den modernen Richtungen der europäischen Kunst beschäftigt hatten.

Kubismus und Futurismus wollten den Abstraktionsvorgang in der Malerei durch eine fortschreitende Reduktion auf die malerischen Elemente bewirken.

Konstruktivismus

> Der **Konstruktivismus** ist eine um 1913/14 entstandene Kunstrichtung, die auf der Grundlage geometrisch-abstrakter Formen rationale Gestaltungsprinzipien für Architektur, Plastik und Malerei entwickelte und die von der nur abbildenden Wiedergabe zur freien, abstrakten Gestaltung der Wirklichkeit selbst führt.

Die weitreichendsten Folgen hatten die Ansätze zu einer konstruktivistischen Kunst, da sie grundsätzlich auf den Bezug zum praktischen Leben zielten. „Kunst und Technik – eine neue Einheit" war das Leitmotiv. Die Vernunft und eine **„Neue Sachlichkeit"** sollten die Orientierung für eine konstruktive und auf die realen Produktionsbedingungen der Warenwelt abgestimmte Gestaltung bieten. Dieser optimistische Ansatz wollte zu einer Synthese aus Form und Funktion, aus künstlerischem Entwurf und technischer Produktion führen und die konkreten Lebensbedingungen aller Menschen verändern und verbessern helfen.
Die russischen Konstruktivisten vollzogen nach der Oktoberrevolution den Bruch mit der traditionellen Kunst radikal. Beeinflusst vom Kubismus und Futurismus, wollten sie eine revolutionäre Kunst schaffen, auch mit dem Ziel der politischen Erneuerung der Gesellschaft.
In Anlehnung an die Tradition der Ikonenkunst entwickelte MALEWITSCH seine als „Suprematismus" bezeichnete Malerei, in der er Quadrat, Kreis und Kreuz zu den Elementarformen des bildnerischen Aufbaus erklärte, die nur in ihrer reinen geometrischen Gestalt zu Sinnbildern seiner ursprünglichen Absicht wurden. Während WASSILY KANDINSKY (1866–1944) ein harmonisches Gleichgewicht zwischen Verstand und emotionaler Intuition zu erreichen suchte, vollzog MALEWITSCH die endgültige Wende zur vollkommenen Gegenstandslosigkeit. Mit diesem An-

spruch wollte er sich auch aus den Fesseln eines an Kausalitätszwänge gebundenen Verstandes, frei von Gefühlen, befreien und malte 1913 das „Schwarze Quadrat auf weißem Grund", das er als „nackte gerahmte Ikone" seiner Zeit bezeichnete. Das Bild sollte nichts mehr abbilden oder beschreiben, sondern den Betrachter zum meditativen Verweilen einladen, um so die schöpferischen, geistigen Kräfte der Menschen freizusetzen. MALEWITSCHS radikaler Standpunkt markiert zugleich einen Endpunkt der Malerei, die nun, da ein Zugang über die einfache sinnliche Anschauung nicht mehr möglich ist, zunehmend theoriebedürftig wird und schließlich die Idee der Konzeptkunst vorwegnimmt. Der Künstler beschreibt und skizziert seine Ideen und Konzepte nur noch, verzichtet jedoch auf eine Ausführung und Realisierung seiner Kunst in Form von Kunstwerken. Mit seinen Werken löst MALEWITSCH die Malerei aus allen Bindungen der sinnlichen Erfahrung. Die Bildfläche wird zum Objekt einer zweckfreien, meditativen Anschauung.

Bild:
KASIMIR MALEWITSCH, *Schwarzes Quadrat auf weißem Grund*, 1913
In seinem „Manifest des Suprematismus" schreibt MALEWITSCH: *„Kunstwerke sind keine Spiegelbilder der Natur, sondern neue Tatsächlichkeiten, die nicht weniger bedeutend sind als die Tatsächlichkeiten der Natur selbst."*

Die andere, gegensätzliche Position zur Ablösung von der traditionellen, „bürgerlichen" Kunst zeigt sich in den Ideen und Entwürfen der **„Produktionskünstler",** die eine neue, klassenlose sozialistische Produktions- und Arbeitskultur aufbauen wollten. Auf der Grundlage eines materiell und technisch bestimmten Gestaltungswillens sollte über die Massenproduktion von Gebrauchsgütern eine Lebenskultur für alle entstehen, in der Arbeit und Kunst nicht mehr als getrennte und gegensätzliche Tätigkeiten empfunden werden. Diese Zielsetzung ging in ihrem politischen Anspruch weit über die Ideen eines funktionalistischen Designs hinaus, ließ sich aber unter den damaligen Produktionsbedingungen nicht verwirklichen. Die Entwürfe LJUBOW POPOWAS (1889–1924) und WARWARA STEPANOWAS (1894–1958) für eine Textilfabrik und die Entwürfe TATLINS für Arbeitsanzüge zeigen die Auseinandersetzung mit der materiellen Not und den konkreten wirtschaftlichen Problemen ihrer Zeit.
Neben TATLIN und MALEWITSCH gehören noch ALEXANDER RODTSCHENKO (1891–1956) und EL LISSITZKY (1890–1941) zur Gruppe der Moskauer Konstruktivisten. Sie folgten dem von TATLIN 1920 formulierten „Programm der Produktivisten", das jede individuelle Selbstverwirklichung des Künstlers ablehnte und nur noch eine praxisorientierte und auf die Gesellschaft bezogene **Kollektivkunst** gelten lassen wollte.

▶ Der Entwurf TATLINS für ein Denkmal der III. Internationale zeigt den Versuch, die Ansätze einer konstruktivistischen Kunst mit der Technik einer architektonischen Eisenkonstruktion zu verbinden. Der Entwurf für den Turm mit einer Höhe von fast 400 Metern entsprach aber nicht den technischen und wirtschaftlichen Möglichkeiten und blieb ein Projekt.

Etwa zeitgleich entwickelte sich in den Niederlanden mit PIET MONDRIAN (1872–1944) und THEO VAN DOESBURG (1883–1931) die „De Stijl"-Bewegung. Zusammen mit dem Architekten JACOBUS JOHANNES PIETER OUD (1890–1963) gaben sie eine Zeitschrift heraus, in der sie ihre Kriterien für eine neue Kunst veröffentlichten. Ziel war eine naturunabhängige, elementare Ordnung, die eine universelle Harmonie widerspiegeln sollte. MONDRIAN bezeichnete diese konstruktiv-klare, geometrische Gestal-

In der Zeitschrift „De Stijl" schreibt VAN DOESBURG 1926:
„Wir müssen einsehen, dass Kunst und Leben keine getrennten Domänen mehr sind. Deshalb muss die Idee ‚Kunst' als eine vom realen Leben getrennte Illusion verschwinden. Das Wort ‚Kunst' sagt uns nichts mehr. Stattdessen fordern wir den Aufbau unserer Umgebung nach schöpferischen Gesetzen, die von einem festen Prinzip ausgehen."

tung auch als **„Neoplastizismus"** und erhob die drei Grundfarben – Gelb, Rot, Blau – in einer waagerecht und senkrecht gegliederten Anordnung zu den Elementarfarben seiner Malerei.
Im Gegensatz zu MALEWITSCH betonte MONDRIAN jedoch den rationalen Ansatz seiner Malerei, die jede spontane und individuelle Inspiration ausschalten wollte, um eine elementare und universelle Gesetzmäßigkeit zu erreichen.

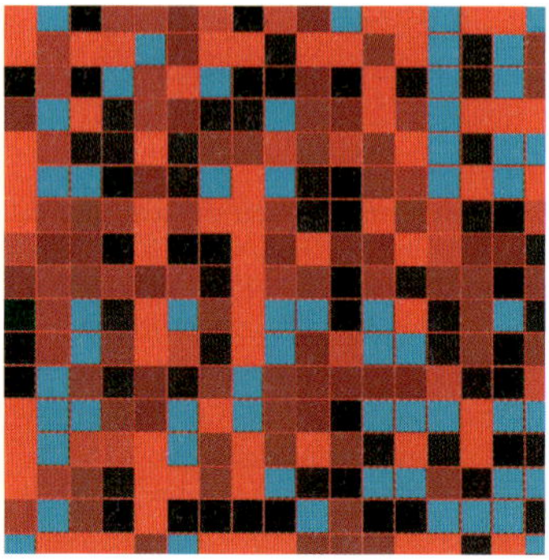

Bild: Schülerarbeit, inspiriert durch „Komposition Damebrett" von PIET MONDRIAN

Bei MONDRIAN vollzieht sich der Abstraktionsprozess durch eine fortschreitende Reduktion der Gestaltungselemente. Die Flächen des Bildhintergrundes werden zu gleichwertigen Teilen einer ausgewogenen Komposition, bis schließlich die Farbe ganz von der Beschreibung des Gegenständlichen befreit wird. Die autonomen Farbflächen sollen sich durch exakte Gleichgewichtsbeziehungen zu einer harmonischen Einheit verbinden. In dem Bild „Komposition Damebrett" (1919) ist eine rasterförmige Gleichartigkeit der Elemente erreicht, in der nur noch die Zuordnungen der drei Grundfarben und der unbunten Farben schwarz, weiß und grau variieren.
VAN DOESBURG sieht in der Architektur die Möglichkeiten zur „materiellen Verwirklichung" dieser neuen Ästhetik aus den Elementen des Baens selbst, d.h., aus ***„Funktion, Volumen, Fläche, Zeit, Raum, Licht, Farbe und Material"*** soll eine rationale, zweckmäßige Baukunst entstehen, die auf jedes Dekor oder stilgebundene Ornament verzichtet.

Bauhaus

Neben den Architekten WALTER GROPIUS, HANNES MEYER und MIES VAN DER ROHE waren als künstlerische Mitarbeiter JOHANNES ITTEN, LYONEL FEININGER, GERHARD MARCKS, GEORG MUCHE, PAUL KLEE, OSKAR SCHLEMMER, WASSILY KANDINSKY und LÁSZLÓ MOHOLY-NAGY am Bauhaus tätig.

Aus der Vereinigung der Weimarer Kunstakademie und der Weimarer Kunstgewerbeschule als einem „Zentrum zur Beratung von Industrie und Gewerbe" entstand 1919 das **„Bauhaus"** als wichtigste Kunstschule im 20. Jh. Gründer war der Architekt WALTER GROPIUS. Das Bauhaus erlangte seine Bedeutung aus einer neuen Form künstlerischer Zusammenarbeit. Es trafen verschiedene Ideen und Konzepte zusammen:

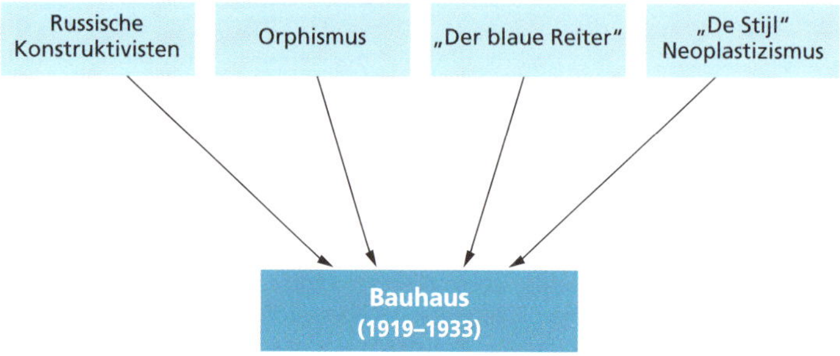

Jeder Studierende wurde in jedem Fach von zwei Lehrern, einem Künstler und einem Handwerker, unterrichtet. Diese schöpferische Doppelstrategie wurde erst 1925 nach dem Umzug von Weimar nach Dessau aufgegeben, da inzwischen eine neue Lehrergeneration herangebildet worden war, die zugleich die Fähigkeiten eines Künstlers, Handwerkers und industriellen Formgestalters in sich vereinigen konnte und in Lehrstellen und in den Meisterrat berufen wurde.

Erster Schritt war die von ITTEN entwickelte **Vorlehre** mit Naturstudium, Kompositionsstudien in verschiedenen Materialien und den Analysen der Werke der alten Meister mit Skizzen zum Bildaufbau und Farbauszügen.
PAUL KLEE (1879–1940) beschrieb in seinem „Pädagogischen Skizzenbuch" von 1925 die Beziehungen von Linien, Flächen und Richtungen und beschäftigte sich in seiner Lehre mit den Kräften und Funktionen der bildnerischen Elemente.
WASSILY KANDINSKY (1866–1944) entwickelte für den Unterricht die Methoden des analytischen Zeichnens, bei dem die Gegenstände eines Stilllebens zuerst in einem möglichst knappen Schema in ihrem Gesamtaufbau zu erfassen sind und die dann stufenweise in einem konstruktiven Netz aus Beziehungen von Farben, Formen und Energiespannungen dargestellt werden.

ITTENS Farbenlehre (↗S. 238) mit der systematischen Zuordnung der Farbbeziehungen im Farbkreis war schon damals Teil der Formlehre und ist oft auch heute noch Teil der künstlerischen Ausbildung an Schulen und Hochschulen.

Die zweite Stufe war die **Werklehre** in den Werkstätten, die nach drei Jahren mit einem Gesellenbrief beendet werden konnte. Das Bauhaus wollte aber keine Handwerkerschule sein, sondern bejahte den Einsatz von Maschinen und suchte bewusst die Verbindung zur Industrie. Die neu gegründete **Bauhaus GmbH** übernahm dabei den Verkauf der in den Werkstätten geschaffenen Modelle für die industrielle Produktion. Besonders die Möbelwerkstatt unter MARCEL BREUER (1902–1981) und die Metallwerkstatt unter MOHOLY-NAGY mit ihren Entwürfen für Einrichtungs- und Gebrauchsgegenstände hatten bedeutende Erfolge.

Vor allem die in ihrer Funktionalität zeitlos wirkenden Entwürfe für Stühle und Sessel aus Stahlrohr von BREUER und MIES VAN DER ROHE zeigen noch immer ihren prägenden Einfluss auf das heutige moderne Design.

Die dritte Stufe in der Ausbildung war die **Baulehre** mit praktischer Arbeit auf Baustellen. Die besonders Befähigten, die auf dem Probierplatz des Bauhauses die Werk- und Formlehre weiterentwickelten, erhielten den **Meisterbrief**. Die praktische architektonische Ausbildung sollte durch Kurse zur Theorie der technischen Ingenieur-Wissenschaften, wie Statik, Mechanik, Physik, Chemie und anderer für den Bau relevanter Bereiche, ergänzt werden. Vor allem die modernen Baustoffe wie Glas, Stahl und Beton sollten, verbunden mit neuen, kühnen Konstruktionsmethoden, einen organisch-funktionellen „Bauleib" ohne Dekor und Verspieltheiten schaffen. Die starre Symmetrie sollte zugunsten einer rhythmischen Balance aufgegeben werden.

WALTER GROPIUS (1883–1969) formulierte 1919 als Leitsatz für das Bauhaus: *„Das Endziel aller bildnerischen Tätigkeit ist der Bau."*

„Der neue Baugeist bedeutet: Überwindung der Trägheit, Ausgleich der Gegensätze" (W. GROPIUS). Die soziale Funktion von Architektur und Kunst wurde zur neuen Richtlinie, für die sich die künstlerische Ausbildung mit der industriellen Produktion verbinden sollte. Für die Bautätigkeit wurde deshalb schon damals die technisch-industrielle Typisierung aller Bauteile gefordert.

2

GROPIUS schrieb optimistisch: *„Eine Vereinheitlichung der Bauelemente wird die heilsame Folge haben, dass die neuen Wohnhäuser und Stadtteile gemeinsamen Charakter tragen. Eintönigkeit ist nicht zu befürchten, sobald die Grundforderung erfüllt wird, dass nur die Bauteile typisiert werden, die daraus errichteten Baukörper aber variieren."*

Mit dem Umzug nach Dessau 1925 ergab sich die Notwendigkeit, ein neues Gebäude für das Bauhaus zu errichten, das im Auftrag der Stadt nach den Bauplänen von GROPIUS in einjähriger Bauzeit fertig gestellt wurde. Richtige Sonnenlage, kurze Verkehrswege, funktionale Zuordnung einzelner Abteilungen und Variationsmöglichkeiten der Raumabfolgen für notwendige Veränderungen waren die Leitmotive des Entwurfes.

Zu den weiteren wichtigen Aktivitäten gehörte die Bühne am Bauhaus, die OSKAR SCHLEMMER (1888–1943) leitete. Seine Zeichnungen über das Verhältnis der menschlichen Figur zum Raum, die geometrischen Figurinen und die mechanistische Choreografie für sein „Triadisches Ballett" zeigen die Komplexität der kreativen Arbeit am Bauhaus. Zu besonderen Anlässen waren auch speziell inszenierte Feste und Bauhausabende mit Musik und Vorträgen ein Ausdruck für eine neue Form von Lebensgemeinschaft, in der Lehren und Lernen, Leben und Arbeiten zu einer neuen Gesellschaft und zur Verbesserung der allgemeinen Lebensverhältnisse für alle führen sollten.

Zu dem Kreis, der das Bauhaus von außen ideell unterstützte, gehörten PETER BEHRENS, MARC CHAGALL, ALBERT EINSTEIN, GERHART HAUPTMANN, JOSEF HOFFMANN, HANS POELZIG, ARNOLD SCHÖNBERG und weitere Freunde und Förderer.

Die große Breitenwirkung der Bauhaus-Idee, die von ihrer Bedeutung auch in der Gegenwart noch immer nichts verloren hat, erklärt sich auch aus den zahlreichen Veröffentlichungen des **Bauhaus-Verlages.** Die erfolgreiche Schriftenreihe wurde von der Werkstatt für Buchgestaltung und Typografie und der erst später eingerichteten fotografischen Werkstatt mit modernsten technischen Verfahren realisiert. Die Bauhaus-Künstler gaben den Veröffentlichungen mit der Gestaltung der Titelblätter und mit dem neuen Layout ein unverwechselbares Gesicht.

Meisterhaus in Dessau, Architekt: WALTHER GROPIUS

In der Ausstellung „Kunst und Technik, eine neue Einheit" wurden schon 1923 in Weimar die Ergebnisse der Arbeit am Bauhaus erstmals der Öffentlichkeit vorgestellt. Nach vielen weiteren Ausstellungen wurde schließlich 1938 die Ausstellung „Bauhaus 1919 bis 1928" im Museum of Modern Art in New York zu einer umfassenden Bilanz der Wirkung der Bauhaus-Idee, die nun ihre weltweite Ausstrahlungskraft unter Beweis stellen konnte.

Das Bauhaus konnte den ersten reaktionären politischen Anfeindungen in Weimar durch seinen Umzug 1925 nach Dessau entgehen. 1933 wurde es von den Nationalsozialisten als „Brutstätte des Kulturbolschewismus" geschlossen. Die prägende Wirkung des Bauhauses auf Kunst und Kultur des 20. Jh. konnte durch die Maßnahme aber nicht unterdrückt werden, da die Künstler, die am Bauhaus unterrichtet hatten, in die USA emigrierten und dort in beratender oder in leitender Funktion an der Gründung neuer Hochschulen für Architektur und Gestaltung mitwirkten.

HUGO BALL erläuterte den Namen des Dadaismus: *„Dada heißt im Rumänischen ‚ja, ja', im Französischen ‚Steckenpferd'. Für Deutsche ist es ein Signum alberner Naivität und zeugungsfroher Verbundenheit mit dem Kinderwagen."*

Dadaismus

Der **Dadaismus** ist eine während des Ersten Weltkrieges entstandene internationale, antibürgerliche Protestbewegung. Sie wollte traditionelle, künstlerische Ausdrucksformen und inhaltliche Regeln durch unkonventionelle Gestaltungs- und Aktionsformen aufbrechen und verwendete oft unter Einbeziehung des Zufalls vor allem Collage- und Montagetechniken zur Verfremdung des Ausgangsmaterials.

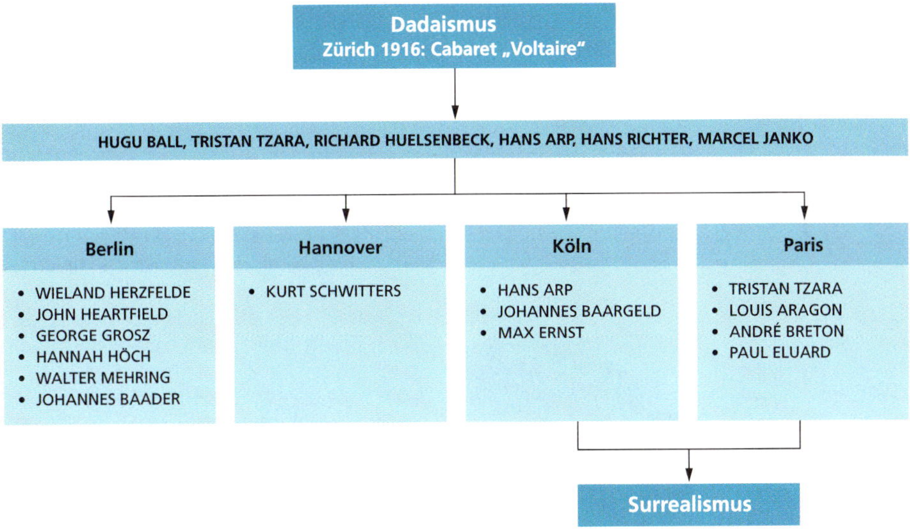

Um dem brutalen Irrsinn des Ersten Weltkrieges zu entgehen, waren einige Intellektuelle in die Schweiz emigriert und bildeten 1916 in Zürich eine Gruppe, die mit der Gründung des **„Cabaret Voltaire"** gegen die kleinbürgerliche Ideologie und gegen den gewalttätigen Nationalismus der Krieg führenden Staaten protestierte. Die Schriftsteller und Maler reagierten mit schrillen Aktionen, beißender Ironie und blankem Zynismus auf die Ereignisse ihrer Zeit. Sie provozierten die „braven Bürger" durch Manifeste, Proklamationen und Aufrufe, bis hin zu Beleidigungen und Beschimpfungen des Publikums, die oft nur die satirisch verzerrten Darstellungen realer, politischer Vorgänge waren.
Die Dadaisten stellten sich bewusst gegen den sentimentalen Subjektivitätskult und, ihrer Meinung nach, die falsche Überheblichkeit akademischer Pseudoeliten. Mit den nur auf den ersten Blick unsinnig erscheinenden Aktionen wollten sie die traditionellen Ausdrucksmittel der Kunst

HANS ARP erklärte: *„Dada ist ohne Sinn wie die Natur. Dada ist für die Natur und gegen die Kunst."*
HUELSENBECK berichtete, man sei absichtlich-zufällig beim Durchblättern eines Lexikons auf den Begriff **Dadaismus** gestoßen.

RAOUL HAUSMANN (1886–1970) formulierte konkreter: *„Dada ist keine Kunstrichtung, es ist keine Bruderschaft, auch kein Parfüm und ebenso wenig eine Philosophie. Dada ist ganz einfach ein neuer Begriff. Denn dies müssen sie wissen: Dada ist die allein zutreffende Praxis des realen Menschen wie er heute ist – stets in Bewegung durch die Simultaneität der Ereignisse, der Reklame, des Marktes, der Sexualität, der Gemeinschaftsdinge, der Politik, der Ökonomie – ohne überflüssige Gedanken, die zu nichts führen. Dada ist die völlige Abwesenheit dessen, was man Geist nennt. Wozu Geist haben in einer Welt, die mechanisch weiterläuft?"*

zerstören, um im Protest gegen eine nach Meinung der Dadaisten „verlogene bürgerliche Kultur, die zum Krieg geführt hatte," zu einer neuen, unmittelbaren Ausdrucksform zu finden. Deshalb lösen sie die Grenzen zwischen den Kunstgattungen auf, und Aspekte von Literatur, Kunst, Musik, Tanz und Theater verbinden sich zu komplexen **Collagen** aus Worten und Buchstaben, Tönen und Urlauten, aus Fragmenten von Bildern und Materialresten, aus Inszenierungen und Aktionen. Aus Verzweiflung über die Unzulänglichkeit der Kulturformen plädierten viele Dadaisten für die Vernichtung der Kunst und für die Rückkehr zum schöpferischen Chaos. Einfache Gebrauchsgegenstände wurden zu Kunst erklärt, um dadurch die Verachtung der Künstler gegen den allgemeinen, kommerziellen Kunst- und Kulturbetrieb zum Ausdruck zu bringen.
Erste Vorboten des Protestes gegen die traditionelle Kultur und die reglementierte Museumskunst waren Objekte wie „Das Fahrrad-Rad" von 1913, „Der Flaschentrockner" von 1914 und schließlich „Das Urinoir mit Huthalter" MARCEL DUCHAMPS von 1917.

In den Wirren der Nachkriegszeit mit Straßenschlachten, Arbeitslosigkeit, Massenelend, Hungersnöten und Betrug, Ausbeutung und Schiebertum wandelte sich die Stimmung zum Zweifel am Sinn des Daseins überhaupt und mündete zum Teil in einem destruktiven Nihilismus. *„Am Maßstab der Ewigkeit ist jede menschliche Handlung eitel"*, schrieb TRISTAN TZARA (1896–1963) 1920.

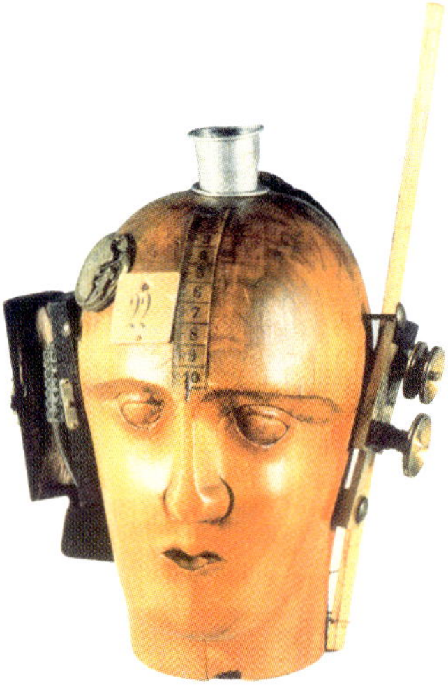

Bild:
RAOUL HAUSMANN, *Der Mechanische Kopf, Der Geist unserer Zeit,* 1921, Paris

„Der Mechanische Kopf, Der Geist unserer Zeit", den HAUSMANN 1921 aus Fundstücken zusammenmontierte, lässt eben diesen Zeitgeist anschaulich in Erscheinung treten.

Aus den Anfängen in New York und Zürich bildeten sich nach dem Kriegsende gleichzeitig mehrere Dada-Gruppen, die in regem Kontakt zueinander standen (↗ Übersicht S. 155).
Die Dada-Bewegung breitete sich durch ihren universellen, vor allem literarisch-psychologischen Ansatz in kurzer Zeit auch in Italien, Osteuropa und über Spanien und Portugal bis nach Mittel- und Südamerika aus.

1916 nannte HANS ARP (1887–1966) eine Arbeit aus Papier-schnipseln: *„Collage nach dem Prinzip des Zufalls geordnet"* und wandte sich damit provozierend gegen alle ästhetisch absichtsvollen Gestaltungsmethoden.

Hauptgestaltungsmerkmal der dadaistischen Werke ist die **Collagetechnik,** die zuvor als **„papier-collé"** schon von den Kubisten entwickelt worden war. Die dadaistische Collage ist durch die absichtsvolle Bedeutungslosigkeit der Materialbruchstücke, durch die Uneinheitlichkeit der Zusammenstellung und durch die Einbeziehung des Zufalls als Herstellungsverfahren gekennzeichnet. Die Collagen, Assemblagen, Materialbilder und typografischen Collagen waren die damals bevorzugten **Arbeitstechniken.**

Die Dadaisten wollten keine „Kunstwerke“ mehr „erschaffen“, sondern als geistige Kraft der Zerstörung und Erneuerung in das gesellschaftliche Leben eingreifen. Dada entwickelte eine Eigendynamik, aus der heraus Werke entstanden, die heute nur noch wie die erstarrten Sedimente einer turbulenten geistigen Strömung in Museen betrachtet werden können.

Die Dada-Bewegung war hauptsächlich ein für alle Perspektiven offener Ideenaustausch. Deshalb bildete sie auch keine einheitlichen Stilmerkmale heraus und kann folgerichtig ebenso wenig traditionellen Kunstgattungen sinnvoll zugeordnet werden.

Am ehesten verfolgte KURT SCHWITTERS (1887–1949) mit seinem „Merz“-Einmann-Dadaismus auch noch ästhetische und poetische Zielsetzungen in seinen Werken und Lautgedichten. Seine Material-Collagen weiteten sich zunehmend zu Reliefs und Plastiken aus, bis er 1920 in seinem Haus in Hannover mit dem „Merz-Bau“, der „Kathedrale des erotischen Elends“, beginnt. Das Gebilde aus Nischen und Grotten, in denen er Erinnerungsobjekte und Fundstücke aller Art ablegte, durchwucherte fast das ganze Haus, bis es 1943 bei einem Bombenangriff durch einen Brand vernichtet wurde.

Bild:
KURT SCHWITTERS, *Merzbild 25 A. Das Sternenbild,* 1920, Düsseldorf, Kunstsammlung Nordrhein-Westfalen; „Merz“ = zweite Silbe des Wortes „Commerz“

In Berlin verfolgte die Dada-Bewegung eine deutlich kritischere und gesellschaftspolitische Richtung und mündete mit ihren Projekten und Aktivitäten in der **„Dada-Messe“** von 1920.
Die Dadaisten arbeiteten oft in wechselnden Rollen gemeinsam an ihren Projekten, aber nicht in hierarchischer oder funktionaler Arbeitsteilung, wie sie sogar noch am Bauhaus mit seinen „Meistern“ Geltung hatte, sondern in freier Zusammenarbeit, um damit auch den Geniebegriff oder das gottähnliche Schöpfertum und den Originalitätsbegriff der bürgerlichen Kunst zu unterlaufen.
Der komplexe Eindruck des großstädtischen Lebens verdichtete sich in den vielen gleichzeitig ablaufenden und oft unüberschaubaren Ereignissen zu einem chaotischen „Kopfkino“, das in den Collagen seinen angemessenen Ausdruck finden sollte.
Bei den Dadaisten wird der mechanische Mensch zu einer gesichtslosen, entseelten Figur, und als Paradox entwickeln sie Vorstellungen von „beseelten“ Maschinen, auf die sogar erotische Vorstellungen übertragen werden. Die Frage, ob Maschinen Lust spenden oder gar empfinden können, und das Thema, ob ein Mensch und ein Androide (künstlicher Mensch) letztlich identisch sind, bewegt Künstler, Literaten und Filmemacher immer wieder.

▶ Die Überlegungen, ob der Mensch – genau wie die Tiere – nichts anderes als eine komplizierte Maschine sei, hatte der Philosoph OFFRAY DE LA METTRIE schon 1748 in seiner Schrift „L'homme plus que machine“ (Der Mensch eine Maschine) dargelegt, und auch in der Literatur des frühen 19. Jh. ist die Figur des Menschen, der als Automat erscheint, ein Leitmotiv.

Bild:
HANNAH HÖCH, *Schnitt mit dem Küchenmesser durch die letzte Weimarer Bierbauchkulturepoche*, 1919, Berlin, Nationalgalerie

HANNAH HÖCH (1889–1978) setzte sich direkter mit den politischen Verhältnissen Deutschlands von 1919 auseinander und zeigte in ihrer Collage „Schnitt mit dem Küchenmesser durch die letzte Weimarer Bierbauchkulturepoche" die Widersprüche der Gesellschaft. Politiker, wie EBERT oder LIEBKNECHT, werden wie zufällig neben Jongleure, Gaukler, doppelköpfige Tänzer gesetzt und zu einer neuen Wirklichkeit gefügt. Die Absurdität des Daseins sowie die weit verbreitete Existenzangst und Orientierungslosigkeit führten in der Berliner Dadaisten-Gruppe zu einer zunehmenden Politisierung.

Schutzumschlag von JOHN HEARTFIELD, 1929

JOHN HEARTFIELD: *„Wir sahen damals die irrsinnigen Endprodukte der herrschenden Gesellschaftsordnung und brachen in Gelächter aus. Noch nicht sahen wir, daß diesem Irrsinn ein System zugrunde lag. Im Nichts, wo wir uns aus der Überwindung der Phrase von der Kunst befanden, verlor sich ein Teil von uns Dadaisten Wir anderen aber sahen die große neue Aufgabe ‚Tendenzkunst' im Dienste der revolutionären Sache."*

Die Titelblattgestaltung für das Buch von KURT TUCHOLSKY (1890–1935) „Deutschland, Deutschland über alles" demonstriert JOHN HEARTFIELDS (1891–1968) Arbeitsweise als Übergang von der Collage zur absichtsvoll geplanten **Montagetechnik,** die durch die Zusammenfügung ungleichartiger Elemente zu einer einem höheren Sinn gebenden gestalterischen Einheit führte. Die Montage zeigt den Militaristen mit schwarz-weiß-roter Augenbinde und Zylinder als Ewiggestrigen mit bürgerlicher Ummäntelung. Die politischen Differenzen und die Perspektivlosigkeit eines anhaltend zerstörerischen Impulses, der sich dauerhaft mit spontanen Aktionen in Szene setzen müsste, führte schließlich zur Auflösung der Dada-Gruppen. Sie wandten sich nun verstärkt einem direkten parteipolitischen Engagement zu oder fanden in einer Erforschung der wieder entdeckten Dimensionen von subjektiver Innerlichkeit ihre neuen Tätigkeitsfelder.

ANDRÉ BRETON im „Manifest des Surrealismus" von 1924:
„Surrealismus, Substantiv, masculin, reiner, psychischer Automatismus, durch welchen man, sei es mündlich, sei es schriftlich, sei es auf jede andere Weise, den wirklichen Ablauf des Denkens auszudrücken sucht. Denk-Diktat ohne jede Vernunft-Kontrolle und außerhalb aller ästhetischen oder ethischen Fragestellungen."

Surrealismus

> Der **Surrealismus** ist eine ab 1920 aus dem Dadaismus hervorgegangene Kunstbewegung, die sich, beeinflusst durch die Psychoanalyse, zum Ziel setzte, die widersprüchlichen Erfahrungen von Traum und Wirklichkeit in einem erweiterten Bewusstsein als komplexe Überwirklichkeit erfahrbar zu machen.

Die irreale Fantastik in den Bildern von HIERONYMUS BOSCH (1450–1516) und die dramatisch inszenierten Visionen der **Malerei des Manierismus** im 16. Jh. sind als Vorläufer und Wurzeln des **Surrealismus** zu betrachten, der sich ab 1920 in Paris formierte.

Surrealismus, frz. sur = über und réalisme = Wirklichkeit

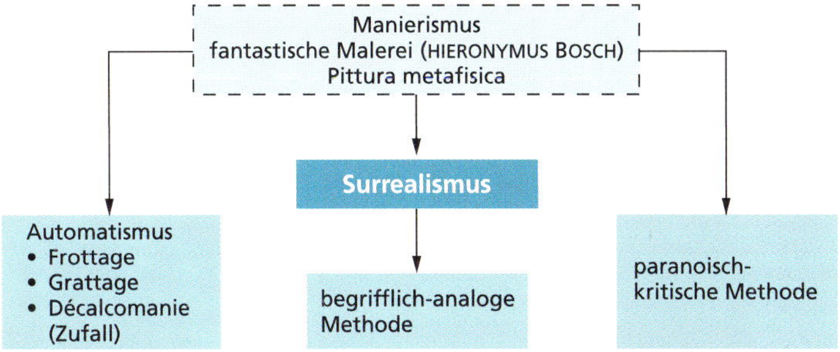

Frottage: Abreibung, Durchreibung; Papier wird auf strukturreiche Unterlagen gedrückt und mit Grafit abgerieben

Grattage: Abkratzen von Farbschichten einer Leinwand, die zuvor auf einen stark strukturierten Gegenstand gelegt wurde

Verbunden durch die Erfahrungen des Dadaismus und angeregt durch die Erkenntnisse von SIGMUND FREUD über die Wirkungen unbewusster psychischer Prozesse bildete sich eine Gruppe aus Literaten und Künstlern, deren Ziele erstmals von GUILLAUME APOLLINAIRE mit dem Begriff „Surrealismus" bezeichnet wurden. Als Vorläufer des Surrealismus gilt die Malerei der italienischen **„Pittura metafisica"**, mit der ab 1917 GIORGIO DE CHIRICO (1888–1978) und CARLO CARRÀ (1881–1966) ihre psychologisch-philosophischen Sichtweisen in traditioneller, malerischer Form gestalteten.

Bild: GIORGIO DE CHIRICO, *Die beunruhigenden Musen,* 1916, Colección Mattioli, Milano

Die Beschäftigung mit der Kunst der Antike und der Renaissance bildete den Fundus ihrer Bildwerke, die vor allem durch die Motive der oberitalienischen Stadt Ferrara mit ihren weiten, leeren Plätzen, den Statuen und den monumentalen Mauern beeinflusst sind.
„Die beunruhigenden Musen" von DE CHIRICO und die „Metaphysische Muse" von CARRÀ (1917) thematisieren die Kultur der Antike in einer erstarrten, wie versteinert wirkenden Verfremdung.
Einst beschützten die Musen die Künste. Bei DE CHIRICO wirken sie nur noch wie verlassene, gesichtslose, leere Puppen. Sie stehen in einem perspektivisch überdehneten Raum im Rampenlicht wie auf einer verlassenen Bühne. Sie scheinen nur noch vergessene, bewegungslose Requisiten zu sein. Die magische Isolierung der Dinge erzeugt ein Gefühl von Einsamkeit und rätselhafter Zusammenhanglosigkeit. Mit einer meditativen Hinwendung zur eigenen Innerlichkeit ergibt sich aus der alogi-

Die **Metaphysik** ist eine philosophische Lehre, die alle über die sinnliche Wahrnehmung hinausgehenden Probleme behandelt und sich mit den letzten Gründen und Zusammenhängen des Seins beschäftigt.

schen Zusammenstellung der Dinge die Fragestellung nach einem hinter der Erfahrung und hinter der vordergründigen Anschauung liegenden tieferen Sinn des Daseins.
Der Grundgedanke, dass sich hinter der sichtbaren Welt eine unsichtbare Welt befindet, die nur in Gedanken erfassbar ist und die von den oft unanschaulichen Gesetzen der Physik bis zu den Grenzen metaphysischer Erkenntnisversuche reicht, steht am Beginn aller Religion und Philosophie. Die **Traumdeutung,** die seit der Antike ganz konkrete und politisch höchst bedeutsame Entscheidungen beeinflusst hatte, wollte SIGMUND FREUD mit seinen Untersuchungen auf eine wissenschaftliche Basis stellen.

Bild:
HENRI ROUSSEAU, *Der Traum,* 1910, New York, Museum of Modern Art

Ästhetischer Leitspruch der Surrealisten: „... schön ... wie die unvermutete Begegnung einer Nähmaschine und eines Regenschirms auf einem Seziertisch" (LAUTRÉAMONT in den „Gesängen des Maldoror", 6. Gesang, 3. Strophe, 1869).

Auch durch **Hypnose** oder **Drogenkonsum** konnten andere Bewusstseinszustände erreicht werden, die wie eine eigenständige Gegenwelt zur materiellen Wirklichkeit erlebt werden. Faszinierende Traumwelten hatte HENRI ROUSSEAU mit seinen großformatigen Bildern schon um die Jahrhundertwende als exotische Visionen in seiner naiv erscheinenden, aber handwerklich sehr präzise ausgeführten Malerei dargestellt. Das Bild „Der Traum" von 1910 mit dem roten Plüschsofa in einem grünen, undurchdringlichen Dschungel erschien TRISTAN TZARA wie die Vorwegnahme der *„Konfrontation wesensfremder Realitäten auf einer Bildfläche",* die später als fundamentale Gestaltungstechnik der **freien Assoziation** die surrealistische Kunst stark beeinflusst hatte.
Die Surrealisten wollten den unauflösbar erscheinenden Dualismus von Traum und Wirklichkeit überwinden und in der Verbindung der Gegensätze ein neues, komplexeres und damit weiter gehendes Verständnis der Wirklichkeit erreichen. Ziel war die Erweiterung des Bewusstseins zu einer „surrealen", also über die einfache Realität hinausgehenden Sicht der Dinge. Die Pariser Surrealisten waren mit ANDRÉ BRETON (1896–1966), LOUIS ARAGON (1897–1982), PHILIPPE SOUPAULT (1897–1990) und TRISTAN TZARA (1896–1963) zunächst eine literarische Bewegung und verbreiteten die surrealistischen Ideen in ihrer Zeitschrift „Littérature". Sie

wurden bald von den Malern MARCEL DUCHAMP (1887–1968), MAN RAY (1890–1976), FRANCIS PICABIA (1879–1953) und MAX ERNST (1891–1976) unterstützt, die ab 1925 ihre ersten gemeinsamen Ausstellungen organisierten, an denen noch HANS ARP (1887–1966), PAUL KLEE (1879–1940), ANDRÉ MASSON (1896–1987), JOAN MIRÓ (1893–1983) und PABLO PICASSO teilnahmen.

In „Le Rendezvous des amis" von MAX ERNST scheinen die abgebildeten Personen – wie von unsichtbaren Kräften getragen – über dem Boden zu schweben. Sie verleihen dem Bild dadurch eine Aura des Irrealen – sie scheinen nicht mehr an die Gesetze der Schwerkraft gebunden zu sein.

Bild:
MAX ERNST,
Le Rendezvous des amis (Das Rendezvous der Freunde),
1922, Köln, Museum Ludwig

In den Bildern JOAN MIRÓS wird der Versuch, die unmittelbare Bildhaftigkeit des Denkens wiederzugeben, anschaulich. Das Bild „Die Weinflasche" von 1924 ist nicht mehr ein Spiegel der äußeren Dingwelt, sondern wird zu einer neuen Wirklichkeit, in der die vertrauten Gegenstände nur noch symbolisch – wie verfremdete Zeichen – enthalten sind. MAX ERNST entwickelte vor allem eigene technische Verfahren bei der Bildherstellung, um den bewussten gestalterischen Willen auszuschalten. 1925 entdeckte er die **„Frottage"** als geeignetes Verfahren für einen gleichsam automatisch ablaufenden Gestaltungsprozess.
Das Verfahren der **„Grattage"** erweitert diese Möglichkeiten, indem eine mit verschiedenen Farbschichten bemalte Leinwand über reliefartige Gegenstände gelegt wird, sodass deren Strukturen einen Abdruck in den Farben ergeben. Wenn die Farben getrocknet sind, werden sie teilweise abgekratzt und lassen so die tiefer liegenden Schichten wieder zum Vorschein kommen. Schließlich verwendete MAX ERNST noch die **„Décalcomanie"**, eine Technik zum Abziehen von Bildern, die OSCAR DOMÍNGUEZ (1906–1957) entwickelt hatte. Wenn Papier oder Leinwand auf eine mit frischer Ölfarbe bestrichene Glasplatte gelegt wird, entstehen beim Abziehen organisch aussehende Strukturen, durch die sich die Gestaltungsmöglichkeiten erheblich erweitern lassen.

Die Ziele des Verfahrens erläutert MAX ERNST so: *„Das Frottage-Verfahren, das auf nichts anderem beruht, als auf der Intensivierung der Reizbarkeit geistiger Fähigkeiten mit Hilfe entsprechender Techniken, schließt jede bewußte geistige Leistung (der Vernunft, des Geschmacks, der Moral) aus und reduziert aufs äußerste den aktiven Anteil desjenigen, den man bisher den ‚Autor' des Werkes genannt hat. Dieses Verfahren hat sich in der Folge als wahres Äquivalent dessen erwiesen, was wir bereits unter dem Namen ‚automatisches Schreiben' kennengelernt haben. Der Autor wohnt der Entstehung seines Werkes als Zuschauer bei, gleichgültig oder leidenschaftlich die Grade seiner Entwicklung beobachtend."*

Den Ablauf automatisch erzeugter psychischer Prozesse unterwarf SALVADOR DALÍ (1904–1989) einer bewusst gesteuerten Kontrolle. Er entwickelte aus dem Strom innerer Vorstellungsbilder, die er in tranceartigen Zuständen erlebte, seine **„paranoisch-kritische Methode"**.
Die Paranoia ist eine Geisteskrankheit, die sich in chronischen **Wahnvorstellungen** äußert. Der Paranoiker empfindet und sieht alles überdeutlich. Er sieht mehr als im Normalzustand und gelangt so zu einer Erweiterung seines Bewusstseins über die Grenzen der einfachen Realität hinaus.
Die absurden Konstellationen, in denen die eigentlich vertrauten Dinge erscheinen, zeigen im „Surrealismus" den unüberbrückbaren und quälenden Widerspruch zwischen Rationalität und Irrationalität. Die Kluft zwischen ungehemmter Triebwelt und sozialer Gebundenheit wird zur tragischen Spaltung des menschlichen Geistes, die alle optimistischen Vorstellungen einer Harmonie zwischen Vernunft und Gefühl zerstört oder leugnet.

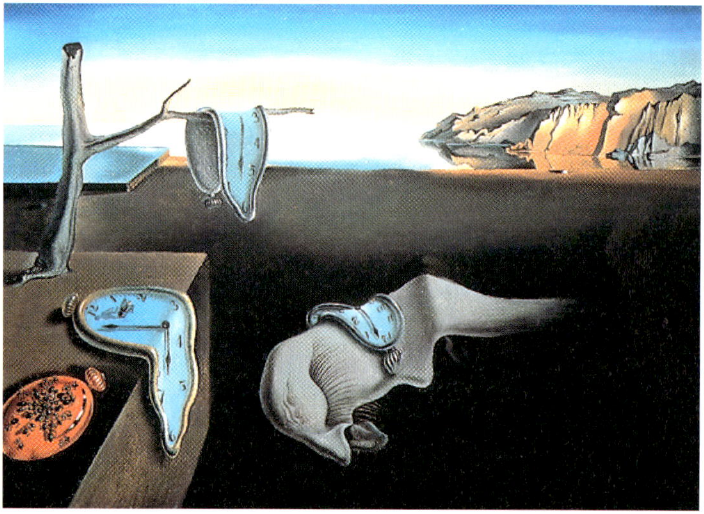

Bild:
SALVADOR DALÍ, *Die Beständigkeit der Erinnerung,* 1931, New York, Museum of Modern Art

In dem Bild „Die Beständigkeit der Erinnerung" stellt DALÍ ein verändertes, subjektives Zeitempfinden dar. Die Gestalt der weichen Uhren, zu der ihn angeblich die Form von weichem, zerlaufendem Camembertkäse inspiriert haben soll, verweist auf die Vergänglichkeit und die Relativität der Zeit. Der zerfließende Kopf mit dem geschlossenen Auge ist in einer weiten, einsamen Landschaft dem Prozess von Tod und Verwesung ausgesetzt.

DALÍ: *„Der einzige Unterschied zwischen mir und einem Verrückten besteht darin, dass ich nicht verrückt bin."*

Die wahnhaften Vorstellungsbilder sind jedoch nicht nur Produkte einer überreizten Fantasie, sondern – wie es Vexierbilder und optische Täuschungen deutlich zeigen – in jedem einfachen, ganz normalen Wahrnehmungsprozess latent enthalten. DALÍ bearbeitete diese Phänomene der aktiven und selektiven Wahrnehmung in einer Reihe von Bildern, die wie ein Bilderrätsel erst nach längerem, konzentriertem oder meditativem Anschauen ihre Mehrdimensionalität preisgeben.

Der Maler RENÉ MAGRITTE (1898 bis 1967) entwickelte mit einer präzisen, im Detail fast naiv wirkenden Malweise eine Methode, die versucht, die Prozesse des Denkens nicht darzustellen, sondern sie direkt nachvollziehbar zu machen. Die ungewohnte Darstellung von Gegenständen und Beziehungsgefügen fordert das interpretierende Denken des Betrachters heraus. Durch die alogische Zusammenstellung der Dinge und durch die Trennung von Erscheinung und Begriff wird eine magische, zugleich aber kritische Dimension des Denkens eröffnet, die zur Reflexion über die eigene Geistestätigkeit auffordert.

Bild:
RENÉ MAGRITTE, *Der bedrohte Mörder*, 1926, New York, Museum of Modern Art

Neue Sachlichkeit

> **Neue Sachlichkeit** bezeichnet eine Auffassung von gegenständlich-realistischer Malerei, die im Gegensatz zu Expressionismus und Dadaismus die Realität im Stil des magischen Realismus oder des sozialkritisch engagierten Verismus sachlich genau und wirklichkeitsgetreu wiedergeben will.

MAGRITTE erklärte zu seinen rational konstruierten Bildkonzepten: *„Im Hinblick auf meine Malerei wird das Wort ‚Traum' oft missverständlich gebraucht. Sicherlich wünsche ich mir, dass die Welt der Träume anerkannt werde, aber unsere Werke gehören nicht der Traumwelt an. Im Gegenteil, wenn es sich in diesem Zusammenhang um ‚Träume' handelt, so sind sie sehr verschieden von jenen, die wir im Schlaf haben … Es sind ‚Träume', die nicht einschläfern, sondern aufwecken wollen."*
Diese Aussage wird auch in dem Bild „Der bedrohte Mörder" deutlich.

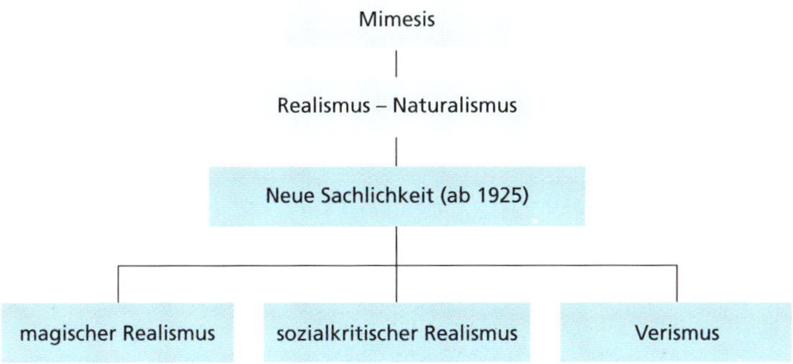

Die Tendenzen realistischer, gegenständlich-abbildender Malerei gewannen Mitte der 1920er-Jahre wieder zunehmend an Bedeutung, da die radikalen formalen Experimente des Kubismus und Futurismus und der emotionsgeladene Subjektivismus des Expressionismus und Surrealismus viele Künstler und weite Teile des Publikums stark verunsichert hatten. Namen gebend war die Ausstellung **„Die neue Sachlichkeit"**, die 1925 zuerst in Mannheim und anschließend als Wanderausstellung mit gro-

ßem Erfolg gezeigt wurde. Die ausstellenden Maler suchten gegen die Aufgeregtheit und das Chaos der Lebensumstände wieder eine neue, aus der ruhigen Betrachtung der Gegebenheiten gewonnene Haltung zurückzugewinnen. Eine Synthese der Stilmerkmale war jedoch wegen der sehr unterschiedlichen, vor allem auch politisch-gesellschaftlichen Auffassungen der Maler kaum noch möglich. Das Spektrum der Malerei des 19. Jh. – zwischen den Begriffen „Realismus" und „Naturalismus" – spiegelte sich auch in den Positionen der gegenständlichen Malerei der 1920er-Jahre wider. Thematisch und formal beschäftigte sich ein Teil der Künstler wieder mehr mit einer **Neuen Innerlichkeit.** Die Künstler griffen Bildtraditionen auf, die bis in die Romantik zurückreichten. Gegen die überbordende Dynamik und Hektik eines krisengeschüttelten Alltags stellten sie im festen Bildaufbau und in der Bewegungslosigkeit der abgebildeten Figuren eine neue, ruhige Betrachtungsweise, die im klaren Blick auf die einfachen, fast banalen Themen des Lebens eine neue emotionale Sicherheit vermitteln wollte.
Diese subjektive, weltabgewandte Innerlichkeit und die Konzentration auf die zeitlos-unbewegliche Dingwelt führten auch zur Bezeichnung **magischer Realismus** – der die entfernten Beziehungen zum Surrealismus bewusst mit anklingen lässt.

▶ So kommentierte OTTO DIX die sozialpolitische Zielsetzung seiner Malerei: *„Ein Schlagwort hat die letzten Jahre hindurch die schaffende Künstlergeneration bewegt. ‚Schafft neue Ausdrucksformen!' lautete die Parole. Ob das überhaupt möglich ist, scheint mir durchaus zweifelhaft … Für mich bleibt jedenfalls das Objekt das Primäre und die Form wird erst durch das Objekt gestaltet …, denn wichtiger als das Wie ist mir das Was! Erst aus dem Was entwickelt sich das Wie!"*

Der Protest gegen soziale Miss-Stände war schon vor 1900 von KÄTHE KOLLWITZ (1867–1945) und HEINRICH ZILLE (1858–1929) eindringlich formuliert worden, und auch Expressionismus und Dadaismus wollten in ihrem künstlerischen Engagement die gesellschaftlichen Verhältnisse verändern. Der **sozialkritische Realismus** der zwanziger Jahre entwickelte sich mit der Zunahme der gesellschaftlichen Gegensätze und Spannungen zu einer Malerei, die nicht nur das äußere Erscheinungsbild des Elends, sondern auch die Ursachen der gesellschaftlichen Fehlentwicklungen anschaulich aufzeigen wollte. Diese Strömung in der Malerei wurde auch als Verismus (lat. verus = wahr) bezeichnet.

Bild links:
RUDOLF SCHLICHTER, *Bert Brecht*, 1926, München, Lenbachhaus

Bild rechts:
GEORGE GROSZ, *Stützen der Gesellschaft*, Berlin, Nationalgalerie

GROSZ: *„Der nationalsozialistische Alte Herr mit Säbel und Bierseidel, der feiste Deutschnationale, der nichts als Mist im Kopf hat, die verbissenen und rücksichtslos mit ihren Waffen vorpreschenden Militärs, der rotnasige alles absegnende Pfaffe und schließlich der reaktionäre Journalist mit einem Nachttopf auf dem Kopf".*

RUDOLF SCHLICHTER (1890 bis 1955) malte das Bildnis „Bert Brecht", in dem er ihn mit Lederjacke und skeptischem Blick zeigt. Im „Prolet-Look" war BRECHT in Berlin aufgetreten, um als Literat und Theatermann auch äußerlich auf seine Verbundenheit mit der Arbeiterklasse hinzuweisen. Das Bild „Die Stützen der Gesellschaft", 1926 von GEORGE GROSZ (1893 bis 1959) als beißende Kritik an den Verhältnissen der Weimarer Republik gemalt, hat er später mit den Worten kommentiert: *„Der Verist hält seinen Zeitgenossen den Spiegel vor* *die Fratze. Ich zeichnete und malte aus Widerspruch und versuchte, durch meine Arbeit die Welt davon zu überzeugen, dass sie hässlich, krank und verlogen ist."* Die politischen Auseinandersetzungen bewirkten schließlich die offene Parteinahme einiger Künstler, die nun ihre Werke als Mittel im politischen Kampf einsetzen wollten.

Direkter und eindeutiger war JOHN HEARTFIELD in seinen politischen Fotomontagen, die er in der „A-I-Z" („Arbeiter-Illustrierte-Zeitung") veröffentlichte. Aus den dadaistischen Collagen mit ihrer chaotisch-dynamischen Bildstruktur entwickelte HEARTFIELD eine leicht verständliche Bildersprache, die wie in der Fotomontage „Millionen stehen hinter mir" von 1932 die bekannte propagandistische Behauptung HITLERS beim Wort nimmt. Dem Betrachter wird so die Beziehung zwischen Vertretern des Großkapitals und den Nationalsozialisten anschaulich vor Augen führt. *„Die Photocollage Heartfields, das ist Photographie plus Dynamit"* (ein Zeitgenosse).

Bild:
JOHN HEARTFIELD, *Titelblatt der „Arbeiter-Illustrierten-Zeitung"*, Oktober 1932

In dem Bemühen, eine der Wirklichkeit entsprechende Darstellung zu erreichen, spielte die Fotografie eine immer wichtigere Rolle. Sie hatte sich längst zu einem selbstständigen und massenwirksamen Medium entwickelt, und mit der großen Werkbund-Ausstellung „Film und Foto" präsentierte sie sich in Stuttgart 1929 der Öffentlichkeit.
Die Ausstellung von fast 200 Fotografen mit ca. 1200 Exponaten zeigte neben medienspezifischen Experimenten, wie Fotogrammen und Mehrfachbelichtungen, vor allem auch die Sichtweise der Neuen Sachlichkeit. Die Inhalte wurden oft isoliert vor neutralem Hintergrund oder als Detail mit effektvoller Lichtführung ins Bild gesetzt. Starke Licht-Schatten-Effekte und ungewöhnliche Perspektiven zeigten die neuen Möglichkeiten der Fotografie als scheinbar dokumentarisch-objektives Medium, das längst eigene, von der Malerei unabhängige ästhetische Ausdrucksformen entwickelt hatte.

▶ Die politische Funktion der Kunst hatte BRECHT klar benannt: *„Realistische Kunst ist kämpferische Kunst. Sie bekämpft falsche Anschauungen der Realität und Impulse, welche den realen Interessen der Menschheit widersprechen. Sie ermöglicht richtige Anschauungen und stärkt produktive Impulse."*

Nationalsozialistische Kulturpolitik

Schon seit Beginn ihrer politischen Bewegung hatten sich die Nationalsozialisten im Bereich der Kultur mit gezielter Agitation gegen die „Moderne" und für die Wiederbelebung einer am so genannten „Volkstum" orientierten Kunst eingesetzt.
Mit der Machtübernahme 1933 setzten sie ihre auf eine zentral gesteuerte Gleichschaltung der Kultur ausgerichtete Politik durch. Die **Bücherverbrennungen** wurden zum ersten Signal für die offene Verfolgung anders Denkender. Durch die Schaffung einer Reichskulturkammer, die

alle kulturellen Tätigkeitsbereiche erfasste und kontrollierte, konnten Künstler und Kulturschaffende mit Berufsverboten belegt werden.

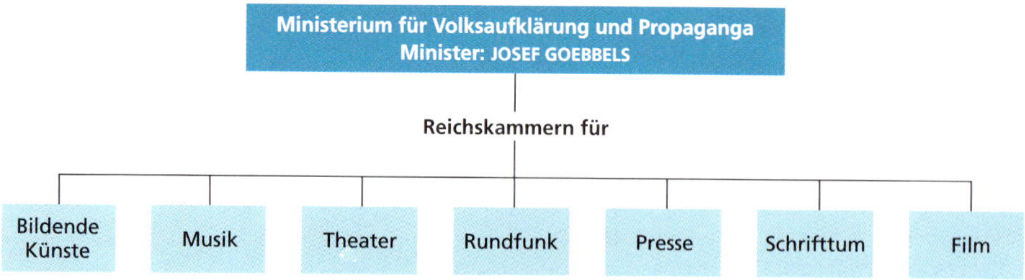

JOSEF GOEBBELS (1897–1945) verkündete die eindeutigen Ziele dieser Kulturpolitik: „Der Sinn der *Revolution, die wir gemacht haben, ist die Volkwerdung der deutschen Nation. Freilich musste dabei die Freiheit des Individuums insoweit eingegrenzt werden, als sie sich an der Freiheit der Nation stieß oder in Widerspruch befand …*", und er erklärte: *„Das gilt auch für den schaffenden Künstler. Die Kunst ist kein absoluter Begriff, gewinnt erst Leben im Leben des Volkes."*

Die vom „Ministerium für Volksaufklärung und Propaganda" ausgeübte Zensur unterdrückte schließlich alle Aktivitäten, die sich den Zielen der nationalsozialistischen Kulturpolitik nicht unterordneten oder ihr nicht nützlich erschienen. Die in München zur gleichen Zeit stattfindenden Ausstellungen „Entartete Kunst" und die „Große Deutsche Kunstausstellung 1937" zeigten in scharfem Kontrast das Konzept der Umsetzung dieser Politik in die Praxis.
Die Diffamierung der Moderne als so genannte „Verfallskunst", die als „krank und rassisch minderwertig" mit Werken von Geisteskranken propagandistisch gleichgesetzt wurde, hatte mit mehr als zwei Millionen Besuchern ein außerordentlich großes Interesse gefunden. Die aus den Museen entfernten und beschlagnahmten Bilder wurden entweder zerstört oder größtenteils über Auktionen in der Schweiz ins Ausland verkauft.
Die im Haus der Deutschen Kunst ausgestellten Werke zeigten, welche Vorstellungen die Nationalsozialisten von einer „rein deutschen Kultur" hatten, deren Wurzeln im „völkischen Wesen" liegen sollten. Der Themen-Katalog entsprach inhaltlich der offiziellen Propaganda und ließ formal die längst überholt geglaubte Gattungsmalerei des 19. Jh. wieder auferstehen: Porträts, Historienbilder, Landschaften, Stillleben, Tiermotive, einige Schlachtengemälde sowie Motive aus dem Arbeitsleben. Die in einem äußerst konservativen, akademischen Stil ausgeführte Malerei versuchte, den Betrachter durch süßliche, zum Kitsch tendierende Allegorien oder durch ein vordergründiges hohles Pathos zu beeindrucken.
Die Plastik entwickelte aus dem traditionell am Figürlichen orientierten Erscheinungsbild eine Tendenz zur **Monumentalität.**

Bild:
ARNO BREKER, *Kameradschaft,* 1940

Werke von ARNO BREKER (1900–1991) oder JOSEF THORAK (1889–1952) galten der Ausstattung öffentlicher Plätze oder waren Dekoration der monumentalen Bauten. Orientiert an den Kunstwerken der Antike und des idealistischen Klassizismus des 19. Jh., wurden die Figuren zu einer Verkörperung der rassistischen Vorstellungen vom „deutschen Menschen" in einer einseitigen, rein biologisch bestimmten Rollenverteilung. Der athletische Mann ist „Held und Kämpfer" und die gebärfreudige Frau „Mutter und Hüterin des Lebens".

Ganz nach dem Willen ADOLF HITLERS (1889–1945), der sich ursprünglich selbst zum Künstler berufen fand – jedoch an den Aufnahmebedingungen der Wiener Kunstakademie scheiterte –, sollte die Architektur zur wichtigsten Kunstgattung des Nationalsozialismus werden. Die **Monumentalarchitektur** diente der ideologischen und staatlichen Repräsentation und als Bühne für Massenaufmärsche und Großveranstaltungen der Partei. Das Motto: „Du bist nichts, dein Volk ist alles" wurde zu einem unmittelbar nachvollziehbaren Erlebnis für die Teilnehmer. Es bildete die emotionale Grundlage, die durch die **Ästhetisierung der Politik** weite Teile der Bevölkerung am Beginn der dreißiger Jahre faszinierte und zur Gefolgschaft oder passiven Unterstützung der Nationalsozialisten verführen konnte.

Für die Großbauten, wie das Olympiastadion in Berlin, das Parteitagsgelände in Nürnberg und das Haus der Deutschen Kunst in München, die bis 1936 ausgeführt wurden, bedienten sich die Architekten WERNER MARCH (1894–1976), ALBERT SPEER (1905–1981) und PAUL LUDWIG TROOST (1878–1934) einer Formensprache, die aus der neoklassizistischen Tradition des 19. Jh. entwickelt wurde. Durch eine funktionale Vereinfachung der Baukörper und Beseitigung des ornamentalen Zierrats wurde die steinernde Wucht gesteigert und sollten ihre Vorbilder, die antiken Großbauten des „Imperium Romanum", noch übertreffen werden. Oberflächen aus Naturstein, wie Marmor und Kalkstein, verdeckten die modernen Baumaterialien Stahl und Beton, um den Eindruck von Solidität und Dauerhaftigkeit zu erzeugen.
Die einst am Bauhaus entwickelte funktionale Architektur wurde an Bauten der Industrie weitergeführt und Produktionsstätten als moderne schmucklose, reine Zweckbauten errichtet.
Für den Wohnungsbau und die Bauten im sozialen Bereich entwickelte sich ein **„Heimatstil"**, der mit Giebeldachformen und wenigen dekorativen Elementen an traditionell und regional vorgegebene Bautraditionen anschließen sollte, um im Sinne der dogmatischen „Blut und Boden"-Ideologie das Heimatgefühl zu stärken.
Der Stil ahmte vor allem mittelalterliche Formen nach.

Kunst gegen Nationalsozialismus und Krieg

Die offizielle Kulturpolitik der Nationalsozialisten konnte die oppositionelle Kunst zwar unterdrücken, ganz vernichten konnte sie diese aber nicht. Die Künstler gingen, wenn sie die Möglichkeit dazu hatten, ins **Exil** oder arbeiteten heimlich – oft unter Lebensgefahr – in der **„inneren Emigration"** weiter. Einige Künstler sahen – wie viele andere Menschen auch – keinen Ausweg in den Zeiten der Gewaltherrschaft und begingen Selbstmord.
Das Verbrechen der **Judenverfolgung** und der **Holocaust** mit seinen Millionen von Opfern entzieht sich weitgehend jeder angemessenen künstlerischen Darstellung. Das „Selbstbildnis mit Judenpass", das FELIX NUSSBAUM (1904–1944) 1943 malte, zeigt in eindringlichster Form das Gesicht eines verfolgten, von Angst um sein Leben ergriffenen Menschen. In diesem existenziellen Realismus einer verfolgten Kunst im Untergrund bedingen sich künstlerische Gestaltung und dokumentarische Aussage in

Bild:
FELIX NUSSBAUM, *Selbstbildnis mit Judenpass,* Osnabrück, Felix-Nussbaum-Haus

einer unauflöslichen Verbindung. 1944 wurde FELIX NUSSBAUM im Vernichtungslager Auschwitz ermordet.

WALTER BENJAMIN (1892–1940) formulierte den Gedanken in seiner fundamentalen Abhandlung „Das Kunstwerk im Zeitalter seiner technischen Reproduzierbarkeit" von 1936 als spezifische Kritik am Nationalsozialismus: *„Die Massen haben ein Recht auf Veränderung der Eigentumsverhältnisse, der Faschismus sucht ihnen einen Ausdruck in deren Konservierung zu geben. Der Faschismus läuft folgerecht auf eine Ästhetisierung des politischen Lebens hinaus … Alle Bemühungen um die Ästhetisierung der Politik gipfeln in einem Punkt. Dieser Punkt ist der Krieg."*

PABLO PICASSO, der wie kein anderer Künstler des 20. Jh. die neuen künstlerischen und formalen Freiheiten in unterschiedlichen Phasen und Experimenten ausgelebt hatte, wurde 1936 aus seinem politischen Engagement gegen den Krieg zum Vertreter einer inhaltlich bestimmten Malerei. Er entwickelte eine neue Bildsprache für die unaussprechliche und unbeschreibliche Grausamkeit. In eindringlicher Form konnte er so einen aus der Luft geführten militärischen Vernichtungsschlag gegen die schutzlose Zivilbevölkerung zum Ausdruck bringen.

Bild:
PABLO PICASSO, *Guernica,* 1937, Madrid
Guernica ist eine Reaktion des Künstlers auf die im Spanischen Bürgerkrieg zerstörte Stadt.

Das große Gemälde „Guernica", das 1937 auf der Weltausstellung in Paris im spanischen Pavillon gezeigt wurde, wirkt heute wie eine Vision des Bombenterrors im Zweiten Weltkrieg, den der Nationalsozialismus selbst entfesselt hatte. Das Bild wurde dadurch zu einer Ikone der Kunst gegen jegliche Form von Vernichtungskrieg.
Angesichts der Katastrophen der beiden Weltkriege formulierten die Philosophen MAX HORKHEIMER (1895–1973) und THEODOR W. ADORNO (1903–1969) in ihrem Buch „Dialektik der Aufklärung", 1944: *„Seit je hat Aufklärung im umfassendsten Sinn fortschreitenden Denkens das Ziel verfolgt, von den Menschen die Furcht zu nehmen, und sie als Herren einzusetzen. Aber die vollends aufgeklärte Erde strahlt im Zeichen triumphalen Unheils."*

2.7 Tendenzen der Kunst nach 1945

Der Sieg der alliierten Truppen und die Kapitulation Deutschlands am 8. Mai 1945 beendeten nicht nur die politische Herrschaft des Nationalsozialismus, sondern auch dessen Kunstdiktatur.
Die Sowjetunion und die Vereinigten Staaten von Amerika, nach dem Ersten Weltkrieg schon zu Großmächten geworden, stiegen nun zu Weltmächten auf und standen sich mit ihren unterschiedlichen Regierungs- und Wirtschaftssystemen als feindliche Blöcke gegenüber: Im Osten herrschte sozialistische Planwirtschaft, im Westen kapitalistische Marktwirtschaft. Die 1949 gegründeten beiden deutschen Staaten (die Bundesrepublik Deutschland in den Besatzungszonen der Amerikaner, Engländer und Franzosen und andererseits die Deutsche Demokratische Republik in der Sowjetischen Besatzungszone) orientierten sich, vor allem anfangs, politisch und kulturell an ihren Besatzungsmächten.
Während im Westen die grundsätzliche persönliche Freiheit zusammen mit der Freiheit der Kunst proklamiert wurde, herrschte im Osten weithin staatliche Bevormundung.
Die relative Unabhängigkeit der Westkünstler von staatlichen Vorgaben führte zu extremem Individualismus, Abstraktion und teilweiser Schwerverständlichkeit, aber auch zu einem internationalen Kunstmarkt, auf dem die Kunstwerke als Waren gehandelt wurden. Diesen Markt beherrschten lange Zeit die amerikanischen Künstler.
Die Ostkünstler dagegen sahen sich von Regierungsseite dazu verpflichtet, für jedermann verständliche Kunstwerke zu schaffen, deren Themen lange Zeit vor allem die Darstellung des Wiederaufbaus nach dem Krieg und des glücklichen Lebens im Sozialismus waren.
Die Trennung und Isolierung von Ost und West fand erst mit dem Zerfall der Sowjetunion und der Öffnung der Berliner Mauer 1989 ein Ende.
Seither nimmt die schon in den 1960er-Jahren einsetzende und die Kontinente übergreifende Internationalisierung der Kunst und ihrer Märkte (wozu auch die großen Kunstausstellungen und -messen gehören) rasant zu. Sie hat die Darstellungs- und Ausdrucksmöglichkeiten der Kunst gewaltig erweitert und zur Auflösung der überkommenen Gattungsgrenzen geführt. Die Kunst ist multimedial geworden und beschränkt sich nicht mehr auf Bilder oder Plastiken. Kunstwürdig sind jetzt auch Fotografie, Film, Video, Bewegungsabläufe aller Art, Fundgegenstände, Texte, Happenings, Performances (Aufführungskünste).

▶ Voraussetzungen für die Kunst nach 1945:
- Schnitt mit der jüngsten Vergangenheit der NS-Diktatur
- Spaltung Europas in Ost und West
- Gründung zweier deutscher Staaten (DDR, BRD)

▶ Zur neuen Freiheit der Kunst im Westen äußert sich GOMBRICH: *„Denn was mir für die Kunst des zwanzigsten Jahrhunderts am allercharakteristischsten erscheint, ist die neue Freiheit, mit Einfällen und Medien aller Art zu experimentieren"* (ERNST H. GOMBRICH, Die Geschichte der Kunst, Stuttgart und Zürich, 1977, S. 482).

2.7.1 Die Nachkriegsjahre

Nach Kriegsende ging es in den deutschen Museen vor allem um die Beseitigung der Kriegsschäden und den Wiederaufbau. Dazu gehörte die Bergung, Sichtung und Rückführung der verstreuten Kunstwerke. Aber es ging auch um die Bewältigung der durch Nationalsozialismus, Konzentrationslager und Zweiten Weltkrieg bewirkten schweren Erschütterungen des humanistisch geprägten Menschenbildes.
Die Tuschezeichnungen von WILHELM RUDOLPH (1889–1982) dokumentieren die schrecklichen Zerstörungen Dresdens durch die alliierten

Bild:
HERBERT SANDBERG, *Der Weg*, 1946

Luftangriffe vom Februar 1945. HERBERT SANDBERG (1908–1991) zeichnete das Leben im KZ Buchenwald. MAX BECKMANN (1884–1950) reflektierte in seinem Bild „Abtransport der Sphinxe" das Ende des Faschismus und des Nationalsozialismus. Viele Künstler waren vor oder während der NS-Diktatur emigriert. MAX BECKMANN, LYONEL FEININGER (1871–1859), LÁSZLÓ MOHOLY-NAGY (1895–1946) und HANS ARP (1886 bis 1966) kehrten aus der Emigration nicht nach Deutschland zurück. Andere begannen eine neue künstlerische Laufbahn im besetzten Deutschland, je nach politischer Überzeugung und Herkunft entweder in der Sowjetischen Besatzungszone/DDR oder in den Westzonen/BRD. In der DDR lebten der Dada-Künstler und Satiriker JOHN HEARTFIELD (1891–1968) und die Malerin LEA GRUNDIG (1906–1977). In die BRD kehrten die später sehr erfolgreichen Maler ERNST WILHELM NAY (1902–1968) und WILLI BAUMEISTER (1889–1955) zurück.

SBZ = Sowjetische Besatzungszone

Zwischen 1945 und 1950 kam es zum Bruch in der Kulturentwicklung Deutschlands: Nur zwei Jahre lang, 1946–1948, gab es Gemeinsamkeiten, berief man sich auf die humanistischen, nationalen Traditionen und wünschte die *„Neugeburt des deutschen Geistes im Zeichen einer streitbaren demokratischen Weltanschauung"*. Aber schon 1948/49 zeichnete sich die ideologische und kunstpolitische Spaltung zwischen der SBZ und den Westzonen ab. Die Besatzungsmächte stießen eine neue kulturelle Entwicklung an: In der BRD orientierten sich die Künstler an Frankreich und an den USA. In der DDR begann die Kunst, sich an einem „volksverbundenen" sozialistischen Realismus auszurichten.

Zitat aus:
KARL DIETRICH BRACHER, MANFRED FUNKE, HANS-PETER SCHWARZ (Hg.), Deutschland zwischen Krieg und Frieden. Beiträge zur Politik und Kultur im 20. Jahrhundert, Düsseldorf und Bonn 1991, S. 396

2.7.2 Kunst in den 1950er-Jahren

Die parteigesteuerte Kunst- und Kulturpolitik in der DDR sah die Aufgabe der bildenden Künstler darin, ein sozialistisches Menschenbild zu entwerfen, den „neuen Menschen". Dies sollte durch eine Kunst geschehen, die „vom Volk verstanden und geliebt wird". Als „volksnah" galt nur eine gegenständlich-figurative Kunst, die idealisierte Vorbilder für ein Leben im Sozialismus lieferte. In der Bundesrepublik suchten die Künstler ebenfalls nach einem „neuen Menschenbild". Doch hier wollte man an die internationale Moderne anknüpfen. Wie die abstrakten Expressionisten in den USA und die Informellen in Frankreich zielten sie auf eine Befreiung von allem Gegenständlichen. Gegenständliches wurde als Einengung, Diktatur, Repression verstanden, ungegenständliche, abstrakte Formen verkörperten Freiheit. Die abstrakte Kunst hielt man für den sichersten Weg, um die NS-Kunstideologie und alles Negative und Zerstörerische der Vergangenheit abzuschütteln.

Kunstpolitische Etappen:
1950: „Erste Darmstädter Gespräche"
1953: 3. Deutsche Kunstausstellung, Dresden
1955: Documenta I, Kassel
1959: Documenta II, Kassel;
1. Bitterfelder Konferenz („Bitterfelder Weg")

Abstrakter Expressionismus

Der Begriff **abstrakter Expressionismus** bezeichnet eine emotionale Malerei, die auf den frühen Abstraktionen WASSILY KANDINSKYS (1866–1944) gründet sowie auf dem Surrealismus von MAX ERNST (1891–1976), ANDRÉ MASSON (1896–1987) und ROBERTO MATTA (1911–2002).

Der Ausdruck abstrakter Expressionismus wurde 1946 in den USA geprägt und bezeichnet eine Malerei, die auf einen emotionalen, dynamisch-spontanen Ausdruck setzt. Der Begriff abstrakter Expressionismus überschneidet sich mit anderen Sammelbegriffen wie der **lyrischen Abstraktion** und dem **Informel, Tachismus** und **Action-Painting.** Diese parallelen expressiv-strukturellen Kunstströmungen beeinflussten sich wechselseitig. Zu den bekanntesten Vertretern des abstrakten Expressionismus in den USA zählen so unterschiedliche Künstler wie JACKSON POLLOCK (1912–1956), WILLEM DE KOONING (1904–1997), ROBERT MOTHERWELL (1915–1991) und FRANZ KLINE (1910–1962).

Bild:
MARK ROTHKO, *Untitled,* 1947, Baden-Baden, Sammlung Frieder Burda

Tachismus, frz. taché = Klecks, Fleck, ist eine in Paris um 1950 entstandene Richtung des Informel. Die Tachisten wollten seelische Regungen unmittelbar durch gestische Malweise ausdrücken und lehnten jede bewusste Formgestaltung ab.

Action-Painting = Aktionsmalerei, ist eine 1952 von HAROLD ROSENBERG geprägte Bezeichnung für eine prozesshafte Malmethode, wie sie u. a. JACKSON POLLOCK vertritt. POLLOCK entwickelte eine besondere Tropftechnik („Dripping"). Er überzog seine Malgründe mit spontan und rasch aufgeschleuderten, gespritzten und geträufelten Farbrinnsalen **(Drip Painting).**

Informel

Das **Informel** bezeichnet als Richtung der gegenstandslosen Malerei und Grafik das europäische Äquivalent zum abstrakten Expressionismus in den USA.

Der Begriff Informel kam durch den Titel einer Ausstellung in Umlauf, die MICHEL TAPIÉ 1951 in Paris organisierte: „Signifiance de l'Informel" (Bedeutsamkeit des Formlosen). Zu den Künstlern dieser Ausstellung gehörten JEAN FAUTRIER (1898–1964) und JEAN DUBUFFET (1901–1985). Insbesondere die Gruppe der Geiselbilder „Otages" (1943–1945) von FAUTRIER schockierten das Publikum. Die Bilder zeigten im Malgestus, in der Anwendung der Farbe und in der Darstellungsweise die existenzielle Bedrohung des Menschen, wie sie der Krieg ausgelöst hatte: Gesichtslose Gestalten, ohne Ausdruck, die ausschließlich durch die gestische Malbewegung und die rohe Spachtelmasse der Farbe zu figurativen Abstraktionen werden. Weitere Vertreter des Informel waren WOLS (eigtl. ALFRED OTTO WOLFGANG SCHULZE, 1913–1951), HANS HARTUNG (1904–1989),

2

Bild:
JEAN DUBUFFET, *Bertele bouquet fleuri, Portrait de parade (Bertele als blühender Strauß, Prachtporträt)*; 1947, Washington, National Gallery of Art

KARL OTTO GOETZ (geb. 1914) sowie PIERRE SOULAGES (geb. 1919). DUBUFFET gilt als Begründer der **Art brut,** die dem Informel zuzuordnen ist. Die Art brut (von frz. „unverbildete Kunst") basiert auf der Anerkennung des Unbewussten und Unreflektierten als zentraler und deshalb aussagekräftiger menschlicher Ausdrucksform. Die Kunst von Kindern, Geisteskranken oder Laien wird hoch geschätzt und der von professionell, also akademisch ausgebildeten Künstlern vorgezogen. Das spontan und unreflektiert Gestaltete galt DUBUFFET als schöpferischer Beleg wahrer Kunst, wie in dem Bild deutlich wird.

Abstrakter Expressionismus und Informel in Nordeuropa

Parallel zur Entwicklung in den USA – und teilweise in Unkenntnis der amerikanischen Werke – formierten sich in Europa schon in den 1940er-Jahren Künstler, die aus ähnlichen Quellen schöpften wie die abstrakten Expressionisten.

Bild:
KAREL APPEL, Musikant vor dem Fenster, 1947, Ludwigshafen, Wilhelm-Hack-Museum

Die **Gruppe Cobra** existierte nur von 1948 bis 1951. Trotzdem wirkte sie in den 1950er-Jahren stark nach. Zur Künstlergruppe zählten der Däne ASGER JORN (1914–1973) und der Holländer KAREL APPEL (1921–2006). Sie orientierten sich stärker als die Amerikaner an der europäischen expressionistischen Tradition. Im Manifest von 1948 legten sie ihre Grundsätze dar: Ablehnung der klassischen Kultur des Westens und Ersetzen dieser durch ein System, *„das seine Gesetze aus den direkten Erfordernissen der menschlichen Vitalität formen wird".*

Einer der Väter des europäischen Informel war WOLS, dessen Bilder Werken von JACKSON POLLOCK aus der Mitte der 1940er-Jahre sehr nahe kommen. Doch er kannte die Arbeiten des Amerikaners nicht. WOLS war schon in den 1930er-Jahren aus Deutschland nach Frankreich emigriert. Seine Malerei fußte auf der von den Surrealisten in den 1920er-Jahren erfundenen **Ecriture automatique.** Auch er anerkannte das Unbewusste als Quelle der Malerei. WOLS' Werk bildet seine psychischen Zustände in allen Facetten ab, bis zu seiner allmählichen Selbstzerstörung. Ähnlich prägend wirkte HANS HARTUNG (1904–1989) in den 1950er-Jahren, der auch aus dem nationalsozialistischen Deutschland über Spanien nach Frankreich gekommen war. Seine Malweise geht bereits über die affektiv-spontane und rein gestische Malerei von WOLS oder POLLOCK hinaus. Sie enthält bewusst gesetzte, kalligrafisch anmutende Zeichen.

Écriture automatique, frz. = automatische Niederschrift

Das Informel setzte sich in Westdeutschland als starke künstlerische Bewegung durch. In vielen, meist regional gebundenen Künstlergruppen, in kleinen Zimmergalerien und bei privaten Zusammenkünften feierte das Informel

Bild:
FRED THIELER,
B. VIII/57, 1957, Öl auf Leinwand, Galerie Eva Poll, Berlin

seine Erfolge. Ein Beispiel dafür ist die Zimmergalerie FRANCK in Frankfurt am Main, wo die Gruppe „Quadriga" zwischen 1949 und 1958 mit Künstlern wie FRED THIELER (1916 bis 1999) und HANN TRIER (1915 bis 1999) ausstellte. Zu den Protagonisten des deutschen Informel zählen ERNST WILHELM NAY (1902 bis 1968), EMIL SCHUMACHER (1912–1999) und FRITZ WINTER (1905–1976). Den wirksamsten Schritt in die Internationalität tat das deutsche Informel 1955 mit der Documenta I in Kassel.

Documenta

Die seit 1955 alle vier bis fünf Jahre stattfindende Documenta in Kassel ist die wichtigste Ausstellung internationaler moderner und zeitgenössischer Kunst in Deutschland. Die Documenta I von 1955 organisierte der einflussreiche Kunsthistoriker WERNER HAFTMANN (1912–1999). Er setzte sich vor allem für die abstrakte Kunst ein. Mit der ersten documenta zielte er darauf ab, den Nachweis über eine kontinuierliche Fortentwicklung der europäischen Moderne in der ersten Hälfte des 20. Jh. zu erbringen. Demnach konnten sich nur jene Künstler, die sich 1955 der „Weltsprache Abstraktion" bedienten, in diesen Prozess der Avantgarden einreihen.
Um 1960 kam die von HAFTMANN auf der Documenta I noch so optimistisch proklamierte Forderung zur Abstraktion zum Stillstand: In den USA und in Großbritannien entstand unabhängig voneinander die **Pop-Art.** Ihre Motive fand sie in den Regalen der Supermärkte, an den Zeitungskiosken mit ihren Comic-Heften und den Reklamebildern in den Illustrierten: Die Coca-Cola-Flasche, die Konservendose (Campbell's), der Waschmittelkarton, das Starfoto, die Zigarettenreklame, die Dollarnote wurden zu Kunstmotiven. Die im kapitalistischen System allgegenwärtigen Massenartikel der Konsumgesellschaft gerieten in die Kunst. Die Betrachter wurden mit den Wirklichkeiten ihres Lebens konfrontiert.

Der in Kassel lebende Maler und Dozent ARNOLD BODE initiierte die **documenta** 1955 und war bis in die 1970er-Jahre entscheidend mitverantwortlich.

Besonders bekannt wurden ANDY WARHOLS Siebdrucke zu Produkten von Campbell (u. a. 1962, 1965, 1969) und Coca-Cola.

Sozialistischer Realismus

> **Sozialistischer Realismus** ist eine Methode künstlerischer Gestaltung und Kritik, die eng an den Marxismus-Leninismus gebunden ist. Gekennzeichnet ist er durch den „positiven Helden", durch Volksverbundenheit in Inhalt und Form und durch die Vermeidung von nicht lösbaren (antagonistischen) Widersprüchen.

Zur „Hauptmethode der sowjetischen Literatur und Kritik" erhoben wurde der sozialistische Realismus 1934 anlässlich der Gründung des Allunionsverbandes sowjetischer Schriftsteller. Die 1950er-Jahre in der DDR waren von der Festigung einer parteigesteuerten Kunst- und Kulturpolitik geprägt. Von 1950 bis 1953 kämpfte man, im Sinne der ideologischen

Grundlagen der offiziellen Kunstpolitik, gegen den „Formalismus" und legte den Begriff des sozialistischen Realismus als offizieller und einzig gesellschaftlich relevanter Kunstform sehr eng aus. Nach STALINS Tod (1953), dem XX. Parteitag der KPdSU (1956), der zur Offenlegung der Verbrechen unter STALIN führte, und dem Ungarnaufstand und dessen Niederschlagung (1956) folgte die so genannte „Tauwetter"-Periode. Der „Bitterfelder Weg" ab 1959 forderte die Einbindung der Schriftsteller und bildenden Künstler in die industriellen Produktionsprozesse und in die konkrete Arbeitswelt der Betriebe.

Bild: RUDOLF BERGANDER, *Das Hausfriedenskomitee*, 1952, Dresden, Staatliche Kunstsammlungen, Galerie Neue Meister, Albertinum

Ein wesentliches Werk des sozialistischen Realismus in der Malerei der 1950er-Jahre der DDR ist RUDOLF BERGANDERS (1909–1970) Ölbild „Hausfriedenskomitee" (1952). Es versinnbildlicht das kollektive Leben, das aus der Gesellschaft in die Privatsphäre übertragen wird und die Familie ersetzt. Populäre Arbeiterbildnisse vom Anfang der 1950er-Jahre sind LEA GRUNDIGS (1906–1977) „Aktivist und Leiter der Brigade der Kokerei Oskar Schädlich" aus dem Zyklus Kohle und Stahl für den Frieden (1951) und OTTO NAGELS (1894–1967) „Junger Maurer von der Stalin-Allee" (1953). Da es schon in der frühen DDR keinen privaten Kunsthandel mehr gab, waren Künstler auf staatliche Aufträge angewiesen.

Bild: MAX LINGNER, *Aufbau der Republik (Ausschnitt),* Wandbild, 1952/53, Pfeilerhalle am Haus des Bundesministeriums für Finanzen, Berlin, Ecke Wilhelmstr./ Leipziger Str.

Ein spektakuläres Auftragswerk der frühen DDR war das Wandbild von MAX LINGNER (1888–1959) von 1952/53 für das Haus der Ministerien in Berlin (Ost), dem heutigen Finanzministerium.
Dargestellt werden sollte *„die Bedeutung des Friedens für die kulturelle Entwicklung der Menschheit und die Notwendigkeit des kämpferischen Einsatzes für ihn"*.

Künstlerinnen und Künstler jenseits der offiziellen Parteidoktrin

Bild: GERHARD ALTENBOURG, *Janus und die Kinder der Zeit,* 1955, Altenburg, Staatliches Lindenau-Museum
Mit seiner expressiven Malweise zeigt Altenbourg eine eigenständige Auseinandersetzung mit der Wirklichkeit in der DDR.

Zur Umsetzung des propagandistischen Kunstbegriffs in der DDR waren einige Gattungen besser geeignet als andere: Malerei, insbesondere das Wandbild, sowie die Bildhauerei wurden stark kontrolliert, während sich bei Grafik und Buchkunst individuelle Stile besser ausprägen konnten. Sie konnten unter Freunden ausgetauscht und ausgestellt werden. Von eigenwilliger individualistischer Ausdruckskraft sind z.B. die Zeichnungen von ELISABETH VOIGT (1898–1977), die bis 1958 an der Leipziger Hochschule für Grafik und Buchkunst als Professorin lehrte. Für andere Künstler, die mit der offiziellen Kunstdoktrin in Konflikt gerieten, stehen etwa HARALD METZKES (geb. 1929) und der an der Kunsthochschule in Berlin-Weißensee lehrende HERBERT BEHRENS-HANGELER (1898–1981). Ein Künstler, der in der DDR schon in den fünfziger Jahren auf sehr individuelle Weise die Moderne rezipierte, war der Maler und Grafiker GERHARD ALTENBOURG (1926–1989).

HERBERT BEHRENS-HANGELER: *„Die Nazis haben mir die Hand angehackt, nach dem Krieg wurde sie mir abgehackt."*

2.7.3 Die 1960er-Jahre

HAROLD ROSENBERG, „New Yorker" vom 6. April 1963: *„Die Tradition der Neuerung hat alle anderen Traditionen matt gesetzt."*

Die 1960er-Jahre zeichneten sich in ganz Europa durch eine deutliche Politisierung aus. Zwei Daten markierten die Polarisierungen im Verhältnis der Staaten untereinander, aber auch innerhalb der nationalen Grenzen: der Bau der Mauer in Berlin im August 1961 und das Jahr 1968, als im Westen die Studentenrevolte ihren Höhepunkt erreichte und im Osten der „Prager Frühling" durch den Einmarsch sowjetischer Truppen niedergeschlagen wurde.
Die Politisierung der Bevölkerung und die Vertiefung der Teilung Deutschlands und Europas durch den Mauerbau spiegelten sich in der Kunst wider. Viele Künstler verließen die DDR und übersiedelten in die BRD. Sie waren Teil der Massenflucht, die den Aufbau der DDR seit 1950 bedrohte. Um mehr als 1,3 Mio. Personen sank die Bevölkerungszahl zwischen 1950 und 1961. Die Maler GEORG BASELITZ (geb. 1938), EUGEN SCHÖNEBECK (geb. 1936) und GERHARD RICHTER (geb. 1932) siedelten nach Berlin-West oder in die Bundesrepublik über.
Mit den Protestbewegungen verknüpften sich neue künstlerische Ausdrucksformen. Die ereignishafte Aktionskunst mit **Happening** und **Fluxus** charakterisiert die Kunstentwicklung der 1960er-Jahre. Diese neuen Kunstformen entsprangen dem Bedürfnis, sich vom Bild zu befreien. Der „Ausstieg aus dem Bild!" hin zu den Phänomenen des Lebens fand hier seinen Ausgangspunkt. Damit war der Grundstein für einen **erweiterten Kunstbegriff** gelegt. Seine erfolgreiche Durchsetzung in der deutschen Nachkriegskunst ging maßgeblich auf das Wirken von JOSEPH BEUYS (1921–1986) zurück.

Kunstpolitische Etappen:
1962: V. Deutsche Kunstausstellung, Dresden
1964: 2. Bitterfelder Konferenz; Documenta III, Kassel
1965: 7. Leipziger Bezirksausstellung
1968: documenta 4, Kassel

Als **erweiterten Kunstbegriff** bezeichnet man künstlerische Tätigkeiten, die dem traditionellen Kunstbegriff noch nicht zugehören. Das können Kunsthandwerk, Geisteswissenschaften oder ein absichtsvoll dilletantisches Zeichnen sein.

Die Künstlergruppe „SPUR"

Zu Beginn der 1960er-Jahre geriet die Münchner Künstlergruppe „SPUR" durch ihre gleichnamige Zeitschrift und ein Manifest in Konflikt mit der Justiz. Die Gruppe um die Maler HEIMRAD PREM (1934–1978), HELMUT STURM (1932–2008) und HANS PETER ZIMMER (1936–1992) knüpfte künstlerisch an die Art brut von JEAN DUBUFFET und im Malgestus an die „Cobra"-Gruppe um ASGER JORN an. Inhaltlich griff sie kritisch die gegenwärtige Lage der Bundesrepublik auf. STURMS Werk „Wahlkampf" (1962/63) karikierte z.B. zwei Politikerfiguren. Mit ihren Bildern wie mit der Zeitschrift wandte die Gruppe sich gegen Konventionen und restaurative Bewegungen der ADENAUER-Ära und rebellierte gegen Miss-Stände der Wirtschaftswunderzeit. Die Münchner Justiz reagierte darauf mit einer beispiellosen Aktion, die zur Verhaftung und zu Gefängnisstrafen für die Künstler und zur Zensur ihrer Veröffentlichungen führte.

Gegen das Informel: Die Gruppe „Zero"

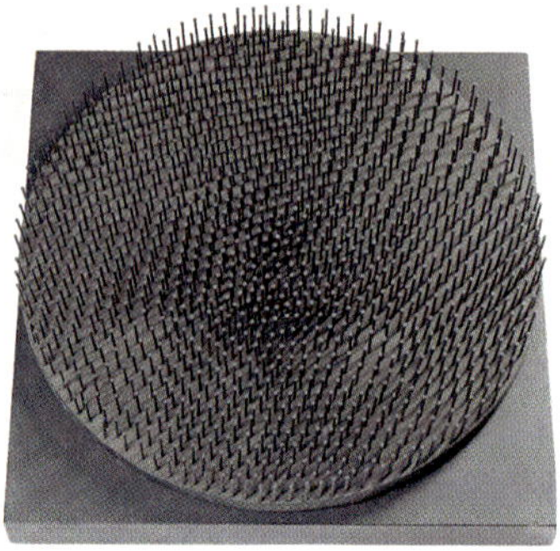

Bild:
GÜNTHER UECKER, *Nagelscheiben (weiß und schwarz)*, 1968, Ludwigshafen, Wilhelm-Hack-Museum

UECKER wurde mit seinen „Nagelbildern" ab 1957 bekannt. Seine Nagelwerke stehen der Op-Art nahe.

In den ausgehenden 1950er-Jahren schlossen sich die Düsseldorfer Künstler HEINZ MACK (geb. 1931) und OTTO PIENE (geb. 1928) zur Gruppe „Zero" zusammen; 1961 stieß GÜNTHER UECKER (geb. 1930) dazu. „Zero" wandte sich gegen das Informel und gegen alle abstrakt-expressive Malerei. Die Künstler setzten die Klarheit der reinen Farbe dagegen und die Dynamik des Lichtes, das durch mobile Strukturen aus Glas, Metall, Holz und Motoren in Schwingung gebracht wurde.

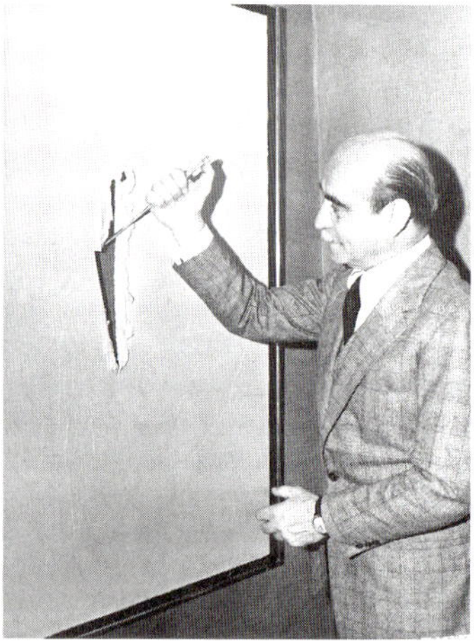

Bild:
LUCIO FONTANA beim Durchstechen seiner monochromen Werke (undatiert)

„Zero" fand internationale Partner in dem Italo-Argentinier LUCIO FONTANA (1899–1968), der für seine mit Messerstichen aufgeschlitzten Bilder bekannt wurde, in dem Franzosen YVES KLEIN (1928–1962), der in seinen Bildern von reinstem Blau kosmische Dimensionen ansprach, und in dem Schweizer JEAN TINGUELY (1925–1991), dessen Maschinen aus alltäglichen Fundstücken die Konsumgesellschaft ironisierten. Diese Künstler verband die Ablehnung althergebrachter Kunstverfahren. Sie suchten neue Wege und Mittel, die Gegenwart widerzuspiegeln. Deshalb nannte sich eine einflussreiche Künstlervereinigung dieser Jahre „Nouveau Réalisme" (Neuer Realismus). Dazu zählten neben den oben Genannten CHRISTO (geb. 1935) und NIKI DE SAINT PHALLE (1930–2002).
Die Künstler der „Zero"-Gruppe wollten einen Abschied von alten Idealen. Ihr Manifest von 1963 trägt den programmatischen Titel „Zero – der neue Idealismus". *„Zero ist die Stille. Zero ist der Anfang. Zero ist rund. Zero dreht sich … Zero ist weiß"* (in: „Zero – der neue Idealismus 1963"). So zeigte „Zero" als Gemeinschaftswerk auf der Documenta III von 1964 einen Raum mit lichtkinetischen Installationen. Mit Aluminium, Edelstahl, Holz, Nägeln, Scheinwerfern und Motoren konstruierten die Künstler bewegliche Lichträume. Sie verzichteten auf individuelle Handschrift zugunsten einer Synthese aus Raum, Bewegung, Licht und Farbformen.

Aktuelle Bewegungen: Fluxus und Happening

Happening und **Fluxus** sind der Aktionskunst zuzuordnen. Beide sind meist von Gruppen organisiert und nicht leicht voneinander abzugrenzen. Der wesentliche Unterschied besteht in der **Rolle des Publikums:** Beim Fluxus agieren Künstler und Publikum getrennt, beim Happening nimmt das Publikum an der Aktion teil. Beide Kunstformen sollen zur Sensibilisierung der Wahrnehmung und des Bewusstseins führen. Die Fluxuskunst öffnete sich auch konzertant-musikalischen Elementen. Hier war der amerikanische Komponist JOHN CAGE (1912–1992) ein wichtiger Anreger, der die Stille als produktives Element in seinen Musikstücken einsetzte.

ALLAN KAPROW, der 1958 in New York den Begriff *„Happening"* einführte, definierte ihn so: *„Die Grenze zwischen Happening und täglichem Leben sollte so flüssig wie unbestimmbar gehalten bleiben. Die Wechselwirkung zwischen der menschlichen Aktion und dem Vorgefundenen wird dadurch zu ihrer höchsten Wechselwirkung gesteigert ... Die Komposition aller Materialien, Aktionen, Bilder und ihrer Raumzeitbezüge sollte in einer so kunstlosen wie praktischen Weise erfolgen. ... Happenings sollten nicht geprobt ... und nur einmalig von Nicht-Professionellen aufgeführt werden."* Der Mitbegründer des Fluxus, GEORGE MACIUNAS (1931–1978), umschrieb die Zielsetzung als *„Erzeugung unspezialisierter Formen von Kreativität"*.

Fluxus und Happening verbreiteten sich rasch von den Metropolen Amerikas nach Europa. Wichtige Stationen waren New York, London, Paris, Amsterdam, Köln, Düsseldorf, Berlin und Wien. Zu den beteiligten Künstlern gehörten weiterhin JOSEPH BEUYS (1921–1986), BAZON BROCK (geb. 1936), JOHN CAGE (1912–1992), JIM DINE (geb. 1935), NAM JUNE PAIK (1932–2006), ROBERT RAUSCHENBERG (1925–2008) und WOLF VOSTELL (1932–1998).

Zitat von A. KAPROW:
KARIN THOMAS, *Du Mont's Sachwörterbuch zur Kunst des 20. Jahrhunderts,* 6. Aufl., 1989 „Happening", S. 86 „Fluxus", S. 71

Happening, engl. = etwas, das stattfindet, bezeichnet avantgardistische provokative Kunstveranstaltungen in Fortführung dadaistischer und surrealistischer Inszenierungen, die auch von politischen Protestbewegungen als Mittel der Kritik eingesetzt wurden.
Fluxus, lat. = das Fließen, bezeichnet eine Form der Aktionskunst, bei der Künstler mit Akteuren versuchen, Veränderungs- und Wandlungsprozesse als Prinzipien der Wirklichkeit sichtbar zu machen. Dabei sollen die Grenzen zwischen Malerei, Musik und Theater, die Grenzen zwischen Künstlern und Publikum aufgehoben werden.

Bild:
WOLF VOSTELL, *Heuschrecken,* 1969/70, Wien, Museum moderner Kunst, Stiftung Ludwig

In WOLF VOSTELLS Montage „Heuschrecken" (1969/70) sind die Hauptziele der politischen Revolte angedeutet: die befreite Sexualität und das

2

JOSEPH BEUYS: *„Jeder ist ein Künstler, jeder trägt in sich die Fähigkeit etwas zu gestalten, Bilder und Plastiken, seinen Beruf, sein Leben und schließlich gar die sozialen Verhältnisse insgesamt."* (In: Harlan/Rappmann/ Schata, Soziale Plastik, Materialien zu Joseph Beuys, Achberg 1984, S. 114)

Aufbegehren gegen die bürgerliche Ordnung. Bei diesem acht Meter breiten Werk stehen Krieg und Liebe einander gegenüber. Im Sinne von JOHN LENNONS berühmtem Song „Give peace a chance" und der damaligen Losung „Make love not war" vermittelt das Bild den Glauben an eine friedvolle Zukunft. Wenn auch die russischen Panzer in Prag gezeigt werden und damit auf die Gewalttätigkeit der politischen Ordnungsmacht hingewiesen wird, so dokumentiert das lesbische Liebespaar zugleich die Möglichkeit des Menschen, Widerstand zu leisten und sich der Gewalt entgegenzustellen. Durch 20 Monitore, die am unteren Bildrand aufgestellt sind, sieht sich der Betrachter als Teil des Geschehens.

Joseph Beuys und sein Begriff der sozialen Plastik

JOSEPH BEUYS stieg in den 1960er-Jahren zu einem der berühmtesten und einflussreichsten Künstler der zweiten Hälfte des 20. Jh. auf. Dabei waren es zunächst nicht die von ihm häufig und bis dahin für Kunstwerke noch nie eingesetzten Materialien Fett und Filz, die Aufsehen erregten, sondern die Bedeutung, die BEUYS ihnen unterlegte: Sie sollten die plastischen Prinzipien von Kälte und Wärme als unterschiedliche, auch geistige Wirkkräfte veranschaulichen. Das amorphe Material **Fett** konnte in kristallin geometrische Form gebracht werden („Fettecken") und stand dann einerseits für hirnbestimmte (oder kalte) Rationalität und geistige Erstarrung, andererseits aber verstand BEUYS es als organische Energie. Der ebenso amorphe **Filz** war ihm Isolator und Wärmespeicher. BEUYS setzte den Filz also ganz anders ein als der amerikanische Minimalartist ROBERT MORRIS (geb. 1931), der diesen „Kunststoff" rein physikalisch auffasste und im Gegensatz zu BEUYS jede inhaltliche Bedeutung ausdrücklich vermied („Felt Piece", 1967/68).

amorph, griech. = gestaltlos

Bild: JOSEPH BEUYS, *Installation,* Hamburger Bahnhof in Berlin

BEUYS zielte mit seinen Werken auf geistige oder evolutionäre Wärme. Er verstand, wie er sagte, *„Wärme als evolutionäres Prinzip"*, um *„Zentren zu bewegen bei Menschen, die durch die grauenhaftesten Schilderungen menschlicher Leiden, Krankheit, Krieg, KZ usw. unberührt blieben"*. Um 1970 begann er seine künstlerische Arbeit bis ins Gesellschaftspolitische auszudehnen. Im Juni gründete er in Düsseldorf die „Organisation für direkte Demokratie durch Volksabstimmung". Sie ging von den Idealen der Französischen Revolution (1789) aus („Freiheit, Gleichheit, Brüderlichkeit") und sollte sie im Sinne der Vorschläge des Anthroposophen RUDOLF STEINER (1861–1925) verwirklichen: Freiheit im Geiste, Gleichheit vor dem Recht und Brüderlichkeit in der Wirtschaft. BEUYS nannte das Ganze „soziale Plastik". Er hielt die Fähigkeit des Menschen, Plastik, also Kunst zu machen, für eine einzigartige revolutionäre Kraft, für ein besonderes Kreativitätspotenzial und -kapital: *„Kunst ist gleich Mensch, ist gleich Kreativität, ist gleich Freiheit. Jeder Mensch ist schöpferisch, also frei. Freiheit und Kreativität versetzen ihn prinzipiell in die Lage, bestimmen, formen, verändern zu können.*

RUDOLF STEINER gründete 1913 die „Allgemeine Anthroposophische Gesellschaft", 1919 die Waldorfschulen.

Anthroposophie, griech. = eine Erkenntnislehre, die das Geistige im Menschen in den Mittelpunkt stellt und es mit dem „Geistigen im Weltall" verbinden möchte

Das gilt für den künstlerischen Sektor – der solche Möglichkeiten bewusst machen soll – wie auch für den gesellschaftlichen."
Diese Ideen demonstrierte BEUYS nicht nur in zahllosen unkonventionellen Kunstobjekten, sondern auch in Aktionen, Happenings, Installationen, Diskussionen, Manifesten überall auf der Welt. Für die konventionelle Kunstproduktion hatte BEUYS allerdings kein Verständnis. So sagte er im Gespräch mit dem Schriftsteller MICHAEL ENDE: *„Sie kommen immer wieder auf diesen Scheiß-Künstler zurück, diesen Verbrecher, dieses Arschloch, diesen impotenten Hund, der doch alles verhindert, der die Umwelt verschmutzt!"*

Die **Minimalart** arbeitet mit einfachsten oft geometrischen Grundformen.

Farbfeldmalerei, engl. **Color-Field-Painting,** beschränkt sich auf reine Farbflächen und verzichtet auf raumillusionistische Wirkungen.

Die **Conceptart,** dt. **Konzeptkunst,** entwickelte sich aus der Minimalart. Die Idee als rein geistige Konzeption steht im Mittelpunkt und wird durch schriftliche Aufzeichnungen, Fotos, Diagramme und Berechnungen dokumentiert. Das Kunstwerk entsteht im Kopf des Betrachters als gedanklich-assoziativer Prozess.

Der amerikanische Weg: New Realists

Während in Deutschland im Jahr 1964 spektakuläre Fluxus-Aktionen zu tumultartigen Szenen beim Publikum führten, hielt zugleich die Variante des neuen amerikanischen Kunstverständnisses in Europa Einzug. Der Kunstmarkt stürzte sich auf die **Pop-Art,** auf **Minimalart, Farbfeldmalerei** und **Conceptart** usw. Im selben Jahr, 1964, fand in Berlin (West) eine Ausstellung zur Pop-Art statt; ihr Titel: „Neuer Realismus". Und 1968, dem Jahr der außerparlamentarischen Opposition (APO), den größten Studentenprotesten und der bis dahin schwersten gesellschaftlichen Krise in der Bundesrepublik, reflektierte die **documenta 4** in Kassel das aus Amerika importierte Kunstverständnis. Diese Documenta von 1968 blieb merkwürdig unberührt von den aktuellen Bewegungen im eigenen Land. Amerika war nicht nur vorherrschend als größte Wirtschaftsmacht, sondern galt auch kulturell als vorbildlich und richtungsweisend.

Wie die europäischen Künstler des Nouveau réalisme richteten die amerikanischen **New Realists** ihre Aufmerksamkeit auf die Alltagskultur, auf die Gegenstände der Konsumgesellschaft und die Bilder der Massenmedien. Alltagsgegenstände wurden sogar mit Malerei kombiniert (combine painting). Die beiden Protagonisten der New Realists ROBERT RAUSCHENBERG und JASPER JOHNS (geb. 1930) blieben dabei dem zweidimensionalen Bild und der Malerei stärker verhaftet, im Gegensatz zu den Vertretern des europäischen Nouveau réalisme wie ARMAN (1928–2005), JEAN TINGUELY oder CHRISTO.

Bild:
ROBERT RAUSCHENBERG,
Retroactive II (Rückwirkend II), 1964,
Sammlung STEFAN T. EDLIS

Pop-Art: Andy Warhol

Der bekannteste Vertreter der Pop-Art ist **ANDY WARHOL** (1928–1987). Seine Bilder lassen keinerlei Distanz zu ihren Motiven oder eine eigene Handschrift erkennen. Stattdessen erhob WARHOL die Dinge des

Bild:
ANDY WARHOL,
Marilyn Monroe,
1964

modernen Alltags zum Kunstwerk und lenkte den Blick auf den ästhetischen Reiz banaler Konsumobjekte. Er erkannte, dass Personen und Dinge in der modernen Gesellschaft austauschbar geworden waren, weil sie lediglich als Bilder existierten. Konsequent arbeitete er deshalb in Serien, in Fließbandproduktion. Das Erlebnis des Immergleichen ist nach WARHOL das zentrale Kennzeichen der modernen Gesellschaft: *„Everything repeats itself …" (Alles wiederholt sich).*

Minimalart: Sol LeWitt

Minimalart und Color-Field-Painting sind Spielarten der Kunst der 1960er-Jahre. Expressiver Ausdruck und inhaltliche Aussagen werden vermieden. Die Betrachter sollten nicht denken, verstehen, assoziieren. Sie sollten einfach nur hinsehen: *„You see what you see"* (FRANK STELLA). Zu den Künstlern der Minimalart gehören an prominenter Stelle die beiden amerikanischen Künstler DONALD JUDD (1928–1994) und SOL LEWITT (1928–2007).
Die Minimalart entwickelte sich in Abgrenzung zur suggestiven Bildwelt der Pop-Art. Die Künstler der Minimalart führen alle Formen auf ihre Primärstrukturen zurück, auf Würfel, Quadrat, Kubus. SOL LEWITTS abstrakte Plastiken variieren das Thema offener und geschlossener Würfelstrukturen, die in regelmäßigen Konfigurationen angeordnet sind. Seine Inszenierung fordert die Betrachter auf, die beispielhaften Ordnungsmuster durch Einbildungskraft zu ergänzen.

Conceptart: Joseph Kosuth

Bild:
JOSEPH KOSUTH,
One and Three Chairs, 1965, New York, Museum of Modern Art

Aus der Minimalart entstand seit der Mitte der 1960er-Jahre die **Konzeptkunst** (Conceptart). Einer ihrer bekanntesten Vertreter ist JOSEPH KOSUTH (geb. 1945). Das Werk des Künstlers von 1965 „One and Three Chairs" beschreibt die Grundlagen dieser Kunstrichtung. Ein Stuhl, das Foto eines Stuhles und der Lexikonartikel zum Begriff „Stuhl" umreißen den Begriff, das Objekt und die Bezeichnung, das Zeichen „Stuhl". Conceptart bezeichnet also eine Kunstrichtung, die mit Gegenständen umschreibt, was der Betrachter sich vorstellen soll. Sie setzt auf die Vorstellungskraft des Publikums. Der Künstler umschreibt das Kunstwerk aus unterschiedlicher Perspektive.

Arte Povera: Eva Hesse

Bezeichnend für die **Arte Povera,** die Kunst bewusster Armut, ist die Bedeutung des einfachen, trivialen oder alltäglichen Dings als Assoziationsfeld für komplexe Raumbezüge. Eine Vertreterin der Arte Povera ist EVA HESSE (1936–1970). Immer auf der Suche nach neuen Strukturen, nutzte sie „unkünstlerische" Materialien, wie Latex, Kunstharz, Fiberglas, um mit ihren Skulpturen einen eigenen, neuen, persönlichen Ausdruck zu formulieren. Die Arte Povera ist in ihrer Reduktion auf einfache Mittel der Minimalart verwandt. Doch sie behandelt die komplexen metaphorischen Bezüge der Dingwelt, während die Minimalart zuerst auf Form und Struktur abhebt.
Dem erweiterten Kunstbegriff sind seit den 1960er-Jahren noch weitere Kunstströmungen zuzurechnen. Dazu zählen **Land-Art, Op-Art,** die **Farbfeldmalerei** und **Hard-Edge.**

In der **Land-Art** wird die Landschaft zum Gestaltungsmaterial. Der Künstler kann sowohl direkt in die Natur eingreifen als auch Eingriffe des Menschen in die Natur dokumentieren.
Op-Art: Kurzform für Optical Art, engl. = optische Kunst, ist eine Kunstform, die auf linearen Strukturrastern und der Farbperspektive beruht. Das Auge wird durch Farbkontraste oder durch grafische Elemente getäuscht, es ergeben sich illusionistische Effekte.
Hard-Edge-Painting (engl. hard = fest, hart, heftig, edge = Kante) bezeichnet abstrakte Kompositionen mit klar begrenzten, „hartkantigen" Farbflächen.

Malerei im Westen – Malerei im Osten

Parallel zur Aktionskunst entstand in den 1960er-Jahren eine neue Form figurativer Malerei als Reaktion auf die Abstraktionen des immer noch verbreiteten Informel. Viele Künstler dieser Strömung wurden in der DDR ausgebildet, verließen diese aber bis zum Mauerbau 1961 und wurden in den 1960er- und 1970er-Jahren in der Bundesrepublik und auf internationalem Terrain sehr erfolgreich. Zu den bekanntesten Künstlern gehören GEORG BASELITZ (geb. 1938), EUGEN SCHÖNEBECK (geb. 1936) und GERHARD RICHTER (geb. 1932).
GERHARD RICHTER griff auf Ansätze der Pop-Art und des Nouveau Réalisme zurück. Er bediente sich der Bilder der Massenmedien und Illustrierten als Vorlagen für seine Malerei, die er durch Überschneidungen, Unschärfen, usw. modifizierte. Seine künstlerische Handschrift blieb dabei erhalten. RICHTERS Bilder sind unverwechselbar. Der Malprozess selbst veranlasst ihn zu malen: *„Ich habe kein Motiv, nur Motivation."*

2.7.4 Die 1970er-Jahre

Die Kunst der 1970er-Jahre charakterisiert eine deutliche Individualisierung der Sujets und Ausdrucksformen sowie eine Wendung hin zu Selbstbefragung und Innenschau. Damit vollzog sich eine Abkehr von den stark nach außen gerichteten, politisch motivierten Kunstaktionen der 1960er-Jahre.

In der DDR entstanden die nach den Sitzen der Kunsthochschulen benannten Schulen: Leipziger Schule, Dresdner Schule, Berliner Schule.

Realismus

Neue Formen gegenständlicher Kunst entstanden in den 1970er-Jahren u.a. in der Malerei. Unter der Bezeichnung **Fotorealismus** oder **Hyperrealismus** fanden großformatige Bilder aus Amerika in der europäischen Kunstwelt schnell Anklang. Die Fotorealisten malten mit großem handwerklichem Können auf die Leinwand projizierte Lichtbilder ab. Das Publikum erstaunte die perfekte Wiedergabe der fotografischen Vorlage. Damit erschöpfte sich jedoch schon bald die Faszination. Das Interesse an

Kunstgeschichtliche Etappen:
1972: VII. Kunstausstellung der DDR, Dresden,
documenta 5, Kassel,
1977: VIII. Kunstausstellung der DDR, Dresden,
documenta 6, Kassel

2

Bild:
FRANZ GERTSCH, *Patti Smith,* 1979, Öl auf Leinwand, München, Pinakothek der Moderne

dieser Kunstrichtung klang schnell wieder ab. Zu den Fotorealisten zählen der Künstler FRANZ GERTSCH (geb. 1930) und die Gruppe „Zebra". Eine andere Strömung „realistischer" Malerei bildete sich in Deutschland heraus, die als **kritischer Realismus** bezeichnet wird. Zentren waren Berlin und Köln. Die Künstler karikierten die Wohlstandsgesellschaft, kritisierten und entlarvten das „bundesdeutsche Spießertum" und die Mittelmäßigkeit, wiesen auf Terror, Krieg und Korruption hin. KLAUS STAECK (geb. 1938) gehört zu den Künstlern des kritischen Realismus.

Individuelle Mythologien

Eine Abteilung der **documenta 5** von 1972 trug den Titel *„Individuelle Mythologien"* und präsentierte neue Kunstformen, die aus der Selbstbefragung der Künstler entstanden waren. Die spektakulärsten Räume dieser neuen Richtung zeigten PAUL THEK (1933–1988) und MICHAEL BUTHE (1944–1994). Zu den Künstlern, die sich in den 1970er-Jahren auf den Weg machten, eine subjektive Innenschau und Spurensicherung zu beginnen, gehörten außerdem ehemalige Fluxus-Künstler, darunter JOSEPH BEUYS. Künstler, die individuelle Mythologien schufen, wollten nicht verallgemeinern, sie bedienten sich keiner „Sprache". Sie wollten allein aus sich heraus schöpfen, und nur demjenigen erschloss sich das Kunstwerk, dem es gelang, sich auf die Ausdrucksformen des Künstlers einzulassen.

Prozesskunst – Konzeptkunst

Prozesskunst fasst die Handlung selbst als Kunst auf: Das Ergebnis künstlerischen Schaffens wird unwichtig. Bei der **Konzeptkunst** steht die Idee als rein geistige Konzeption im Mittelpunkt und wird durch schriftliche Aufzeichnungen, Fotos, Diagramme und Berechnungen dokumentiert. Das Kunstwerk entsteht im Kopf des Betrachters als gedanklich-assoziativer Prozess.

In den 1970er-Jahren traten Künstler hervor, die – angeregt von amerikanischen Künstlern der **Minimalart** und der **Arte Povera** – den künstlerischen Prozess und nicht das Endprodukt in den Vordergrund rückten. HANS HAACKE (geb. 1936) reagierte in seinen soziologisch ausgerichteten Arbeiten auf den Ort und den Raum, für den sie vorgesehen waren. Ein spektakuläres Projekt plante er für das Wallraf-Richartz-Museum in Köln 1974. Er beabsichtigte, die Geschichte eines Bildes aus dem Bestand des Museums offen zu legen: die ehemaligen Besitzer, die Ankaufssummen usw. darzustellen. Doch er erhielt eine Absage. Den Verantwortlichen erschien das Vorhaben zu brisant. HANNE DARBOVEN (1941–2009) arbeitete in ihrer Hauptarbeit „Schreibzeit" (seit 1975) ähnlich konzepthaft. Ihre systematisierten Reihen von Schriftbildern und Zahlen zeigten einerseits ihre Auseinandersetzung mit der Zeit, andererseits ihre sehr private Form von Geschichtsaneignung.

Analytische Malerei

Analytische Malerei (auch **geplante Malerei** bzw. **Fundamentalpainting)** ist eine Kunstrichtung, welche die Möglichkeiten der Malerei mit malerischen Mitteln zu erforschen sucht, ohne dabei kompositionelle oder thematische Rücksichten zu nehmen. Sie konzentriert sich dabei in minimalistischer Weise auf die wesentlichen Elemente der Malerei, also auf Farbe, Komposition, Bildgrund.

Zu den Neuerungen der 1970er-Jahre zählte eine Form der Malerei, die als **analytische Malerei** bezeichnet werden kann. Für die Künstler dieser Richtung war der künstlerische Prozess an sich wichtig und nicht das fertige Bild.
Der Maler WINFRIED GAUL definierte 1977 seine Kunst so:
„Die Materialien, die Instrumente und der Malprozess sind das eigentliche Thema der Malerei, und sie definieren, wie die Malerei aussieht."
Der Künstler GOTTHARD GRAUBNER (geb. 1930) ist dieser Strömung zuzurechnen wie auch die BEUYS-Schüler BLINKY PALERMO (1943–1977) und IMI KNOEBEL (geb. 1940).

Zitat:
WINFRIED GAUL, in: Zeichnen + Malen, Medien + Analyse, Ausstellungskatalog Galerie Peccolo, Köln 1977, o. S.

Künstler der DDR auf der documenta 6

Zum ersten Mal seit der Gründung beider deutscher Staaten präsentierte 1977 eine **documenta** Künstler aus der DDR. Nach dem VIII. Parteitag der SED 1971 war unter dem Motto *„Weite und Vielfalt der schöpferischen Möglichkeiten des sozialistischen Realismus"* eine Lockerung in der Kunstpolitik vorgenommen und damit begrenzte künstlerische Vielfalt möglich geworden. Im Hintergrund stand das veränderte Ost-West-Verhältnis, das auf dem neuen ökonomischen Interesse der RGW-Staaten an wirtschaftlichen Kontakten mit den westeuropäischen Ländern gründete sowie auf der Neuen Ostpolitik in der Bundesrepublik unter WILLY BRANDT. Eine kritische Sicht auf das Leben in der DDR wurde eingeschränkt möglich.

SED: Sozialistische Einheitspartei Deutschlands

RGW: Rat für gegenseitige Wirtschaftshilfe

Exemplarisch für diese Epoche ist WOLFGANG MATTHEUERS Bild „Die Ausgezeichnete". Für die Auswahl der Beiträge aus der DDR auf der documenta war der staatliche Kunsthandel der DDR verantwortlich. Die Beteiligung der Maler BERNHARD HEISIG (geb. 1925), WERNER TÜBKE (1929–2004), WOLFGANG MATTHEUER (1927–2004) und WILLI SITTE (geb. 1921) sowie der Bildhauer FRITZ CREMER (1906–1993) und JO JASTRAM (geb. 1928) war jedoch von der Ausbürgerung des Liedermachers WOLF

Bild:
WOLFGANG MATTHEUER,
Die Ausgezeichnete, 1973/74, Staatliche Museen zu Berlin, Stiftung Preußischer Kulturbesitz, Nationalgalerie

2

BIERMANN 1976 überschattet. Eine große Zahl von renommierten Künstlern und Schriftstellern der DDR hatte in einem Brief gegen die Ausbürgerung BIERMANNS protestiert. Die von offizieller Seite der DDR ausgewählten Künstler gehörten jedoch nicht dazu, bis auf FRITZ CREMER, der seine Unterschrift aber wieder zurückgezogen hatte. Damit setzten sich die Ausstellungsorganisatoren in Kassel heftiger Kritik aus. Eine Reihe von Künstlern sahen sich deshalb veranlasst, ihre Werke zurückzuziehen.

Bild:
ARNO MOHR,
Unter den Linden,
Kaltnadel-Aquatinta-Radierung, o. J.

Die Kunstentwicklung innerhalb der DDR prägte während der 1970er-Jahre aufgrund der größeren verordneten Freiheit eine deutliche Veränderung der Bildinhalte wie der Ausdrucksformen. Nach der „mittleren Generation", vertreten durch BERNHARD HEISIG, WILLI SITTE und WERNER TÜBKE, trat nun die „dritte Generation" von Künstlern – deren Schüler – hervor, die öffentlich eine differenziertere und nüchterne Bildsprache präsentieren konnten. *„Wir sind frei von der utopisch-idealistischen Illusion einer sozialistischen Gesellschaftsform in paradiesischer Harmonie und Widerspruchslosigkeit."*

BERNHARD HEISIG war 1961–1968 und seit 1976 Professor an der Hochschule für Grafik und Buchkunst in Leipzig, wo er zeitweise auch das Rektoratsamt innehatte.

Neben herausragenden Arbeiten von Grafikern, darunter DIETER GOLTZSCHE (geb. 1934), entstanden verstärkt Werke, die der Gattung der Historienbilder, z. B. von ARNO MOHR (1910–2001) oder von WOLFGANG FRANKENSTEIN (1918–2010), und der Arbeiterbilder, wie die von VOLKER STELZMANN (geb. 1940) oder FRANK RUDDIGKEIT (geb. 1939), zuzuordnen sind. Zu den offiziell gebilligten Kunstformen bildeten sich zahlreiche inoffizielle unabhängige künstlerische Gruppen, die sich der Anpassung verweigerten. Sie ließen sich nach der Ausbürgerung WOLF BIERMANNS und der darauf folgenden wachsenden Unzufriedenheit in weiten Kreisen der DDR-Bevölkerung nicht mehr unterbinden. *„Am Ende der siebziger Jahre war die DDR-Kultur als Projekt einer sozialistischen Nationalkultur endgültig gescheitert."*

Zitat oben:
SIEGFRIED BESER, in: Bildende Kunst 1974/10, S. 507 f.

Zitat unten:
GABRIELE MUSCHTER/RÜDIGER THOMAS (Hg.), Jenseits der Staatskultur. Traditionen autonomer Kunst in der DDR, München 1992, S. 26–30

2.7.5 Kunst in den 1980er-Jahren

Die 1980er-Jahre in der Bundesrepublik waren gekennzeichnet durch die Friedens- und Umweltbewegung, die Frauenbewegung und eine „konservative Wende". Die DDR war Anfang der 1980er-Jahre von der schwersten Wirtschaftskrise in ihrer Geschichte betroffen. Zugleich gewann die unabhängige Friedens- und Umweltbewegung an Bedeutung. Die Staatsmacht reagierte mit Abgrenzung nach außen und Repressionen nach innen. Mit dem Rücktritt ERICH HONECKERS am 18. 10. 1989, dem Rücktritt des Politbüros am 8. 11. 1989 und schließlich der Öffnung der Mauer am 9. 11. 1989 wurde die Wiedervereinigung beider deutscher Staaten eingeläutet. Die Kunstentwicklung dieser Dekade zeichnete sich durch eine weitere Aufsplitterung und Individualisierung der Kunst- und Ausdrucksformen aus. **Neue Medien** gewannen an Beachtung: Video und Computer brachten das bewegte Bild in die Kunst ein, Objekte und Installationen verdrängten Plastik und Bildhauerei.

Konservative Wende: In den 1980er-Jahren endete die sozialliberale Koalition unter WILLY BRANDT und begann die16-jährige Regierungszeit HELMUT KOHLS (1982). Ähnliche Entwicklungen gab es in den USA und Großbritannien.

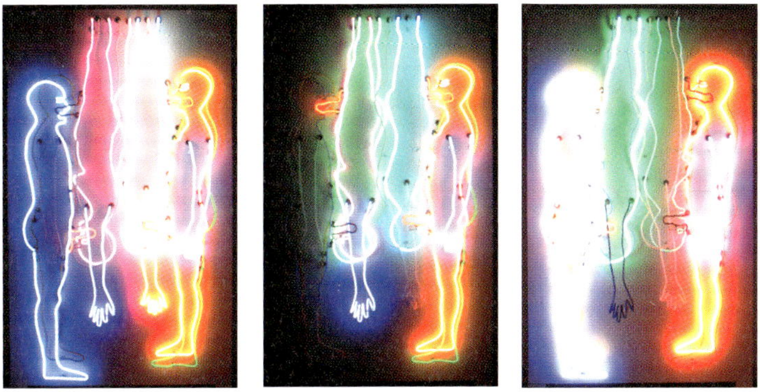

Bild:
BRUCE NAUMAN, *Neon-Installation,* Christian-Friedrich-Flick-Sammlung im Hamburger Bahnhof, Berlin

Neue Formen gegenständlicher Malerei

Bild:
RAINER FETTING, *Ricky rot-blau,* 1981, Bindefarbe auf Leinwand, Klassik Stiftung Weimar, Neues Museum Weimar, Geschenk Sammlung PAUL MAENZ

Um 1980 entstand in Berlin eine neue Strömung expressiv-gegenständlicher Malerei. Weitere Zentren waren Köln und Hamburg in Deutschland sowie Wien in Österreich. Die Künstler dieser Richtung werden als **Neue Wilde** bezeichnet. Die Berliner Maler RAINER FETTING (geb. 1949), HELMUT MIDDENDORF (geb. 1953), ELVIRA BACH (geb. 1951), SALOMÉ (d.i. WOLFGANG CILARZ, geb. 1954) sowie u.a. der Hamburger MARTIN KIPPENBERGER (1953–1997) zählten dazu. Die Neuen Wilden waren schlagartig erfolgreich, da ihre farbenprächtigen, emotional aufgeladenen Großformate einen Mangel auszugleichen versprachen: Zu Beginn der 1980er-Jahre war die Kunstszene von der vorherrschenden, vergleichsweise blutleer wirkenden Konzeptkunst ausgetrocknet und fand nun ihren „Hunger nach Bildern" durch die Werke der Neuen Wilden gestillt. Bilder wie „Schwimmer" von SALOMÉ (1982) oder „Ricky rot-blau" von RAINER FETTING (1981) zeigten eine spontane, schnelle und respektlose Malerei, die – nach der nüchternen Objektkunst – vom Kunsthandel bewusst gefördert wurde, da sie leicht verkäuflich war.

vgl.: WOLFGANG MAX FAUST/GERD DE VRIES, Hunger nach Bildern, Deutsche Malerei der Gegenwart, Köln 1982

Bild:
JÖRG IMMENDORFF, *Gemälde aus dem Zyklus Café Deutschland,* 1977/78, Köln, Museum Ludwig

Zu den neuen Formen gegenständlicher Malerei in den 1980er-Jahren sind auch die Historienbilder von K. H. HÖDICKE (Serie zum Brandenburger Tor, um 1990), JÖRG IMMENDORF (1945–2007; Café Deutschland, 1977–1983) und ANSELM KIEFER (geb. 1945; Dein goldenes Haar, Margarethe und Dein aschenes Haar, Sulamith, beide 1981) zu rechnen. GOTTFRIED HELNWEIN (geb. 1948) thematisierte die Gewalt (Bloody Boys).

2.7.6 Tendenzen der Kunst von 1990 bis heute

Im 21. Jh. wird die Kunst auch wieder gegenständlicher: Besonders gefragt in den USA sind Bilder von Malern der Neuen Leipziger Schule.

In den 1990er-Jahren und bis in die Gegenwart hinein präsentiert sich die Kunstentwicklung Europas in einer unüberschaubaren Vielfalt der Sujets und Ausdrucksformen. Es fehlt der historische Abstand, um Strömungen zu erkennen und Kunstformen zu bündeln. Zu den klassischen Kunstgattungen Malerei, Skulptur und Grafik sind Installation, Performance, Objektkunst und die „neuen Medien“, Video, Film, Fotografie sowie die digitalen Bilder, hinzugekommen. Sie existieren alle nebeneinander, mehr noch, die Grenzen dazwischen haben sich verwischt.

Ein Künstler, der schon in den 1950er-Jahren mit neuen Medien arbeitete, der gebürtige Koreaner NAM JUNE PAIK, scheute sich schon 1974 nicht, eine Buddhastatue, also eine Form klassischer Bildhauerei, mit einer Kamera und einem Monitor zu einer Installation zusammenzuführen. Der belgische Künstler LUC TUYMANS (geb. 1958) malt Bilder, die an Filmnegative der Fotografie erinnern. Es sind um die Jahrtausendwende eher Tendenzen des Kunstgeschehens auszumachen und Bedingungen der künstlerischen Produktion festzuhalten. Von „Schulen“, wie zu Beginn des 20. Jh. das Bauhaus, oder Kunstrichtungen, die noch in den 1960er-Jahren existierten, wie Fluxus, kann jetzt kaum noch gesprochen werden.
Ein Trend zu neuer Gegenständlichkeit in der Malerei ist seit den 1990er-Jahren dennoch zu beobachten: Mit BERNHARD HEISIG und ARNO RINK (geb. 1940) fanden sich in Leipzig zwei Lehrer, die auf die Kunstszene der 1990er-Jahre prägend wirkten. HEISIG und besonders sein Schüler RINK werden als Väter der, einer gegenständlichen Malerei verpflichteten, Neuen Leipziger Schule bezeichnet, zu denen heute u. a. NEO RAUCH (geb. 1960), MARTIN KOBE (geb. 1973) MATTHIAS WEISCHER (geb. 1973), JULIA SCHMIDT (geb. 1976), TILO BAUMGÄRTEL (geb. 1972) gehören.

Neue Medien und die Dominanz des Bildes

Was als **neue Medien** bezeichnet wird, meint im Allgemeinen die technischen Medien, also Fotografie, Film, Video, Diaprojektion und Computer. Alle diese Formen von Bilderzeugung sind nur mittels technischer Geräte möglich im Gegensatz zu den „alten" Kunstsparten Malerei, Plastik, Grafik, die dem Betrachter die „Handschrift" des Künstlers vermitteln. Doch zwischen diesen neuen Medien bestehen große Unterschiede: Jede Art von technischer Bildproduktion ist zu einem anderen Zeitpunkt von der Kunst aufgegriffen worden, hat also eine eigene Kunstgeschichte. Die Fotografie ist die erste Gattung unter den technischen Medien, die von Künstlern eingesetzt wurde. Seit 1929 gilt sie als anerkannt und den klassischen Sparten gleichgestellt. Fotografie ist der Diaprojektion verwandt, weil beide feststehende Bilder hervorbringen. Allerdings werden Diaprojektionen erst seit den 1980er-Jahren und besonders bei Installationen zu einem gängigen Medium. Bewegte Bilder werden mittels Film oder Video produziert und seit den 1960er-Jahren von der Kunst benutzt. Das jüngste technische Medium ist die elektronische Bilderzeugung durch die digitale Technik des Computers. Sie kann beides: Sie kann feststehende und bewegte Bilder hervorbringen. Darüber hinaus kann sie – im Gegensatz zu den analogen Medien Fotografie und Film – Bilder erfinden. Der Künstler kann mehrere Bildsequenzen ablaufen lassen: ineinander kopiert oder auf mehreren Monitoren. Künstlern eröffnen sich damit vielfältige neue Möglichkeiten. Die **documenta 11** des Jahres 2002 spiegelte diese Tendenz deutlich wieder. So zeigte der Amerikaner ADRIAN PIPER (geb. 1948) seine computergenerierten Bilder aus der Serie der „Colour Wheels" (2000), während der in China lebende FENG MENGBO (geb. 1966) eine interaktive Internet-Performance vorstellte: Q4U (2001/2002). Das in früheren Jahrhunderten verbreitete Wissen über ästhetische Qualitäten dreidimensionaler Kunstobjekte, z. B. öffentlicher Denkmäler, ist verloren. Alle „neuen Medien" haben gemeinsam, dass sie Bilder produzieren. Die Überflutung der Gesellschaft mit gewaltigen Bildermengen um die Jahrtausendwende wird durch die Kunst reproduziert.

▶ Videoinstallationen sind an eine Ausführungssituation wie im Theater gebunden, ohne Schauspiel zu sein.

▶ Die Tendenz der computergestützten Kunst geht hin zur „Erfindung" virtueller Wirklichkeiten.

Kunst als Event

Eine neue und wachsende Tendenz der jüngsten Kunstentwicklung zeigt sich auf Kunstmessen und Ausstellungen: Kunst als Erlebnis, als Event. Die Erlebnisräume, wie sie beispielsweise CHRISTIAN BOLTANSKI (geb. 1944, Réserve, 1988/89) geschaffen hat, sollen die Besucher unvermittelt ansprechen. Sie sind auf spontane Wirkung und sinnliches Erleben, auf Assoziationen und Affekte ausgerichtet. Eine intellektuelle Reflexion oder geistige Anstrengung fordern sie kaum ein. Sie schirmen den Besucher ab und behindern damit die Auseinandersetzung, das Gespräch, die Öffnung gegenüber dem Publikum. Die Tendenz der Kunst als Event ist auch bei den Ausstellungen und Messen selbst zu beobachten. Für ein immer größeres kulturbeflissenes Publikum scheint für medienwirksam vermarktete Ausstellungen wie die documenta oder Messen zeitgenössischer Kunst in Köln, Basel und Berlin die Pflicht zum Besuch zu bestehen. Unter dem Motto „Dabei sein ist alles" entwickelt sich Kunst zu einer leicht und schnell konsumierbaren Lebensform.
Ob die Globalisierung und die Erweiterung der Europäischen Union zu einer neuen Kunstentwicklung führen werden, ist offen und nicht vorherzusagen. Kunst reflektiert und konfrontiert, sie opponiert und amüsiert. Nie schwebt sie jedoch im luftleeren Raum, sondern entsteht in einem gesellschaftlichen Umfeld.

▶ *„Immer häufiger werden Besucher von Kunstausstellungen wie auf Jahrmärkten und in Freizeitparks aufgefordert, in geschlossene Räume, in Kunstwelten einzutreten, um dem Erleben einer Situation (...) ausgesetzt zu werden."* (MARTIN DAMUS, Kunst im 20. Jahrhundert. Von der transzendierenden zur affirmativen Moderne, Hamburg 2000, S. 381)

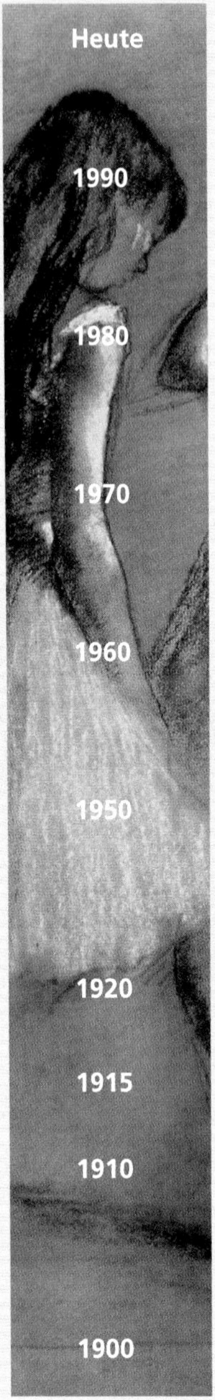

Heute	**Vielfalt des Sujets und Ausdrucksformen** · Kunst als Event · Performance
1990	neue Medien: Video und Computer · Installation · Objektkunst
1980	*Rückgriff auf tradionelle Malweisen* · Neue Wilde
1970	analytische Malerei · Fotorealismus/Hyperrealismus · *BEUYS: "erweiterter Kunstbegriff"*
1960	New Realists · Minimalart · Arte Povera · Conzeptart · Happening · Fluxus · Pop-Art
1950	sozialistischer Realismus · abstrakter Expressionismus · Informel
1920	Surrealismus · Neue Sachlichkeit · Bauhaus
1915	Konstruktivismus · Dadaismus
1910	Futurismus · Kubismus · analytischer Kubismus · synthetischer Kubismus
1900	Expressionismus

Wissenstest 2 auf **http://wissenstests.schuelerlexikon.de** und auf der DVD

Malerei 3

3.1 Begriffsbestimmung und zeitliche Einordnung

3.1.1 Begriff der Malerei

Die **Malerei** zählt neben der Grafik, der Architektur und der Plastik zu den bildenden Künsten. Sie gehört zur ältesten Form der Kunst. Zeugnis darüber geben prähistorische Höhlenmalereien. Die Malerei ist neben der Grafik eine Kunst der Fläche, im Gegensatz zur dreidimensionalen Plastik und Baukunst.

In vielen Stilepochen war die Malerei dominierend, so z. B. im Mittelalter und in der Renaissance. Im 20. Jh. verlor sie ihre führende Rolle aufgrund neuer Sichtweisen und Ausdrucksformen der Künste. Die Bandbreite der Malerei ist sehr groß. Sie kann die Illusion von Raumtiefe und Körperhaftigkeit vermitteln und somit Abbilder der Realität, aber auch rein gedankliche Vorstellungen wiedergeben. Letzteres führte zum Verzicht auf Abbildlichkeit in der abstrakten Malerei.

Malerei kann aber auch den Raum erobern durch illusionistische Wand- und Deckengemälde. Welcher Aspekt stärkere Beachtung findet, ist epochenspezifisch und steht in engem Zusammenhang mit der Einstellung zum Leben, zum Tod und zur Religion oder mit der Künstlerintention.

3.1.2 Entwicklungsschritte der Malerei

Einige wesentliche Entwicklungsschritte der Malerei sollen im Folgenden dargelegt werden:

Zeitalter	Inhalt	formale Merkmale
Steinzeit 35000 v. Chr.	dem Jagdzauber gewidmete Höhlenmalerei	Umrisszeichnung, flächige Darstellung
Ägypten 3000–30 v. Chr.	dem Totenkult huldigende Wandmalereien in Grabanlagen	strenge Regeln im Aufbau der Formen, flächenhaft wirkende Malerei
griechisch-römische Antike ca. 1100 v. Chr bis 4. Jh. n. Chr.	strenge Regeln im Aufbau der Formen, flächenhaft wirkende Malerei	starke Wirklichkeitsnähe durch perspektivische Verkürzung, Körperhaftigkeit und Farbmodulation
Mittelalter 800–1250	Vergegenwärtigung wesentlicher religiöser Inhalte, Figuren als Träger geistiger Beziehungen	keine Wiedergabe von Körperhaftigkeit/ Räumlichkeit, flächige Figuren in anatomischer Ungenauigkeit, Farben besitzen Symbolcharakter, häufig Gold als Hintergrundfarbe, Purpur als Farbe des Überirdischen

Zeitalter	Inhalt	formale Merkmale
um 1300 (mit GIOTTO)	Völlig neuer Bildbegriff entwickelt sich durch die Darstellung der diesseitigen Wirklichkeit, durch erste Ansätze der Naturbeobachtung.	Wiederentdeckung künstlerischer Mittel der Antike, Darstellung des anatomisch richtigen menschlichen Körpers und seiner Plastizität, der Wiedergabe von Gefühlen in den Gesichtern und Körperhaltungen bis zum Dramatischen;
Frührenaissance (mit MASACCIO)	tatsächliche Umwelt wird im Bild sinnlich erfahrbar wiedergegeben	Zentralperspektive: Der Raum scheint „begehbar" zu sein.
Hochrenaissance (16. Jh.)	Wiedergabe eines atmosphärischen Raums, da alle Objekte durch das Medium Luft verbunden sind	Der Bildraum wird luftperspektivisch (z. B. dunstig) dargestellt (Sfumato).
und	Darstellung einer wirklichkeitsnahen Welt als subjektive Wahrnehmung	Die Gegenstandsfarben werden je nach Beleuchtungssituation zur Erscheinungsfarbe mittels Helldunkel.
Barock/Rokoko (17./18. Jh.)	Weltliche Themen erlangen Bedeutung (Landschaft, Historienmalerei, Genrebild, Stillleben), Vanitas-Motiv: Porträt.	Stofflichkeit und Plastizität gelangen zu höchster malerischer Genauigkeit (valeuristische Malerei).
	neben der zeichnerischen entsteht eine malerische Auffassung	Malerei mit klar konturierten Flächen und Plastizität im Gegensatz zu fleckhafter, ungenauer, von Farben bestimmter (koloristischer) Malweise
Klassizismus Romantik (1750/1800 bis 1830/1840)	Nachahmung antiker Werke, poetische Verklärung von Natur und Gesellschaft, starker Symbolgehalt	leicht überschaubare Komposition, inszenierte Landschaften
Realismus (ab 1860)	Darstellung des Alltags „Momentaufnahmen"	Wirklichkeitstreue, Sachlichkeit, genaue Motivwahl
Impressionismus (1860–1905)	malerische Darstellung von sinnlich wahrnehmbaren Erscheinungsbildern und Momentaufnahmen	Vernachlässigung von Perspektive, Körperhaftigkeit, Plastizität, Kompositionsprinzipien und anatomischer Richtigkeit zugunsten farbimmanenter Eindrücke
Expressionismus (1905–1915)	Wiedergabe starker seelischer Vorgänge und Konflikte	Flächigkeit, Kontur und ungebrochene Farbigkeit als Ausdrucksmittel

▶ ↗Dadaismus, Surrealismus, abstrakte Kunst, Realismus, Pop-Art

Nach dem Zweiten Weltkrieg treten die unterschiedlichsten Formen und Ausdrucksvarianten in der Malerei auf und entwickeln sich bis heute weiter.
Daneben gibt es Künstler, die mit ihrer Auffassung das 20. Jh. stark mit geprägt haben, wie PABLO PICASSO, PIET MONDRIAN, ANDY WARHOL, GEORG BASELITZ u. a.

3.1.3 Techniken der Malerei

Man kann Kunstwerke unter den verschiedensten künstlerischen und technischen Gesichtspunkten betrachten. Eine Möglichkeit ist der Aspekt der handwerklich-technischen Herstellung eines Bildes. Man muss aber beachten, dass der geistige Gehalt, die Technik und das Material sich gegenseitig bedingen und die menschliche Wahrnehmung beeinflussen. Einige wesentliche malerische Techniken sollen im Folgenden aufgeführt und erläutert werden.

Bild: *Mumienbildnis aus Fayum,* 2. Jh. n. Chr. Männerporträt, röm.-ägypt. Malerei

Mit **Maltechnik** ist der Farbauftrag, aber auch die Herstellung und Verarbeitung der Grundbestandteile gemeint. Der besondere Charakter einer Technik resultiert überwiegend aus dem verwendeten Bindemittel.

Enkaustik

▶ **Enkaustik,** griech. enkauston, lat. encausis, aus dem griech. kausis = brennen, bzw. enkaio, „dem Feuer ausgesetzt"

Bereits im alten Ägypten und in der griechisch-römischen Antike gab es **Enkaustik,** was Wachsmalerei bedeutet. Dazu werden Wachsstangen erhitzt und mit Farbpigmenten verbunden. Diese Masse wird sowohl im heißen, flüssigen als auch im kalten, harten Zustand mittels Pinsel oder Spachtel auf Bildträger aufgebracht. Erhalten sind z. B. ägyptische Mumienporträts.

Fresko, Secco und Sgraffito

Bild: GIOTTO DI BONDONE, *Freskenzyklus, Flucht nach Ägypten,* 1304–1306, Arenakapelle Padua

Die Wandmalerei auf noch frischen, feuchten Kalkputz nennt man **Freskomalerei** (ital. fresco = frisch). Dabei wird mit in Wasser angerührten Farbpigmenten gearbeitet, der frische Kalkputz dient als Bindemittel. Es muss rasch gearbeitet werden, damit die Farben in den feuchten Putz einziehen können. Fehler können nicht korrigiert werden. Etappenweise wird nur so viel Feinputz aufgebracht, wie an einem Tag bemalt werden kann. Es gibt auch die Möglichkeit, auf trockenem Putz zu arbeiten. Das ist die so genannte **Seccomalerei** (ital. secco = trocken), bei der die Farbpigmente mit Gummiarabikum, Kasein und Leim gebunden werden. Eine weitere Art ist das **Sgraffito,** bei dem über einen dunklen Putz eine dünnere, hellere Schicht gezogen wird. Aus dieser werden Formen und Figuren herausgekratzt.

Temperamalerei

Einen schnellen Trocknungsprozess weist auch die **Temperamalerei** (lat. temperare = mischen) auf. Es gibt eine wasserlösliche Art, die als Bindemittel für die Farbpigmente Kasein verwendet **(Kaseintempera),** und eine wasserfeste, deren Bindemittel für die Pigmente aus einer Mischung aus Eigelb und Leinölfirnis besteht. Je nach Mengenverhältnis erhält man **Eitempera** oder **Öltempera.**

Bild:
HANS HOLBEIN, d. J., *Die Gesandten,* 1533, London, National Gallery

Es entsteht eine matte, deckende Farbschicht, die mehrfach übermalt werden kann. So kann ein Bild in mehreren Schichten aufgebaut werden. Nachteilig ist, dass durch das schnelle Trocknen die getrockneten Farben stärker aufhellen, ein Nachmischen desselben Farbtons schwierig ist und dass sich farbige Übergänge kaum erreichen lassen. Als Abschluss wird eine Schutzschicht auf das fertige Bild mit Firnis (frz. vernis = Lack) aufgetragen. Grundierte Holztafeln und Leinwände dienten als Malgrund. Die Temperamalerei war besonders in der Buchmalerei verbreitet und die wichtigste Künstlerfarbe vor der Ölmalerei.

Ölmalerei

Niederländischen Meistern schreibt man die Erfindung der Ölmalerei zu Beginn des 15. Jh. zu. Fein geriebene Farbpigmente werden mit trocknenden Ölen (Walnuss-, Mohn-, Leinöl u. a.) vermengt. Verschiedene Malmittel (z. B. Terpentin oder Firnis) dienen als Verdünnungsmittel für die Farbe. Zusätze ermöglichen einen schnelleren Trocknungsprozess und eine gewollt matte oder glänzende Oberfläche. Als Malgründe verwendet man grundierte Holztafeln, Leinwand oder Karton. Im Gegensatz zur Tempera besitzt Ölfarbe eine stärkere Leuchtkraft und es können mit ihr fließende Farbübergänge erzielt werden.

Bild:
JAN VERMEER VAN DELFT, *Brieflesendes Mädchen am offenen Fenster,* um 1658, Dresden, Gemäldegalerie

Häufig wird der flämische Maler JAN VAN EYCK als Erfinder der Ölmalerei genannt, wobei er jedoch seine Bilder in einer Mischtechnik aus Öl- und Temperamalerei gestaltete.

Bild:
PAUL CÉZANNE,
Steinbruch Bibemus,
1889–1900, Essen,
Museum Folkwang

Die Farbe kann in mehreren hauchdünnen, lasierenden (durchscheinenden) Schichten übereinander (Schichtmalerei) gemalt, aber auch deckend bis pastos (dick aufgetragen) mit einem Pinsel oder Spachtel aufgetragen werden. Aufgrund ihrer vielfältigen Möglichkeiten war die Technik der Ölmalerei bis zur Mitte des 20. Jh. die meistverwendete.

Aquarellmalerei

Bild:
ALBRECHT DÜRER,
Weiher am Walde,
1495, London, British
Museum

Feingemahlene Pigmente, die mit dem wasserlöslichen Gummiarabikum, Kleister und Stärke gebunden sind, werden in der **Aquarellmalerei** (ital. aquarello = Wasserfarbe) in einem lasierenden Farbauftrag eingesetzt. Charakteristikum dieser Technik ist die Transparenz. Papier als Malgrund wirkt durchscheinend und meist wird in Nass-in-Nass-Technik gearbeitet, was so viel bedeutet, dass stark saugfähiges Papier mit einem Schwamm durchfeuchtet und dann die mit Wasser verdünnte Aquarellfarbe mittels eines weichen Haarpinsels aufgetragen wird. Farben verlaufen ineinander (lavierende Malweise).

Bild:
PAUL CÉZANNE,
Knabe mit roter Weste, 1890, Zürich,
Sammlung Feilchenfeldt

So entstehen fließende Übergänge. Es wird mit den hellsten Flächen begonnen, Weiß bleibt als unbemalter Grund stehen. Nach dem Trocknen der Farben können weitere Farbschichten aufgetragen werden (↗ Bild).
Aber auch andere Techniken verwendeten die Künstler. Einige ließen die als Vorzeichnung dienenden Bleistiftlinien oder farbigen Kreiden bewusst stehen, setzten die Farben relativ trocken nebeneinander oder ließen die unterschiedlichen Papierstrukturen mit in die Gesamtwirkung einfließen. Während ALBRECHT DÜRER das Aquarell noch als Vorzeichnung oder Studie diente, nutzten es spätere Künstler als eigenständige Bildgestaltung, wie WILLIAM BLAKE, WILLIAM TURNER oder EMIL NOLDE.

Gouachemalerei

Diese **Deckfarbenmalerei** (frz. gouache = Deckfarbe) ist vielfältig einsetzbar und durch Schulmalkästen heute weit verbreitet. Den Farbpigmenten sind weiße Füllstoffe beigefügt, die zu einem deckenden, matt wirkenden Farbauftrag führen. Als Bindemittel werden Gummiarabikum oder Pflanzenleim genutzt, die die Farbe wasserlöslich machen. Der Untergrund kann vielfältig sein und es können helle Farben auf bereits getrocknete dunklere Töne gesetzt werden. Mit stark verdünnten Farben kann man jedoch auch lasierend arbeiten. Diese Technik fand im Mittelalter, z. B. in der Miniaturmalerei, Anwendung.

Bild:
GUSTAVE DORÉ, *Schiff zwischen Eisbergen,* 1876, Gouache, Strasbourg, Museé de la Ville

Acrylmalerei

Acrylfarben sind so genannte **Kunstharzdispersionsfarben.** Als Lösungsmittel fungiert ein Kunstharz, das dem Acrylglas verwandt ist. Die Farbe kann beim Malen mit Wasser verdünnt werden. Nach dem Trocknen ist der Anstrich wasserfest und lichtbeständig.
Die Herstellung synthetischer Bindemittel bedeutete für die Malerei einen revolutionären Schritt. Nach ihrer Entwicklung gab es Acrylfarben vorwiegend im Anstrich- und Lackierbereich der Industrie, bevor Künstler sie Mitte der 1950er-Jahre für ihre Arbeit entdeckten. Die Technik eignet sich für die verschiedensten Malkonzepte, sowohl für lineare als auch malerische, und für Mischtechniken, wie mit Ölfarbe oder Kreiden. Da Acrylfarbe sehr schnell trocknet, können in kurzer Zeit mehrere Schichten übereinander gemalt werden, und das sowohl deckend bis pastos als auch lasierend. Häufig beziehen Künstler den Untergrund mit ein, es wirken plastische Strukturen.
Die Farbe kann mit dem Pinsel oder Malspachtel aufgebracht werden.

Dispersion = feinste Verteilung eines Stoffes in einem anderen

Bild.
ELVIRA BACH, *Blumenfrau,* 1999

Weitere Maltechniken, wie Materialcollage, Spritztechnik oder Pastellmalerei, sind auf der CD-ROM zu finden.

Mischtechnik

Als Mischtechnik bezeichnet man die Kombination verschiedener Techniken in einem Bild. Im engeren Sinn ist damit die Verbindung von Öl- und Temperafarbe gemeint. Dabei setzt man mehrere Untermalungen mit Tempera und darüber jeweils lasierende Ölschichten. So malten z. B. JAN VAN EYCK oder CASPAR DAVID FRIEDRICH.
Man kann aber auch Aquarell mit Pastellkreide oder Gouache bzw. Acryl mit Tusche oder Öl mischen.

Bild:
JAN VAN EYCK, *Porträt Giovanni Arnolfini, 1435*

Farbauftrag und Malweise

Werkzeuge sind:
- Haar- oder Borstenpinsel in flacher oder runder Ausführung,
- Spachtel und Messer,
- Lappen und Schwämme.

Sie hinterlassen die unterschiedlichsten „Werkspuren" auf dem Bild. Einige Künstler sind bereits an ihrem Farbauftrag, dem **Duktus** (lat. ductus = Führung), zu erkennen.

Es gibt verschiedene **Malweisen:**
Keine Werkspuren, keine Pinselstriche u. a. lassen auf einen **linearen Stil** schließen. Scheint der Untergrund durch, ist es ein **lasierender Farbauftrag.** Sichtbare Pinselstriche, in verschiedene Richtungen verlaufend, zeugen von einem **malerischen Stil.** Die Farbe kann fleckhaft oder punktartig, getupft, gestrichelt oder als unregelmäßige Schicht **pastos** auf den Bildträger aufgebracht sein. Farbe wird auch **aufgespritzt,** mit Zufallswerkzeugen, wie Stöcken, Besen oder Stoffbahnen u. a., aufgetragen.
Leicht **plastische,** kleinteilig differenzierte Strukturen entstehen beim so genannten Abklatschverfahren, der **Décalcomanie.**

Decalcomanie, frz. décalcomaine = Abziehbild, entsteht, wenn ein Papierbogen auf ein mit feuchter Farbe bestrichenes Blatt gelegt und wieder abgezogen wird.

Bei **deckender Malweise** sieht man eine einheitliche Farbschicht, im Gegensatz zum stark verdünnten, lasierenden Farbauftrag, der die darunterliegenden Schichten durchscheinen lässt.
Malt man auf ungrundiertem Grund, nennt sich das „Primamalerei" (ital. alla prima = von Beginn an).
Auf die plastische Wirkung einer Farbe zielt ein pastoser (ital. pastos = teigig) Auftrag.
Modellierpasten, Strukturgelees mit Quarzpartikeln, Flocken oder Kunststoff-Fasern, Sand und Gips als Grundierungen lassen Bilder reliefartig erscheinen.
Mehrschichtiges Malen bedeutet, dass auf eine Untermalung, die die Form- und Farbgebung des Bildes vorbereitet, eine oder mehrere Übermalungen folgen können. Man malt stets fett auf mager, d. h. bindemittelreiche Farbe auf bindemittelarme.
Beispiele für den Farbauftrag

linearer Stil: DÜRER

lasierender Stil: CÉZANNE

malerischer Stil: MACKE

kleine Striche:
VAN GOGH

punktartige Tupfen:
SEURAT

pastoser Farbauftrag:
CORINTH

gespritzt/getropft:
POLLOCK

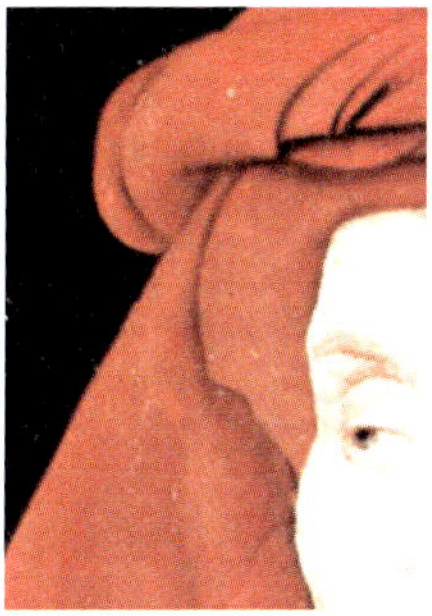

deckender Auftrag:
VAN EYCK

plastische Struktur:
GAUGUIN

getropft = „dripping"

Bildträger

Als solche können alle zwei- und dreidimensionalen Körper bezeichnet werden. Grundsätzlich unterscheidet man die Wand-, Buch- und Tafelmalerei, wobei Künstler des 20. Jh. auch Menschenkörper und zweckfremde Gegenstände als Bildträger verwendet haben.
Die Wiege der Malerei liegt in den prähistorischen Höhlen, wo Wände und Decken mit Tier- und Jagdszenen versehen wurden. Die Wand- und Deckenmalerei besaß jedoch zu allen Zeiten einen hohen Stellenwert. Sie ist eng mit der Entwicklung der Architektur und der Raumauffassung verknüpft. Eine moderne Form dieser Malerei sind die Varianten des **Graffiti.**
Die Buchmalerei entwickelte sich vorrangig in Klöstern, wo Mönche auf Pergament kalligrafisch Schrift mit ornamentalen und figürlichen Motiven verbunden auf Buchseiten malten. Mit der Erfindung der Papierherstellung und dem Buchdruck ist die Buchillustration verbunden.
Die **Tafelmalerei,** so genannt, weil sie nicht an Wände gebunden ist, umfasst eine Vielzahl beweglicher Bildträger, z. B. Leder, Holz, Metall, Leinwand, Pergament, Papier, Pappe, Kunststoffe u. a. Bis in die Renaissance

Pergament: gegerbte Tierhaut

wurden für die Malerei mit Gips oder Kreide **grundierte Holztafeln** verwendet. Dann wurde die **Leinwand,** die über einen hölzernen Keilrahmen gespannt wurde, bis in die Gegenwart zum wichtigsten Bildträger.

Tafelmalerei: L. CORINTH, *Ostern am Walchensee,* 1922

Wandmalerei: *Die Erziehung des Dionysos,* röm. Antike, 20 n. Chr.

Buchmalerei: *Mariä Verkündung,* 1275, Pergament

Malkonzepte

Drei sehr unterschiedliche Mal- oder Farbkonzepte können den Gesamteindruck eines Bildes prägen.
Koloristisch (lat. coloratus = farbig) ist ein Bild, wenn die Buntheit der Farben, ihre Sättigung und Intensität seine Wirkung ausmachen.
Im Gegensatz dazu steht das **monochrome** (lat. monochromatus = einfarbig) Farbkonzept. Nur eine Farbe dominiert, die in verschiedenen Stufen gehellt und gedunkelt werden kann.
Von **Valeurismus** (frz. valeur = Tonwert) spricht man, wenn feinste Farbdifferenzierungen ausgeführt worden sind und das besonders in der Gestaltung von Licht und Schatten und Helldunkelmodulationen zur Wiedergabe von Körperhaftigkeit.

koloristisches Malkonzept
A. MACKE, *Leute am blauen See,* 1913

monochromes Konzept
Schülerarbeit *Lila,* 2010

valeuristisches Konzept
G. FLEGEL, *Stillleben mit Nelken,* um 1630

3.2 Grundlagen der Wahrnehmung

3.2.1 Physiologische Grundlagen

Das Auge

Der Begriff **Ästhetik** bedeutet so viel wie sinnliche Wahrnehmung und ist neben der Ethik und der Erkenntnistheorie ein Teilgebiet der Philosophie.

Ästhetik im engeren Sinne ist der Kunsttheorie verwandt und untersucht diverse Aspekte, u. a. Fragen nach
- der Schönheit der Kunst,
- dem Kunstverständnis,
- den Aufgaben von Kunst sowie
- den Möglichkeiten des künstlerischen Schöpfungsprozesses.

Ästhetik, griech. aisthētiké (téchnē) = Wissenschaft vom sinnlich wahrnehmbaren, ist die Wissenschaft vom Schönen und die Lehre von der Gesetzmäßigkeit und Harmonie in Natur und Kunst.

Im weiteren Sinne untersucht Ästhetik die Wahrnehmung als einen subjektiven Erkenntnisprozess über die menschlichen Sinnesorgane.

Dabei nimmt der Mensch bis zu 78 % an Informationen über das Auge, 13 % mittels Ohr sowie zu je 3 % durch seinen Tastsinn, Geruchssinn und den Geschmackssinn auf. Damit ist die menschliche Wahrnehmung ein Zusammenspiel von **physiologischen** und **psychologischen** Faktoren, auch **psychophysischer Prozess** genannt.

Physiologische Grundlage des Wahrnehmungsprozesses ist die Abbildung eines Gegenstandes oder auch Reizes im menschlichen Auge.

Der Sehvorgang wird erst möglich durch eine Emissionsquelle, die Lichtenergie aussendet. Diese elektromagnetischen Energiestrahlen mit einer Wellenlänge zwischen ca. 400 nm und 700 nm treffen auf ein materielles Objekt. Materie absorbiert (= verschluckt) Licht. Es werden je nach molekularer Struktur individuell unterschiedliche Wellenlängen absorbiert. Der Rest wird, wenn es sich um lichtundurchsichtiges Material handelt, reflektiert (= zurückgeworfen) oder bei lichtdurchlässiger Materie transmittiert (= durchgelassen). Diese übrig gebliebenen elektromagnetischen Wellen des Lichts gelangen in das menschliche Auge als proximaler (= naher) Reiz. Hornhaut, Augenflüssigkeit, Augenlinse und Glaskörper wirken zusammen wie eine Sammellinse. Die in das Auge fallenden Lichtstrahlen werden durch dieses Linsensystem gebrochen. Die Iris, die aus farbigem Gewebe besteht, reguliert die Pupillengröße und somit die ins Auge dringende Lichtmenge.
Damit kann das Auge unterschiedlich starke Lichtverhältnisse ausgleichen. Das Licht breitet sich durch den **Glaskörper** aus und erreicht die

3

Netzhaut (Retina), die die Rückseite des Augapfels bildet. Sie ist ein Netzwerk aus **Rezeptoren** (= Empfangseinheiten), das empfindlich auf das Licht reagiert. Es gibt zwei unterschiedliche Arten von Rezeptoren – Stäbchen und Zäpfchen. Während die Stäbchen (ca. 120 Mio.) auf Helligkeitsunterschiede reagieren, sind die Zäpfchen (ca. 6 Mio.) für das Sehen von Farben verantwortlich. Im Zentrum des Lichteinfalls auf die Netzhaut befindet sich die Sehgrube **(Fovea),** die ausschließlich aus Zapfen besteht. Sie stellt den relativ begrenzten Bereich des Auges dar, mit dem der Mensch scharf sehen kann. Auf der übrigen Netzhaut empfangene Lichtstrahlen bringen unscharfe Bilder hervor. Beim Eintreffen von Lichtwellen wird ein verkleinertes, umgekehrtes und reelles Bild auf die Netzhaut projiziert, werden Stäbchen und Zapfen gereizt. Diese Reize werden in bioelektrische Impulse umgewandelt und über Nervenbahnen des Sehnervs an das Gehirn weitergeleitet. Der Sehnerv befindet sich an einer Stelle des Auges, die keine lichtempfindlichen Zellen enthält und deshalb als blinder Fleck bezeichnet wird. Im Sehzentrum des Gehirns werden die Impulse in unterschiedliche Sehempfindungen umgewandelt. Der Mensch sieht das Bild des betrachteten Objekts in seiner reellen Größe und Gestalt.

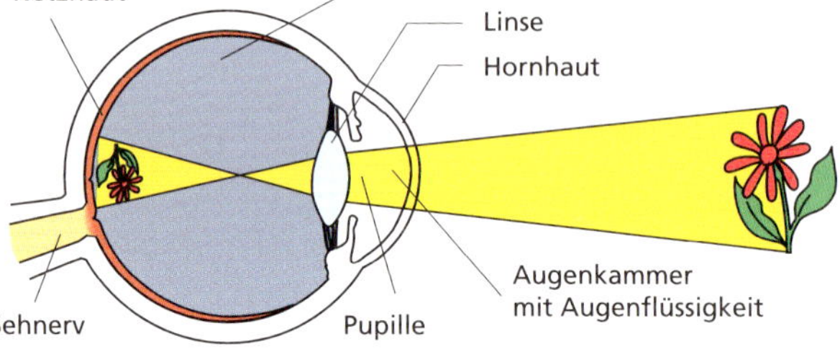

Raumwahrnehmung

Das Auge ist das wichtigste Sinnesorgan für die **Körper- und Raumwahrnehmung.** In einer Wahrnehmungseinheit mit dem Hören, Tasten und der Bewegung kann der Mensch seine optischen Wahrnehmungen unterstützen und den Raum erfahren. Dabei spielen auch psychologische Einflüsse eine Rolle.

Der Mensch nimmt aufgrund seines symmetrisch angelegten Körpers seine Umwelt bilateral (zweiseitig) wahr. Er sieht mit zwei Augen, hört mit zwei Ohren und tastet mit zwei Händen. Die aufgenommenen Eindrücke werden miteinander verglichen und abgestimmt. Binokulares Sehen, d.h. Tiefensehen mit beiden Augen, findet beim Betrachten von Gegenständen im Nahbereich statt. Da jedes Auge den Gegenstand aus einem etwas anderen Blickwinkel betrachtet (Augenabstand ca. 7 cm), unterscheiden sich die auf die Netzhaut projizierten Bilder geringfügig voneinander. Diesen Unterschied nennt man **Disparation.** Im Gehirn werden beide Bilder zu einem dreidimensionalen Abbild des Gegenstandes verarbeitet.

Disparation, von lat. disparatum = trennen, absondern

Bei weiter entfernten Objekten relativiert sich der Bildunterschied und bei etwas mehr als 6 m Abstand ist er völlig ausgeglichen. Man spricht hier vom monokularen (einäugigen) Tiefensehen.
Um unterscheiden zu können, wie weit Objekte vom Betrachter entfernt und wie groß sie sind, benötigt man Bezugspunkte. Das Auge sucht beim Sehen nach Unterscheidungsmöglichkeiten innerhalb der Fülle wahrgenommener Formen. Es gibt verschiedene raumwahrnehmende Mittel, auch **monokulare Tiefenkriterien** genannt.
Bei Objekten, deren Fußpunkte unterschiedlich wahrgenommen werden, sind die höheren weiter entfernt als die tiefer stehenden.

Monokulare Tiefenkriterien an: JAN VAN EYCK, Die Madonna des Kanzlers

Je höher der Gegenstand auf der Grundebene zum Horizont liegt, umso weiter ist er entfernt.

Objekte überdecken sich z.T. und klären so vorne und hinten.

Näher stehende Objekte erscheinen größer, weiter entfernte kleiner.

Entfernte Objekte wirken unscharf, ihre Umrisse „verschwimmen“, ihre Farben „verblassen“.

Hell-Dunkel-Abstufungen kennzeichnen die Plastizität der Körper.

Parallele, in den Raum führende Linien konvergieren.

Aus teilweisen Überdeckungen von Formen lässt sich schließen, welche vorne und welche dahinter stehen. Findet eine solche Überdeckung in einer systematischen Anordnung, in eine Richtung und mit gleichen Abständen statt, spricht man von Staffelung.
Je weiter sich gleich große Formen vom Betrachter entfernt befinden, umso kleiner erscheinen sie.

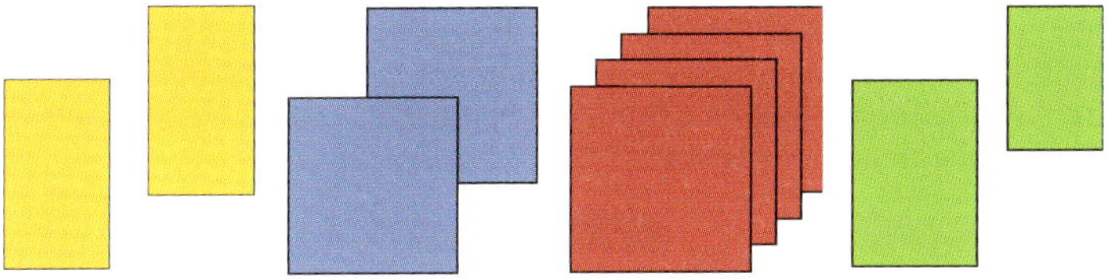

Höhenunterschied | Überdeckung | Staffelung | Größenabnahme

Weitere Mittel, die eine Körper- und Raumwahrnehmung hervorrufen, sind die Luft- und Farbperspektive, die Parallel- und **Zentralperspektive** (↗ S. 79), Helligkeitsabstufungen und die Schattenwirkung.
Dreidimensionales Sehen ist auch abhängig von den Augenbewegungen. Die Augen sind beim Sehen immer in Bewegung. Fixiert man ein Objekt bewusst ruhig, so verschwimmt das Bild nach kurzer Zeit, weil die Sehzellen rasch ermüden. Bewegt man die Augen beim Betrachten eines Gegenstandes, gelangen Lichtwellen immer wieder auf noch nicht ermüdete Teile der Netzhaut und das Bild bleibt deutlich. Solche Augenbewegungen ermöglichen durch das Aufrechterhalten der Seheindrücke eine Raumwahrnehmung.

Bild: SIMONE FELGENTREU, Apart. 2003

Aufgrund der schnellen Ermüdung der Sehzellen entstehen im Gehirn Nachbilder. So sieht man auch kurze Zeit, nachdem ein Lichtreiz aufgehört hat, noch das Objekt. Solche Nachbilder überbrücken und vervollständigen den Eindruck des Gesehenen.
Dieses Phänomen nutzten Künstler der **Op-Art** aus. Ein Eindruck von Räumlichkeit und Bewegung wird vermittelt. Augenbewegung und Nachbilder sind hierfür verantwortlich. Die immer neu erzeugten Bilder passen nicht mit den Nachbildern zusammen, ein regelrechter **Flimmereffekt** entsteht.

Op-Art, Abkürzung für engl. Optical Art, bezeichnet Kunstwerke, die eine optische Wirkung abstrakter, meist geometrisch-serieller Farbfiguren und Formschöpfungen beabsichtigen.

Farbwahrnehmung

Farbensehen ist ein sehr umfangreiches und bis in die Gegenwart widersprüchliches Phänomen.
Physikalisch gesehen sind Farben Lichtwellen unterschiedlicher Frequenzen (Wellenlängen).
Die Grundlagen für unser heutiges Farbverständnis bilden die Forschungsergebnisse des englischen Naturwissenschaftlers ISAAC NEWTON. Er entdeckte 1666, dass sich weißes Licht (Sonnenstrahlen), das in einem dreieckigen Glasprisma gebrochen wird, in die Spektralfarben Rot, Orange, Gelb, Grün, Blau und Violett zerlegt, wobei jede Farbe einer bestimmten Frequenz entspricht. Werden die Spektralfarben erneut gesammelt und durch ein Prisma geleitet, ergeben sie wieder weißes Licht.
Der englische Arzt THOMAS YOUNG erkannte, dass Farbe eine Empfindung ist. Er fand heraus, dass sich die Spektralfarben auf drei Primärfarben reduzieren lassen: Rot, Grün und Dunkelblau, mit denen sich weißes Licht wieder zusammensetzen lässt. Durch die paarweise Überlagerung der Lichtbahnen seiner drei Primärfarben erhielt er drei weitere hellere Farben, die so genannten Sekundärfarben des Lichts:

Rot	+	Grün	=	Gelb
Rot	+	Dunkelblau	=	Purpur (Magenta)
Grün	+	Dunkelblau	=	Hellblau (Cyan)

ISAAC NEWTON, 1643–1727, engl. Physiker, Mathematiker und Astronom, entdeckte die Spektralzerlegung des Lichts.

THOMAS YOUNG, 1773 bis 1829, engl. Arzt, Physiker und Philologe, eigentl. Begründer der Wellentheorie des Lichts

Auf diesen Erkenntnissen beruht YOUNGS 1793 aufgestellte so genannte **Dreikomponenten-Theorie.** Demzufolge gibt es auf der Netzhaut drei unterschiedliche Typen von Farbrezeptoren (Zapfen), welche auf die Grundfarben Rot, Grün und Dunkelblau reagieren. Aus diesen drei Farben können durch anteilige Erregung der jeweiligen Zellen alle anderen Farbwahrnehmungen gemischt werden. Diese Theorie kann heute physiologisch nachgewiesen werden.

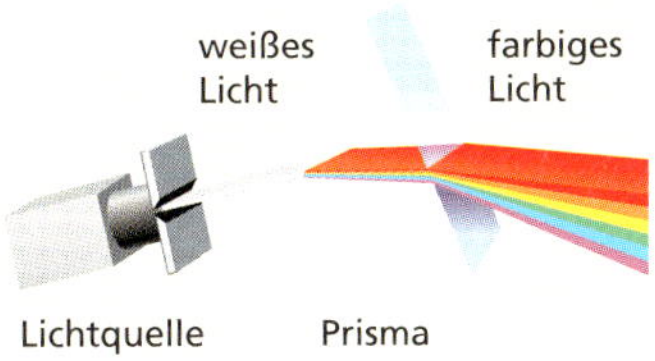

Zerlegung von weißem Licht in die Spektralfarben

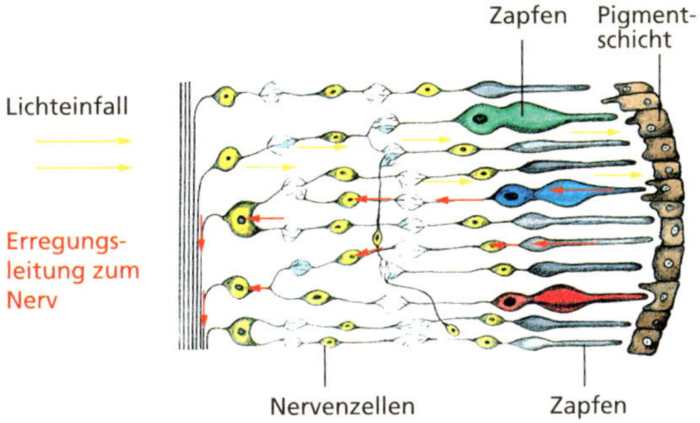

Farben sehen – Lichteinfall und Erregung der Zapfen

Auch H. KÜPPERS geht von der Dreifarbentheorie aus und sagt, dass Farbe eine physiologische Erscheinung ist, nämlich die Empfindung im Sinnesorgan des Betrachters. Eine weitere Erklärung für das Farbensehen liefert die Theorie der Gegenfarben, die besagt, dass die Erregungen aus den drei Typen der Farbrezeptoren in die drei Gegenfarbpaare Rot-Grün, Gelb-Blau und Schwarz-Weiß umgewandelt werden.
Alle diese Theorien bilden jedoch noch keine endgültige Erklärung für das Farbensehen. Im Gehirn spielen sich komplizierte Prozessen ab, die noch nicht völlig erforscht worden sind.

Additive und subtraktive Farbmischung

Bei der **additiven Farbmischung** werden die Primärfarben des Lichts, Rot, Grün und Dunkelblau, auf einer Stelle gesammelt und übereinander gelagert. Dabei entsteht wieder weißes Licht. Addiert man nur die rote und grüne Strahlung, erhält man Gelb. Das geschieht auch bei der Reizung der Zapfen bei gleichzeitiger Strahlung von rotem und grünem Licht – man sieht Gelb.

Farbempfindung	**Strahlenanteile**
Gelb	Rot + Grün
Purpur (Magenta)	Rot + Dunkelblau
Blaugrün (Cyan)	Grün + Dunkelblau
Weiß	Rot + Grün + Dunkelblau
Schwarz	keine Remission, damit keine optische Wahrnehmung

Die **subtraktive Farbmischung** lässt sich an bemalten Flächen erkennen. Die Pigmentfarben (Malfarben) absorbieren (= subtrahieren) vom einfallenden Licht alle Farbanteile, außer die, in deren Farbe man sie sieht. Das restliche Licht bildet eine Mischfarbe.

Die Sekundärfarben des Lichts sind die Primärfarben der Pigmentfarben in der Malerei, da man durch die subtraktive Mischung der Farben Gelb, Magenta und Cyan alle anderen Farben des Farbkreises erhält.

Strahlenanteile	Sekundärfarben	
Gelb + Magenta	Orange	Durch Mischen aller Farben erhält man Schwarz
Magenta + Cyan	Violett	
Cyan + Gelb	Grün	

3.2.2 Psychologische Grundlagen

▶ CHRISTIAN VON EHRENFELS (1859–1932) begründete die Gestalttheorie.

WOLFGANG KÖHLER (1897–1967) setzte sie als Forschungsgebiet der Psychologie fort.

Die Fähigkeit der Wahrnehmung entwickelt sich im Laufe des Lebens. Der Mensch richtet seine Aufmerksamkeit auf für ihn interessante Informationen. Das Gehirn wählt aus der Unzahl aufgenommener Reize nur bestimmte aus. Psychologen fanden heraus, dass die menschliche Wahrnehmung nach bestimmten Gesetzmäßigkeiten organisiert ist.

Figur-Grund-Beziehung

Die grundlegende Eigenschaft der Wahrnehmung beruht auf der Unterscheidung zwischen „Figur“ und „Grund“, dem sich vom Hintergrund abhebenden Objekt. Das Gehirn bemüht sich, Formen aus seinem flächigen oder räumlichen Umfeld herauszulösen und zu verstehen. Das gelingt am besten, wenn Figur (Positivform) und Grund (Negativform) in ihrer Helligkeit, Farbigkeit, Struktur usw. kontrastieren.

geringe Unterscheidung, da wenig Helligkeitskontrast

stärkere Prägnanz, da großer Hell-Dunkel-Kontrast

stärkster Unterschied, da einfachstes, geschlossenes Bildelement

▶ **Trompe-l’Œil** (frz. = Augentäuschung) gehört zur Gattung des Stilllebens, in dem die Gegenstände so naturgetreu gemalt sind, dass sie dem Betrachter als Wirklichkeit erscheinen.

Bildelemente, die im Zusammenhang gesehen werden und dabei eine möglichst prägnante Form ergeben, bilden die Figur, der Rest den Grund, vor dem die Figur deutlich hervortritt, zu sehen am Beispiel des **Trompe-l´Œil.**

Manche Gestaltungen rufen eine mehrdeutige Figur-Grund-Beziehung hervor (wenn Formen verwendet werden, die abwechselnd als Figur und als Grund gedeutet werden können. M. C. ESCHERS Werke sind oft Anreger für den Kunstunterricht.

JOHANN HEINRICH FÜSSLI,
Trompe-l'Œil, 1750,
Öl auf Leinwand

Arbeit aus dem Kunstunterricht

„Rubinscher Becher", zu deuten als Vase oder zwei Gesichter im Profil

Gesetz der Geschlossenheit

Der Betrachter nimmt Formen mit geschlossenen Konturen als Figuren eher wahr als solche mit offenen Konturen.

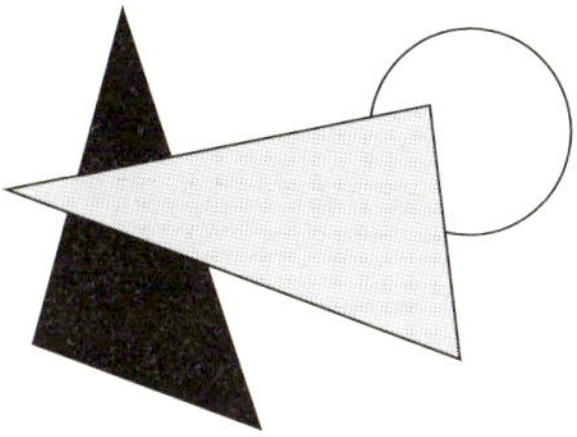

Geschlossene Formen sind besser zu erkennen.

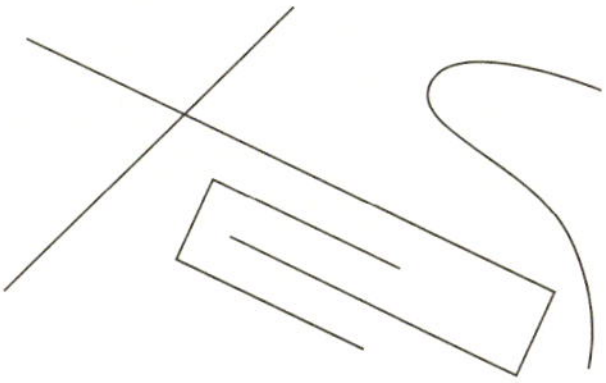

Offene Formen sind schwer zu erkennen.

Gesetz der guten Gestalt (Prägnanzgesetz)

Bild:
JASCHA DHAL,
Zwei, 2004

Das Auge des Betrachters fasst Gesehenes zu komplexen Formen zusammen. Prägnante Elemente prägen sich besser ein und teilweise überdeckte Objekte sind in ihrer vollständigen Form vorstellbar. Im Beispiel ergänzen sich die losen Teile zu einem Gesicht.

Diese Form wird als Dreieck und Viereck wahrgenommen.

Gesetz der Nähe

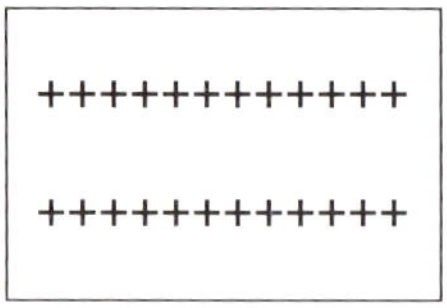

Horizontal angeordnete Kreuze bilden eine Form.

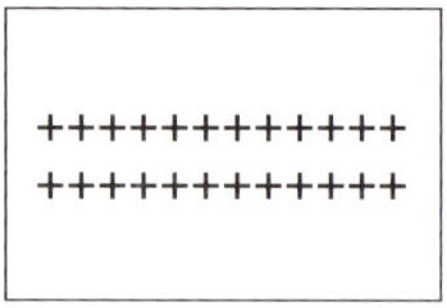

Beide Reihen bilden eine Figur.

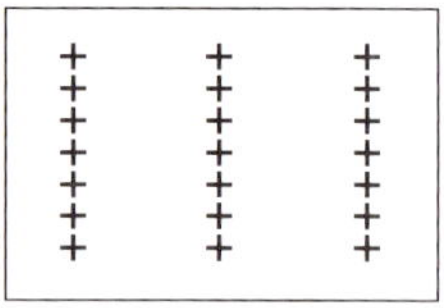

Vertikale Reihen wirken zusammengehörend.

Objekte, die nahe beieinander liegen, werden als zusammenhängende Formkomplexe wahrgenommen.

Gesetz der Gleichheit

Der Betrachter ordnet sich gleichende oder ähnelnde Formen gedanklich einander zu.
In der pointillistischen Malweise werden Punkte einander zugeordnet und wirken als Fläche.

Bild:
G. SEURAT, *Port-en-Bessin* (Ausschnitt), 1888

3.3 Grundlagen der Gestaltung

Gestaltung nennt man den künstlerischen Prozess der Entstehung von Kunstwerken bzw. das bewusste Wiedergeben von Eindrücken mit dem Ziel, subjektive Vorstellungen, Gedanken und Gefühle mittels bildnerischer Mittel sichtbar zu machen.

Die Wirkung von Gemälden wird, wenn auch vom Betrachter zuerst unbewusst erfasst, durch verschiedene gestalterische Entscheidungen des Künstlers bestimmt. Die Gestaltung eines Bildes kann nach strengen Regeln vorgenommen oder vom Künstler unbewusst so gewählt worden sein. Sie kann einfach oder kompliziert, harmonisch oder disharmonisch wirken. Die grundlegenden bildnerischen Gestaltungsmittel sind in der Malerei den drei bestimmenden ästhetischen Bereichen Form – Farbe – Komposition zuzuordnen.

Ihr Einsatz hängt immer eng mit dem Gehalt des Kunstwerkes (Inhalt – Form – Aspekt) zusammen. Alle drei Bereiche besitzen ihre Besonderheiten, die in jedem Kunstwerk auf spezielle Weise eng zusammenwirken und deren Wechselbeziehungen beachtet werden müssen.

3.3.1 Die Form

Die sich auf die Form beziehenden Gestaltungsmittel unterscheiden sich je nach ihrer Ausdehnung auf der Ebene oder im Raum in Punkt, Linie, Fläche und Körper bzw. Raum.

Der Punkt

Der Punkt ist die kleinste Einheit, die wahrgenommen werden kann, und besitzt, anders als in der Mathematik, eine Dimension. Diese ist abhängig vom Werkzeug, wie Bleistift, Stift oder Pinsel, vom Träger, auf das er gelangt, z. B. dem Papier, dem Malkarton oder der Leinwand, und als Drittes vom Druck, mit dem er aufgebracht wird.
Viele aneinander gesetzte Punkte werden als Muster, Struktur oder Licht-Schatten-Modulation wahrgenommen.
Die **Pointillisten** setzten bei ihrer Malweise unzählige reinbunte Farbpunkte nebeneinander, deren komplementäre Kontraste sich im Auge des Betrachters zu neuen, abgestuften Farbtönen vermischten.

Bild:
G. SEURAT,
Der Zirkus, 1891

Pointillismus, frz. point = Punkt; Begriff für eine seit etwa 1883 entwickelte Maltechnik, bei der die Farbe in Punkten oder kleinen Strichen auf die Leinwand aufgebracht wird; verwendet werden ausschließlich Grundfarben erster, zweiter oder dritter Ordnung (↗ S. 135).

Bild:
Skizze mit unterschiedlichen Punkten

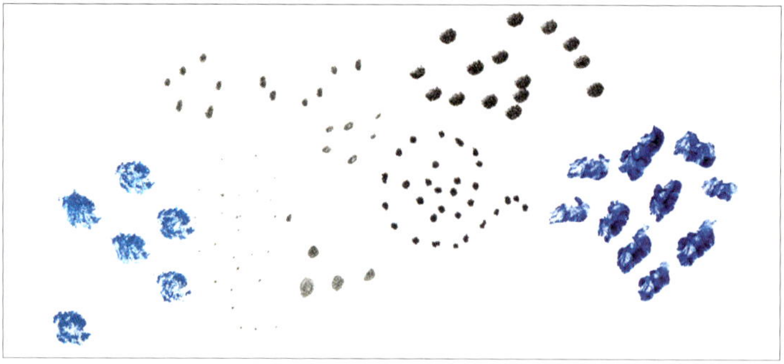

Beim maschinellen Druckvorgang von Bildern dient der Punkt als Grundelement des Rasters.

Bild links:
LEONARDO DA VINCI, *Dame mit dem Hermelin,* um 1485

Bild rechts:
Rastervergrößerung des Auges

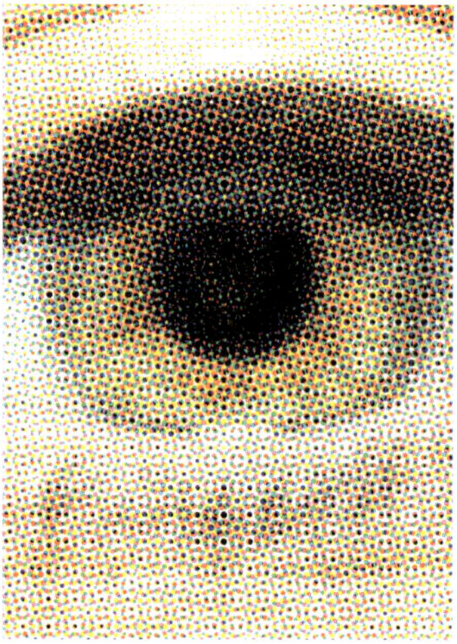

Die Linie

Durch die Aneinanderreihung von Punkten entsteht eine Linie, die unterschieden werden kann nach Richtungsverlauf, Dichte und Ausdehnung in der Breite.

Funktion

Die Linie erfüllt in der Malerei verschiedene Funktionen. Mit ihr kann man Formen kennzeichnen und so Objekte definieren. Sie kann als eigenständiges Element in einem Bild erscheinen, aber auch als Form für einen bestimmten Gegenstand selbst stehen (z. B. einen Pfahl). Ebenso ist es möglich, dass sie die Umrissform einer Fläche, eines Körpers oder eines Raumes kennzeichnet. Durch den Hell-Dunkel-Kontrast zwischen Objekt und Hintergrund kann eine linienhafte Kontur (Umriss) erscheinen. Viele feine, kurze Linien, Striche genannt, die dicht beieinander stehen,

können die Oberflächenbeschaffenheit eines Körpers oder eine Struktur widerspiegeln. Mit Linien lassen sich Bewegungen, Richtungen und Geschwindigkeiten darstellen. Linien, die Flächen dekorativ gliedern, haben eine schmückende, ornamentale Funktion.
In der Op-Art, einer seit Ende der 1950er-Jahre bekannten Kunstrichtung, die vor allem optische Täuschungen des menschlichen Auges erreichen will, erzielt man mittels Überlagerungen von Linien charakteristische Effekte: Flimmern, Farbräumlichkeit u. a.

Linie als eigenständiges Element

J. POLLOCK,
Komposition Nr. 16, 1948

Linien kennzeichnen Umrissformen

A. MACKE
Marienkirche mit Häusern und Schornstein, 1911

linienhafte Kontur durch Hell-Dunkel-Kontrast

RAFFAEL,
Porträt einer Dame, 1507

dekorativ wirkende Linien

G. KLIMT,
Die Jungfrau, 1913

WASSILY KANDINSKY:
„Die Linie ist ein Gegenstand", 1926, (In: „Punkt und Linie zur Fläche")

Linienformen

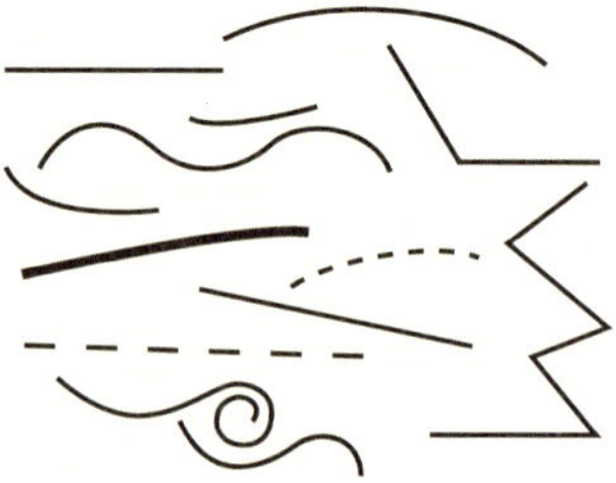

Linien können
- gerade, gebogen, gewellt oder geknickt,
- dünn oder dick,
- gleich oder ungleich breit,
- von einer oder beiden Seiten begrenzt sein,
- durchgängig oder gestrichelt, unterbrochen,
- geometrischen oder organischen Ursprungs sein.

Geometrische Linienformen

Primärform (Grundform)	Sekundärform (Zweitform)
gerade	stumpfwinklig
gebogen	spitzbogig
spitzwinklig	flachbogig

Weitere Kombinationen ergeben sich durch Addition und Variation, sodass komplexere Formen entstehen können.

Aus Formen der Natur lassen sich sowohl organische als auch freie Linienformen herleiten.

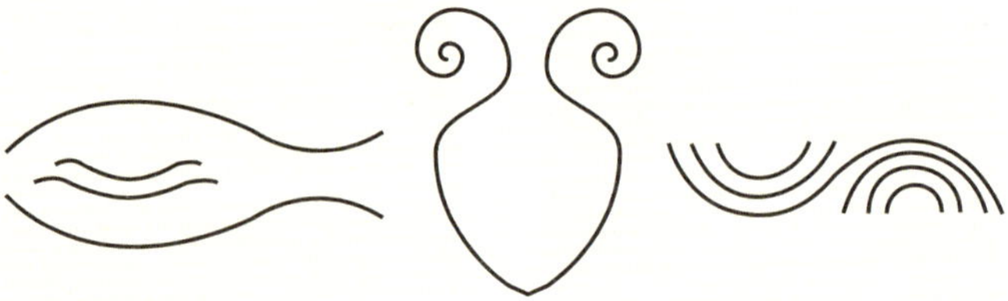

Linienwirkung

Schon einfachste Linien rufen bei ihrer Betrachtung unterschiedliche Wirkungen hervor, die aus Stimmungen und Gefühlen und aus menschlichen Raumerfahrungen resultieren.

Grundform	Charakteristik	Grundform	Charakteristik
senkrecht (vertikal)	stehend, fest, stabil	waagerecht (horizontal)	liegend, ruhig, statisch
schräg	unruhig, dynamisch, richtungsweisend	diagonal	aufsteigend, fallend
rund, gebogen	aufnehmend, offen bzw. beschützend, geschlossen	recht-winklig	konstruktiv, exakt
winklig	technisch, konstruiert	organisch, frei	natürlich, lebendig
wellen-förmig	bewegt, unruhig	dünn	zart
breit	fest, hart, stabil	auslau-fend	lebendig, unruhig

3.3.2 Die Fläche

Die Fläche besitzt mit ihrer Länge und Breite zwei Ausdehnungen (Dimensionen) und wird durch einen Umriss in ihrer Form festgelegt.

„Dreirund" und „Vierrund" sind Flächen, die von bogenförmig gekrümmten Umrisslinien umschlossen sind, wobei die seitenhalbierenden Symmetrieachsen jeweils die gleiche Krümmung und Seitenlänge aufweisen. Durch Addition und Subtraktion von Primär- und Sekundärformen entstehen weitere komplexe Flächenformen geometrischen Ursprungs.

Flächenformen

Flächen können
- eckig oder rund,
- symmetrisch oder asymmetrisch,
- durch Punkte, Linien oder angrenzende Flächen begrenzt,
- „leer" (nur von Umrissform bestimmt), mit nur einer Farbe gefüllt oder binnendifferenziert (durch Strukturen, Muster etc.),
- ganzheitlich oder Teilflächen,
- geometrisch (konstruiert), organisch (von der Natur abgeleitet) oder
- frei entwickelt sein.

Geometrische Flächenformen

Primärform (Grundform)		Sekundärform (Zweitform)	
Kreis		Trapez	
Dreieck (gleichseitig)		„Dreirund"	
Quadrat		„Vierrund"	

Sekundärflächenformen ergeben sich aus der Kombination zweier Primärflächenformen.

Organische Flächenformen

Diese Formen sind von Pflanzenformen oder Lebewesen abgeleitet. Indem man sie mit tatsächlichen Formen vergleicht oder Formen nennt, an die sie erinnern (wie Wolken, Blätter, Figuren etc.), kann man sie beschreiben. Organische Formen werden besonders für ornamentale Zwecke verwendet und dabei häufig stilisiert (gestalterisch vereinfacht). Wichtig ist dabei, dass charakteristische Merkmale und Gesetzmäßigkeiten der Naturform erhalten bleiben.

Suprematismus: eine von KASIMIR MALEWITSCH entwickelte Richtung innerhalb des russischen Konstruktivismus. Dabei sind Kreis und Quadrat die klarsten Formen der Widerspiegelung reiner Emotionen (vgl. S. 142ff.).

geometrische Flächen	**organische Flächen**
 K. MALEWITSCH, *Suprematismus Nr. 56,* 1916	 JOAN MIRÓ, *El oro del cielo azul,* 1967

Unterscheidungsmöglichkeiten der Fläche vom Umfeld

Eine Fläche, die sich nur durch die Umrisslinie von ihrer Umgebung abgrenzt, hebt sich vom Umfeld nicht stark ab. Das wird erst durch ihre Ausgestaltung möglich. Flächen können sich vom Umfeld unterscheiden durch:

Flächenunterscheidung	
farbige Gestaltung	• gleichmäßiges Einfärben mit einem Farbton (flächige Darstellung), • variierende Farbgestaltung mit helleren oder dunkleren Zonen (plastische Wirkung, Licht-Schatten-Modellierung) • Ineinanderfließen verschiedener Farbtöne (zufällige, evtl. dekorative Gliederung)
dekorative Gliederung	Gestaltung mit Punkten, Linien, grafischen Strukturen, sodass die Fläche zu einem Ornament wird
Nachahmung	Nachempfinden der Stofflichkeit von Objekten, um eine Wirklichkeitsillusion zu erzeugen

Nicht nur die Anordnung einer Fläche oder ihre Gliederung, sondern auch die Flächen an sich rufen bestimmte Wirkungen beim Betrachter hervor, der mit ihnen persönliche Assoziationen und Emotionen (= affektive Eigenschaften) verbindet.

Flächenwirkung		
Kreise, Dreiecke, Quadrate und Rechtecke	technisch, konstruktiv	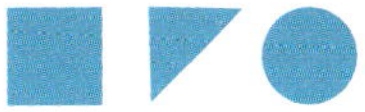
Kreisfläche (richtungsloses Ruhen um ein Zentrum)	weich, gefühlsbetont, auch feminin	
Dreieck, Ausrichtung der Spitzen	spannungsvoll, wandelbar, dynamisch fest, aber auch stabil	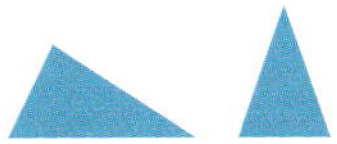
Quadrat, auch Rechteck	hart, bestimmt, verstandesbetont, auch maskulin	
waagerechte oder senkrechte Ausrichtung	stabil, ruhig	
auf der Spitze stehend	labil	
feste, geschlossene Flächen	statisch, ruhig	
Flächen mit kurvigen Umrisslinien	dynamisch, unruhig	
organische Flächen mit bewegten runden Linien	weich, dynamisch, lebendig	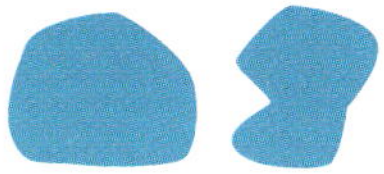

Die hier angesprochenen Wirkungen sind stark verallgemeinerte Grundmuster, die für jede Malerei konkret auf das Werk bezogen untersucht werden müssen. Analysiert man Kunstwerke, sollte man Formen auf ihre Grundformen zurückführen.

3.3.3 Körper und Raum

Drei Dimensionen umfassen Körper und Raum: die Länge, die Breite und die Höhe. Sie lassen sich, wie schon Linie und Fläche, nach geometrisch konstruierten und organischen Formen unterscheiden.

Körperformen

geometrische Körperformen	
Würfel	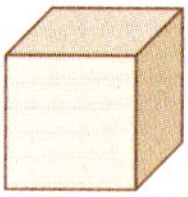
Kugel	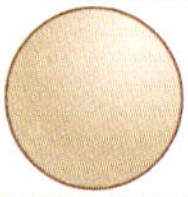
Kegel	
Zylinder	
Pyramide	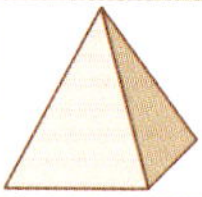

Diese Formen sind Primärformen, die sich durch Kombination miteinander zu komplizierten Gebilden verbinden lassen.
Organische Körperformen können nicht mit exakten Begriffen definiert werden. Man sollte sie bei ihrer Beschreibung mit ähnlichen Naturformen vergleichen.

geometrische Körper	organische Körper
 AUGUST MACKE, *Garten am Thuner See*, 1913	 FRANZ MARC, *Rehe im Schnee*, 1911

Bereits angesprochene Wirkungen auf den Betrachter lassen sich auch auf die Körper beziehen. Dazu kommt, dass Körper plastisch wirken können durch Hell-Dunkel-Modellation mittels Farbdifferenzierung, aber auch durch Linien als Umriss oder Strichbündelung. Räumliche Bezüge entstehen durch nichtperspektivische und perspektivische Darstellungsverfahren.

nichtperspektivische Darstellung	perspektivische Darstellung
• Überdeckung der Körper • Größenverhältnisse • Lageverhältnisse, unten = vorn, oben = hinten • Helligkeitsabstufung im Raum	• Parallelperspektive • Zentralperspektive • Farbperspektive • Luftperspektive

Weitere ästhetische Bereiche, die bei einer Untersuchung der Form und ihrer Wirkung eine wichtige Rolle spielen, sind die Quantität, Qualität, Begrenzung, Richtungsbezüge und die Oberflächenbeschaffenheit.

Quantität

Formen werden in ihrer Abhängigkeit zu anderen Bezugspunkten in ihren Mengen- und Größenverhältnissen als Teil zum Gesamten untersucht und als groß-klein, viel-wenig, voll-leer, dick-dünn, lang-kurz usw. bezeichnet. An der Größe der dargestellten Objekte lässt sich ihre Wichtigkeit ablesen, ein so genannter Bedeutungsmaßstab. Bei unterschiedlichen Mengen von Bildformen wird die Wirkung im Gesamtzusammenhang gewertet.

Qualität

Bei der Untersuchung der Qualität wird versucht, die Eigenart der Formen genau zu charakterisieren. Das geht bei einfachen geometrischen Figuren leicht, wird bei organischen Formen häufig einen Vergleich mit bekannten Formen nach sich ziehen. Ihre Wirkungsmöglichkeiten sind vielfältig, grundlegende wurden bereits angeführt (siehe Linien- und Flächenwirkung).

Begrenzung

Formen können auf unterschiedliche Weise voneinander abgegrenzt sein. Das läuft übergangslos auf einer Skala. Sie kann reichen von scharf bis diffus:

scharfe Abgrenzung (präzise, klar, hart, sauber, grafisch)	diffuse Abgrenzung (verschwommen, weich, bewegt, ungenau, verwaschen, malerisch)

Richtungsbezüge, die einen entscheidenden Aspekt zur Wirkung der Gesamtaussage darstellen und Wirkungen auf den Betrachter haben, sind erklärt bei „Linien- und Flächenwirkung".

Die **Oberflächenbeschaffenheit** eines Kunstwerks wird bestimmt von der Oberflächengestaltung, wie z. B. Stofflichkeit, sowie durch die Arbeitsspuren des Malers auf seinem Bild. Innerhalb der einzelnen bildnerischen Mittel Linie, Fläche und Körper gibt es die Formkontraste (Form-an-sich-Kontrast, Quantitätskontrast, Qualitätskontrast, und Richtungskontrast), die im Kapitel „Bildspannung" genauer besprochen werden. Die beiden anderen grundlegenden ästhetischen Bereiche Farbe und Komposition werden in den eigenständigen Kapiteln „Bildfarbe" und „Bildaufbau" ausführlich untersucht.

Bild links:
C. MONET, *Die Kathedrale von Rouen bei strahlender Sonne,* 1893, (Detail)

Bild rechts:
F. CLAESZ. VAN DYCK, *Stillleben,* 1613

3.4 Bildaufbau

Komposition, von lat. compositio = Zusammenstellung

> Der **Bildaufbau** bzw. die **Komposition** umfasst die unmittelbar erkennbare Grundstruktur aller in einem künstlerischen Werk eingesetzten bildnerischen Mittel, die sowohl die formale Anlage als auch die inhaltliche Aussage bestimmen. Dabei greifen technische, formale und inhaltliche Aspekte ineinander. Die Wirkung einer Komposition wird durch die Beziehung der einzelnen Teile zum Ganzen bestimmt.

Hinter der Auswahl, Anordnung und Abstimmung der bildnerischen Mittel sind **Ordnungsprinzipien** auszumachen, die charakteristisch für eine jeweilige Epoche sind und den individuellen Stil eines Künstlers kennzeichnen. Kompositionssysteme folgen einerseits geometrischen Prinzipien und andererseits der Psychologie des menschlichen Sehens, gefühlsmäßig aus der Sicht des Künstlers.
Bei der Analyse eines Gemäldes untersucht man die Einzelteile als solche und ihr Verhältnis zueinander. Diese Beziehungen bestimmen die Gesamtwirkung einer Komposition.

Zu den formalen wirkungsrelevanten Aspekten gehören:
- **Richtungen** (Horizontale, Vertikale, Diagonale, Schrägen),
- **Figuren** (Dreieck, Kreis, Quadrat),
- **Flächen** (wenige – viele, kleine – große, regelmäßige – unregelmäßige, begrenzte – diffuse),
- **Farben** (reinbunt – getrübt, hell – dunkel, monochrom – chromatisch, valeuristisch, komplementär).

Technische Gesichtspunkte werden durch den individuellen Umgang des Malers mit den von ihm verwendeten Materialien, z.B. dem unterschiedlichen Farbauftrag (lasierend – deckend – pastos etc.), bestimmt.

3.4.1 Gliederung des Formats

Tondo = Rundbild, beliebtes Format in der Florentiner Kunst des 15. und 16. Jh. (↗S. 99)

Eine wesentliche Rolle spielt das **Format.** Beim Tafelbild herrscht das rechteckige Hoch- oder Querformat vor dem Quadrat, dem Dreieck oder dem **Tondo** (kreisrundes Format) vor. Daneben gibt es Kombinationen, z.B. Hochformat mit Spitzbogen oder Halbkreis als oberem Abschluss oder völlig eigenwillige und mehrteilige Formate.
Oft werden bei der Untersuchung von Kunstwerken Kompositionslinien in unterschiedlichen Richtungen nachvollzogen, die bewusst oder unbewusst konstruiert wurden.

So kann die Gliederung eines rechteckigen Formats randparallel erfolgen. Es ergeben sich die Vertikale und die Horizontale. Die das Bild vertikal Halbierende, die Mittelsenkrechte, ergibt eine Symmetrie mit der Wirkung von Ausgewogenheit. Solche symmetrische vertikale oder horizontale Teilung kann sowohl harmonisch als auch eintönig wirken,

weshalb Künstler den Schwerpunkt des Bildes häufig bewusst aus der Mitte verlagerten und damit ein so genanntes „optisches Gleichgewicht" erzielten.
Bei einer Gliederung mittels der Diagonalen entsteht eine dynamische Wirkung.

EL GRECO, *Das Letzte Abendmahl,* 1596, senkrechte Mittelachse

VERMEER, *Junge Frau mit Perlenhalsband,* um 1665, senkrechte Achse nach rechts und links verschoben

Kompositionslinien sind nicht immer deutlich zu erkennen. Sie können auch fiktiv sein durch bewusst gesetzte Blickpunkte, die das Auge lenken. Sie helfen zu erkennen, wo der Künstler Schwerpunkte im Bild gesetzt hat (Blickführung). Es gibt aber auch weitaus kompliziertere geometrische Kompositionsfiguren, die einen starken symbolischen Charakter besitzen. Dazu gehören der Halbkreis und der Kreis als Zeichen der Vollkommenheit des Himmels, das Quadrat, das die Erde symbolisiert, und das Dreieck – das Zeichen für göttliche Dreifaltigkeit.
Diese Figuren fanden, auch in Kombination, besonders in der Renaissance Anwendung, während im Manierismus und Barock Diagonalen, Ellipsen und gedrehte Figuren Kompositionsprinzipien in Verbindung mit extremen Perspektiven und uneinheitlichen Lichtquellen waren.

Solche Schemata sind also charakteristisch für verschiedene Epochen und geben damit auch Auskunft über das jeweilige Weltbild und geistige Haltungen.

Bild links:
TIZIAN, *Assunta (Mariä Himmelfahrt),* 1518, Mittelsenkrechte, Kreis, Dreieck als Kompositionsfiguren

Bild rechts:
PETER PAUL RUBENS, *Amazonenschlacht,* um 1620, große und kleine Ellipsen als Kompositionsfiguren

Wesentlich für die Wirkung eines Gemäldes sind die Größe und die Anzahl der Bildelemente im Format. Einzelne Elemente können auf der Bildfläche z.B. unübersehbar, besonders wichtig oder isoliert wirken. Eine Vielzahl von Bildelementen strahlt eher Unruhe aus, besonders, wenn diese unterschiedlich ausgerichtet sind. Die Größe der Bildelemente ruft in direkter Abhängigkeit zur Formatgröße Wirkungen von winzig klein bis riesengroß, das Format „sprengend" hervor.

Bild links:
CASPAR DAVID FRIEDRICH, *Mönch am Meer,* 1809, Wirkung von Ruhe durch Anzahl und Größe der Bildelemente

Bild rechts:
JUAN GRIS, *Fruchtschale und Mandoline,* 1919, unruhigere Wirkung durch Anzahl und Position der Bildelemente

3.4.2 Position

Nimmt ein Bildelement die zentrale **Position** im Format ein, besetzt es also die Bildmitte, wirkt es dominant, stabil etc., möglicherweise eintönig. Eine größere Spannung erzielt ein Bildelement in dezentraler Position im Format. Wobei hier unterschieden werden kann zwischen oben, unten, links und rechts. Diese Positionen rufen sehr unterschiedliche Wirkungen hervor. Bildelemente, die sich oben befinden, können mögliche Eindrücke von Wichtigkeit, Abgehobenheit, aber auch Bedrohlichkeit vermitteln. Weit unten im Format wirken die Elemente weniger bedeutend, auch fallend. Bildelemente in linker bzw. rechter Randposition wirken eher unwichtig mit einem unausgewogenen Gesamteindruck, was optisch ausgeglichen werden kann durch einen zweiten, weniger starken optischen Schwerpunkt.

3.4.3 Gerichtetheit

Zur Wirkung eines Gemäldes trägt ebenfalls die **Gerichtetheit** von Format und Bildelementen bei. Das Querformat kommt dem normalen Seheindruck am nächsten, es betont die horizontalen Linien, während das Hochformat die vertikalen Linien hervorhebt.
Bei extremen Formatproportionen (z.B. langes Hoch- oder Querformat) wirkt schon die Ausrichtung des Formats für sich. Andere Bildformate, wie Kreis oder Ellipse, wirken ungewöhnlich. Dynamisch oder unruhig wirken Bildelemente mit unterschiedlicher Gerichtetheit, was sich bei zunehmender Anzahl steigert. Somit vermittelt ein Gemälde mit starker Gleichrichtung seiner Elemente einen ruhigen Eindruck. Diese Wirkung ist bei horizontaler Ausrichtung der Bildelemente und des Formats am stärksten.

Bild links:
CLAUDE MONET, *Das Mohnblumenfeld (Der Heuschober),* 1885, horizontale Ausrichtung der Bildelemente – ruhige Wirkung

Bild rechts:
TIZIAN, *Dornenkrönung,* um 1570, unterschiedliche Ausrichtung der Figuren – bewegter Eindruck

3.4.4 Ordnungsprinzipien

Dem formalen Bildaufbau liegen relativ einfache Ordnungsprinzipien zugrunde, die die Beziehung der einzelnen Bildelemente zueinander bestimmen. Selten treten sie allein auf. Meist findet man sie in Gemälden in komplexer Form, sodass die Komposition unübersichtlich wirkt. Zu den Ordnungsprinzipien gehören:

Ordnungsprinzipien		
Reihung: Gleiche oder sehr ähnliche Bildelemente werden wiederholt, wobei der Abstand gleichmäßig und ihre Gerichtetheit erhalten bleiben.		Bild: *Der Zug der Hl. Märtyrer,* vor 526, Mosaik, Ravenna, San Apollinare Nuovo
Rhythmus: Sich ähnelnde oder verschiedene Bildelemente wiederholen sich als Sequenz mindestens einmal oder sind in rhythmisch unterschiedlicher Weise angeordnet.		Bild: ENGUERRAND CHARONTON, *Schutzmantelmadonna,* 1452
Gruppierung: Eine Anzahl gleicher oder ähnlicher Elemente ist zentral oder dezentral, symmetrisch oder asymmetrisch, geordnet oder ungeordnet in einem relativ ausgewogenen Verhältnis an bestimmten Teilen der Bildfläche verteilt angeordnet		Bild: MATTHIAS GRÜNEWALD, *Isenheimer Altar* (zweite Schauseite, Mitteltafel), 1517

Bild:
VINCENT VAN GOGH,
Stillleben mit Oleander, 1888

Ballung:
Eine Anzahl gleicher oder ähnlicher Bildelemente mit geringem Abstand und teilweiser Überdeckung ist in einem Teil der Bildfläche konzentriert dargestellt.

Bild:
PIETER BRUEGEL D. Ä.,
Sturz der Engel, 1562

Streuung:
Die Fläche ist mit verschiedenen Bildelementen in regelmäßigen und ausgerichteten (unlebendige, statische Wirkung) oder unregelmäßigen, „zufälligen" (lebendigere, dynamische Wirkung) Abständen gegliedert.

Bild:
PIERO DI COSIMO,
Heimsuchung,
1480–1490, Öl auf Holz

Symmetrie:
Die Bildelemente sind meist achsensymmetrisch angeordnet und liegen sich somit an einer Symmetrieachse, die waagerecht, senkrecht oder schräg verlaufen kann, spiegelbildlich gegenüber, wobei eine ausgewogene, geordnete Wirkung entsteht.

Bild:
J.-B. CHARDIN,
Die Rübenputzerin,
um 1738

Asymmetrie:
Bildelemente werden betont unregelmäßig angeordnet, Symmetrie wird vermieden, sodass eine lebendige, spannungsvolle Wirkung erzielt wird.

Bild:
JASCHA DHAL,
Pyramidhal, 2010

Struktur:
Eine Bildfläche ist mit einer Folge gleicher oder ähnlicher Bildelemente (Punkt, Linie, Zeichen, Muster o. Ä.) gefüllt (nicht identisch mit Oberflächenstruktur oder Struktur als Werkzusammenhang), wobei eine strenge bis unruhige Wirkung erreicht wird.

Raster: Es gilt als Sonderform der Struktur und ist eine normgebundene Flächengliederung, bei der Punkte und Linien streng geometrisch gereiht oder rhythmisch auf der Fläche angeordnet sind. Durch die Vielzahl der Bildelemente entsteht eine unruhige Wirkung.	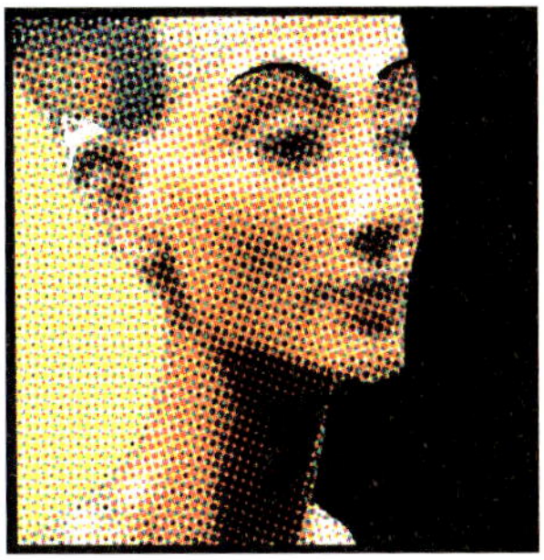	Bild: JASCHA DHAL, *Nofre Tête,* 2010
Schwerpunkt: Wenige oder nur ein Bildelement bilden durch Verdichtung oder farbliche Hervorhebung auf der Bildfläche einen Schwerpunkt, der lagebedingt unterschiedliche Wirkungen erzielen kann. Bei Zentralposition entsteht ein spannungsärmerer, bei einer etwas aus der Mitte zum Bildrand verlagerten Position ein etwas unausgewogenerer, aber optisch interessanter Eindruck.		Bild: FRANZ MARC, *Blaues Pferd,* 1911
Kontraste: Durch gegensätzliche Formen von Bildelementen wird Spannung erzeugt. Anwendung finden: Form-an-sich-Kontrast, Quantitätskontrast, Qualitätskontrast und Richtungskontrast (siehe Bildspannung).		Bild: WILLI BAUMEISTER, *Kegelspiel und Schaukel III,* 1955
Dynamik: Ein Eindruck von Bewegtheit und Unruhe wird durch sich verdichtende und anschwellende Formen und Linien, die betont diagonal oder geschwungen im Format verlaufen bzw. kontrastreich und asymmetrisch angeordnet sind, vermittelt.		Bild: JACOPO PONTORMO, *Joseph in Ägypten,* 1517

Bild:
EDGAR DEGAS, *Stillleben mit Eidechse,* um 1858–1860

Statik:
Vorwiegend geschlossene Bildelemente sind klar im Format angeordnet, horizontale und vertikale Linien dominieren, so dass Ruhe, Bewegungslosigkeit zum Ausdruck kommen.

Proportion

Proportion, lat. proportio = Größen- und Maßverhältnis

PYTHAGORAS: griech. Philosoph um 500 v. Chr.

Künstler haben zu allen Zeiten entsprechend ihrer Gestaltungsabsichten versucht, Ausgewogenheit und Schönheit zu definieren. Ein solches Prinzip ist die **Proportion,** d. h. das Verhältnis eines Teils zum Ganzen. Bereits in der Antike drückte man Harmonie in Zahlenverhältnissen aus, basierend auf den von PYTHAGORAS aufgestellten musikalischen Intervallen. Auch die geometrischen Figuren Quadrat, Dreieck und Kreis galten als „schön".
Der menschliche Körper ist ebenfalls in seinen geometrisch-mathematischen Verhältnissen Ausdruck vollkommener Harmonie. Verschiedene Künstler versuchten die menschliche Anatomie in Maßverhältnissen, einer „Proportionslehre" festzulegen. DA VINCI setzte den menschlichen Körper in Bezug zu den Idealfiguren Kreis und Quadrat und DÜRER verfasste die „Vier Bücher von menschlicher Proportion".

Bild links:
LEONARDO DA VINCI, *Proportionsschema,* Illustration zu VITRUV, 1485/90

Bild rechts:
ALBRECHT DÜRER, *Männlicher Akt (Adam),* um 1506

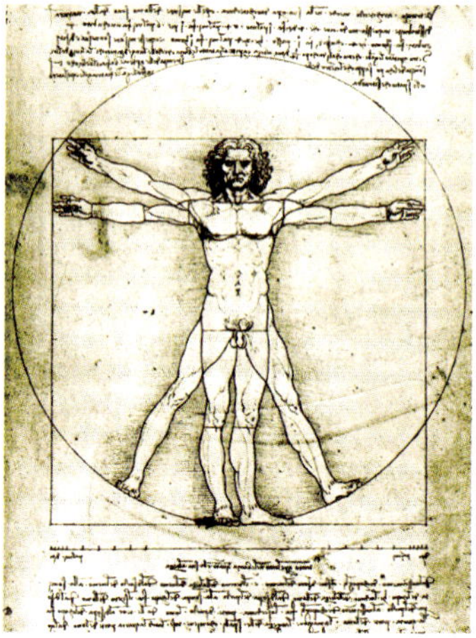

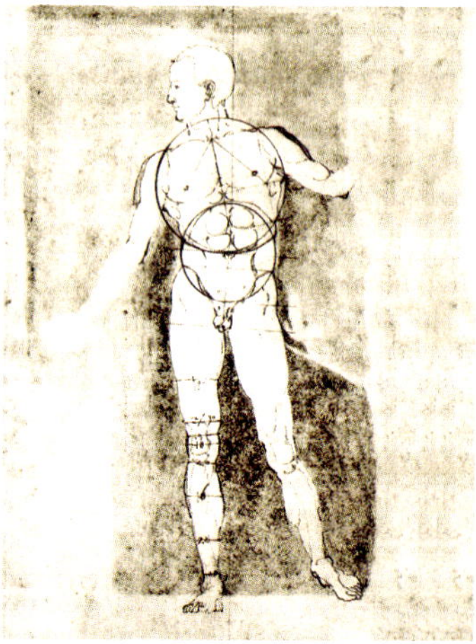

MICHELANGELO lehnte eine solche Proportionslehre ab, der Mensch lasse sich nicht in ein festes Maß pressen. Es gibt also keine verbindliche Regel.

Goldener Schnitt

Die bekannteste Proportionsregel ist der **„goldene Schnitt"** (↗ S. 85, 402). Sie fand bereits in Kunstwerken und der Architektur der Antike Anwendung und lässt sich nicht mit rationalen Zahlen ausdrücken, sondern nur durch Konstruktion erreichen. Der goldene Schnitt ist die Teilung einer Strecke in der Weise, dass sich der kleinere Abschnitt (lat. minor) zum größeren Abschnitt (lat. major) verhält wie der größere Abschnitt zur gesamten Strecke.

Konstruktionsmöglichkeit:

Man zeichnet die Strecke AB und errichtet über B das Lot BC mit BC = $\frac{1}{2}$ AB. Dann schlägt man einen Kreis um C mit dem Radius CB, der AC im Punkt D trifft. Danach schlägt man einen Kreis um A mit dem Radius AD. Er schneidet AB in E. E ist der goldene Schnitt von AB.

$\frac{1}{2}$ AB = BC = CD
AE = AD
EB : AE = AE : AB

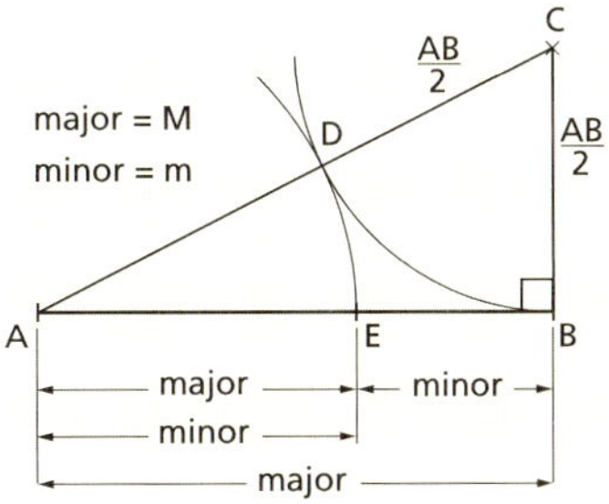

Teilung einer Strecke $\overline{AB}$

▶ VITRUV (MARCUS VITRUVIUS POLLIO), röm. Architekt, Ingenieur und Architekturtheoretiker, schrieb 25 v. Chr. zehn Bücher „Über die Architektur"

Ein Rechteck aus **Major** und **Minor** wird **„goldenes Rechteck"** genannt. Unterteilt man die Höhe des Menschen nach dem goldenen Schnitt, dann liegt der Punkt E im Nabel. Dies und die Einteilung des menschlichen Körpers in acht Kopflängen geht auf VITRUV zurück.

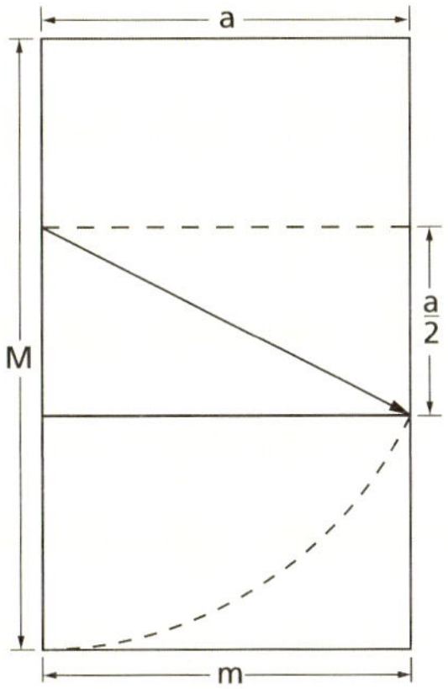

das „goldene Rechteck" – aus einem Quadrat entwickelt

Der goldene Schnitt lässt sich zwar nicht errechnen, jedoch in einer Zahlenreihe andeuten, die der italienische Mathematiker FIBONACCI entwickelt hat. Die arithmetische Reihe steigt so an, dass jede Zahl die Summe der beiden vorhergehenden ist: 1, 1, 2, 3, 5, 8, 13, 21, 34, 55 ... Je höher die Zahl ist, desto mehr nähert sie sich dem goldenen Schnitt an. Die darin enthaltenen Verhältnisse von 3 : 5 oder 5 : 8 lassen sich, auch gefühlsmäßig angewandt, als harmonisch bezeichnen.

▶ LEONARDO FIBONACCI, 1180–1240, ital. Mathematiker

3

LE CORBUSIER (eig. CHARLES EDOUARD JEANNERET), 1887–1965, bedeutender schweiz.-frz. Architekt und Architekturtheoretiker, Mitbegründer des Purismus, Erfinder des Modulor

LE CORBUSIER verwendete noch Mitte des 20. Jh. den auf dem goldenen Schnitt aufbauenden „Modulor" (lat. modulor = Maßregler) für seine Gestaltungsprinzipien.
Die Zeichnung zeigt verschiedene Möglichkeiten der Teilung, ausgehend von einem Menschen mit Körperhöhe 183 cm.
Aus dem goldenen Schnitt lässt sich das Pentagramm (Fünfstern) mit sich stetig nach diesem Prinzip teilenden Strecken entwickeln.

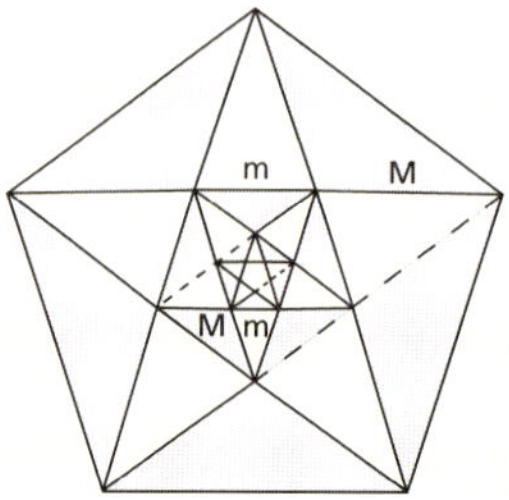

Die stetige Teilung im Fünfstern (Pentagramm)

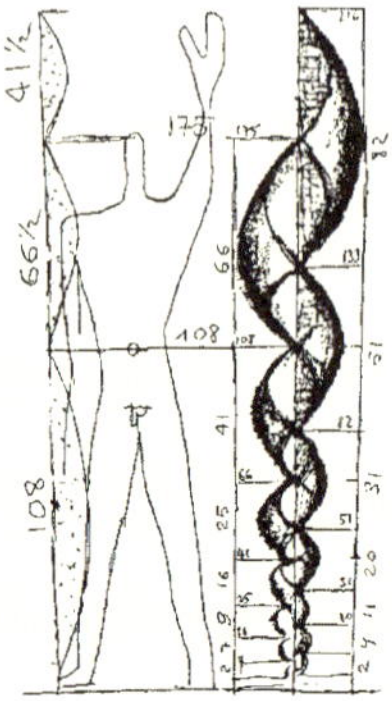

Bild links: *Pentagramm mit seiner stetigen Teilung*

Bild rechts: LE CORBUSIER, *Der Modulor,* 1950

Körper- und Raumdarstellung

Ein weiteres Prinzip im Bildaufbau ist die körperhafte und räumliche Wirkung auf der Fläche. Das kann durch teilweise flächenhafte Überdeckung oder Staffelung und mittels perspektivischer Darstellungsverfahren (z. B. Ein- oder Zweifluchtpunktperspektive) geschehen.

Bild links: JEAN-BAPTISTE SIMÉON CHARDIN: *Die Attribute der Künste und die Belohnungen, die ihnen gewährt werden,* 1766

Bild rechts: CLAUDE LORRAIN: *Hafen mit der Villa Medici, 1638*

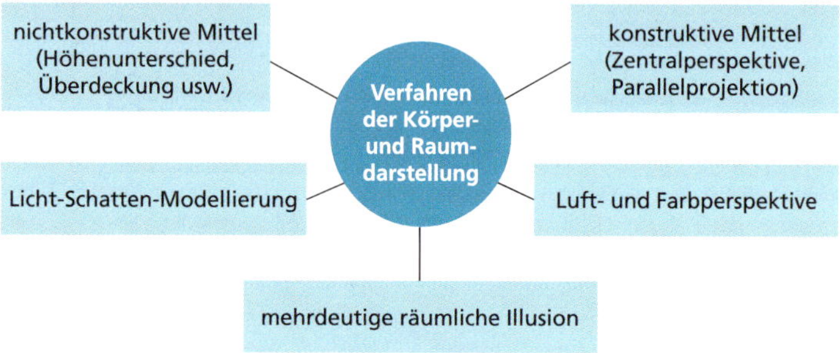

3.5 Bildraum

3.5.1 Raum schaffende Mittel

> Der **Bildraum** beinhaltet die Gliederung des Formates in räumliche Bezüge (Vordergrund, Mittelgrund, Hintergrund) und die Entscheidungen über die Mittel der Körper -und Raumdarstellungen auf der Bildfläche.

Die Erzeugung von körperhaft-plastischer und räumlicher Illusion beim Betrachten von Bildern war das Ziel vieler Künstler in verschiedenen Kunstepochen. Sie beruht auf den realen Raumerfahrungen des Betrachters. Um den Eindruck von Dreidimensionalität auf der zweidimensionalen Fläche zu erreichen, nutzt man unterschiedliche bildnerische Mittel.

Einfache Mittel der Raumdarstellung

Im Mittelalter gab es keine wahrnehmungsgetreue Raum- oder Körperdarstellung. Man bediente sich der Farbsymbolik (z.B. Gold als Farbe für Heilige) und Bedeutungsgröße (Rangordnung bestimmt die Größe der Figur) auf der einen Seite und einfacher Mittel zur räumlichen Tiefenwirkung auf der anderen Seite:

Höhenunterschied	Der Höhenunterschied von Objekten ist das älteste und einfachste Mittel der Raumdarstellung. Objekte, die im Bild unten angeordnet sind, befinden sich vorn, solche, die sich weiter oben befinden, hinten.	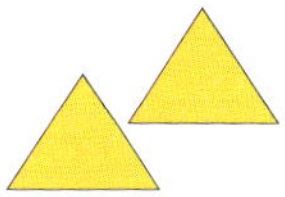
Überdeckung	Ein bereits in der antiken ägyptischen Wandmalerei eingesetztes Mittel ist die Überdeckung, die sich ebenfalls aus den räumlichen Seherfahrungen ableitet. Objekte mit teilweise verdeckten Formen scheinen sich weiter entfernt bzw. tiefer im Raum zu befinden als nicht verdeckte.	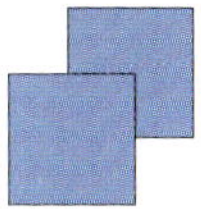
Staffelung	Findet eine Überdeckung von Bildobjekten in einer bestimmten Richtung und mit systematischen Abständen statt, spricht man von Staffelung.	
Größenunterschied	Werden Bildobjekte, die in der Realität gleich groß sind, auf der Bildebene unterschiedlich groß dargestellt, scheinen die kleineren Objekte weiter entfernt zu sein als die größeren. Findet diese bewusste Verkleinerung der Bildelemente von unten nach oben auf der Bildebene statt, erreicht man eine starke Tiefenräumlichkeit.	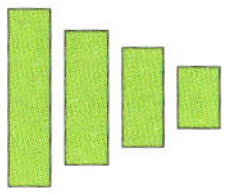

Raum- und Körperdarstellung durch Licht- und Schattenmodellierung

Mittels bewusst eingesetzter Helligkeitsabstufungen von Hell zu Dunkel oder umgekehrt können Bildgegenstände plastisch erscheinen und räumliche Wirkungen erzielt werden.
Die körperhafte Wirkung entsteht durch eine Licht- und Schatten-Modellierung. Auf den dargestellten Flächen werden Lichteinfall, Reflexionen auf Oberflächen und Übergänge zu Schattenzonen durch kontinuierlich abgestufte Grauwerte, von leicht getrübtem Weiß bis zu stark getrübtem Schwarz, oder durch gedunkelte und gehellte Farbtöne wiedergegeben. Auf kugeligen Körpern werden so Glanzpunkte (so genannte Highlights) und auf zylindrischen Körpern Glanzstreifen gesetzt. Ebene Flächen besitzen auf jeder Körperseite eine einheitliche Helligkeit im Farbton, während bei allen gerundeten Körpern ein stufenloser Übergang von Hell zu Dunkel stattfindet, bis hin zu den dunkelsten Körperpartien, auf die kein Licht fällt. Je größer der Helligkeitsunterschied zwischen den hellsten Bereichen und dem dunkelsten Körperschatten (= Schattenverläufe auf Objekten) ist, desto intensiver nimmt der Betrachter eine plastische Wirkung wahr. Durch die Darstellung von Außenschatten (Kernschatten, Halbschatten oder Schlagschatten) wird der Eindruck der Räumlichkeit verstärkt. Werden Objekte im Bild ohne Schlagschatten dargestellt, wirken sie raumlos.

Bild links:
D. VELÁZQUEZ, *Drei Männer am Tisch,* 1618, Schlagschatten und Körpermodellierung

Bild rechts:
GEORGES DE LA TOURS, *Die Verzückung des Hl. Franziskus,* 1635–1640

Hinter beleuchteten lichtundurchlässigen Körpern bilden sich:
- **Schlagschatten:** Schatten, den ein beleuchteter Gegenstand auf seine Standfläche wirft,
- **Kernschatten:** dunkle Zone in der Nähe von Objekten,
- **Halbschatten:** Bereiche, die etwas weiter entfernt und heller sind.

3.5.3 Konstruierte Raumdarstellungen

Projektion (lat. proicere = nach vorne werfen) beinhaltet die Abbildung eines Körpers bzw. Raumes auf einer Projektionsebene (Bildebene) mit dem Zweck der Ablesbarkeit räumlicher Gegebenheiten oder Rekonstruierbarkeit eines Körpers.

Mittels **Dreitafelprojektion,** der Kombination von Grundriss, Aufriss und Seitenriss, entsteht die Darstellung eines Körpers auf einer Bildebene.
Mithilfe der **Parallelprojektion** können in einer Zeichnung Maßverhältnisse, Formzusammenhänge und die Funktion eines Gegenstandes verdeutlicht werden, was besonders für technische oder Architekturzeichnungen notwendig ist. Man unterscheidet Parallel- und Zentralprojektionen.

Parallelprojektion

Bereits in den Wandbildern und Mosaiken der römische Antike finden sich Parallelprojektionen (fälschlich **Parallelperspektive** genannt).
Wichtigstes Charakteristikum der Parallelprojektion ist, dass alle in der Realität parallel verlaufenden Linien eines Gegenstandes auch in der Zeichnung parallel wiedergegeben werden. Das führt zu einer mathematischen Genauigkeit, entspricht aber nicht einer dem Sehsinn adäquaten Darstellungsweise.

Das **Aufriss-Schrägbild** (veraltet: **Kavalierperspektive**) ist eine vom Aufriss ausgehende Abbildung. Eine Seitenfläche steht parallel zur Bildebene, sie erscheint in wahrer Größe. Die senkrecht zur Bildebene stehenden Kanten werden als Parallelogramm verzerrt dargestellt, ihre Kantenlängen sind meist im Verhältnis 1 : 2 (nicht festgelegt) verkürzt und der Winkel beträgt 45°. Diese Projektion bietet eine gute Anschaulichkeit bei relativ geringer Tiefenwirkung.

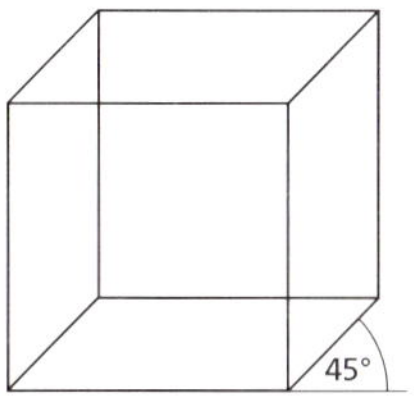

Das **Grundriss-Schrägbild** (veraltet: **Militärperspektive**) ist eine Zeichnung, die von der wahren Grundrissgröße ausgeht. Der Körper steht auf der Grundebene in einem frei wählbaren Winkel (üblicherweise 30° bzw. 60°). Die immer zum rechten oder linken Bildrand parallel verlaufenden vertikalen Kanten und schräg verlaufenden Tiefenkanten werden unverkürzt dargestellt. Nur die Grund- und Deckfläche des Körpers bleiben unverzerrt, alle anderen vertikalen Flächen werden verzerrt abgebildet.

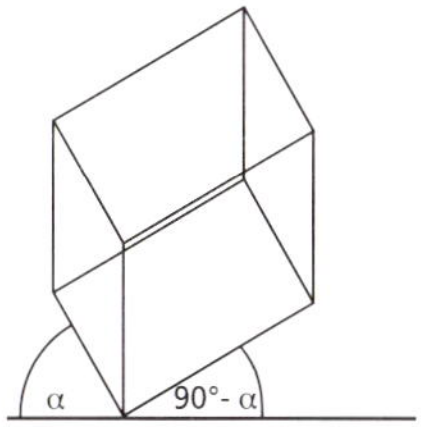

Die **Isometrie,** das so genannte Raumachsenschrägbild, ist eine Form der Parallelprojektion, bei der die Raumachse senkrecht auf der Bildebene steht und der Körper einen Winkel von 30° zur Grundebene einnimmt. Alle vertikalen Kanten verlaufen parallel zum linken bzw. rechten Bildrand. Dadurch sind alle Winkel verändert und alle Flächen verzerrt. Die Körperkanten werden unverkürzt dargestellt, sodass man die Maße genau ablesen kann.

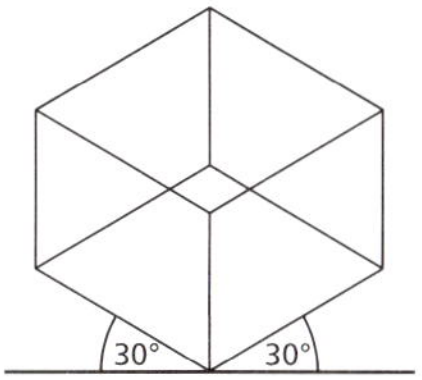

EUKLID, um 300 v. Chr., Schriften über die Optik

PIERO DELLA FRANCESCA, 1410/20–1492, umbrischer Maler, Buch namens „De prospectiva (= Durchblick) pingendi"

MASACCIO, 1401–1428, Florentiner Maler

FILIPPO BRUNELLESCHI, 1377–1446, Florentiner Baumeister, der Grund- und Aufriss zur perspektivischen Konstruktion verwendet haben soll.

LEON BATTISTA ALBERTI, 1404–1472, Florentiner Architekt und Theoretiker, „Drei Bücher über die Malerei"

Die Parallelprojektion wurde zu Beginn des 20. Jh. besonders von den **Konstruktivisten** als eigenständiges Darstellungsmittel genutzt.

Zentralperspektive

Die **Perspektive** (lat. perspicere = mit Blicken durchdringen) beschäftigt sich mit der Wiedergabe des optischen Eindrucks von räumlichen Gegebenheiten mittels eines konstruktiven geometrischen Systems.
Künstler der Renaissance fanden, in Anlehnung an antike Anregungen des EUKLID und VITRUV, die erste exakte geometrische Lösung für eine perspektivische Konstruktion. Als Begründer der mathematisch berechneten Perspektivkonstruktion gelten FILIPPO BRUNELLESCHI und LEON BATTISTA ALBERTI. Ein Lehrbuch zur Perspektive gab der Maler PIERO DELLA FRANCESCO heraus. Der erste Maler, der die zentralperspektivische Konstruktion konsequent in der Malerei umsetzte, war MASACCIO.
Von LEONARDO DA VINCI stammt die umfassendste Perspektivtheorie, die sich auf mathematische Berechnungen, optische Kenntnisse und geometrische Konstruktionsverfahren stützt.

ALBRECHT DÜRER baute als erster Zeichenmaschinen, um die Entwicklung der perspektivischen Darstellungen zu verdeutlichen. Der Holzschnitt zeigt das Prinzip des Glastafelverfahrens. Der Künstler arbeitet mithilfe eines quadratischen Netzrahmens, eines Zeichenblattes und einer Visierstange.

ALBRECHT DÜRER, *Der Zeichner des liegenden Weibes,* Holzschnitt, 1538

Fluchtpunkt: zentraler Punkt auf der Horizontlinie, in dem alle Fluchtlinien zusammenlaufen

Fluchtlinien: in die Tiefe gehende Kanten eines Körpers oder Ecken eines Raumes, die sich in einem bzw. zwei Fluchtpunkten treffen

Mit einer zentralperspektivischen Ansicht (↗ S. 79 f.) soll ein Erscheinungsbild der Realität erstellt werden, das der Wahrnehmung des menschlichen Auges am nächsten kommt. Es ist von einem Standpunkt aus erstellt, den der Betrachter einnimmt. Außerdem berücksichtigt es die Sinnestäuschung, dass Objekte mit zunehmender Entfernung kleiner erscheinen und die parallel in die Tiefe führenden Linien, die **Fluchtlinien,** sich in einem zentralen Punkt, dem so genanten **Fluchtpunkt,** scheinbar treffen, obwohl sie weiterhin parallel zueinander bleiben. Gleich große Abstände von in die Tiefe gehenden Geraden verringern sich progressiv mit zunehmender Tiefe des Raumes.

Die Zentralperspektive wird auch **Linearperspektive** genannt. (Beide Bezeichnungen meinen das Gleiche, zum einen die Körper- und Raumdarstellung und zum anderen die Linie als formales Mittel der Darstellung.)

Bildlinie: Linie, auf der die Bildebene senkrecht zur Grundebene steht

Grundebene: Standfläche, auf der der Betrachter steht

Sehstrahlen: gedachte Linien zwischen Augenpunkt und Körperpunkten

Hauptsehstrahl: kürzester Abstand zwischen Auge und Bildebene, auch Distanz

Sehachse: Abstand zwischen Betrachter und Bildebene

Augenpunkt: Punkt in Augenhöhe des Betrachters, senkrecht über dem Standpunkt, durchschnittlich bei 1,60 m angenommen

Das Prinzip der Zentralperspektive

Obwohl der Mensch mit zwei Augen sieht, geht man bei der Perspektivkonstruktion vom einäugigen Sehen aus.
Das so genannte **Glastafelverfahren** kann das Prinzip der Zentralperspektive veranschaulichen. Der Betrachter nimmt einen Standpunkt auf der **Grundebene** ein, auf der auch der abzubildende Körper steht. Zwischen Körper und Betrachter verläuft als rechtwinklige Schnittlinie zwischen Bildebene und Grundebene die untere **Bildlinie.** Auf der Bild-ebene liegt in Augenhöhe des Betrachters parallel zur Bildlinie die **Horizontlinie.** Wo der **Hauptsehstrahl** die Horizontlinie trifft, befindet sich der **Augenpunkt** (= Fluchtpunkt). Die Lichtstrahlen, die ein beleuchteter Körper reflektiert, hier Sehstrahlen genannt, treffen auf das Auge. Zieht man von jedem Oberflächenpunkt des Körpers einen Sehstrahl zum Auge, entsteht eine „Sehpyramide" (für die Linienzeichnung sind nur die **Sehstrahlen** zu den Eckpunkten wichtig). Auf der Bildebene (als Glasscheibe gedacht) ergeben die Schnittpunkte der Sehstrahlen mit der Ebene (Glasscheibe) den jeweiligen Punkt des Körpers als Bild. Eine zweidimensionale verkleinerte Projektion des Körpers ist als Gesamtheit der Schnittpunkte entstanden.

Befindet sich der Körper **hinter der Bildebene,** entsteht ein verkleinertes Bild.
Grenzt der Körper **an die Bildebene,** sind Bild und Ebene an dieser Stelle gleich groß.
Liegt der Körper **vor der Bildebene,** erscheint auf dieser ein vergrößertes Bild.

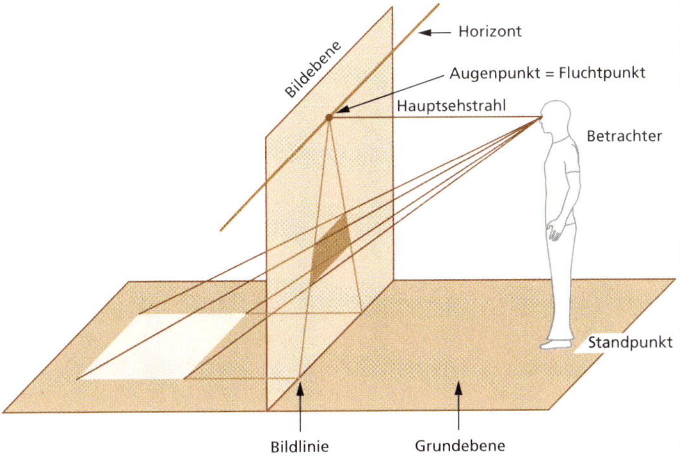

↗ CD-ROM: Darstellung einer Dreitafelprojektion (zentralperspektivische Konstruktion eines Körpers aus Grund- und Aufriss); Konstruktion einer perspektivischen Darstellung mit Distanzpunkt (Abstandspunkt); Konstruktion eines Schachbretts aus dem Grundriss

3

Um starke Verzerrungen zu vermeiden, besagt eine Künstlerregel, dass der an sich frei zu wählende Abstand zwischen Betrachterstandpunkt und Bildebene ungefähr die zweifache Breite des darzustellenden Gegenstandes betragen sollte. Je größer die Entfernung ist, umso größer wird das Bild und umgekehrt.

Zur Zentralperspektive ↗S. 79

Darstellungen in der Zentralperspektive sind im Gegensatz zu technischen Zeichnungen, wie Grund- und Aufrissen von Architekturzeichnungen, sehr subjektiv. Das perspektivische Bild ändert sich je nach Augenhöhe des Betrachters, Bildausschnitt, Distanz zur Bildebene und zum Körper. Der Künstler wählt nach rein ästhetischen Kriterien, während der Architekt oder technische Zeichner eine optimale körperhaft-räumliche Anschaulichkeit auf der Fläche vermitteln will.

Mit der Zentralperspektive lassen sich nur geometrische Körper genau darstellen. Alle anderen Objekte müssen auf geometrische Grundformen zurückgeführt werden, um sie perspektivisch zu konstruieren oder freihändig, möglichst wahrnehmungsgetreu, zu zeichnen.

Ist die Horizontlinie und damit der Betrachterstandpunkt sehr hoch, spricht man von **Vogelperspektive** (Aufsicht), liegt sie extrem niedrig im Bild, handelt es sich um die **Froschperspektive** (Untersicht).

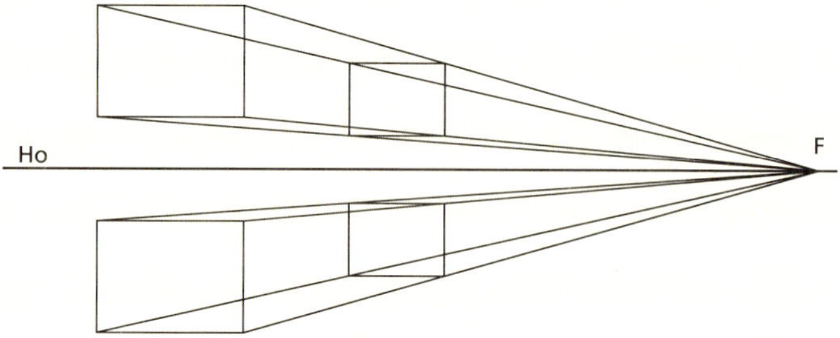

Bei der Einfluchtpunktperspektive (in der Kunst meist Zentralperspektive genannt) steht ein Körper parallel zur Bildebene (deshalb auch der Begriff Frontalperspektive). Alle horizontalen und vertikalen Parallelen bleiben erhalten, nur die in die Tiefe gehenden Parallelen laufen auf einen Fluchtpunkt auf der Horizontlinie zu.

Einfluchtpunktperspektive: MASACCIO, *Dreifaltigkeit,* 1427, Fresko, Florenz, Santa Maria Novella

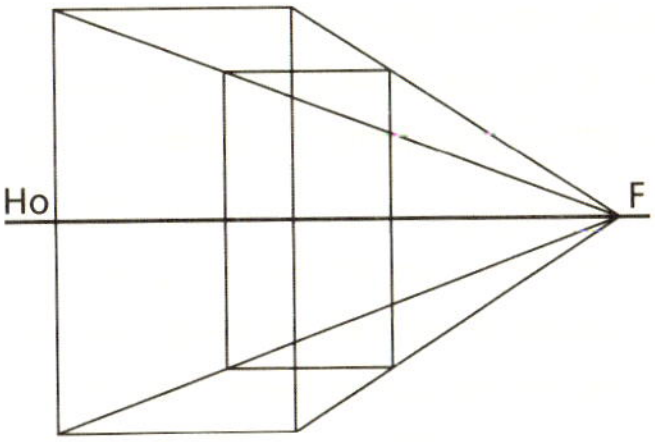

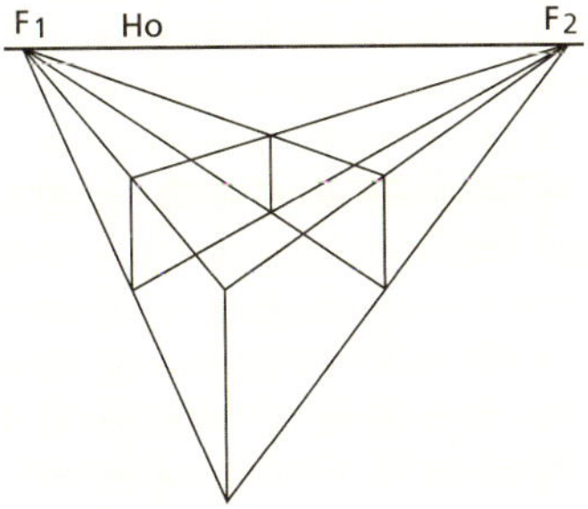

Zweifluchtpunktperspektive: CANALETTO, *Die Rückkehr des Bucentaurus*, 1728–1730 Windsor Castle, Royal Art Collection

Mittels Zweifluchtpunktperspektive (auch Übereck- oder Normalperspektive genannt) werden quaderförmige Körper dargestellt, die schräg zum Betrachter (übereck) stehen. Die vordere Kante läuft parallel zur Bildebene. Alle nicht senkrechten Kanten konvergieren zu den beiden Fluchtpunkten auf der Horizontlinie, die linke Fläche zum linken und die rechte Fläche zum rechten Fluchtpunkt. Es gibt keinen rechten Winkel mehr. Dabei bleiben die vertikalen Parallelen erhalten und verkürzen sich progressiv.

Bei der Dreifluchtpunktperspektive, sieht der Betrachter auf einen Eckpunkt des rechtwinkligen Körpers. Alle in der Realität vorhandenen Parallelen verlaufen in drei verschiedene Richtungen zu je einem Fluchtpunkt.

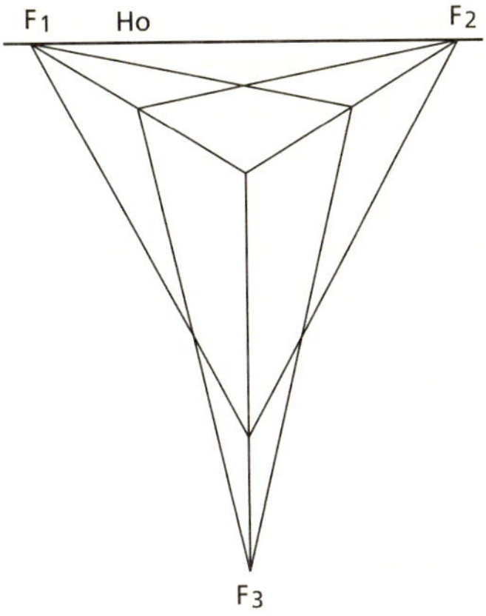

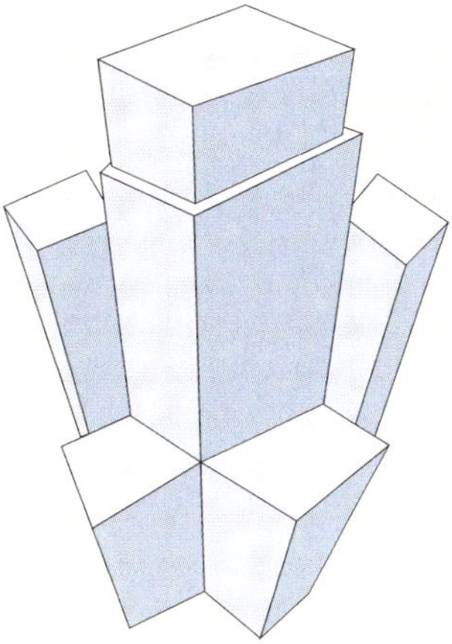

Dreifluchtpunktperspektive

3.5.4 Farb- und Luftperspektive

Für eine möglichst wahrnehmungsgetreue Raumdarstellung in der Landschaftsmalerei entwickelten Maler der Hochrenaissance parallel zur Zentralperspektive die Farb- und Luftperspektive (↗S. 85 f.).

Bild:
LEONARDO DA VINCI,
Madonna mit Nelke,
1478, München, Alte Pinakothek, Farb- und Luftperspektive

Bekannt ist, dass die Gegenstandsfarben von Objekten in ihrer Erscheinungsweise je nach Art und Intensität der Beleuchtung und atmosphärischen Beschaffenheit variieren. Beim Betrachten einer Landschaft bemerkt man, dass sich die Farben der Gegenstände mit zunehmender Entfernung verändern. Durch Luftverunreinigung oder hohe Luftfeuchtigkeit z. B. wird das Sonnenlicht teilweise gestreut. Langwellige Strahlen (warme Farben) werden mit wachsender Entfernung zerstreut, das heißt nicht mehr wahrgenommen, während nur noch kurzwellige Strahlen (kalte Farben) auf die Netzhaut des Auges treffen. Man nimmt in der Ferne keine warmen Farben mehr wahr, die Farben verblauen, verlieren an Intensität und Leuchtkraft und werden immer heller. So werden warme Farben (leuchtende Gelb-, Orange-, Rot- und Brauntöne) als nah und kalte Farben (Grün, Blaugrün und Blau, getrübt oder mit Weiß gehellt) als weit entfernt empfunden. Dieses Phänomen nutzen Maler, um mit der **Farbperspektive,** dem Übergang von warmen Farben im Vordergrund und kühlen Farben im Hintergrund, einen tiefenräumlichen Eindruck zu vermitteln.

Sfumato bei
LEONARDO DA VINCI

Die bereits genannten atmosphärischen Einflüsse bewirken auch, dass die Objekte mit zunehmender Entfernung undeutlicher, heller und kontrastärmer werden. Künstler setzen dies malerisch mittels der Luftperspektive um. Sie lösen die Konturen der Bildobjekte, die sich in weiter Ferne befinden, auf. Wahre Meisterschaft bewies LEONARDO DA VINCI bei der dunstig-verschwimmenden Gestaltung in seiner Malerei. Er prägte dafür den Ausdruck **„Sfumato"** (ital. = weich, auch rauchig).

3.5.5 Mehrdeutige räumliche Illusion

Optische Wahrnehmung hängt immer mit der menschlichen Erfahrung zusammen. Verschiedene perspektivische Mittel haben aufgrund ihres logisch-rationalen Systems beim Menschen bestimmte Erfahrungsmuster entwickelt. Dieses räumliche Phänomen haben die Surrealisten ausgenutzt, um mit ihren Bildern mehrdeutige Räume entstehen zu lassen, die den Betrachter zu unterschiedlichen Wahrnehmungen inspirieren können. So hat SALVADOR DALÍ in seinem Bild „Erscheinung von Gesicht

Bild:
SALVADOR DALÍ, *Erscheinung von Gesicht und Fruchtschale am Strand,* 1938, Öl auf Leinwand, The Wadsworth Atheneum, Hartfort/USA

und Fruchtschale am Strand" sowohl eine Landschaft als auch eine Schale auf einem Tisch dargestellt. Der Fuß der Schale bildet den Rücken einer Amme und ist gleichzeitig als Gesicht zu deuten, der Kopf des Hundes ist auch ein Teil des Strandes. Verschiedene Motive verknüpfen sich zu einem Doppelbild, welches noch erweitert werden kann. Ganz unterschiedliche räumliche Bezüge erscheinen, je tiefer man in der Betrachtung des Bildes versinkt.

R. MAGRITTE, *Der Schlüssel der Felder,* 1933, Madrid, Palacio Villahermosa

RENÉ MAGRITTE wiederum verbindet in seinen Gemälden häufig Innen- und Außenraum auf rätselvolle Weise und beschäftigt sich mit der Problematik von Abbild und Realität.

Raumbezüge in autonomen Kunstauffassungen

Mit Beginn der Moderne experimentieren Künstler mit der Perspektive. Sie gelangten von einer illusionistischen Raumdarstellung zu einer polyvalenten (griech./lat.= mehrfachen) Perspektive. Den Kubisten reichte nicht mehr nur ein Betrachterstandpunkt und ein Blickpunkt. Sie brachen die Körperformen auf und ordneten sie facettenartig an, sodass es zu einer gleichzeitigen Allansichtigkeit der Dinge kommt. Beispielhaft nachvollziehbar wird dies an Werken von PICASSO und BRAQUE aus den Jahren 1907 bis 1912. Die Konstruktivisten haben nicht zuletzt unter dem Einfluss der Relativitätstheorie von ALBERT EINSTEIN mittels der Durchdringung und Transparenz mehrschichtige Flächen- und Raumgefüge entwickelt.

Bild links:
JUAN GRIS, *Stillleben mit Bordeauxflasche,* 1919, Berlin, Sammlung Werner

Bild rechts:
LASZLO MOHOLY-NAGY, *A19,* um 1927

Raumbezüge bzw. perspektivische Darstellungen spielen jedoch in neueren abstrakten Kunstrichtungen kaum noch eine Rolle. Zu Beginn der 1950er-Jahre lehnten Künstler des Informel (↗ S. 171 ff.) und des Trachismus nicht nur die geometrische Abstraktion, sondern auch die realer Gegenstände sowie jede Art konzipierter Darstellung ab. Sie forderten für sich eine „Kunst der Nichtform" und setzten auf die spontane Gestaltung der Bildoberfläche. Auch lehnten sie einen planmäßig konstruierten Bildaufbau ab.

Informel, frz. signifiance de l'informel = Bedeutung des Formlosen, Bezeichnung geht auf ANTONIO TAPIES zurück.

3.6 Bildfarbe

3.6.1 Begriff Farbe

Der Begriff umfasst vielfältige Aspekte desselben Phänomens.

> Allgemeinsprachlich versteht man unter **„Farbe"** den Farbeindruck von Gegenständen, der durch Auftreffen von Licht auf verschiedene Oberflächen mithilfe des Auges als Sinnesempfindung wahrgenommen wird. Davon zu unterscheiden sind die Farbmittel, also Pigmente und Farbstoffe.

Die Untersuchung von Wirkung und Funktion der Farbe ist Gegenstand vieler Wissenschaftsgebiete, wie Medizin, Physik, Fotochemie, Farbtheorie, Philosophie u. a. In der Malerei ist die Bildfarbe eines der wichtigsten Gestaltungsmittel und kann wesentlich zur Verdeutlichung der Bildaussage beitragen.

3.6.2 Ordnungssysteme der Farbenlehre

DEMOKRIT (um 460 v. Chr.–um 370 v. Chr.) griech. Philosoph

Theoretische Ansätze für „eine Ordnung der Farben" gibt es seit der Antike. DEMOKRIT nahm an, dass Atome, die von Gegenständen ausgestrahlt werden, ein farbiges Abbild erzeugen. Nach EUKLIDS Vermutungen tasten Sehstrahlen, vom Auge ausgehend, die Gegenstände farbig ab. Erst NEWTONS Versuche mit einem Prisma 1704 brachten Ergebnisse auf physikalischer Grundlage. Mithilfe eines dreieckigen Prismas wies er die Farben als Bestandteile des Lichts nach. Dabei fand er die fortlaufende Folge des Spektrums, welches sich aus den unterschiedlichen Wellenlängen ergab: Rot, Orange, Gelb, Grün, Blau, Violett. Das fehlende Purpurrot entstand durch das Mischen der Wellenlängen Violett und Rot. Damit wurde aus der Farbtonfolge ein sich schließender **Farbkreis.**
Neben den optischen Grundlagen spielten auch die physischen Gesetzmäßigkeiten (Auge und Gehirn) eine große Rolle, wie Farben zueinander in Beziehung gesetzt wurden. Besonders der **Simultankontrast** wird wahrscheinlich von Mechanismen der *lateralen Inhibition* der Netzhaut bewirkt.

Ästhetische Farbenlehre

Im Gegensatz zu den wissenschaftlichen Theorien zur Ordnung der Farben hat die künstlerisch-ästhetische **Farbenlehre** keine eindeutige Begriffsbestimmung. Die Vielfalt der Farbbezeichnungen und unklare Begrifflichkeiten (z. B. Farbqualität) erschweren eine einheitliche Vorgehensweise. Die einzelnen Ordnungssysteme umfassen nie alle Aspekte des Phänomens Farbe, sondern stellen nur bestimmte, von erwiesenen physikalischen und physiologischen Bedingungen abgeleitete, zu verallgemeinernde Beziehungen der Farben dar. So kann ein Farbsystem, welches auf Pigmentfarben aufbaut, zwar den Ansprüchen der Malerei genügen, nicht aber denen von Video- und Computerkünstlern.

Goethes Farbenlehre (1808–1810)

didaktischer Teil	polemischer Teil	historischer Teil
• Farbe als Naturerscheinung und ihre Anwendung als Kunstmittel • Die Wirkung der Farbe auf den Menschen • Die Beziehungen zwischen dem menschlichen Auge und dem Licht • Unterscheidung in „physiologische", „physische" und „chemische" Farben • Beziehung der Farbtheorie zur Philosophie, Mathematik, Naturgeschichte, Tonlehre u. a. • „sinnlich-sittliche" Wirkung von Farben • psychologische und ästhetische Aspekte von Farben	• „Enthüllung der Theorie Newtons", – der Versuch NEWTONS Farbtheorie zu widerlegen • Bestimmung von Gelb und Blau als „Urpolaritäten", aus denen sich alle anderen Farben ableiten ließen • Versuch der Erklärung von farbigen Nachbildern und Kontrastfarben	• „Materialien zur Geschichte der Farbenlehre" • Entwurf einer allgemeinen Wissenschaftsgeschichte von der „Urzeit" bis zur „Gegenwart"

Goethes Farbkreis

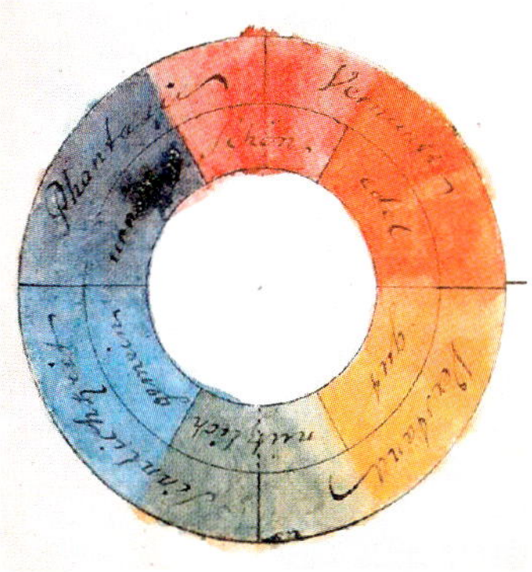

Die angeordneten Farben Rot (Purpur), Violett, Blau, Grün, Gelb, Orange ergeben sich aus der Betrachtung durch ein Prisma.
Ausgehend von den reinen Farben Blau und Gelb („Urfarben") und der Farbe Rot, die nicht durch das Mischen anderer Farben entstehen kann, stellt er diesen die Komplementärfarben Orange, Violett und Grün gegenüber. Diese Farben sind physiologisch bedingt, da sie beim Betrachten der reinen Farben vom Auge selbst gebildet werden (Sukzessivkontrast). GOETHE bezeichnet die Komplementärfarben auch als geforderte Farben. „Purpur"-Rot steht als „höchste aller Farberscheinungen" an der Spitze.

Zwischen den reinen Farben sind die Mischfarben platziert:

Purpur (Magenta) → Gelbrot (Orange) ← Gelb

Gelb → Grün ← Blau

Blau → Blaurot (Violett) ← Purpur (Magenta)

Neben seiner überragenden Bedeutung als Dichter war JOHANN WOLFGANG GOETHE (1749–1832) auch Kunstkritiker, Philosoph, Naturwissenschaftler, Jurist und Staatsmann. Mehr als 40 Jahre beschäftigte er sich mit dem Phänomen Farbe. Seine Studien und Farbversuche fasste er in dem Werk „Zur Farbenlehre" zusammen. Obwohl besonders die Wissenschaftler seiner Zeit das Werk ablehnten, hatten doch seine Ausführungen, die sich mit der Wirkung der Farben befassten, einen nachhaltigen Einfluss auf die weitere Entwicklung von Farbenlehren.

Rot und Grün trennen als Symmetrieachse die aktive linke Seite von der passiven rechten Seite.

Sinnlich-sittliche Wirkung der Farbe

GOETHE beschäftigt sich in diesem Teil der didaktischen Abhandlung mit der durch die Sinne vermittelten Wirkung von Farbe und farbigen Zusammenstellungen, welche auf der Fähigkeit des Auges, die Gegenfarben zu produzieren, basieren.

„Man fand bisher bei allen Malern eine Furcht, ja eine entschiedene Abneigung gegen alle theoretischen Betrachtungen über die Farbe und was zu ihr gehört; welches jedoch nicht übel zu deuten war. Denn das bisher sogenannte Theoretische war grundlos, schwankend und auf Empirie hindeutend. Wir wünschen, dass unsere Bemühungen diese Furcht einigermaßen vermindern und den Künstler anreizen mögen, die aufgestellten Grundsätze praktisch zu prüfen und zu beleben."
GOETHE in „Die Farblehre"

harmonische Gegensätze	charakteristische Zusammenhänge	charakterlose Zusammenstellungen
Die sich fordernden Farben bilden harmonische Gegensätze. Eine reine Farbe ergänzt sich mit einer Mischfarbe,die aus den fehlenden reinen Farben entstanden ist.	Willkürlich hervorgebrachte Zusammenstellungen, die durch Überspringen einer Mittelfarbe entstehen. Sie besitzen einen besonderen Ausdruck, da sie als Teil aus dem Ganzen heraustreten. Sie beinhalten nicht mehr die drei reinen Farben.	Zusammenstellungen aus den benachbarten Farben, welche zwar „unbedeutend" erscheinen, aber ein Fortschreiten andeuten.
• Gelb fordert Rotblau (Violett) • Blau fordert Rotgelb (Orange) • Purpur fordert Grün	• Gelb und Blau • Gelb und Purpur • Blau und Purpur • Gelbrot und Blaurot	• Gelb und Gelbrot • Gelbrot und Purpur • Blau und Blaurot • Blaurot und Purpur • Gelb und Grün • Blau und Grün
Diese Zusammenstellungen ergeben vermischt die Zwischenfarben.		

Philipp Otto Runge – Farbenkugel 1810

Besonders bekannt wurde PHILIPP OTTO RUNGE (1777–1810), der vielseitige Künstler der Frühromantik, durch seine symbolträchtigen Landschaften und Porträts. Zentrales Thema seiner Werke ist der Mensch in der gottgegebenen Natur. Eine große Rolle spielten für ihn das Licht und die Farbe als Zeichen des Göttlichen und der Schöpfung. Mit seiner Farbkugel versuchte er ein räumliches System für die Ordnung der Farben zu schaffen.

Über seine Versuche diesbezüglich stand PHILIPP OTTO RUNGE (1777–1810) mit GOETHE im engen Briefkontakt.

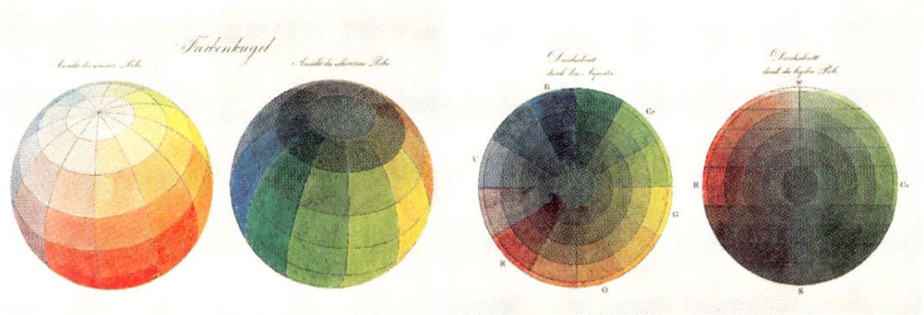

- Vollständiger Titel: „Construction des Verhältnisses aller Mischungen der Farben zueinander und ihrer vollständigen Affinität"
- Farbsystem basiert sowohl auf naturwissenschaftlichen Erkenntnissen als auf mystischen Kombinationen und symbolischen Deutungen, Rot, Gelb und Blau sind für ihn Entsprechungen der heiligen Dreieinigkeit.
- Farbsystem als Kugel (Globus – als Symbol des Lebens)
- Grundfarben auf dem Äquator, in gleichen Abständen angeordnet
- Zwischen ihnen die Mischfarben Orange, Violett und Grün
- Weiß am nördlichen Pol (Lichtreich)
- Schwarz am südlichen Pol (Finsternisreich)
- Kugeloberfläche zeigt die Abstufungen der reinbunten Farben zum Schwarz und zum Weiß.
- Die sich auf der Kugeloberfläche gegenüberliegenden Farben lösen sich im Mittelpunkt in neutrales Grau auf.
- Damit bilden nach RUNGE auch die gehellten und gedunkelten Töne komplementäre Farbpaare.

Die Harmonie der Farben

Durch die Anordnung der Farben auf der Kugel leitet RUNGE drei verschiedene Wirkungen ab.

harmonische Farbzusammenstellungen	**disharmonische Farbzusammenstellungen**	**monotone Farbzusammenstellungen**
• ergeben sich aus dem direkten Kontrast der reinen Grundfarben	• entstehen durch das Zusammenwirken der Grundfarben	• ergeben sich aus dem „eintönigen" Wirken nebeneinander liegender Farben

3

harmonische Farbzusammenstellungen	disharmonische Farbzusammenstellungen	monotone Farbzusammenstellungen
• weiterhin aus allen sich diametral gegenüberliegenden hellen und dunklen Farbtönen auf der Oberfläche der Kugel	• fordern vom Auge höhere Aufmerksamkeit durch das Fehlen einer Grundfarbe	
• Gelb – Violett • Rot – Grün • Blau – Orange	• Rot – Blau • Gelb – Rot • Blau – Gelb	• z. B. Gelb – Orange – Rot

Johannes Itten – „Die Kunst der Farbe“ 1961

JOHANNES ITTEN (1888–1967), Maler und Kunstpädagoge, war von 1919 bis 1923 als Meister am Bauhaus und als Leiter des Vorkurses tätig. Er ist Begründer der neuen Farbenlehre. Seine Theorie von den sieben Farbkontrasten wird bis heute in allen gestaltenden Fachrichtungen gelehrt. Von 1926 an lehrte er an verschiedenen Schulen, z. B. an der Textilfachschule in Zürich.

In seinem Werk vereint J. ITTEN seine gesammelten Erfahrungen als Maler und Kunsterzieher. Er verweist insbesondere auf den Zusammenhang zwischen den theoretischen Regeln und Kenntnissen und der künstlerischen Inspiration des Einzelnen. Seiner ästhetischen Farbenlehre liegen umfangreiche Studien der Farbenlehre von GOETHE, RUNGE, BEZOLD und CHEVREUL zugrunde, ebenso wie seine praktischen Erfahrungen aus seiner Lehrtätigkeit. Er verstand seine Farbenlehre als Hilfsmittel für die Förderung der unterschiedlichen Begabungen und versuchte das subjektive Farbempfinden des Einzelnen zu objektivieren.

> „Wenn sie ohne zu wissen Meisterwerke der Farbe schaffen, so ist das Nicht-Wissen ihr Weg! Wenn sie aber aus ihrem Nicht-Wissen keine Meisterwerke der Farbe schaffen können, dann sollten sie sich Wissen erarbeiten“ (ITTEN).

Der zwölfteilige Farbkreis

Gelb und Orange	–	Gelborange
Rot und Orange	–	Rotorange
Rot und Violett	–	Rotviolett
Blau und Violett	–	Blauviolett
Blau und Grün	–	Blaugrün
Gelb und Grün	–	Gelbgrün

Die Entwicklung des Farbkreises erfolgt aus den drei Grundfarben (Farben erster Ordnung) Gelb, Blau, Rot, die in der Mitte des Kreises in ein gleichschenkliges Dreieck eingeschrieben sind. An dessen Seiten ergeben sich folgerichtig die Mischfarben aus den Grundfarben Orange, Violett, Grün (Farben zweiter Ordnung). Der Kreis besteht aus zwölf gleichen Teilen. Dort, wo die Spitze eines Dreiecks an den Kreis stößt, werden folgerichtig die Farben übernommen. In den freien Segmenten erscheinen die Farben dritter Ordnung, die sich aus der Mischung der beiden angrenzenden Farben ergibt.

Farbakkordik

Unter dem Begriff **Farbakkordik** versteht ITTEN die Zusammenstellung von Farben aufgrund ihrer gesetzmäßigen Beziehungen zueinander. Sie ergeben sich für ihn nach geometrischen Figuren (gleichschenkliges und spitzwinkliges Dreieck, Quadrat und Rechteck), die aus dem Mittelpunkt heraus um ihre Achse gedreht werden können. Harmonische Akkordbeziehungen sind für ITTEN Zweiklänge, Dreiklänge, Vierklänge und Sechsklänge, wobei Letztere entsteht, indem man statt eines Dreiecks oder Quadrates ein Sechseck in die Figur konstruiert. So erhält man Gelb, Violett, Orange, Blau, Rot, Grün sowie Gelborange, Blauviolett, Rotorange, Blaugrün, Rotviolett, Gelbgrün.

harmonische Akkordbeziehungen	
Zweiklänge (sich diametral gegenüberstehende Farben)	• Gelb – Violett • Rot – Grün • Blau – Orange • Gelborange – Blauviolett • Rotorange – Blaugrün • Rotviolett – Gelbgrün
Dreiklänge (sich aus der Form eines gleichschenkligen Dreiecks ergebend)	• Gelb – Rot – Blau • Orange – Violett – Grün • Gelborange – Rotviolett – Blaugrün • Rotorange – Blauviolett – Gelbgrün
(sich aus der Form eines spitzwinkligen Dreiecks ergebend)	• Gelb – Rotviolett – Blauviolett • Gelborange – Violett – Blau • Orange – Blauviolett – Blaugrün • Rotorange – Blau – Grün • Rot – Blaugrün – Gelbgrün
Vierklänge (sich aus der Form eines Quadrates ergebend)	• Gelb – Rotorange – Violett – Blaugrün • Gelborange – Rot – Blauviolett – Grün • Orange – Rotviolett – Blau – Gelbgrün
(sich aus der Form eines Rechtecks ergebend)	• Gelbgrün – Gelborange – Rotviolett – Blauviolett • Gelb – Orange – Violett – Blau

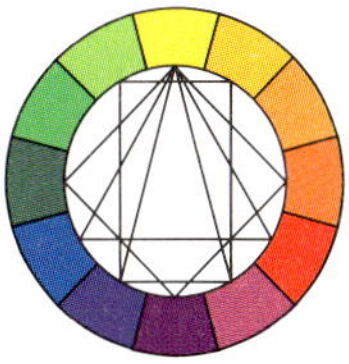
Harmonische Akkordbeziehungen nach ITTEN

3

HARALD KÜPPERS, geb. 1926
Der ausgebildete Chemigraf (Klischeeätzer) absolvierte ein Ingenieurstudium der Reproduktions- und Drucktechnik. In seiner Firma Wittemann+Küppers führte er neue Möglichkeiten der elektronischen Reproduktion ein. Mit seiner Farbenlehre suchte er ein übergeordnetes System, dass für alle Anwendungsgebiete gültig ist. Er veröffentlichte zahlreiche Fachbücher und arbeitete auch mit Farbherstellern zusammen, um seine Theorie praktisch zu untermauern. Er arbeitete im Deutschen Farbenzentrum e. V. und war zuständig für die Bereiche Farbentheorie und Mehrfarbendruck. KÜPPERS gilt als Begründer der neuen Farbenlehre.

Harald Küppers – „Das Grundgesetz der Farbenlehre" 1978

– **Grundfarben und Mischung**
KÜPPERS geht von den physikalisch-optischen Gesetzmäßigkeiten aus, wonach zur Bündelung des aus weißem Licht entstandenen Farbenspektrums nur die Farben Grün, Violettblau und Orangerot nötig sind. Ebenso ist die Funktionsweise des Auges Grundlage für die Entwicklung der Farbenlehre. Demnach sind drei verschiedene Arten von farbempfindlichen Zapfen besonders für grünes, orangrotes und violettblaues Licht empfindlich. Diese bezeichnet er als Urfarben.
Die Farbtöne lassen sich mithilfe von Pigmenten nur schwer erzeugen. KÜPPERS findet folgende Mischungen:
- Kadmiumgelb (Yellow) + kühles Rot (Magenta) = Orangerot,
- Yellow + türkiser Blauton (Cyan) = Grün,
- Cyan + Magenta = Violettblau.

Diese Farben und die unbunten Farben Schwarz und Weiß bilden die Grundfarben.

– **Das Basisschema der Farbenlehre**

Die sechs bunten Grundfarben sind im Sternenring angeordnet. Ihre Spitze zeigt auf den ihnen zugeordneten Platz im Sechseck. Die unbunten Farben Schwarz und Weiß werden durch je drei Rhomben in der Mitte repräsentiert. Die Farben sind im Sechseck so angeordnet, dass zwischen den Urfarben ihre Mischfarben stehen. Die sechs bunten Grundfarben sind an den Ecken angeordnet. Zwischen ihnen befinden sich jeweils Mischtöne. Die sich gegenüberliegenden Farben bilden Komplementärfarbpaare.

– **Küppers Kritik an Ittens Farbtheorie**
ITTENS Farbkreis basiere nicht auf den Gesetzmäßigkeiten des Sehens. Die von ITTEN gewählten Grundfarben seien deshalb keine, da sie ihrerseits schon Mischungen darstellen. ITTENS Grundfarbe Blau zum Beispiel sei eine Mischung aus der Grundfarbe Cyan und Violettblau. Die sich im Farbkreis gegenüberstehenden Farben ergeben nicht Grau, sondern bunte Tertiärfarben. Weiterhin bemängelt KÜPPERS das Fehlen der Farben Schwarz und Weiß, die in einem Farbsystem gleichwertig mit den bunten Farben behandelt werden müssen.

Digitale Farbmodelle

– **RGB-Modell**
Es handelt sich um ein so genanntes additives Farbmodell, welches zur Beschreibung von Farben am Computer am häufigsten Verwendung

findet. Die Beiträge der einzelnen Primärfarben Rot, Grün und Blau (= RGB) werden addiert und ergeben die Mischfarben. Jeder Farbton wird durch seinen Anteil an den Grundfarben charakterisiert. Die Farbe Gelb ergibt sich zum Beispiel aus der Summe der Farben Rot und Grün. Der RGB-Farbenraum wird durch einen Würfel dargestellt, an dessen Ecken die Farben Schwarz, Weiß, Gelb, Blau, Rot, Grün, Magenta und Cyan angeordnet sind. Im Würfelmittelpunkt ist das neutrale Grau.

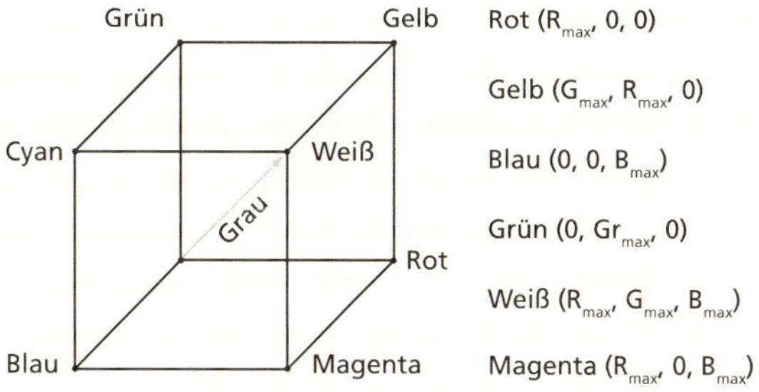

- **CMY-System**
  Im Bereich der Printmedien wird häufig dieses Modell verwendet. Es entsteht durch die Spiegelung des RGB-Farbenraums um den Mittelpunkt. Das Weiß befindet sich jetzt auf dem „Nullpunkt" und Cyan, Magenta und Yellow (Gelb) = CMY liegen auf den Koordinatenachsen. Damit gilt das Prinzip der subtraktiven Farbmischung. Wird Schwarz (Karbon) als vierte Grundfarbe hinzugefügt (CMYK-System), können Grautöne besser dargestellt werden.

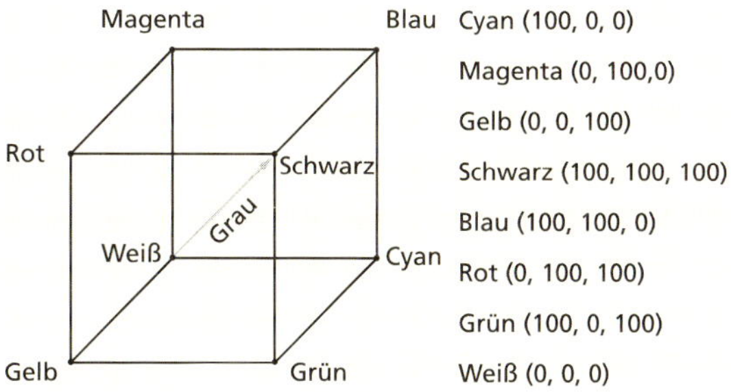

Farbanteile in Prozent

- **HSV-System**
  Dieses System ist dem menschlichen Farbempfinden besser angepasst. H bezeichnet den Farbton (Hue), S die Sättigung (Saturation) und V den Wert der Helligkeit (Value). In Grad umgerechnet ist Rot = 0°, Gelb = 60°, Grün = 120°, Cyan = 180°, Blau = 240° und Magenta = 300°. Auf die Ebene übertragen, bildet der HSV-Farbenraum ein Koordinatensystem. Die x-Koordinate stellt den Farbton dar und die y-Koordinate die Sättigung. Über eine Extraleiste wird die Helligkeit reguliert. Durch dieses System lassen sich Farbtöne einfacher mischen, es sind jedoch auch mit diesem System nicht alle Farben auf dem Bildschirm darstellbar. Das HSV-System ist auch als HSB-System (B = Brightness) bzw. HSI-System (I = Intensity) bekannt.

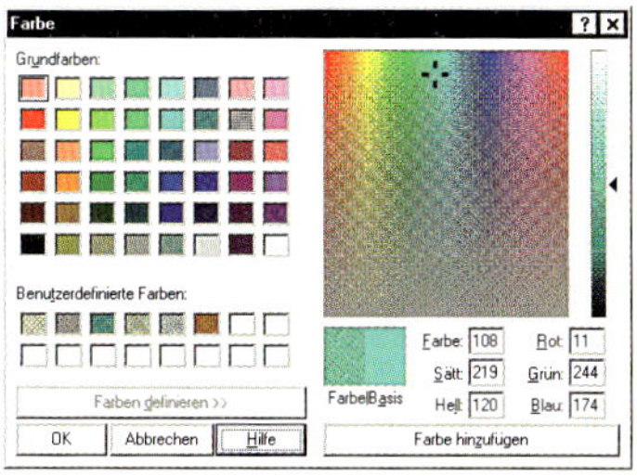

3.6.3 Farbe als bildnerisches Gestaltungsmittel

Die Dimensionen der Farbe

Die Lichtfarben des Spektrums lassen sich nach ihrer Wellenlänge genau definieren. Substanz-Pigmentfarben lassen sich nach drei Merkmalen unterscheiden:

Farbton	• allgemeinstes Unterscheidungsmerkmal (Farbrichtung) • bezeichnet die Zugehörigkeit zu einer Farbgruppe mit gleicher Wellenlänge (z. B. bläulich, rötlich usw.)
Helligkeit (Eigenhelle, Tonwert)	• Größter Helligkeitsunterschied besteht zwischen Schwarz und Weiß. • Bunte Farben besitzen eine eigene Helligkeit dem Farbton entsprechend (Gelb – hellste Farbe, Violett – dunkelste Farbe, Rot und Grün annähernd gleiche Farbigkeit). • Veränderung der Helligkeit eines Farbtons durch Mischen mit Schwarz und Weiß (aufhellen und abdunkeln) • damit Dämpfung der Farbe, d. h. Farbe verliert an Reinheit und Leuchtkraft (Trübung)
Intensität (Reinheit, Sättigung)	• Reinbunte Farben werden als intensive, gesättigte Farben bezeichnet. • Intensität bezeichnet den Grad der Anteile reinbunter Farben und der unbunten Farben Schwarz, Weiß und Grau in einem bestehenden Mischungsverhältnis. • Jede Beeinträchtigung (auch das Vermischen mit Wasser) mindert die Intensität der Farbe.

Gegensätze und Verwandtschaften der Farbe

1. Kontraste (nach ITTEN)

Farbe-an-sich-Kontrast:
Mindestens drei Farben unterschiedlicher Farbrichtung stehen zusammen. Den stärksten Farbe-an-sich-Kontrast bilden die Grundfarben untereinander (Gelb – Rot – Blau) Je mehr sich die verwendeten Farben von den Grundfarben entfernen, desto schwächer ist dieser Kontrast ausgeprägt. Alle reinbunten Farben können den Kontrast bilden. Die Wirkung einer Farbzusammenstellung dieser Art ist kraftvoll, intensiv, laut und entschieden.

Hell-Dunkel-Kontrast:
Die Wahrnehmung von Hell und Dunkel ist von entscheidender Bedeutung für das Unterscheiden von Flächen und Formen.
Der größte Hell-Dunkel-Kontrast wird durch die unbunten Farben Schwarz und Weiß gebildet. Der Kontrast ist stark ausgeprägt, wenn aufgehellte und gedunkelte Töne zusammenwirken. Durch das Angleichen der Helligkeiten verschiedener Farbtöne entstehen Verwandtschaften.

Kalt-Warm-Kontrast:
Bestimmte Farbtöne werden vom Menschen als kalt oder warm empfunden. Als wärmste Farbe gilt Rotorange als kälteste Blaugrün. Die dazwischenliegenden Farben lassen sich wie folgt einteilen:

warme Farben	kalte Farben
Gelb, Gelborange, Orange, Rotorange, Rot, Rotviolett	Gelbgrün, Grün, Blaugrün, Blau, Blauviolett, Violett

Die Wirkung kann sich jedoch aufgrund der Zusammenstellung mit anderen wärmeren oder kälteren Farbtönen verändern. Der Kontrast ist am stärksten ausgeprägt, wenn andere Nebenkontraste vermieden werden oder stark zurücktreten.

Komplementärkontrast:
Die sich im Farbkreis diametral gegenüberliegenden Farben bilden den Komplementärkontrast. Zusammengestellt steigern sie sich in ihrer Leuchtkraft.

Simultankontrast:
Dieser Kontrast beruht auf der Fähigkeit des Menschen, zu einer gegebenen Farbe im Gehirn die Gegenfarbe (Komplementärfarbe) als Farbempfindung zu produzieren. Weiterhin verändert sich die Wirkung der realen Farben hinsichtlich ihrer Leuchtkraft und Ausdehnung in Beziehung zu unbunten Flächen. Farbige Flächen wirken auf weißem Grund dunkler und kleiner, auf schwarzem Grund heller und größer.

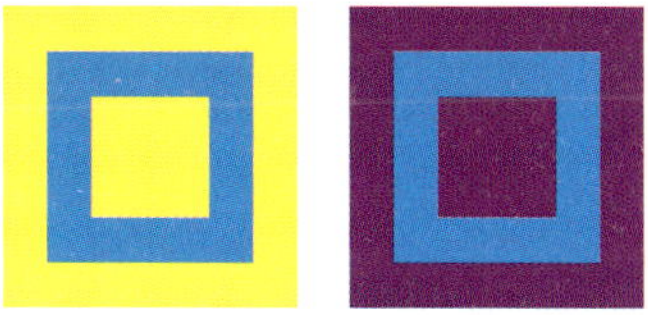

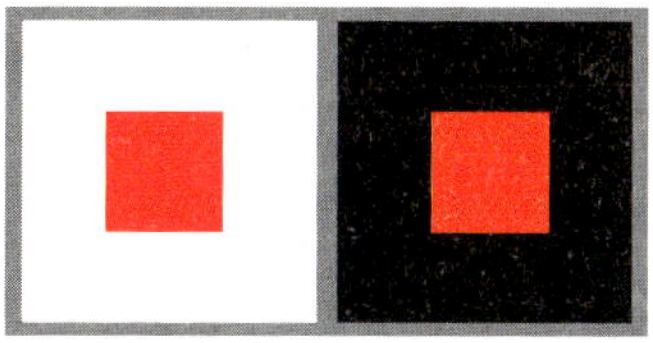

Qualitätskontrast:
Zusammenstellungen gesättigter, leuchtender Farben mit stumpfen, getrübten Farben ergeben den Qualitätskontrast. Der reine Kontrast ergibt sich durch das Verwenden eines Farbtons in seiner reinen und seiner getrübten Ausrichtung, da es ansonsten (z. B. reines Blau zu getrübtem Rot) zur Überlagerung mit anderen Kontrasten kommt, die die Wirkung des Qualitätskontrastes mindern.

Quantitätskontrast:
Der Kontrast bezeichnet das Größenverhältnis zwischen verschiedenen Farbflecken.
Ein harmonisches Verhältnis entsteht dann, wenn keine der Farben dominiert. Dabei wird die Leuchtkraft einer Farbe mit der Größe des Farbfleckes (Farbfläche) in Beziehung gesetzt. Farben mit einer hohen Leuchtkraft (hohe Eigenhelligkeit) werden demnach in geringerem Maße verwendet als Farben mit geringerer Leuchtkraft.

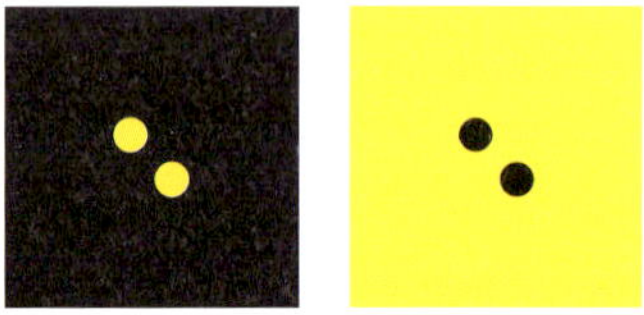

Harmonische Flächengrößen

Gelb	:	Orange	:	Rot	:	Violett	:	Blau	:	Grün
3	:	4	:	6	:	9	:	8	:	6

oder

Gelb : Orange = 3 : 4

Gelb : Rot = 3 : 6

Gelb : Violett = 3 : 9

Gelb : Blau = 3 : 8

Gelb : Rot Blau = 3 : 6 : 8

Orange : Violett Grün = 4 : 9 : 6

differenzieren: abstufen der Farbe in kleinen Schritten zu den nachbarlichen Buntarten, nach heller oder dunkler, zu intensiver oder getrübter Buntart

modulieren: besondere Art der Differenzierung, Wechsel von einer Buntart zur anderen mit stufenartigem Farbauftrag

2. Farbverwandtschaft

Verwandtschaftliche farbige Beziehungen ergeben sich durch Angleichung der Farbtöne, der Trübungsgrade oder Helligkeits- und Dunkelheitsgrade.
Diese Angleichung wird erreicht durch Differenzierung und Modulation innerhalb von Farbbereichen. Da diese Farbigkeit meistens durch einen einheitlichen Ton bestimmt ist, wird sie als Ton-in-Ton-Malerei oder valeuristische Malerei bezeichnet.

3.6.4 Physische und psychische Wirkung

Farben geben konkrete Informationen, die unser Verhalten beeinflussen. So entscheidet die Farbe von Früchten über ihren Reifegrad und damit ihre Genießbarkeit. Ähnlich lassen sich von der Farbe des Himmels meteorologische Informationen und von der Farbgebung bestimmter Organe und Körperteile Schlussfolgerungen über den Gesundheitszustand eines Patienten ableiten.
Zur Stimulierung unseres Kaufverhaltens werden häufig Erkenntnisse aus der Farbenlehre benutzt. Zum Beispiel kombiniert man Fleischwaren (rote Farbtöne) oft mit blauen oder grünen Farbtönen, um sie frischer erscheinen zu lassen.
Farben können Stimmungen hervorrufen und beeinflussen Die psychologische Wirkung lässt sich meist von allgemeinen Erfahrungen oder symbolischen Bedeutungen herleiten. So verwenden Restaurants oder Imbissketten bevorzugt gelbe, rote oder braune Symbole, da die Farben an reifes Obst und Gemüse und gegartes Fleisch erinnern.

Im Jahre 1916 wurde die „Internationale Hochschule für Farbenheilung" in England gegründet und viele Institute dieser Art sollten folgen.
Farbtherapien sollen vor allem unterstützende Funktion bei gängigen Heilverfahren haben, aber auch direkt auf körperliche Zustände einwirken. Rot zum Beispiel wird besonders zur Förderung der Durchblutung, bei Muskelschwäche- oder -verletzungen und zur Heilung frischer Wunden eingesetzt.

3.6.5 Symbolik der Farben

Nicht jeder Farbe kann eine Bedeutung zugeordnet werden, da es nicht nur ein Rot, Blau usw. gibt. Genauso kann eine Farbe in unterschiedlichen Umgebungen verschiedene Wirkungen hervorrufen.
Obwohl jede Persönlichkeit mit ihren individuellen Erfahrungen und Emotionen den Farben unterschiedliche Bedeutungen zuordnen kann, ist es möglich, symbolische Bedeutungen, die sich aus allgemeinen kulturellen Erfahrungen und Traditionen unseres Kulturkreises ableiten lassen, zusammenzufassen.

Symbol, griech. symbolon = zusammenwerfen, Darstellung einer meist komplexen Realität, z. B. Gefühle oder Zustände mithilfe eines Zeichens

	Wirkung	symbolische Bedeutung
Gelb	erregend, warm, heiter, extrovertiert, grell, aufdringlich, stolz	Freundlichkeit, Optimismus, Leichtsinn, Verschwendung, Neid, Eifersucht, Verrat
Orange	anregend, lebhaft, heiter, warm, exotisch, aktiv	Freude, Lebhaftigkeit, Spaß, Lebensbejahung, Ausgelassenheit
Rot	stark erregend, belebend, erwärmend, kraftvoll, exzentrisch	Kraft, Erregung, Aktivität, Dynamik, Temperament, Leidenschaft, Liebe, Feuer, Leben (Blut), Freude, Aggressivität, Wärme, Tatendrang
Violett	introvertiert, statisch,extravagant, traurig, sehnsüchtig, melancholisch, unnatürlich, niederdrückend	Macht, Theologie, Spannung, Unlust, Eitelkeit, Selbstbezogenheit, Verzicht, Beunruhigung
Blau	beruhigend, etwas deprimierend, friedlich, ernsthaft, sehnsüchtig, kalt, fern, unendlich	Sympathie, Beständigkeit, Ruhe, Frieden, Sammlung, Vertiefung, Harmonie, Passivität, Sauberkeit, Hoffnung
Grün	beruhigend, sanft, freundlich, heiter, natürlich, gesund, frisch, jung	Frische, Ruhe, Entspannung, Hoffnung, Unreife, Jugend, Natur, Frühling
Braun	zurückgezogen, schwer, altmodisch, warm, gemütlich	Bequemlichkeit, Anpassung, Faulheit, Fäulnis, Alter
Weiß	rein, illusionär, steril, leer, leicht, oben	Reinheit, Ordnung, Unschuld, Leichtigkeit, Vollkommenheit
Schwarz	pessimistisch, traurig, geheimnisvoll, schwer, feierlich, ernst, verschlossen, unten	Ende, Negation, Auflehnung, Trauer, Einengung, Hass, Schmutz, Egoismus, Funktionalität, Unglück
Grau	charakterlos, wandelbar, unfreundlich, arm, grausam, heimlich	Neutralität, Gleichgültigkeit, Nüchternheit, Elend, Sachlichkeit, Schlichtheit, Funktionalität

Funktion der Farbe in der Malerei

Prinzipien der Farbgebung
(Entscheidung, mit welcher Absicht die Farbe verwendet wird)

Eigenwert der Farbe

- Einsetzen der Farbe ohne Rücksicht auf den Farbträger
- Nutzung der elementaren Wirkung der Farben (Schönheitswert, Buntheitswert, gegenseitige Steigerung, Ergänzung, Abstoßung)

Darstellungswert der Farbe

- Einsetzen der Farbe, um den Farbträger zu charakterisieren
- Nutzung der Farbe zur Darstellung von Stofflichkeit, Materialität, Räumlichkeit, Körperhaftigkeit, Lichtverhältnissen

Die beiden Prinzipien können in den unterschiedlichen Stilepochen bzw. in den individuellen künstlerischen Stilen jeweils hervortreten oder sich durchdringen.

Symbolfarbe: Farbigkeit widerspiegelt symbolische Bedeutung, vor allem dargestellter Personen oder Figuren. Dabei wird mit dem höchsten Symbolrang der Farbe der höchste Materialwert verknüpft. Der Eigenwert der Farbe wird betont.		Bild: HENRI BELLECHOSE, *Altarretabel von St. Denis in Paris, Letzte Kommunion und Martyrium des Hl. Dionysius,* 1416, Paris, Musée du Louvre
Lokal- oder Gegenstandsfarbe: Farbe charakterisiert die Oberflächenbeschaffenheit und die Stofflichkeit der dargestellten Objekte bis ins Detail (hart, weich, glatt, glänzend, transparent ...). Die Eigenfarbe des Gegenstandes wird ohne den verändernden Einfluss von Licht und Schatten abgebildet.		Bild: JEAN-BAPTISTE SIMÉON CHARDIN, *Stillleben,* um 1760, Paris, Musée du Louvre
Erscheinungsfarbe: Farbige Darstellung der Objekte unter Berücksichtigung bestimmter Beleuchtungsverhältnisse. Besondere Bedeutung erhält die veränderte Farbigkeit durch den Einfluss von Licht und Schatten, Luft und Atmosphäre im Impressionismus.		Bild: CLAUDE MONET, *Das Parlament in London,* 1912, Paris, Musée d´Orsay
Ausdrucksfarbe: Die Farbe wird relativ losgelöst vom realen Gegenstand zum Ausdrucksträger von inneren Zuständen, Gefühlen und Stimmungen. Sie soll ein inneres Vorstellungsbild sichtbar machen und eine suggestive Wirkung hervorrufen.		Bild: FRANZ MARC, *Die großen blauen Pferde,* 1911, Minneapolis (Minnesota), Walker Art Center
Absolute Farbe: Eine Anzahl gleicher oder ähnlicher Elemente ist zentral oder dezentral, symmetrisch oder asymmetrisch, geordnet oder ungeordnet in einem relativ ausgewogenen Verhältnis an bestimmten Teilen der Bildfläche verteilt angeordnet.		Bild: BARNETT NEWMAN, *Who's Afraid of Red, Yellow and Blue IV,* 1969–70, Neue Nationalgalerie, Berlin

3.7 Bildspannung

> Die Zusammenstellung unterschiedlicher Bildelemente/Objekte innerhalb eines Bildgefüges in gegenseitiger kontrastbildender Intensivierung, welche sich aus ihren Gegensätzen ergibt, führt zu einem Spannungsgefüge **(Bildspannung).** Ausgehend von den Grundelementen der Gestaltung (Punkt, Linie, Fläche, Struktur, Farbe, ...) bilden diese in ihren verschiedenen Erscheinungsformen Kontraste, welche vom Betrachter als anregend empfunden werden, da sie das Auge reizen und nicht ermüden. Im Gegensatz dazu führt die Zusammenstellung gleichartiger Formqualitäten zu einem harmonischen Gleichgewicht mit einer ruhigen, ausgeglichenen und stetigen Wirkung.

Der spezifische Charakter bildnerischer Grundelemente wird in seinen Erscheinungsformen mithilfe folgender Kategorien bestimmt:
- Form,
- Umriss,
- Gerichtetheit/Richtung,
- Binnengliederung,
- Raumlage/Anordnung,
- Größe,
- Proportionen,
- Dimension (flächig, körperhaft, räumlich),
- Farbe, Helldunkel,
- Oberfläche.

3.7.1 Bildspannung durch Kontraste

Formkontraste

Formkontraste bestehen, wenn zwischen nebeneinander liegenden Formen erkennbare Unterschiede bestehen. Während sich ähnliche Formen angleichen, heben sich gegensätzliche stärker voneinander ab.

Form-an-sich-Kontrast

Bild:
PAUL CÉZANNE, *Stillleben,* o. J., Klang und Früchte, Privatsammlung

Den stärksten Form-an-sich-Kontrast bilden die Grundformen Quadrat, Dreieck, Kreis. Der Kontrast ergibt sich aus der unterschiedlichen Konstruktion. So wirkt das Quadrat als eckig gespannte Bewegungsform durch den immer gleichen rechten Winkel, das Dreieck durch die Vielfalt der Winkel und der Kreis erhält seine spezifische Form durch die gleichmäßig gebogene, kontinuierlich bewegte Linie. Kleine Formen wirken neben großen Formen unruhiger.

Qualitätskontrast
Stehen regelmäßige neben unregelmäßigen Formen, entsteht der Qualitätskontrast ebenso wie durch das Aufeinandertreffen von geöffneten und geschlossenen, gegliederten und ungegliederten Formen.
Weitere Qualitätskontraste sind:

 oder 

Bild:
GUSTAV KLIMT,
Porträt der Fritza Riedler, 1906, Wien, Österreichische Galerie

Quantitätskontrast/Größenkontrast
Unterschiedliche Formdimensionen, Ausdehnungen, Proportionen in Beziehung zueinander bilden den Quantitätskontrast. Da es sich auch um einen Größenkontrast handelt, geht es vor allem um solche Kontraste wie Groß – Klein, Breit – Schmal, Lang – Kurz usw. Der reine Größenkontrast (Groß – Klein) wird oft als Stilmittel verwendet, um die Tiefenräumlichkeit im Bild zu verstärken. Gleiche Bildelemente, die entsprechend ihrer Entfernung kleiner dargestellt und angeordnet werden, wirken so weiter entfernt als die größeren Formen im Vordergrund.

Bild:
PHILIPP OTTO RUNGE,
Die Eltern des Künstlers, 1806, Hamburg

Richtungskontrast
Parallel oder ähnlich verlaufende Richtungen wirken auf den Betrachter ruhig und ausgeglichen. Kontrastpaare, wie Senkrecht – Waagerecht, Auf – Ab, Richtung – Gegenrichtung, Gerade-Gebogen usw. erzeugen beim Betrachter Spannung. So werden bestimmte Richtungen als wachsend, steigend oder fallend empfunden, da sie das Auge des Betrachters in eine bestimmte Richtung drängen oder ziehen.

Bild:
ARNOLD BOECKLIN,
Der Krieg, 1896, Zürich, Kunsthaus

Hell-Dunkel-Kontraste/Farbkontraste

Der Hell-Dunkel-Kontrast gehört zu den wichtigsten und ausdrucksstärksten Kontrasten in der Bildgestaltung. Je größer der Hell-Dunkel-Kontrast, desto größer ist die Spannung im Bild und es entsteht „Dramatik". Grundsätzlich gilt, dass dunkle Formen auf hellem Grund zur Geltung kommen und helle Formen auf dunklem Grund. Abgedunkelte Bildränder, welche eine helle Bildmitte umschließen, halten den Blick des Betrachters fest. Dunkelheiten am oberen Bildrand wirken schwer, an den Seitenrändern

Bild:
GEORGE DE LA TOUR,
Beweinung des heiligen Sebastian durch Irene, 1650, Berlin, Gemäldegalerie

verleihen sie dem Bild Standfestigkeit. Grautöne wirken heller oder dunkler, je nachdem ob sie neben anderen Grautönen stehen.
Ähnliche Farbtöne erzeugen eine ruhige und harmonische Wirkung, gegensätzliche Farben (betrifft: Intensität, Helligkeit, Farbton) wirken spannungsbildend.

Oberflächenkontraste

In der traditionellen Bildgestaltung ergeben sich alleine durch den Farbauftrag nur selten gegensätzliche Oberflächen, da oft ein einheitlicher Duktus zur geschlossenen Bildwirkung beiträgt. Die Kombination verschiedener Mal- und Fertigungstechniken (Bürsten, Sieben, Klecksen, Spachteln usw.) und die Einbeziehung unterschiedlicher Materialien können neuartige, spannungsvolle Wirkungen hervorrufen. Zum optischen Kontrast tritt hier meistens auch eine taktile (den Tastsinn betreffend) Intensität. Bei malerischen Arbeiten mit reliefplastischen Qualitäten entstehen Kontraste, wie glatt – rau, stumpf – glänzend, durchsichtig – undurchsichtig u. a.

3.7.2 Bildspannung in den Beziehungen der Anordnung

Bild:
AUGUSTE RENOIR, *Auf der Schaukel,* 1876, Paris, Musée d´Orsay

Der Betrachter erwartet dem Sehen entsprechend (mittige Sehschärfe bei starrer Blickrichtung) die kompositionsbestimmenden Motive in der Bildmitte. Spannungsvoller wird der Bildaufbau, wenn ein vorgesehenes Hauptmotiv mehr ins obere oder untere Drittel bzw. nach links oder rechts außen verlegt wird (↗goldener Schnitt S. 199). Weiterhin wirken kompositionelle Prinzipien, wie zum Beispiel Gruppierungen, kontrastreich zu einer Einzelform ebenso wie unterschiedliche Abstände zwischen den Elementen des Bildgefüges.

Bild:
ADRIAN LUDWIG RICHTER, *Abendandacht im Walde*, 1842, Leipzig, Museum der bildenden Künste

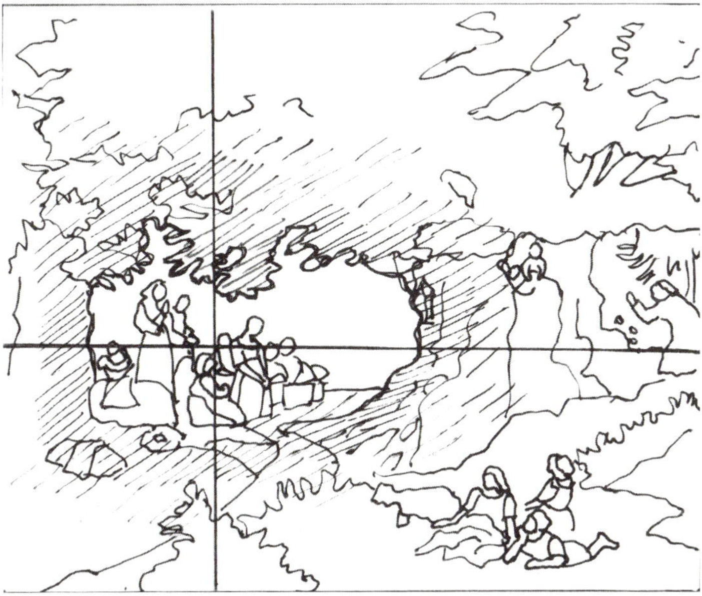

diverse Kontrastbeziehungen:

groß – klein
breit – dünn
dick – dünn
schwarz – weiß
viel – wenig
gerade – gebogen
spitz – stumpf
horizontal – vertikal
diagonal – zirkulär
hoch – niedrig
Fläche – Linie
Linie – Körper
Punkt – Linie
hart – weich
stetig – unterbrochen
flüssig – fest
stark – schwach

3

3.8 Bildform

3.8.1 Begriff Bildform

Form,
lat. formula = Gestalt

Die **Bildform** stellt ein konkretes Verhältnis der gestalteten Formen bildnerischer Werke zu ihren realen/natürlichen Vorbildern dar. Im Gegensatz zur Form allgemein, die das äußere sichtbare Erscheinungsbild realer Objekte bezeichnet, kann man außerdem zwischen der natürlichen, der künstlichen und der künstlerischen Form unterscheiden.

Bild rechts:
AMEDEO MODIGLIANI,
La Tête Rouge, 1915

Form		
natürliche Form	**künstliche Form**	**künstlerische Form**
Naturformen, die ohne menschliche Einwirkung entstehen (Pflanzen, Tiere)	Erscheinungsbild von Objekten, die mit menschlicher Einwirkung entstanden (Maschinen, Architektur u. a.)	Formen der bildenden Kunst, welche das Ergebnis eines kreativen Gestaltungsprozesses sind

3.8.2 Gestaltungsmerkmale der künstlerischen Form

Die künstlerischen Formen werden nach dem Grad der Nachahmung der Realität, insbesondere der Gegenstände und ihrer Beziehungen zueinander, in folgenden Gestaltungsmerkmalen beschrieben:

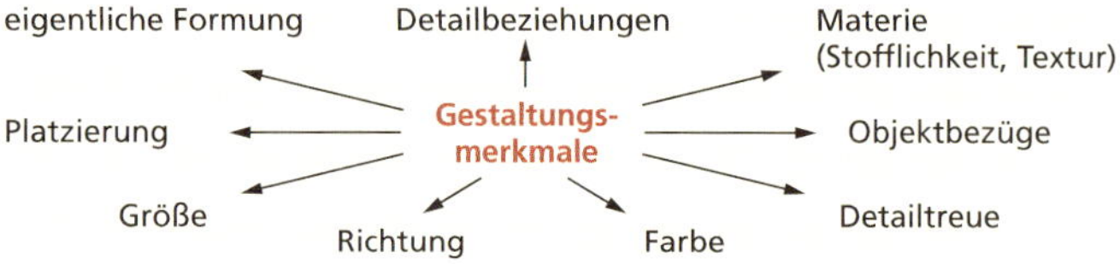

Künstlerische Form mit extrem hohem Grad der Nachahmung (z. B. naturalistische Darstellung)

Deutscher Meister, um 1650, *Stillleben*

Alle abgebildeten Objekte wirken nicht wie gemalt, sondern wie wirklich existent mit dem Ziel, den Betrachter zu täuschen (Trompe l´Oeil). In der Ausführung der Malerei sind kaum Malspuren erkennbar. Die Detailgenauigkeit ist so hoch, dass auch scheinbar nebensächliche Dinge in ihren wirklichkeitsgetreuen Beziehungen abgebildet werden. Mithilfe des Helldunkels bzw. des Licht-Schatten-Verhältnisses wird die Plastizität der Objekte betont und die Zweidimensionalität des Bildes scheinbar aufgehoben.

trompe-l'Œil, frz. = Augentäuschung, Darstellungsweise in der Malerei, bei der durch naturalistische Genauigkeit mithilfe perspektivischer Mittel ein Gegenstand so wiedergegeben wird, dass der Betrachter nicht zwischen Wirklichkeit und Gemaltem unterscheiden kann. Solche Täuschungsbilder (oft besonders aufwendig gestaltete Ölgemälde) erfreuten sich besonders im Barock großer Beliebtheit. Im Bild des deutschen Meisters von 1650 (Tempera auf Holz) scheint die geöffnete Schranktür aus dem Bild herauszuragen.

Künstlerische Form mit hohem Grad der Nachahmung (z. B. realistische Darstellung)

EDGAR DEGAS, *Der Amateur*

Die Abbildung erscheint wirklichkeitsgetreu, jedoch nicht augentäuschend. Malspuren bleiben in der Weise sichtbar, dass sie aus der Nähe deutlich erkennbar sind und, mit Abstand betrachtet, wieder die realistische Wirkung der Form ergeben. Obwohl die Detailtreue recht hoch ist, werden unwesentliche Dinge nur noch undeutlich gekennzeichnet bzw. weggelassen. Das Helldunkel betont die Plastizität der Formen, lässt sie aber nicht wirklich existierend erscheinen. Das Malerische bekommt einen eigenen Wert.

Die künstlerische Form mit mittlerem Nachahmungsgrad (z. B. impressionistische Malerei)

ALFRED SISLEY, *Garten in Louveciennes im Schnee*

Die Abbildung der Form orientiert sich am Naturvorbild. Im Sinne der Gesamtwirkung spielt die Detailtreue nur noch eine untergeordnete Rolle. Mit einem geeigneten Farbauftrag und einem besonderen Farbmischungsverhältnis entsteht der Eindruck z. B. von Gräsern oder Blättern, obwohl diese nicht explizit als Gras oder Blatt ausgeführt werden. Dadurch bleibt der Malprozess sichtbar und der Duktus dient der Formcharakterisierung. Licht und Schatten widerspiegeln nicht mehr die realen Hell-Dunkel-Verhältnisse, sondern werden aus gestalterischen Aspekten eingesetzt.

Die künstlerische Form mit niedrigem Nachahmungsgrad (z. B. kubistische Malerei)

Bild:
FRANZ MARC,
Caliban, Figurine aus Sheakespeares „Sturm", 1914

Bildmotive der Wirklichkeit sind noch erkennbar, gewinnen aber durch individuelle Veränderung von Form, Farbe und Bezügen einen eigenen künstlerischen Ausdruck. Meist werden Formen auf das Wesentliche beschränkt, Details nur noch verwendet, wenn ihnen eine tragende inhaltliche Funktion zugesprochen wird. Der gestalterische Prozess ist deutlich sichtbar. Noch vorhandene räumliche Tiefenwirkung entsteht nicht durch Hell-Dunkel-Modulation, sondern durch die Eigenwirkung der Farben. Auch der Einsatz von Licht und Schatten kann sich vom Wirklichkeitsbezug völlig lösen und gestalterische Funktion übernehmen.

Die freie künstlerische Form (z. B. abstrakte Malerei)

Bild:
KASIMIR MALEWITSCH,
Suprematismus Nr. 56,
1916

Die abgebildeten Formen weisen für den Betrachter keinen erkennbaren Wirklichkeitsbezug auf, selbst wenn der Malerei vorhandene Modelle zugrunde liegen. Die Zweidimensionalität wird betont, die Perspektive stark vernachlässigt bzw. überwunden. Die Farben erscheinen losgelöst von Linie und Fläche und ihr Eigenwert kommt vollständig zum Tragen.
Großen Wert wird auf die Komposition und Struktur gelegt.

Faktoren für die Bestimmung der Bildform

- traditionell vorherrschende Malweise eines bestimmten Kulturkreises
- die Wertung der Fähigkeit der genauen Abbildung als Fortschritt gegenüber einer vergangenen Epoche
- Entscheidungsfreiheit der Künstler oder ihre Abhängigkeit von bestimmten Konventionen und Regeln
- Entsprechung der gerade vorherrschenden Gestaltungsauffassung
- die Intension der Malerei (z.B. Abbildung von Gedankengut einer bestimmten Religion)
- Zugehörigkeit des Künstlers zu einer Gruppe mit ähnlicher Bildform als Gestaltungsmerkmal
- persönliche Vorlieben des Künstlers innerhalb seines Werkschaffens

3.9 Gattungen der Malerei

In der Kunstrezeption existiert eine Rangfolge der Bildthemen nach ihrer historischen Wertschätzung. Als höchste Gattung empfand man bis in das 19. Jh. die **Historienmalerei.** Dann folgte das **Porträt.** Landschafts- und Genremalerei nahmen im 18. Jh. einen mittleren Platz ein, während das **Stillleben** den letzten Platz belegte. Eine solche Wichtung gibt es heute nicht mehr, wobei die Historienmalerei kaum noch vertreten ist und alle anderen Gattungen von Gegenwartskünstlern in einer Vielzahl stilistischer und technischer Gestaltungsarten und inhaltlicher Variationen malerisch umgesetzt werden.

3.9.1 Historienbild

Bilder, in denen geschichtliche Ereignisse, mythologische und religionsgeschichtliche Aspekte widergespiegelt werden, sind so genannte Ereignis- oder Historienbilder. Dargestellt werden außergewöhnliche, nicht alltägliche Geschehnisse und bedeutende Persönlichkeiten. Die Auftraggeber dieser meist großformatigen Gemälde waren der Adel und die Kirche. Mit der Darstellung vergangener Ereignisse sollten Zeitgenossen und Untertanen nicht nur belehrt und gebildet werden. Die Bilder dienten auch der Glorifizierung der Personen oder Taten des Dargestellten. In vielen Gemälden stellte man weit zurückliegende Ereignisse dar, um sie mit zeitgenössischen gleichbedeutend erscheinen zu lassen.
Bereits in der Antike spielte diese Gattung eine Rolle. Seit dem Barock verbreitete sie sich in feudal regierten Ländern schnell in Form von Schlachtbildern und Triumphzügen, Aufständen oder der Schlüsselübergabe einer Stadt. In vom Bürgertum beherrschten Regionen sind Historienbilder kaum zu finden. Im 19. Jh. hatte das Historienbild seinen Höhepunkt. Es wurden klassische Ereignisse der Antike dargestellt, aber auch Szenen aus dem Neuen und Alten Testament und aus Heiligenlegenden. Weitere Themen sind in dieser Zeit berühmte Werke der Weltliteratur, etwa zu GOETHES „Faust" oder zum „Nibelungenlied", Szenen aus der Sagen- und Mythenwelt bzw. aus der Geschichte der Völker. Meist dienten Historienbilder als Schmuck in Schlössern und Rathäusern.

Bild links:
P. P. RUBENS,
Die Anbetung der Heiligen Drei Könige, 1634, King´s College Chapel, Cambridge

BILD RECHTS:
E. DELACROIX,
Die Freiheit führt das Volk an, 1830, Paris, Musée du Louvre

3

3.9.2 Porträt

Entwicklung des Porträts und weitere Informationen zum Porträt ↗CD-ROM

Die künstlerische Darstellung eines bestimmten Menschen nennt man Porträt (lat. protrahere = hervorziehen und frz. portrait = Bild[nis]). Seine Absicht ist es, das Wesen bzw. die Persönlichkeit des Porträtierten zum Ausdruck zu bringen. Das Bildnis ist den wechselnden Bild- und Persönlichkeitsauffassungen und den verschiedenen Kunstepochen unterworfen. So ändert sich im Laufe der Zeit der Grad der Ähnlichkeit mit dem Porträtierten (besonders seit Erfindung der Fotografie). Das Porträt kann der Realität entsprechen, den Dargestellten aber auch idealisiert wiedergeben (z. B. bei adligen Auftragswerken) oder bis zur Karikatur verzerrt werden. Aufgabe eines Porträts kann es auch sein, den nicht Anwesenden zu „vertreten" (bei Monarchen) oder einem Menschen ein Andenken zu bewahren. Das Porträt hat im Laufe seiner Entwicklung eine unterschiedliche Wertschätzung erfahren.

Bildbeschreibungen immer aus der Sicht des Betrachters führen

Nach der **Form der Darstellung** unterscheidet man:

Bildniskopf	Kopf unter Einbeziehung des Halses
Büste	Kopf, Hals, Schulterpartie und ein mehr oder weniger großer Teil des Oberkörpers
Bruststück	Großteil des Oberkörpers mit den ganz oder teilweise wiedergegebenen Armen
Halbfigur	zeigt die Figur bis zur Taille
Kniestück	Der Porträtierte ist bis zum Knie gemalt.
Ganzfigur	Die Person ist in ihrer Gesamtheit zu sehen.

Unterscheidung nach dem **Grad der Drehung des Kopfes:**

Vorderansicht	en face
Halbprofil	halb von der Seite gemaltes Porträt
Dreiviertelansicht	Eine Kopfseite ist voll zu sehen, die andere in starker Verkürzung.
Profil	Ein halb zur Seite gedrehtes Gesicht ist dargestellt.

Gattungen des Porträts:

Unterteilung nach Anzahl der abgebildeten Personen	Einzelbildnis, Doppelbildnis, Gruppenbildnis

Gesellschaftsbildnisse nach subjektiven existenziellen Umständen	Frauen-, Männer-, Kinder-, Greisen-, Jünglings-, oder Familienbildnis
Differenzierungen nach inhaltlichen Funktionen	Standesbildnis, bei objektiver Repräsentation politischer, beruflicher oder sozialer Stellung, incl. Herrscherbildnis und bürgerlichem Rollenbild

Eine besondere Stellung innerhalb des Porträts ist das **Selbstbildnis,** das der Künstler von sich selber macht. Es hat einen hohen Aussagewert über die persönliche Selbsteinschätzung und repräsentiert die Stellung des Künstlers in der Gesellschaft. Es spiegelt Wesensmerkmale, Eigenschaften und Stimmungen zu einem bestimmten Zeitpunkt wider.

Bild links:
ALBRECHT DÜRER, *Selbstporträt*, 1500, München, Alte Pinakothek

Bild rechts:
VINCENT V. GOGH *Selbstbildnis,* 1889, Musée d´Orsay

3.9.3 Landschaftsmalerei

Als Genre der Malerei beinhaltet diese Gattung die bildhaft künstlerische Wiedergabe der den Menschen umgebenden unberührten oder von ihm beeinflussten Natur. Dabei kann es sich um reine Naturlandschaften, solche mit Zeichen menschlicher Gestaltung, Stadt- oder Industrielandschaften handeln. Wiedergegeben werden die Besonderheiten einer Region, die die Künstler aus ihrer subjektiven Sicht für darstellenswert erachten. Anfänge der Landschaftsmalerei kann man in der griechisch-römischen Antike ausmachen, auf Fresken sind idyllische Gärten zu sehen.
Die Landschaftsdarstellung verschwindet dann für Jahrhunderte. In der mittelalterlichen Kunst steht die göttliche Heilslehre im Mittelpunkt, eine Abbildung der Natur findet nicht statt. Erst am Ende der Gotik und mit der Renaissance erlangt die Wiedergabe der sichtbaren Realität erneut an Bedeutung. Das Landschaftsbild in der vom Humanismus ge-

prägten Weltanschauung ist eng mit der wissenschaftlichen Erforschung des Menschen und der Natur verbunden und erhält einen hohen Stellenwert. Die in der Renaissance entdeckte Farb- und Luftperspektive als Mittel zur Illusion von Tiefenräumlichkeit und atmosphärischer Trübung geben den Bildern eine neue Dimension.
Einflüsse venezianischer Malerei lassen sich in der Naturdarstellung des Barock finden. Um 1600 entwickelt sich eine „klassische Landschaftsmalerei", die gekennzeichnet ist von atmosphärischen Stimmungen mittels starker Licht-Schatten-Modulation, der Einbindung antiker Architekturelemente und kleiner Figurengruppen, der Vereinheitlichung des Bildraums und einem klaren Bildaufbau.

Die Landschaftsmalerei der verschiedenen Kunstepochen verdeutlicht das sich wandelnde Verhältnis des Menschen zu seiner Umwelt, drückt seine Ideen und Gefühle gegenüber der Natur aus und lässt Veränderungen der gesellschaftlichen Verhältnisse erkennen. Besonders in der romantischen Malerei spiegelt sich die tiefe Liebe und Verbundenheit zur Natur wider. Auch die Landschaftsmalerei der Gegenwart reflektiert die Umweltbeziehung und ökologische Zusammenhänge. Im Zuge der vom Menschen mitverschuldeten Umweltkatastrophen und der Zerstörung der Natur besitzen viele Werke Appellcharakter. Die Künstler, die sich mit den unterschiedlichsten Ausdrucksformen dem Thema Landschaft zuwenden, zeigen dabei eine breite Palette von kritisch-realistischer Auseinandersetzung bis hin zu abstrakten Gedankenbildern.

Bild links:
CASPAR DAVID FRIEDRICH, *Abtei im Eichwald,* 1810, Berlin, Nationalgalerie

Bild rechts:
ANSELM KIEFER, *Im Gewitter der Rosen,* 1999, als Leihgabe im Foyer des Deutschen Historischen Museums in Berlin, seinen Titel nimmt das Bild von dem Gedicht „Im Gewitter der Rosen" von INGEBORG BACHMANN

3.9.4 Genremalerei (oder Sittenbild)

Als Genrebild (frz. genre = Art oder Gattung) gelten Darstellungen von Sitten und Gebräuchen verschiedener Standes- und Berufsgruppen. Die Bilder haben keine historisch bedeutsamen Ereignisse zum Thema, auf ihnen werden Alltagsszenen wiedergegeben. Bereits im Altertum gab es Genredarstellungen, z. B. bei ägyptischen Wandbildern oder auf griechischen Vasen. In der Spätgotik finden sich solche Szenen in Holzschnitten, Kupferstichen und auf Wandteppichen. Im Barock erreichte das Genrebild als eigenständige Gattung besonders in der niederländischen Malerei seinen Höhepunkt. Im Realismus des 19. Jh. gab es in Europa ein breites Spektrum der Darstellung von Szenen aus dem Alltagsleben des Adels, der Stadtbürger, Handwerker oder Bauern. Verbreitete Motive waren die Jagd, Bauernhochzeiten, Ernteeinbringung, Gasthausszenen oder Werkstattausschnitte.

Bild links:
PIETER BRUEGEL D. Ä., *Heimkehr der Jäger,* 1565, Wien, Kunsthistorisches Museum

Bild rechts:
WILHELM LEIBL, *In der Bauernstube,* 1890, München, Neue Pinakothek

3.9.5 Stillleben

Die Bezeichnung **Stillleben** (niederl. stilleven, frz. nature morte = tote Natur, ital. natura morta) umfasst die Darstellung lebloser oder unbewegter Gegenstände, die nach formalkünstlerischen und ästhetischen Gesichtspunkten angeordnet sind. Dabei bilden Komposition, Form und Farbe den Schwerpunkt der künstlerischen Gestaltung.
In der Antike bereits war die Abbildung von Alltagsgegenständen, wie Krügen oder Früchten, auf Wandbildern mit illusionistischer Wirkung oder in Mosaiken darstellenswert.
In der Malerei des Mittelalters gab es keine eigenständigen Stillleben, in christlichen Darstellungen finden sich jedoch genau beobachtete Gegenstände und Blumen, wie Krüge und Lilien. Diese Dinge haben über ihre Form hinaus religiöse Bedeutung.
Erst in der zweiten Hälfte des 15. Jh. wurde das Stillleben zur eigenen Gattung erhoben und gelangte im 17. Jh. im calvinistisch-protestantischen, vom Bürgertum bestimmten republikanischen Norden der Niederlande zu seiner Blüte. Dem Repräsentationsbedürfnis des wirtschaftlich erstarkten Bürgertums entsprachen die sich herausbildenden verschiedenen, meist kleinformatigen **Stilllebentypen:**

- das Frühstücks-, Früchte- und Gemüsestillleben,
- Küchen- und Marktstillleben,
- das Musikinstrumentenstillleben,
- das Blumenstück,
- das Jagdbeutebild,
- das Prunkstillleben u. a.

Vanitas, lat. = Leere, Wahn, Eitelkeit, Vergänglichkeit
Vanitas-Motiv: Gegenstände, die an die Vergänglichkeit des irdischen Daseins gemahnen

lat. Memento-mori = Gedenke des Todes, Memento-mori-Symbole = u. a. Totenschädel, Stundenglas, Kerze

Die Künstler spezialisierten sich auf einzelne Bereiche und gelangten zu höchster Meisterschaft in der detailgetreuen Wiedergabe der Objekte, die bis zur Augentäuscherei, dem **Trompe-l'Œil** (↗ S. 226), führte. Doch der Schwerpunkt lag nicht nur auf dem Darstellen des Schönen, sondern auch im Hinweis auf die Vergänglichkeit alles Irdischen. Es entstanden Stillleben mit **Vanitas**-Motiven und **Memento-mori**-Symbolen.
In der zweiten Hälfte des 19. Jh. gewann das Stillleben erneut an Bedeutung, als die Realisten und Impressionisten ihre spezifischen bildnerischen Mittel im Stillleben umsetzten. Die Realisten, an einer genauen Naturbeobachtung interessiert, lehnten eine tiefe allegorische Bedeutung ab. Die Impressionisten waren weniger an den Objekten interessiert als an ihrer optischen Erscheinung in der Atmosphäre und im Wechsel des

Fauves, frz. = die Wilden, 1905–1907 Gruppe von Malern um MATISSE, DERAIN, VLAMINCK, DUFY, MARQUET, FRIESZ u. a., Gegenströmung zum Impressionismus

Lichts. VAN GOGHS gegenständliche Stillleben zeugen von einer starken Emotionalität.

Eine neue Sichtweise auf die Realität und die Auseinandersetzung mit Raum- und Formproblemen prägte die Malweise CÉZANNES und der Kubisten, wie PICASSO und BRAQUE, die damit zu einer Darstellung gelangten. Der gegenständlich-abbildende Charakter des Stilllebens kam erst wieder mit den **Fauves** und im **Expressionismus** in emotionalen, koloristisch bestimmten Bildern auf. Die diversen Ausdrucksformen der Künstler des 20. Jh. demonstrieren neue Inhalte der Kunstauffassung auch im Stillleben.

Bild links:
JAN BRUEGEL D. Ä., *Blumenstrauß,* um 1615

Bild rechts:
PAUL CÉZANNE, *Die Schwarze Uhr,* 1871

Fünf-Sinne-Stillleben von LUBIN BAUGIN

Symbole für Sinne

- **Sehen:** alle Bildgegenstände
- **Riechen:** Blumen
- **Schmecken:** Wein, Brot
- **Hören:** Notenbuch, Laute
- **Fühlen:** Geldbörse, Kartenspiel

Vanitassymbole

- Totenkopf
- verglimmende Lunte
- erlöschende Kerze
- welkende Blumen
- nagende Maus
- Uhr
- umgefallenes Glas

Mischen von Farben

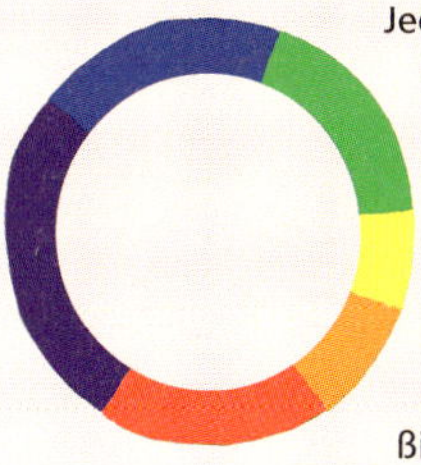

Jede Farbe besitzt eine eigene Helligkeit (ohne mischen mit Weiß). So besitzt Gelb die größte Helligkeit und Violett die geringste. Um gleichwertig zu erscheinen, müssen also die dunkleren Farbtöne mengenmäßig stärker vertreten sein, als die helleren Farben, was je nach angestrebter Farbwirkung zu differenzieren ist.

Entstehung der Mischfarbe ersten Grades durch Mischen der beiden Grundfarben Gelb und Blau

Ausmischung der Grundfarben von Pol zu Pol
Ausmischung der senkrechten Mittelachse von Weiß zu Schwarz

Mischen an der Kugeloberfläche von Pol zu Pol am Beispiel der Farbe Grün

Kontraste

Komplementärkontrast Rot-Grün, Hell-Dunkel-Kontrast als Nebenkontrast

Kalt-Warm-Kontrast

Komplementärkontrast Gelb-Violett

Ausmischung des Komplementärkontrastes Blau-Orange bis zum Grau, Hellen der Farben

Qualitätskontrast (zwischen leuchtenden/gesättigten und getrübten/ungesättigten Farben)

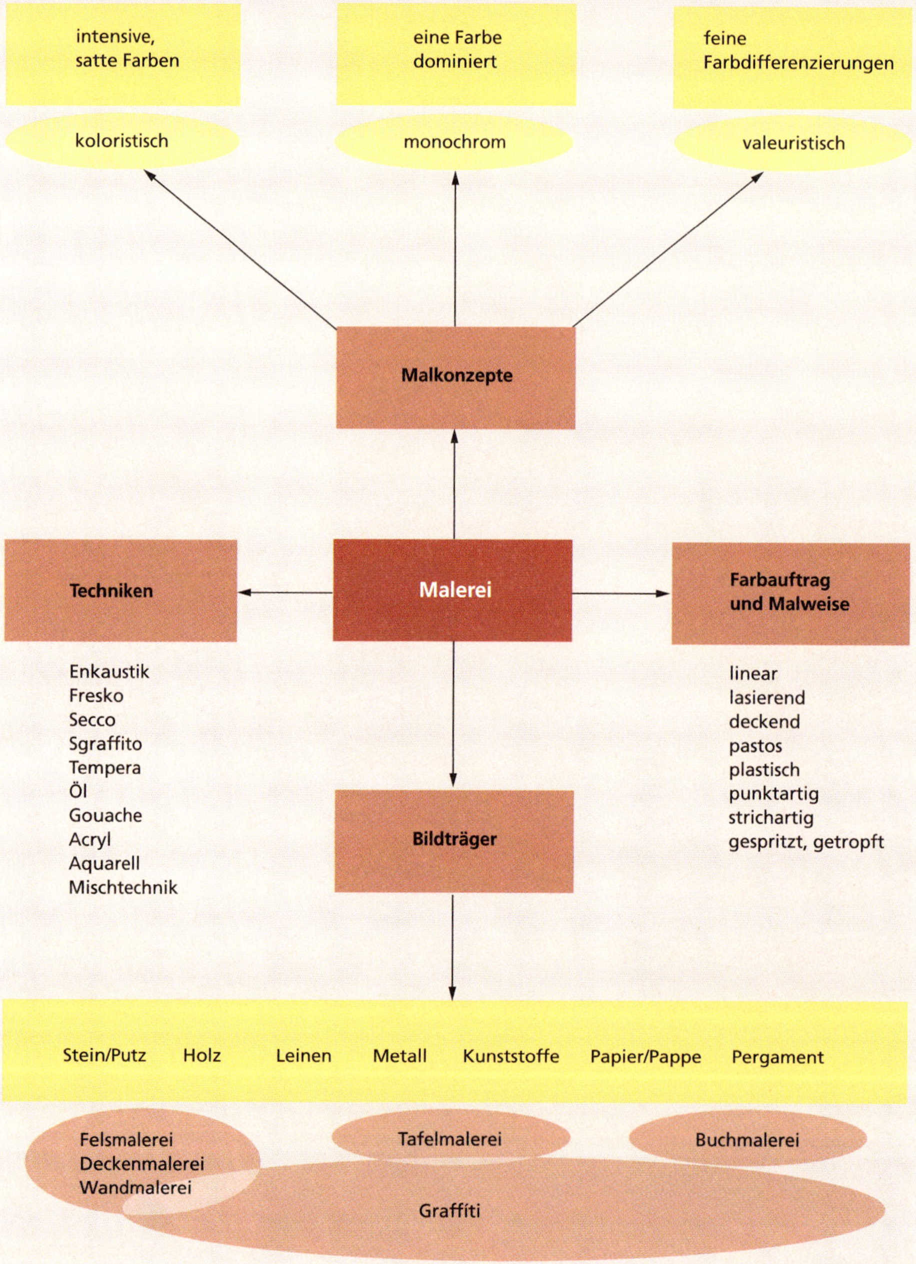

Wissenstest 4 auf **http://wissenstests.schuelerlexikon.de** und auf der DVD

Grafik 4

4

4.1 Handzeichnung

4.1.1 Einführung

Der Begriff **Grafik** umfasst zunächst alle künstlerisch technischen Vorgänge, bei denen mithilfe grafischer Gestaltungsmittel künstlerisch gestaltete Blätter entstehen. Grafik ist eine Gattung der bildenden Kunst. Die Teilgebiete der Grafik sind Handzeichnung und Druckgrafik.

Begriff Handzeichnung

Zeichnung, ahdt. zeichenunga = Bezeichnung, Kennzeichnung

Als **Handzeichnung** bezeichnet man die grafische Gestaltung auf der Fläche durch Linien, Schraffuren u.a. Das Wort „Hand" im Begriff „Handzeichnung" verweist eindeutig auf Charakter und Entstehung, denn die Hand führt beim Zeichnen den Stift übers Papier, gesteuert von Auge und Hirn. Die Handzeichnung als künstlerische Ausdrucksform ist Teil der bildnerischen Gattung Grafik.

Bild: ALBRECHT DÜRER, *Handstudie, um 1494*

Die Handzeichnung bedient sich „einfacher" Mittel und ist leicht handhabbar: Der Bildträger ist gewöhnlich Papier und das Zeichenmaterial der Stift.

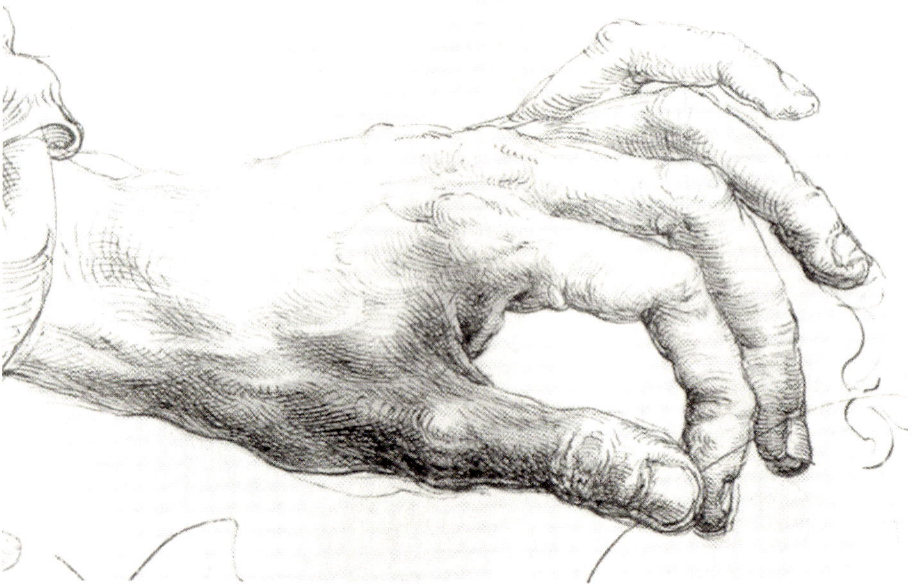

Jeder Mensch kann zeichnen. Unbekümmert und direkt zeichnen Kinder ihre Wünsche und Vorstellungen von dieser Welt auf Papier, Zimmerwände und aufs Kopfsteinpflaster.

Als direkte Vorläufer bewegter Filmbilder und moderner Computeranimationen kann man die gezeichneten Bildgeschichten „Max und Moritz" (1865; WILHELM BUSCH, 1832–1908) oder den „Struwwelpeter" (1846; HEINRICH HOFFMANN, 1809–1894) sehen. Auch die bald einsetzende Flut von Karikaturen und Comics auf der ganzen Welt zeugt von der Überzeugungskraft und Faszination einfacher zeichnerischer Bilder auf die Menschen.
Der Mensch ist direkt beteiligt an der Entstehung der Zeichnung, nämlich als „Hand-werker". Anders als bei programmierten Systemen oder gesteuerten Maschinen ist das „Hand-zeichnen" eine unmittelbare, ja persönliche, zuweilen sogar intime Tätigkeit.

Die Linie

Bild: GUSTAV KLIMT, *Zwei Studien einer nach rechts schwebenden weiblichen Figur,* 1902, Schwarze Kreide auf Papier, Privatsammlung

Die Dominanz in der Handzeichnung besitzt die Linie. Ihre Spur auf dem Zeichengrund umreißt Silhouetten und Konturen des Darzustellenden, sie schafft Abgrenzungen, teilt Flächen, verdichtet sich zu Flecken, Kringeln und Ornamenten. Der Charakter der Linie – dünn oder stark, kurz oder lang, gerade oder schwingend – bestimmt wesentlich den Charakter der Aussage und unterstützt den emotionalen Eindruck, den eine Handzeichnung beim Betrachter hinterlassen kann. Gerade der sparsame und konzentrierte Einsatz von Linien im Beschreiben eines Sachverhaltes, eines Motivs, zeugt von einem hohen Abstraktionsvermögen des Zeichners. Auch oder gerade beim Zeichnen ist es durchaus als eine hohe künstlerische Leistung zu bewerten, mit wenigen Mitteln Wesentliches zu notieren. Die Arbeiten bedeutender Künstler wie die von PABLO PICASSO (1881–1973), HENRI MATISSE (1869–1954), GUSTAV KLIMT (1867–1918) und EGON SCHIELE (1890–1918) bezeugen die Ausdruckskraft und die Faszination sparsamer linearer Zeichnungen.

Weitere Gestaltungsmittel

Bild: *Zeichenmaterialien*

Die Zeichenkunst ist reich an weiteren vielfältigen Gestaltungsmitteln. **Schraffuren, Flecken** und **Punkte,** gewischte Flächen und Korrekturspuren steigern sich in ihrem Zusammenspiel über nuancenreiche Grautönungen bis hin zum tiefen Schwarz. Sie können vom Zeichner beabsichtigte **Raum-**

▶ So dienten etwa der **Kupferstich,** die **Radierung** und auch die **Lithografie** in der Vergangenheit der zum Teil massenhaften Vervielfältigung und Verbreitung von Zeichnungen, Bildern und auch Texten. Das bekannteste Medium ist das Plakat.

illusionen in der zweidimensionalen Fläche erzeugen, stützen und wesentlich mitgestalten. Zur Intensivierung der Aussage einer Zeichnung verwenden viele Künstler auch farbige **Kreiden, Buntstifte, Aquarellfarben** oder **Tuschen,** sogar Papiere werden eingeklebt (collagieren – Collage). Keineswegs sind also die Zeichenmaterialien auf Bleistifte reduziert. **Zeichengründe** sind oft Papiere in verschiedenen Qualitäten und Farbnuancen, Leinen und andere Materialien. Man spricht dann in Weiterführung der klassischen Kohle- oder Bleistiftzeichnungen von **Mischtechniken.** Den Kombinationsmöglichkeiten der Mittel sind keine Grenzen gesetzt, die Übergänge zur Malerei sind oft fließend.

Handzeichnung und Druckgrafik

Eine besondere Nähe und Verwandtschaft besteht zwischen den Genres der Handzeichnung und der Druckgrafik. Zeichnerisches Können und Handwerk sind wichtige Voraussetzungen für die gestalterische und praktische Handhabung der Druckgrafik.
Bei beiden sind Linien und Schraffuren die wichtigsten Gestaltungsmittel. Auch die Farbe – Buntstift, Aquarellfarben oder Tuschen auf der einen, verschiedene Druckerfarben auf der anderen Seite – ergibt ähnliche Effekte.

Bilder von links nach rechts:

ALBRECHT DÜRER, *Porträt der Agnes Dürer,* um 1494, Feder auf Papier, Wien, grafische Sammlung Albertina

HENRI DE TOULOUSE-LAUTREC, *Yvette Gilbert vor dem Vorhang,* 1894, Kreide und Aquarell auf Papier, Providence (Rhode Island), Rhode Island School of Design, Museum of Art

HENRI DE TOULOUSE-LAUTREC, *Plakat „Jane Avril",* 1899-1900, Farblithografie

Auch die Entwicklung der Schrift steht in einem sehr engen Wechselverhältnis mit der Zeichnung. Bereits die Vorgänge des Zeichnens und des Schreibens weisen sehr viele Gemeinsamkeiten auf, wie auch grundlegende Elemente des Schrift- und Zeichenduktus. Selbst die verwendeten Arbeitsmittel (Stifte, Pinsel, Federn, Papiere) sind sich oft gleich oder sehr ähnlich in Charakter und Handhabung. Buchstaben, Schriftzeichen, Runen oder Ornamente sind Symbole und Zeichen, diese wiederum die Ergebnisse zeichnerischer Abstraktionsprozesse.
Besonders anschaulich zeigt sich der Entwicklungsprozess der Schriften z. B. in der Betrachtung historischer Schriftbilder alter Kulturen. Aus dem bereits stark abstrahierten Bild oder Bildzeichen entwickelte sich über einen langen Zeitraum durch weitere Wiederholung und der daraus folgenden Vereinfachung eine grafische Kurzform. Diese konnte für einen Gegenstand, ein Lebewesen oder einen Vorgang stehen oder wurde zum Buchstaben transformiert und so Bestandteil eines Wortes und damit Bestandteil von Schrift und so auch von Sprache.

Bilder von links nach rechts:

Jungfrau und Kind, das Initial H, Prag, Tschechien

Frau des Pharao bietet der Göttin Hathor Vasen dar, Grabmalerei, Tal der Könige, Ägypten

4.1.2 Zeichnende Berufe und gesellschaftliche Bedeutung der Zeichnung

Rolle des Zeichnens in der Gesellschaft

Die Rolle und Bedeutung der Zeichnung und des Zeichnens in der menschlichen Gesellschaft ist enorm. Neben den individuellen Bedürfnissen in der täglichen Lebenspraxis vieler Menschen (Zeichnen von Lageplänen, Wegbeschreibungen und Skizzen, Proportionsvergleiche, Karikaturen usw.) spielt die Zeichnung in vielen Berufen eine wichtige Rolle.

Zeichnen ist eine geistige, imaginative und sinnlich gegenwärtige Handlung. So sind es vor allem die bildenden Künstler – Maler, Zeichner, Grafiker und Bildhauer – die sich intensiv mit der Handzeichnung beschäftigen. Sie skizzieren, entwerfen und entwickeln ihre Ideen und Bildentwürfe oft zeichnerisch. Auch heute noch zeichnen viele Künstler nach der Natur. Sie wollen Proportionen, Maße und formale Rhythmen der sie umgebenden, sichtbaren Welt erkennen, verstehen und ihre Erkenntnisse und Studien in ihre betont individuellen kreativen Arbeitsprozesse einfließen lassen.

Bild:
KARL FRIEDRICH SCHINKEL, *Entwurf der Friedrichswerderschen Kirche*

Für Designer und Handwerker, Bühnenbildner, Architekten, Ingenieure und auch für viele Wissenschaftler ist das Zeichnen ein selbstverständlicher Bestandteil ihrer Berufspraxis. Vor allem die Prozesse der Ideenfindungen und -sammlungen und die Entwurfsarbeiten für ein bestimmtes Produkt oder Projekt werden hauptsächlich in der Entstehungsphase zeichnerisch entwickelt. Im Entwurf werden dazu Ideen, Gedanken, Notizen und Vorstellungen zeichnerisch weiterentwickelt und ausgebaut – das Ergebnis des schöpferischen Prozesses ist die Idee von einem Produkt mit mehr oder weniger betonten zeitgemäßen Sinn- und Funktionszusammenhängen.

Durch den ständig wachsenden Wettbewerbs- und Leistungsdruck innerhalb unserer Gesellschaft vor allem auf wirtschaftlichem Gebiet ist Arbeitseffizienz wichtiger denn je. So übernehmen zunehmend Computer und Computersysteme mit der entsprechenden hoch entwickelten Software Gestaltungsaufgaben. Zeichen- und Malprogramme ersetzen die Arbeit des Gestalters und dessen Entwurf per Hand. Vor allem in den Bereichen des Kommunikationsdesigns ist die Arbeit ohne Computer nicht mehr vorstellbar.

Einerseits ermöglichen die hoch entwickelten Computertechnologien beste und qualitativ hochwertige Arbeitsergebnisse, die den technischen, ökonomischen und ästhetischen Anforderungen unserer Zeit entsprechen und den menschlichen Fortschrittsglauben unterstützen. Andererseits rückt das Handzeichnen und ein damit verbundener, sehr spezieller, betont sinnlich-kreativer Arbeits- und Erkenntnisprozess des Menschen zunehmend in den Hintergrund. Die vernünftige Harmonisierung von Rationalität und Emotionalität des menschlichen Geistes, der menschlichen Intelligenz erfährt so wiederum eine empfindliche Störung.

Geschichtliche Betrachtungen

Bild:
Darstellung eines Pferdes, Höhlenzeichnung, Lascaux, Dordogne, Frankreich

Zu den ersten künstlerischen Äußerungen von Menschen gehören Zeichnungen. Unsere Vorfahren in der menschlichen Urgesellschaft ritzten farbige und schwarze Gravuren und zeichneten Linien in und auf die Felswände ihrer Behausungen (zumeist Höhlen). Mit den einfachsten gestalterischen Mitteln wurden vor allem Jagd- und kultische Szenen dargestellt. Die Szenarien an den Felswänden waren stark vereinfacht und dienten vor allem der Unterstützung mythischer Rituale.

Bild:
Attische Kratervase, rotfiguriger Stil, um 440 v. Chr.

Auch in der Zeit der ägyptischen Pharaonen sowie in der griechischen und römischen Antike hatten zeichnerische Darstellungen vor allem den Sinn, Szenen des täglichen Lebens und religiöse Inhalte zu illustrieren.
Gebrauchs-, Luxus- und Kultgegenstände wurden dekorativ gestaltet. Die Kunstgeschichte spricht von Vasen- oder Wandmalerei, aber die formal reduzier-

ten künstlerischen Darstellungen sind aus unserem heutigen Verständnis eher der Zeichnung zuzuordnen.

In der Zeit des Mittelalters (475–1500) spielt die Zeichnung in Europa hauptsächlich in der Buchkunst eine Rolle. Vor allem religiöse Schriften wurden aufwendig zeichnerisch – größtenteils farbig – ausgeschmückt oder Holzstiche und Holzschnitte koloriert.
Mit dem Beginn der Renaissance (1430–1600) vollzog sich eine tief greifende, revolutionäre Veränderung des Welt- und Menschenbildes in der Kunst.
Besonders die italienischen und deutschen Künstler, z. B. MICHELANGELO, LEONARDO DA VINCI, ALBRECHT DÜRER, LUCAS CRANACH (aber auch andere), beschäftigten sich mit wissenschaftlichen – anatomischen und architektonischen – Studien, widmeten sich mit großer Hingabe dem zeichnerischen Naturstudium (und dem erklärenden Zeichnen als Erkenntnisprozess). Aus ihren fundierten Erkenntnissen entwickelten sie ihre künstlerischen Positionen für ein neues Selbstverständnis des Menschen, eine neue Betrachtungs- und Interpretationsweise der Natur.

Der deutsche Politiker, Ökonom und Philosoph FRIEDRICH ENGELS sagte über die Renaissance: *„Es war eine Zeit, die Riesen brauchte und Riesen zeugte, Riesen an Denkkraft (und) Leidenschaft und Charakter, an Vielseitigkeit und Gelehrsamkeit.“*

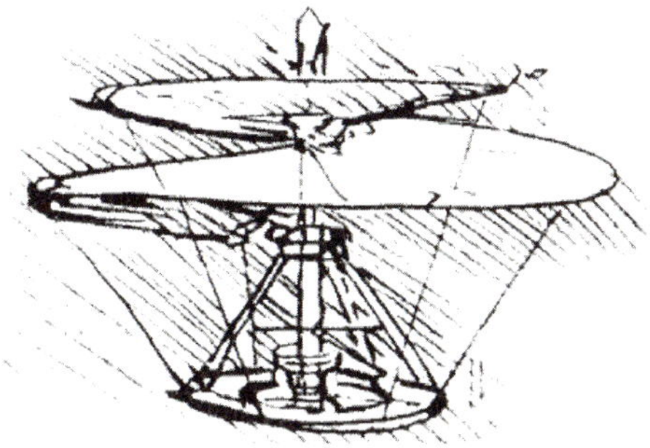

Bilder von li. nach re.:
LEONARDO DA VINCI, *Flugkörper*, o. J.
MICHELANGELO BUONARROTTI, *Aktstudie für die Sixtinische Kapelle*, o. J.

Nicht mehr die im Mittelalter vorherrschende verklärende Verehrung und Anbetung der Gottesfamilie und der Himmelsscharen stand im Mittelpunkt bildkünstlerischer Betrachtungen, sondern der Mensch als ein sich selbstständig entwickelndes biologisches und gesellschaftliches Wesen.

Bilder von li. nach re.:
STEFAN LOCHNER, *Rosenhagmadonna*, um 1448, Köln, Wallraf-Richartz-Museum
HANS BALDUNG GRIEN, *Maria, das nackte Kind mit ihren Haaren bedeckend*, 1510–1511, Feder in Schwarz auf Papier, Leiden, Universität

Die „Göttlichkeit des Irdischen" zeigten die Künstler in Porträt-, Akt- und Landschaftsstudien und Malereien sowie beeindruckenden bildhauerischen Arbeiten. Sie verbanden bildhafte Fantasie mit exakter Naturbeobachtung, künstlerische Meisterschaft mit wissenschaftlichem Forscherdrang. Religiöse Themen, vor allem Madonnen- und Heiligendarstellungen, wurden entmystifiziert. Erstmalig waren die Voraussetzungen einer physischen und psychischen Identifikationsmöglichkeit mit menschlichem Habitus der Maria, des Jesus Christus oder einem seiner Jünger gegeben.

Die Handzeichnung erfuhr in der Zeit der Renaissance eine weit reichende künstlerische Vervollkommnung und eine sich entwickelnde Eigenständigkeit gegenüber den anderen Bereichen der bildenden und angewandten Kunst. Der bis dahin eher vorherrschende Entwurfs- und Skizzencharakter der Handzeichnung trat (kunstgeschichtlich betrachtet) ab jetzt mehr in den Hintergrund, allerdings hat die Handzeichnung die Charakterisierung und Bewertung als dienendes Medium bis heute nicht ganz verloren.

Im **Barock** und **Rokoko,** der Zeit des Absolutismus, stand im bildkünstlerischen Sinne die aufwendige Präsentation im Vordergrund. Die Kunst stand im Dienste der Herrschenden und der Festigung ihrer Macht. Der dem Wesen der Zeichnung entsprechende reduzierte, vergleichsweise bescheidene Charakter genügte nicht, um dem eitlen Darstellungs- und Geltungsdrang der europäischen Königshäuser, des Adels und des Klerus zu entsprechen.
In der Malerei und Plastik wurden Formen und Inhalte idealisiert betont und formal und inhaltlich überzogen. Die malerischen Darstellungen gesellschaftlicher und religiöser Themen übertrafen sich gegenseitig durch kolossale Formate und protzige Ausschmückungen.

Im Gegensatz zum übrigen Europa entwickelte sich im Holland des 17. Jh. eine liberale und weltoffene Gesellschaftsform. Im so genannten „holländischen goldenen Zeitalter" erlebten Handel, Wissenschaft und Kunst unter dem Einfluss eines erstarkten Bürgertums eine große Blütezeit. Flämische und holländische Künstler setzten die Traditionen der Renaissance fort und formten ihr eignes fortschrittliches Bild vom Menschen und der Natur.

Bild: HARMENSZ REMBRANDT VAN RIJN, *Die Rückkehr des verlorenen Sohnes,* lavierte Federzeichnung auf Papier, um 1636

Die Handzeichnung und ihre Eigenart erlangte wieder größere Beachtung und Wertschätzung. Einen besonderen Reiz und einen faszinierenden eigenständigen Charakter besitzen die Zeichnungen des Malers HARMENSZ REMBRANDT VAN RIJN. Wie auch die malerischen Arbeiten besitzen REMBRANDTS Handzeichnungen eine besondere gestalterische, kontrastreiche Tiefe. Vor allem durch die Gestaltung der Hell-Dunkel-Werte und die Platzierung

von Licht und Schatten im Bildraum erreichte der Künstler eine bildkünstlerische Verdichtung und thematische Dramatik.
Durch die großen bürgerlichen Revolutionen (Französische Revolution 1789–1794; bürgerliche Revolution in England – Puritanische Revolution 1640–1649) veränderten sich die europäischen Machtverhältnisse grundlegend. In vielen Ländern wurden die gestürzten Monarchien von konstitutionellen Monarchien oder Republiken abgelöst. Durch die industrielle Revolution, die Mitte des 17. Jh. einsetzte, entwickelte sich das Bürgertum zur ökonomisch stärksten und einflussreichsten sozialen Schicht innerhalb der Gesellschaft.
Die philosophische Bewegung der **Aufklärung** und ihre geistigen Strömungen, deren Zeitraum vom Beginn des 16. Jh. bis zum Ende des 18. Jh. reichte, war prägend für alle Bereiche der Gesellschaft. Die geistigen Positionen der Aufklärung förderten wesentlich den bürgerlichen Emanzipationsprozess und die intellektuelle Entwicklung der westlichen Gesellschaft. Ausgehend von den historischen Erkenntnisprozessen der Antike und der Renaissance, galt es vor allem, erstarrte und rückwärts gewandte Denkweisen zu erneuern und eine Akzeptanz für neues Wissen zu schaffen. Die Kultur des Verstandes sollte als ein Garant für den gesellschaftlichen Fortschritt die Rückständigkeit und geistige Unbeweglichkeit des Denkens ablösen.

In allen Bereichen der Kunst bildeten sich verschiedene, zum Teil parallel, auch formal und inhaltlich gegensätzlich verlaufende Strömungen, Positionen und Stile. Nach der überschwänglichen Formenvielfalt des **Barock** und **Rokoko** erfuhren ein sachlich-klärender und sparsamer Umgang mit künstlerischen Formen und Maßen einen neuen Zuspruch. Der **Klassizismus** (1760–1830) berief sich inhaltlich und formal auf die Positionen der griechischen Antike, konnte aber seinen historisierenden Charakter nicht überwinden. Das Studium der Natur und des Menschen stand wieder im Mittelpunkt der künstlerischen Bemühungen, die eine Grundlage für einen idealisierten **Humanismusbegriff** bildeten. Der deutsche Dichter JOHANN WOLFGANG VON GOETHE beschäftigte sich neben seiner literarischen Arbeit auch intensiv mit den Naturwissenschaften und der bildenden Kunst. So zeichnete er vor der Natur und beschäftigte sich mit Fragen der Malerei.
Auch die Künstler der deutschen Romantik (1800–1830) widmeten sich intensiv dem zeichnerischen Naturstudium.

Bild:
JOHANN WOLFGANG VON GOETHE, *Landschaft mit Burg,* o. J., Bleistiftzeichnung

In der Geschichte der Handzeichnung setzten die Künstler des **Naturalismus** (1870–1900), aber vor allem die des zeitlich parallel verlaufenden **Realismus** (1850–1890) neue qualitative Maßstäbe und bereiteten durch ihre Arbeit eine wesentliche Ausgangsposition für den Beginn der klassischen **Moderne** in der bildenden Kunst. Ihr wirklichkeitsnaher Dar-

Bild:
ADOLPH VON MENZEL, *Hessische Bauern auf dem Markt,* 1848, Pastell auf braunem Papier, Berlin, Kupferstichkabinett

stellungsstil wiederum sucht seine Anregungen in den Positionen der Kunst der Antike und der Renaissance. Künstler wie ADOLPH VON MENZEL (1818–1908), MAX LIEBERMANN (1847–1935), GUSTAVE COURBET (1819–1877) und ILJA REPIN (1844 bis 1930) widmeten der Zeichnung in ihrem Werk größte Aufmerksamkeit. Die äußere Gestalt der Dinge wurde konzentriert und zugleich mit tiefem Einfühlungsvermögen intensiv zeichnerisch untersucht, um sich so der „inneren Wirklichkeit" der Dinge zu nähern. Die Formate der Zeichnungen wurden größer und die zeichnerischen Auffassungen wurden formal malerischer, da auch die Farbe eine zunehmend größere Rolle im Entstehungsprozess spielte.

Bild:
EDGAR DEGAS, *Ballettänzerinnen in Halbfigur,* um 1896–1899, Pastell auf Papier, New York, Privatsammlung

Der Realismus des 19. Jh. kann auch als Vorläufer des **Impressionismus** (1860–1910) verstanden werden. Interessanterweise sind im Werk vieler Künstler dieser Zeit gestalterisch-formale Positionen beider Stile vorhanden und fließen zum Teil ineinander über. Verwiesen sei auf eine vergleichende Betrachtung früher und später Werkperioden des deutschen Malers MAX LIEBERMANN oder des französischen Malers und Zeichners EDGAR DEGAS. Auch die Abgrenzung von Malerei und Zeichnung wird durchlässiger und transparenter. Mit zeichnerischen Mitteln entstehen malerische Effekte und Elemente/Formen und umgekehrt. Verwiesen sei in diesem Zusammenhang auf die Pastelle DEGAS', die zeichnerische und malerische Elemente miteinander verknüpfen und ergänzen.

Bild:
VINCENT VAN GOGH, *Die Brücke von Arles,* 1888–1889, Rohrfeder in brauner Tusche auf Papier, Los Angeles, County Museum

Die Zeichnungen VINCENT VAN GOGHS weisen in einem besonderen Maße auf einen neuen Umgang mit zeichnerischen Elementen hin. Linien, Striche, Strichbündel, Schraffuren, Punkte und Flecken beschreiben und kennzeichnen das gesehene und erlebte Naturbild, schaffen aber durch ihre starke Vereinfachung und starken Rhythmisierungen ein eigenes neuartiges Bildgefüge. Eine abstrakte Formensprache entsteht, die auch ohne den Naturbezug einen eigenen Reiz

und eine künstlerische Qualität besitzt. VAN GOGH hinterließ neben etwa 150 Aquarellen und 133 Skizzen über 1 000 Zeichnungen.
Im 20. Jh. erfährt die vielfältige Formensprache der Handzeichnung eine schnelle und kreative Weiterentwicklung. Individuellorientierte Ausdrucksformen stehen im Vordergrund künstlerischer Bemühungen und diese orientieren sich zwar an den Vorbildern der jüngeren Kunstgeschichte, fordern aber auch gleichzeitig ein neues inhaltliches und formales Sehen und Umwerten und die Bereitschaft für ein lustvolles Experimentieren.

Gleich zu Beginn des neuen Jahrhunderts setzen die Künstler der europäischen **Jugendstilbewegung** (1895–1910) völlig neue Akzente. Sie befreien die Kunst von rückständigen Positionen des **Historismus** und **Eklektizismus.** Angeregt durch die fernöstliche Kunst und Kultur, entwickeln sie eine revolutionäre Linien- und Flächenkunst, die alle Bereiche der bildenden Kunst, des Designs und der Architektur erreicht. Die Linie – in ihrer bestechend klaren und einfachen Form (das Hauptgestaltungsmittel der Zeichnung) wird das wichtigste Gestaltungsmittel.

Bild:
AUBREY BEARDSLEY, Illustration zu: *Oscar Wilde, Salome,* 1894

In Wien, einem Zentrum des Jugendstils, arbeiteten und lebten viele begabte und wichtige Künstler dieser Zeit. Als ein außerordentlich begabter Zeichner sei der Maler GUSTAV KLIMT erwähnt. Mit seiner konzentrierten, reduzierten, aber hochsensiblen Linienführung gelingt ihm Abstraktion und Kennzeichnung des Wesentlichen. Auch EGON SCHIELE und OSKAR KOKOSCHKA waren herausragende Zeichner, die wiederum mit ihrem kreativen Potential die Grenzen der Stilkunst um 1900 überschritten und sich den neuen Positionen des **Expressionismus** zuwandten und ihn maßgeblich mitgestalteten.
SCHIELES Zeichnungen wirken unruhig, manchmal ekstatisch.

Bild:
EGON SCHIELE, *Junge in gestreiftem Hemd,* 1910–1913, Schwarze Kreide und Aquarell, Wien, Privatsammlung

Neben den vielen, nun zeitlich dicht aufeinander folgenden Stilen und Positionen der Kunstentwicklungen sind die Künstler des europäischen

4

Bild:
AUGUST MACKE,
Bauer beim Heuen unter Bäumen, 1913,
Kohle, Pinselzeichnung in Tusche,
auf Papier, Wien,
Grafische Sammlung Albertina

Expressionismus als herausragende Zeichner hervorzuheben. Ihren explosiven, oft kantig-schroffen und symbolhaften Zeichenstil übertrugen sie auch in ihre farbintensive Malerei. Die individuelle Sichtweise, die Authentizität und die Direktheit der Empfindung des Künstlers standen im Mittelpunkt des Schaffens ohne akademische Zwänge und Maßregelungen.

Bild:
KÄTHE KOLLWITZ,
Die Saat darf nicht vermahlen werden Lithografie, 1942

Für ihre Druckgrafiken betrieb KOLLWITZ aufwendige Studien, die sich in vielen Skizzenblättern niederschlugen. Im Ergebnis dessen zeichnete sie mit Lithokreide auf den Lithostein.

Aber auch traditionelle Positionen und Ansichten entwickelten sich weiter. Verwiesen sei auf das umfassende Werk der deutschen Zeichnerin und Grafikerin KÄTHE KOLLWITZ (1867–1945), das sich neben der künstlerischen Meisterschaft vor allem durch seine inhaltliche Aussagekraft und humanistischen Positionen auszeichnet, wie es in der Lithografie (↗ Bild) deutlich wird.

Stellvertretend für die vielen bildenden Künstler der klassischen Moderne, die sich zeichnerisch betätigten, seien an dieser Stelle PAUL CÉZANNE (1839–1906), AUGUSTE RODIN (1840–1917), WASSILY KANDINSKY (1866–1944), FERNAND LÉGER (1881–1955), GEORGE GROSZ (1893–1959), PABLO PICASSO (1881–1973), PAUL KLEE (1879–1940), PAUL HOLZ (1883–1938), ERNST BARLACH (1870–1938), PAULA MODERSOHN-BECKER (1876–1907), HANS BALUSCHEK (1870–1935) und HEINRICH ZILLE (1858–1929) erwähnt.

Nach dem Ende des Zweiten Weltkriegs und in den Nachkriegsjahren bis etwa 1950 suchte eine junge Künstlergeneration vor allem in den USA und in Europa neue Aspekte und neue Arbeitsansätze. Auch vorbereitet durch die Positionen des Kubismus, Futurismus, Dadaismus, Konstruktivismus und Surrealismus in der ersten Hälfte des 20. Jh., entwickelten sich die abstrakte Kunst bereits in den 1940er-Jahren sowie die Pop-Art ab 1960. Von der Postmoderne spricht man ab 1980.
Die Suche nach neuen und „unverbrauchten" Bild-, Zeichen- und Ausdrucksformen fordert seit dem 20. Jh. enorme kreative Potentiale der Künstler heraus. Die Wertschätzung des gesteigerten individuellen Erlebens und dessen so unterschiedliche Umsetzung in künstlerische Erkenntnis- und Arbeitsprozesse erzeugt auch die Vielzahl und die große Unterschiedlichkeit künstlerischer Ergebnisse. Da die Maßregelungen eines naturnahen Realismus- und Kunstbegriffes längst aufgehoben sind und ersetzt wurden durch komplizierte kunstwissenschaftliche Theorien zum Thema der künstlerischen Denk- und Handlungsfreiheit, hat fast jede subjektiv gezeichnete Linie die Aussicht, als künstlerisch wertvoll betrachtet zu werden. Das ist die Schwierigkeit für den eventuell verunsicherten Betrachter, herauszufinden oder herauszufühlen: „Ist diese Zeichnung (oder dieses Bild) das Ergebnis eines sinnlichen kreativen Arbeitsprozesses oder purer Dilettantismus, um etwa viel Geld zu verdienen?"

Bild:
HORST JANSSEN,
Selbsterkenntnis,
Selbstbildnis (1979),
Aquarell und Feder auf Papier

Das individuelle Moment und seine Ausprägung spielen jetzt eine sehr große Rolle in der Zeichnung. Viele Künstler stellten sich dieser Herausforderung. Handwerklich wurde der Begriff der Handzeichnung immer wieder erneuert und erweitert. Es entwickelten sich freie abstrakte sowie auch interessante realistische Positionen. Als ein Klassiker der Zeichnung in der modernen Kunst nach 1950 ist ALBERTO GIACOMETTI (1901–1966) zu nennen. Als Bildhauer beschäftigte ihn vorrangig das Thema der Räumlichkeit und der Figur im Raum. Wichtige Vertreter der Handzeichnung dieser Zeit sind auch BASQUIAT (1960–1988), JOSEPH BEUYS, DAVID HOCKNEY (geb. 1937), ARNULF RAINER (geb. 1929), HORST JANSSEN (1929–1995).

Im Herbst 2002 erhielt PETER SCHULZ LEONHARD die Möglichkeit, im Berliner Theater im Palais während der Proben zur Inszenierung des Shakespeare-Klassikers „Macbeth" zu zeichnen. Das Werkbeispiel S. 276 f. nimmt darauf Bezug.

Peter SCHULZ LEONHARD – Zyklus „Macbeth"

Das Zeichnen im Theater hat eine lange Tradition. Viele Künstler nutzten die Möglichkeit, in Theatern und Varietés das Geschehen auf den Bühnen mit dem Stift zu verfolgen und im Skizzenbuch festzuhalten, wie OSKAR KOKOSCHKA, EMIL NOLDE, LOVIS CORINTH oder HENRI TOULOUSE-LAUTREC. Auch Bühnenbilder, Kostüme und Theaterplakate wurden von Malern und Grafikern entworfen, etwa die Arbeiten OSKAR SCHLEMMERS für die Bauhaus-Bühnen oder die experimentellen Theaterprojekte von PIET MONDRIAN, MARC CHAGALL, PABLO PICASSO, SALVADOR DALÍ und SONIA DELAUNAY.

Die Berliner Grafikerin und Bühnenbildnerin CHRISTINE PERTHEN schrieb 1994: *„Im Theater zeichnen – das ist Lust und Verschreckung zugleich. Gewohnt sind wir die Ateliersituation. Auge in Auge mit einem reglosen, zumeist stummen Modell. Und es ist schon schwierig genug, der Natur auch nur einigermaßen habhaft zu werden.*
Im Theater nun … agierende, mitunter wild gestikulierende Figuren. Viele. Oft zu viele. Sie bewegen sich ständig: sprechend, fluchend, stöhnend, singend sogar. Sprechen Rollentexte, … Monologe, … miteinander, gegeneinander … Der Zeichner ist Zuschauer, und es macht ihm Spaß zuzuschauen. Es ist ein lustvolles Gaffen, denn er ist in Deckung, ist sicher im Dunkeln des Zuschauerraumes. Doch manchmal möchte er mit auf die Bühne gehen, würde gern mittun da oben. Denn auch er hat Vorstellungen vom Zueinander von Figuren, vom Arrangieren und Komponieren der Bilder, dieser Theaterbilder." (…)

Bild:
PETER SCHULZ LEONHARD, *Skizzenbuch Macbeth*, 2002, Bleistift

Am Anfang des Zyklus der Zeichnungen zu „Macbeth" stand das Beobachten der Inszenierung direkt im Theater auf den Probebühnen. Mit dem Bleistift verfolgte er in schnellen und kurzen Skizzen die Handlung sowie die Bewegungsabläufe und Bewegungsrichtungen der Schauspieler, versuchte das Wesentliche und das ihm Wichtige der Situation zu erfassen. Figuren und Figurengruppen wurden zügig mit wenigen, aber prägnanten Linien umrissen, er grenzte Räume und Ebenen ab und kennzeichnete den Raum und Raumabschnitte mit unterschiedlichen grafischen Mitteln, wie mit Schraffuren. Wenige, aber wichtige Farbakzente wurden mit Buntstiften gesetzt.
Mit seinen Eindrücken von der Theaterprobe und mit den Studien im Skizzenbuch ging er ins Atelier und setzte fort, was er zügig notiert hatte. Einige der raschen Zeichnungen leben durch ihre Direktheit, geben genau das wieder, was für ihn entscheidend in dieser Szene war. Andere Skizzen sind Fragmente, sind unbefriedigend und fordern eine Vervollständigung. Also spannte er einen großen Bogen Papier auf das Zeichenbrett. Dieser musste nicht zwangsläufig weiß sein. Und er versuchte, vor seinem geistigen Auge die Situation noch einmal zu rekonstruieren – als Gedankenstütze diente die Skizze –, und baute sie aus, d. h., andere oder neue Schwärzen und Flecken wurden gesetzt, Linien vereinfacht, entschiedener oder differenzierter gezogen. Verschiedene Grauwerte können Räumlichkeiten und Bewegungen unterstützen. Hier eignet sich besonders gut die Zeichenkohle als Arbeitsmittel, mit ihr konnte

er großflächig und grob arbeiten, aber auch genau und präzise, wenn nötig detailgenau. Viele Grau- und Schwarztönungen wurden mit der Kohle „modelliert“. Korrekturen sind ohne großen Aufwand möglich, dadurch wird die notwendige Konzentration auf die Arbeit nicht gestört. In die Zeichnung geschriebene Notizen oder Textpassagen aus den Literaturvorlagen unterstützen den Charakter der Inszenierung und die figürliche Aktion auf dem Papier.

Bilder von links nach rechts:
PETER SCHULZ LEONHARD, *zu Macbeth von Shakespeare, Marion van de Kamp als Hexe*, 2002, Kohle, ders., *zu Macbeth von Shakespeare, Kommt Geister …* Blatt 2, 2002, Kohle

Natürlich kann man die Wirkung und Aussage steigern oder verändern, wenn Farbe in das Schwarz-Weiß der Zeichnung einfließt. Das wird stets von der Intuition des Künstlers abhängen. Farben visualisieren und illustrieren den Text anders, aber nicht notwendigerweise intensiver, ein anderer Ausdruck kann entstehen.

So auch im letzten der hier abgebildeten Blätter. Die Arbeit entstand im Atelier. Durch das Auftragen von Temperafarben, farbigen Pastellkreiden und die partiell gesetzten Goldtöne erscheint das Antlitz des unglücklichen Königs überhöht und schrill, sogar ein wenig illusionär.

Bild:
PETER SCHULZ LEONHARD, *Studienblatt zu Macbeth von Shakespeare*, 2002, Kohle, Pastell, Tempera

Die betont kräftigen schwarzen Kohlelinien umreißen Kopf und Schultern und geben der Zeichnung ein Grundgerüst. Verwendet man verschiedene Zeichenmaterialien in einer Darstellung, spricht man von Mischtechnik, die Übergänge zur Malerei sind oft fließend.

4.2 Druckgrafik

4.2.1 Begriff und geschichtliche Entwicklung der Druckgrafik

Grafische Gestaltungsmittel sind z. B. Linie, Schraffur, Struktur und Hell-Dunkel.

Der Begriff **Grafik** im engeren Sinne wird oft synonym mit dem Begriff **Druckgrafik** verwendet und meint im Gegensatz zur Handzeichnung die in drucktechnischen Verfahren entstandenen und vervielfältigten Bildwerke.

Diese **Originalgrafiken** sind eigenständig entstandene Kunstwerke und nutzen lediglich die grafischen **Drucktechniken** und den Vorgang des **Druckens** zur Erreichung eines bestimmten künstlerischen Ausdrucks.

Bedruckstoffe i. d. S. sind Papier, Pappe, Karton, aber auch textile Gewebe.

Als **Drucken** wird der Vorgang bezeichnet, bei dem mittels spezifischer Verfahren des Anpressens oder Drückens von einer Druckform Farbe auf einen Bedruckstoff übertragen wird. Dabei entsteht ein seitenverkehrtes Bild.

Der **Druckprozess** (einfärben, anpressen, abziehen) ist aufgrund der Dauerhaftigkeit der Druckform und der immer gleichen Verfahrensweise wiederholbar und dient der Vervielfältigung der entstehenden Grafik. Abzugrenzen ist der Begriff des künstlerisch-handwerklichen Druckens von den Druckverfahren der polygrafischen Industrie. Nach dem unterschiedlichen Aufbau der Druckstöcke mit druckenden und nicht druckenden Teilen ergeben sich die vier **Drucktechniken:** Hochdruck, Tiefdruck, Flachdruck und Durchdruck.

Druckverfahren der polygrafischen Industrie dienen vor allem der Vervielfältigung von Informationen (Bild und Text).

Jedes im Druckprozess entstehende Blatt wird als **Abzug** bezeichnet. Der Künstler entscheidet über die Gesamtanzahl der Blätter, die von einer Druckform entstehen **(Auflage).** Die Materialabnutzung der Druckform kann die Auflagenzahl begrenzen.

Die Auflage bei Hochdruckgrafiken liegt etwa zwischen 20 und 100 Abzügen. Kupferstiche kann man mit etwa 1000 Exemplaren herstellen, wobei nur die ersten 200 sehr gute, die nächsten 600 noch gute Druckergebnisse aufweisen.

Original oder Reproduktion?

Während in der Malerei und in der Plastik die einmalig geschaffenen Kunstwerke als Original bezeichnet werden, stellt sich im Bereich der Grafik die Frage nach dem Original anders. Die Einmaligkeit besteht hier in der Ausarbeitung einer eigenständigen künstlerischen Idee, die nur mithilfe drucktechnischer Verfahren umgesetzt werden kann. Als **Originaldruckgrafiken** gelten deshalb alle Werke, deren Druckform vom Künstler selbst geschaffen wurde. Jedes Blatt muss die Signatur des Künstlers tragen. Die Gesamtauflage und Seriennummer sind mit Bleistift notiert.

- So bedeutet die Kennzeichnung 12/50, dass das vorliegende Blatt der zwölfte Druck von fünfzig ist.

Um ganz sicherzugehen, dass die Druckplatte nach der festgelegten Auflage nicht weiter benutzt wird, ist es üblich, die Druckplatte mit Durchkreuzungen unbrauchbar zu machen.
Von **Reproduktionen** spricht man, wenn ein eigenständiges künstlerisches Vorbild, eine Originaldruckgrafik, ein Gemälde und Ähnliches auf fotomechanischem Wege (analog oder digital) kopiert und drucktechnisch vervielfältigt wird.

Frühe Formen der Vervielfältigung

Ausgehend vom Wesen des Druckvorgangs, unterscheiden sich die Vorgänge vor allem in den verwendeten Materialien für die Druckform, den Bedruckstoff und die Verwendung bzw. Nichtverwendung von Farbe.
Die ältesten Funde, die einem Druckvorgang zugerechnet werden können, sind die Handabdrücke aus steinzeitlichen Höhlen (Höhle von Gargas – 25 000 Jahre alt, Höhle in Pech Merle – 20 000 Jahre alt, Frankreich). Hier wurden die Hände direkt eingefärbt und abgedruckt, oder sie wurden mithilfe von Knochenröhrchen mit Farbe umsprüht, sodass ein Negativbild entstand. In der Höhle von Gargas finden sich über 150 Handabdrücke. Sie werden als mystisches Zeichen der Besitzergreifung des Ortes gedeutet.

Bild:
Gesprühter Handabdruck in der Höhle von Gargas

Die wahrscheinlich ältesten speziell hergestellten Druckformen waren in Steine geschnittene **Ornamente** und bildhafte Zeichen, die als Amulettsteine, Stempelsteine oder Rollsiegel gearbeitet wurden. Aus dem 4. Jahrtausend v. Chr. stammen die ältesten Funde von Stempelsteinen. Die Bildformen wurden positiv eingeschnitten (die aufgezeichnete Linie oder Form wird aus dem Material herausgeholt) und erzeugten beim Eindrücken in weiches Tonmaterial einen Negativabdruck. Der Abdruck hatte neben seiner kultischen und magischen Bedeutung vor allem die Funktion der Besitzanzeige von privatem Eigentum. Die ursprünglich nur als Bildform existierenden Siegel entwickelten sich mit der Schrift zu einer Form, die beides in sich vereinte.

Bild:
Akkad, Rollsiegel, Tierkampfmotiv, ca. 5 000 Jahre alt

In den Jahrhunderten n. Chr. Geburt veränderte sich die Ringform des Siegels zu einer kleinen Metallplatte, die von Goldschmieden aus Bronze, Messing, Silber, Eisen oder aus Mineralien hergestellt wurde. Diese Platten hatten zum Teil ein Relief bis zu fünf Millimeter Tiefe und konnten mittels einer Druckvorrichtung vervielfältigt werden.

▶ Diese Druckvorrichtungen wurden mit Hebelkraft bedient. Man geht heute davon aus, dass es sich hierbei um Vorläufer von Druckpressen handelt.

Ein spektakuläres Beispiel für den Steinabrieb sind die mit Konfuziustexten versehenen Stelen in Loyang. Kaiser HSIAU LING TI ließ die Texte in Steinstelen schneiden. Acht Jahre lang (175–183 n. Chr.) wurde an den Stelen gearbeitet. Dieses Verfahren sicherte eine authentische Wiedergabe der Texte und viele Gelehrte aus allen Teilen des Landes kamen, um einen „Mus Siä" zu nehmen, einen Steinabrieb.

Die Münzpressung ist eine Vervielfältigungsart mithilfe von Metalldruckformen. Von besonderer Bedeutung war die Gleichartigkeit der Abdrücke und die schon seitenverkehrte Ausarbeitung des Entwurfs. In allen diesen Druckvorgängen entstanden zunächst plastische, reliefartige Abformungen.

Steinabreibung

Das aus China stammende Verfahren der **Steinabreibung** ist das wahrscheinlich erste farbverwendende Druckverfahren, welches den Bedruckstoff Papier benutzte. Ähnlich wie die Farbübertragung von Tontafeln auf Seide erfolgte, wurde vermutlich dieses Verfahren in der Han-Dynastie (206 v. Chr.–220 n. Chr.) entwickelt.
In einer Steinplatte wurde die Zeichnung als Relief herausgearbeitet. Das angefeuchtete und präparierte Papier wurde mit verschiedenen Hilfsmitteln, z. B. harten Pinseln, so lange in das Relief gedrückt, bis es genau die eingeschnittenen Formen wiedergab. Das getrocknete Papier wurde auf der Rückseite auf den hervortretenden Teilen mit Farbe überzogen und machte so die geschnittenen Formen sichtbar. Der Vorteil des Verfahrens lag vor allem darin, dass es keine Seitenverkehrung gab. Mithilfe des Steinabriebs konnten bildhafte und schriftliche Informationen in größeren Mengen ohne Inhaltsverlust oder Verfälschungen verbreitet werden. Bis in das 6. Jh. war das Abreiben von Bildern und Texten ein geläufiges Druckverfahren. So wurden später auch die Porträts von hohen Staatsbeamten in Stein geschnitten und durch das Abriebverfahren verbreitet.

Der Holzschnitt

Etwa 105 n. Chr. wurde in China das Papier erfunden. Das war die Voraussetzung für die Entstehung des Holzschnitts. Einem kaiserlichen Erlass aus der Sui-Dynastie (581–618 n. Chr.) zufolge sollten die Schriftzeichen und Bilder seit 593 nicht mehr in Stein gehauen, sondern aus Holzplatten als Negativbild herausgeschnitzt werden. Diese ersten Drucke waren schwarz-weiß gedruckte Textseiten oder Linienzeichnungen. Sie dienten vor allem der Verbreitung buddhistischer Texte. Der **Holzplattendruck** verbreitete sich rasch in Ostasien. Seit 770 gab es ihn z. B. in Japan. Die Song-Dynastie (960–1278) kannte bereits reich illustrierte Bücher in Blockdruck, d. h., Bild und Text wurden aus einem Block geschnitten und gedruckt.
Seit dem 12. Jh. wurde in Ostasien bereits mehrfarbig gedruckt. In Europa kannte man zu jener Zeit erst den Stempeldruck. Der Holzdruck entwickelte sich hier erst im 15. Jh. meist als **Einblattholzschnitt,** d. h., man druckte Einzelblätter als Andachtsbilder, die später auch mit Gebettexten versehen waren. In Blockdruck entstanden Bücher. Zunftmäßig organisierte Berufe, wie der Reißer (Zeichner), der Formschneider, der Briefmaler, übernahmen die Fertigung. Der Buchdruck um 1400 war also arbeitsteilig organisiert. Der Zeichner lieferte die zeichnerische Vorlage, die der Formschneider auf das Holz übertrug und in Holz schnitt (er trug die nicht zu druckenden Teile vom Druckstock ab), der Buchdrucker druckte und der Briefmaler kolorierte. Verbreitet war der so genannte Linienschnitt, der der Linienführung der Zeichnung folgte. Später kam

Diese Arbeitsteilung war noch zu Zeiten ALBRECHT DÜRERS (1471–1528) üblich.

die Schraffierung hinzu, die dem Druck Räumlichkeit verlieh und Hell-Dunkel-Partien schuf. Im 16. Jh. entwickelte man den **Clair-obscur-Holzschnitt,** einen Holzschnitt mit mehreren Platten, wobei die erste Platte zumeist den (schwarzen) Linienschnitt enthielt, die zweite, dritte usw. Platte farbliche Abstufungen druckte.
Weil das Holz als Druckstock bei der künstlerischen Umsetzung der Zeichnung – den Intentionen des Künstlers – an seine Grenzen stieß, griff man auf eine neue Technik zurück, den **Kupferstich.**

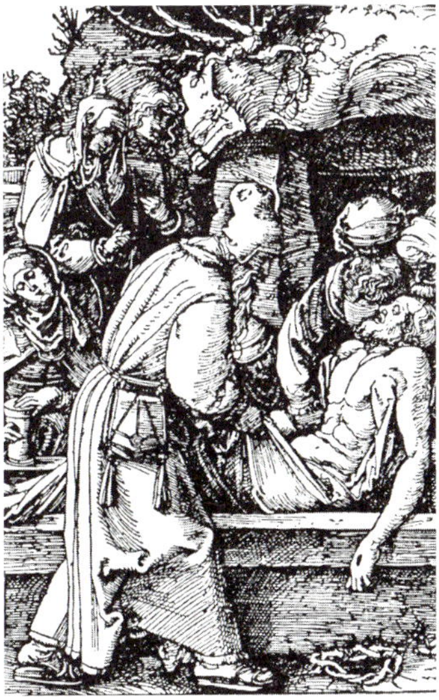

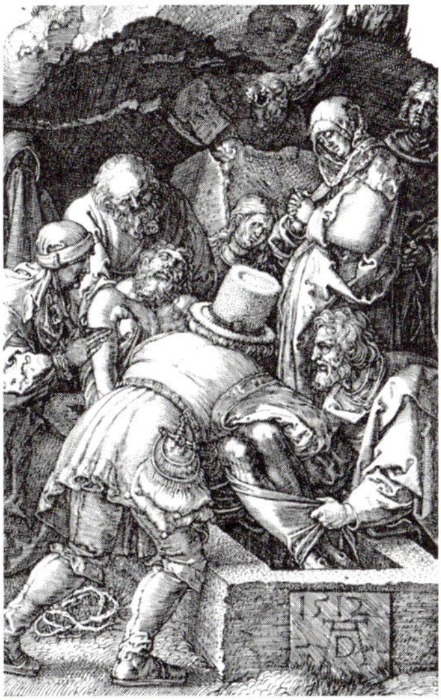

Bild links:
ALBRECHT DÜRER, Entwurf: *Folge der „Kleinen Passion", Szene: Die Grablegung,* um 1509, Holzschnitt

Bild rechts:
ALBRECHT DÜRER, Entwurf: *Folge der „Kupferstichpassion", Die Grablegung,* Ausführung: ALBRECHT DÜRER, 1512, Kupferstich

Bild links:
KARL SCHMIDT-ROTTLUFF, *Frauenkopf,* Holzschnitt, 1915

Der Holzschnitt verlor zwar seine Stellung als dominierende Drucktechnik, er blieb aber über Jahrhunderte hinweg im Bewusstsein der Künstler. Er wurde im Jugendstil durch Anregungen japanischer Holzschnittkunst wieder vermehrt aufgegriffen und hier sowie im **Expressionismus** zu neuer Meisterschaft geführt.
Maler und Grafiker der Künstlergruppen „Brücke" und „Der blaue Reiter", wie ERICH HECKEL (1883–1970), FRANZ MARC (1880 bis 1916), EMIL NOLDE (1867–1956), ERNST LUDWIG KIRCHNER (1880–1938), MAX PECHSTEIN (1881 bis 1955), GABRIELE MÜNTER (1877–1959) und KARL SCHMIDT-ROTTLUFF (1884–1976), aber auch Künstler mit anderen Kunstkonzepten, wie KÄTHE KOLLWITZ (1867–1945) und HAP GRIESHABER (1909–1981) nutzten die kräftige, expressive Sprache des Holzschnitts mit seinen scharfen Kontrasten, kräftigen Linien und Flächen für ihre Bildaussagen. CHRISTIAN ROHLFS (1849–1938), PABLO PICASSO (1881–1973) u. a. experimentierten mit dem neuen Werkstoff Linoleum und entwickelten so den Linolschnitt, entdeckten den Einplattenfarbdruck.

Neue Drucktechniken entstehen

Grabstichel sind meist vierkantige Stahlschienen, deren vorderes Ende schräg abgeschliffen ist.

Der **Kupferstich** wurde als erstes **Tiefdruckverfahren** in der **Renaissance** aus der Gravierkunst der Goldchmiede entwickelt. Mit so genannten Grabsticheln ritzten sie Dekore in das Metall von Rüstungen, Schmuckstücken, Kannen etc. Die entstehende Vertiefung wurde **Creux** (frz.: hohl, tief) genannt. Man erkannte, dass plane Metallplatten sich auch gut für den Druck von Grafiken eigneten. Erste Kupferstiche entstanden um 1430, Tiefdrucke mit Kaltnadel nach 1465. ALBRECHT DÜRER arbeitete daneben bereits mit den neuen Ätzverfahren, z. B. der Radierung. Im 17./18. Jh. wurden diese weiterentwickelt. Mit dem **Vernis Mou** (Weichgrundätzung) gelang es, dem Druck die Optik einer Kreidezeichnung zu verleihen.

Crayon-Manier, auch Kreidemanier, frz. craie = Kreide oder crayon = Zeichenstift

Bild: FRANCISCO DE GOYA, *„Desastres de la Guerra“, Blatt 04: Die Frauen machen Mut,* 1814–1820, Aquatinta-Radierung

Für die **Crayon-Manier** (Kreidemanier), deren Erfinder JEAN CHARLES FRANÇOIS ist, werden spezielle Werkzeuge benötigt, um dem fertigen Druck einen zeichnerischen Gestus zu geben. Man verwendet die **Roulette** (ein breites Rädchen mit Zähnen), die **Echoppe** (eine breite Radiernadel) und den **Matoir** (ein raspelartiges gezähntes Hämmerchen). Seit etwa 1740 experimentierte FRANÇOIS in dieser Technik. Die **Aquatinta** entstand 1765/68, als man begann, nicht nur Linien, sondern auch ganze Flächen zu ätzen. Als Erfinder dieser Technik gilt JEAN-BAPTISTE LE PRINCE (1734–1781). FRANCISCO DE GOYA brachte es in dieser Technik vor allem in seinem Zyklus „Desastres de la Guerra“ (deutsch: „Schrecken des Krieges“) zu einer besonderen Meisterschaft.

Bild: HENRI DE TOULOUSE-LAUTREC, *„Bruant in Ambassadeurs“,* Plakat, 1892, Farblithografie

Flachdrucktechniken entstanden durch das von ALOIS SENEFELDER (1771–1834) im Jahre 1798 entwickelte Verfahren der **Lithografie.** Dieses Verfahren ist zwar ein wenig zeitaufwendig, es hat aber den Vorteil, dass man den Druckstein, den **Lithostein,** mehrfach verwenden kann. Das Verfahren wurde schnell beliebt, weil die Künstler nun auch mit gewohnten Zeichengeräten, wie Feder und Kreide, arbeiten konnten. HONORÉ DAUMIER benutzte das Verfahren für seine berühmt gewordenen Karikaturen und HENRI DE TOULOUSE-LAUTREC für seine Plakate und für die damalige Zeit freizügigen Darstellungen von Frauen des Pariser Kneipenmilieus. Im 20. Jh. nutzten die Expressionisten die Lithografie (u. a. EDVARD MUNCH, ERNST LUDWIG KIRCHNER, EMIL NOLDE). Auch KÄTHE KOLLWITZ arbeitete mit der Lithografie. Sie griff viele sozialkritische Themen auf, klagte mit ihrer Kunst bessere Lebensverhältnisse für die Armen ein.

Erst in den 1960er-Jahren setzte sich mit dem Durchdruck in Form des Siebdruckes ein neues Verfahren als künstlerische Drucktechnik durch. Es wurde vor allem durch die Pop-Art-Künstler verwendet. Dabei entstehen flächig wirkende Grafiken. Mit dem Siebdruckverfahren arbeiteten u. a. WILLI BAUMEISTER (1889–1955), HENRI MATISSE (1869–1954), ROY LICHTENSTEIN (1923–1997), ANDY WARHOL (1928–1987), VICTOR VASARELY (1908–1997), ROBERT RAUSCHENBERG (geb. 1925) sowie in jüngerer Zeit u. a. FRIEDENSREICH HUNDERTWASSER (1928–2000), KEITH HARING (1958–1990) und ELVIRA BACH (geb. 1951).

4.2.2 Drucktechniken

Drucktechniken

- Hochdruck
- Tiefdruck
- Flachdruck
- Durchdruck

Allen Drucktechniken ist gemeinsam, dass das Bild spiegelverkehrt in die Druckstöcke eingearbeitet wird. Die klassischen Techniken werden seit ihrer Entstehung bereits miteinander vermischt, kombiniert.

Hochdruckverfahren

- Holzschnitt
- Holzstich
- Linolschnitt
- Stempel

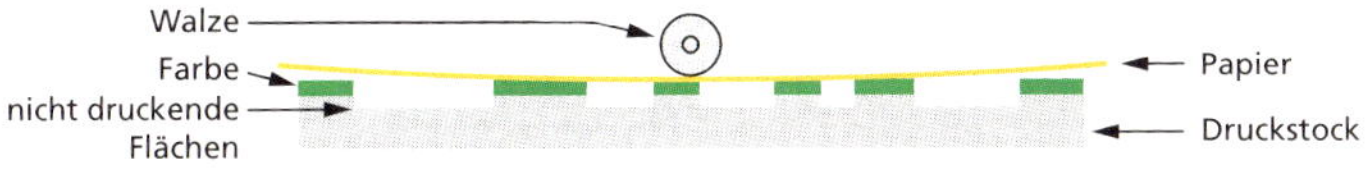

Beim **Hochdruck** muss man keinen großen Druck auf den Druckstock ausüben. Es genügt manchmal schon ein Handabrieb. Je gleichmäßiger der Druck ist, umso besser wird die Druckqualität.

> Beim **Hochdruck** schneidet man die nicht zu druckenden Flächen aus dem Druckstock heraus. Es werden nur erhabene Linien und Flächen gedruckt.

Als Material für den Hochdruck dienen Holz und Linoleum, aber auch die Kartoffel kann – beim Kartoffelstempel – zum Druckstock werden.

Bild:
PAUL GAUGUIN, *Trinkender Fischer neben seinem Boot,* um 1896, Farbholzschnitt

Für den **Holzschnitt** verwendet man weicheres Holz (Linde, Pappel), aber auch härtere Hölzer wie Obstgehölze (Kirsche) sind geeignet. Aus dem in Faserrichtung geschnittenen Holz werden die nicht druckenden Teile herausgeschnitten. In der Regel wird das Holz vor dem Schnitt mit Schleifpapier geplant. Die bewusste Nutzung der Maserung des Holzes ergibt eine besonders expressive Bildsprache. Das Motiv wird nach der Vorbehandlung des Druckstockes direkt auf das Holz gezeichnet oder gepaust.

Um Flächen und Linien aus dem Material herausarbeiten zu können, bedient man sich verschiedener Werkzeuge: Stichel, Geißfuß, Flacheisen, Rundeisen, Konturenmesser (siehe Bild). Will man das Motiv durch weiße Linien auf schwarzem Grund gestalten, arbeitet man in der **Weißlinientechnik. Schwarzlinientechnik** bedeutet, dass die erhaben geschnittenen, im Druck schwarz erscheinenden Linien die Bildaussage wiedergeben. Die **Flächentechnik** wendet man an, um ganze Flächen dominieren und die natürliche Maserung des Holzes wirken zu lassen.

Stichel haben meist eine v-förmige, aber auch runde oder flache Spitze. Deshalb unterscheidet man in Spitz-, Rund-, Faden-, Flach- und Hohlstichel. Der Geißfuß ist ein winkelig geformtes Messer.

Hirnholz (Stirnholz) entsteht, wenn man den Holzstamm quer zur Länge durchschneidet. So erscheinen die Jahresringe als kreisförmige Linien.

Bild Mitte: LUCAS CRANACH D. Ä., *Hl. Christhopherus,* 1506, Clair-obscur-Holzschnitt mit einer Schwarzplatte und einer Tonplatte

Der **Clair-obscur-** oder **Hell-Dunkel-Holzschnitt** zeigt fein abgestufte Farbwerte. Man druckt auf mehreren Druckstöcken. Der erste gibt die Linienzeichnung wieder, der zweite, dritte usw. die flächigen Partien. So wird eine nahezu malerische Wirkung erzeugt. Begonnen haben HANS BURKMAIR D.Ä. und LUCAS CRANACH D.Ä. mit dieser Variante des Holzschnittes. Für den **Holzstich (Xylografie)** wird **Hirnholz** verwendet. Zum Stechen benutzt man Grabstichel mit v-förmigem Querschnitt. So ist es möglich, selbst feinste Parallellinien und Punkte aus dem Holz herauszuarbeiten.

Bild: GUNTRAM ERDMANN, *Wehrkirche bei Kotrzyn,* 1975, Linolschnitt

Beim **Linolschnitt** dient Linoleum als Ausgangsmaterial für die Druckplatte. Es ist sehr geschmeidig, weich und ohne großen Kraftaufwand zu bearbeiten. Mit speziellen **Linolmessern** werden die nicht druckbaren Flächen ausgehoben. Die druckbaren Linien und Flächen erscheinen in einem einheitlichen Ton. Wird weniger Farbe aufgetragen oder schlägt die Druckerschwärze Blasen, können die Drucke einer Aquatinta ähneln. Ungewöhnliche Werkzeuge, wie Stahlnägel, lassen außerdem die Kanten unregelmäßig brechen, sodass der Druck die Optik eines Holzschnittes bekommen kann.

Tiefdruck

> Beim **Tiefdruck** drucken alle Vertiefungen in einem Druckstock. In diese wird Farbe eingebracht, indem man die Platte einschwärzt und dann die glatten Flächen säubert.

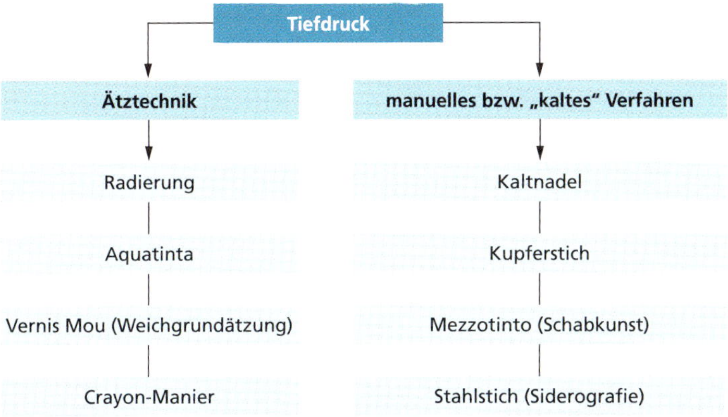

Tiefdruck bedeutet, dass man großen Druck auf die Platte ausüben muss, um die in den Vertiefungen befindliche Farbe aufs Papier zu bekommen.

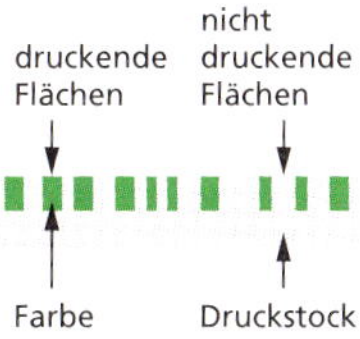

Ätztechnik

> Unter **Ätztechnik** bzw. **Ätzverfahren** fasst man alle Tiefdrucktechniken zusammen, bei denen mittels Säure Vertiefungen in der Platte erzeugt werden, die beim Druck die Druckerschwärze aufnehmen.

Die bekannteste Ätztechnik ist die **Radierung.** Die sorgfältig gereinigte Platte wird gleichmäßig mit einem **Ätzgrund** abgedeckt, der aus einer säurefesten, wachsartigen Masse besteht. Nach dem Trocknen werden die Stellen, an denen Vertiefungen in die Platte eingeätzt werden sollen, mit geeigneten Werkzeugen (Radiernadeln, Stichel) entfernt. Anschließend taucht man die Platte in ein Säurebad. Sollen Linien unterschiedlicher Tiefe entstehen, wird nach dem Ätzbad an der Platte weiter gearbeitet, werden neue Linien freigelegt. Man arbeitet zunächst einen kräftigeren Vordergrund heraus, ätzt die Platte und arbeitet anschließend am Mittelgrund, zuletzt am zarteren Hintergrund. So gibt der Radierer einer Landschaft Weite und einem Raum Tiefe.

Bild: JEAN-BAPTISTE-CAMILLE COROT, *Der Dom zu Florenz,* 1869–1870, Radierung

Radierung, lat. radere = kratzen, schaben

Radiernadeln bestehen aus einem Griff, in die eine Stahlnadel eingearbeitet ist. Diese Nadel kann man wie einen Bleistift benutzen.

4

Bild:
EDGAR DEGAS,
Auf der Bühne,
Zweite Fassung,
1877, Weichgrund-ätzung (Vernis Mou)

Die **Weichgrundätzung** (Vernis Mou) unterscheidet sich von der Radierung durch einen weicheren Ätzgrund, der auf die Platte aufgetragen wird. Man legt Papier darauf und zeichnet wie gewohnt mit Kreide oder Bleistift. Der Druck auf den weichen Ätzgrund legt das darunterliegende Metall frei. Der Ätzvorgang geschieht wie bei der Radierung.

Aquatinta, ital. = gefärbtes Wasser

Das Überziehen der Platte mit geharztem Staub geschieht in der so genannten Staubkammer.

Bild:
FRANCISCO DE GOYA,
Die Gefangene,
um 1797–1799,
Aquatinta

Beim **Aquatinta**verfahren wird das Motiv oft zunächst im Aussprengverfahren mit einer Farbe aufgetragen, danach mit Ätzgrund versehen. Im Wasserbad wird an jenen Stellen, an denen Farbe aufgetragen worden war, der Ätzgrund weggespült. Anschließend bedeckt man die Platte mit einer säurefesten Staubschicht aus Kolophonium und Mastix. Leichtes Erwärmen lässt den geharzten Staub an der Platte haften. Beim Ätzprozess schützt jedes kleine Staubteilchen die unter ihm liegende Metallschicht. Variieren kann man die Körnigkeit der Flächen durch unterschiedlich große Staubkörnchen. Stellen, die auf dem Blatt weiß bleiben sollen, werden vor der Ätzung mit Ätzgrund überzogen. FRANCISCO DE GOYA, JOAN MIRO, PABLO PICASSO und A. R. PENCK verwendeten u. a. diese Technik.

Bild:
Werkzeuge für verschiedene Radiertechniken (von links nach rechts): Roulette, Moulette, Polierstahl, Radiernadel, Schaber und Wiegeeisen

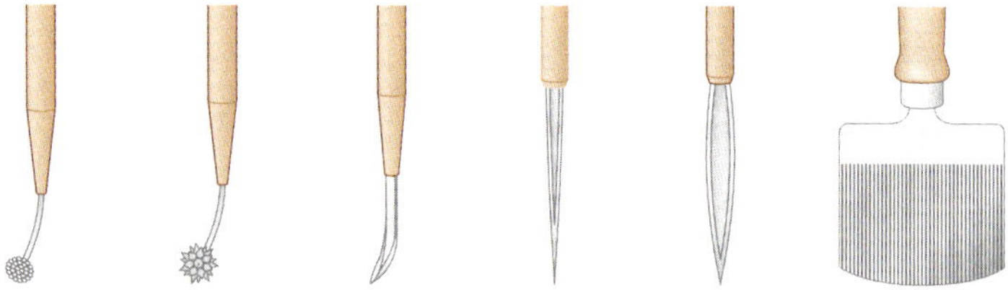

Die **Heliogravüre** (auch: Fotogravüre oder Chemigravüre) ähnelt der Aquatinta, allerdings wird nicht direkt auf die Platte gezeichnet, sondern die Übertragung des Bildes erfolgt mit fotomechanischen Mitteln. Dabei wird ein Diapositiv auf lichtempfindliche Gelatine projiziert, die dann mit dem Metall reagiert. Man benutzt dazu Chromgelatine, das ist eine mit Chromsäure versetzte Gelatine.
Die **Crayon-Manier** unterscheidet sich von der Radierung durch die Wahl der gröberen bzw. breiteren Werkzeuge (Roulette, Moulette), die dem fertigen Blatt später die Optik einer Kreide- oder Rötelzeichnung geben.
Für alle Ätzverfahren gilt, dass in mehreren Stufen geätzt werden kann: Tiefere Ätzungen ergeben dunklere Farbtöne, flachere Ätzungen dagegen hellere. Ätzungen können nicht nur mit Werkzeugen, sondern auch mit Pinseln auf die Platte gebracht werden.

Manuelles bzw. „kaltes" Verfahren

Von **manuellem bzw. „kaltem" Verfahren** spricht man, wenn die Vertiefungen auf der Druckplatte durch direktes Einritzen mit Radierwerkzeugen erzeugt wird.

Für die **Kaltnadelradierung** kann man auch Acrylglas benutzen. Das spiegelverkehrte Motiv wird unter die Platte gelegt und mit der Stahlnadel nachgezeichnet.

Das bekannteste Verfahren ist die **Kaltnadeltechnik,** die wegen ihrer optischen Ähnlichkeit mit der Radierung auch **Kaltnadelradierung** genannt wird. Dabei wird eine Zeichnung mit einer Stahlnadel (Radiernadel) direkt in die Kupfer- oder Stahlplatte geritzt. Der dabei entstehende Grat wird nicht entfernt. Nach dem Ritzen kann sofort die Druckerschwärze in die Platte eingearbeitet und gedruckt werden. ALBRECHT DÜRER, REMBRANDT HARMENSZ VAN RIJN, EDVARD MUNCH, ERNST LUDWIG KIRCHNER, MAX BECKMANN und PABLO PICASSO verwendeten diese Technik.
Leicht zu erlernen ist die Kaltnadelarbeit mit Acrylplatte, wobei auf ein spiegelverkehrtes Ur-Bild eine Platte gelegt und so die Zeichnung übertragen wird.

Linien einer Kaltnadelarbeit

Bild:
HENRI DE TOULOUSE-LAUTREC, *Der Entdeckungsreisende De Brettes,* 1898, Kaltnadelradierung

Der **Kupferstich** wird mit Grabsticheln durchgeführt. Die dabei entstehenden Grate werden manuell entfernt. Danach wird die Platte leicht erwärmt, eingefärbt und auf einer Tiefdruckpresse gedruckt. Im Gegensatz zur Kaltnadel hat die Linie des Kupferstichs glatte, also gratlose Ränder.
Bedeutende Kupferstecher waren u.a. MARTIN SCHONGAUER (um 1450–1491), ALBRECHT ALTDORFER (vor 1480–1538), ALBRECHT DÜRER, JACQUES CALLOT (1592–1635), AGOSTINO CARRACCI (1557–1602), WILLIAM HOGARTH (1697 bis 1764), LUCAS VAN LEYDEN (1494–1534).
Die Techniken des Flachdrucks werden oft auch miteinander kombiniert. Einer Kaltnadelarbeit oder Radierung kann durch Aquantinta Flächigkeit verliehen werden.

Bild:
ALBRECHT DÜRER, *Hl. Hieronymus im Gehäus,* 1514, Kupferstich

Die Bilder zeigen Zustandsdrucke von UNDINE LAU-FRANKE (von links nach rechts):
Kaltnadel, Kaltnadel mit Aquatinta und Kaltnadel mit Aquatinta, koloriert

Flachdruck

> Beim **Flachdruck** liegen zu druckende und nicht zu druckende Teile auf einer Ebene.

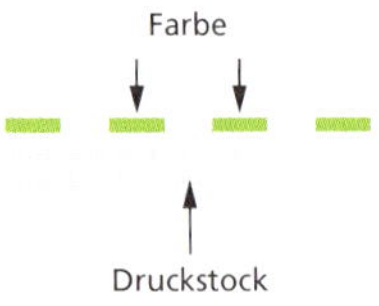

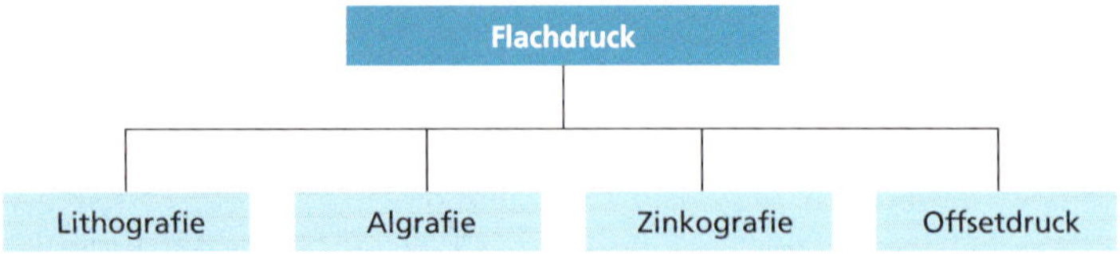

Das bekannteste Flachdruckverfahren in der Kunst ist die **Lithografie.** Man macht sich die besonderen Eigenschaften von feinporigem Kalkschiefer zunutze. Dieser für den Druck benutzte **Solnhofer Stein** ist kohlensauer und kann Fett und Wasser gleich gut aufnehmen. Als Druckplatte dient ein plan geschliffener Stein von 10 bis 15 cm Dicke, der mit Alaun entsäuert wurde. Das Motiv wird mit einer fetthaltigen Tusche (Federlithografie) oder Kreide (Kreidelithografie) spiegelverkehrt direkt auf den Stein gezeichnet.

Bild oben:
HONORÉ DAUMIER,
Der Angeklagte hat das Wort!, 1835,
Lithografie, Karikatur für die Zeitschrift „Caricature"

Lithografie, griech. lithos = Stein, graphein = zeichnen; Solnhofer Stein: nach dem Fundort Solnhofen im Altmühltal benannter Stein

Bild links:
Druckpresse mit Lithostein
Bild rechts:
Lithostein und gedrucktes Papier

Diese Schicht verbindet sich mit der kohlensauren zu fettsaurem Kalk, der Fett (also auch Druckerfarbe) aufnimmt, Wasser aber abstößt. Dann wird der Stein mit einer Mischung aus **Gummiarabicum** und verdünnter Salpetersäure geätzt. Die fettfreien Stellen sind nun fettabstoßend und bleiben druckfrei. Die getrocknete Ätzung wird mit Wasser abgespült. Mit Terpentin entfernt man das nicht vom Stein aufgenommene Fett und streicht den Stein mit einer Asphaltlösung ein, um die zu druckenden Stellen zu verstärken. Nach erneuter Säuberung ist der mit Druckerschwärze eingeriebene Stein druckbereit.

Das Verfahren der **Lithografie** ist sehr zeitaufwendig, man kann jedoch eine fast unbegrenzte Auflage drucken.

Bild:
PAUL CÉZANNE,
Die Badenden,
kleine Fassung, 1897,
Farblithografie

Zunächst wurde lediglich mit schwarzer Farbe gedruckt. GODEFROY (GOTTFRIED) ENGELMANN (1788–1839) experimentierte zu Beginn des 19. Jh. mit Mehrfarbdrucken. Für diese **Farblithografie** sind so viel Lithosteine erforderlich, wie Farben gedruckt werden sollen.

Algrafie und **Zinkografie** sind alternative Verfahren zur Lithografie. Statt eines Lithosteins benutzt man eine gekörnte Zink- (Zinkografie) oder Aluminiumplatte (Algrafie). Nach der Entsäuerung der Platte mit Oxalsäure, Alaun oder verdünnter Salpetersäure kann man mit herkömmlichen Zeichengeräten (Bleistift, Filzstift) auf die Platte zeichnen. Anschließend wird die Platte geätzt, sodass sie eine fettabstoßende Schicht bekommt. Nun kann wie bei der Lithografie gedruckt werden.

Der **Offsetdruck** entstand zu Beginn des 20. Jh. aus der Lithografie und der Zinkografie. Die zu druckenden Informationen befinden sich auf einer Metallplatte (Zink oder Aluminium). Von der Druckplatte gelangt die Druckerschwärze zu einem Gummituch als Zwischenträger und erst dann auf das Papier. Je nach Papierart kann auf Bogenoffsetdruckmaschinen (das Papier wird als Bogen bedruckt) oder Rollenoffsetdruckmaschinen (das Papier kommt von einer Rolle) gedruckt werden. Der Offsetdruck spielt vor allem bei der Zeitungs- und Buchproduktion eine Rolle.

Offsetdruck, engl. to set off = absetzen bzw. engl. Offset = Versatz

4

Durchdruck

▶ **Serigrafie,** griech. Seri = Seide, graphein = zeichnen
Ursprünglich wurde Seide als Bespannmaterial eingesetzt. Heute benutzt man Nylon oder Polyester

> Das **Durchdruckverfahren** ist ein Schablonendruck. Dabei wird die Farbe durch ein Sieb auf das Papier gedruckt.

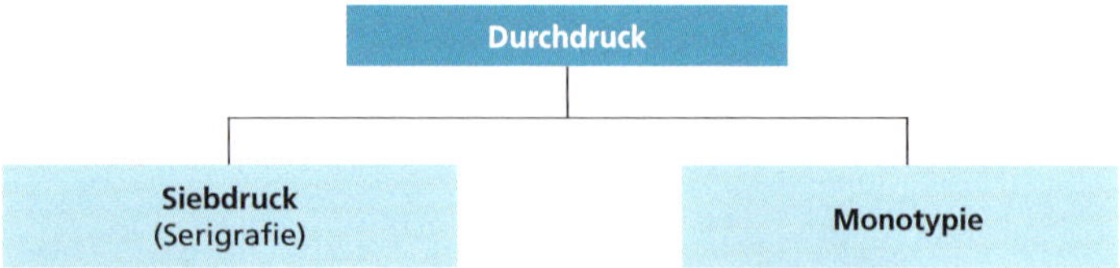

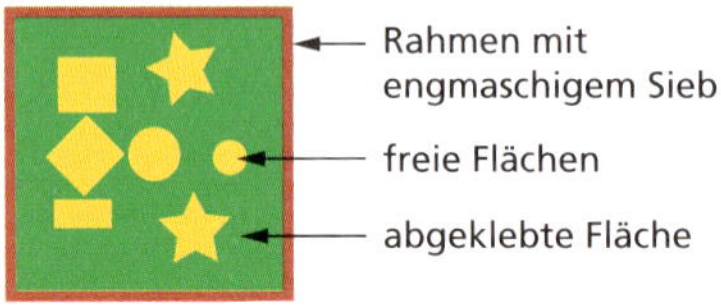

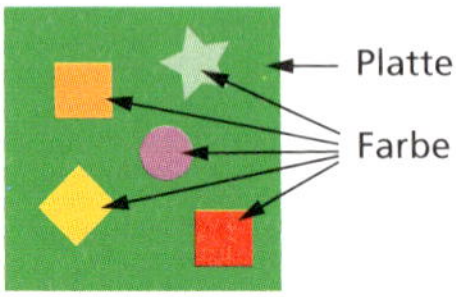

Bild:
KEITH HARING, *Retrospect*, Siebdruck, 1989; New York, Estate of Keith Haring

Der **Siebdruck,** auch **Serigrafie** genannt, ist das einzig bekannte Durchdruckverfahren, mit dem es möglich ist zu vervielfältigen. Dabei wird ein auf einen Rahmen gespanntes engmaschiges Sieb benutzt, dessen Löcher man an den Stellen zuklebt, die nicht gedruckt werden sollen. Dann legt man das Sieb auf das zu bedruckende Material (Stoff, Papier) und „spachtelt" die Farbe auf. Diese wird durch die Löcher des Siebes auf das Material gedrückt. Für den Mehrfarbdruck braucht man für jede Farbe ein Sieb.

Bild:
EDGAR DEGAS, *Das Cap Hornu in der Nähe von Saint-Valéry-sur-Somme*, um 1890–1893, Ölfarben-Monotypie

Die **Monotypie** ist kein eigentliches Vervielfältigungsverfahren. Auf eine geschwärzte Platte (Glas, Metall, Linoleum) wird ein Blatt Papier gelegt, darauf das eigentliche Motiv. Mit einem Stift kann man nun die Konturen nachzeichnen. Von der Platte kann nun ein Negativbild abgerieben werden. Es ist auch möglich, mit Öl,- Wasser- oder Druckfarbe direkt auf die Platte zu zeichnen und durch Verwischen der Farbe zusätzliche Effekte zu erzielen. Dann legt man Papier darüber und „druckt", indem man die Farbe mit Händen, Stiften oder Rollen von der Platte abreibt. EDGAR DEGAS verwendete u.a. diese Technik. Künstler wie HELMUT MALETZKE (geb. 1920) und ANNABEL HEWITT (geb. 1946) produzieren Monotypien.

▶ **Monotypie,** griech. monos = allein, einzig, typos = Schlag, Abdruck

Beispiele für Techniken der Handzeichnung

Zeichnung: Linien

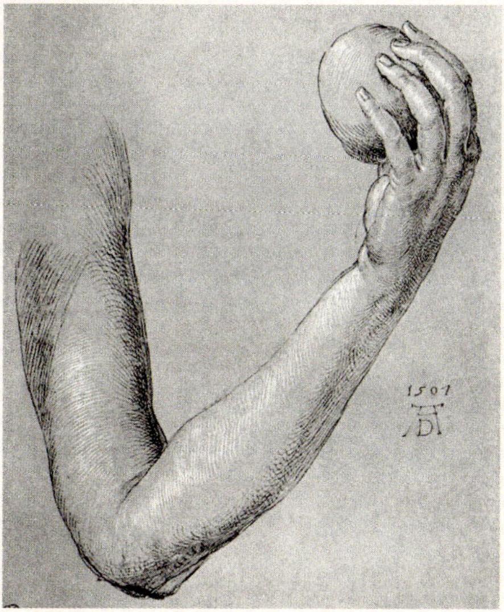

Zeichnung: Schraffur

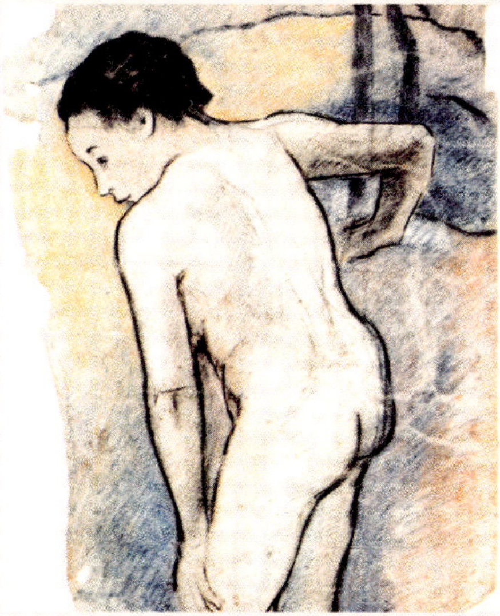

Zeichnung: laviert

Pinselzeichnung

Grafische Kunst

Zeichnung

- Handzeichnung
- Pinselzeichnung

fotografische Verfahren

Positivverfahren

Dunkles wird dunkel, Helles wird hell

- Naturselbstdruck
- Heliografie
- Daguerreotypie

Negativverfahren

Dunkles wird hell, Helles wird dunkel

- Kalotypie
- Fotografie
- Albumindruck
- Nasses Kollodiumverfahren
- Gelatine-Trockenplatte

Direktpositivverfahren

Negativ wird auf einen dunklen Hintergrund aufgebracht. Dadurch erscheint es als Positiv.

- Ambrotypie (bzw. Melanotypie)
- Pannotypie
- Ferrotypie

Druckverfahren

Hochdruck

- Holzschnitt
- Holzstich
- Linolschnitt
- Stempel

Flachdruck

- Lithografie
- Algrafie
- Zinkografie
- Offsetdruck

Tiefdruck

- Radierung
- Aquatinta
- Vernis Mou
- Kaltnadel
- Kupferstich
- Mezzotinto

Durchdruck

- Siebdruck
- Monotypie

Wissenstest 4 auf **http://wissenstests.schuelerlexikon.de** und auf der DVD

Plastik 5

5

5.1 Begriffsbestimmung

5.1.1 Plastik

Plastik, griech. plassein = formen

Der Begriff **Plastik** ist der Oberbegriff für dreidimensionale Kunstwerke (z. B. Skulptur, Plastik, Objektkunst) und als solcher ein Teilgebiet der bildenden Kunst. Ein synonym gebrauchter Begriff ist **Bildhauerkunst.**

Den Gattungsbegriff Plastik unterscheidet man grob in Plastik, Skulptur und Objekt.
Der Kunstwissenschaftler EDUARD TRIER formulierte den Unterschied zwischen Plastik und Skulptur: *„Der Bildhauer nimmt weg, der Plastiker baut auf".* Allerdings ist diese Definition für viele neue Techniken nicht geeignet.

Plastik ist auch die Bezeichnung für dreidimensionale Kunstwerke, die durch **Antragen** oder Gießen von weichem Material (Ton, Wachs, Papiermaché) entstehen.

Arbeitsvorgang Antragen

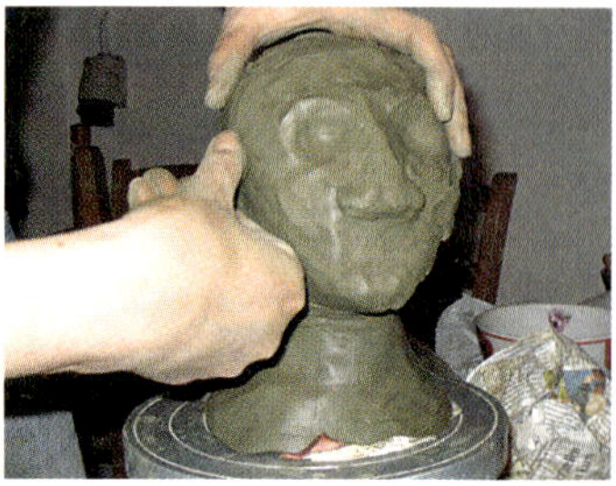

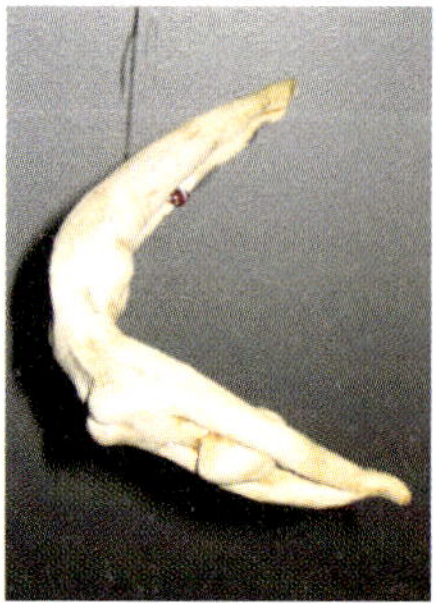

Antragen bedeutet das schrittweise Aneinanderfügen der Formmasse. Diese kann aus den unterschiedlichsten Materialien bestehen. Traditionell war sie aus Ton. Die knetbare Tonmasse ist, solange sie feucht gehalten wird, stets veränderbar, Korrekturen sind möglich, d. h., man kann sowohl antragen als auch abtragen. Tonplastiken können auch zunächst in Einzelteilen gefertigt und danach zusammengefügt werden. Das Bild links zeigt eine hängende Plastik, die aus drei Teilen zusammengefügt wurde. Ebenso ist es möglich, Plastiken auf Drahtgestellen mit Gips oder Pappmaché aufzubauen, zu **kaschieren.** Die Materialien Gips und Eisen eignen sich ebenfalls zum Antragen und zum Abtragen.

kaschieren, frz. cacher = verbergen, verdecken

5.1.2 Skulptur

Der Begriff **„Skulptur"** kennzeichnet alle dreidimensionalen Arbeiten, bei denen durch das Verfahren des Abtragens die Form herausgearbeitet wird.

Skulptur, lat. sculpere = schneiden, schnitzen, meißeln

Arbeitsvorgang Abtragen

Material, das auf mechanischem Wege von unverformbaren Materialien abgetragen wird, kann in der Regel nicht wieder angetragen werden. Typische Materialien dieser Bildhauertechnik sind Holz, Marmor, Stein und Speckstein. Man kann jedoch auch mit vielen anderen Materialien arbeiten (Elfenbein, Metall). Gips, Porzellan, Ton oder Wachs sind abtragbar und wieder antragbar.

Für das Abtragen benötigt der Bildhauer – je nach Material – diverse Werkzeuge, z. B. Raspel (↗ Bilder oben), Feile, Zahneisen, Flacheisen, Schnitzmesser, Stockhammer, Spitzhammer, Bogenbohrer oder Axt. Für Holzskulpturen benutzen Bildhauer auch die Kettensäge. Bei Skulpturen aus Eisen wird der Schweißbrenner zum An- und Abtragen verwendet.

5.1.3 Objekt

Objektkunst ist eine Ausdrucksweise der Moderne. Von Künstlern werden vorgefertigte Dinge unterschiedlicher Bezugsebenen (Fotos, Zeitungsausschnitte, Kleidungsstücke, Geschirr, Möbel, Metallteile, Holz u. Ä.) in einen neuen Zusammenhang gebracht und als Material für ihre Kompositionen verwendet. Das Zusammenfügen dieser Teile kann eine neue Wahrnehmung ermöglichen, da die Ausgangsbedeutungen der Gegenstände bekannt sind, diese nun aber in völlig neuem Kontext präsentiert werden.

Objektkunst wird auch als **Objet trouvé,** frz. = gefundener Gegenstand, bezeichnet. Ein anderer Begriff für Objektkunst ist **Junk-Art,** engl. = Abfallkunst, Müllkunst.

5

Combinepainting, engl. = kombinierte Malerei, ist eine Bezeichnung für Objekte ROBERT RAUSCHENBERGS, der ab 1953 Assemblagen mit Malerei kombinierte. Diese Benennung wurde später auf ähnliche Werke anderer Künstler übertragen.

Beim Zusammenfügen von eher flächigen Materialien spricht man von einer **Collage,** bei dreidimensionalen Materialien dagegen von einer **Montage.** Eine Zuordnung zum Bereich Plastik lässt sich immer dann vornehmen, wenn das Endprodukt ein eher **dreidimensionales Gebilde** ist. Die Gattungsgrenzen zwischen Malerei, Grafik, Fotografie und Plastik sind hierbei nicht mehr starr. So können auch bei der Herstellung Arbeitstechniken verwendet werden, die eher der flächigen Collage zuzuordnen sind. Dazu gehören unter anderem:
- die Übermalung, das **Combinepainting,**
- ein Ab- oder Durchreiben von Oberflächenstrukturen, die **Frottage,**
- das Abreißen von Teilen, die **Decollage,**
- das Verändern eines Objektes durch den Brennvorgang (bevorzugt bei den Fotonegativen), die **Brûlage,** und
- das Knüllen von Papieren und Stoffen, um eine knautschige Oberfläche zu erhalten, die **Froissage.**

Bild:
ARMAN, *Le Harem du croisé (Der Harem des Kreuzfahrers),* 1962, Ludwigshafen, Wilhelm-Hack-Museum (Leihgabe aus Privatbesitz), Akkumulation aus Schlüsseln in Acrylglas

Werden Techniken verwendet, um dreidimensionale Materialien zu verbinden, dann gibt es je nach Materialeigenschaften unter anderen die Möglichkeit diese zu kleben, sie zusammenzuschrauben, sie zu schweißen oder zu löten. Viele dieser Verfahren wurden aus dem Handwerk oder der industriellen Verarbeitung übernommen. Bei der Zusammensetzung von vielen gleichen, industriell angefertigten Stücken spricht man von einer **Akkumulation** oder **Agglomeration.**

Bild:
ALEXANDER CALDER, *The Spiral (No! To Frank Lloyd Wright),* 1966, Aluminium, aufgestellt im Park der Fondation Beyeler, Riehen (bei Basel), Privatsammlung

Ein spezieller Bereich der Objektkunst ist die **Kinetische Plastik.** Sie umfasst alle Objekte, bei denen bewegliche Elemente für einen besonderen optischen und manchmal auch akustischen Reiz sorgen. Die Darstellung von Bewegung kann auch illusionistisch erzeugt werden durch den Einsatz von lichtdurchlässigen oder reflektierenden Materialien.

ALEXANDER CALDER (1898–1976) entwickelte kinetische Objekte, die in **Mobile** und **Stabile** zwei verschiedene Aufbauprinzipien verdeutlichen.
Bei einem Mobile (lat. „mobilis" – beweglich, veränderlich, biegsam) handelt es sich um eine hängende

Konstruktion von mehreren Stäben, an denen kleine Objekte hängen. Alle Teile können sich umeinander drehen, ohne sich zu berühren. Durch einen Windhauch wird das Mobile in Bewegung gesetzt und bietet so ständig neue Ansichten der Elemente.
Ein Stabile besitzt einen Sockel, auf dem bewegliche Teile montiert werden. Diese werden häufig elektrisch in Bewegung gesetzt und bieten so ebenfalls eine variable Optik.

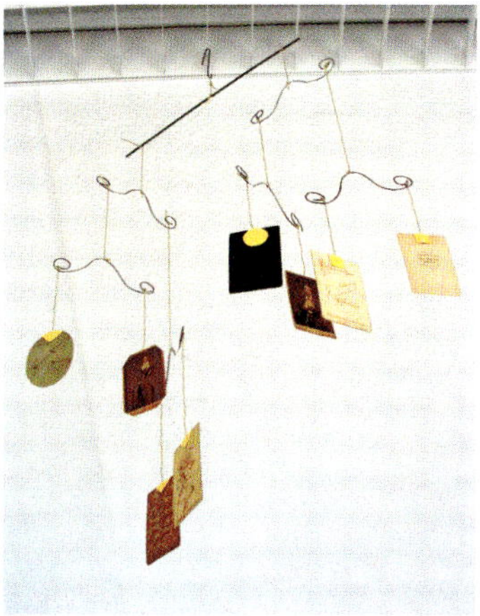

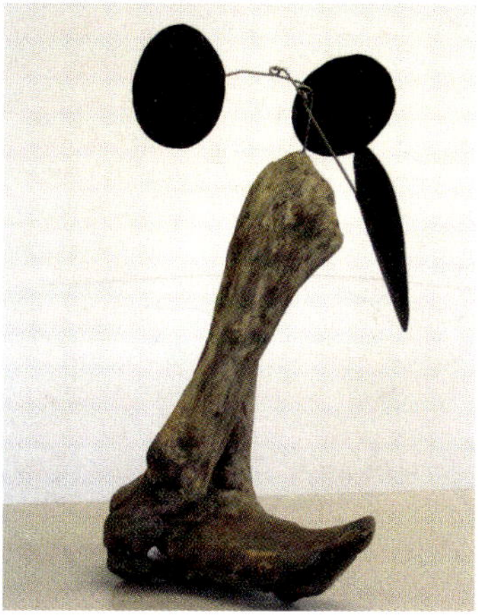

Bilder:
Mobile und Stabile (Arbeiten aus dem Kunstunterricht)

Zu den Objektkünsten gehört auch die Assemblage.

> Die **Assemblage** ist die Weiterentwicklung der Collage und bezeichnet ein Materialbild mit räumlicher Wirkung.

Die Materialfragmente, zuvor angefertigte oder gefundene plastische Elemente, werden auf einer Fläche montiert.
Aus den Bereichen Assemblage und Combinepainting entwickelte sich in der zweiten Hälfte des 20. Jh. das **Environment** und erhielt Anregungen aus der **Happeningbewegung.** Es werden verschiedene Materialien oder Gebrauchsgegenstände in eine ungewohnte Raumanordnung gebracht. Dabei wird der Betrachter direkt mit einbezogen. Bedeutende Vertreter sind u.a. JOSEPH BEUYS, ROBERT RAUSCHENBERG, CLAES OLDENBURG, ALLAN KAPROW und EDWARD KIENHOLZ.

Bild:
JOHN ANGUS CHAMBERLAIN, *Acme Thunderer,* 1989, München, Pinakothek der Moderne, Assemblage

Environment, engl. = Umgebung, Ambiente

Der Begriff Environment wurde weitestgehend von den Begriffen **Rauminstallation** und **Videoinstallation** abgelöst.

Eine **Installation** bezeichnet die von einem Künstler angeordnete Ausgestaltung eines ganzen Raumes oder aber die Aufstellung von Objekten und Materialien in einem speziellen Verhältnis zueinander.

Bild:
JANE ALEXANDER, *African Adventure*, 1999–2002, Hauptverwaltung von DaimlerChrysler, Stuttgart-Möhringen, Skulptureninstallation

Die Installation „African Adventure" von JANE ALEXANDER (geb. 1959) zeigt den Figur-Raum-Bezug auf eindrückliche Weise. Die paarweise oder solitär aufgestellten Figuren wirken isoliert. Sie tragen zum Teil Tierköpfe und weisen so auf die Apartheitspolitik Südafrikas hin sowie auf eine politische Situation, die sich erst langsam entspannt.
Rauminstallationen können mit speziellem Licht ausgeleuchtet sein (Licht-Raum-Installation).

Videoinstallationen nutzen das Vorhandensein der neuen Medien (Fernsehgerät bzw. Monitor, Projektor, digitale Filmkamera usw.), um (das bewegte) Bild und (den statischen) Raum miteinander in Beziehung zu setzen. Dabei kann das Publikum als Nur-Zuschauer die Installation passiv erleben oder, wenn Kameras den Raum filmen, auch interaktiv in das Bildgeschehen eingreifen. Klang- und Bildvariationen entstehen z. B. durch die Bewegung des Betrachters im Raum. Es kann ein so genanntes **Footage** (filmisches Rohmaterial) vorgegeben sein, das durch Aktionen des Zuschauers interaktiv verändert wird.
Videoinstallationen eignen sich auch für die Gattungen und Künste übergreifende Objekte, z. B. wenn Musik bzw. gesprochenes Wort, bewegtes bzw. Standbild und Betrachter eine Interaktion eingehen.

5.2 Grundtechniken

5.2.1 Materialien

Grundvoraussetzung für plastisches Gestalten ist die Entscheidung für das geeignete Material. Folgende Aspekte können die Wahl beeinflussen:
- Größe des Objektes,
- Aufstellungsort und Raumbezug,
- Materialeigenschaften,
- Möglichkeiten der Bearbeitung sowie
- Aussageabsicht und Wirkung des Materials.

Material	Eigenschaften/Verwendung	Werkbeispiel
Ton (Naturmaterial)	• halbfest bis flüssig (gießfähig) • aufbaufähig • verformbar bis in den lederharten Zustand • Dauerhaftigkeit im gebrannten Zustand • je nach Zusammensetzung (Anteil von Schamotte) geeignet für Kunstkeramiken, Fußbodenplatten, Gefäßkeramik, Baukeramik • gängige Tonfarben: Weiß, Rot, Braun-Schwarz • Oberflächenbearbeitung im ungebrannten Zustand: ritzen, aufrauen, polieren • Weiterbearbeitung durch Bemalung (Engoben) • Glasieren nach dem Schrühbrand (ca. 850 °C) • Glasurbrand (ab ca. 1000 °C)	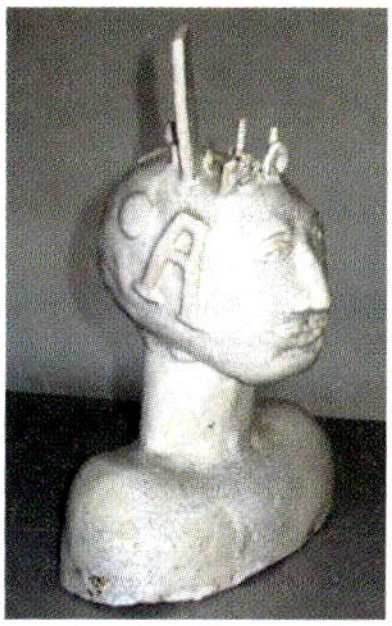 Kopf, glasiert, Ton
Naturstein	• *magmatische Steine* Granit, Diorit, Porphyr, Basalt: sind dicht, glasig, spröde und hart, sind schwer zu bearbeiten, deshalb nur für blockhafte Skulpturen oder Reliefs geeignet • *Sedimentgesteine* Sandstein, Kalkstein und Travertin: Unterschiede in Härte, Farbe und Körnigkeit, nicht sehr witterungsbeständig, aber relativ leicht zu bearbeiten • *metamorphe Gesteine* u. a. Marmor: einheitlich kristallines Gestein, lässt sich sehr gut auch bei filigranen Formen einsetzen, ritzbar, ist fein schleifbar und kann poliert werden, bekanntester weicher Naturstein: Speckstein, auch Seifenstein genannt, sehr leicht zu bearbeiten: lässt sich sägen, raspeln, feilen, schleifen und polieren	 JULIO SILVA, Pygmalion, 1979, Marmor, Les Halles, Paris

Holz	• Holzarten sind sehr unterschiedlich in Bezug auf Härte, Gewicht, Färbung, Maserung und Elastizität. • Holz reagiert auf Umwelteinflüsse, es „arbeitet“ – es dehnt sich aus oder schwindet, es reißt, um Spannungen auszugleichen. • Maserungen und Farbe des Holzes beeinflussen die Oberflächenwirkung. • Harthölzer wie Ahorn, Buche, Nussbaum, Obsthölzer, Esche, Kastanie besitzen nur kleine Poren und geringe Hohlräume. • Besonders hart und wertvoll sind Tropenhölzer, Buchsbaum, Weißdorn, Ebenholz und Mandelbaum. • Weichhölzer wie Nadelhölzer, Birke, Pappel und Weide sind offenporig, besitzen lange Fasern und sind leichter als Harthölzer. • Holz wird abtragend bearbeitet, es ist spaltbar, kann gesägt, gehobelt, geschnitzt, geschliffen, gefeilt, poliert und bemalt werden. • Zum Schnitzen geeignet ist Linde, da sie weich ist und eine gleichmäßige Dichte aufweist.	 JOHN DIEFENBAKER, Kopf, Holz bemalt, Canadian Museum of Civilization
Gips	• kann in rahmartigem Zustand geformt und an Armierungen angetragen werden • macht kleinste Unterschiede gut sichtbar durch Schattenbildung • gießfähig • ideal für Modellarbeiten • kann abtragend und antragend verarbeitet werden	 Gipsrelief
Papiermaché	• formbar • benötigt bei großen Formen ein Grundgerüst • kann nach dem Trocknen geschliffen und bemalt werden	 Figur aus Pappmaché

Kunststoffe	• chemisch umgewandelte Naturprodukte; durch Synthese neu aufgebaute organisch-chemische Stoffe; besitzen keine materialbedingten Oberflächen, große Formbarkeit und Formtreue, gießfähig, können an- oder abtragend bearbeitet werden, transparent oder in allen Farben gefärbt möglich • Acrylglas z. B. kann erwärmt verformt werden, erkaltet kann es auch gesägt, gefeilt, geschliffen und poliert werden. • Polyester z. B. eignet sich vor allem zur exakten Abformung; Voraussetzung ist eine sachgerechte Verfahrensweise, da es sonst gesundheitsschädlich ist.	 Radrennen, Bremen, Unicampus
Metalle	• *weiche Metalle:* z. B. Blei, Aluminium, Kupfer, Gold • *harte Metalle:* z. B. Edelstahl, Platin • Oxidation verändert die Oberflächenfarbe. • Metalle haben verschiedene Farben. • Metalle sind formbar. • Sie sind durch Erhitzen gießfähig. • Sie können gesägt, geschnitten, gefeilt, geritzt, geschweißt und getrieben werden. • Gold, Silber, Messing und Edelstahl können auf Hochglanz poliert werden.	 FRANK HAYDEN, Oliver-Pollock-Denkmal, Bronze, Baton Rouge, Louisiana, USA

5.2.2 Werkzeuge

Werkzeuge für das Antragen von Ton

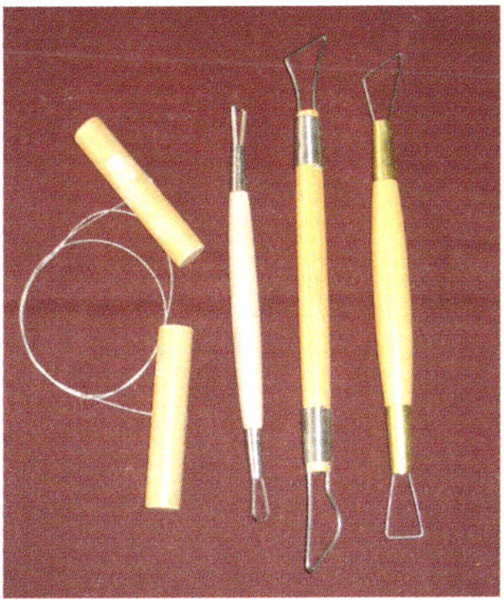

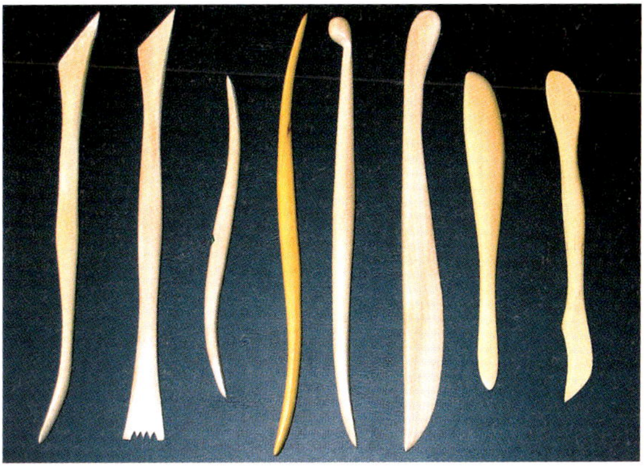

Werkzeuge zum Abtragen

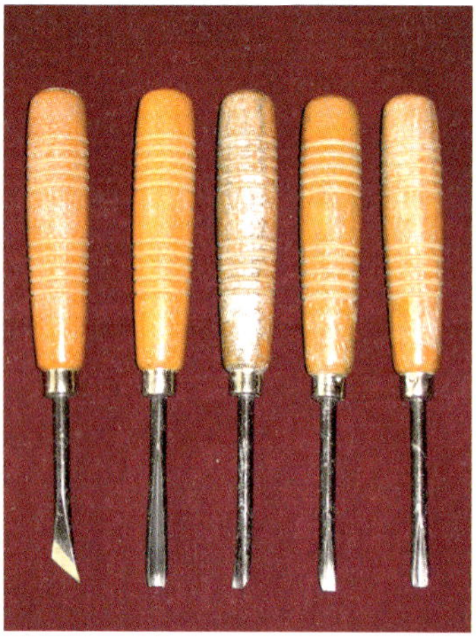

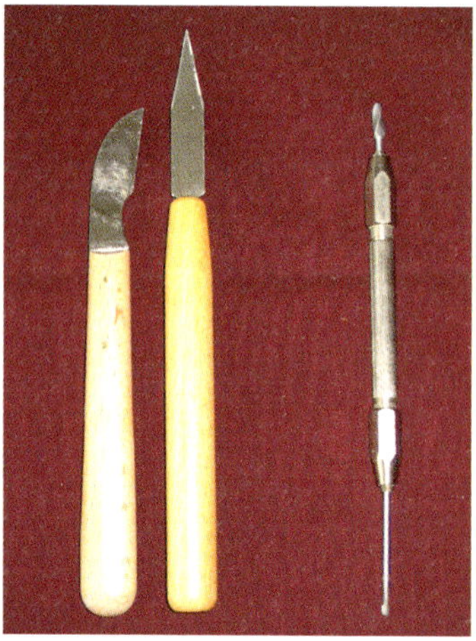

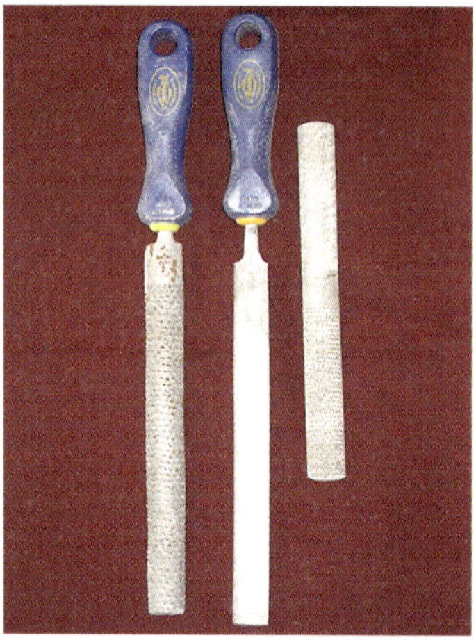

Oberflächenstruktur verschiedener Raspeln

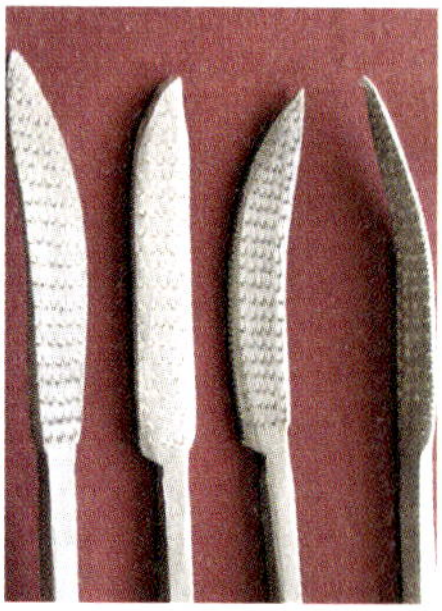

5.3 Grundprinzipien plastischen Gestaltens

5.3.1 Plastizität

Dem Bildhauer stehen viele Möglichkeiten offen, um mit einer Vielzahl an unterschiedlichen Formen zu arbeiten. Wenn eine Plastik dann beschrieben wird, spricht man bei Ausdehnungen des Materials z.B. von

- Erhebungen,
- Schwellungen,
- Wölbungen,
- Ausbuchtungen,
- Wülsten oder
- Buckeln.

Bild:
HENRY MOORE, *Three-piece reclining figure,* Bronze, Washington, USA

Bei der „Three-piece reclining figure" von HENRY MOORE (1898–1986) wird dieses Prinzip der Plastizität besonders augenscheinlich.
Werden Vertiefungen beschrieben, so kann man diese z.B. als sanfte Mulden, Dellen, schalenartige Einbuchtungen oder Krater bezeichnen. Die bestimmte Abfolge von Ausdehnungen und Vertiefungen schafft das plastische Gebilde. Die Schnittpunkte von Ausdehnung und Vertiefung können unterschiedlich gestaltet sein. Scharfe Ränder, harte Kanten, wehrhaft spitze Ecken, Scharten oder plötzliche Einschnitte sind hier möglich. Wie letztendlich die Plastik auf den Betrachter wirkt, hängt auch von der Gestaltung der Oberfläche ab. Diese kann poliert, plan, eben, rau, geriffelt, gefältelt, kraus, rillig, borkig oder auch körnig sein.

Eine Plastik kann man besonders gut verstehen, wenn man sie „be-greift". Leider ist es gerade in Museen häufig nicht gestattet, die Werke anzufassen. Deshalb sollte man seine Sinne an Werken schulen, denen man näher kommen darf, z.B. Brunnenplastiken. Der allgemeine Wunsch, die Plastiken zu berühren, wird deutlich, wenn man die Färbung der Plastik ansieht. Häufig berührte Stellen weisen eine andere Farbigkeit auf.

Bilder von links nach rechts: *Neptunbrunnen in Berlin* – Gesamtansicht und Detailansichten mit veränderter Farbigkeit häufig berührter Flächen

Wenn man allerdings auch seine Augen schult in der Wahrnehmung von Formabfolgen, kann man diese sinnlich taktile Erfahrung ein wenig ersetzen. Zu beobachten sind also die Abfolgen von konvex, konkav und plan. Auch verschiedene Krümmungsgerade und die Verschiedenartigkeit von Winkeln sollten Beachtung finden.

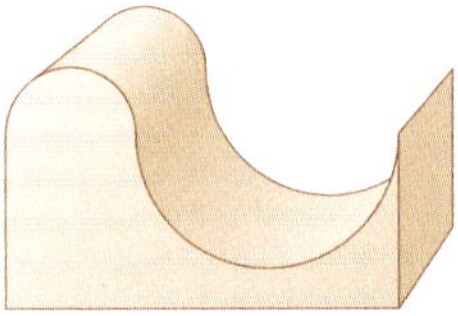
konvex – konkav

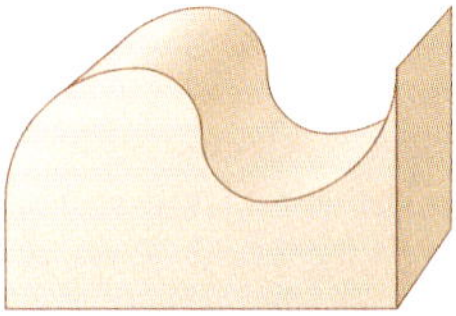
konvex – konkav

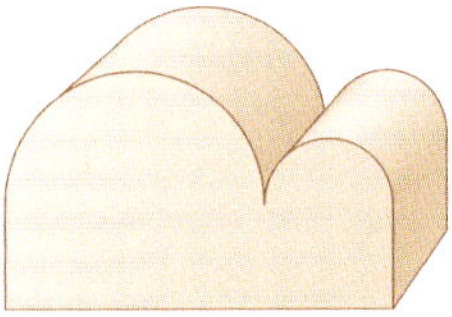
konvex – konvex

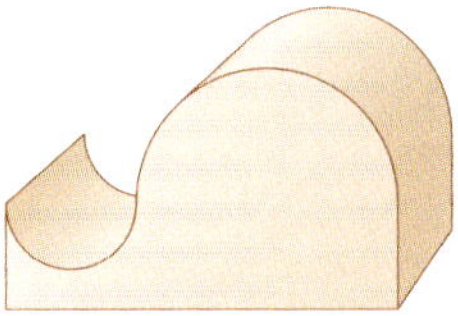
konkav – konvex

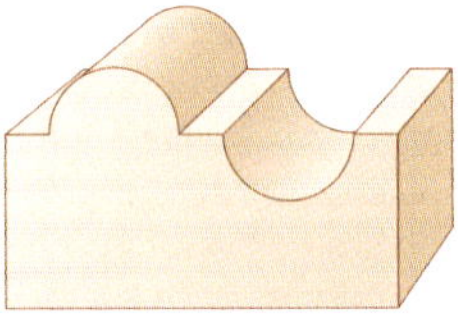
plan – konvex – plan – konkav – plan

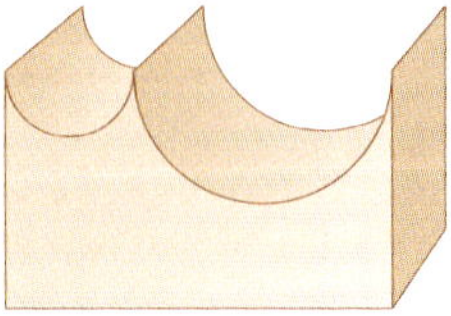
konkav – konkav

Herrschen überwiegend runde Formen vor, dann kann sich die Wirkung als angenehm, weich, schwungvoll oder prall erweisen, aber auch die negative Wirkung von eher weichlich, aufgebläht oder teigig ist möglich. Überwiegen die eher eckigen Formen, kann die Plastik in ihrer Wirkung zwischen straff, stabil, kristallen oder hart, spröde, technisch und abstoßend angelegt sein.

Gleichgewicht – Schwerpunkt

Unser Körper und unsere eigene Körperhaltung sind stets der Bezugspunkt, von dem aus wir andere Personen, Gegenstände und auch Plastiken einschätzen. Unser Gleichgewichtssinn gibt uns ein Gefühl für bestehende Gewichtsverhältnisse, indem er sich unbewusst in sie hineinversetzt. So wie wir unsere Lage als vertikal, horizontal oder schräg einschätzen, können wir dies auf andere Verhältnisse übertragen. Das gilt auch für Gefühle, die auf Gewichtsverlagerungen beruhen, wie schweben, beschwingt sein, fliegen oder schwer lastend. Die Beobachtung **Gewichtsverteilung** ist also ein wichtiger Punkt, um die Grundaussage der Plastik zu erfahren. Das können Aspekte sein wie z. B. Stabilität oder Labilität, Schweben oder Sinken, Bewegung, Ruhe oder Starre.
Da Bildhauer sich im besonderen Maße stets mit der Darstellung menschlicher Figuren beschäftigt haben, gibt es eine Vielzahl von Plastiken, die Haltungen einnehmen, die realen Bewegungen nachempfunden wurden. Aber auch eine Überhöhung oder Verzerrung ist möglich, wenn ein besonderer Aspekt betont werden sollte. Während archaische Plastiken z. B. noch mit gleichmäßig belasteten Füßen dargestellt wurden und so eine starre Körperhaltung aufwiesen, wurde in der griechischen Frühklassik der **Kontrapost** (↗S. 38) eingeführt. Dazu wurde das Spielbein vom Boden gelöst. Eine gegenläufige, leichte Drehung des Oberkörpers glich diese Bewegung aus, sodass ein ausgewogenes Verhältnis von Be- und Entlastung hergestellt wurde. So konnten dynamisch, ausdrucksvolle Figuren geschaffen werden.

Bilder von links nach rechts:
archaische Plastik – *altgriechische Kuroi*

Plastik mit Kontrapost – MICHELANGELO, *David*

manieristische Figur mit überdrehter Haltung – BERNINI, *Raub der Proserpina durch Pluto*

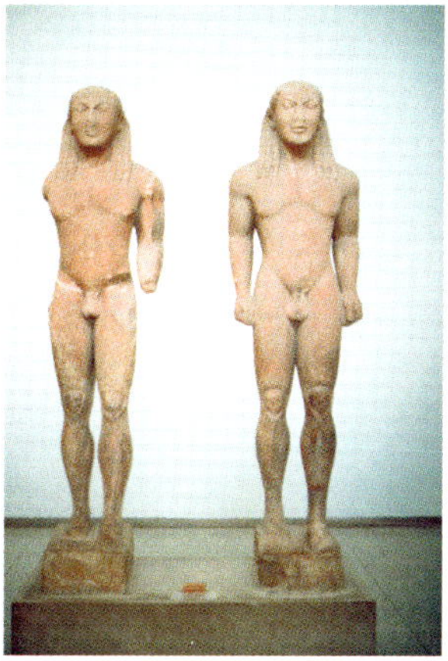

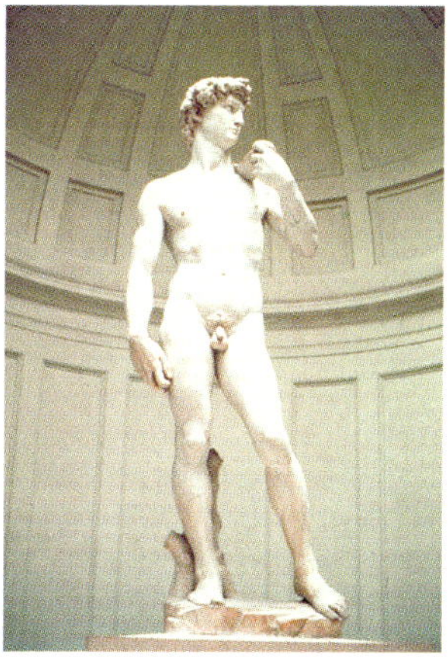

5.3.2 Vom Relief zur Freiplastik

Bei der Betrachtung wird generell zwischen einem „erhabenen" und einem „versenkten" Relief unterschieden. Man betrachtet, inwieweit eine Form aus dem Ausgangsblock herausgearbeitet wurde – „erhabenes" Relief – oder ob eine Form in den Block eingelassen wurde, sodass es zwar Formen gibt, die Plastizität aufweisen, die aber von der

Seite betrachtet keine Erhebungen aufweisen, die den Ausgangsblock überragen – „versenktes" Relief.

Bild links:
„erhabenes" Relief

Bild rechts:
„versenktes" Relief

Bild links:
Hochrelief, *Portalschmuck in Riga,* Lettlnd, Jugendstil

Bei einem erhabenen Relief können sich die Wölbungen in verschiedenen Graden von der Grundplatte abheben. Solange es noch Verbindungen zu der Platte gibt, spricht man von einem **Relief.**

Das **Flachrelief** hebt sich nur geringfügig von der Platte ab, schafft aber durch das Licht-Schatten-Spiel eine große Plastizität.

Bei dem **Halbrelief** weisen die Elemente eine größere Erhabenheit auf, bleiben aber in der räumlichen Ausdehnung noch hinter dem originalen Volumen der realen Vorgabe zurück.

Erst beim **Hochrelief** wird eine räumliche Ausdehnung erreicht, die proportional dem realen Volumen entspricht, das die dargestellten Elemente aufweisen.

Von einer Unterschneidung spricht man, wenn eine **konkave Form** sich bis zur Grundplatte ausdehnt. Geht diese Form weiter und löst die Figur von der Hintergrundplatte, sodass eine Öffnung entsteht, spricht man von einer **Hinterschneidung.**

Der Künstler entscheidet je nach Aussageabsicht, welchen Grad der Auswölbungen er einsetzt. Dabei kann er alle Stufen einsetzen oder sich auf nur ausgewählte Stufen konzentrieren.

Erhabene Reliefs

Flachrelief | Halbrelief | Hochrelief | Relief mit Hinterschneidung

Bilder von links nach rechts:
Relief aus Borobodur, Indonesien

Reliefgruppe vor dem Museum des 20. Jh. in Wien

FRANÇOIS RUDE, *Aufstand der Freiwilligen von 1792,* 1835/36, Arc the Triomphe de l'Étoile, Paris

Wenn eine Plastik keinen Kontakt mehr zu einer Hintergrundplatte hat, spricht man von einer Vollplastik. Diese kann auf unterschiedliche Art ausgearbeitet worden sein, je nachdem für welchen Aufstellungsort sie bestimmt ist. Steht die Plastik in einer Nische, sodass sie nur von vorn betrachtet werden kann, dann ist die Rückseite meist wenig bearbeitet. Man nennt dies eine einansichtige Form. Bei mehransichtigen Plastiken kann man alle Seiten betrachten, aber eine Ansicht ist meist der Träger der Hauptaussage. Die Einbeziehung aller Ansichten, also ein Zusammenfassen aller Eindrücke und Aussagen, erfordert eine allansichtige Plastik. Man muss also diese Plastik umschreiten. Je nach Blickwinkel des Rezipienten ändern sich die Silhouette und die Erfahrbarkeit der Einzelformen.

Bilder unten von links nach rechts:
einansichtige Plastik, *Statue von Karl II.,* Worcester, England

mehransichtige Plastik, *Pieta* von TILMAN RIEMENSCHNEIDER

allansichtige Plastik, *Laokoon-Gruppe* von HAGESANDROS, ATHANODOROS und POLYDOROS

5.4 Plastik-Raum-Bezug

5.4.1 Sockelplastik

Die Art der Präsentation einer Plastik ist entscheidend für ihre Wirkung. Deshalb wurde diesem Bereich stets große Beachtung geschenkt. Es galt als unumgänglich, Plastiken auf einem **Sockel** zu präsentieren. Dies diente nicht nur zum Schutz des Werkes, sondern auch zu einer Überhöhung seiner Wertigkeit, da es dem Betrachter eine Untersicht aufzwang. Die Plastik empfand er dadurch als bedeutsam und ihm überlegen. Die Flächen eines hohen Sockels konnten genutzt werden, um in Form eines Reliefs oder in Form von halb- bis vollrunden Plastiken weitere Informationen über das Dargestellte zu vermitteln. Jedoch blieb die Statue dabei stets der wichtigere Aspekt.

Bild links:
JOACHIM MACHADO DE CASTRO, *Statue von José I. von Portugal*, Barock, 1775, Bronze, Praça do Comércio, Lissabon

Bilder Mitte und rechts: Detailansichten

Als **Postament** bezeichnet man einen Sockel, der figürliche Darstellungen trägt. Der Begriff **Plinthe** hingegen bezeichnet eine flache Platte, die häufig aus dem gleichen Material hergestellt wurde wie die Plastik. Die Plinthe schützt die Plastik vor Nässe, hebt sie ein wenig von der Umgebung ab, aber sie erhöht nicht in dem Maße, wie ein Sockel dies bewirkt.

Bild links:
WALDEMAR GRZIMEK, *Heinrich-Heine-Denkmal,* Berlin, Unter den Linden,
Das Heine-Denkmal ist mit einer Plinthe gearbeitet. Es steht zusätzlich auf einem Sockel.

Bild rechts:
Die Grabplastik für KARL MICKEL (Dorotheenstädtischer Friedhof in Berlin) ist ohne Sockel gearbeitet, ein unbearbeiteter Holzstamm nimmt die Funktion des Sockels ein.

5.4.2 Bodenplastik

Bei einer **Bodenplastik** oder auch **Bodenskulptur** hat der Künstler gänzlich auf einen Sockel oder eine Plinthe verzichtet. Der Betrachter befindet sich also auf der gleichen Ebene wie die Plastik. Häufig entsteht dadurch für den Betrachter eine Draufsicht, sodass sich ihm die Plastik „unterwirft", zumindest aber entsteht eine Gleichwertigkeit von Plastik und Betrachter. Ende des 20. Jh. fand diese Form der Präsentation größere Verbreitung und kann als Zeichen für demokratische Ansichten interpretiert werden.

Bild:
Pferd und Reiter, Kleinplastik im Garten des Otto-Niemeyer-Holstein-Ateliers auf der Ostseeinsel Usedom

5.4.3 Baugebundene Plastik

Baugebundene Plastiken werden direkt für ein spezielles Gebäude hergestellt. Dabei kann der Zweck eines solchen Gebäudes sehr verschieden sein. Es kann sich sowohl um eine Kirche, ein Wohngebäude, einen Regierungssitz oder um ein kulturelles Gebäude handeln. Die Bauplastik ist meist mit einem Gebäude fest verbunden z. B. als Relief, in Form eines Atlanten oder einer Karyatide, oder aber sich von dem Gebäude lösen und vor einer Nische stehen (↗ S. 311 f.).
Auch das Material kann variieren: gebrannte Ziegel, Hausstein oder Gips sind geläufig.

Bild:
Haupttor von St. Vincent, Genf, Schweiz

Bilder unten von links nach rechts:
Relief am Ishtar-Tor im Pergamon-Museum, Berlin

Karyatiden auf der Akropolis, Athen

Atlant und Karyatide an einem Wohnhaus

5

Bild:
Figuren in der Kirche Templo Expiatorio de la Sagrada Familia (Sühnetempel der Heiligen Familie), Barcelona

Atlanten sind Stützpfeiler in männlicher Gestalt, benannt nach dem Riesen Atlas der griechischen Mythologie. Diese tragen Deckenkonstruktionen, Gewölbe oder Portale. **Karyatiden** sind weibliche Gewandfiguren mit korbähnlichen, manchmal auch oben abgeflachten Kopfbedeckungen. Sie stehen anstelle einer Säule oder eines Pfeilers und tragen das Gebälk. Eine weitere Möglichkeit ist die Verwendung von Kacheln oder eines Mosaiks, diese werden auch Bauornamente genannt.

Bild:
Mosaik auf dem Platz der Guten Hoffnung, Lissabon, Portugal

Ein **Mosaik** (arab. Zier oder Schmuck) ist eine ornamentale, figürliche oder szenische Darstellung. Dabei werden die Formen aus vielen kleinen farbigen Steinen zusammengesetzt und dazu in einen weichen, haftenden Grund eingelassen. Diese Steine können unregelmäßige Natursteinchen sein oder speziell dafür angefertigte Plättchen aus Keramik, Glas oder Gips. Die Abnutzung dieser Materialien ist minimal, sodass auch antike Mosaiken noch heute so gut erhalten sind, dass sie wahrscheinlich immer noch ihre ursprüngliche Leuchtkraft besitzen. Meist wurden glatte Flächen wie Innen- und Außenwände und Fußböden mit einem Mosaik bedeckt, aber auch gerundete Formen wie Decken, Gewölbe, Türme oder Plastiken können so eingefasst werden.

Bild links:
Apsismosaik der Kirche Sant' Apollinaire in Classe (geweiht 549) in Ravenna

Bild rechts:
Ermordung des Archimedes, römisches Mosaik

5.5 Funktion der Plastik

5.5.1 Profanplastik

Als **Profanplastiken** werden alle bildhauerischen Werke zusammengefasst, die keinen kultischen oder religiösen Inhalt aufweisen und eher weltlichen Zwecken dienen.

Profan steht für unheilig, weltlich, nicht außergewöhnlich, alltäglich. So wurden z.B. Balken- und Kassettendecken, Lesepulte und Wäschetruhen mit Ornamenten und figürlichen Darstellungen verziert. Aber auch figürliche Skulpturen und Plastiken, die Tierdarstellungen oder Alltagsszenen oder aber weltliche Herrscher darstellen, gehören in diesen Bereich.

Bilder von links nach rechts:
HENRY MOORE, *Draped reclining woman,* Stuttgart, 1961

JEAN JOSEPH VINACHE, *Reiterstandbild* AUGUSTS DES STARKEN, 1736, Dresden

ARISTIDE MAILLOL, *Die Luft,* 1939, Kröller-Müller-Museum, Otterlo

Profanplastiken werden häufig in Parkanlagen bzw. auf großen Plätzen aufgestellt oder mit Brunnenanlagen kombiniert. Sie sind seit der Antike bekannt. Von der Renaissance bis zur Gegenwart kamen sie zu neuer Blüte.

Bilder von links nach rechts:
Statue im Schloss Herrenhausen, Hannover

Brunnenfigur in der Gerechtigkeitsgasse, Bern, Schweiz

Wasser speiende Adam und Eva an der Wasserkunst, Wismar

5.5.2 Sakralplastik

Unter **sakraler Kunst** (von tat. Sacer „heilig") werden alle Kunstwerke zusammengefasst, die sich inhaltlich mit einem religiösen Kult beschäftigen und im Bezug zu einer Kulthandlung stehen oder Teil eines religiösen Bauwerkes sind.

Sakrale Plastik bezeichnet somit Werke der bildhauerischen Kunst, die in religiösen Gebäuden (Kirchen, Moscheen, Tempeln oder Synagogen) aufgestellt werden und/ oder mit einer religiösen Thematik verbunden sind. Das können sowohl Reliefs als auch einansichtige, mehransichtige oder allansichtige Plastiken sein.

Bilder von links nach rechts:
Jesus-Statue, Fatima, Portugal

Maya-Gottheit, Copan, Honduras

Sakralplastiken waren anfangs „Stellvertreterfiguren" für Gottheiten und konnten aus Naturmaterialien bestehen. Schon in der Prähistorie wurden sie extra für rituelle Zwecke hergestellt und sollten das Charakteristische, Typische einer Gottheit zeigen. Erst seit der Renaissance kennt man auch individualisierte Gesichter (↗ Bild links oben).

Bilder von links nach rechts:
Buddha-Statue, Pogan, Burma

Tempelwächter Dämon (Yak), Wat Phra Keo, Thailand

JONATHAN BOROWSKY: *Molecule Man*, Berlin, Treptow

Die Kunstgattung Plastik

Das Wort Plastik hat drei Bedeutungen. Es bezeichnet:

1. die Gattung der bildenden Kunst,
2. eine Möglichkeit der Bildhauerei,
3. einen Werkstoff.

Als Gattung der bildenden Kunst beinhaltet Plastik:

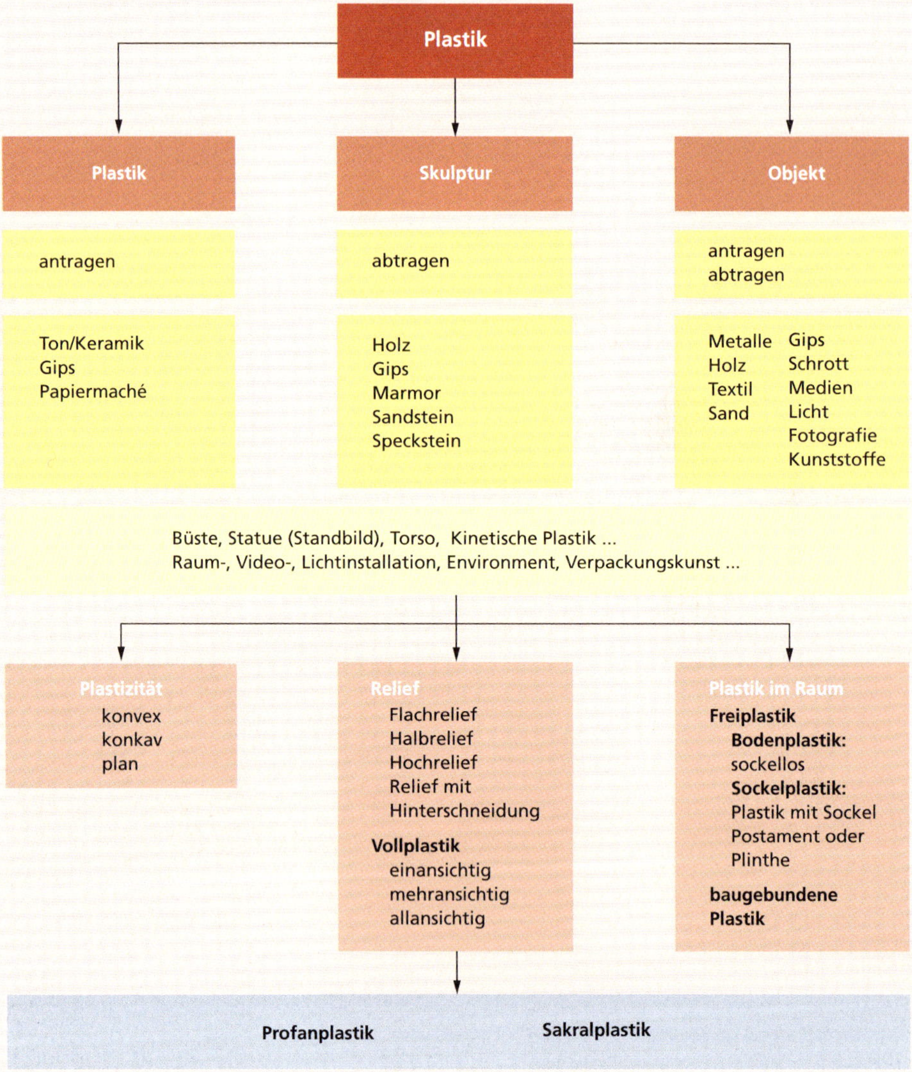

Wissenstest 5 auf **http://wissenstests.schuelerlexikon.de** und auf der DVD

Architektur 6

6.1 Grundfragen der Architektur

Architektur, lat. architectura = Baukunst

Architektur bezeichnet die Gesamtheit aller Bauwerke mit künstlerischer Gestaltung, die über die Erfordernisse ihres reinen Zweckes oder der Nützlichkeit hinausgehen. In Abhängigkeit von natürlichen und kulturellen Gegebenheiten, von Ideen, Vorstellungen und Funktionen eines Bauwerkes werden die Form und die Konstruktion entwickelt.

Natur

- geographische Lage (Klima, Fauna, Flora)
- Naturgesetze (Statik, Dynamik, Festigkeit)
- Baustoffe (natürliche, künstliche)

Kultur

- Gesellschafts- und Wirtschaftsform (z.B. feudalistisch, kapitalistisch, sozialistisch)
- Wissenschaft/Technik/Technologie
- Industrie, Bauwirtschaft, Handel
- Weltanschauung, Philosophie, Religion, Recht

Funktion

- Schutz (Klima, Feinde)
- Repräsentation (Selbstdarstellung)
- Profanbauten (Wohnungen, Burgen)
- öffentliche Bauten (für Gesundheit, Sport, Bildung, Kunst, Verwaltung, Dienstleistung, Sicherheit, Verkehr)
- Sakralbauten (Tempel, Kirchen, Moscheen, Synagogen)

Idee, Vorstellung, Konstruktion, Form, Bauweise

5.1.1 Sakralbau

In der Antike gehörten zu den Sakralbauten Tempel, in der christlichen Kunst Kirchen und Klöster, in Ägypten und Lateinamerika Pyramiden, in der islamischen Kunst Moscheen, im Buddhismus Pagoden, Stupas, Viharas und in der jüdischen Kunst Synagogen.

Sakralarchitektur (lat. sacer = heilig) ist die zusammenfassende Bezeichnung für alle Bauten, die kultischen und religiösen Zwecken dienen.

In den frühen Architekturzeugnissen mit kultischen Funktionen der prähistorischen Kunst – den Megalithbauten Frankreichs, Englands, Irlands, Maltas, Norddeutschlands (↗S. 26f.) – wird das Wesen von Sakralarchitektur besonders deutlich. Statt natürliche Örtlichkeiten, wie Berge, Quellen, Bäume etc. als heilige Bezirke weiterhin zu nutzen, werden ab der Jungsteinzeit Steine bewegt, transportiert und nach einem bestimmten System geordnet aufgestellt. Durch diese Steinsetzungen und die damit verbundenen kultischen Handlungen – Begräbnis, Opferung, Ahnenverehrung – bekommt der ausgewählte Ort als etwas Beständiges und Bleibendes ideellen Sinn. Durch eine regelmäßige Wiederholung bestimmter kultischer und religiöser Handlungen an diesen architektonisch bestimm-

ten Orten entwickeln sich Traditionen. Entsprechend dem kultischen Verhalten, Prozession und Konzentration, entstehen die Urformen sakraler Räume – geformter Gang und geformter Platz.
Sakralarchitektur ist immer symbolisch.

Kunstgeschichtlich wichtig sind die **Symbolik** der **Farben** (liturgische Farben), **Formen** (Steine, Pflanzen, Tiere, Gestirne, Zahlen etc.) In der mittelalterlichen Architektur spielt die **Zahlensymbolik** – vor allem der Zahlen Drei, Vier, Sieben und Zwölf – eine große Rolle. Die Drei gilt z. B. als Ausdruck der Vollkommenheit (Dreifaltigkeit, Auferstehung am dritten Tag) und findet u. a. in der dreischiffigen Kirche und im Dreipass (Maßwerkform) ihren Ausdruck. So wie der Künstler kann der Architekt zum Mittler zwischen Göttlichem und Menschlichem, zwischen Idee und Erscheinung werden.

Tempelbau

Schwerpunkt der Sakralarchitektur im europäischen Raum waren Tempel- und Kirchenbau.

Im griechischen Tempel erhielt das Kultbild einer bestimmten Gottheit eine „Wohnung", ein „Haus". Dieses Haus für den Gott wurde zur Verkörperung einer Idee von Ordnung, Maß, Proportion und Gleichgewicht. Die Gläubigen versammelten sich außerhalb des Tempels, umschritten ihn in feierlicher Prozession und brachten auf dem Altar im Freien ihr Opfer dar. Zugang zum Tempel hatten nur die Priester. Griechische Tempel wirken im Wesentlichen durch ihr Äußeres. Ein statisch bedingter enger Säulenabstand verhinderte die Entstehung geräumiger Innenräume. Großartige Innenraumlösungen wurden erst mit den technischen Möglichkeiten des Bogen- und Kuppelbaues seit der römischen Antike möglich. Die Sakralarchitektur des Pantheons (115–125 n. Chr.) in Rom symbolisiert kosmische Ordnung. Eine großartige Halbkugel bildet die Vorstellungen vom Himmelsgewölbe nach. Durch eine Öffnung (8,7 m im Durchmesser) im Scheitelpunkt der Kuppel (43,3 m im Durchmesser) kann der wirkliche Himmel geschaut werden. Das von oben einfallende Licht belebt den Innenraum und steigert die symbolische Bedeutung eines für sämtliche Götter gedachten Bauwerkes.

Kirchenbau

Seit der Anerkennung des Christentums 313 n. Chr. durch den römischen Kaiser KONSTANTIN (306–337 n. Chr.) stand die Kirche unter staatlichem Schutz und konnte in aller Offenheit ihre Gotteshäuser errichten. Als Versammlungsraum für die Gemeindemitglieder eigneten sich am besten die großräumigen profanen Basiliken. Es entwickelte sich ein Kirchenbauprogramm, das im östlich-byzantinischen Gebiet die Kuppel- und Kreuzkuppelkirche und im westlich-abendländischen Gebiet die mehrschiffige Basilika (↗ S. 42, 52) bevorzugte.

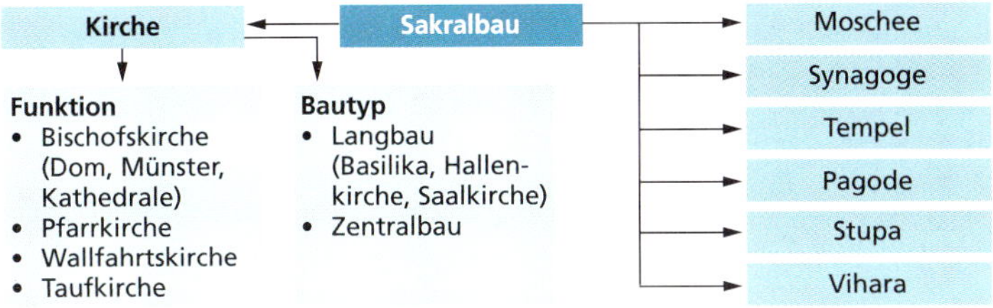

Dom, ca. 1190–1235, Limburg/Lahn, Langbau, Romanik

6

Baptisterium (Taufkirche), um 1167, Pisa, Zentralbau

„... alle Teile gleichen einander und nehmen teil an der Gestalt des Ganzen; und da überdies jeder Punkt vom Mittelpunkt gleich weit entfernt ist, so versinnbildlicht der Bau aufs Schönste die Einheit, die Unendlichkeit, die Ewigkeit und die Gerechtigkeit Gottes", schrieb ANDREA PALLADIO um 1570 über den Zentralbau.

Frauenkirche in Dresden, 1726–1743, von GEORGE BÄHR
Die Kirche ist der bedeutendste protestantische Zentralbau Deutschlands.

Der **Langbau** (Longitudinalbau) wird seit dem frühen Christentum meist von West nach Ost ausgerichtet. **Altar, Chor** und **Apsis** befinden sich im Osten der Gebäude. Als architektonische Bereicherung wirken häufig ein oder zwei Querhäuser, Türme oder Turmgruppen (Ein- oder Zweiturmfassaden, Vierungstürme), Vorhallen, Unterkirchen und Krypten. Ein Langbau kann als einschiffige Saalkirche (mittelalterliche Dorfkirche), Basilika oder Hallenkirche ausgebildet sein. Während sich die romanischen Kirchenbauten eher als „Burg des Himmelskaisers" verstanden, symbolisierten die gotischen Skelettbauten mit ihren himmelwärts strebenden, von farbigem Licht durchfluteten Räumen das Abbild des „himmlischen Jerusalems". Gemeinsam ist den Langbauten Symmetrie und Axialität, d.h. die Beziehung eines Baus auf eine gedachte Gerade und die Richtungsbetonung zu Chor und Altar.
Den **Zentralbau** beherrscht ein zentraler Raum, um den sich gleichmäßig Teilräume gruppieren und der meist durch eine Kuppel nach oben geschlossen wird. Symbolisch bedeutet die Kreisform Unendlichkeit, Ewigkeit ohne Anfang und Ende. Die neben den Kirchen separat als Kultraum errichteten Taufkirchen (Baptisterien) waren meist Zentralbauten (Florenz, um 1059; Pisa, um 1167). Der Täufling wurde hier ehemals in einem vertieften Tauchbecken (Piscina) völlig untergetaucht.
Im Kirchenbau der Gegenwart sind neben Variationen historischer Sakralbauten neue Grundrisse aufgenommen worden. Trapez-, Parabelformen, stumpfwinklig aneinander stoßende Formen, Kreissegmente und ungeometrische Formen ermöglichen auch einen völlig neuartigen Baukörper (Wallfahrtskirche in Neviges, 1963–1969, von GOTTFRIED BÖHM; Marienkathedrale, Tokio 1961–1964, von KENZO TANGE). Im Hinblick auf Symbolik erklären Architekten und Theoretiker die modernen Kirchen mit Urformen wie Weg, Zelt, Fels, Höhle, Arche, Burg u. a.

Moschee

Seit dem 8. Jh. gab es in Europa **Moscheen,** sakrale Bauwerke des Islam. In einer Moschee versammelt sich die gesamte Gemeinde Freitagmittag zum Gebet. Dabei stehen die Gläubigen in parallelen Reihen und blicken auf eine Wand (Qibla), die Mekka zugewandt ist. In der Wand befindet sich eine flache Apsis (Mihrab) und in der Nähe ein Pult für den Prediger (Minbar). Der Betraum (Zulla) einer Moschee wird erst betreten, nachdem im davorliegenden Hof (Sahn) rituelle Waschungen an dafür vorgesehenen Brunnen vollzogen worden sind.

Die ehemalige Hauptmoschee des westlichen Islam, Moschee-Kathedrale in Córdoba/Spanien (↗ Bild), ist eine der größten Moscheen der Erde und die bedeutendste Schöpfung maurisch-religiöser Baukunst in Spanien.
Der Betsaal beeindruckt mit 19 Schiffen, deren 856 Säulen aus Marmor, Jaspis und Granit teilweise aus römischen und westgotischen

Bauten stammen. Viele Säulen haben dadurch andere Ausmaße, andere Kapitelle und Säulenschäfte (glatte, kannelierte, spiralige). Hufeisenförmige Doppelbögen aus roten und weißen Keilsteinen bzw. ab dem 10. Jh. stark verzierte, spitz zulaufende Bögen überwölben die einzelnen Schiffe. 1523–1766 wurde in die Mitte des großen Betsaales, der seit dem 13. Jh. als christliche Kirche diente, gegen den Willen des Kirchenrates eine Kathedrale gebaut. Kaiser KARL V., der diesen Umbau befürwortete, soll sich später bedauernd dazu geäußert haben.

KAISER KARL V.: *„Ich wußte nicht, daß es dies war, denn sonst hätte ich nicht erlaubt das Alte anzurühren, denn ihr macht, was auch anderswo gemacht werden kann, aber ihr habt zerstört was einzig auf der Welt war."*

Synagoge

Das Gottesdienstgebäude jüdischer Gemeinden, die **Synagoge** (griech. synagoge = Versammlung, Vereinigung), hat sich im Lauf der Jahrhunderte äußerlich an unterschiedlichen Bauformen der sakralen und profanen Architektur orientiert.
Die jüdischen Gotteshäuser sind auf den Tempelplatz von Jerusalem ausgerichtet. Zur Inneneinrichtung gehören: ein Podest für den Thoravorleser (Bema), ein Schrein mit den Thora- bzw. Schriftrollen und ein Lesepult für den Vorleser (Omed). An der Rückseite vieler Synagogen befindet sich ein steinerner Ehrensessel, der „Lehrstuhl des Moses". Dem Gebäude angegliedert sind meist das Lehrhaus mit der Bibliothek und ein Badehaus für das rituelle Tauchbad (Mikwe).

Bild:
Neue Synagoge in der Oranienburger Straße in Berlin, gebaut 1859–1866 von EDUARD KNOBLAUCH und AUGUST STÜHLER, Umbau und Restaurierung 1988–1995, Historismus

1938 wurde die Synagoge in der „Reichskristallnacht" geschändet und 1943 durch Bomben zerstört.

6.1.1 Profanbau

Unter dem Begriff **Profanbau** werden alle Bauwerke ohne religiöse oder kultische Nutzung zusammengefasst. Drei Hauptgruppen sind in der Profanarchitektur zu unterscheiden: Burg- und Palastbauten, Wohn- und Kommunalbauten, Stadtentwicklung.

profan, lat. profanum = entheiligen, entweihen; bedeutet zu alltäglichem Gebrauch verwenden

Burg- und Palastbauten

Bereits im Altertum wurde mit dem **Burgenbau** begonnen (Mykene, Troja, Tiryns). Später schienen die mit Wällen, Mauern und Türmen befestigten normierten Militärkastelle der Römer für die Sicherheit der Legionäre im eroberten Land unerlässlich zu sein. Seit dem 7. Jh. ließen die fränkischen Herrscher im ganzen Land Pfalzen errichten, die nacheinander den Hof unterzubringen und zu bewirten hatten und auch Verwaltungszentrum und Versammlungsort für Reichsversammlungen waren. Zur Gebietssicherung und -beherrschung mussten diese strategisch günstig angelegt

Bild:
Burg Eltz, 12.–16. Jh.,
Moselgebiet

Viele Burgen wurden in den Kriegen ab dem 15. Jh. zerstört, manche zu Schlössern ausgebaut.

6

Berühmt geworden sind die florentinischen **Paläste** der MEDICI (1445–1459), der STROZZI (1489–1504) und RUCELLAI (1448–1469). Die prächtigen Anlagen des Herzogs in Urbino und der Familie D' ESTE in Ferrara ähneln eher Festungen als Stadtpalästen.

Bild:
Palazzo Ducale, Urbino/Italien, 1426–1482, beherrscht mit Kirchenbauten das gesamte Tal, Renaissance

werden. Nach ihrer landschaftlichen Lage unterscheidet man: Höhen-, Gipfel- und Kammburgen von Niederungs- und Wasserburgen. Die bauliche Sicherung erfolgte durch Gräben, Ringmauern, verstärkte Schildmauern mit Wehrgängen (äußerlich durch Zinnen gekennzeichnet), Tore mit Zugbrücken und Fallgattern. Innerhalb der Mauern befanden sich in der Regel der Bergfried, der Palas mit Wohnräumen, Rittersaal und heizbarer Kemenate, die Burgkapelle, Brunnen oder Zisterne.

Nach Herkunft und Grundrissform unterscheidet man drei **Burgtypen:**
Die **Ringburg** entstand ursprünglich aus einer Turmhügelburg (Motte), bei der ein Erdaushub als Hügel aufgeschichtet und mit einem Graben umgeben wurde. Auf dem Hügel wurde ein Wohnturm aus Holz oder Stein errichtet, der durch Graben, Palisaden oder Mauerring geschützt war. Das **Castell,** eine byzantinisch-arabische Viereck- oder Achteckanlage, geht auf die Ausführung römischer Kastelle zurück. Vor allem die Kreuzritter bauten diesen Typ in England, Frankreich, Spanien, Italien.
Bei der **unregelmäßigen Burganlage,** vor allem in Mitteleuropa verbreitet, nutzten die Erbauer natürliche Möglichkeiten aus, wie Felsen, Höhenrücken, Seen, Wasserläufe (Burg Eltz, 12.–16. Jh.; Wartburg, um 1097–1217). Mit der Entwicklung von Feuerwaffen und der Selbstständigkeit der Städte verloren die Burgen ihre eigentliche Schutzaufgabe.

Unter **Palast** ist ein fürstlicher oder herrschaftlicher Wohnsitz zu verstehen, der als Residenz, Adelssitz, weitläufiges Stadt- oder Landhaus reicher und privilegierter Familien erbaut wurde. Abgesehen von den frühen Beispielen in Ägypten (Amarna), in Kreta (Knossos, Phaistos) und in Rom, war die Palastarchitektur seit dem 14./15. Jh. vor allem in Italien ausgeprägt. Sie löste die mächtigen Geschlechtertürme des 12.–14. Jh. ab (San Gimignano).

Aus den Burgenbauten des Mittelalters, den Palastbauten der Renaissance und unter Einfluss der antiken Villen entwickelte sich ein neuer Bautyp – das **Schloss.** Als Wohn- und Regierungssitz von weltlichen und geistlichen Landesherren, Adligen und reichen Bürgern dienten Schlösser vor allem dem aufwendigen und prächtigen Wohnen, den Empfängen, Festen und der Unterbringung des Hofstaates. In der Frühzeit des Schlossbaues benutzte man einen vierseitigen Grundriss mit einem Hof oder mehreren Innenhöfen.
Die Blütezeit des Schlossbaues liegt im **Barock.** Ihre typische Ausformung als weiträumige, zur Stadt geöffnete Dreiflügelanlage mit Ehrenhof erfuhr die Anlage in Versailles (1661–1684). Strahlenförmig bezogen sich Straßen und Stadtteile der neu angelegten Residenzstadt, Kanäle und

Wege des auf der Rückfront liegenden Parks auf das Schloss. Der „Sonnenkönig“ LUDWIG XIV. hatte sich durch Architektur, Innendekoration, Bildprogramme und Gartenanlage seine absolutistische Verherrlichung schaffen lassen. Versailles wurde zum Vorbild für zahlreiche europäische Schlossanlagen. Die wenigen im **Klassizismus** erbauten Residenzschlösser folgten bis auf klassizistische Stilelemente dem Barocktypus (Koblenz, Oslo, Braunschweig). Im 19. Jh. wurden vor allem bei den bayrischen Königsschlössern alle historischen Stile übernommen.

Bild:
Neue Orangerie, gebaut 1851–1864 von A. STÜLER/ F. HESSE, Potsdam/Sanssouci

6.1.2 Bürger- und Kommunalbauten

Seit dem frühen Mittelalter entstanden in Mitteleuropa Wohnhäuser, die auch der Berufsausübung dienen konnten. In den Städten wurden Bürgerhäuser unter Verzicht auf Stall und Scheune gebaut, deren Architektur sich an landschaftlich geprägte Bauernhäuser anlehnte. Man unterscheidet das oberdeutsche vom niederdeutschen, hessischen und holländisch-niederrheinischen Bürgerhaus. Das Klima (Hitze, Schneedruck usw.) beeinflusste die Bautechnik und die Anordnung der Räume. Die Verwendung regional verfügbarer Baustoffe (Holz, Hau- und Backstein) stellte Ansprüche an die Bauweise und führte zur Prägung von Stadtlandschaften. Im Frankreich des 17. Jh. bildete sich der Typ des Wohnhauses aus, der durch seine Funktionalität, bessere Heizbarkeit und ein gewisses Maß an Behaglichkeit in die moderne Zeit hineinwirkte. Mit der Industrialisierung entstanden Massenunterkünfte (Mietskasernen) für die Arbeiter, Villen und Landhäuser für die besitzende Schicht. Zur Verbesserung der Wohnsituation baute man Arbeiterkolonien. Große Bedeutung erlangten die Bemühungen um menschenwürdiges Wohnen im 20. Jh. in den Gartenvorstädten. Neben diesen Wohnungsbauvorhaben wurde das private Wohnhaus in den entsprechenden Architekturstilen großzügig angelegt.

Bild:
Fachwerkhäuser am Marktplatz, Frankfurt am Main

Die Zunahme der Stadtbevölkerung, die Spezialisierung im Handwerk und der wachsende Handel machten einen höheren Bedarf an Verwaltungsbauten erforderlich. Bis ins 19. Jh. folgten die **Kommunalbauten** dem örtlichen oder zeitgenössischen Stil der Bürgerbauten. Sie bezogen sich häufig auf sakrale Bauformen und seit der Renaissance auf Formen des Palastbaus. Schwerpunkt kommunaler Bauten waren bis

Bild:
Palazzo Publico (Rathaus) mit Torre del Mangia, um 1297–1348, Siena/ Italien

Kommunalbauten, von lat. communalis = zur ganzen Gemeinde gehörend zur Industrialisierung vor allem Stadttore, Rathäuser, Gilde- und Zunftgebäude, Universitäten, Hospitäler, Gewandhäuser, Markt- und Tuchhallen als Vorläufer der Supermärkte. Die Zunahme der Bevölkerung, steigende gesellschaftliche und soziale Bedürfnisse und ein höheres Verkehrsaufkommen zwangen zum Bau neuer Verwaltungseinrichtungen. Die Kommune wurde neben Industrie und Staat zum wichtigsten Auftraggeber der Architekten.

Stadtentwicklung

Stadtbaukunst ist ein Aufgabenbereich der Architektur, der die gestaltende Ordnung räumlicher und baulicher Entwicklung größerer Ansiedlungen zum Gegenstand hat. Seit dem 19. Jh. spricht man von **Städtebau** und **Städteplanung.**

Neben den jungsteinzeitlichen Großsiedlungen in Jericho, 8000–6000 v. Chr., und Catal Hüyük, um 6000 v. Chr., entstanden seit 3000 v. Chr. städtische Zentren am Nil (Theben, Memphis, Amarna). Die Anlage von griechischen Kolonialstädten im Mittelmeerraum erfolgte ab 450 v. Chr. nach dem **hippodamischen System** und löste die unregelmäßig angelegten, der Topographie angepassten Städte aus archaischer und klassischer Zeit ab. Beeinflusst durch griechische und etruskische Anlagen, waren römische Städte streng geometrisch orientiert. Römische Wohnhäuser hatten als Baublöcke (Insulae) rechteckige oder quadratische Grundrisse. In der Mitte der Insulae lag das Forum mit größeren öffentlichen Gebäuden.
Städte in Deutschland entstanden im Mittelalter im Bereich römischer Kastelle (Köln, Trier), an Pfalzen und Burgen (Aachen, Querfurt), an Bischofssitzen (Bremen, Meißen, Naumburg) und Klöstern und Stiften (Hameln, Quedlinburg).

▶ **hippodamisches System** ist eine Stadtgestaltung, die auf Plänen des HIPPODAMUS VON MILET basiert. Alle Wohnhäuser in dessen regelmäßigem städtebaulichem Gitternetzplan waren typisiert. Einen Leerraum von 26 Blöcken sparte man für öffentliche Gebäude aus (Priene, Piräus).

Bild: *Rathaus in Stralsund,* gotische Schauwand aus dem 14. Jh.

Daneben gab es viele Stadtgründungen als Instrumente herrschaftlicher Machtpolitik (Freiburg im Breisgau), als Kaufmannssiedlungen (Lübeck) und Anreiz zur Ansiedlung in ehemaligen slawischen Gebieten (Neubrandenburg). So gegründete Städte erkennt man meist an ihrem regelmäßigen Grundriss. Mittelalterliche Städte veränderten nach der Einführung der Feuerwaffen häufig in der Renaissance ihre Maueranlagen zu großflächigen Befestigungssystemen mit Außenwerken, Vorsprüngen und Bastionen (Mailand, Lucca). Stadtanlagen des Barocks waren streng symmetrisch und meist auf das Schloss des absoluten Fürsten ausgerichtet (Karlsruhe, Ludwigslust).

Eine Neuerung war das funktionale Gesamtkonzept einer **Gartenstadt.** Eigenständige, von Grünanlagen durchsetzte Siedlungen in der Nähe von Großstädten sollten Übervölkerung einerseits und Landflucht andererseits verhindern. Als maximale Größe wurden Wohnungen und Gartenland für 30 000 Einwohner angestrebt (Hellerau bei Dresden, RICHARD RIEMERSCHMID, 1907/08, Weißenhofsiedlung Stuttgart, 1927, Hufeisensiedlung Britz, 1925–1933, BRUNO TAUT, MARTIN WAGNER,).
Schon in den dreißiger Jahren des 20. Jh. gab es Bestrebungen zu einer vertikalen Verdichtung der Bebauung durch so genannte Wohnhochhäuser in Scheibenform (WALTER GROPIUS, Modell von 1931, verwirklicht anlässlich der Internationalen Bauausstellung „Interbau" in Berlin 1956).
Die Konzentration von Wohnungen in den Scheibenhochhäusern mit rechteckigem Grundriss bzw. Punkthochhäusern mit quadratischem Grundriss geriet schon um 1975 in die europäische Kritik. Horizontale Verdichtung wurde durch Reihenhaus- oder Atriumhaussiedlungen versucht. Eine gewisse Monotonie war damit vorprogrammiert.

Aufgabe des modernen Städtebaus ist nicht nur die Lösung gestalterischer und ästhetischer Ansprüche, sondern u. a. auch verkehrstechnischer, energie- und wohnungspolitischer Probleme.

6

Architektur und Symbolisierung

Zeichen	Architekturgestalt	Wirkung/Absicht	Beispiel
Punkt	Ort, Zentrum, Steinsetzung	Festlegung, Konzentration, Kennzeichnung	Altar, Thron
Vertikale	Mal, Aufrichtung, Pfahl	Verbindung zu Gottheiten, Jenseitsbezug, Selbstdarstellung, Prestige	Menhir, Obelisk, Turm, Säule, Denkmal, Kirchturm, Minarett, Hochhaus
Horizontale	Lagerung, kultische Wohnung, Deckung	Frieden, Sicherheit, Ruhe	Megalithgrab, -bau, Basilika, Tempel
Vierteilung	rechter Winkel, Kreuz	religiöses Symbol, Tod und Auferstehung, Leiden Christi, Ordnung	Kreuzgrundriss von Kirchentypen, Städteraster, Kastell
Reihe	Weg, Steinreihe, Gang, Straße	Richtungsvorgaben, Feierlichkeit, Bewegung	Prozessionsweg, Kathedralumgang, Säulentempel, Stoa
Kreis, Quadrat	Orientierung auf das Zentrum, Wall, Graben, Mauer	Unendlichkeit, Ewigkeit, Rückzug, Meditation, Abgrenzung, Einfriedung, Selbstdarstellung, Schutz	Kloster, Zentralbau, Baptisterium, Mausoleum, Kreuzgang, Festung
Berg, Hügel	Höhe, Treppe	Ansteigen, Abgeschlossenheit, Schutz, Aufsteigen	Pyramide, Burg, Stufenpyramide, Grab, Mont-Saint-Michel

6.2 Grundlagen der Baustatik

Statik, lat. stare = „stehen"
Statik und **Festigkeitslehre** bilden die wissenschaftlichen Grundlagen der Bautechnik.

Die **Statik** ist die Lehre vom Gleichgewicht der an einen ruhenden Körper angreifenden Kräfte. Die Baustatik ermittelt aus den Belastungen eines Bauwerkes Spannungen und Formänderungen von Bauteilen und die zur Erreichung des Gleichgewichtes notwendigen Bedingungen. Die **Festigkeitslehre** ermittelt durch experimentelle Prüfungen die Festigkeit der Baustoffe und ihr Verhalten bei verschiedenen Belastungsfällen.

Die auf ein Bauwerk einwirkenden inneren und äußeren Kräfte bezeichnet man als Lasten. Man unterscheidet:

Statische Lasten

Ständige Lasten

Eigengewicht eines Tragwerkes und der damit verbundenen Bauteile, z.B. Wände, Fußböden, Decke, Fahrbahn einer Brücke

Verkehrslasten

veränderliche und z.T. schnell wechselnde Lasten, die bei der Benutzung eines Bauwerkes entstehen:
Menschen, Möbel, Fahrzeuge auf einer Brücke;
Gewicht von Regen oder Schnee, Angriff des Windes;
Wärmewirkungen, die sich aus Temperaturänderungen ergeben

Dynamische Lasten
zusätzlich auftretende Lasten

Naturphänomene (Erdbeben, plötzliche heftige Sturmböen, Meereswellen), Überschallknall, verkehrsbedingte Vibration u.a.;
Baugrundsetzungen;
Brems- und Beschleunigungskräfte

6.2.1 Spannungsformen

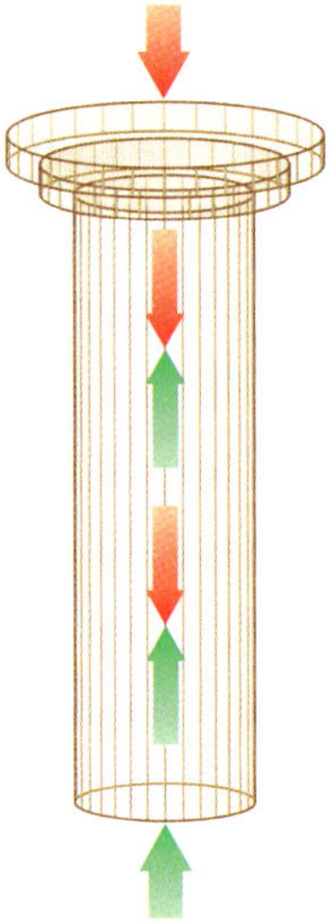

Druckspannung an einer Säule

Bauwerke müssen großen Kräften widerstehen und ihnen doch standhalten. Grundlage der Bautechnik sind Trägheits- und Wechselwirkungsgesetz. Das **Trägheitsgesetz** sagt aus, dass jeder Körper im Zustand der Ruhe oder der gleichförmigen geradlinigen Bewegung verharrt, solange er nicht durch einwirkende Kräfte gezwungen wird, diesen Zustand zu ändern. Wenn also alle einwirkenden Kräfte einander ausgleichen, bleibt z.B. das Gebäude unbeschädigt und in der Erde verankert. Das **Wechselwirkungsgesetz** besagt, dass die Wirkung zweier Körper aufeinander stets gleich und von entgegengesetzter Richtung ist. Jeder Druck erzeugt einen gleich großen Gegendruck. Der Auflast einer Stütze auf den Untergrund begegnet der Untergrund mit einer gleich großen entgegengesetzten Kraft. Diese Gesetze sind die Grundlage für die Ermittlung von Spannungen und Formänderungen an Bauwerken bzw. ihren Bauteilen. Die auf einen Körper wirkenden Lasten/Kräfte rufen in diesem Spannungen hervor, die ein Maß für die inneren Kräfte sind. Man unterscheidet zwischen Druck,- Zug- und Scherspannungen.

Druckspannungen bewirken, dass Körper zusammengedrückt, gestaucht werden und sich dabei möglicherweise verkürzen. Diese Spannungsart tritt bei allen Bauwerken – von den Pyramiden bis zu modernen Hochhäusern – auf, denn sie wird durch das Eigengewicht und eventuelle Zusatzbelastungen ausgelöst. Eine aufrecht stehende Stütze, auf die eine senkrechte Kraft wirkt, ist stets druckbelastet. Sie widersteht der Belastung, wenn ihr Querschnitt genügend groß ist und geeignetes Material verwendet wurde.

Zugspannungen entstehen durch Zugbeanspruchung und bewirken die Verformung von Körpern, indem sie diese dehnen. Sie haben besondere Bedeutung seit der Verwendung von Stahlkabeln zum Bau von Hängebrücken, Zeltdächern für Stadien und Flughafenterminals.

Marmor, Granit und Beton besaßen bis zur Einführung von Stahl die höchste Druckfestigkeit.

Von **Scherspannung** spricht man, wenn zwei gleich große entgegengesetzt gerichtete Kräfte so auf einen Körper wirken, dass sich die innere Ebene gegeneinander verschiebt oder zu verschieben versucht.

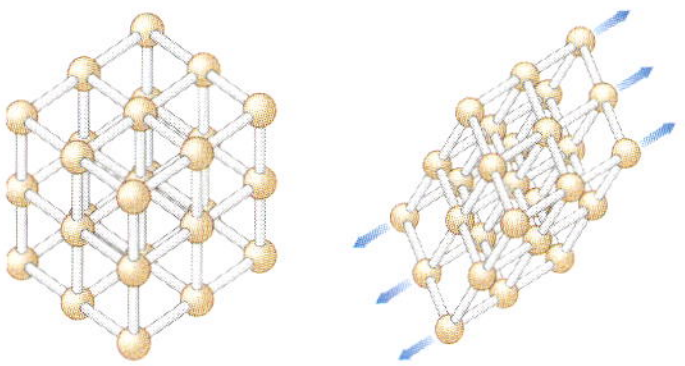

Bauwerke sind häufig Variationen und Überlagerungen dieser drei Spannungsarten ausgesetzt. Die Statiker müssen nicht nur wissen, welche Spannungen wann auf einzelne Elemente eines Bauwerkes wirken, sondern auch berechnen, mit welchen Baustoffen und Konstruktionsformen Kräfte und Spannung in ausgeglichenem Zustand gehalten werden können.

In Abhängigkeit von der Funktion des Bauwerkes werden die Probleme der Lasten und Kräfte statisch berechnet. Die statische Berechnung der Bauteile und die Festigkeit der verwendeten Materialien hat Konsequenzen auf Konstruktion bzw. Dimensionierung der Bauteile und die Ästhetik der Architektur.

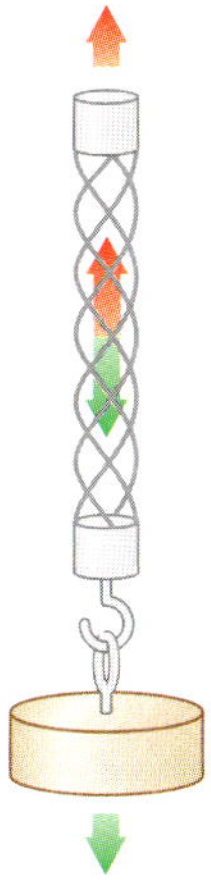

Zugspannung: Das verdrillte Stahlseil dehnt sich, aber reißt nicht.

6.2.2 Aufgaben statischer Systeme

Überspannen	Stützen	Aussteifen	Gründen
• horizontaler, geneigter oder gekrümmter oberer Raumabschluss: Balken und Platten • Hängewerke: Bogen, Gewölbe und Kuppeln • Faltwerke und Schalen	• stabförmige Trageelemente: Säulen, Pfeiler • flächige Trageelemente: Stütze und Wand, Rahmen	• Ableitung von horizontalen Lasten: Wind, Erddruck • Anprall-Lasten: Scheiben, Rahmen, Fachwerke • Abspannungen	• Lasten in den Baugrund durch Gründungskörper ableiten: Flachgründungen, Tiefgründungen

Überspannen

Balken und Platten sind Trageelemente, die mit ihrer Längsachse einen oder mehrere Räume überdecken. Sie sind in der Regel biegebeanspruchte Bauteile. Die wirkenden Lasten werden vom Balken „gesammelt“ und durch Umleitung an den Auflagern abgeleitet. Durch die Lasteinwirkung kann sich der Balken durchbiegen. Für die Lastableitung benötigt ein Balken mindestens zwei Auflagepunkte. Er spannt sich dann über ein Feld (Einfeldträger). Liegen zwei Räume nebeneinander, die durch eine Wand getrennt sind, werden für das Überspannen entweder zwei getrennte Einfeldträger oder ein Durchlaufträger über zwei Felder benötigt.

Hängewerke sind zugbeanspruchte Konstruktionen. Anstelle eines Deckenbalkens tritt z. B. ein durchhängendes Seil, das keine Formstabilität besitzt. Die entstehende Seilfigur ist von der Form der Belastung abhängig. Seile geben den angreifenden Lasten so lange nach, bis die Lasten durch Zugbeanspruchung abgeleitet werden. Deshalb werden auch bei vertikaler Belastung immer auch horizontale Auflagereaktionen erzeugt. Diese Horizontalkräfte machen weitere statische Maßnahmen erforderlich, z. B. Abspannseile, verstärkte Fundamente etc.

Bild links:
Die Form einer Seilfigur ist von der Belastung (rote Pfeile) abhängig.

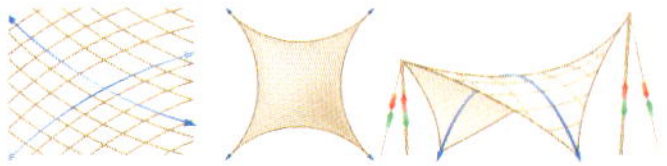

Bild rechts:
Gespannte Seilnetze bleiben formstabil

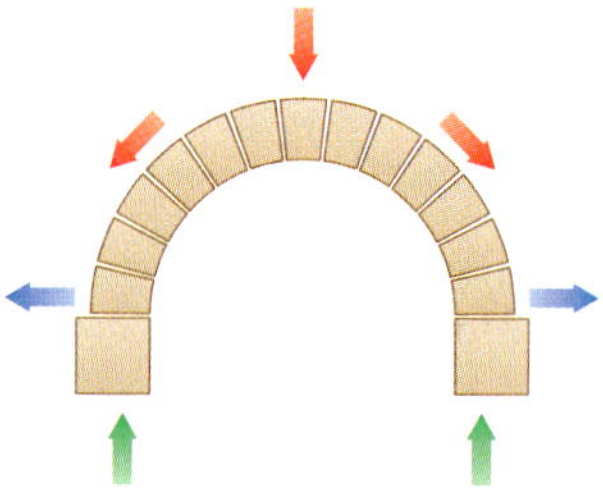

Bild:
Die Bogenschubkräfte (rot) werden am Fußpunkt zu auswärts gerichteten Horizontalkräften (blau).

Bogen sind bei bestimmter Formgebung nur auf Druck beansprucht. Die Bogendruckkräfte werden gleichmäßig über beide Halbbogen abgeleitet. Am Fußpunkt des Bogens wird die senkrechte Last zum auswärtsgerichteten Horizontalschub. Dieser horizontale Bogenschub muss von entsprechend ausgerichteten Widerlagern (Fundamenten, Zugband) aufgenommen, in Kraftrichtung abgeführt (Strebepfeiler) oder durch Reihung mehrerer Bögen aufgehoben werden (Bogenbrücken).

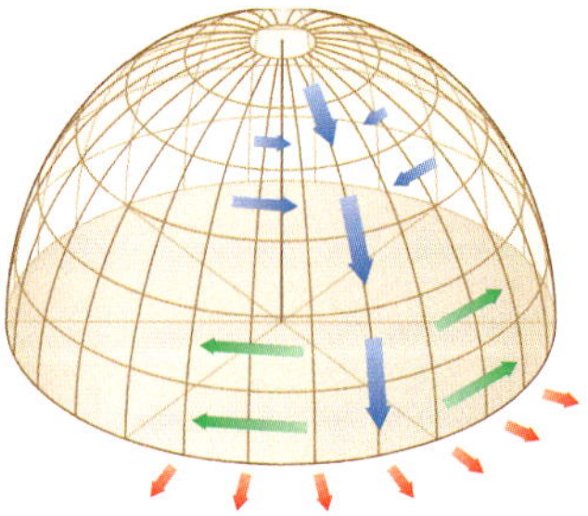

Bild:
Kräfteverlauf an einer halbkugelförmigen Kuppel

Legende:
- Druckkräfte
- Radialschub
- Zugkräfte

Das Trageverhalten von **halbkreisförmigen Kuppeln** ähnelt dem eines Rundbogens. Sie werden auf Druck und Zug beansprucht. Druckspannungen treten horizontal und vertikal auf.
Im oberen Sektor der Kuppel sind die horizontalen Druckkräfte nach innen gerichtet. Im unteren Kuppelbereich treten Zugkräfte auf. Deshalb war es z. B. möglich, beim römischen Pantheon den Scheitel zu öffnen. Der untere Teil ist zwar nach innen als Kuppel, nach außen aber als sich nach unten verbreiterndes Widerlager ausgebildet.

Faltwerke und Schalen sind gefaltete oder gekrümmte tragende Gebilde, die im Verhältnis zu ihrer Ausdehnung nur geringe Wandstärken besitzen. Sie werden je nach ihrer Form auf Biegung, Druck und Zug beansprucht. Ihr Trageverhalten ist kompliziert und ihre Formvielfalt nahezu unbegrenzt. So genannte Sattelschalen z. B. sind in zwei entgegengesetzte Raumrichtungen gekrümmt. Die stützende Gewölbewirkung und die Hängewirkung durchdringen sich. Druckkräfte und Zugkräfte halten sich gegenseitig im Gleichgewicht.

Bild: *Olympiahalle in Hamar* (Norwegen), 1994, von BIONG/TORP

Weil die leichte Schalenkonstruktion einem umgedrehten Schiffsrumpf ähnelt, erhielt sie den Beinamen „Wikingerschiff" (Vikingskipet).

Stützen

Stützende Funktionen haben Säulen, Pfeiler, Wände und Rahmen. **Säulen und Pfeiler** werden überwiegend auf Druck beansprucht. Die z. B. auf einer Säule ruhende Last wird durch die Säule abwärts geleitet. Dieser Druckspannung wirken das Fundament und der Untergrund entgegen. **Wände** (Scheiben, Mauern) werden in der Regel durch eine gleichmäßig wirkende Linienlast belastet.

Ein **Rahmen** ergibt sich, wenn überspannende Balken und Stützen zu einer Einheit zusammengefasst werden. Bleiben beide selbstständige Elemente, spricht man von einem „Balken-Stützen-System". Dabei werden die Balken nur auf Biegung, die Stützen nur auf Druck beansprucht. Aus einem Stück hergestellt, erhalten die Rahmen meist eine biegesteife Ecke, und sowohl Balken als auch Stützen sind Biege- und Druckbeanspruchung ausgesetzt. Der allseitig geschlossene Rahmen vermag wesentlich höhere Lasten aufzunehmen. Mehrere aneinander gereihte Elemente in Form von Rahmengittern verringern die Belastung des Einzelelementes weiter. Ihre Anwendung erfolgt vor allem bei Hochhauskonstruktionen.

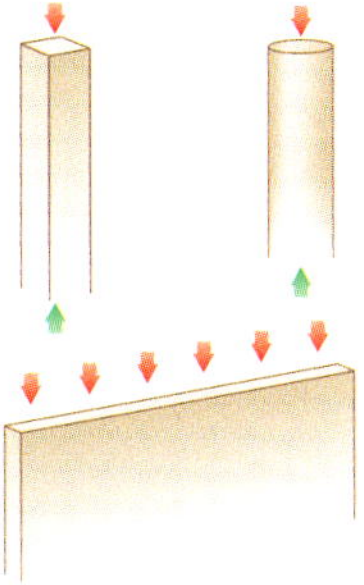

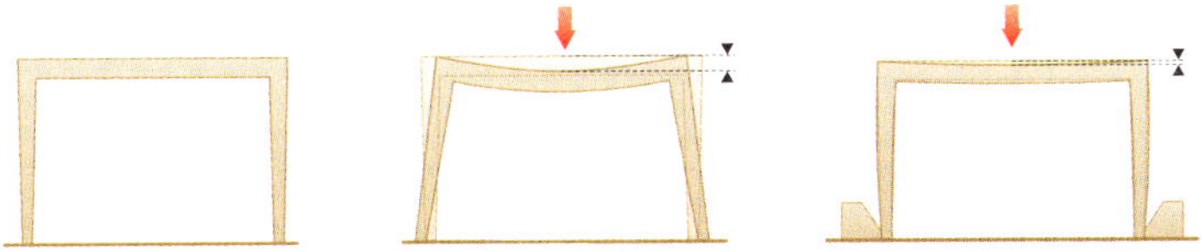

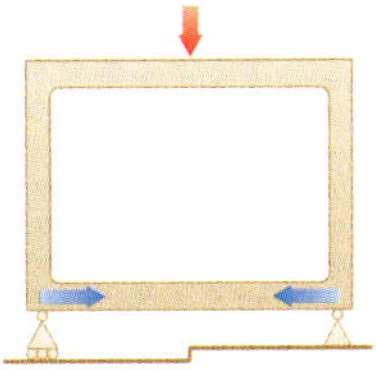

geschlossener Rahmen

Aussteifen

Für die sichere Ableitung der auf das Gebäude einwirkenden Horizontallasten (Wind, Erddruck, Anprall-Lasten von Autos, Erdbeben) ist die Aussteifung eines Bauwerkes erforderlich. Aussteifungselemente sind Scheiben, Fachwerke, Rahmen, eingespannte Stützen, Abspannungen. Bei Scheiben und Fachwerken sind die Verformungen durch horizontal wirkende Lasten sehr gering. Die Aussteifung mit Rahmen wird nur bei niedrigen Gebäuden (maximal 3 Geschosse) angewendet, weil die Verformung durch Biegung relativ hoch ist.

Ein spektakuläres Bauwerk der Gegenwart ist „Taipei 101", das mit 508 Metern zu den höchsten Gebäuden der Welt zählt. Acht stählerne „Megasäulen", an jeder Ecke zwei, bestehen aus 80 mm dicken Stahlwänden, die bis zum 62. Stock mit Spezialbeton vollgepumpt wurden, um das Gebäude gegen den Winddruck auszusteifen. Nach jeweils acht Stockwerken sind die Megasäulen außerdem mit einem Kern aus weiteren 16 Säulen verstrebt. Ein der Fassadenform angepasstes dehnbares Gitternetz zieht

„Taipei 101", Wolkenkratzer, 2004, Taiwan, von C. Y. LEE & Partners, Statisches System zur Aussteifung

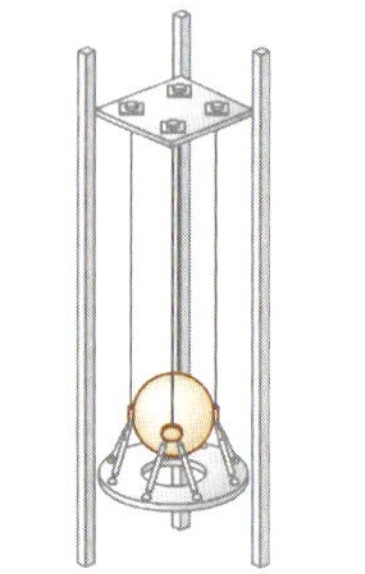

Pendel gegen Sturmschwankungen

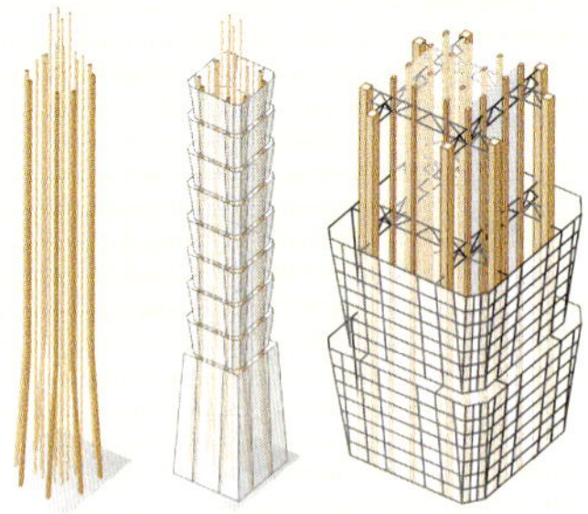

sich um die Außenstützen. Es soll die Erschütterung von Erdbeben abfedern und deren seismische Energie absorbieren. Eine statische Neuheit ist eine 660 Tonnen schwere Stahlkugel, die zwischen dem 87. und 92. Stockwerk wie ein Pendel den Turm bei Erdbeben und starken Stürmen ausbalancieren soll. Trotzdem würde der Turm bei einem starken Taifun von nicht seltenen Windgeschwindigkeiten von 250 km/h immer noch 1,30 m ausschlagen. Durch das ausgesteifte konstruktive Stahlskelett würde der Turm jedoch standhalten.

Gründen

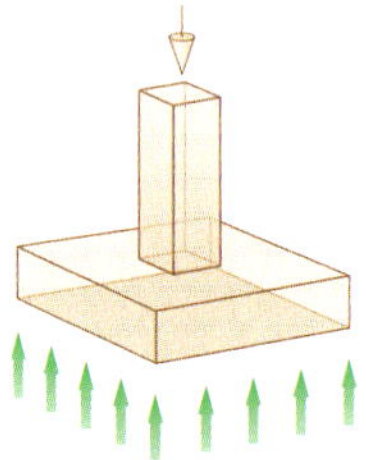

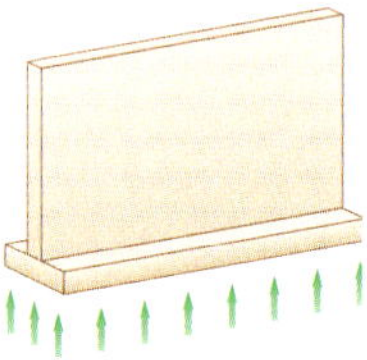

Bauwerkslasten werden durch die Gründung in den Baugrund abgeleitet. Baugrund ist gegenüber den konzentriert ankommenden Lasten (Granit, Mauerwerk, Beton, Stahl) oft nur gering tragfähig. Deshalb müssen die wirkenden Kräfte durch die Gründung auf eine größere Fläche verteilt werden. Flachgründungen setzen in Gründungstiefe tragfähigen Boden voraus. Für Stützen erfolgt die Kraftaufnahme in Einzelfundamenten. Wände erhalten Streifenfundamente.

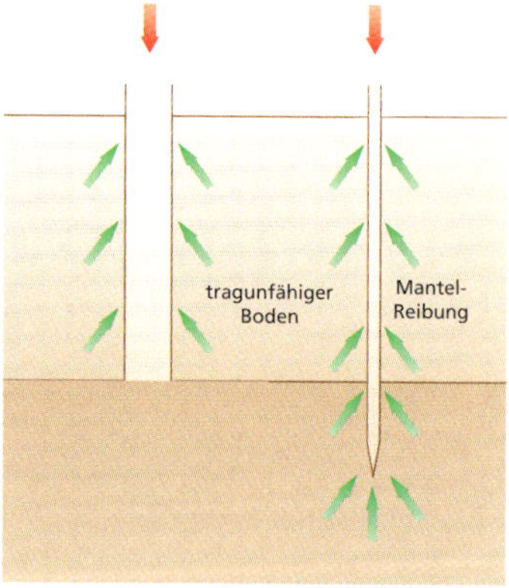

Bei wenig tragfähigem Untergrund werden die Lasten zunächst in einzelne Pfähle eingeleitet (vertikale Gründung/Pfahlgründung) und von diesen an die tragfähigen Schichten des Untergrundes abgegeben (stehende Gründung). Wenn die Pfähle keinen tragfähigen Boden erreichen, spricht man von schwebender Gründung und muss mit Setzungen des Bauwerkes rechnen.

Wie wichtig statische Berechnungen für die Tragfähigkeit des Baugrundes sind, beweist das Beispiel des berühmten schiefen Turms von Pisa. Der Glockenturm hatte sich bereits nach Fertigstellung des dritten Stockwerkes nach Süden geneigt. Das lehmige Fluss-Sediment des Untergrundes konnte die Marmorlast nicht tragen. Um die Schräglage zu korrigieren, ließen die Architekten senkrecht weiterbauen. Der Turm war nun auch in sich selbst schief. 1990 hatte er sich bereits 4,50 m nach Süden geneigt und wurde wegen Einsturzgefahr gesperrt. Man brachte 800 Tonnen schwere Bleibarren am nördlichen Fundament an und nahm Injektionen mit Beton im Mauerwerk vor. Stahlseile zur dauerhaften Sanierung sollten den Druck auf die Fundamente im Süden verringern und im Norden erhöhen. Entscheidend war aber der Aushub gewaltiger Mengen Erdreich an der Nordseite. Der Turm richtete sich dadurch etwas auf.

„Schiefer Turm“, 1173, Pisa
Gegenwärtig hat der Turm einen Neigungswinkel von 5° und ist seit 2001 wieder gefahrlos zu besteigen.

6.3 Konstruktion

Unter **Konstruktion** in der Architektur ist allgemein das Zusammenfügen von Bauteilen und Baustoffen zu einem Bauwerk zu verstehen. Konstruktion ist also eine Art Ordnungsprinzip, das den zweckmäßigen Einsatz der Baustoffe und die folgerichtige Anordnung und feste Verbindung der Bauteile einschließt. Mit der entsprechenden Konstruktion kann ein Bauwerk den unterschiedlichsten Belastungen standhalten.

Konstruktion, lat. constructio = Zusammenfügung, Verbindung

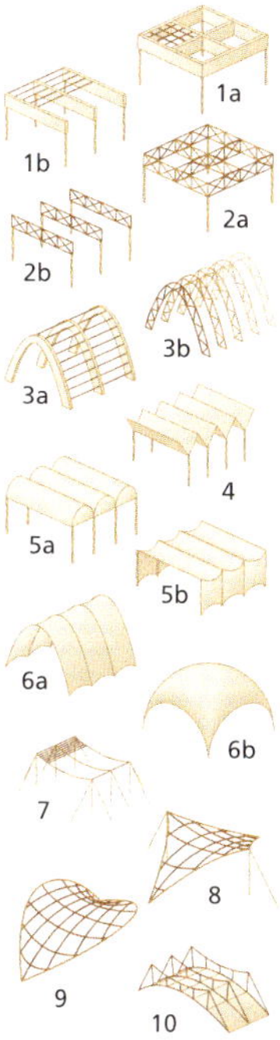

Tragwerkstypen: 1–3 Balken- und Stabtragwerke; 4–6 Flächen- und Raumtragwerke; 7–10 ebene und räumliche Seiltragwerke

Mit **Tragkonstruktion** oder **Tragwerk** bezeichnet man nur den Teil des Bauwerkes, der tragende Funktionen entsprechend der statischen Berechnungen erhält.

6.3.1 Konstruktionsprinzipien

Konstruktion

Massenbau	Massivbau	Skelettbau	Raumtragwerk
	• Blockbau • Mauer-, Wandbau • Plattenbau	• Stabfachbau • Fachwerk • Steinskelettbau • Stahlskelettbau	• Raumstabtragwerk • Seilnetztragwerk • Membrantragwerk • kombiniertes Tragwerk • pneumatisches Tragwerk • Schale

Massenbau

Die Standfestigkeit des Gebauten wird durch die Dichte (Festigkeit) und die Masse des Materials gesichert (Pyramiden). Die eng gefügte Schichtung druckfester Steine oder Ziegel trägt durch ihr Eigengewicht zur Festigkeit des Baues bei und übernimmt sowohl tragende als auch raumabschließende Funktionen. Der hohe Druck der Materialmassen zwingt zu kleinen Öffnungen und Innenräumen.

Massivbau

Tragwerk und Raumabschluss sind beim Massivbau (Flächenbau) identisch. Die Standfestigkeit wird durch die Verteilung der Lasten über eine große Fläche des Bauwerkes gesichert. Wie der ebenfalls gebräuchliche Begriff ausdrückt, ist die Wandfläche gleichzeitig Tragwerk und

Bild: *Geschlechtertürme,* 12.–14. Jh., San Gimignano (Italien)

Turm des Straßburger Münsters, um 1400 (Frankreich)

Umschließung für den Raum. Sie erfüllt aber neben ihrer konstruktiven, lasttragenden auch isolierende und andere Funktionen (Burgen, Paläste, romanische Kirchen, Wohnbauten u. a.). In der Fassade befinden sich ausgesparte Öffnungen für Türen und Fenster.

Typisch für den massiven Holzbau ist die **Blockbauweise.** Die Wand wird aus waagerecht übereinander liegenden Stämmen gebildet, deren Enden sich an den Ecken überkreuzen und durch Einkerbungen verbunden werden.

Typisch für den massiven Steinbau ist das Mauerwerk. Es besteht aus natürlichen oder „künstlichen Steinen" (Ziegel, Lehmziegel), die gekonnt aufgeschichtet oder mit Mörtel zusammengefügt werden. Mauerwerk kann als **Vollmauerwerk** oder zweischalig als Hohlmauerwerk ausgeführt sein. Man unterscheidet Zyklopen-, Quader-, Bruchstein-, Haustein-, Bossen-, Backstein- und Feldsteinmauerwerk. Zum Überspannen größerer Räume benutzte man im Massivbau Bogen-, Gewölbe- und Kuppelkonstruktionen.

Moderne Flächenbauten werden heute aus Beton, Spannbeton, Kunststoff und z. T. aus Holz und Aluminium vorgefertigt (Präfabrikation und Fertigbau). Als großflächige, rechteckige Platten und Scheiben werden diese häufig im mehrstöckigen Geschoss-Wohnungsbau eingesetzt. Auf der Baustelle erfolgt dann die Montage der Wand- und Bodenplatten und später auch vorgefertigter Küchen- und Badzellen mit Installationselementen.

Skelettbau/Gliederbau

Die Standfestigkeit des Bauwerkes wird durch die Aufspaltung der Last in immer kleinere Anteile erreicht, die durch einzelne Trageelemente (Skelett) aufgefangen werden können. Im Gegensatz zum Massivbau trägt ein Rahmengerüst die entlasteten, dazwischengespannten Wände. Das tragende Skelett bestimmt die Form des Baukörpers. Es kann außen sichtbar bleiben, verputzt oder verkleidet sein.

Bild links: *Stabkirche,* Mitte 13. Jh., Heddal (Norwegen)
Die größte Stabkirche Norwegens aus dem 12./13. Jh. wird im Inneren durch Spanten – beim Schiffsbau verwendete Konstruktion – und Andreaskreuze ausgesteift. Rundbögen zwischen den Pfosten und Pfeilern gewährleisten die notwendige Stabilität.
Bild rechts: *Holzfachwerk* mit verschiedenen Materialien ausgefacht

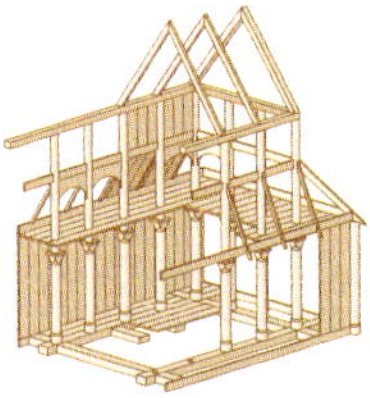

Zu den ältesten Zeugnissen der hölzernen Skelettbauweise zählen die **Stabkirchen** von Norwegen. Sie sind ein- oder dreischiffige Holzkirchen mit einem steilen, mehrstöckig gestuften Dach. Das bauliche Gefüge besteht aus stabilen Eckpfeilern, die senkrecht in einem viereckigen Holzrahmen verankert sind.

Ein Rahmenwerk aus Holz, meist aus Eiche oder Nadelholz, als tragendes Gerippe ist typisch für den **Fachwerkbau.** Die entstehenden Leerfelder (Gefache) werden mit nichttragenden Materialien, wie Stroh-Lehm-Gemische, Holzgeflecht oder mit Ziegelsteinen ausgefüllt. Grundlage des Skelettes bilden die waagerecht verlaufenden Schwellen (Bundschwellen), auf denen die senkrechten Ständer (Pfosten, Stiele, Säulen) eingezapft stehen. Den oberen Abschluss eines Stockwerkes bildet der Rahmen (Rähm, Stange, Oberschwelle, Bundbalken), auf dem die Deckenbalken aufliegen. Zur weiteren Wandaufteilung werden zwischen Schwelle und Rähm (waagerechter Teil des Dachstuhls) weitere waagerechte Verbindungsbalken (Riegel) eingesetzt. Schräg verlaufende Streben, die an den Riegeln befestigt werden, dienen der weiteren Aussteifung.

Steinskelett des Wladislaw-Saales auf der Prager Burg, 1502; Übergang von den Lisenen der Pfeiler in das Gewölbe

Obwohl schon in der Spätantike **Strebewerk** verwendet wurde, erreicht es im sakralen Steinbau der Gotik (↗ S. 61) seine höchste Vollendung. Als Strebewerk versteht man die Gesamtheit der Pfeiler und Mauervorlagen, die den Seitenschub von Gewölben auffangen. Es besteht aus möglichst leichten Strebebögen, die den Gewölbeschub auf Strebepfeiler abtragen. Zur statischen Verbesserung erhalten die Strebepfeiler Aufsätze in Form verzierter Türmchen (Fialen). Bei sehr hohen Mittelschiffen können mehrere Strebebögen übereinander angebracht sein. Durch vielfache Schmuckformen (Maßwerk, Krabben) verziert, kann das Strebewerk seine unverzichtbare Konstruktion verbergen.

Im 19. Jh. führten neue Techniken, z. B. der Stahlguss und die Vervollkommnung der baustatischen Berechnungen, zum **Eisenskelettbau** (Kristallpalast, 1851; Eiffelturm, 1887–1889).

1971–1977 wurde in Paris das Kulturzentrum „Centre Pompidou" als Skelettkonstruktion aus Stahlröhren gebaut. Die Architekten PIANO und ROGERS ließen die gesamte Tragekonstruktion und die notwendigen Installationen des Bauwerks nach außen verlegen. Die meist gläsernen Wände befinden sich erst hinter dem Tragwerk. Die sechs übereinander liegenden Hallen im Innern werden durch Fachwerkträger von 48 m Länge stützenfrei überspannt.

Bild: *Kulturzentrum „Centre Pompidou"*, 1971–1977, Paris, von PIANO/ROGERS

Räumliches Tragwerk

Man bezeichnet Raumtragwerke auch als multifunktionale Konstruktionen. Die Lastabtragung kann auf mehrere Raumebenen verteilt erfolgen. Das ermöglicht eine stützenfreie Überspannung sehr großer Räume und höhere Tragleistung bei geringerer Masse. Alle traditionell im Massivbau verwendeten Dach-, Kuppel- und Gewölbeformen können als Raumtragwerke industriell hergestellt werden. Darüber hinaus sind viele neue Formen möglich, die mithilfe spezieller Computerprogramme „gezeichnet" und berechnet werden.

Man unterscheidet zwischen Raumstab- oder **Raumfachwerken, Gitterschalen, Seilnetztragwerken,** Zelten, pneumatischen Konstruktionen (luftgetragene Bauten) und Schalen.

Bild: ehemalige *„Cargo-Lifter-Werfthalle"*, 2000, Brand; größte freitragende Halle der Welt

Ein spektakulärer Bau beim Übergang ins neue Jahrtausend war der Bau einer Werfthalle für den „CargoLifter 160" bei Brand in der Lausitz (↗ Bild). Die Größe der Halle ermöglicht im Innern die Herstellung eines Transport-Luftschiffes sowie die Wartung eines zweiten. Mit 107 m Höhe, 360 m Länge und 220 m Breite ist es die zur Zeit größte stützenfreie Halle der Welt. Sie bietet genügend Raum, um die gesamte Skyline des Potsdamer Platzes in Berlin aufzunehmen.

Neue Wege der Konstruktionstechnik fand der Architekt HELMUT JAHN beim gläsernen Zeltdach des Sony-Areals in Berlin (1996–2000). Die Stahlseil-Stab-Konstruktion scheint über dem zentralen Platz zu schweben.

Das **Raumstabwerk** stellt eine moderne Weiterentwicklung des Fachwerkes dar. Während beim Fachwerk das Grundelement meist die Form eines Dreieckes hat, bildet es bei räumlichen Stabwerken häufig würfel- oder pyramidenförmige Formen.

In den letzten Jahrzehnten des 20. Jh. wurde **Textiles Bauen** als Alternative zu Stahl, Glas, Beton wiederentdeckt. Schon in der Antike waren Sonnensegel für die Theater gebräuchlich. Alle nomadisierenden Völker benutzen bis heute Zelte, die als transportables Haus mitgeführt werden. Heute übliche **Membrankonstruktionen** (Gewebe- und Zelttragwerke) beruhen im konstruktiven Prinzip vor allem auf Zugkräften. Da Membranen immer vorgespannt werden, treten dadurch auch im unbelasteten Zustand Zugkräfte in allen Richtungen auf.

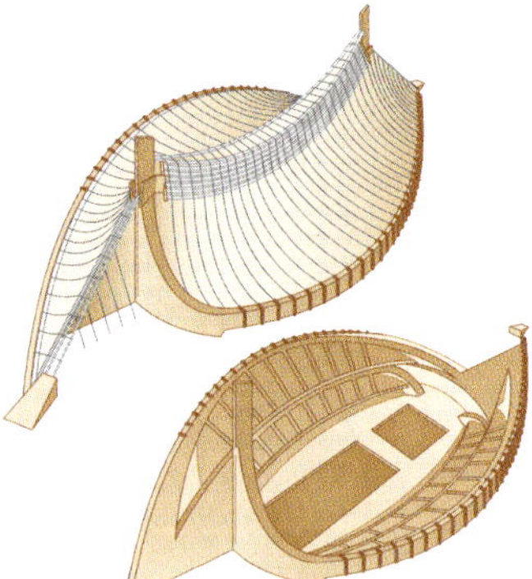

Bild: *Olympiahalle in Tokio,* 1961–1964, von KENZO TANGE

Seilnetze folgen in ihrer Formfindung und Lastabtragung den gleichen statischen Gesetzen (Gegenkrümmung, Vorspannung) wie Gewebe. Die Abstände des Netzes zwischen den „Gewebefäden" Kette und Schuss sind größer und die Netze bestehen statt aus textilem Gewebe meist aus Stahlseilen. Als Material, das die Seilmaschen ausfacht oder bedeckt und damit den Raum schließt, werden Holz, Glas oder auch Textilien eingesetzt. Das international bekannteste Zelttragewerk ist die Überdachung der Olympiastätten in München (FREI OTTO/GÜNTHER BEHNISCH, 1972).

Pneumatische Tragwerke sind eine weitere Art der leichten zugbeanspruchten Konstruktionen, die unter künstlich erzeugtem Überdruck stehen. Das Stützmedium ist bei diesen Bauten die Luft – genauer eine Druckdifferenz der Luft zwischen innen (höher) und außen (niedriger). Die bei diesem System angreifenden Kräfte werden über an Fundamenten befestigtem vorgespanntem Textilgewebe als Zugkraft und über die eingeschlossene Luft abgeleitet. Dabei erzeugt ein erhöhter Innenluftdruck eine Stützkraft auf alle Punkte der Oberfläche und krümmt diese gleichsinnig (synklastisch).

▶ **pneumatisch,** griech. pneuma = Atem

Bei den **Schalen** wird eine dünne selbsttragende Konstruktion nach dem Vorbild der Eierschale meist aus Stahlbeton hergestellt. Sie kann aber auch als Gittertragwerk ausgebildet sein. Man unterscheidet Tonnen- und Kegelschalen, Kuppel- und Sattelschalen (hyperbolisches Paraboloid).

6.3.2 Bionisches Prinzip

Die **Architektur-Bionik** untersucht in der organischen Umwelt die harmonisch geformten Funktionsstrukturen mit dem Ziel, ihre Formbildungsgesetze und -prinzipien in der gebauten Umwelt anzuwenden.

Der Begriff **Bionik** ist gebildet aus Biologie und Technik. Man versteht darunter eine technisch orientierte Wissenschaftsdisziplin, die Konstruktionen in der belebten Natur im Hinblick auf technische Verwertbarkeit untersucht und Anregungen für eigenes technisches Gestalten erhält.

Schon 1846 regte in England den Gärtner und Amateuringenieur JOSEPH PAXTON ein Vorbild aus der Botanik zu einer neuartigen Gewächshauskonstruktion an. Seine diesbezüglichen Schlussfolgerungen verarbeitete er in der Konstruktion eines ziehharmonikaförmigen gefalteten Glasdaches. Mit seinem Patent wurde er 1851 beim Bau des legendären Kristallpalastes für die erste Weltausstellung in London berühmt (↗ S. 120). Die seltsame Anordnung von Knochenbälkchen halfen dem Schweizer Ingenieur KARL CULMANN bei der Konstruktion eines Krans, denn sie zeigte die effektivste Weise, wie mit geringem Materialaufwand große Belastungen ausgehalten werden können. Räumlich gekrümmte Tragstrukturen, wie sie z. B. die Panzer der Krebstiere, die Schalen der Muscheln etc. aufweisen, erhöhen durch ihre Krümmung, durch Wellen und Rillen ihre Stabilität.

Bei den Ursprüngen der modernen Raumfachwerkkonstruktion halfen beispielsweise die Untersuchungen von LE RICOLAIS aus dem Jahr 1942 über Strahlentierchen (Radiolarien). Der Architekt RICHARD FULLER (1895–1983) konstruierte nach diesem Prinzip ein Raumfachwerk für den Pavillon der USA zur Weltausstellung 1967 in Montreal – eine Kugelform, bestehend aus Plexiglas und Stahl. Auch für andere Projekte auf der ganzen Welt benutzte FULLER dieses Konstruktionsprinzip. Von praktischem Interesse für die Probleme zugbeanspruchter Konstruktionen in der Architektur waren vor allem die Erkenntnisse zur Spannung eines Spinnennetzes.

Bild: *Raumfachwerk* für den Pavillon der USA zur Weltausstellung 1967 in Montreal von RICHARD FULLER

„Die Eischale ist eine der wenigen Konstruktionen, die große Baumeister inspirierte, wie wir von historischen Kuppelbauten wissen" (FREI OTTO).

Man kam bei bionischen Untersuchungen zu der Erkenntnis, dass jede Erscheinung der Natur, die für einen Zweck vorteilhaft ist – z. B. konstruktiv oder in Bezug auf Festigkeit und Materialökonomie –, auch für andere Zwecke vorteilhaft sein kann. Aufgaben der Architektur unter dem Aspekt des Leichtbaus und des energiebewussten Bauens lassen sich bei richtiger Umsetzung der Prinzipien der Naturformen real lösen.

6.4 Architektur des Einzelbauwerkes

6.4.1 Baukörper

Unter **Baukörper** wird das vom Menschen sichtbare und erlebbare Gesamtvolumen eines Gebäudes mit und ohne nutzbare Innenräume verstanden. Die architektonische Gestaltung ist vor allem auf die Ausformung der Grenzflächen der Baukörper gerichtet.

Dabei bestimmen Funktion, Ideen, Konstruktionsprinzipien, Auftraggeber, Zeitgeschmack, Klima etc. die Gestalt des Baukörpers.

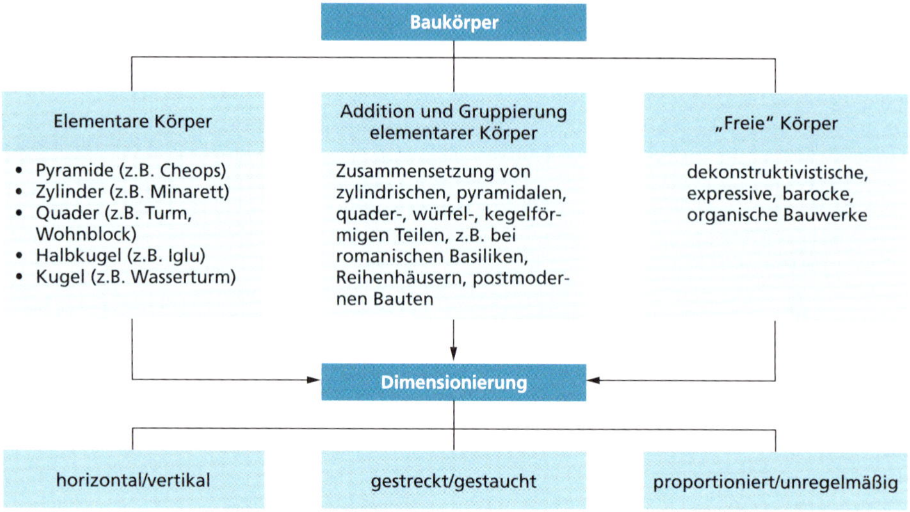

6.4.2 Bauelemente

Als **Bauelemente** werden die konstruktiven und dekorativen Einzelteile eines Baukörpers bezeichnet. Konstruktive Elemente umschließen den Baukörper und sind funktional und statisch notwendige Teile. Dekorative Elemente sind nicht notwendige architektonische Formung oder Zutat in der Absicht, Effekte zu erzielen, die Konstruktion zu verschleiern oder zu bereichern.

Konstruktive Bauelemente

Der Charakter eines Gebäudes wird wesentlich von der Struktur der Umschließungselemente – Boden, Wand, Dach – bestimmt.
Der **Boden** wird in diesem Fall nicht als Fundament betrachtet, sondern charakterisiert die Fläche, auf der ein Bau betreten wird. Er steht immer

in einem Spannungsverhältnis zum natürlichen Untergrund (Erde, Fels usw.) und wird, wie andere Elemente auch, zum Ausdrucksträger. Moderne Kaufhäuser werden ebenerdig errichtet; keine Schwelle soll das Kaufen behindern. Andere Absichten wirkten bei den Tempeln der Antike. Der dreistufige Unterbau des griechischen Tempels wurde im römischen Tempelbau durch ein Podium zur „Erhabenheit" gesteigert. Bauten des frühen Mittelalters sind meist erdverbunden, indem sie gleichsam aus dem natürlichen Boden „wachsen". Die Funktionalisten des 20. Jh. projektierten ihre Gebäude häufig mit Pfeilerunterbauten. Bei dieser so genannten **Aufstelzung** wird das erste Geschoss so hoch gesetzt, dass ein Luftraum darunter entsteht.

Die **Wand** ist eine aufrechte, mehr oder weniger gegliederte Fläche. Beim Zusammentreffen dieser Flächen entstehen Kanten und Ecken. Wände werden durch Öffnungen (Fenster, Türen), durch die Verwendung von unterschiedlichem Material, durch Form und Dekor gegliedert. Wandformen können die Konstruktion verstecken oder hervorheben. Bei Wandmaterial hat zu allen Zeiten der Wert eine große Rolle gespielt. Seltene, schwer zu beschaffende oder teure Materialien galten als Prestigeelemente und dienten der Repräsentation. Durch entsprechendes Wandmaterial (Mauer, Glas) kann der Innenraum abgeschlossen oder auch durchsichtig mit dem Außenraum verbunden werden. Form, Größe und Lage der Wandöffnungen erfüllen neben den eigentlichen Zwecken auch Bedeutungsinhalte.

Basilika des heiligen Antonius, Padua (Italien), Romanik
Addition elementarer Formen

Das **Dach** gilt als funktionell bedingter oberer Raumabschluss eines Gebäudes, wurde aber darüber hinaus schon immer zur Formung des Baus benutzt. Abwechslungsreiche „Dachlandschaften" entstanden bei den großen Kathedralen, bei historischen ostasiatischen Bauten, aber auch in den Altstädten Mitteleuropas. Seit dem vorigen Jahrhundert wird das Dach verstärkt zum Formausdruck eines Baus und zu seiner Symbolisierung eingesetzt.

Kostruktive Bauelemente

	Boden	Wand	Dach/Kuppel		Treppe	Gewölbe	
Teile	Sockel Podium Stelzung Vorspringung	Ecke Kante Fläche	Traufe First Kehle Grat Deckung	Schale Laterne Opaion Rippe Unterbau	Stufe Absatz Lauf Geländer	Gurt-bogen Joch Grat Kappe Wange Tonne	Schluss-Stein Rippe Kreuz-grat Kreuz-rippe
Gestaltung	erdgebunden erhöht schwebend abwehrend	scharf profiliert abgerundet gegliedert ungegliedert konkav konvex	übergangslos abgesetzt ausladend		gerade gewendelt einläufig mehrläufig	figuriert Mulde Spiegel	

Bild:
Kuppeln links,
Gewölbe rechts

Kuppeln sind Überspannungen quadratischer, runder, polygonaler Räume. Sie ruhen oft auf zylindrischen Bauteilen (Tambour), die Fensteröffnungen besitzen. Die Kuppel kann auch durch eine Öffnung im Scheitel (Opaion, Auge) beleuchtet sein. Häufig wird darauf ein zylindrisches Türmchen mit Fensterkranz (Laterne) aufgesetzt. Im Altertum (Schatzhaus des Artreus, Mykene) und bei einigen Naturvölkern wurden Kuppeln aus ringförmig verlegten, steilen und massiven, übereinander vorkragenden waagerechten Steinschichten überwölbt. Bis zur Einführung der Schalenbauweise im 20. Jh. wurden echte Kuppeln über behelfsmäßige Holzrahmen (Lehrgerüste) gebaut, die das Gewicht der Steine bis zum Trocknen und Abbinden des Mörtels trugen. Danach wurden die Lehrgerüste entfernt.

Diese frühen Kuppelformen werden als **falsche Gewölbe** bzw. **Kraggewölbe** bezeichnet.

Fächergewölbe in der Exeter Cathedral in Nave, England

Gewölbe sind gekrümmte Raumdecken aus Stein, Beton oder Stahlbeton. Beim geschlossenen Gewölbe werden Eigen-, Nutzlast und Gewölbeschub auf alle Umfassungswände, beim halb offenen Gewölbe auf zwei sich gegenüberliegende Wände und beim offenen Gewölbe auf Pfeiler und Stützen übertragen. Beeindruckende Gewölbekonstruktionen sind die „figurierten Gewölbe". Die Rippen dieser Gewölbe bilden Figuren, z. B. Rippenkurven in Blüten- und Schleifenform), in Zellen- oder Diamantformen, in Fächerformen, in Stern- und Netzformen. Mit den konstruktiv wichtigen Rippen werden also gleichzeitig auch dekorative Eindrücke erzielt.
Türen oder besser Eingänge werden nach funktionalen und intentionalen Gesichtspunkten gestaltet, z. B. muss eine Käfigtür vor Ausbruch sichern, durch das Garagentor soll ein Auto passen, ein Kirchenportal soll über das Eintreten hinaus auf sakrale Bedeutung verweisen, Neben einfachen schmucklosen Mauereinschnitten wird dem Eingang mithilfe verschiedener Schmuckformen, Überhöhungen, Verbreiterungen, Abtreppungen usw. eine besondere Aussage verliehen.

Dekorative Bauelemente

Diese Bauelemente dienen der Gliederung und Verzierung von Bauten. Bereits im Altertum wurde begonnen, die Konstruktion der Bauelemente mit Dekor zu versehen. Bei allen handwerklich ausgeführten Bauten gab es bis in das 20. Jh. kaum eine Trennung zwischen Konstruktion und Dekoration. In früheren Zeiten wurde Innen- und Außendekor zur

Wert- und Qualitätssteigerung bzw. zur Verschönerung konstruktiver Details benutzt. Architekten der Gegenwart lehnen meist Dekor als Verschleierung der Konstruktion, als Beeinträchtigung der Form und des Materials oder als wesensfremden Illusionismus ab. **Dekorative Bauelemente** können in funktional-dekorative Bauelemente, in Bauplastik und Ornamentik unterschieden werden.

Bild:
Wandschmuck in der Alhambra (Spanien) mit pflanzlichen Ornamenten und arabischen Schriftzeichen, Mitte 14. Jh.

Zu **funktional-dekorativen Elementen** zählt man alle Gebäudeteile, die z. B. gliedernde, tragende, aussteifende und vereinheitlichende Funktionen erfüllen. Eine wichtige Rolle für Horizontalgliederung spielen z. B. die **Gesimse** – waagerecht aus der Fassade hervortretende Mauerstreifen (Sockel-, Gurt-, Kapp-, Kranz- und Hauptgesimse). Sie werden im Holzbau auch **Knaggen** genannt. **Konsolen** sind Tragsteine für Balkone, Figuren usw.

Als **Risalite** werden Gebäudeteile bezeichnet, die aus der Bauflucht vorspringen. Nach ihrer Stellung zur Mittelachse spricht man von Mittel-, Seiten-, Eckrisaliten. Der Mittelrisalit ist häufig mit einem Frontispitz (Giebeldreieck) bekrönt. Die Vorlagen (Dienste, Lisene, Pilaster) treten nur wenig aus der Wand hervor, helfen aber, Gewölbe zu tragen bzw. die Wand zu stabilisieren. Kasettierungen erfüllen neben dem dekorativen Zweck immer einen konstruktiven. Sie machen das Gewölbe oder die Holzdecke leichter.

Weitere Elemente sind im Steinbau z. B. Wasserspeier, Giebel- und Dachreiter und Schornsteinköpfe. Beim Holzbau sind zu nennen: verzierte Balken- und Sparrenköpfe, Kopfbänder, Pfosten, Giebelleisten u. a.

Weitere **Elemente im Steinbau** sind z. B. Wasserspeier, Giebel- und Dachreiter, Schornsteinköpfe. Beim Holzbau sind zu nennen: verzierte Balken- und Sparrenköpfe, Kopfbänder (zur Versteifung des Verbandes zwischen senkrechten und waagerechten Hölzern eingezogene Eckverbindungen), Pfosten, Giebelleisten, Balkendecken u. a., die trotz Schmuck ihre konstruktiv wichtige Funktion erfüllen.

Bild links:
Pilaster mit Hermen und Karyatiden, Gesimse, Balustrade, Vasen, Kuppel, Schloss Sanssouci (1745–1747) von G. W. VON KNOBELSDORFF, Rokoko

Bild rechts:
Neidköpfe, Frauenkirche in Görlitz

Zur **Bauplastik** (↗ S. 310 f.) zählen figürliche Skulpturen, die im Zusammenhang mit der Architektur im Innen- oder Außenraum stehen, z. B: **Akroterien** (Giebelverzierungen von Tempeln und Grabmälern), **Atlanten, Karyatiden, Hermen, Amoretten** und **Putten, Neidköpfe** (Menschen- oder Tierköpfe zur Abwehr böser Geister), **Reliefs.** Auch in der Bauplastik gibt es funktional wichtige Elemente (z. B. Karyatiden, Hermen) und andere, die rein dekorative Zwecke erfüllen. Bei der **Ornamentik** wird unterschieden in schmückende Ornamentik (z. B. Friese; Rocaillen, muschelartige Ornamente des Spätbarocks) und gliedernde Ornamentik (z. B. Fensterverdachung, Blendmaßwerk). Ein schmückender Fries kann aber auch die Fläche gliedern. Hauptformen sind: geometrische Ornamentik, die mit Zirkel und Lineal konstruiert wird (z. B. Zacken-, Rundbogenfries, Eier- und Perlstab), pflanzliche Ornamentik (z. B. Knospen,- Blattformen), Tier- und Menschenornamentik.

Dekorative Bauelemente

dekorativ-funktional

Steinbau

- figurierte Gewölbe
- Gesimse
- Konsolen
- Risalite
- Vorlagen
- Voluten
- Kasetten
- Maßwerk
- Wasserspeier
- Giebel
- Schornsteinköpfe

Holzbau

- Pfosten
- Sparrenköpfe
- Balkenköpfe
- Kopfbänder
- Balkendecken

bauplastisch

- Karyatiden
- Hermen
- Atlanten
- Eroten
- Amoretten
- Putten
- Neidköpfe
- Vasen

ornamental

- Friese
- Rocaillen
- Kartuschen
- Zwickelfüllungen
- Kapitellverzierungen
- Blendmaßwerk

Bild: *Westfassade der Kathedrale von Amiens (Frankreich),* Mitte 13. Jh.; Bauplastik, Maßwerk, Wimperg mit Dreipass und Krabben

Der Umgang mit Bauschmuck lässt Rückschlüsse auf die Grundauffassung von Funktion und Bedeutung des Gebäudes zu. Zurückhaltender Umgang betont in der Regel das Konstruktive des Baus, kann aber auch Ausdruck von Bescheidenheit oder Armut sein. Übertriebene Verwendung verschleiert die Konstruktion und bringt Pracht, Verherrlichung, aber auch Protzigkeit zum Ausdruck.

Bild: *Azulejos,* figürliche und ornamentale Kachelmalereien, gliedern eine Wand in der Torhalle von Obidos, Portugal.

6.5 Gestaltung

Unter **Gestaltung** sind Entwurf und Prozess zur Herstellung eines bewusst geformten Kunstwerkes (Bild, Plastik, Bauwerk, Designobjekt) zu verstehen. In der Architektur hat Gestaltung elementare künstlerische Prinzipien mit Statik und Konstruktion zu verbinden.

6.5.1 Form

Unter Form wird die äußere Erscheinung eines Bauwerkes verstanden, seine Struktur, die Gesamtheit seiner Elemente und ihre Beziehungen untereinander. Der Zweck eines Baues beeinflusst die Form. Die Form wird zum Ausdrucksträger. Sie fungiert als Träger von Programmatik, von Symbolik und von Identifikation und bezeugt Ideen und Absichten des Architekten oder Bauträgers.

Form

Funktion
- Sakralbau
- Profanbau

- Tragwerk
- Klimatisierung
- Wirtschaftlichkeit
- Standort
- Umwelteinfluss

Ausdrucksträger
- Material/Textur
- Fassade
- Baukörper

Ausdruckswert
- Sicherheit
- Kosmologie
- Macht
- Repräsentation
- Propaganda
- Würde
- Gedenken
- Mahnung
- Leichtigkeit
- Transparenz

Gestaltung
- Komposition
- Proportion
- Kontrast
- Dimension
- Hierarchie

Bild: *Begehbare Kuppel des Berliner Reichstages*, 1994–1999, von NORMAN FOSTER

Selbst die einfachsten architektonischen Bauten erzeugen durch die Notwendigkeit, bestimmte Funktionen erfüllen zu müssen, Formprobleme. Entscheidungen über Tragwerk (Massivbau, Skelettbau, Raumtragwerk), Klimatisierung (Solarenergie, konventionelle Energie), Licht (künstlich, natürlich), Lage des Baues (Flachland, Hang, verkehrsreiche Innenstadt), Materialien (Holz, Stein, Glas) usw. bestimmen wesentlich die Gestaltung. Hinzu kommen ökonomische Erwägungen (Energie und Material sparend, kostengünstig) und die Wünsche der Auftraggeber, die Ideen zur Formgebung beeinflussen. Trotzdem hat der Architekt gerade bei „Sonderbauten“ (Kommunalbauten und sakralen Bauwerken) einen ausreichenden gestalterischen Spielraum, seine Ideen zu verwirklichen. So ist die begehbare Kuppel des Berliner Reichstages politisch-symbolisch gemeint. Das Volk wird symbolisch über das Parlament erhoben. Nicht nur das Bauwerk, auch die Politik wird gleichsam transparent.

Die Form des Jüdischen Museums in Berlin ist mit einem zehnfach gezackten „Blitz" vergleichbar. Assoziationen an einen gebrochenen Davidstern, an vielfach gebrochene Wege jüdischer Geschichte, an Aggressivität und Vernichtung drängen sich auf.

Bild: *Jüdisches Museum in Berlin,* 1992–1999, von DANIEL LIBESKIND

Bild: *Vitra Design Museum in Weil am Rhein,* 1988/89, von FRANK O. GEHRY

Der Charakter der **Materialien** bestimmt entscheidend die Form, den Raum und den Eindruck der Architektur. Im „Löwentor" von Mykene (13. Jh. v. Chr.) wird mit den Mitteln der Steingröße und der Steinbearbeitung die im Hintergrund wirkende Macht des Bauherrn deutlich. Auch bei der Architektur moderner Bankgebäude werden diese Mittel der Quantität von Steinen, der kostbaren, sorgfältigen Verarbeitung und in die Straße vorragenden Portalkonstruktionen verwendet.

Materialien haben also einen symbolischen Gehalt. Sie können Üppigkeit oder Strenge, Vergänglichkeit oder Dauer, Pflanzliches, Mineralisches oder Künstliches, Intimität oder Öffentlichkeit, Handwerk oder Industrie verkörpern. Das Material wird nach Leichtigkeit oder Schwere, Verformbarkeit oder Starrheit, Zerbrechlichkeit oder Stabilität, Wärmeleitfähigkeit oder Kühle, Billigkeit oder Kostbarkeit, Schlagfestigkeit oder -empfindlichkeit usw. ausgewählt.

Auf die Formwahrnehmung hat auch die Stärke des Materials Einfluss. Dickere Mauern z. B. vermitteln durch das Massive den Eindruck von Sicherheit und Dauerhaftigkeit. „Dünnes" Material, das z. B. in den Raumtragwerken (Gitterschalen, Netze usw.) Verwendung findet, wirkt leicht, elegant, schwerelos und poetisch.

Die **Oberflächenstruktur (Textur),** die Bearbeitungsspuren des Materials geben der Form und dem Raum den eigentlichen Charakter, seinen „Status" und seine „Temperatur". Material kann zart oder robust, weich oder hart sein. Bei entsprechender Oberflächenbehandlung, z. B. beim Schliff, kann dasselbe Material glatt oder rau, matt, satiniert oder glänzend sein.

Bild:
Mauerwerk der römischen Kaiserthermen, Trier

Handwerkliche Präzision beim Verlegen von Ziegelmauerwerk erzeugt die Fuge als wichtige Textur, die ein Muster ergibt und auch die Wandfläche gliedert. Römische Maurer verwendeten im Altertum eine gemischte Mauerkonstruktion im Wechsel aus grob behauenen Steinen und Schichten gleichmäßiger Ziegel. Fenster und Maueröffnungen wurden mit Ziegelreihen umrahmt. Auf diese Weise steigerte die Textur die Form- und Zierwirkung.

Komposition, lat. compositio = Zusammensetzung, Zusammenstellung

Eines der wichtigsten Gestaltungsprinzipien ist die **Komposition.** Unter Komposition in der Architektur ist die Auswahl, Anordnung und Abstimmung der architektonischen Mittel (Bauelemente, Material, Form, Farbe, Licht usw.) zu verstehen. Es sind im weitesten Sinne Ordnungsprinzipien gemeint. Grundlage jeder Komposition ist die Beziehung der Teile zum Ganzen. Wichtige Kompositionsprinzipien für die architektonische Form sind: Gliederung, Reihung, Symmetrie, Stufung, Proportion, Rhythmus, Kontraste.

Bild:
Wand in der Burg Tocnik, Tschechien, regellose Fenster-und Türöffnungen

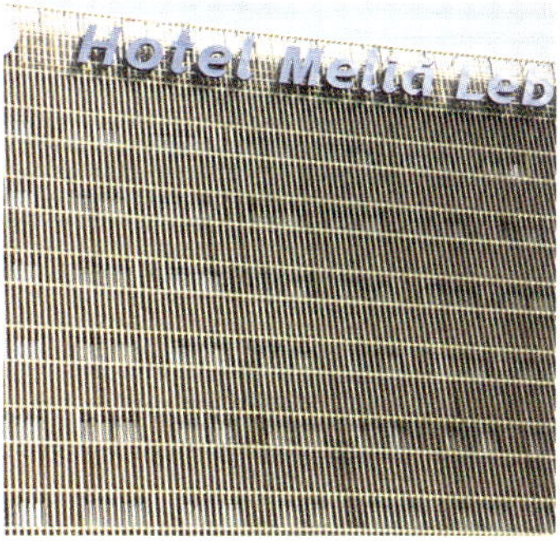

Bild:
Vorhangfassade des Hotels Meliá Lebreros, Sevilla (Spanien)

Unter **Gliederungen der Form** versteht man zum einen Gliederungen der Fassade, zum anderen Gliederungen des Baukörpers. Fassaden sind meist durch die Umschließungsöffnungen (Fenster, Türen, Balkone, Loggien usw.) gekennzeichnet. Während im Mittelalter diese Öffnungen sehr zufällig auf der Wand verteilt sein konnten (z. B. Burgwand von Tocnik), fügte man zu Zeiten der Vorfertigung im Scheiben- und Plattenbau die Öffnungen gleichmäßig aufgereiht in die Wandfläche ein. Die Fassade wurde dadurch monoton. „Vorhangfassaden" erscheinen mit ihrer gleichmäßig gerasterten Fläche zwar sachlich, aber auch langweilig (↗ Bild). Möglichkeiten der **senkrechten Wandgliederung** und Stabilisierung sind Treppenhäuser, Vorlagen und Vorsprünge. **Waagerechte Gliederungen** können durch **Metopen** (griech. Tempel), Gesimse, Friese, unterschiedliches Mauerwerk oder Material, Reihungen von Fenstern usw. erzielt werden. Fensterreihen sind häufig rhythmisch angeordnet.

Symmetrie, griech. symmetria = Zusammenklang der Maße, Ebenmaß

Die **Symmetrie** galt seit der Antike als ein bedeutender Aspekt für das Schöne. Man unterscheidet Spiegelsymmetrie, Rotationssymmetrie und

Bild:
Hackesche Höfe,
Berlin, 1906/07, von BERNDT/ENDELL, Fassadengliederung durch Rhythmus der Fenster und Farbe

Punktsymmetrie/-inversion. Zentrale symmetrische Anordnungen sind oft als Ausdruck diktatorischer Herrschaftsstrukturen anzusehen (z. B. nationalsozialistische und stalinistische Bauten). Sie signalisieren Geschlossenheit und Gesetzmäßigkeit und lassen nur geringen Spielraum für die Einzelform. Hingegen wird asymmetrisches Bauen durch Offenheit und individuelle Formungsmöglichkeit demokratischen Systemen zugeordnet. Allerdings kann Asymmetrie auch den Mangel und die Unkenntnis von Ordnungsprinzipien verdeutlichen, wenn das Gleichgewicht nicht durch andere Kompositionsprinzipien wiederhergestellt wird.

Proportion: Größenverhältnis, rechtes Maß, Ebenmaß, Gleichmaß

goldener Schnitt: Maßverhältnis einer Strecke, die so geteilt ist, dass sich der kleinere Abschnitt zum größeren verhält wie der größere zum Ganzen. Er ist ein grafisches Hilfsmittel zur Findung harmonischer Proportionen

Proportion in der Architektur bezeichnet die Maßverhältnisse der einzelnen Bauteile untereinander und zum Gesamtbau. Dabei wird von einem bestimmten Grundmaß (Modul), von Grundfiguren (Kreis, Quadrat, Dreieck) oder bestimmten Zahlenverhältnissen ausgegangen. Nach einem genauen Maßsystem wurden die griechischen Tempel errichtet. Der untere Säulendurchmesser war das Grundmaß für die drei typischen Säulenordnungen.
Der **goldene Schnitt,** das berühmteste harmonische Proportionssystem, hat ebenfalls in Griechenland seine Wurzeln. Durch Jahrhunderte, von der Zahlenmystik des Mittelalters über die Maßsysteme der Renaissance bis zum Modulor von LE CORBUSIER, mühte sich der Mensch um handhabbare Regeln und Maßsysteme zur Proportionierung.

Modulor, frz. = Proportionsschema, das auf der Grundlage der menschlichen Gestalt und des goldenen Schnitts entwickelt wurde

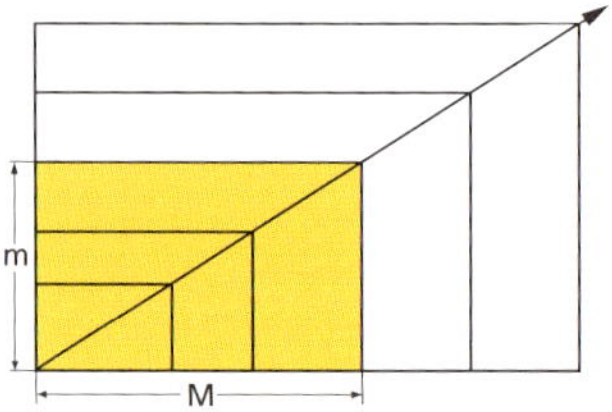

Die Diagonale als Hilfslinie zur Bestimmung beliebig größerer oder kleinerer Rechtecke im Goldenen-Schnitt-Verhältnis

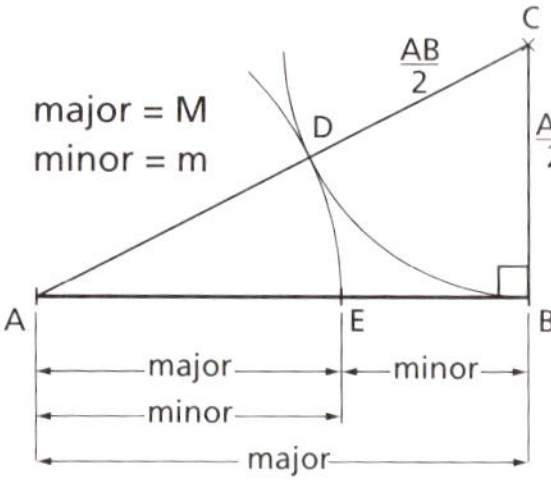

Teilung einer Strecke $\overline{AB}$

Bild links:
Quaderförmige Bauformen, 20. Jh., Mexiko-Stadt

Bild rechts:
Optische Formteilung am neuen Turm der Gedächtniskirche in Berlin, 1961, von EGON EIERMANN

Komposition ist nicht ohne Kontraste denkbar. Bei Fassaden oder zusammengesetzten (additiven) Baukörpern werden breite zu schmalen, hohe zu niedrigen, dicke zu dünnen, liegende zu aufragenden, spiegelnde zu stumpfen, eckige zu runden, konkave zu konvexen, dichte zu lockeren, gedrehte zu geraden Formteilen kombiniert. Kontraste werden außerdem durch die Verwendung unterschiedlicher Materialien erreicht.
Bei der Hierarchie wird eine Rangordnung, Rangfolge von Bauelementen und Fassadenteilen angestrebt. Ein Element oder mehrere Elemente beherrschen die übrigen.

Bild links:
Komposition mit stereometrischen Körpern: Spiegelglasfassaden, Ende 20. Jh., Mexiko-Stadt

Bild rechts:
Hierarchie von Kuppeln, Blaue Moschee, 16. Jh., Istanbul

6.5.2 Raum

Unter **Raum** ist der von Wänden, Decken und Böden begrenzte innere Teil eines Bauwerkes (Innenraum) oder ein von verschiedenartigen Baukörpern begrenztes städtebauliches/ dörfliches Gefüge (Außenraum) zu verstehen.

Raum

- **Außenraum**
  - **Bauten**
    - Lage
    - Einordnung
    - Dominanz
    - Akzent
  - **Mittel**
    - Raumform
    - Erweiterung
    - Einengung
    - Zwischenraum
    - Luftraum
    - Licht
- **Innenraum**
  - **Anordnung**
    - funktionale Zuordnung
    - räumliche Verkettung
    - integrierte Einheit
  - **Mittel**
    - Raumform
    - Raumdichte
    - Raumtiefe
    - Licht

Komposition
- Reihung
- Symmetrie
- radiale Ordnung
- Gruppierung
- Raster

Dimension
- Höhe
- Breite
- Länge

Bild:
Museum für Moderne Kunst, 1987, in der Frankfurter Innenstadt, gebaut von HANS HOLLEIN

Mit der Auswahl eines bestimmten Ortes nimmt das Bauwerk eine Beziehung zu seiner Umgebung – zur Landschaft, zu städtischen Bauten, zu Gewässern usw. – auf. Es fügt sich in den Außenraum ein, tritt in einen „Dialog" zu anderen Gebäuden oder es hebt sich deutlich vom übrigen Raum ab – es dominiert. Das kann durch Größe, Form, Ausdehnung, Materialeinsatz geschehen. Während in historischen Zeiten für die Wahl des Bauplatzes kultische und schützende Funktionen den Ausschlag gaben, muss der Architekt heute häufig eine Baulücke füllen.

Nach der Philosophie des fernen Ostens bewirkt erst der leere Raum das Wesen der gestalteten Form. Bei LAO-TSE ist zu lesen: *„Aus Ton entstehen Töpfe, aber das Leere in ihnen erwirkt das Wesen des Topfes. Mauern mit Fenstern und Türen bilden das Haus, aber das Leere zwischen ihnen erwirkt das Wesen des Hauses."*

Entscheidend für die Art des Raumerlebnisses ist der Weg, den der Mensch im architektonischen Raum zurücklegt. Über die Festlegung bestimmter Bewegungsrichtungen (z. B. Straßen, Alleen, Galerien, Treppen) können Raum- und Formerlebnisse bewusst gesteuert werden.

Bild:
Piazza del Campo, muschelförmiger, von Gebäuden umgebener Platz, Siena

Für den Außenraum bedeutsam sind die **Grenzen der Baukörper.** Es gibt unendlich viele Möglichkeiten zu seiner Gestaltung: Lage und Zugang, Ausdehnung und Einengung, Abstand und Nähe, Durchdringung, den Zwischenraum als Lücke, Spalte, Platz usw. Das architektonische Gefüge einer Stadt beruht auf dem Zusammenspiel zwischen Baukörper und Räumen. Straßen dienen der Aufteilung und Erschließung von Stadtvierteln, dem Durchgang, dem Verkehr, der Bewegung. Sie verlaufen linear. Plätze dienen dem Auffangen der Bewegung, der Sammlung und Versammlung. Sie sind eher flächig. Straßen und Plätze erhalten ihren Raumcharakter durch die sie begrenzenden Gebäude. In Lucca (Italien) ist der zentrale Platz kreisrund. Er soll aus einem ehemaligen römischen Amphitheater entstanden sein. Auch im Außenraum bilden die **Kompositionsprinzipien** der Reihung, Gruppierung, der Symmetrie, der Zentrierung Schwerpunkte bei der Anordnung von Bauwerken. Das Prinzip des Rasters wurde ca. ab 450 v. Chr. vor allem bei der Anlage neuer Städte in Kleinasien als geometrischer Bebauungsplan benutzt.

In früheren Zeiten überragten meist Sakralbauten die übrige Bausubstanz. Heute können Fernsehtürme, Bank-, Universitätsgebäude, Wohnhochhäuser usw. zur städtebaulichen Dominante werden.

Bild:
Städtebauliche Dominante: Turm und Kuppel des Domes, Siena

Die Wahrnehmung der Außenräume erfolgt sehr unterschiedlich. So kann eine schmale, enge Gasse in einer mittelalterlichen Stadt schützend, aber auch beklemmend wirken. Ein großzügig dimensionierter Platz kann offen und weitläufig, aber auch grenzenlos unendlich wirken. Stadtsilhouetten machen deutlich, dass bestimmte Bauwerke sich vom homogenen Stadtbild durch Höhe, Masse, besondere Formung abheben.

Wie der Außenraum werden auch die Innenräume eines Bauwerkes durch die Bewegung erschlossen. Raumtiefe bei Straßen, Plätzen und Innenräumen entsteht durch Profilierung und Gliederung, die eine Abstufung ergeben. Die Architekten einzelner absolutistischer Kleinfürsten versuchten, große Räume vorzutäuschen, indem sie sich perspektivischer Mittel bedienten: z. B. statt parallele Wege und Rabatten zu verwenden, ließen sie in ihren Parks die Wege diagonal auf einen Fluchtpunkt „zulaufen". Raumdichte wird erzeugt, wenn der Raum durch „Zwischenstaffelung" scheinbar verengt wird: z. B. durch Säulenwälder oder Pfeiler (Moschee in Córdoba; „Garten des Exils und der Emigration" im Jüdischen Museum in Berlin). Im Gegensatz dazu wirken ungegliederte Räume meist als großzügige Hallen. Die Wirkung eines Raumes wird auch durch seine Dimensionierung erreicht. Am Maß des Menschen gemessen, der für sein Wohlbefinden sowohl Rückzugsmöglichkeiten als auch Geräumigkeit braucht, müssen vor allem Büro- und Wohnräume projektiert werden. Extrem dimensionierte Räume können schwindelerregend hoch oder bedrückend niedrig, endlos lang oder bedrängend schmal sein.

Bei der Anordnung von Räumen unterscheidet man zwischen funktionaler Zuordnung, integrierter Einheit und räumlicher Verkettung. Private Wohnhäuser – Architektenhäuser – werden heute meist als Kompromiss zwischen funktionaler Zuordnung (Bad, Schlafraum, Toilette) und integrierter Einheit (Küche, Ess- und Wohnraum) konzipiert. Verschiedene Nutzungszwecke werden damit in einem Raum zusammengeführt. Bei der **räumlichen Verkettung** werden verschiedene Räume einer einheitlichen Nutzung zugeführt und häufig mit Sichtachsen, Treppen, Galerien verbunden (Casa Rotonda, 1980, von MARIO BOTTA in Stabio, Tessin; Museumsbauten).
Räume im Innern der Gebäude können ebenso wie Gebäude im Außenraum radial um ein Zentrum, linear in einer Abfolge, frei gruppiert oder als gleichförmiges Raster angeordnet sein.
Durch verschiedene Kompositionen, offene Grundrisse, Durchdringung von Räumen, große Fensterflächen und entsprechende Öffnungen zum Außenraum kann ein Baukörper einladend und offen wirken (Louisiana Museum, Dänemark) oder verschlossen, abwehrend, festungsartig, wenn sich die Räume nach innen – auf einen Hof oder mehrere Höfe – öffnen. Beispiele aus dem Altertum sind die Atriumhäuser Griechenlands und Roms oder Gebäude in den islamischen Kulturen, z. B. die Alhambra in Granada oder marokkanische Wohnhäuser.

6.5.3 Licht

Licht ist ein wesentliches Element in der Architektur und der Gestaltung von Raum. Bestimmte Architekten benutzen es so, als ob es sich um einen Baustoff handelt.

6

Bild: *Lichtwirkung in der Hagia Sophia, 532–537, Konstantinopel*

In den Felsentempeln des alten Ägypten, in den Kirchen des Mittelalters bis in die Gegenwart diente der gut berechnete Einfall von Tages- bzw. Sonnenlicht zur Verstärkung bestimmter kultischer oder religiöser Absichten. Das nur Minuten dauernde mystische Lichtwunder der Tempel von Abu Simbel in Südägypten materialisierte die Gottheiten für einen kurzen Moment, bevor sie für ein halbes Jahr in „ägyptischer Finsternis" verschwanden.
Wichtigste Kontraste zum Licht sind Halbdunkel und Schatten. Seit der Antike benutzt man **Kanneluren** an Säulen, Pfeilern und Pila stern zur Licht-Schatten-Wirkung und als Mittel der optischen Erzeugung von Schlankheit. Jedes Architekturdetail wird erst durch den erzeugten Schatten deutlich sichtbar. Gleichförmige Ausleuchtung, z. B. durch grelles Mittagslicht, verringert die Plastizität des Bauwerkes.

Kanneluren sind senkrechte, meist runde Vertiefungen, z. B. in Säulen.

Der Grad der Beleuchtung, die Lichtfarbe, Schattenwirkung und der Wechsel von Hell und Dunkel nehmen Einfluss auf Wohlbefinden, Lebensrhythmus und Stimmung des Menschen. Licht-Raum, Licht-Objekt, Oberflächenlicht, Illumination sollen die unterschiedlichen architektonischen Möglichkeiten verdeutlichen.

Bild: *Spiegelung im Myrtenhof der Alhambra,* Granada

Der **Licht-Raum** ist ein fiktiver Raum, der entsteht, wenn ein Abschnitt eines Raumes hell beleuchtet wird, während der Rest im Halbdunkel oder Dunkel bleibt. Er ist z. B. dazu geeignet, Bühnensituationen zu gestalten (Theater, Zirkus). In einem großen Büro erlaubt der kleine Licht-Raum, der durch eine Tischlampe entsteht, einen Rückzug des Einzelnen zum Lesen oder Arbeiten. Lichträume, die durch eindringende Sonnenstrahlen erzeugt werden, „wandern" mit der Sonne weiter. Zum **Licht-Objekt** kann ein einzelnes Fenster, eine gotische Rosette, eine Lampe oder Kerze u. a. werden. Das Licht von Objektreihen (Obergaden, Strahler usw.) ist gerichtet. Es erzeugt eine sakrale Stimmung oder beleuchtet punktuell bestimmte Gegenstände (Kunstwerke, Schmuck usw.). Zur Verteilung mehrerer Lichtquellen im Raum ist wiederum Komposition nötig. Als Oberflächenlicht sind nicht nur das von Objekten und Flächen reflektierte Licht gemeint, sondern auch die erhellten Objekte und Flächen, die damit selbst zur „Lichtquelle" werden. Im Außenraum werden mit der Illumination die Formen bestimmter Gebäudeteile hervorgehoben oder historische Bauwerke angestrahlt.

Licht

Wirkung

- sakral
- mystisch
- atmosphärisch
- ordnend
- kennzeichnend
- beruhigend
- anregend

Mittel

- Hell-Dunkel
- Licht-Raum
- Licht-Objekt
- Oberflächenlicht
- Illumination
- Lichtinszenierung

Beleuchtungsaufgaben

- Allgemeinbeleuchtung
- Akzent-Präsentations-Beleuchtung
- Leitbeleuchtung
- Notbeleuchtung
- Anstrahlung
- Arbeitsplatzbeleuchtung

„Achitektur ist das kunstvolle, korrekte und großartige Spiel der unter dem Licht versammelten Baukörper; unsere Augen sind geschaffen, die Formen unter dem Licht zu sehen: Lichter und Schatten enthüllen die Formen", sagte LE CORBUSIER.

Lichtgestaltungen werden immer vielfältiger. **Lichtinszenierungen** von Gebäudekomplexen werden mithilfe von Lichtsteuer- und Lichtregelsystemen als komplexe und dennoch wirtschaftliche Beleuchtungskonzepte gestaltet.

6.5.4 Farbe

Die **Farbgestaltung** in und am Bauwerk gehört zu den großen kulturellen Leistungen der Gesellschaft. Jede Zeit und jede Epoche hatte ihr spezifisches Verhältnis zur Farbe in der Architektur. Seit dem Altertum wurden Bauten durch farbig glasierte Ziegel und Mosaike, Bemalung von Marmor gestaltet. Die Römer strichen selbst einfaches Bruchsteinmauerwerk.

Bild: *Perspektivisch gemalte Quaderung,* Goslar

Damals schon üblich war auch die künstliche Marmorierung durch Malerei auf Architekturelemente. Im Mittelalter galt ein Bau erst mit der farbigen Fassung als vollendet. Die Profanarchitektur der deutschen Renaissance entwickelte ein ganzes Dekorationssystem mit perspektivischer Quaderung, Fenster- und Türrahmungen in Malerei und **Sgraffito**-Technik. Farbige Wandflächen, Vorlagen, Fensterumrahmungen und Portale bestimmten das Barock. Im Innenraum vermittelte die illusionistische Deckenmalerei eine gesteigerte Raumillusion – eine scheinbare Öffnung des Himmels.

Sgraffito, ital. = Kratzputz
Mehrere Schichten verschiedenfarbiger Putze werden auf die Wand aufgetragen. Durch Abkratzen der oberen Schicht legt man die darunterliegende frei.

Für Residenzstädte und Stadterweiterungen wurden zur Erreichung einer einheitlichen Gesamtwirkung Farbrichtlinien erlassen. Die bis dahin üblichen starken Farbkontraste wichen pastelligen Farben und wurden im Klassizismus meist auf Weiß- und Grautöne beschränkt. Nachdem Schinkel auf den ästhetischen Wert der natürlichen Farben von Stein- und Ziegelmaterial hingewiesen hatte, wurde ab ca. 1830 und im Historismus fast nur noch mit der naturgegebenen Farbigkeit von Baumaterialien und Dekorationen gearbeitet. Nach dem Ersten Weltkrieg versuchte BRUNO TAUT unter dem Einfluss des Expressionismus mit seiner „Farbigen Stadt" Teile des Großstadtbildes durch starkfarbige Anstriche zu verändern. Auch ERNST MAY setzte für die Siedlungen des Neuen Frankfurt Farbsysteme ein.

Bild:
Rhythmus und Farbe: Hansehäuser der Bryggen, Bergen (Norwegen)

„Die Griechen, deren Tempel aus einem glasklaren, zuckerartigen Marmor waren, transparent und wunderschön, zweifelten nicht einen Augenblick und gaben diesen Tempeln bunte Farben. Farbe ist Leben und wir sollten dieses Element nicht gering schätzen, um es in unsere Werke eindringen zu lassen" (ANTONI GAUDI).

Der International Style hatte das vorherrschende Weiß zum Dogma erhoben. Bereits im Nationalsozialismus und bis Ende der 1950er-Jahre fand Naturstein zur Verkleidung öffentlicher Bauten Verwendung. In den 1960er-Jahren wurde das Grau des unverkleideten Betons (Sichtbeton) hoffähig. Zunehmend gestalteten Architekten Vorhangfassaden mit Glas, Kunst- oder Natursteinplatten.

In der Gegenwartsarchitektur existiert die Farbe im Außenraum als Anstrich, in Vorhangfassaden aus verschiedenen Materialien (Holz, Stein, Metall, Glas etc.), als massives Ziegel- und verschiedenfarbiges Klinkermauerwerk, als Keramik usw.

Ästhetische Aufgaben der Farbgestaltung sind z. B.: Gebäudeensembles zusammenzufassen, zu rhythmisieren, Einzelbauwerke oder besondere Bauteile hervorzuheben, charakteristische Städte- und Ortsbilder zu schaffen.

Wie im Außenraum erfuhr die Farbe im Innenraum durch die Jahrtausende einen Bedeutungswandel. Ägyptische Wandmalerei in Tempeln und Gräbern war nicht als Schmuck, sondern aus kultisch bedingten Gründen farbig. Jede verwendete Farbe hatte eine andere symbolische Bedeutung. Farbige Dekorationssysteme verwendeten die Griechen und Römer bevorzugt als Schmuck und zur Repräsentation. Farbverwendung in historischen Bauernhäusern erfolgte als Schmuck, aber auch in dem Glauben, damit das Eindringen böser Geister abzuhalten.

Bild:
Deckenmalerei in einem altschwedischen Bauernhaus

In der Gegenwart wird Farbe im Innenraum zur Sicherheit (Warnanstriche in Industriegebäuden), zur visuellen Raumkorrektur, zur Erzeugung bestimmter Stimmungen und zur Beeinflussung des psychischen Befindens eingesetzt. Die Anwendung bestimmter Farben und Farbkombinationen in Arbeits-, Wohn-, Schul- und Praxisräumen stützt sich auf die Erfahrungen, dass „warme Farben" (Rot, Orange, Gelb) anregend und „kalte Farben" (Violett, Blau, Grün) beruhigend wirken. Dabei sind diese Eigenschaften immer in Abhängigkeit von den Nachbarfarben zu sehen. Deshalb spielen auch bei der Gestaltung mit Farbe wiederum Kompositionsprinzipien und die Farbkontraste eine Rolle (Komplementär-, Hell-Dunkel-, Intensitäts-, Qualitäts-, Mengen-, Simultan- und Farbe-an-sich-Kontrast).

Farbe

Dekorziele	Farbträger	Farbmaterial	Wirkung
• gliedern	• Fassade	• Anstrich	• festlich
• verfremden	• Wand	• Sgraffito	• prächtig
• betonen	• Boden	• Fresko	• heiter
• schmücken	• Dach	• Stein	• anregend
• symbolisieren	• Textilien	• Ziegel	• beruhigend
• vereinheitlichen	• Möbel	• Keramik	• sachlich
• Illusion erwecken		• Mosaik	• mystisch
• Atmosphäre schaffen		• Metall	• hygienisch
		• Holz	• ordnend
		• Glas	• warnend

Bild links:
Azulejo in Vila Nogueira de Azeitao, Portugal

Bild rechts oben:
Deckenmalerei in Mafra, Portugal

Bild rechts unten:
Pub in Dublin, Irland

6.6 Architektur des 20. Jh.

Für drei unterschiedliche Zeit- und Architekturabschnitte des 20. Jh. wird der allgemeine Begriff „moderne Architektur" verwendet. Anfang des Jahrhunderts galt er für eine Auffassung von Architektur, die sich vom Stilgemisch des 19. Jh. abzukehren versuchte. Neue Materialien, wie Stahl, Beton, Glas, Aluminium und Kunststoff, traten an die Stelle der bisher verwendeten. Technische Errungenschaften wurden in die Sprache der Architektur, in Konstruktion und Bauprozesse einbezogen. Nach dem Ersten Weltkrieg sprach man vom „Neuen Bauen" oder der **Moderne.** Die Vertreter dieser heute als klassische Moderne bezeichneten Richtung gingen in ihren neuen Gestaltungsgrundsätzen von Verstand und Logik und der reinen Funktionalität der Bauwerke aus. In der 2. Hälfte des 20. Jh. wurden die unterschiedlichsten Richtungen der Architektur, die Kritik an der Überbetonung des Funktionalismus und einer rein rationalen Gestaltung übten, als Nach-Moderne zusammengefasst. Forderungen nach mehr Symbolkraft, deutlichem Bezug zu historischen Vorbildern, Infragestellung der Gesetze der Tektonik u. a. prägen bis in die Gegenwart diesen Entwicklungsabschnitt. Neue Technologien ermöglichten neue Gestaltungs- und Formfindungsprozesse. Bauteile und ganze -systeme wurden industriell vorgefertigt und erst am Einbauort montiert, Versorgungssysteme nicht mehr versteckt, der Entwurf vom Reißbrett zum Computer verlagert.

Bild: *Wallfahrtskirche von Ronchamp,* 1950–1954, von LE CORBUSIER

Stile und Tendenzen folgten im 20. Jh. relativ kurzfristig aufeinander bzw. bestanden auch nebeneinander. Manche Architekten entwarfen nicht nur als Vertreter eines Stils. Im Werk LE CORBUSIERS ist z. B ein spektakulärer Stilwandel am besten nachzuvollziehen. Als Vertreter funktionalistischer Theorien, die er auch in seinen Schriften veröffentlichte, gestaltete er als Erster mit seiner Wallfahrtskirche von Ronchamp den „plastischen Raum" und wurde damit zum Begründer des „plastischen Stils".

Väter der Moderne (ca. 1900–1920)

Frührationalismus, Funktionalismus

Moderne (ca. 1920–1968)

Funktionalismus, Bauhaus, Expressionismus, Neoklassizismus, Rationalismus, international Style, organische Architektur

Nach-Moderne (ca. 1968–Gegenwart)

antirationale Architektur, Postmoderne, ökologische Architektur, High-Tech-Architektur, Dekonstruktivismus

6.6.1 „Väter der Moderne“ oder „Vor-Moderne“

Frührationalismus

In den 1890er-Jahren, als in Europa der Jugendstil in Mode kam, entwickelte sich daneben eine andere Strömung – ein kritischer Rationalismus. Diese Tendenz lehnte den Überschwang an Dekoration zugunsten der Konstruktion ab.

Bild:
Postsparkassenamt,
1904–1906, Wien,
von OTTO WAGNER,
Frührationalismus

Die Entwürfe zeigen eine extreme Klarheit und maximale Sparsamkeit unter Einbeziehung technischer Neuerungen. Der österreichische Architekt OTTO WAGNER baute mit sparsamerer Ornamentik konstruktiv, funktional und materialbestimmt. Sein bekanntestes Bauwerk ist das Postsparkassenamt in Wien (1904–1906), das durch technische Neuerungen – außen eine Marmorverkleidung und innen ein tonnengewölbtes Glasdach sowie einen Fußboden aus Glas – bestimmt wurde. Ein Schüler WAGNERS, ADOLF LOOS, verzichtete radikal auf jedes Ornament. Er nannte Dekor ein „Verbrechen“ und forderte seine Abschaffung. Flächen am Bau wurden unter Verwendung kostbarer Materialien gestaltet. Architektur bestand für ihn aus kubischen Elementen. Großen Einfluss übte er auf die Architekten des International Styles aus. Auch PETER BEHRENS verbindet das Bekenntnis zur Technik mit anspruchsvoller Formgebung.

Architekten:
OTTO WAGNER (1841–1918),
PETER BEHRENS (1868–1940),
ADOLF LOOS (1870–1933)

6.6.2 Moderne

Funktionalismus

Ein viel zitierter Satz, den der amerikanische Architekt LOUIS HENRY SULLIVAN (1856–1924) 1896 äußerte, gab dem Funktionalismus seinen Namen: „Form follows function“ (Die Form folgt der Funktion) und wurde zum Leitmotiv für die Architektur der Moderne, besonders für den International Style und den Konstruktivismus.

Bild:
Fagus-Werk,
1911–1914, Alfeld,
von GROPIUS/
A. MEIER

Zunächst ist das Entwurfskonzept des Funktionalismus ziemlich radikal: Aus der jeweiligen Funktion und dem sparsamsten Einsatz der technischen Möglichkeiten ergibt sich die Gestalt des Bauwerkes. Bei optimaler Verbindung aller Aspekte wird das Gebäude auch schön. Das bedeutet, dass Zweckmäßigkeit „automatisch“ Schönheit ergibt. In solcher Absolutheit wurden die funktionalistischen Thesen jedoch in den späten 1930er-Jahren kaum noch ernsthaft vertreten.

Der **Funktionalismus** löste den Historismus und den Jugendstil ab. Im **Bauhaus** wird dieser Stil zum Organisationsprinzip von Architektur. Unter Verzicht auf Repräsentation und Dekoration entsteht beim „sozialen Wohnungsbau“ im Nachkriegsdeutschland mit den funktionalistischen Prinzipien eine ideenlose und triste Massenarchitektur.

Architekten: LOUIS HENRY SULLIVAN (1856–1924), WALTER GROPIUS (1883–1969), LUDWIG MIES VAN DER ROHE (1886–1969), LE CORBUSIER (1887–1965)

MIES VAN DER ROHE soll Zeit seines Lebens nach einer Urform von Architektur gesucht haben, die mittels perfekter Konstruktion zu erreichen wäre. Seine Hochhäuser in dreieckigen und kurvigen Formen zielten durch die Verwendung von Glas und Stahlbeton auf eine neuartige Leichtigkeit und Belebung der Fassade durch Lichtreflexe.
Einer der bedeutendsten Vertreter der auf Zweckmäßigkeit ausgerichteten Architektur mit einer betont blockartigen, streng geometrischen Bauweise war WALTER GROPIUS. Gestalt und Detail eines Bauwerkes ergaben sich für ihn aus der inneren Gesetzmäßigkeit des zu entwerfenden Objektes. Zweckmäßigkeit wurde zum ästhetischen Prinzip.

„Chilehaus“, 1922/23, Hamburg, von FRITZ HÖGER, Expressionismus

Expressionismus

In Mittel- und Nordeuropa entstand nach dem Expressionismus in der bildenden Kunst ein expressionistischer Architekturstil (ca. 1910–1925), der eine Ausdruckssteigerung mit baukünstlerischen Mitteln versuchte. Im Unterschied zum Funktionalismus sollten die Bauten dieses Stils den Eindruck einer frei geformten, abstrakten und monumentalen Plastik vermitteln.
Zunächst wurden mit diesem Anspruch Bauwerke mit rundplastischen Formen errichtet (Einsteinturm, Potsdam, ERICH MENDELSOHN). In den 1920er-Jahren bevorzugten die Architekten spitze Winkel und eine Überbetonung der Senkrechten. Das Chilehaus (1922/23) in Hamburg von FRITZ HÖGER sollte mit seiner markanten Ostspitze und dem weit vorkragenden Dach die Assoziation an den Bug eines Ozeandampfers wecken. In der Grundtvigs-Kirche (1913–1926) in Kopenhagen symbolisierte der Architekt PEDER KLINT durch Treppengiebel und Fassadengliederung eine Orgel. Mit charakteristischen Backsteinbauten hoben sich die Gebäude der **Amsterdamer Schule** von den Bauwerken der deutschen Expressionisten ab.

Architekten: HANS POELZIG (1869–1936), ERICH MENDELSOHN (1887–1953), FRITZ HÖGER (1877–1949), PEDER VILHELM JENSEN KLINT (1853–1930)

Bauhaus

Bild: *Bauhaus in Dessau*, 1925/26, von WALTER GROPIUS

WALTER GROPIUS führte 1919 als Direktor mit einem internationalen Lehrerkollegium die Kunstgewerbeschule Weimar als „Bauhaus“ mit neuem Programm weiter. Als das Bauhaus 1924 nach Dessau übersiedeln musste, wirkte er zusammen mit ADOLF MEYER in dieser Funktion für die Internationalisierung des Architekturgeschehens. Grundlage der Lehre am Bauhaus war die Vereinigung von Kunst, Industrie und Handwerk mit dem Ziel eines Gesamtkunstwerkes. Das von GROPIUS und MEYER entworfene Bauhausgebäude in Dessau gilt bis heute als architektonisches Manifest der Bauhausidee. GROPIUS orientierte auf die *„exakt definierte Form ohne jede Zufälligkeit, klare Kontraste, (das) Ordnen der Elemente, Anordnen gleicher Teile in Serien“* und *„Einfachheit im Vielfachen, Gliederung aller Baueinheiten nach der Funktion der Baukörper, der Straßen und Verkehrsmittel, Beschränkung auf typische Grundformen und ihre*

Architekten: WALTER GROPIUS (1883–1969), ADOLF MEYER (1881–1929), HANNES MEYER (1889–1954)

Reihung und Wiederholung", wobei der Einsatz geometrischer Gliederungselemente vorherrscht (Siedlung Törten, 1926–1928, Dessau).

Neoklassizismus

Neoklassizistische Tendenzen brachten die Moderne in den 1930er-Jahren in Bedrängnis. Diktatorische Systeme in Europa (Deutschland, Italien, Sowjetunion) verlangten eine Machtarchitektur. Geeignet erschienen die Rückgriffe auf bewährte historische Stile. Anfang bis Mitte des 20. Jh. ließen die Nationalsozialisten Deutschlands und die Faschisten Italiens klassizistische Kompositionen und Elemente wieder aufleben. In Deutschland steigerte der Stararchitekt der Nationalsozialisten, ALBERT SPEER, Staatsbauten ins Gigantische. Bauten von massiver Kompaktheit mit wenigen Gliederungselementen, wie Kolonnaden, Portiken und steinerne Fensterkreuze, entstanden. Streng symmetrische Kompositionen und Axialität zur Umgebung erzeugten ein starres architektonisches System. Neben Form und Komposition verkörperte auch das Steinmaterial Härte, Disziplin und Wehrhaftigkeit (Neue Reichskanzlei, 1938–1939, Berlin).

Bild: *Lomonossow-Universität,* 1948–1952, Moskau, von LEW WLADIMIROWITSCH RUDNEW, so genannter „Zuckerbäckerstil", Neoklassizismus

Ein anderer Aspekt des Neoklassizismus sind die Kollossalordnungen der stalinistischen Architektur und die historisierenden Zutaten für neue Kommunalgebäude in Moskau (Hotel Moskwa, 1932–1935; U-Bahn-Station Majakovskaja, 1936). Dieser Stil wurde nach dem Zweiten Weltkrieg u. a. mit der Lomonossow-Universität (1948–1952) weitergeführt und in die DDR exportiert (Stalinallee, 1952–1958, Berlin, Architektengruppe um HERMANN HENSELMANN). Außer dieser Regimearchitektur wird der Begriff Neoklassizismus im Zusammenhang mit der Postmoderne in den 1970er- und 1980er-Jahren benutzt.

Architekten:
ALBERT SPEER (1905–1981), HERMANN HENSELMANN (1905–1995), LEW WLADIMIROWITSCH RUDNEW (1885–1956)

International Style

Der Begriff wurde 1932 von HITCHCOCK und JOHNSON für eine moderne Architektur geprägt, die sich aus verschiedenen Tendenzen und Strömungen herausgebildet hatte – in Europa u. a. von den Bauhausmeistern MIES VAN DER ROHE und LE CORBUSIER geschaffen wurde. Während der 1920er-Jahre setzte sich dieser Stil zunächst in Mitteleuropa, danach in weiteren europäischen Ländern und Amerika durch. Seine Merkmale sind: asymmetrische Komposition, einfache kubische Hauptformen, weite, oft in horizontalen Streifen angeordnete Fensterfronten, Vorliebe für weißen Verputz, Fehlen von Ornamenten und Verzierungen. Trotz grenzüberschreitender Gemeinsamkeiten wirkten die Gebäude nicht uniform und boten Möglichkeiten für kreative

Bild: *Neue Nationalgalerie,* 1962–1967, Berlin, von MIES VAN DER ROHE, International Style

Der finnische Architekt ALVAR AALTO konzipierte seine Architekturen immer von der Bauaufgabe ausgehend und wählte dazu passend Materialien und Konstruktion. Ab den 1930er-Jahren fanden sich zunehmend kurvige Elemente in seinen Bauten.

6

Entwürfe. LE CORBUSIER entwickelte ein Eisenbeton-Skelett-System „Domino" für die Massenproduktion von Wohnhäusern und beschäftigte sich mit städtebaulichen Fragen. Seinen Architekturprinzipien lässt sich folgendes entnehmen: Bevorzugung frei stehender Stützen, die von der Erde ohne umgebendes Mauerwerk bis zum ersten Stock aufsteigen und den Baukörper von der Erde abheben (Aufstelzung); Unabhängigkeit von Skelett und nichttragender Wand, freier Grundriss, freie Fassade, oft auch Dachgärten, da das Gebäude auch nach oben ein „Gesicht habe" (Haus in der Weißenhofsiedlung, 1927, Stuttgart; Villa Savoie, 1929–1931, Poissy).

Im Nationalsozialismus emigrierten viele Architekten in die USA. Dort waren besonders die Bürohochhäuser (Wolkenkratzer) mit ihren vielfältigen abstrakten Formen wichtige Bauaufgabe und Ausdruck der Moderne.

Architekten:
LE CORBUSIER (1887–1965), LUDWIG MIES VAN DER ROHE (1886–1969), ALVAR AALTO (1898–1976), ELIEL SAARINEN (1873–1950), EERO SAARINEN (1910–1961), RICHARD NEUTRA (1892–1970), OSKAR NIEMEYER (geb. 1907)

In den 1950er-Jahren erreichte die Architektur der Moderne nochmals einen Höhepunkt. Einige Länder, die ihre Unabhängigkeit gewonnenen hatten, repräsentierten durch den Bau neuer Hauptstädte. In Chandigarh (Indien) baute LE CORBUSIER Gerichts-, Parlaments- und Sekretariatsgebäude (1951–1958). Auch das städteplanerische Konzept basierte auf LE CORBUSIERS Prinzipien von „Licht, Raum und Grün". OSKAR NIEMEYER entwarf bedeutende Bauten für Brasiliens Hauptstadt Brasilia, z. B. den Regierungspalast, eine Kathedrale, ein Kongressgebäude (1958–1960). In beiden Städten wurden architektonische Visionen realisiert.

Organische Architektur

Bild: *Philharmonie,* 1960–1963, Berlin, von HANS SCHAROUN, organische Architektur

Die **organische Architektur** hat keine einheitliche Grundlage, sondern ist eher eine vielseitige ideologische Erscheinung. Der Begriff des „organischen Bauens" wurde bereits in den 1920er-Jahren von HUGO HÄRING geprägt und war als Gegenentwurf zur rationalistischen Architektur gedacht. Die architektonische Form sollte vollständig aus dem „Wesen" der Bauaufgabe, nicht nur aus ihrer Zweckbestimmung entwickelt werden und wie ein „Organ" (Körperteil) der Bewohner bzw. Benutzer ihre Funktion erfüllen. Aus diesem Verständnis plante man den Bau von innen nach außen, also vom eigentlichen „Wohnraum" ausgehend. Organische Architektur strebte eine Harmonie zwischen Bau und Landschaft, das organische Zusammenfügen von Bauteilen, die Verwendung natürlicher Baumaterialien und die Zweckbezogenheit der Bauwerke an. Eine innere Ordnung vieler einzelner Dinge im Zusammenhang ergab, wie in der Natur, die Formgestalt als Ergebnis.
Nach dem Zweiten Weltkrieg wurden diese Ideen von HANS SCHAROUN (Philharmonie, 1960–1963, Berlin) und ADOLF ABEL/ROLF GUTBROD (Konzerthaus „Liederhalle", 1955–1956, Stuttgart) weitergeführt.

Als Hauptvertreter der „organischen Architektur" galt der amerikanische Architekt FRANK LLOYD WRIGHT. Seine Maxime, *„für jedes Individuum einen individuellen Stil"* und *„für jeden Ort eine individuelle Formensprache"*, kennzeichnet seine Auffassung vom Bauen. Die Architektur sollte mit der Naturumgebung eine harmonische Verbindung eingehen. Im Guggenheim-Museum in New York (1956–1959) windet sich über einem kreisrunden Grundriss eine spiralförmige Rampe. Die sich nach oben verkleinernde trichterartige Betonspirale wird von einer gläsernen Kuppel überdacht. WRIGTH greift hier auf Naturformen zurück. Andere Konzepte befassen sich aus **anthroposophischer** Sicht (RUDOLF STEINER), aus symbolisch nachahmender Sicht (EERO SAARINEN) und aus der Sicht schöpferischer Umsetzung von Naturformen (FREI OTTO) mit dem organischen Bauen. Auch die Bemühungen um ein ökologisches Bauen sind in diesen Zusammenhang einzugliedern.

Bild: *Guggenheim-Museum,* 1956–1959, New York, von FRANK LLOYD WRIGTH, organische Architektur

Architekten: HUGO HÄRING (1882–1958), HANS SCHAROUN (1893–1972), FRANK LLOYD WRIGHT (1887–1959), RUDOLF STEINER (1861–1925), FREI OTTO (geb. 1925), GÜNTHER BENISCH (geb. 1922)

Anthroposophie (griech.) ist eine von STEINER 1902 begründete Weltanschauungs- und Erkenntnislehre. Sie vereinigt u. a. Elemente des deutschen Idealismus, der Weltanschauung GOETHES, der Gnosis (Gotteserkenntnis), der indischen Philosophie und der naturwissenschaftlichen Erkenntnisse seiner Zeit.

6.6.3 Nach-Moderne

In der Architektur formierte sich in den 1960er-Jahren zunehmend Kritik an der Überbetonung des Funktionalismus und einer rationalen Gestaltung. Vor allem galten die Prinzipien der klassischen Moderne und des International Style nicht mehr unangefochten. An ihre Stelle traten eine Vielzahl unterschiedlicher Bautypen und Stile. Neue Theorien und Anschauungen über Architektur, wie sie z. B. im Minimalismus und Dekonstruktivismus, aber auch im ökologischen Bauen sichtbar wurden, setzten sich durch. Die vielfältigen ästhetischen, theoretischen, regionalen und ökonomischen Bezüge werden als **nachmoderne Bewegung** in der Baukunst zusammengefasst.

Postmoderne

Die **Postmoderne** ist eine Architekturrichtung der 1960er- bis 1980er-Jahre, die durch einen ironischen und spielerischen Umgang mit historischen Bauformen und Typen versucht, eine Gegenposition zur klassischen Moderne der 1920er- und 1930er-Jahre zu beziehen. In Ablehnung des reinen Funktionalismus, der Kargheit und der Strenge der Moderne verwendet sie ähnlich wie die rationale Architektur Bauelemente vergangener Epochen. Im Unterschied dazu werden aber diese Elemente, z. B. gotische, barocke oder antike, häufig neben- und miteinander

Bild: *Staatsgalerie Stuttgart*

Architekten: JAMES STIRLING (1926–1992), HANS HOLLEIN (geb. 1934), CHARLES W. MOORE (1925–1995), ROBERT VENTURI (geb. 1925)

am gleichen Bauwerk verwendet. Dieses Stilgemisch der postmodernen Architektur wird häufig als „Collagearchitektur" bezeichnet.

High-Tech-Architektur

Bild: „*debis- Bau*", 1995–1997, Berlin, von RENZO PIANO, High-Tech-Architektur

Architekten: NORMAN FOSTER (geb. 1935), RICHARD ROGERS (geb. 1933), RENZO PIANO (geb. 1937), SANTIAGO CALATRAVA (geb. 1951), TOYO ITO (geb. 1941), JEAN NOUVELL (geb. 1945)

High-Tech-Architektur ist ein Stilbegriff für eine Architekturströmung, die Ende der 1970er-Jahre beginnt. Die Faszination für Technik führte zu einer Ästhetisierung technischer Konstruktionsweisen, die sich z. B. in sichtbar gelassenen Tragwerken und Versorgungssystemen äußert. Bevorzugt werden industrielle Fertigungsmethoden unter Verwendung von Metall, Glas, Kunststoff als „saubere" Baumaterialien. Austauschbare Module, „Plug-in-Elemente", garantieren geringen Wartungsaufwand für Verschleißteile. Neben monumentalen „Gebäudemaschinen" (Centre Pompidou, 1971–1977, Paris; Lloyds Building, 1979–1984, London) entsteht eine Architektur, die mit der Landschaft korrespondiert und lokale Bezüge aufweist. Zunehmend werden Hochtechnologien aus der Luftfahrt-, Raumfahrt- und Energietechnik in das Bauwesen einbezogen. Ökologische Aspekte werden mit Wissenschaftlern anderer Fachdisziplinen erarbeitet und unauffällig in die High-Tech-Bauten integriert (Reichstagskuppel, Berlin).

rational, lat. ratio = Vernunft, Verstand

Rationale Architektur

Bild: „*Berliner Block*", *Kochstraße/Wilhelmstraße*, 1986–1988, Berlin, von ALDO ROSSI, rationale Architektur

Rationale Architektur versteht die Baukunst als objektive Wissenschaft, die auf Logik und Gesetzmäßigkeit beruht. Der Begriff und seine theoretischen Grundlagen wurden erstmals vom italienischen Architekten ALDO ROSSI 1966 formuliert. Diese Stilrichtung lehnt die Überbewertung des Funktionalismus der klassischen Moderne zugunsten einer ganzheitlichen Entwurfslösung ab.

Theoretische Bestrebungen der „Architettura razionale" fußen auf dem Studium der Architekturgeschichte, von Gebäudetypen und Stadtentwicklung. Dadurch sollen baukünstlerische Gesetzmäßigkeiten als „kollektives Gedächtnis" erkennbar und schöpferisch kombiniert angewendet werden. Elementare Bauformen, wie Säulen, Pfeiler, Balken, Wände, Giebel, Arkaden, und die Betonung von Achsen und Symmetrie bestimmen die streng formalen Bauten. Dieser Stil wird von den Theoretikern der rationalen Architektur nicht als Fortsetzung oder Wiederbelebung des Rationalismus der 1920er-Jahre verstanden. Für den „architektonischen Laien" ist diese Position nicht immer nachvollziehbar.

Architekten: DANIEL LIBESKIND (geb. 1946), ZAHA HADID (geb. 1950), FRANK O. GEHRY (geb. 1929), COOP HIMMELBLAU (WOLF D. PRIX, geb.1942) HELMUT SWICZINSKY (geb. 1944), PETER EISEN-MANN (geb. 1932), BERNHARD TSCHUMI (geb. 1944)

Ökologisches Bauen

In den 1970er-Jahren wurde unter **ökologischer Architektur** ganz allgemein die Umweltfreundlichkeit von Bauwerken verstanden.
Dabei waren folgende acht Prinzipien zu beachten:
- Minimierung der vom Bauen und der Gebäudenutzung ausgehenden Umweltbelastung und Schonung natürlicher Ressourcen,
- sparsamer Umgang mit Grund und Boden, Erhalt und Schaffung von Grünflächen,
- benutzerfreundliche Planungsbeteiligung,
- kritische Auswahl umweltgerechter Baustoffe (natürliche, recycelbare Baustoffe),
- Energie sparendes Bauen (Heizung, Warmwasser, Elektroenergie, Trinkwasser),
- Maßnahmen zur Kleinklimaverbesserung (Dach- und Fassadenbegrünung, Minimierung von Oberflächenversiegelung),
- harmonische Einbindung in die Umgebung,
- ästhetische Lösung.

Architekten: FREI OTTO (geb. 1925), RICHARD ROGERS (geb. 1933), RENZO PIANO (geb. 1937), GAIA ASSOCIATES/PAUL LEECH (geb. 1950)

Nach der weltweiten Ölkrise zu Beginn der1970er-Jahre begannen viele Architekten und ihre Auftraggeber, sich ihrer wachsenden Verantwortung bei Bautätigkeit und Bauprozessen bewusst zu werden. Es galt als notwendig, die Erde für zukünftige Generationen vor einer Umweltkatastrophe zu bewahren. Dieses Bewusstsein ist unter dem Begriff „nachhaltige Entwicklung" gesellschaftsfähig geworden.
Breit gefächert sind die Diskussionen um den richtigen Weg der „ökologischen" Architektur. Fragen der Anwendung von Technik – insbesondere von Hochtechnologie – innerhalb eines ökologischen Rahmens spielen dabei eine entscheidende Rolle.
Ökologisches Bauen benutzt viele Möglichkeiten der ästhetischen Gestaltung, und so kann ein Bauwerk heute kaum noch von außen als ökologisches oder nicht ökologisches Gebäude eingestuft werden. Aber das Konzept der erneuerbaren und nachhaltigen Energie ist fast immer ein wichtiger Schwerpunkt gegenwärtiger architektonischer Entwürfe.

Unter **„Nachhaltigkeit"** ist ein Kompromiss zwischen vollständigem Entwicklungsstop und einem Wachstum innerhalb bestimmter Grenzen zu verstehen.

Dekonstruktivismus

Der **Dekonstruktivismus** ist eine Architekturrichtung, in den 1980er- und 1990er-Jahren beginnend, die abgeleitet vom Lebensgefühl dieser Zeit auf den ganzheitlichen Sinnzusammenhang verzichtet. Der traditionelle konstruktive Architekturentwurf wird zugunsten von fragmentierten, zerstückelten, zersplitterten und wieder neu zusammengesetzten „Baumassen" aufgegeben. Alternativ zum Senkrecht und Waage-

Bild: *„Schiefes Haus"*, Düsseldorf, 1998/99, von FRANK O. GEHRY, Dekonstruktivismus

Architekten:
ALDO ROSSI (1931–1997), GIORGIO GRASSI (geb. 1935), MARIO BOTTA (geb. 1943), BRUNO REICHLIN (geb.1941), FABIO REINHARDT (geb. 1942), JOSEF PAUL KLEIHUES (geb. 1933), OSWALD MATHIAS UNGERS (geb. 1926)

recht, zu den Gesetzen von Tragen und Lasten, werden schräg gestellte Wände, abfallende oder ansteigende Decken und Böden, unregelmäßig geneigte oder ins Leere gehende Stützen, wahllos verteilte unregelmäßige Fassadenöffnungen, sich durchdringende Bauelemente, disharmonische Farbigkeit und Materialzusammenstellungen für beabsichtigte Brüche vorgeführt.

Antirationale Architektur

Eine **antirationale Architekturauffassung** wird seit den 1980er-Jahren vor allem vom österreichischen Maler FRIEDENSREICH HUNDERTWASSER vertreten, der rationale Baumaße – vor allem den rechten Winkel – außer Kraft setzte. In seinem „Verschimmelungsmanifest" verkündete er bereits 1958 sein Architekturkonzept, das sich gegen „Schachtelkonstruktionen" richtete, die von „Linealmenschen" gebaut wurden. Statt funktioneller Architektur sollten besser die wild wuchernden Elendsviertel als Grundlage für Bauverbesserungen dienen.

Bild: *Heizkraftwerk,* Wien, 1971, von FRIEDENSREICH HUNDERTWASSER

Architekt:
FRIEDENSREICH HUNDERTWASSER (1928–2000)

Er verlangte von der Baukunst eine Rückkehr zum menschlichen Maß, die Kreativität jedes einzelnen Bewohners von Häusern und einen „Friedensschluss" mit der Natur (1993). Seine Ideen waren in der Ablehnung von Technikhörigkeit und den Zielen, in Harmonie mit der Natur zu leben, stark ökologisch geprägt. Unter Einbeziehung der natürlichen Umgebung (Grasdach-, Grubenhäuser) plante er städtische Projekte. Wellige Böden, vielfarbige Säulen und Zwiebeltürme, abwechslungsreiche, unregelmäßige Fassaden, kurvige Linien, scheinbare Unvollkommenheit kennzeichnen seine Architektur.

Bild links: *Gebäude in Prag* – ein Beispiel für den Dekonstruktivismus, FRANK O. GEHRY/ VLADO MILUNIC

Bild rechts: *Einsteinturm in Potsdam* – ein Beispiel für expressionistische Architektur in Deutschland, ERICH MENDELSOHN

Begriffe	Erklärungen	Merkmale	
Architektur	Kunst des umbauten Raumes, ästhetische Gestaltung des menschlichen Wohn- und Lebensraumes	Funktion/Zweck: Sakralbau Profanbau Städtebau	Stil Ausdruck Bedeutung
Architekturgeschichte **Geschichte der Baukunst**	befasst sich mit Entstehung und Entwicklung der Architektur von der prähistorischen Architektur bis Architektur des 20. Jh. und Gegenwart (Epochen, Stile, Tendenzen); außereuropäische Architekturen	prähistorische Architektur Architektur des Altertums Architektur des Mittelalters Architektur der Neuzeit Architektur der Neuesten Zeit Architekturvisionen der Zukunft	
Architekturtheorie	Beschäftigung mit den gesetzmäßigen Bedingungen der Gestaltung; versucht eine normative Erfassung (VITRUV, RUSKIN, MORRIS, SEMPER, BAUHAUS, LOOS, LE CORBUSIER u. a.)	formale, inhaltliche, historische, gesellschaftliche, ästhetische Probleme	
Baurecht	Gesamtheit der das Bauen betreffenden öffentlich-rechtlichen Vorschriften	Bund: Bundesbaugesetz, Bauleitplanung (Bebauungspläne), Rahmenvorschriften für die Raumordnung Länder: Landesbauordnung	
Bauplan / Bauzeichnung	Entwurfs- oder Ausführungszeichnung (Bauzeichnung), grafische Darstellung eines bestehenden Gebäudes (Bauaufnahme), auch Detailzeichnung für ein Bauwerk	Antike: Grundriss des Gebäudes auf dem Baugrund markiert später: Risse, Schnitte, perspektivische Zeichnungen, Computersimulationen	
Bauweise	Art und Weise der Zuordnung von Bauwerken bei Siedlungen und in Städten; Bestandteil des Bebauungsplanes oder Ergebnis landschaftlicher Besonderheiten in der Entwicklung von Siedlungsstrukturen	**geschlossene Bauweise** (Häuser ohne Zwischenraum aneinander gebaut) **offene Bauweise** (Einzelgebäude sind mit Abstand voneinander errichtet) **gemischte Bauweise** (Gebäudegruppen sind mit Abstand voneinander errichtet) **Zeilenbauweise** (parallele Anordnung langer Baukörper quer zum Straßenverlauf) **Blockbauweise** (einheitliche Bebauung eines von mehreren Straßen begrenzten Grundstücks)	

Statik / Baustatik	Lehre vom Gleichgewicht der an einen ruhenden Körper angreifenden Kräfte. Baustatik ermittelt aus den Belastungen eines Bauwerkes Spannungen und Formänderungen von Bauteilen u. die zur Erreichung des Gleichgewichtes notwendigen Bedingungen	**Lasten (Kräfte):** statische und dynamische Lasten/Kräfte **statische Systeme:** – überspannen – stützen – aussteifen – gründen	
Konstruktion	Zusammenfügen von Bauteilen und Baustoffen Ordnungsprinzip für zweckmäßigen Einsatz der Baustoffe, folgerichtige Anordnung und feste Verbindung der Bauteile	**Konstruktionsprinzipien:** Massenbau Massivbau Skelettbau Flächen- u. Raumtragwerk	
Baukörper	Gesamtvolumen eines Gebäudes mit und ohne nutzbare Innenräume	elementare Körper Addition u. Gruppierung elementarer Körper, „Freie Körper"	
Bauelemente	Konstruktive und dekorative Einzelteile eines Baukörpers	konstruktiv: Boden, Wand, Dach/Kuppel, Treppe dekorativ: dekorativ funktional, bauplastisch, ornamental	
Gestaltung	Entwurf und Prozess zur Herstellung eines bewusst geformten Kunst-, Bauwerkes oder Designobjektes Zusammenfassung der Gestaltungsmöglichkeiten für eine Stadt nach ordnenden und künstlerischen Gesichtspunkten (Stadtbaukunst)	Form Raum Licht Farbe	Komposition Gliederung Proportion Dimension Kontrast
Bedeutung / Ausdruck	Botschaft, die durch die künstlerische und materialtechnische Form des Bauwerks mehr (auf Erklärungen angewiesen) oder weniger verschlüsselt übermittelt wird; Entschlüsselung der Botschaft ist abhängig von Ideologien der Zeit und Gesellschaft, vom Wissen und von Erfahrungen des Einzelnen	Symbolisierung Ikonografie	Ort Bautyp Form Materialwert Dekor Licht u. a.
Wirkung	unmittelbar mit der subjektiven Wahrnehmung des Einzelnen verbunden. abhängig : – von Einstellungen, inneren Vorstellungen, körperlichen Zuständen, Bewegungen, Handlungen – vom „Zeitgeschmack"	pragmatisch (anwendungs-, sachbezogen) ästhetisch (stilvol, schön, geschmackvoll) emotional	Zweckmäßigkeit Genuss Verlorenheit Überwältigung Bedrohung Erhabenheit Bewunderung ...

Wissenstest 6 auf **http://wissenstests.schuelerlexikon.de** und auf der DVD

Produktdesign 7

7.1 Design

7.1.1 Begriff Design

Der Begriff **Design** (engl.: Zeichnung, Muster) umfasst neben der umgangssprachlichen Bedeutung für die formalästhetische Gestalt eines Produktes (Form, Größe, Farbe, Material, Oberfläche usw.) vor allem den Prozess der gestaltenden Tätigkeit.

Produkt: Vom Menschen hergestellte, zum Gebrauch bestimmte Gegenstände, deren Entwicklung und Herstellung von sozialen, kulturellen und wirtschaftlichen Faktoren bestimmt ist.
MICHELANGELO BUONAROTTI (1475–1564) wird oft als der erste Designer bezeichnet, da er neben anatomischen auch wissenschaftliche Studien zur Maschinenkunde betrieb („Musterbuch der Maschinenelemente“).

Dazu gehört neben der zeichnerischen Entwurfsarbeit die Erfassung und Planung aller gestaltbestimmenden Faktoren, die für die Entstehung eines Produktes von wesentlicher Bedeutung sind, wie zum Beispiel wirtschaftliche Begebenheiten, technische Bedingungen, Fertigungstechniken, Materialeigenschaften, materieller Kostenaufwand usw.

7.1.2 Industrieelles Design

> Industrielles Design bezeichnet die bewusste Gestaltung von industriell hergestellten Serienprodukten.

Industrial Design, Industriedesign

Diese Produkte umfassen ein Spektrum ästhetisch orientierter Gegenstände, wie Bekleidung, Schmuck usw., technisch orientierter Produkte, wie Haushaltsgeräte, Arbeitsgeräte usw. und baulicher Erzeugnisse, wie Möbel und Bauelemente. Im Gegensatz zur handwerklichen Produktion ist das industrielle Design gekennzeichnet durch den arbeitsteiligen und spezialisierten Produktionsprozess. In den letzten Jahren übernimmt die computergestützte Planung (CAD) im Designprozess eine wichtige Rolle. Die im Designprozess hergestellten Gegenstände dienen der Befriedigung materieller und ästhetischer Bedürfnisse der Menschen und sind abhängig von den ökonomischen Bedingungen und den kulturellen Leitbildern der herrschenden Kultur. Neben der Zielstellung nach funktionsgerechter Gestaltung der Produkte dient die Herstellung materieller Güter, vom Standpunkt des Herstellers aus betrachtet, der Steigerung des Verkaufsvolumens einer Firma. Das bedeutet heutzutage kaum noch Neuentwicklung von Produkten, sondern mehr und mehr die systematische Weiterentwicklung bestehender Erzeugnisse. Werden hierbei nur die formalästhetischen Eigenschaften überarbeitet, ohne eine Verbesserung des Gebrauchswertes zu erreichen, handelt es sich um „Styling“. Die ökologischen Aspekte, z. B. Umweltverträglichkeit der Materialien, Verfügbarkeit der vorhandenen Rohstoffe oder Recyclebarkeit der Industrieprodukte, erhalten seit den 80er-Jahren eine höhere Gewichtung innerhalb des Designprozesses.

CAD: **C**omputer **A**ided **D**esign ist die rechnergestützte Entwicklung und Konstruktion von Produkten. Neben der Erarbeitung von Gestalt und Funktion werden mithilfe von Computerprogrammen alle Unterlagen für den Fertigungsprozess erstellt.

7.1.3 Designprozess

1. Analyse und Problemerfassung	
Produkt- und Marktanalyse	• Welche Produkte dieser Produktgruppe existieren schon auf dem Markt? • Welche Bedarfsgruppen werden damit bedient?
Konkurrenzsituation	• Welche Anbieter gibt es? • Welche Preis-Leistungs-Verhältnisse bestehen bei den angebotenen Produkten?
Zieldefinition	• Welchen Anforderungen soll unser Produkt genügen (ästhetisch, praktisch, symbolisch)? • Welche Zielgruppe soll angesprochen werden?

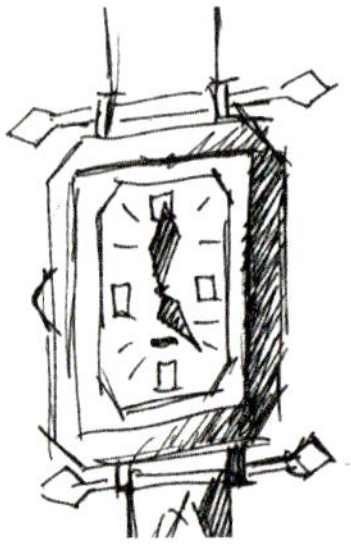

Scribble eines Uhrenentwurfs

2. Erarbeitung von Lösungsvarianten	
schrittweise Annäherung an eine Designlösung	• zeichnerische Entwurfsskizzen (Scribble) • Entwicklung neuartiger Vorschläge oder Weiterentwicklung von schon vorhandenen Formen
Visualisierung	Konstruktionsentwürfe, technische Zeichnungen (Schaubild, Aufriss, Abwicklung, perspektivische Darstellungen)
3. Optimierung/Problemlösung	
	• maßstäbliche Zeichnungen • Detailausarbeitungen • Farbentwürfe, Material, Oberfläche • Bewertung der Varianten
	• Festlegen auf einen Entwurf • Ausarbeitung und Realisierung • Ausführungsunterlagen erstellen • Kosten erstellen und prüfen • zur Realisierung freigeben • Erstprodukt, Überprüfung • Serienproduktion • weitere Projektkoordination und Betreuung in Zusammenarbeit mit dem Hersteller

ANDREAS BRANDOLINI: Designer (geb. 1957 in Taucha). Nach dem Studium der Architektur an der TU Berlin arbeitete er als Architekt und Designer, vor allem in Berlin. Dort gehörte er zu den Vordenkern des neuen Designs. Zu seinen wichtigsten Ausstellungsprojekten gehört das Kaufhaus des Ostens, 1984. Neben verschiedenen Lehraufträgen an der HdK Berlin, der HfG Offenbach und der HBK Saar, Saarbrücken, gründete er 1986 „brandolini, büro für gestaltung" und arbeitete in verschiedenen Gruppen, wie „utilism international" und „rastlos". Seit 1998 arbeitet er in Frankreich als künstlerischer Leiter im Centre International d'Art Verrier und als Prorektor der HBK Saas.

Designpoker

ANDREAS BRANDOLINI war Mitte der 1970er-Jahre Leitfigur des „Neuen Deutschen Designs". Mitte der 1980er-Jahre stellte er diese experimentelle Methode, die man seitdem „Designpoker" nennt, gegen den klassischen Designprozess mit seinen logischen, wissenschaftlich fundierten Arbeitsschritten. Der Ansatz seiner Überlegungen war, dass alle Produkte einer Produktgruppe, z. B. Küchenstühle, die nach der klassischen Designmethode konzipiert werden, ein ähnliches Design erhalten. Logischerweise kommen verschiedene Designer beim Ausloten der verschiedenen Faktoren: einfache Handhabung, Ergonomie, Ökonomie der Materialien usw. auf im Wesentlichen gleiche Lösungen. Um gegen diese Vereinheitlichung von vernunftorientiertem, ökonomischem und technisch ausgefeiltem Design zu wirken, mussten sich die Designer neuen Wegen öffnen.
Seine Methode propagiert das Spiel mit dem Zufall, um so den Entwurfsdogmen des klassischen Designprozesses zu entgehen und neue Kreativität freizusetzen. Der unvoreingenommene Umgang mit den Anforderungen soll Produkte entstehen lassen, die über den herrschenden

Zweckrationalismus und das naturwissenschaftliche nüchterne Denken hinausgehen.

Die Methode:

BRANDOLINI geht bei seinen Überlegungen von einem Pokerspiel aus. Dabei werden die wichtigsten Kriterien für das Entstehen eines Produktes festgelegt.
Jedes Kriterium bekommt eine Kartei mit den unterschiedlichsten Möglichkeiten, wobei jede auf einer Karteikarte notiert wird.

Kriterien:

Material	jedes Material oder jede Materialkombination auf eine Karte (z. B. Holz, Papier, Stahl, Plastik, Leder, Textilien, ...)
Technik	Verbindungen von Materialien (Kleben, Schweißen, Nageln)
Materialbeschaffung	Wo finde ich das Material? (Baumarkt, Kaufhaus, Gartencenter)
Designmotivation	Warum will ich etwas entwerfen? (Funktionalität, für die Eleganz, sexuelle Motive, ...)
kulturelle Beweggründe	Für wen entwerfe ich das Produkt? (Frauen, Raucher, Politiker, Busfahrer, ...)
Ideenfindung	Woher bekomme ich die Ideen für den Entwurf? (Spaziergang, Restaurantbesuch, Studium von Fachliteratur, ...)

Der Vorgang:

Der Designkandidat zieht aus jeder Kartei eine Karte und muss, aus den sich per Zufall ergebenden Kombinationen, die geforderte Gestaltungsaufgabe lösen. Wie beim Pokern können zwei Karten getauscht werden.
Am Ende der Arbeitszeit wird ein fertiges Produkt präsentiert, welches sicher eine ungewohnte Sicht auf festgefahrene Sinnesempfindungen und Funktionserfahrungen bietet.

Das Ziel:

Die Einbeziehung spielerischer Zufallskomponenten in den Designprozess bietet als Ansatz der Entwurfsarbeit neue Motivationsmöglichkeiten neben der grundsätzlichen Orientierung auf den rationalistisch be-

gründeten Gebrauchswert und die Ausrichtung auf den herrschenden Markt.
Das Aufbrechen von alten Gestaltungstheorien entlässt den Designer natürlich nicht aus der Verantwortung der zeichnerischen Entwicklung und den damit verbundenen planerischen Arbeiten.

7.1.4 Analyse und Bewertung von Designobjekten

Die Bewertung von Design ist in mehrfacher Hinsicht bedeutsam. Die Fülle des Angebots überwältigt jeden Nutzer, sodass eine rationale Entscheidung beim Erwerb eines Produktes kaum möglich ist. Die Betrachtung des Beispiels eines einfachen elektrischen Gerätes, wie z. B. einer elektrischen Zahnbürste, verdeutlicht das Problem. Der potentielle Käufer sieht sich einem Angebot von 96 verschiedenen Produkten gegenüber (Angebotsliste aus dem Internet Oktober 2003). Diese unterscheiden sich im äußeren Erscheinungsbild nur unwesentlich. Die tatsächliche Entscheidung über den Kauf wird bei technischen Produkten meistens weniger nach den formalen Eigenschaften (Form, Farbe, Proportionen usw.) getroffen, sondern nach den gebrauchsfunktionalen Eigenschaften.
Beim oben genannten Beispiel betrifft das die folgenden Aspekte:

Stiftung Warentest: Institut zur Durchführung vergleichender Warentests und Dienstleistungsuntersuchungen (1964 in Berlin gegründet) mit der Aufgabe, die Öffentlichkeit über Merkmale des Gebrauchswertes und die Umweltverträglichkeit von Waren und Dienstleistungen zu unterrichten. Mithilfe wissenschaftlicher Methoden und Warentests werden diese geprüft und untersucht. Getestet werden Produkte aus unterschiedlichen Bereichen, z. B. Haushalt, Unterhaltungselektronik, Foto/Optik sowie Dienstleistungen aus den Bereichen Versicherungen, Sparkassen usw. Das Institut ist eine von staatlichen oder sonstigen Einrichtungen unabhängige Institution.

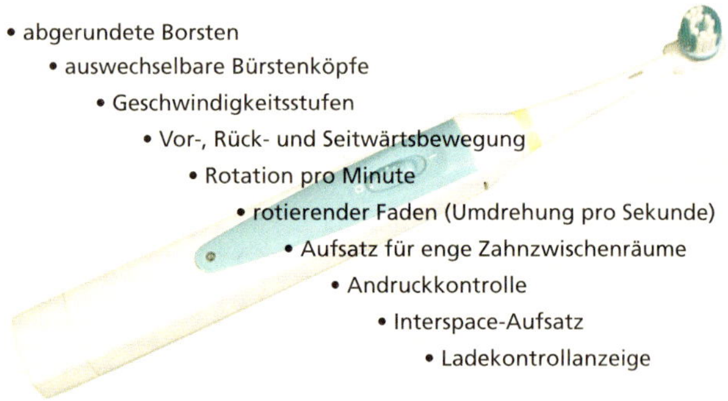

Die hier noch unvollständige Auflistung zeigt, dass sich jeder über seine Anforderungen gegenüber dem zu erwerbenden Produkt (funktionaler Gebrauchswert, ästhetische Aspekte, symbolische Werte, Preis-Leistungs-Verhältnis) Klarheit verschaffen muss.
Ohne sachkundige Hilfe ist gerade bei elektrischen und elektronischen Produkten der „Laie" nicht in der Lage, zwischen den speziellen Differenzen innerhalb der praktischen Funktion zu unterscheiden.
Die Stiftung Warentest bietet in diesem Bereich dem Verbraucher die Möglichkeit, sich sachgerecht, neutral und allgemeinverständlich zu informieren.

Da sich die Waren innerhalb einer Produktgruppe (bei ähnlichem Preis-Leistungs-Verhältnis), die technisch-funktionalen Aspekte betreffend, immer mehr angleichen, steigt die Bedeutsamkeit der ästhetischen und symbolischen Aspekte bei der Produktdifferenzierung und Bedürfnisdeckung.

7.1.5 Produktfunktionen

Industrieprodukte dienen in erster Linie der Bedürfnisbefriedigung des Menschen hinsichtlich seines Anspruchs an die Zweckerfüllung und an den Ausdruck eines Gebrauchsgegenstandes. Inwieweit das Produkt beide Ansprüche erfüllt, ist von verschiedenen Faktoren abhängig. Ist die Zweckerfüllung des Produktes lebensnotwendig oder vordergründig (z. B. bei Maschinen), treten die Ansprüche an den Ausdruck zurück. Andererseits kann bei der Produktgestaltung der Anspruch an den Ausdruck dominieren, wenn die Zweckerfüllung nebensächlich ist.

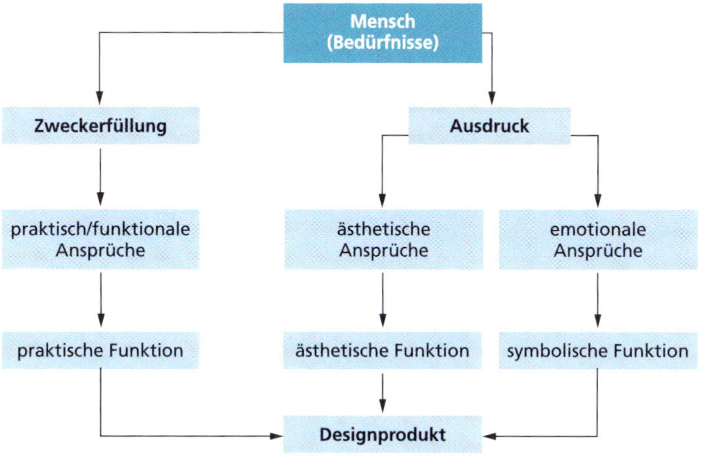

Praktische Funktion

Die **praktische Funktion** beinhaltet alle Aspekte der Gebrauchsfähigkeit eines Produktes. Die Analyse der praktischen Funktion dient der Untersuchung der Gebrauchsgegenstände von der Benutzerebene aus und beantwortet die Frage, in welchem Maße die Zweckerfüllung gegeben ist.

1. Zweckbezogenheit
   Jedes Produkt dient einem ihm zuzuordnenden Zweck (funktionaler Gebrauchswert), der innerhalb einer Produktgruppe grundsätzlich gleich ist (Stuhl – sitzen, Messer – schneiden).
   Bei speziellen Gegenständen dieser Gruppe kann die Zweckbezogenheit aber konkretisiert werden, dies wirkt dann auf die Gestaltung der formalen Eigenschaften zurück.

Schaukelstuhl
rhythmisch bewegtes Sitzen

Klappstuhl
Gelegenheitssitzen

Bürostuhl
ausdauerndes, langes, flexibles Sitzen

Caféhausstuhl
flexibles, kurzweiliges Sitzen

Sessel
lockeres, entspanntes Sitzen

2. Ergonomie

> **Ergonomie** bezeichnet eine Wissenschaft, die sich mit den funktionalen Beziehungen zwischen dem Menschen und der Benutzung von Gegenständen und den sich daraus ergebenden Auswirkungen für den Menschen beschäftigt. Eine Grundaufgabe der Ergonomie ist es, die Arbeitsumwelt des Menschen und damit alle sie beinhaltenden Industrieprodukte den Maßen und Kräften des menschlichen Körpers so optimal wie möglich anzupassen.

Ergonomie: Kunstwort, welches sich aus griech. ergon – Arbeit und nomos – Regel/Gesetz ableitet. Bereits 1857 benutzte es der polnische Naturwissenschaftler JASTRZEBOWSKI. Breite Verwendung fand der Begriff nach 1950.

Menschliche Bedingungen	**Aspekte ergonomischer Anpassung**
Aspekte ergonomischer Anpassung	*Höhe von Tischen, Stühlen, Schränken usw.* • Abmaße und Ausdehnung von Sitz- und Arbeitsflächen 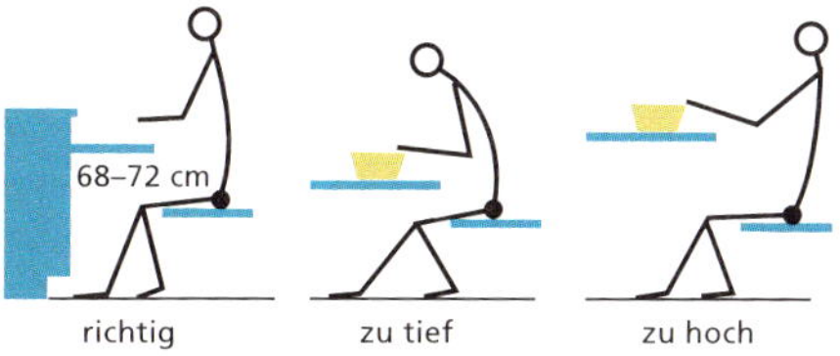
Körperhaltung	*Anpassung an Wirbelsäule und andere Körperformen bei Sitzgelegenheiten* • Anordnung von Bedienelementen • Entfernen und Erreichbarkeit von Arbeits- und Bedienelementen
Körperkräfte	*Gewicht* • Kraftaufwand bei der Bedienung (öffnen, schließen, fortbewegen, tragen usw.) • Beanspruchung einzelner Körperteile, z. B. Wirbelsäule
Wirkraum des Hand-Arm- und Bein-Fuß-Systems	*Griff- und Henkelformen, sichere Greifbarkeit* • Formgebung von Hand- und Fußbedienteilen
Gesichts- und Blickfeld	Anordnung von Anzeigen- und Bedienelementen • Abstimmung von Licht- und Beleuchtungsstärke • Beleuchtung des Arbeitsplatzes von der Seite oder von vorn

verschiedene Henkelformen

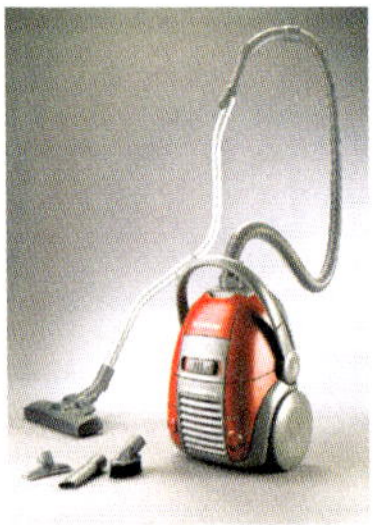

Das **nationale Sicherheitszeichen** wird vom Prüf- und Zertifizierungsinstitut des Verbandes Deutscher Elektrotechniker vergeben. Das Zeichen dokumentiert die Übereinstimmung des Produktes mit dem nationalen Sicherheitsstandard, außerdem werden auch die Produktionsstätten überprüft.

Die Ergonomie eines Bürostuhls:

Der Bürostuhl gilt als wichtigstes Element des menschlichen Arbeitsplatzes. Ganztägiges Sitzen am Schreibtisch ist heute keine Seltenheit mehr, da die Arbeit am Computer immer stärker an Bedeutung gewinnt. Auch im Heimbereich sind zwei Stunden und mehr pro Tag vor dem Bildschirm (Arbeit, Lernen, Hobby, Chat, Spielen) durchaus Normalität. Es ist wichtig, beim Erwerb eines Bürostuhls besonders auf ergonomische Gestaltung zu achten, da ein schlechter Stuhl der Gesundheit abträglich sein kann. (20 % aller Krankschreibungen gehen auf Rückenbeschwerden zurück.)
Der Bürostuhl sollte mit einem Fünfsternefuß (5 Rollen) ausgestattet sein, um sich mit dem Stuhl bewegen zu können und eine hohe Standfestigkeit zu gewährleisten. Dies wird noch unterstützt durch ein hohes Eigengewicht des Stuhles, empfohlen wird ein Mindestgewicht von 15 kg. Die Sitzhöhe ist verstellbar in einem Bereich von 42–55 cm (Anpassung an die individuelle Körpergröße). Gemessen wird die physiologisch richtige Sitzhöhe nach dem Abstand zwischen Kniekehle und Boden minus 3 cm bei einer Beugung von 90°.
Eine ergonomisch gestaltete Rückenlehne ist verstellbar und lässt sich in einem gewählten Winkel arretieren. In der Höhe reicht sie etwa 50 cm über die Sitzfläche hinaus und hat eine wulstige Ausbuchtung im Bereich des Lendenwirbels. Noch besser ist eine Rückenlehne, die sich anstelle einer Arretierung in einem Winkel mit dem Rücken „mitbewegt". Ein bestimmter Anpressdruck der Lehne fördert die Durchblutung und stärkt die Muskulatur. Die Sitzfläche (Mindestgröße 40 x 40 cm) ist so geformt, dass sie die Beckenregion gut aufnimmt (muldenförmig), und besitzt an der Vorderseite eine Abrundung. Ideal wäre eine verstellbare Sitztiefe. Die Neigung der Sitzfläche passt sich der Neigung der Rückenlehne an (Synchromechanik).
Um Schläge auf die Wirbelsäule zu vermeiden, ist die Sitzfläche auch noch in der untersten Position abgefedert. Eine Polsterung sollte aufgrund der langen sitzenden Tätigkeit nicht zu hart sein, da sonst schmerzhafte Druckstellen entstehen können.
Armlehnen an Bürostühlen bieten sowohl Vorteile wie auch Nachteile. Einerseits bieten sie eine Möglichkeit des Abstützens auf dem Ellenbogen, andererseits wird die Bewegungsfreiheit beeinträchtigt.
Selbst wenn alle ergonomischen Bedingungen optimal umgesetzt werden, bleibt das gesunde Sitzen letztendlich in der Verantwortung des Nutzers, also wie er am Tisch sitzt, sich vorbeugt, sich abstützt oder die Schrift am Computer liest und ähnliche Sachverhalte.

3. Sicherheit

Eine sichere Benutzung ist bei allen Industrieprodukten, vor allem bei elektrischen Geräten, eine Grundbedingung der praktischen Funktion. Bei der Gestaltung muss deshalb darauf geachtet werden, wie Verletzungen bei der Handhabung vermieden werden können.

Besonders bei Produkten, die durch Kinder benutzt werden (Spielzeug, Möbel, Besteck, Geschirr usw.), gelten besondere Sicherheitsbestimmungen, da Kinder in ihrer Motorik noch nicht vollständig ausgebildet sind und sie oft spontan reagieren.

Motorik ist die Gesamtheit der willkürlichen Bewegungsvorgänge, durch die Hirnrinde gesteuert.

Sicherheitsprüfzeichen (VDE für elektronische Geräte, GS für Haus- und Spielgeräte) sollen dem Verbraucher garantieren, dass die von Herstellerseite festgelegten Normen, die Sicherheit betreffend, eingehalten wurden.

4. Haltbarkeit und Belastbarkeit

Viele Produkte sind zur mehrfachen Benutzung konzipiert und sollen einen sehr langen Zeitraum benutzbar sein. Neben den Tests, die in der Produktion bereits durchgeführt werden, entscheidet sich erst im Gebrauch, ob die technischen und gestalterischen Entscheidungen optimal der Zweckerfüllung dienen. Die Analyse der Belastbarkeit bezieht sich in jedem Fall immer auf den sachgerechten Gebrauch des Produktes.
Faktoren, welche die Haltbarkeit und Belastbarkeit beeinträchtigen:
- Abnutzungserscheinungen des Materials (Prüfung der Materials auf funktionale Gebrauchseigenschaften und ästhetische Ansprüche)
- Robustheit des Materials (Schlag, Stoß usw.)
- Haltbarkeit der Verbindungstechniken (Verschraubungen, Verklebungen, Abfederungen usw.)
- Verschleißerscheinungen an beweglichen Teilen

5. Wartung und Pflege

Zu einer langen Haltbarkeit des Produktes gehören meistens Wartungs- und Pflegearbeiten.
Je größer die Differenzierung in der Form, je mehr Einzelbestandteile ein Produkt besitzt oder die Häufigkeit der Benutzung können den Pflegeaufwand erheblich erhöhen. Deshalb ist zu prüfen, ob alle Teile gut zugänglich sind und sich die verwendeten Materialien ohne Qualitätsverlust in den erforderlichen Zeiträumen leicht reinigen lassen.
Bei der Komplexität heutiger technischer Produkte wird der Faktor der Reparatur bei Billigprodukten von Herstellerseite ausgeschlossen. Das hängt vielfach mit der Technik der Herstellung und den dabei niedrig zu haltenden Kosten zusammen.

Strukturglas

Holz

Stoff

6. Umfeld

Unter diesem Aspekt werden alle Faktoren, die sich nicht unmittelbar auf den Vorgang der Benutzung beziehen, betrachtet.

VERPACKUNG

- Verbraucherinformationen (den Inhalt betreffend) dokumentieren
- Aufmerksamkeit erregen bei „Direktverpackungen" (Tuben, Schachteln, Tüten usw.)
- Schutz vor Beschädigung
- Schutz vor äußeren Einflüssen, welche die Qualität beeinträchtigen können
- sinnvolles Verpackungsmaterial (recyclebar)
- nur unbedingt notwendiges Verpackungsmaterial
- Gewährleistung eines sicheren Transportes (Stapelbarkeit)

TRANSPORT

- Anlieferung oder Selbstabholung möglich
- Zerlegbarkeit in transportierbare Einzelteile
- Kraftaufwand einer oder mehrerer Personen

PRODUKT
in der Benutzung

LAGERUNG

- Zerlegbarkeit bei Seltenbenutzung oder nach dem Gebrauch
- benötigter Stauraum zur Lagerung
- Möglichkeit der Platz sparenden Lagerung (z.B. Stapelbarkeit)

ENTSORGUNG

- gilt für die Verpackung und das Produkt selbst
- Möglichkeit des Recyclings (Energieaufwand, Kostenaufwand, Qualitätsverlust, ...)
- Einbindung in ein umweltfreundliches Entsorgungssystem, z.B. ein duales System
- Wiederverwendbarkeit bzw. Mehrfachbenutzung

▶ Als **Recycling** bezeichnet man die Aufbereitung fester Abfälle als Rohstoffe zur Herstellung neuer Produkte. Man unterscheidet zwischen Wiederverwendung (Flaschen zu Altglas), Weiterverwertung (Schrott zu Stahl) und Weiterverwendung (Altpapier als Dämm-Material). Zum Recycling gehört auch die wiederholte Benutzung von Pfandflaschen.

Fragenkatalog zur Analyse der praktischen Funktion

1. Welchen Zweck hat das Produkt?
   - Ist der funktionale Gebrauchswert sofort erkennbar?
   - Ist die Bedienung/Handhabung am Produkt ablesbar?
   - Inwieweit ist es für seinen Zweck geeignet?
   - Funktionieren einzelne Teile sachgerecht?
2. Ist das Produkt ergonomisch?
   - Sind die Ausmaße und Proportionen dem menschlichen Körper (einer speziellen Zielgruppe) angepasst?

- Sind vorhandene Bedienelemente in der Größe und Anordnung ergonomisch?
- Wie hoch ist der Kraftaufwand beim Gebrauch?

3. Bestehen Gefahren bei der Benutzung des Produktes?
   - Gibt es Sicherheitsprüfzeichen?
   - Müssen bestimmte Auflagen beim Gebrauch beachtet werden?
   - Ist das Produkt standfest?
   - Besteht Verletzungsgefahr (scharfe Kanten, Spitzen, Splitter usw.)?
4. Wie hoch ist die Lebensdauer des Produktes?
   - Halten die verwendeten Materialien einer hohen Belastung stand?
   - Sind die Verbindungen der Einzelteile stabil?
   - Sind bewegliche Teile eventuell verschleißanfällig?
5. Ist das Produkt pflegeleicht und reparaturfreundlich?
   - Wie/wie oft muss das Produkt gereinigt werden?
   - Mit welchem Aufwand an Pflegemitteln wird gereinigt?
   - Erschwert die Form/Oberfläche eine gründliche Reinigung?
   - Welche Teile des Produktes sind auswechselbar?
   - Sind Einzelteile reparierbar?
   - Wie hoch ist der Kostenaufwand einer Reparatur?
6. Fragen nach dem „Davor" und „Danach"?
   - Ist die Verpackung auf das Nötigste beschränkt, recyclebar und garantiert einen sicheren Transport?
   - Welchen Transportaufwand verlangt das Produkt?
   - Wie viel Platz benötigt das Produkt nach der Nutzung?
   - Kann das Produkt recycelt werden?

Ästhetische Funktion

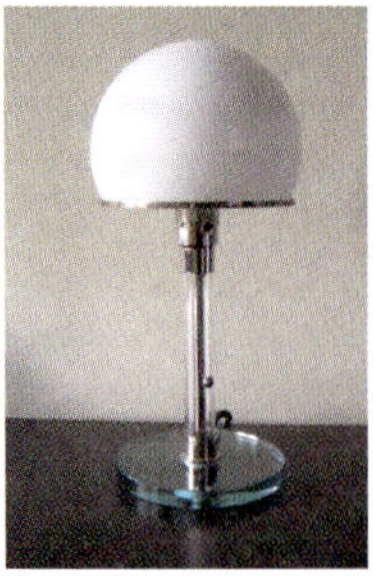

Tischlampe MT9 von WILHELM WAGENFELD und KARL JAKOB JUCKER, (Bauhaus), 1924, Glas, Spiegelglas, Milchglas

Der Begriff der Ästhetik (↗S. 221) ist seit seiner Entstehung in der Antike einem mehrfachen Funktionswandel ausgesetzt. Der Begründer der neueren Ästhetik, ALEXANDER GOTTLIEB BAUMGARTEN (1714–1762), hat den Begriff in seiner heutigen Bedeutung geprägt. Er bezeichnet die Ästhetik als Einheit von der sinnlichen Wahrnehmung der Realität und dem daraus entstehenden subjektiven Geschmacksurteil. Trotz gleicher physiologischer Ausstattung der Menschen kann aufgrund unterschiedlicher Bedingungen ihrer Entwicklung die Wahrnehmung zu unterschiedlichen Urteilen führen. Die Ästhetik ist somit die Theorie u. a. des Schönen, des Erhabenen und des Hässlichen.

> Die Ästhetik, die sich mit der subjektiven Wahrnehmung der Realität, also auch mit Kunstwerken/Designobjekten, befasst, bezeichnet man als empirische bzw. Subjektästhetik (Rezeptionsästhetik). Die normative Ästhetik, auch Objekt- oder Wertästhetik, beschäftigt sich mit existierenden Normen, Regeln und Kriterien, denen Kunstobjekte genügen sollen. Sie ist zeit- und kulturabhängig und dient oft als Anweisung für Kunstproduzierende und -rezipierende.

Die ästhetische Funktion im Design umfasst alle psychologischen Aspekte der sinnlichen Wahrnehmung durch den Benutzer.
Designprodukte können:
- optisch (sehend),
- haptisch (berührend),
- akustisch (hörend)

wahrgenommen werden. Weiterhin spielt bei speziellen Produkten der
- Geschmackssinn (Besteck),
- Geruchssinn (Materialgerüche, z. B. Leder) und
- Temperatursinn (Kälte- und Wärmeempfindung bei Berührung)

eine wesentliche Rolle. Ziel der ästhetischen Gestaltung ist es, die Produktgestalt entsprechend der menschlichen Wahrnehmung zu optimieren. Die Ästhetik eines Gebrauchsgegenstandes beinhaltet die Gestaltung der formalen Eigenschaften, wie z. B.
- Form,
- Farbe,
- Material,
- Oberflächen,
- Dekor,
- Proportionen und die daraus entstehende
- Gesamtwirkung.

Sessel von ALESSANDRO MENDINI

Da die Unterscheidung der Produkte hinsichtlich ihrer praktischen Funktion für den Gebraucher immer schwieriger wird, stellt die Auseinandersetzung mit den formalen Eigenschaften eine Hauptaufgabe für den Designer dar. Die ästhetische Gestaltung eines Gebrauchsgegenstandes kann das ausschlaggebende Moment für den Erwerb eines Produktes darstellen. Damit ist die Ästhetik eines Produktes einerseits die Anpassung an menschliche Wahrnehmungsbedingungen und ästhetische Vor-

stellungen und andererseits kann sie auf diese einwirken und die Aufmerksamkeit auf neue Gestaltungsformen lenken.
Zu den wesentlichen ästhetischen Kategorien gehören:
- Material und Oberfläche,
- Farbe,
- Dekor,
- Form (Proportionen, Größe, Richtungen) sowie
- die daraus resultierende Gesamtwirkung.

Material und Oberfläche
Eine der wesentlichsten Entscheidungen bei der Gestaltung der formalen Eigenschaften eines Produktes ist die für das zu verwendende Material. Während in der „freien Kunst" nicht entscheidend ist, ob z. B. das Bild in Ölfarben oder Tempera ausgeführt wird, entscheiden die Eigenschaften des Materials bei der Gestaltung des Gebrauchsgegenstandes über Festigkeit, Haltbarkeit oder Reinigung (praktische Funktion). Das Material bestimmt nicht nur die Fertigungstechnologien, sondern ist damit ausschlaggebend für die Qualität des Produktes.
Ebenso wichtig ist die optische Wirkung der materialgebundenen Oberfläche, der Farbe und der daraus resultierenden Wirkung. Mit vielen Materialien verbindet der Gebraucher Wertungen, die aus eigenen Erfahrungen, Vorlieben oder kulturellen Wertvorstellungen resultieren. So gibt es zum Beispiel Materialien, die trotz hoher Gebrauchseigenschaften eher ablehnend bewertet werden (Emaille, Sperrholz u. a.).

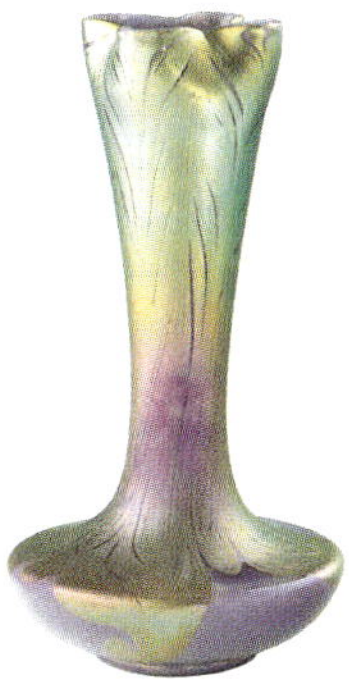
Enghalsvase, Glas, um 1908

Becher aus Kunststoffen

Produkt	Material	Eigenschaften	Wirkungen
Pragmatik • Zweck • Nutzen • Leistung • Funktion	• Papier • Pappe • Glas • Plastik • Holz • Leder • Kunstleder • Steingut • Porzellan • Platin • Gold • Titan • Aluminium • Wolle • Seide • Marmor ↓ **Fertigungstechniken**	• Haltbarkeit • Belastbarkeit • Härte • Dichte • Elastizität • Verformbarkeit • Festigkeit • Lichtdurchlässigkeit • Luftdurchlässigkeit • Leitfähigkeit • Oberfläche • Färbung	• Hochwertigkeit • Besonderheit • Stabilität • Perfektion • Avantgarde • Modernität • Zeitlosigkeit • Tradition • Natürlichkeit • Gesundheit • Besitzenwollen • Selbstdarstellung • Überlegenheit

Armlehnsessel, Chippendale

Farbe
Farben und Farbtöne wirken direkt auf den Gefühlsbereich des Betrachters. Neben der Form, der Größe, dem Dekor usw. ist die Farbe der ästhetische Aspekt, der am unmittelbarsten und schnellsten wahrgenommen wird.

Zuckerdose und Teekanne mit Chinoiserien, Meißner Porzellan

Der Designer entscheidet zwischen der Eigenfarbigkeit des verwendeten Materials, einem farbigen Überzug (Lackierung, Glasur u.a.) und einer Einfärbung (Textilien, Plastik u.a.).
Weiterhin ist der Zeichencharakter einzelner Farben in den verschiedensten Zusammenhängen zu beachten. So wird Rot als aktive Farbe wegen ihres Signalcharakters für Bedienelemente an technischen Geräten verwendet, welche als wichtig hervorgehoben und schnell erfasst werden sollen. Schwarze Kleidung – die großbürgerliche Herrenkleidung des 19. Jh. – wird von deutschen Managern immer noch bevorzugt bzw. vorausgesetzt.
Schwarz und Weiß werden vor allem von technischen Designern benutzt, da diese als „Nichtfarben" den funktionalen Charakter der Geräte betonen.
Da das Farbempfinden der Gebraucher durch Trends und Moden beeinflusst wird und damit nicht konstant ist, muss der Designer im Sinne der Marktfähigkeit seiner Produkte einerseits auf diese Manipulationen reagieren, ist aber auch in der Situation, neue Trends zu setzen. So wurde die Farbe Orange zum Beispiel 1988 von 14 % Frauen und 9 % Männern (von 2000 Befragten) als unbeliebteste Farbe benannt und ist heute eine der trendigsten Farben.

Farbe und Umgebung
Die Farbgebung entscheidet darüber, ob der Gebrauchsgegenstand sich in der ihn umfassenden Umgebung/Wirkungsstätte unterordnet oder sich aus ihr hervorhebt.
Bestimmte Farbigkeiten, die so genannten passiven Farben (Pastelltöne, Grautöne, Braun- und Naturtöne), treten in ihrer Umgebung zurück, da sie in ihrer Leuchtkraft gebrochen bzw. abgeschwächt wurden. Die aktiven Farben dagegen betonen durch ihre Buntheit und ungebrochene Leuchtkraft das Produkt und bilden einen Akzent. Dabei muss natürlich die Gestaltung der Umgebung mit betrachtet werden.

Farben können beruhigend, harmonisierend wirken (z. B. Grün), Aktivität und Energie ausstrahlen (z. B. Rot) oder Kühle signalisieren (z. B. Blau).

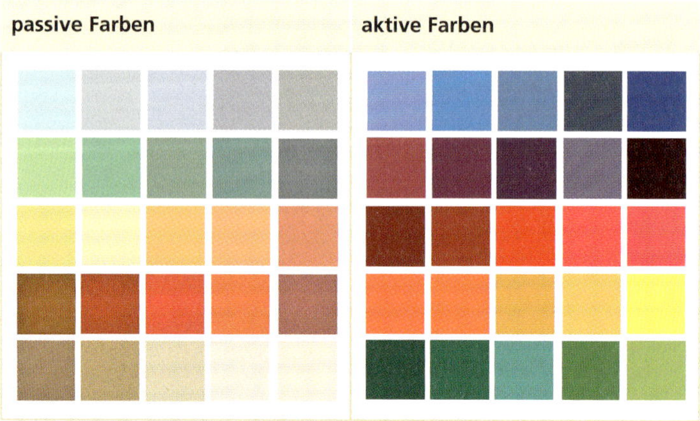

Dekor und Ornament

Funktionen	• Verzierung als Ausdruck eines bestimmten Schönheitssinnes • Betonung der Struktur des Gegenstandes • Abgrenzung bzw. Binnengliederung innerhalb einer Gesamtform • symbolischer Zeichencharakter
Gestalterische Mittel	• Punkt, Linie, Fläche, Struktur, Schraffur, Farbe
Formcharakter	• abstrakt (geometrisch/konstruiert, organisch/floral) • stilisiert (Reduktion der realen Form auf gemeinsame, wesentliche Merkmale) • figürlich/gegenständlich • flächig, körperhaft
Gestalterische Prinzipien	• einfache und rhythmische Reihung • symmetrische und asymmetrische Beziehungen • Gleichgewicht und Schwerpunkt • Kontrast
Techniken	• Ritzen, Stechen, Schneiden, Stempeln, Malen, Zeichnen, plastisch Aufbringen, Drucken
Wirkungen	• klar, übersichtlich, streng • verspielt, kindlich • überladen, protzig • chaotisch • individuell • traditionell, klassisch, retrospektiv, modern, futuristisch/avantgardistisch

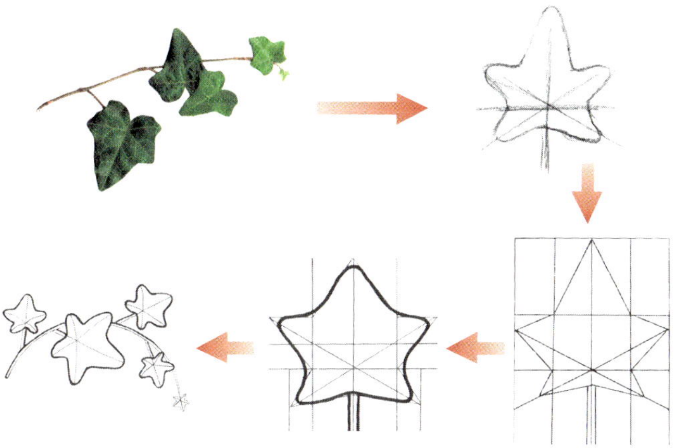

Dekor, lat. decorare = schmücken, bezeichnet ornamentalen oder figürlichen Schmuck von Gebrauchsgegenständen. Dekoration bezeichnet die Gesamtheit der Ausgestaltung/Ausschmückung eines Raumes.

Ornament, lat. ornamentum = Schmuck, Verzierung, Verzierungen innerhalb eines Dekorationsschemas mit schmückender Funktion. Neben der Gliederung von Flächen können sie z. B. auch symbolische Inhalte vermitteln.

Proportionen bezeichnen die Maßverhältnisse der Einzelteile zum Ganzen.

Form

Formbestimmende Faktoren sind bei der Gestaltung nicht uneingeschränkt frei wählbar. Sie ergeben sich zunächst aus der praktischen Funktion eines Produktes, dem geeigneten Material und seinen Verarbeitungstechniken. Zusätzlich sind aber weitere Entscheidungen, wie Richtungen, Proportionen und Größe, auch einem bestimmten vorherrschenden Schönheitsideal, der schöpferischen Eigenart des Designers oder der ästhetischen Meinung der angestrebten Verbrauchergruppe vorbehalten.
Gebrauchsgegenstände bestehen selten aus nur einer Form, sondern setzen sich meistens aus verschiedenen Haupt- und Nebenformen zusammen. Die Hauptform bildet die Form, die das Gesamtbild (äußere Umrissform) am wesentlichsten beeinflusst und auf einen stereometrischen Grundkörper zurückzuführen ist (Quader, Würfel, Zylinder, Kegel usw.). Zusätzlich angeordnete Teile, wie Bedienelemente, Skalen, Griffe, Haltevorrichtungen und anderes, bilden die Nebenformen. Sie ordnen sich auch proportional der Hauptform unter. Das Zusammenwirken der einzelnen Formen hat wesentlichen Einfluss auf die Gesamtwirkung des Gegenstandes. Ebenso haben die vorherrschenden Richtungen, in denen die Teile zueinander angeordnet sind, großen Einfluss auf das Gesamtbild, das auf eine bestimmte Zielgruppe ausgerichtet ist (↗ Gestaltungslehre).

Gesamtwirkung

Das Gesamtbild eines Produktes ergibt sich aus dem Zusammenwirken aller ästhetischen Aspekte. Weiterhin vermittelt die entstandene Erscheinungsform einen Bezug zu aktuellen Maßstäben der Gestaltung. Verwendet der Designer vorwiegend stilistische Mittel aus schon vorhandenen Epochen, wird das Produkt eher traditionell, klassisch oder „retro“ wirken. Die Verwendung neuartiger oder untypischer Materialien und damit verbundener Fertigungstechniken für schon bekannte Produktgruppen oder die Entstehung neuer Gebrauchsgegenstände (z. B. im Bereich der Unterhaltungselektronik) kann zukunftsorientierte, futuristische Wirkungen hervorrufen. Entspricht das Produkt dem gegenwärtigen Trend oder ist es Vorgabe für entstehende Trends, wird es oft als „stylisch“ bezeichnet.

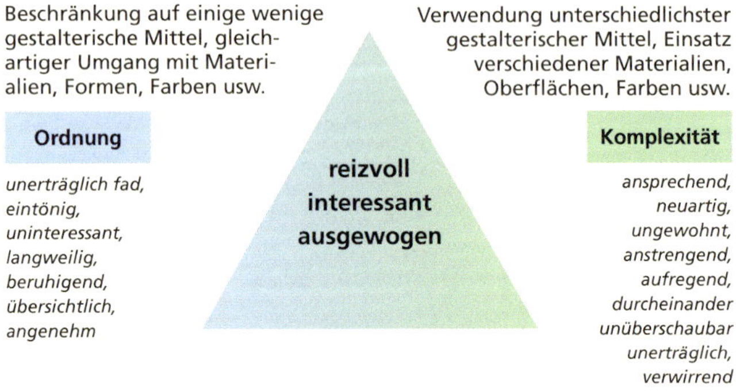

Fragenkatalog zur Analyse der ästhetischen Funktion

1. Welches Material wurde verwendet?
   - Welche wesentlichen Eigenschaften hat das Material (Beziehung zur praktischen Funktion herstellen)?
   - Wie wurde es bearbeitet?
   - Wie wirkt das Material/die Oberfläche?

2. Welche Farben wurden verwendet?
   - Ist das Produkt einfarbig oder mehrfarbig?
   - Gibt es Haupt- und Nebenfarben?
   - Gibt es farbige Hervorhebungen (funktional, formal)?
   - Handelt es sich um aktive oder passive Farben?
   - Welche Wirkung (psychologisch/physiologisch, symbolisch) vermittelt die Farbgebung?

3. Gibt es ein Dekor?
   - Welchen Formcharakter trägt es (Beschreibung des Dekors und der gestalterischen Mittel)?
   - Welche gestalterischen Prinzipien sind erkennbar?
   - Wie wurde das Dekor aufgebracht?
   - Welche Funktion hat es und wie wirkt es?

4. Wie ist die formale Gestaltung?
   - Wie ist die Ausdehnung des Produktes (Höhe, Breite, Tiefe, Grundform)?
   - Gibt es Haupt- und Nebenformen?
   - Wie stehen die Einzelteile proportional zueinander?
   - Welche Richtungen dominieren?
   - Wie wirkt das Produkt in seinen formalen Bezügen?
   - Wie wirkt das Gesamterscheinungsbild?
   - Gibt es dominierende Gestaltungsmittel?
   - Wie beurteile ich den Zusammenklang der verwendeten gestalterischen Mittel?
   - Entspricht das Produkt den vorhandenen Trends oder nicht?

Symbolische Funktion

Die symbolische Funktion umfasst alle nicht äußerlich wahrnehmbaren, psychologischen Aspekte von der Seite des Benutzers aus. Der Gegenstand wird in verschiedener Hinsicht (persönlich, sozial, kulturell) mit zusätzlichen Bedeutungen versehen, die neben dem praktischen Gebrauchswert die symbolische Funktion ausmachen. Die symbolische Funktion eines Gebrauchsgegenstandes kann z. B. zur Identitätsfindung des Einzelnen genauso wie zur Abgrenzung unterschiedlicher sozialer Schichten dienen, indem die Produkte einen bestimmten Lebensstil dokumentieren können. Ebenso werden die Gebraucher anhand ihrer Gebrauchsgegenstände durch die Mitmenschen bewertet.

▶ Ein **Symbol** (von griech. sym = zusammen, ballein = werfen, das Zusammengefügte; Kennzeichen) bezeichnet einen Gegenstand oder Vorgang, der stellvertretend für einen anderen, nicht wahrnehmbaren, geistigen Sachverhalt steht. Das Verstehen eines Symbolgehaltes ist von gesellschaftlichen Übereinkünften abhängig oder betrifft allgemeine menschliche Erfahrungsgebiete (z. B. Herz für Liebe).

Persönlicher Bereich

Der Erwerb oder Gebrauch eines bestimmten Produktes ist trotz gleicher Ansprüche an den funktionalen Gebrauchswert bei verschiedenen

Status: eigentl. Stehen, Stand, Stellung. In der Soziologie bezeichnet der Status die soziale Position eines Menschen, die ihm nach den Wertvorstellungen der Gesellschaft zugeordnet wird (Bildungsstatus, Einkommensstatus, Konsumstatus).

Prestige: Bezeichnet eher das soziale Ansehen einer bestimmten Gruppe, eines Standes oder einer Klasse, ist ein Einzelner gemeint, spricht man vom Ansehen desjenigen.

Image: Leitbild, Vorstellungsbild von Personen, mithilfe bestimmter Verhaltensweisen, Selbstdarstellungen wird in der Öffentlichkeit ein bestimmtes Bild von einer Person durchgesetzt.

Automobil als Statussymbol: *Bugatti von VW*

Personen nicht identisch. Das liegt vor allem an der Persönlichkeit des Käufers/Gebrauchers, seinem Geschlecht, seinem Alter, seinem gesellschaftlichen Umfeld mit den dazugehörigen Vorlieben für bestimmte Formen, Farben, Materialien usw. Neben der Gebrauchserfahrung stellen auch persönliche Bindungen (Zuneigung, Ablehnung) an ein spezielles Produkt einen symbolischen Aspekt dar. So kann man mit Gebrauchsgegenständen durchaus Emotionen verbinden, die sich aus der Art des Erwerbs (z. B. hoher entbehrungsreicher finanzieller Aufwand), von der persönlichen Identifikation (bes. Kleidung) oder der individuellen Situation (Geschenk, Zeitpunkt, beteiligte Personen, Beziehungen usw.) ableiten lassen. Das heißt, die ästhetische und funktionale Gestaltung eines Produktes kann je nach den persönlichen Bedingungen des Gebrauchers Hochgefühle, Teilnahmslosigkeit, aber auch Niedergeschlagenheit hervorrufen.

Sozialer Bereich

Gebrauchsgegenstände widerspiegeln nicht nur die persönlichen Vorlieben der Gebraucher, sondern können auch die soziale Stellung eines Menschen (oder einer Gruppe) innerhalb einer Gruppe, einer Klasse oder einem gesellschaftlichen System verdeutlichen (Status). Je nachdem, ob die Produkte den bestehenden Status repräsentieren oder dazu dienen, eine höhere gesellschaftliche Schicht vorzutäuschen, spricht man von Status- oder Prestigeprodukten. Allerdings ist die Zuordnung der Produkte zu einer bestimmten sozialen Schicht heute nicht mehr klar bestimmbar. Der Porschefahrer, der bei Woolworth einkaufen geht, oder die 40-jährige Hausfrau mit der Baggy Pants der Hip-Hopper sind dafür ein Beispiel.

Statusprodukt	Prestigeprodukt
• Industrieprodukt als typisches Symbol für einen „echten“ sozialen Status • sind für die übrige Gesellschaft öffentlich wahrnehmbar und erkennbar • typisch für eine bestimmte soziale Schicht von Benutzern • Identifikation durch das Produkt (möglicherweise), Auskunft über Beruf, Einkommen, Bildung u. a. • repräsentiert ein Prestige, das mit dem sozialen Status übereinstimmt	• dient dem Vortäuschen einer höheren gesellschaftlichen Schicht • hat die Funktion, das Ansehen des Gebrauchers zu heben, Statusprodukt wird dann zum Prestigeprodukt • der soziale Status und der durch das Produkt repräsentierte stimmen nicht überein • auch „Imageprodukt“

Statussymbole sind u. a.:
- Autos:
  Bugatti (Neuwagen) 1 250 000 Euro,
  Porsche 993 GTZ/Rennversion (gebraucht) ca. 125 000 Euro,

Ferrari 360 Modena (Neuwagen) ca. 114 950 Euro,
Lamborghini (Neuwagen) ca. 225 000 Euro
- Schuhe (in allen Preisklassen):
  Designerschuhe z. B. von GIANNI VERSACE ab 500 Euro
- Uhren:
  Herren-Rolex-Uhren von ca. 4 000 Euro bis 21 000 Euro
- Yachten:
  Motoryacht (gebraucht), Baujahr 2002, 35 m Länge, 7,60 m Breite, je nach Ausstattung ca. 8 000 000 Euro

GIANNI VERSACE

Kultureller Bereich
Mensch und Gebrauchsgegenstand stehen in einem speziellen Verhältnis zueinander, welches Ausdruck von Kultur, Zeitgeist und Tradition ist. Diese Aspekte tragen erheblich zur Ausprägung von Lebensgewohnheiten (z. B. Sitzgewohnheiten, Gebrauch von Werkzeugen, Kommunikationsmethoden usw.) bei, die für unsere Zeit und unsere Kultur typisch sind und uns von anderen unterscheiden.
Im Zuge der **Globalisierung** verschwinden jedoch auch wesentliche Unterschiede und konservativ oder traditionell Interessierten ist es zu verdanken, dass altes Brauchtum und dessen Produkte gepflegt werden.
Der Umgang mit den vorhandenen Ressourcen nimmt im kulturellen Bereich heute einen besonderen Stellenwert ein. Das betrifft sowohl das Entwickeln neuer Designkonzepte als auch das Verbraucherverhalten. So gibt es verschiedene Bestrebungen und Forderungen an beide Seiten, um dem heute geführten ökologischen Diskurs gerecht zu werden.

Rolex-Uhr als Statussymbol

Globalisierung: bedeutet weltweites Verbreiten, Verflechten. International wirkende Unternehmen nutzen mögliche Kosten- und Standortvorteile der verschiedenen Länder, um die Konkurrenzfähigkeit zu erhöhen. Dies führt zu einem Zusammenwachsen internationaler Finanz- und Wirtschaftsmärkte.

Ökologische Konzepte

den Designer betreffend	den Verbraucher betreffend
• Verwendung umweltfreundlicher Materialien • Ökoleasing • Anbieterverantwortung für Reparatur, Rücknahme und Verwertung • Verlängerung der Produktlebensdauer	• Nutzung von Dienstleistungen, z. B. Leihangeboten • Teilen von Produkten unter mehreren Nutzern • Nutzung von Tauschmärkten und Secondhandgeschäften

Kultureller Bereich

Umwelt
- staatliche Maßnahmen zur Umweltschonung
- Umweltbewusstsein der Verbraucher

Entwicklung
- Entwicklung und Übernahme moderner Technologien und Produkte
- aktuelle Trends

Gesellschaft
- Einteilung in soziale Klassen und Schichten
- soziale Bedingungen

Tradition
- überlieferte typische Lebensgewohnheiten

Fragenkatalog zur Analyse der symbolischen Funktion

1. Gibt es eine persönliche Beziehung zum Gebrauchsgegenstand?
   - Habe ich das Produkt allein erworben, unter welchen Bedingungen?
   - War das Produkt ein Geschenk?
   - Woraus resultieren bestehende Zuneigung/Abneigung zu dem Produkt (Gebrauchserfahrung)?

2. Worin besteht die symbolische Funktion des Produktes?
   - Ist das Produkt typisch für eine bestimmte Benutzergruppe?
   - Dokumentiert das Produkt einen sozialen oder gesellschaftlichen Status?

3. Ist das Produkt typisch für eine bestimmte Kultur?
   - Gibt es kulturelle Traditionen, die der Gegenstand verkörpert?
   - Ist der Gegenstand ökologisch?
   - Ist das Produkt Ausdruck einer bestimmten Gesellschaftsform?
   - Entspricht das Produkt aktuellen Trends oder ist es zukunftsorientiert?

HERBERT LINDINGER (geb. 03. 12. 1933), Designer, studierte an der HfG Ulm, wo er von 1962–1968 als Dozent arbeitete. Ab 1971 wirkte er als Direktor des Instituts für Industrial Design an der Universität Hannover.
Er gestaltete unter anderem in mehreren deutschen Städten Straßenmobiliar, U-Bahnen, Busse und weitere Verkehrsmittel.

DIETER RAMS (geb. 1932), seit 1960 Chefdesigner bei Braun AG, seit 1961 Professor für Industrial Design an der Hamburger Hochschule für Bildende Künste

Anforderungen an eine gute Industrieform

Herbert Lindinger	Dieter Rams
• hoher praktischer Nutzen • ausreichende Sicherheit • lange Lebensdauer und Gültigkeit • ergonomische Anpassung • technische und formale Eigenständigkeit • Umweltbeziehungen • Umweltfreundlichkeit • Gebrauchsvisualisierung • hohe Gestaltungsqualität • sinnlich-geistige Stimulanz	• innovativ • optimale Brauchbarkeit • ästhetische Qualität • leichte Verständlichkeit • Unaufdringlichkeit • Ehrlichkeit • Langlebigkeit • konsequent bis ins Detail • Umweltfreundlichkeit gutes Design = möglichst wenig Design

Die Gewichtung der einzelnen Anforderungen ist je nach Funktion der Objekte unterschiedlich. In der Entwicklung von technischem Fortschritt, sozialen und ökonomischen Gegebenheiten und den Entwicklungen von Kunst, Architektur und Design sind diese Wertmaßstäbe auch der Veränderung unterworfen.

Bild: *Werkausstellung von Dieter Rams bei Braun AG 2002 in Bremen*

7.2 Designgeschichtliche Entwicklung

7.2.1 Entstehung und Entwicklung des Industriedesigns (1780–1894)

In England schufen eine Reihe von gesellschaftlichen und wirtschaftlichen Voraussetzungen, wie z.B. das Vorhandensein ausreichender Rohstoffe und Energiereserven, die Freisetzung großer Kapitalreserven durch den Handel mit den Kolonien und ein rasches Bevölkerungswachstum, bereits Ende des 18. Jh. günstige Bedingungen für industrielles Wachstum.

- Technische Erneuerungen, z.B. Erfindung der Dampfmaschine (1769, JAMES WATT)
- Verdrängung der Wasserkraft durch die Dampfkraft
- Intensivierung des Steinkohleabbaus (wichtigster Rohstoff zur Herstellung von Gusseisen
- Schaffung eines neuen Transportmittels (Eisenbahn mit dazugehörigem Streckensystem als Voraussetzung der Industrialisierung)

Erste Gestaltungsaufgaben des industriellen Designs bezogen sich ausschließlich auf die Entwicklung von Maschinen und die zu ihrer Herstellung benötigten Produktionsinstrumente.
Die ersten handwerklich zusammengesetzten Kraft- und Werkzeugmaschinen entstanden als Einzelstücke und später als Kleinserien.

Industrialisierung in Deutschland

Bis ca.1850 wurde in Deutschland die Masse der Gebrauchsgüter in kleineren bis mittleren Manufakturen handwerklich produziert. Nur vier Prozent der Beschäftigten arbeiteten in Manufakturen, Fabriken oder Bergwerken. Der Prozess der Herstellung war dadurch gekennzeichnet, dass sich Planungs- und Entwurfsarbeit, Herstellung und Vertrieb der Produkte meistens in einer Hand befanden. Es entstanden oft Einzelstücke oder Kleinserien in Auftragsarbeit nach sorgfältig angefertigten Musterzeichnungen aus der eigenen Werkstatt.
Für die zunächst nur zögernd einsetzende Entwicklung der industriellen Produktion im großen Rahmen sind vor allem folgende Faktoren verantwortlich: die kleinstaatliche Zersplitterung und der damit fehlende einheitliche Markt, Binnenzölle zwischen den Kleinstaaten und ein fehlendes leistungsstarkes Verkehrsnetz. Die Gründung des Zollvereins 1834 und der Ausbau des Eisenbahnnetzes brachten auch in Deutschland die entscheidenden Veränderungen. Die Schaffung dieses neuen Transport-

„Die Maschine selbst ist ein Kunstwerk, dessen Bau die Leitung eines vielseitig gebildeten Mannes erfordert, und alle Handwerke in Tätigkeit setzt."
LUDWIG HOFFMANN, 1832, in: „Die Maschine ist notwendig"

Erfindungen im Industriezeitalter

1735 – Koksgewinnung aus Steinkohle, DARBY
1786 – Dampfmaschine mit Fliehkraftregler, WATT und RENNIE
1804 – Dampflokomotive, TREVITHICK
1811 – Buchdruckschnellpresse, KOENING
1814 – Dampfschiff, FULTON
1833 – Nadeltelegraf, GAUSS
1837 – Telegraf, MORSE
1839 – Fotografie, NIÉPCE, DAGUERRE
1861 – Telefon, REIS
1854 – elektrische Glühlampe, GÖBEL
1866 – Dynamomaschine, SIEMENS
1867 – Eisenbeton, MONIER
1884 – schnelllaufender Benzinmotor, DAIMLER, MAYBACH
1895 – Röntgenstrahlen, RÖNTGEN

systems erforderte bereits die Regulierung von Massenarbeitskraft, das Abgleichen von Einsatzplänen oder die Organisation der Materialbeschaffung.
Die benötigten Maschinen wurden anfangs vor allem aus England importiert oder nach dort gefertigten Plänen hergestellt.
Aber noch existierten Handwerksbetriebe und Fabriken in ähnlichen Strukturen. Oft war der Geschäftsführer/Unternehmer aktiv in den Prozess der Produktion als Ausbilder oder Ingenieur mit einbezogen. Erst die Trennung von Hand- und Kopfarbeit und damit die Entwicklung des **Industrieproletariats** und die Splittung des Arbeitsprozesses und die damit verbundene Spezialisierung der Arbeitskräfte konnte die Industrialisierung in Deutschland entscheidend voranbringen.

- Entstehung von Wirtschaftszentren nahe der Kohle- und Erzlagerstätten (Ruhrgebiet, Saarland, Oberschlesien)
- Landflucht der Bevölkerung, Entstehung des Proletariats durch starke Arbeitsteilung, viele Billiglohnarbeiter
- Wachstum der Städte durch großes Arbeitsangebot
- Konzentration des Kapitals in wenigen Händen durch Zusammenschluss kleinerer Handwerksbetriebe zu größeren Firmen

Produktästhetik der Gründerzeit und des Historismus

Biedermeier: Stilrichtung zwischen 1815 und 1848, die sich auf die Malerei, die Literatur und das Kunstgewerbe in Deutschland und Österreich bezieht. Ursprünglich als satirische Bezeichnung verwendet, stehen die Kunstwerke dieser Epoche für zurückhaltende bürgerliche Besinnlichkeit und den Wunsch nach Rückzug aus dem gesellschaftspolitischen Leben.

Die Entwicklung zur industriell gefertigten Massenware vollzog sich in mehreren Schritten, die sich zum Teil auch überlagerten:
- Übergang vom selbstständigen Kunsthandwerk mit kunstvoll gearbeiteten Einzelobjekten nach Auftrag,
- Kleinserie zur Arbeit nach fremden Vorlagenblättern in Fabriken,
- Entwicklung von Bohr,- Fräs,- Drechsel- und Schnitzmaschinen (erlaubten beliebige Reproduktionen, kunstvolle Nachahmungen von Handwerksformen in großen Stückzahlen).

Das Unternehmerbürgertum, industriell zu Ansehen und Reichtum gekommen, dokumentierte den neuen Wohlstand mit der Wiedererweckung „nationaler Traditionen". Auf der Suche nach kultureller Identifikation wechselten gotisierende Muster, Barock, Rokoko und Klassizismus und gipfelten in einem angeblich deutschen Kunststil – der Renaissance. Die so entstandenen Gebrauchsgegenstände hatten nichts mehr zu tun mit der Schlichtheit und zweckgebundenen Ästhetik des **Biedermeiers.** Das Bedürfnis nach individueller Form, dem Handwerk verbunden und dies auch widerspiegelnd, wich einem starken Repräsentationsdrang, der dem zum Teil gesellschaftlich-öffentlich gewordenen Privatleben der bürgerlichen Oberschicht entsprach. So wurden die „Gesellschaftsräume", wie z. B. das Herrenzimmer und der Damensalon, mit imitierter

Nürnberger Renaissancetäfelung, gotisch anmutenden Sesseln und nachempfundenen Orientteppichen versehen. Wichtig war der schöne Schein, bemaltes Blech erschien als Marmor und aus Pappmaché wurde Rosenholz. Gebrauchsgegenstände vergangener Epochen endeten als unnützer Zierrat. So hingen rostige Säbel an den Wänden und Zinnbecher schmückten das Buffet, ohne dass je aus ihnen getrunken wurde.
Errungenschaften der modernen Technik im Haushalt waren:
- Gaslicht,
- Elektrizität,
- Nähmaschine,
- Grammophon,
- Telefon.

Bild:
Gaslaterne in Berlin

Sie ordneten sich aber in ihrer Gestaltung dem historisierenden Formenkanon unter. Technik war als Technik nicht mehr erkennbar. Das ganze Ausmaß der gestalterischen Hilflosigkeit der neuen technischen Geräte wurde besonders auf den in der 2. Hälfte des 19. Jh. veranstalteten Industrie- und Gewerbeausstellungen sichtbar und die Stimmen nach Gestaltungsreformen wurden lauter.

Industrie- und Gewerbeausstellungen im 19. Jahrhundert

- Steigerung des Bedarfs nach Austausch neuer technischer Entwicklungen und Erkenntnisse
- Absicherung der Konkurrenzfähigkeit
- Organisation und Vorbereitung des überregionalen Handels
- Informationsbeschaffung und Präsentation wirtschaftlicher Potenzen
- Ausstellung im technisch-industriellen Bereich und im Kunsthandwerk
- Sichtbarwerden des Widerspruchs zwischen handwerklich-stilistischer Rückbezogenheit und innovativen Ansätzen, z. B. Möbel aus Papiermaché oder Bugholzmöbel der Firma Thonet

Weltausstellungen:
1851 London
1854 München
1867 Paris
1873 Wien
1876 Philadelphia
1884 Chicago
1889 Paris
1897 Brüssel
1900 Paris
1904 St. Louis

Das Bugholzverfahren von MICHAEL THONET

- Zusägen von gleichen Vierkanthölzern aus Rotbuchenholz, Querschnitt 3 x 3 cm
- Abdrehen der Stäbe auf Maßdrehbänken zu Rundhölzern mit unterschiedliche Durchmesser
- Zuschnitt auf richtige Länge und Dampfbehandlung unter Druck bei über 100 °C (hohe Elastizität der Stäbe wird dadurch erreicht)
- Stäbe an Stahlschienen befestigt und in gusseiserne Biegeformen eingespannt
- Trocknungsprozess etwa 20 Stunden bei 70 °C
- Entfernung der Biegeformen und Schienen und Bearbeitung mit der Hobelmaschine
- Behandlung der Oberflächen mit Politur (Schellack, Spiritus, Farbstoff)
- Sitzringe mit Endlosverbindungen schließen und verleimen
- Befestigung des Sitzgeflechts in den vorgebohrten Löchern des Sitzringes
- Verbindung der Einzelteile durch Schrauben

Der Kunsttischler MICHAEL THONET (1796–1871) erhielt 1842 das Patent auf das von ihm entwickelte Bugholzverfahren.

Vorteile des Bugholzverfahrens:
- minimaler Kosten- und Materialaufwand
- billige Produktion durch Beschäftigung ungelernter Arbeitskräfte
- Gleichzeitigkeit der Arbeitsprozesse (Massenproduktion)
- geringer Lagerbedarf

Der Sessel Nr. 14

▶ 1915 kostete das Modell Nr. 14 je nach Durchmesser des Sitzes 5,60 bis 6,00 Österreichische Kronen.

Im Vergleich mit den schwülstig schweren Möbeln des Historismus erscheint der Sessel Nr. 14 auf das Nötigste (was einen Stuhl ausmacht) reduziert. Standsicherheit und Stabilität bringen die sanft nach außen geschwungenen Stuhlbeine, der eingezogene Verstärkungsbogen in der Rückenlehne und der Fußreifen. Eine lange Haltbarkeit wird vor allem durch die Biegung des Holzes seiner Faser entsprechend gewährleistet. Alle Teile sind funktional nachvollziehbar und in den Ausmaßen nur so gearbeitet wie unbedingt nötig. Die Sitzfläche bleibt ungepolstert, auf jedes nutzlose Ornament wird verzichtet. Funktionale Einfachheit, Zweckmäßigkeit und Anonymität bestimmen neben einer schlichten Eleganz das Gesamtbild des Stuhles. Die Reduzierung der Form und die sich daraus ergebende Transparenz und Leichtigkeit entsprechen der sich gerade entwickelnden Caféhauskultur.

Flüchtige, wechselnde Bekanntschaften und Gespräche, Sehen und Gesehenwerden und das dazugehörige Hin-und-Her-Schieben der Stühle prädestiniert ihn besonders für die Massenbestuhlung der neuen Vergnügungslokalitäten. Bald gehört er zur Grundausstattung von Caféhäusern, Theatern, Trinkhallen, Keglerheimen usw.
Heute gilt der Sessel Nr. 14 als der meistproduzierte Stuhl der Welt, er wurde bis heute über 100 Mio. Mal verkauft und stellt mit seiner innovativen Form- und Funktionslösung den Prototyp moderner Massenmöbel dar.

7.2.2 Reformbewegungen

Die Entwicklung von Industrie und Wirtschaft hatte außer der Überfrachtung des Marktes mit billig produzierten Massenartikeln vor allem Auswirkungen auf die sozialen Strukturen der Gesellschaft. Während die Klasse der Lohnarbeiter immer weiter verelendete, wuchs in den fortschrittlichen Schichten des Bürgertums der Wunsch nach Veränderung. Sie sahen sich durch die rückbezogenen Stilzitate nicht mehr repräsentiert, waren also auf der Suche nach neuer kultureller Identifikation. Während Künstler und Kunstkritiker sich auf verschiedenen Wegen um die Erneuerung des Kunsthandwerks bemühten, entstanden ebenso Reformbewegungen, die sich mit den Folgen der Industrialisierung und

den sozialen Miss-Ständen auseinander setzten. Dazu gehörten z. B. die Gartenstadtbewegung, die Gesundheitsreformbewegung und andere. Nach englischem Vorbild (E. HOWARD, 1898, Entwürfe für Gartenstädte) entstand 1909 in Dresden-Hellerau die erste deutsche Gartenstadt.
Auf kunstgewerblichem Gebiet kristallisierten sich zwei antagonistische Reformauffassungen heraus, die bis heute nebeneinander existieren.

Reformbewegungen

Ablehnung des Historismus

- Widerstand gegen die industrielle Revolution
- Rückkehr zum schönen Handwerk
- Herstellung handwerklich produzierter Gebrauchsgegenstände auf ästhetisch hohem Niveau
- Ornamente und Materialien aus der Natur, klare gegliederte Formen
- Wiedervereinigung von Entwurf und Ausführung
- Kunst für alle, gegen elitäre Kunstauffassungen

- Arbeit mit den neuen Möglichkeiten der Industrie
- Anerkennung der mechanisierten Produktion als Triebkraft der wirtschaftlichen Entwicklung
- Forderung nach herstellungsgerechten, materialgerechten und funktionalen Formen
- Schlichtheit dominiert vor dem Dekor
- „form follows function"

Grenzen

- maschinenstürmerische Grundhaltung, Widerspruch zwischen gesellschaftlich/politischem und kunsthandwerklichem Anspruch

- funktionsgerechte Gestaltung bedingt nicht folgerichtig überzeugende ästhetische Form

Vertreter und Gruppierungen

- JOHN RUSKIN, WILLIAM MORRIS
- „Arts- and Crafts"-Bewegung um 1880

- GOTTFRIED SEMPER
- Schule von Chicago, zwischen 1890 und 1900
  L.H. SULLIVAN, FRANK LLOYD WRIGHT

7.2.3 Jugendstil

Um die Jahrhundertwende (ca. 1890–1914) entstand ein international verbreiteter Kunststil, der in den verschiedenen Ländern eigene Bezeichnungen erhielt. In Deutschland gab die Münchener Kunstzeitschrift „Jugend" der neuen Kunstrichtung den Namen. Sie entstand aus der Ablehnung des Historismus und der Industrialisierung. Die angestrebte Erneuerung der Kunst orientierte sich vor allem auf die Rückkehr zur Natur, zur Einfachheit und zum Handwerk. Der Jugendstil umfasste alle Kunstgattungen (Architektur, Malerei, Plastik, Kunst-

WILLIAM MORRIS (1834–1896) verwirklichte mit seiner 1861 gegründeten Firma Morris, Marshall, Faulkner & Co. die Utopie vom befreiten Handwerker. Wie RUSKIN wollte auch er soziale Veränderungen und schloss die Maschine als Gestaltungsmittel für Kunst aus. Das von ihm gefertigte Kunstgewerbe galt über die Ländergrenzen hinaus als vorbildlich.

Der Architekt GOTTFRIED SEMPER (1803–1879) kritisierte das mangelnde Formverständnis für die Errungenschaften der Technik und forderte eine dem Herstellerprozess angepasste Maschinenästhetik.

JOHN RUSKIN: (1819–1900) sah die Gefahren der Industrialisierung und trat für eine Wirtschaftsethik ein, die den Menschen in den Mittelpunkt stellte. Die Einrichtung von Gartenstädten und Arbeiterhochschulen gehörte zu seinen bedeutenden Reformvorschlägen.

Bild:
Titelblatt der Zeitschrift „Jugend" vom 29. 8. 1896, gestaltet von BRUNO PAUL

7

gewerbe, Buchkunst), verdrängte als Reformbewegung endgültig den Historismus und markiert den Übergang zur Moderne.

Anreger des Jugendstils:

- „Arts-and-Crafts"-Bewegung in England:
  Hinwendung zur Natur mit organisch geschlossenen Linien und stilisierten Pflanzenformen
- japanische Kunst:
  dekorativ-flächige Holzschnitte, sparsam-gefühlvolle Linien der Pinselzeichnungen, meisterhafte Beherrschung der Fläche

Jugendstilzentren, Vertreter und Gruppierungen

Belgien (Brüssel)		
• „Les Vingt" • „La Libre Esthétique" • HENRY VAN DE VELDE (1863–1957)	• Tabakgeschäft der Havanna Compagnie, Berlin, 1899 • Schlafzimmer im „Hohenhof", Hagen, 1908 • Haus Tassel, Brüssel, 1893 • Maison du Peuple, Brüssel, 1895–1896	
Frankreich (Paris, Nancy)		
• HECTOR GUIMARD (1876–1942) • EMILE GALLÉ (1846–1904)	• Metroeingänge um 1900 (↗Bild) • Vase mit Nachtfalter, um 1900 • Teller mit Farn, 1889–1900	
Großbritannien (Glasgow)		
• „Glasgow School of Art", 1907–1909 • CHARLES RENNIE MACKINTOSH (1868–1928)	• Gebäude der „Glasgow School of Art" • Landhaus „Windyhill", Kilmacolm, 1900 • Hill House in Helensburgh (Nähe Glasgow; 1902–1903, ↗Bild)	

Deutschland (München, Darmstadt)		
• „Vereinigte Werkstätten für Kunst im Handwerk“ 1898 • „Dresdner Werkstätten“, 1907 • HERMANN OBRIST (1862–1927) • PETER BEHRENS (1868–1940) • RICHARD RIEMERSCHMID (1868–1957) • BERNHARD PANKOK (1872–1943)	• Stickerei „Peitschenhieb“, 1893 • Gestaltung von Brunnen, Grabmälern, Tapisserien, Wandbehängen, Keramiken, Schmiedearbeiten • Turbinenhalle der Firma AEG, Berlin, 1909, (↗ Bild) • Haus Obernhauer, Saarbrücken, 1905–1906 • Buffet aus der Speisezimmereinrichtung III, 1905 • Kleine Kommode, 1905 • Standesamt Dessau, 1900–1902 • Ateliergebäude, Stuttgart, 1905	
Österreich (Wien)		
• „Wiener Sezession“, 1897 • JOSEPH MARIA OLBRICH (1867–1908) • OTTO WAGNER (1841–1918) • ADOLF LOOS (1870–1933) • JOSEF HOFFMANN (1870–1956)	• Sezessionsgebäude, Wien, 1898 (↗ Bild) • Warenhaus Tietz, Düsseldorf, 1906–1908 • Gestaltung von Möbeln (↗ Bild), Stickereien, Gläsern, Besteck, Keramik • Postsparkassenamt, Wien, 1904–1906, Gestaltung der gesamten Inneneinrichtung der Schalterhalle • Kärtner-Bar, 1907 • Haus Steiner, Wien, 1910 • Aufsatz „Ornament und Verbrechen“, 1908 • Villa für Koloman Moser, Wien, 1901–1904 • Sanatorium Purkersdorf, 1903–1906 • Gestaltung von Möbeln und Gebrauchsgegenständen	 

Stilmerkmale und Intentionen

- Verurteilung des Historismus und der industriellen Massenproduktion
- Förderung des traditionellen Kunsthandwerks
- neue Formensprache durch Rückwendung zur Natur

- asymmetrische stilisierte Pflanzenformen (Lilien, Seerosen), mystische Frauengestalten dekorativ oder funktional genutzt
- Entwicklung des naturverbundenen organischen dekorativen Stils und des geometrischen Stils
- Entwicklung der Idee des Gesamtkunstwerkes
- ganzheitliche Gestaltung vom Hausgerät bis zum Wohnhaus
- schlüssige Gestaltung aus der Funktion heraus, Ornament im Zusammenhang mit der Funktion

7.2.4 Der Deutsche Werkbund

Der Maler, Designer und Architekt PETER BEHRENS (1868–1940) war ein führender Vertreter des modernen Industriedesigns.

HENRY VAN DE VELDE (1863–1957) wirkte in Wien und Berlin und ab 1912 in Belgien, den Niederlanden und der Schweiz.

Der Deutsche Werkbund ist eine 1907 in München gegründete Vereinigung von Architekten, Künstlern und Vertretern des Handwerks und der Industrie. Zu den Gründungsmitgliedern gehörten u.a. PETER BEHRENS, HERMANN MUTHESIUS (1861–1927), JOSEPH MARIA OLBRICH, RICHARD RIEMERSCHMID (1868–1957) und HENRY VAN DE VELDE. Ziel war die Schaffung eines eigenständigen Form- und Qualitätsbewusstseins bei der Gestaltung von Gebrauchsgegenständen und in der Architektur.

Zielstellungen

- Orientierung am gestalterischen Qualitätsanspruch der „Arts-and-Crafts"-Bewegung
- Anerkennung der industriellen Produktionsbedingungen
- Wirtschaftlichkeit der Produktion
- Konkurrenzfähigkeit der Produkte,
- Durchsetzung einer erneuerten Warenästhetik
- sachliche und schlichte Formqualität des Erscheinungsbildes bei Absicherung von Material- und Werkgerechtigkeit
- Weglassen von überflüssigem Dekor und Ornament
- Kosteneinsparung

Typisierung: Die Herstellung wird auf wenige Typen beschränkt. Dadurch entfallen aufwendige Einzelproduktionen und eine hohe Auslastung der Produktionsmittel ist gewährleistet.

Bild: *Friedrich-Ebert-Str. 118* von VICTOR BOURGEOIS in der Weißenhofsiedlung, Stuttgart

Auf der Werkbund-Ausstellung 1914 in Köln präsentierte sich die Architekten- und Künstleravantgarde mit über 50 Einzelgebäuden und den darin untergebrachten Ausstellungsobjekten. Im Rahmen der Ausstellung wurde ebenfalls eine theoretische Debatte über die Frage der **Typisierung** und ihren Einfluss auf den Gestaltungsprozess zwischen VAN DE VELDE und MUTHESIUS öffentlich ausgetragen. Während MUTHESIUS die Typisierung der Industriegüter zur Steigerung des Exports forderte, vertrat HENRY VAN DE VELDE die Auffassung, der Gestalter solle

sich nicht der Maschine unterordnen, und verteidigte die individuelle Entwurfsarbeit. Der Streit offenbarte die Gegensätze zwischen den Interessen von Kunst und Industrie, Kultur und Geschäft.
Nach dem Ersten Weltkrieg wuchs der Bedarf nach preiswerten modernen Wohnungen für breitere Bevölkerungsschichten. Die Schaffung einer Lebensumwelt, die eine Verbilligung der Wohnungsanlagen und eine gleichzeitige Vereinfachung der Hauswirtschaft und Verbesserung der Lebensqualität vereint, wurde zur gestalterischen Gesamtaufgabe für Architekten und Formgestalter.
Für die Ausstellung „Die Wohnung", 1927, entstand auf dem Stuttgarter Killesberg die „Weißenhofsiedlung", bestehend aus 21 Häusern mit 60 Wohnungen für kleine und mittlere Angestellte und den gehobenen Mittelstand. Die Siedlung wurde durch die sinnvolle Anwendung von **Rationalisierung** und Typisierung in der architektonischen Gestaltung und der modernen Innenausstattung zu einem international beachteten Beispiel für modernes Bauen. Nach der Gleichschaltung des Werkbundes und der Integrierung in die Reichskulturkammer 1933 emigrierten viele bedeutende Künstler wie WALTER GROPIUS oder MIES VAN DER ROHE.
1949 gründete sich der Deutsche Werkbund neu und engagiert sich bis heute für eine verantwortungsvolle Gestaltung der Lebensumwelt.

Rationalisierung: Steigerung der Produktivität bei Verringerung des Aufwandes (Zeit, Kosten, Material usw.). Möglichkeiten der Rationalisierung sind Typisierung und Normierung.
Eine bekannte Normierung ist die Deutsche Industrie-Norm (DIN), vom Normausschuss der deutschen Wirtschaft beschlossen.

Die **„Weißenhofsiedlung"** war das damals bedeutendste Beispiel für modernes Bauen.

7.2.5 Das Staatliche Bauhaus

Bild:
WALTER GROPIUS (1883–1969) war ein bedeutender Vertreter des modernen Bauens. Sein Ziel war die Schaffung des „Baus der Zukunft" als Gesamtkunstwerk.

Die 1919 von WALTER GROPIUS gegründete Institution diente vor allem der Ausbildung von Kunsthandwerkern, Designern und Architekten. Neben der Schaffung einer neuen zeitgemäßen Einheit von Kunst und Technik wurde auch die Vorstellung, die Kunst im Volk zu verankern, zum Leitgedanken der Schule. Kernstück der künstlerisch-polytechnischen Ausbildung war der Vorkurs. Neben der Vermittlung gestalterischer Grundqualifikationen und einer objektiven Gestaltungslehre spielte das zweckfreie Experimentieren mit Formen, Farben und Materialien eine besondere Rolle. Das Bauhaus entwickelte sich zu einem Zentrum moderner funktionaler Gestaltung. An der Schule lehrten so bedeutende Künstler wie WASSILY KANDINSKY, PAUL KLEE, LYONEL FEININGER, OSKAR SCHLEMMER, JOHANNES ITTEN, GEORG MUCHE und LÁSZLÓ MOHOLY- NAGY.

Entwicklungsphasen (nach R. WIEK, 1982)

Gründungsphase 1919–1923
- Ausbildung der Studenten in speziellen Werkstätten
- 1923 erste große öffentliche Ausstellung Musterhaus „Am Horn"

Konsolidierungsphase 1923–1928
- Lehr- und Produktionsstätte für industrielle Prototypen
- preiswerte Produkte mit hoher Funktionalität

HANNES MEYER (1889–1954) gehört zu den wichtigsten Funktionalisten in der Architektur der 1920er-Jahre. Besonders engagierte er sich für den sozialen und gewerkschaftlichen Wohnungsbau.

- Zurückdrängung zweckfreier künstlerischer Experimente zugunsten angewandter Gestaltungsaufgaben
- Typisierung, Normierung, serielle Herstellung und Massenproduktion
- **HANNES MEYER** (1889–1954) begründete eine wissenschaftlich fundierte Architekturausbildung.
- 1925 Umzug nach Dessau

Desintegrationsphase 1928–1933
- 1928 HANNES MEYER Direktor des Bauhauses
- Schaffung neuer Fachgebiete (Fotografie, Plastik, Psychologie)
- Einrichtung einer Bauabteilung als Kern der Ausbildung
- Errichtung der Meisterhäuser und der Siedlung Dessau-Törten
- Bau als Gesamtkunstwerk unter der Prämisse der sozialen Bestimmung von Architektur und Design
- Schließung des Bauhauses durch die Nationalsozialisten 1933

7

Die Künstler KLEE, KANDINSKY, MUCHE, MOHOLY-NAGY und SCHLEMMER sahen sich in den neuen vorrangigen Bauaufgaben und der Hinwendung zur industriell-technischen Gestaltung nicht mehr verwirklicht und verließen das Bauhaus.

Bedeutung des Bauhauses
- Entwicklung des Berufsbildes vom Kunsthandwerker zum Industriedesigner
- Verbindung von theoretischen Kenntnissen und praktischer Arbeit
- soziale Orientierung der Gestaltungsinteressen
- Herstellung billiger Massenprodukte mit hoher künstlerischer Qualität als Grundeinstellung
- radikaler Bruch mit den Wertvorstellungen des 19. Jh.
- funktionale Gestaltung der Produkte, ausgerichtet nach den Lebensräumen und Bedürfnissen der Bewohner
- Erreichen einer neuen Verbindung aller Kunstgattungen unter dem Primat der Architektur

7.2.6 Produktästhetik im Nationalsozialismus

Eine spezielle nationalsozialistische Form oder einen Stil des Dritten Reiches gab es nicht.
- Konglomerat aus schon einzeln bestehenden künstlerischen Errungenschaften, der kulturpolitischen Ideologie der Volkskultur und den wirtschaftlichen Bedingungen,
- Schaffung einer Einheitskultur durch Gleichschaltung aller Künstler
- Entwicklung des Volkswagens (FERDINAND PORSCHE)
- Typischer Vertreter des Produktdesigns dieser Zeit war der Volksempfänger von WALTER MARIA KERSTING (Entwurf stammte aus dem Jahr 1928 und zeigte klare Bezüge zu den Formen des **Art déco**), Einschränkung der technischen Funktion entsprechend der nationalsozialistischen Medienkultur und Propaganda: Es konnten nur die örtlichen deutschen Rundfunkstationen empfangen werden.
- neben funktionalen auch die volkstümlich-bäuerlichen Formen, die eine heimatliche Scheinidylle hervorriefen, und repräsentativer Stil, der vor allem die Architektur und den Einrichtungsstil der Regierungsbauten bestimmte (gekennzeichnet durch Maßlosigkeit der Proportionen, eine Fülle von pseudoklassizistischen und völkisch-idealistischen Dekorationen und entrückte Monumentalität)

So verschwand das moderne Material Stahl vollständig aus dem Bereich des Baus und der Alltagsästhetik, da es der Rüstungsindustrie vorbehalten war. Dafür gab es wieder vorrangig Holz und Stein.

7.2.7 Wiederaufbau und Modernisierung

Ende des Zweiten Weltkrieges

Wirtschaftliche und gesellschaftliche Bedingungen

- Auseinandersetzung mit den unmittelbaren Kriegsfolgen: Schaffung von Nahrungsgrundlagen
- Beseitigung der Wohnungsnot, Absicherung von Arbeitskräften
- wirtschaftliche Notsituation durch hohe Reparationsleistungen und Demontage funktionierender Fabriken
- Rohstoffmangel
- Übernahme der wirtschaftlichen Führungsrolle durch die alliierten Siegermächte
- Schaffung einer eigenen Währung in den westlichen Besatzungszonen 1948
- Entstehung zweier deutscher Staaten mit unterschiedlicher politischer Ausrichtung 1949

Deutsche Demokratische Republik	Bundesrepublik Deutschland
• Enteignung der Fabriken • volkswirtschaftliche Entwicklung unter erschwerenden Bedingungen (mangelhafte industrielle Infrastruktur, kaum Rohstoff- und Grundstoffindustrie)	• Förderung der Wirtschaft durch den Marshall-Plan (1,5 Mrd. Dollar bis 1952) • relativ zügige Entwicklung der Industrie durch Reaktivierung des deutschen Großkapitals
Produktkulturelle Entwicklung	
• planmäßig kontrolliertes Gestalten durch starke Institutionalisierung • bewusstseinsverändernde, geschmacksbildende Erziehung angestrebt • Entwicklung des sozialistischen **Realismus** als Dogma und damit verbundene Behinderung von künstlerischem Neuerertum und schöpferischem Experiment • Ablehnung des Funktionalismus • Entstehung eines ornamentierten pseudofunktionalen Industriestils • Produktion der Konsumgüter meist ohne Formgestalter	• Anknüpfen an Designauffassungen der 30er-Jahre (Möbelmesse 1949) • Anpassung der Produktformen an die neuen Bedingungen der Kleinstwohnung • Entwicklung raumsparender, variabler, multifunktionaler Einrichtungen • auffällige Musterung, starke Farbigkeit • freie beschwingte Formen als Ausdruck des neuen Lebensgefühls • Einflüsse des **Organic Designs** aus den USA (Nierentische, Tütenlampen)

Steigerung der Konsumgüterproduktion in den 1950er-Jahren am Beispiel des Versandhauses „Quelle“:
1950: 40 Mio. Jahresumsatz
1952: 103 Mio. Jahresumsatz
1955: Ein Drittel des Sortiments besteht aus technischen Konsumgütern.
1958: 403 Mio. Jahresumsatz

Sozialistischer Realismus: Kunstform im Dienste des Staates zur Verbreitung der Errungenschaften des Sozialismus mit didaktischen Zielen. Besonders in der bildenden Kunst wurde der Alltag der werktätigen Bevölkerung thematisiert.

7

Produktkulturelle Entwicklung	
• Ornament als wichtigstes Mittel zur nationalen Differenzierung und Zugeständnis an den Geschmack breiter Bevölkerungsschichten • Ausführung von Designentwürfen in minderer Qualität • Rationalisierung und Standardisierung als gestalterisches Grundprinzip • Plastikmaterial erobert alle Bereiche der Konsumgüterproduktion (unendlich verformbar, widerstandsfähig, billig)	• Verzicht auf Symmetrie und rechte Winkel • Warenreichtum förderte Konsum und Repräsentationsbedürfnis. • Entstehung eines neuen historisierenden Einrichtungsstils • Schnell-Lebigkeit der Produkte förderte Produktionsleistung (Wirtschaftswunder).

HfG Ulm (1953–1968) und die „Gute Form"

MAX BILL (1908–1994), schweizerischer Maler, Architekt, Möbeldesigner und Kunsttheoretiker

- Als Nachfolger des Bauhauses gilt die **Hochschule für Gestaltung** als international bedeutendstes Designinstitut nach dem Zweiten Weltkrieg.
- wichtigster Beitrag: Weiterentwicklung der Theorie und Praxis des Funktionalismus, Produktdesign, Architektur, visuelle Kommunikation und Information
- bedeutende Lehrer der HfG Ulm: OTL AICHER, MAX BILL, HANS GUGELOT und TOMÁS MALDONADO
- Gründung aus Initiative der Geschwister-SCHOLL-Stiftung unter der Leitung von INGE SCHOLL (Schwester von HANS und SOPHIE SCHOLL), OTL AICHER und MAX BILL, 1953 Lehrbetrieb unter der Leitung von MAX BILL in den Räumen der Ulmer Volkshochschule. 1955 erhält die Hochschule einen eigenständigen Gebäudekomplex auf dem Ulmer Kuhberg, der als einer der ersten Stahlbeton-Skelettbauten von MAX BILL entworfen wurde.
- einjährige Grundlehre und eine anschließende fachübergreifende Ausbildung, Ausbildung der politisch-sozialen Verantwortlichkeit des Designers
- Ziel war die Konzipierung von Industrieprodukten. Diese sollten billiger und besser als die auf schnellen Konsum angelegten, wechselnden Produkterscheinungen sein, sich auf dem Markt durchsetzen und erzieherisch auf den Geschmack breiter Bevölkerungsschichten einwirken.
- Erforschung der wissenschaftlich-technologischen Grundlagen und Entwicklung einer wissenschaftlich fundierten Design-**Methodologie** traten in den Vordergrund.

Dozenten an der HfG Ulm:
MAX BILL (1908–1994)
OTL AICHER (1922–1991)
TOMAS MALDONADO (geb. 1922)
HANS GUGELOT (1920–1965)
DIETER RAMS (geb. 1932)

Methodologie: Lehre von den Methoden und den wissenschaftlichen Verfahren, auch Methodenlehre

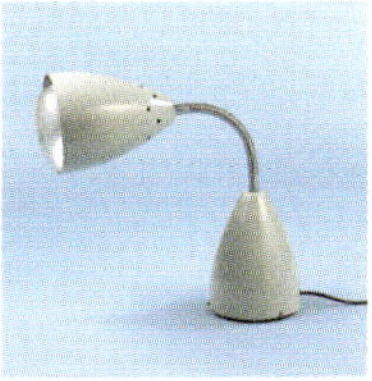

- Daraufhin trat MAX BILL zurück und schließlich aus der HfG aus.
- Ende der 1950er-Jahre verstärkte Zusammenarbeit mit der Firma „Braun", funktional gestaltete elektrische Haushaltsgeräte und Rundfunk- und Fernsehgeräte
- Nach 1967 interne Differenzen über die Strukturierung der Schule, die einsetzende Funktionalismuskritik und das Fehlen neuer Konzepte führten schließlich zur Streichung der staatlichen Subventionen und zur Schließung der Schule.

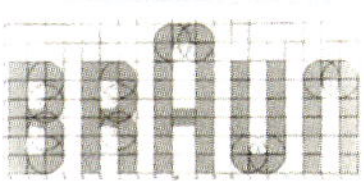

Entwurf des Braun-Logos

7

Produktbild der HfG Ulm

- Versachlichung der Produktgestalt
- Formen: zweckmäßig, mathematisch definiert, klar konstruiert, zeitlos
- zurückhaltende Farbigkeit (bevorzugt Schwarz, Weiß, Grau)
- Betonung des nüchternen Gebrauchs
- Ausdruck industrieller Ästhetik
- Baukasten- und Systemdesign (alle Teile werden aufeinander bezogen, z. B. Stapelgeschirr)

Corporate Identity: Der Begriff bezeichnet das einheitliche Erscheinungsbild einer Firma, das der eindeutigen und schnellen Identifikation nach außen dient. CI umfasst die Gestaltung von Produkten, Gebäuden, Kommunikationsmitteln bis hin zu einheitlicher Bekleidung der Angestellten und einheitlichen Umgangsformen gegenüber den Kunden.

Bedeutung der HfG Ulm

- Entwicklung des eigenständigen Berufsbildes des Designers auf wissenschaftlicher Ausbildung basierend
- Ausdehnung der gestalterischen Aufgaben auf komplexe Systeme (Gestaltung von Verkehrseinrichtungen)
- Entwicklung eigenständiger Firmenbilder **(Corporate Identity)**
- Schaffung sachlicher Gebrauchsprodukte für die Bevölkerung als Reaktion auf die Wegwerfgesellschaft
- Schaffung einer rationalen Gestaltungslehre
- wissenschaftliche Forschung zur Lösung gestalterischer Aufgaben

„Die HfG ist nicht nur eine Schule, an der man eine bestimmte Fachausbildung erhält; die HfG ist vielmehr eine Gemeinschaft, deren Mitglieder dieselben Intentionen teilen: der menschlichen Umwelt Struktur und Gehalt zu verleihen" (TOMÁS MALDONADO, „Eröffnungsrede des Rektors der HfG", 5. 10. 1964).

7.2.8 Funktionalismuskritik

Die Schließung der HfG Ulm war unter anderem auch eine Folge der wachsenden **Funktionalismuskritik.** Der wissenschaftliche Entwurfs- und Produktionsweg mit dem Ziel der Gebrauchsoptimierung förderte eine Masse von Produkten (besonders im technischen Bereich) mit einem relativ einheitlichen Erscheinungsbild – glatt, zurückhaltend, sachlich, neu-

tral. Es fehlte an Strategien der ästhetischen Differenzierung und einer individuellen emotionalen Produktsprache. In den USA zeigte schon in den 60er-Jahren die in der bildenden Kunst existierende Pop-Art (populäre Kunst) auch im Design Ansätze des antifunktionalistischen Designs. Alltägliche Gebrauchsprodukte, dem zum Teil banalen Geschmack breiter Massen angepasst und zum schnellen Verbrauch bestimmt, propagierten den rauschenden Konsum der Wegwerfgesellschaft. Neue Tendenzen und Strömungen des Alltags und der Technik (z. B. Weltraumfahrt, Comic usw.) fanden Eingang in die Formensprache der neuen Ästhetik und führten oft zu parodistischen Lösungen.
In Italien gründeten Designer 1976 unter der Leitung von ALESSANDRO MENDINI (geb. 1931) das „Studio Alchemia". Der Anlass war auch hier die Unzufriedenheit mit dem rational und wirtschaftsorientierten Massendesign. Die von der Gruppe hergestellten Verfremdungen etablierter Möbelklassiker erhoben mehr den Anspruch auf neuartige ästhetische Wahrnehmungen und nicht die maximale Verkörperung der Gebrauchsfunktion. Die 1981 entstandene Gruppe „Memphis" schockierte mit schrillbunter Farbigkeit und unbekannten Form- und Materialkombinationen. Führender Kopf der Gruppe war der erfolgreiche Industriedesigner ETTORE SOTTSASS (geb. 1917). Seine Auffassung vom Design eröffnete neue Wege fern des Diktats des Funktionalismus mit seinen sozialen Verpflichtungen. Er forderte die Wiederentdeckung des Reichtums an Formen, Materialien, Farben und Dekoren.

7.2.9 Design in den 1970er- und 1980er-Jahren in der BRD

Redesign: Neugestaltung, Überarbeitung von Designprodukten zur Erhöhung des Absatzes
Obsoleszenz: Veralten von Produkten, geplante Obsoleszenz bedeutet, den Gebrauchswert eines Gegenstandes bewusst auf ein Minimum zurückzusetzen, um durch kürzere Lebensdauer den Verkauf neuerer Produkte zu animieren
Styling: absatzorientierte Änderung äußerer Merkmale (Form, Farbe, Proportionen usw.) von Produkten, zum Teil gepaart mit technischen Erneuerungen

So fest sich auch die „Gute Form" des Ulmer Funktionalismus in Deutschland etabliert hatte, gab es doch in den 70er-Jahren schon Philosophen, Architekten, Wissenschaftler und Designer, die die vereinheitlichende, marktorientierte Strategie des Funktionalismus im Sinne des Staates und der Wirtschaft erkannten und Alternativen suchten.
Der Philosoph WOLFGANG FRITZ HAUG (geb. 1936) betont in seiner „Kritik der Warenästhetik" (1971) den Tauschwertcharakter der Ware als wesentliche Triebkraft der Gestaltung und die damit verbundenen unnötigen Erneuerungen **(Redesign, geplante Obsoleszenz, Styling)** der Produktgestaltung.
Auch die Ölkrise 1972, die steigende Bevölkerungsdichte und das Absinken der Rohstoffgrundlagen führt die Designer an die Grenzen. Wozu Design? Die resignierende Haltung führte zum Teil zur Verweigerung von Auftragsarbeiten, brachte aber auch eine Reihe von alternativen Designkonzepten.

Der Schweizer Architektursoziologe und Theoretiker LUCIUS BURCKHARDT (1925–2003) formulierte 1977:
„Und jetzt fragt Ihr nach Kriterien für ein neues Design! Da könnt ich Euch schon einige nennen. Stellt Euch also vor, eine neue Kommission des Werkbundes zöge durch die Hallen der Baseler Mustermesse, ergriffe ein ausgestelltes Produkt und fragte:
Besteht es aus Rohstoffen, die ohne Unterdrückung gewonnen werden? Ist es in sinnvollen, unzerstückelten Arbeitsgängen hergestellt? Ist es viel-

fach verwendbar? Ist es langlebig? In welchem Zustand wirft man es fort, und was wird dann daraus? Lässt es den Benutzer von zentralen Versorgungen oder Services abhängig werden, oder kann es dezentralisiert gebraucht werden? Privilegiert es den Benutzer, oder regt es zur Gemeinsamkeit an? Ist es frei wählbar, oder zwingt es zu weiteren Käufen?"

Entwicklung des neuen Design (Postmoderne bzw. Neomoderne)

Nachdem die Konzepte der „Guten Form" ausreichend kritisiert und infrage gestellt waren, kam es ab Mitte der 80er-Jahre in der BRD zu zahlreichen spektakulären Einzel- und Gruppenleistungen. Nicht mehr die Anforderungen der Großserie, sondern der individuelle Ausdruck des Zeitgeistes wurde zum Motor der Entwurfsarbeit. Aus „form follows funktion" wurde „form follows fun". Formen, Farben und Materialien wurden anscheinend wahllos kombiniert und Sperrmüll mit industriellen Halbzeugen vermischt.
Das Nebeneinander unterschiedlicher Richtungen und Formen bildete ein undogmatisches Sammelsurium von Ansätzen und Tendenzen als Antwort auf monoton gewordenes Design des Funktionalismus. Demonstriert wurde bewusstes Antidesign, die Trennung zwischen Kunst, Design und Kitsch wurde aufgehoben und Designobjekte endeten auch mal als kurzfristige Gags. Ebenso wurde der stärker werdende Bereich der Mikroelektronik theoretisch angedacht und in Einzelprojekten gestaltet.
Die Veröffentlichung des neuen Designs erfolgte in nicht weniger extravaganten Ausstellungen und Galerien:
- „Möbel perdu – schöneres Wohnen"; 1982/83, Hamburg
- „Kaufhaus des Ostens", 1984/85, Berlin, München, Hamburg
- „Design – Dasein", Hamburg, 1987 u. a.

Postmoderne Designgruppen und Einzelkünstler

Andreas Brandolini (geb. 1951, Architekt, Designer)

seine Grundlagen des Designs:
- kollektive Erinnerung: Geschichte
- persönliche Erinnerung: Geschichten
- Religion, Mode, Politik, Ideologie
- psychische und physische Handhabung: Utilität
- Technologie: Wissenschaft
- jedes Design ist sowohl subjektiv als auch objektiv Betonung des sinnlich emotionalen Ausdrucks
- Verweigerung gewohnter Formkonzepte
- kein Anspruch auf endgültige, immerwährende Lösungen
- comichafte Formensprache

- 1986 Lampenserie „Wiblingen"
- 1987 für Firma Blaupunkt: „Pony Express" (Mediengestell mit Taschen für Videorecorder, Kameras u. Ä.)
- 1987 Wohnzimmer für die documenta in Kassel
- Sessel „Barbara" (↗ Bild)

7

Stefan Wewerka (geb. 1928, Architekt, Designer)

- in den 70er-Jahren Experimente mit Möbeln und Inneneinrichtungen
- Verfremdung von Möbeln zu Kunstobjekten
- Aufhebung der Grenzen von „freier“ und „angewandter“ Kunst
- Kennzeichen seiner Objekte: schräge Böden, schiefe Möbel
- Opposition gegen abgenutzte Sichtweisen und Rituale
- Experimente mit ungewöhnlichen Materialien (Vollgummi)
- 1979 Zusammenarbeit mit der Firma Tecta, Entstehung der Kollektion asymmetrischer Möbelstücke

- 1969 „Kinderzimmer Ludwig van“
- 1971 „Classroom“ (Vertreterstuhl)
- 1979 dreibeiniger Stuhl „B 1“, polygonaler Tisch „M 1“
- für Tecta: Systemmöbel „cella“ Küchenbaum (↗ Bild)

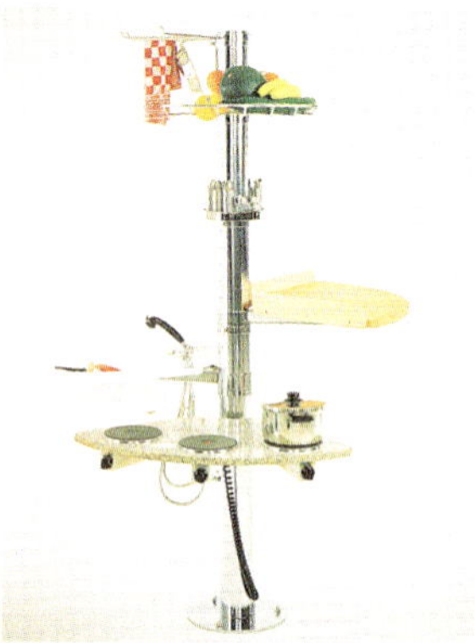

1974–1980 Gruppe „Des-In“, Offenbach

- Absage an professionelle Glätte der Waren
- Alternative zur fremdbestimmten Massenproduktkultur und zur ewig deutschen Sachlichkeit
- Abkehr von Material- und Energieverschwendung
- Verwendung umweltfreundlicher Materialien oder Umfunktionierung gebrauchter Gegenstände, z. B. Blechdosen, Autoreifen, Teekisten
- Wiederbelebung kleingewerblicher Produktionsformen
- Recycling-Design

JOCHEN GROS und sechs Studenten der HfG Offenbach

- 1975 „Reifensofa“
- 1977 Lampe aus gebrauchten Offsetblechen mit Betonsockel

1980 Gruppe „Kunstflug“, Düsseldorf

- Motto: „Viel Design für viele“
- verfremdete Möbelentwürfe
- Heavy Styling statt „Gute Form“
- Ablehnung stilistischer Vereinheitlichung komplexer Lebensbereiche
- Schaffung individueller elektronischer Massenprodukte
- Beschäftigung mit dem elektronischen Minimalismus und dessen Auswirkung auf das klassische Produktdesign

- HEIKO BARTELS
- HARDY FISCHER
- CHARLY HÜSKES
- HARALD HULLMANN

- 1987 „Operator“ (Informationsautomat für den öffentl. Nah- und Fernverkehr)
- 1986 Elektronischer Handrechner

1980–ca. 1988 Gruppe „Memphis“, Mailand		
• keine Orientierung an funktionalen oder ergonomischen Richtlinien • unkonventionelle Formen, schrille Farben, Material- und Oberflächenmix • freier unbeschwerter Umgang mit Dekor und Ornament • Rückkehr zum lebensfrohen kreativen Design • künstlerische Spontaneität und Industrialität dominierten vor Zweckmäßigkeit und Funktionalität • Antidesign, Radikaldesign	• ETTORE SOTTSASS (Haltestelle für die Üstra Hannover, (↗Bild) • MICHELE DE LUCCHI • BARBARA RADICE • MATTEO THUN • ANDREA BRANZI • MICHAEL GRAVES • HANS HOLLEIN • ALESSANDRO MENDINI • SHIRO KURAMATA u. a. • 1981 Regal „Carlton“ • 1982 Sofa „Lido“ • 1983 Stuhl „Palace“	
1985–1991 Gruppe „Pentagon“, Köln		
• Designgruppe und Galerie • Verwischung der Grenzen zwischen Kunst und Design • Entstehung exklusiver Einzelstücke in reduzierter Formensprache • konstruktive Intelligenz, einfache Materialien • gestalterische Arbeit als unabgeschlossenes Geschehen aufgefasst • Vollendung erst durch den Betrachter und Benutzer (interaktiver Prozess) • konkrete soziale Verhaltensweisen, bzw. Identifikationsebenen wurden angesprochen (z. B. das Leben in einer Wohngemeinschaft)	• GERD ARENS • WOLFGANG LAUBERSHEIMER (Haltestelle für die Üstra Hannover, (↗Bild) • REINHARD MÜLLER • RALF SOMMER • MEYER-VOGGENREITER • 1984 „Verspanntes Regal“ • 1987/88 Regal „Chambre à Air“ • 1986 „Kistenregal“ • 1989 „Bibliothek“	

Die Gruppe „Ginbande“ um UWE FISCHER (geb. 1958) und ACHIM HEINE (geb. 1955) entwirft bewusst einfach handhabbare Möbel. FRANK SCHREINERS (geb. 1959) „Stiletto“ stellt und vertreibt seit 1994 Leuchten und transfunktionale Wohnobjekte. Jüngere Designer, wie Vogt + Weizenegger (OLIVER VOGT, geb. 1966, HERMANN WEIZENEGGER, geb. 1963) und JAKOB GEBERT (geb. 1965) fallen durch einen „neuen Minimalismus“ auf: Das Design ist auf das Wesentliche reduziert, die Form verschmilzt mit der Funktion.

7.2.10 Tendenzen der Designentwicklung

Design-tendenzen

Computerdesign

- Entwicklung der Mikroelektronik führt zum Verschwinden ganzer Produktgruppen (z.B. Schreibmaschine, Kassettenrecorder u.v.a.)
- Design als Gestaltung von immatriellen Prozessen und Informationen, besonders im Grafik- und Informationsdesign

High-Tech-Stil

- Betonung der technologischen Erscheinung
- Nutzung von Materialien und Fertigteilen aus Militär und Wissenschaft für Unterhaltungselektronik und andere Designbereiche

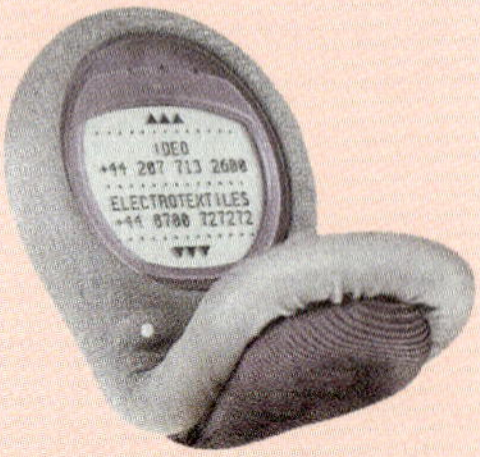

Ökologie

- ökologisches Verbraucherbewusstsein gestiegen, umweltfreundliche Produkte steigern Marktwert
- „Jute-Image" kann durch ästhetisch anspruchsvollere, recyclebare Produkte überwunden werden.
- Alternative Warenästhetik wird aufgrund steigender Entsorgungskosten wirtschaftlich.

Selfmadedesign

- Anbietung von Halbfertigdesign fördert private oder professionelle Tätigkeit der Gestaltung mit ökonomischem Vorteil zum Eigenbedarf

Gruppenstil

- Angleichung der National- und Regionalstile durch Globalisierung
- Sozial gleich gestellte Gruppen definieren durch gemeinsamen Status und ähnliche Interessen mit bevorzugten Produktgruppen einen sog. „Gruppenstil".

Miniaturisierung

- durch Einsatz der Mikroelektronik Verkleinerung, Erhöhung der Leistungsfähigkeit und bessere Handhabung technischer Geräte

Designmanagement

- Produktplanung umfasst organisatorische, betriebswirtschaftliche, juristische und marketingorientierte Aspekte
- Corporate Identity unabdingbar zur individuellen Abgrenzung eines Unternehmens auf dem Markt

Überblick über die Designentwicklung

	ca. 1830	ca. 1830–1890	ca. 1890–1918	ca. 1918–1932
Gesellschaftliche Entwicklung	– allmählicher Verlust der politischen und ökonomischen Herrschaftsstellung des Adels – Französische Revolution, 1789 – wachsender politischer Einfluss des Bürgertums, Entwicklung ihrer ökonomischen Kraft	– Industrielle Revolution – Entwicklung der Infrastrukturen (Eisenbahn) – Entstehung des Industrieproletariats, Anwachsen der Städte – Gründung des Deutschen Reiches, 1871 – Entwicklung der Kolonialreiche als wirtschaftlicher Faktor (Großbritannien: Indien)	– Vormachtsstellung der industrialisierten Länder (Großbritannien, Deutschland, Frankreich, USA) – Kampf um die Aufteilung der Weltmärkte – Erster Weltkrieg, 1914–1918 – Russland, Oktoberrevolution, 1917 – Deutschland, Novemberrevolution, 1918	– Weimarer Republik, 1919–1933 – Stabilisierung der Wirtschaft, Modernisierung und Rationalisierung – „Goldene Zwanziger Jahre", Wirtschaftswachstum – Weltwirtschaftskrise, 1929, Massenarbeitslosigkeit – Kubismus, Expressionismus, Dadaismus, Neue Sachlichkeit, Konstruktivismus

Designentwicklung	– handwerkliches und vorindustrielles Design – Gebrauchsgüter in Einzelanfertigung nach Auftragserteilung – Verwendung zeittypischer Materialien und Stilformen (z. B. Barock, Rokoko, Klassizismus) – alltägliches, anonymes Design mit meist traditionellen Ornamenten – in der herrschenden adligen Oberschicht repräsentative, üppig dekorierte Gebrauchsgüter	– frühindustrielles Design, industrielle Revolution – erste Entwürfe für die Gestaltung von Maschinen – Entstehung von Gebrauchsgütern in handwerklicher und maschineller Produktion – erste Serienproduktionen, z. B. Bugholzmöbel von Michael Thonet – 1851 erste Weltausstellung, London – Historismus: häufig Stilimitationen mit repräsentativem Anspruch (Neobarock, Neorokoko usw.)	– Reformbewegungen (Handwerk), Arts-and-Crafts-Bewegung – Werkbund, 1907, neue Warenästhetik der industriellen Produktion – Jugendstil, ca. 1890–1914, Ablehnung des Historismus, floral-organische und streng geometrische Richtung	– Funktionalismus – Bauhaus, 1919 bis 1933, Ausbildungsstätte für Designer – industrielle Produktion funktionaler, preiswerter Gebrauchsgegenstände – Art déco, 1920 bis 1940, handwerkliches Design, häufig geometrisch ornamentiert, hochwertige Materialien, luxuriös, Einzelanfertigungen – Behauptung industrieller Produktion gegenüber dem Handwerk

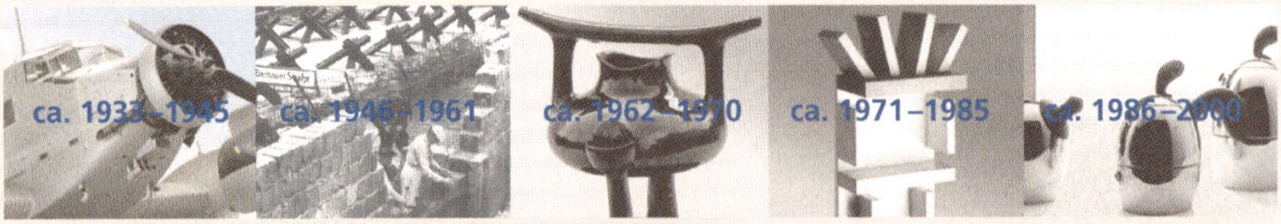

ca. 1933–1945	ca. 1946–1961	ca. 1962–1970	ca. 1971–1985	ca. 1986–2000
– Machtergreifung des Nationalsozialismus 1933 in Deutschland – Zweiter Weltkrieg, 1939–1945	– Entwicklung zweier unterschiedlicher politischer Weltsysteme (Soz., Kap.) – NATO,1949 – BRD: soziale Marktwirtschaft, Marshallplan – kalter Krieg – DDR: Planwirtschaft – Berliner Mauer,1961	– Zusammenbruch der Kolonialreiche, 1960 – Protestbewegungen gegen die Konsumgesellschaft (politisch, wirtschaftlich, kulturell), 1968 – Eroberung des Weltraums, Mondlandung 1969	– Ölkrise,1973 – Militärputsch in Chile,1973 – Ende des Vietnamkrieges, 1975 – Höhepunkt der Gewalttaten der RAF in der BRD – Entstehung Grüner Parteien, wachsendes Umweltbewusstsein	– Wiedervereinigung Deutschlands, 1990 – Auflösung des sozialistischen Weltsystems – Einführung der europäischen Gemeinschaftswährung,1999 – Globalisierung – Neue Techniken und Medien
– Amerika: Stromliniendesign, ca. 1930 bis 50er Jahre, RAYMOND LOEWY – Styling als Gestaltungsmittel von Produkten zur Absatzsteigerung – Deutschland: Schließung des Bauhauses – „Heimatstil“, repräsentativer Stil – Design für Militärtechnik (z. B. Flugzeugbau), später auch zivile Nutzung	– sozialistischer Realismus – Organic Design – HFG Ulm, 1953–1968, Entwicklung der „Guten Form“, Fortsetzung der Traditionen des Bauhauses, Verwissenschaftlichung des Designprozesses – Funktionalismus – Baukasten- und Systemdesign	– Internationaler Stil, Corporate Identity, rational, klassisch, modern (Braun Design) – Pop-Stil, Wohnlandschaften, visuelle Effekte (VERNER PANTON, „Living“ Tower) – Science-fiction-Stil, futuristisch (EERO AARNIOS „Globe-Sessel) – Funktionalismuskritik, Antidesign	– Antifunktionalismus (Banal-Design, Re-Design, Recycling-Design), „Studio Alchemia“, 1976, "Memphis", 1981 – Postmoderne (Einzelprojekte, Gruppendesign mit unterschiedlichen Zielen) – Bio-Design, (LUIGI COLANI)	– Technisierung der Warenwelt (Fotografie, Video, Hi-Fi, PC) – Retrodesign (z. B. Design der 1970er-Jahre) – Großer Einfluss des Militärdesign – Ökologische Designkonzepte – Miniaturisierung durch Entwicklung der Mikroelektronik (Nanotechnologie)

Medien 8

8.1 Kommunikation und Medien

8.1.1 Begriffsbestimmung

Medium, lat. medium = Mitte (Mittelpunkt), dazwischenliegend, in der Mitte befindlich

Allgemein sprachlich bezeichnet der Begriff **Medien** neben seiner Bedeutung als Synonym für „Mittel" zuallererst den Bereich der Massenmedien, was der Vielseitigkeit des Begriffes nicht entspricht.

> Der Begriff Medien umfasst in diesem Sinne alle materiellen **Trägersysteme,** die dazu dienen, **Informationen** zu übermitteln.

Die unterschiedliche Bedeutung des Begriffs ergibt sich aus den verschiedenen Anwendungsbereichen:

Semiotik: Lehre von den Zeichen (sprachlichen und nichtsprachlichen) als kommunikativen Signalen und ihren Systemen

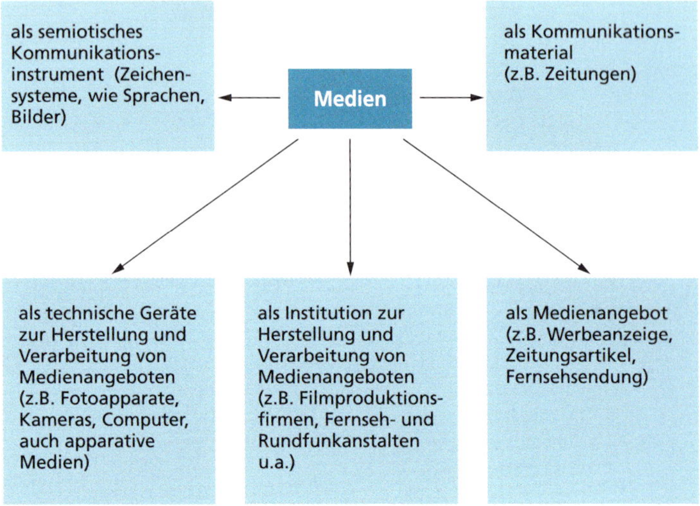

8.1.2 Kommunikation

> **Kommunikation** bedeutet den Austausch von Informationen zur Verständigung.

Prozesse der Kommunikation (sprechen, schreiben usw.) koordinieren sowohl zwischenmenschliche Beziehungen als auch gesellschaftliche, politische und kulturelle Zusammenhänge. Voraussetzungen sind eine Sender- und eine Empfängerkomponente, die durch einen gemeinsamen **Zeichenvorrat** (z. B. Sprache) in der Lage sind, die gesendeten Informationen zu verstehen. Sachverhalte und Fakten werden mithilfe geeigneter **Medien** in Daten umgewandelt (codiert), um bestimmte Handlungs- und Verhaltensweisen zu bewirken, zu begründen oder zu rechtfertigen.

Zeichen und Zeichensysteme im Kommunikationsprozess

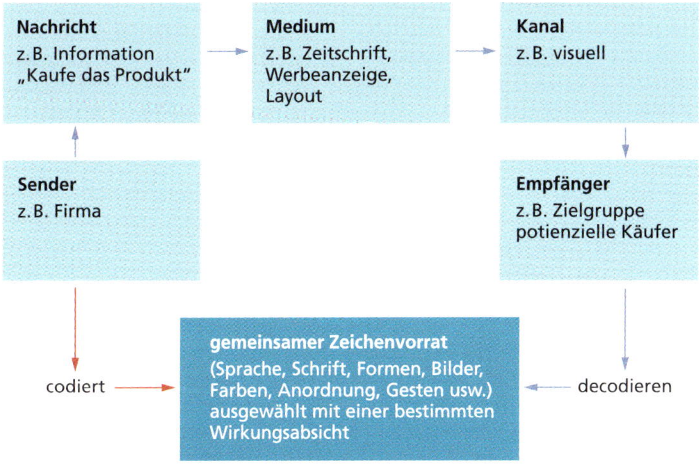

Zeichen, lat. aliquid stat pro aliquo = etwas steht für etwas anderes

Syntax: Aufbau, Struktur, Ordnung

Semantik: Bedeutung, Information

Pragmatik: Funktion, Wirkung

Jeder sinnlich wahrnehmbare Sachverhalt (Gegenstand, Erscheinung, Vorgang), der einen allgemein geltenden Informationsgehalt präsentiert oder für eine andere Gegebenheit steht, ist ein Zeichen. Dieses bildet (nach MORRIS) eine Relation aus **Syntax, Semantik** und **Pragmatik.** Eine festgelegte Anzahl von Zeichen, welche sich bestimmten syntaktischen und semantischen Regeln unterordnen, bilden ein Zeichensystem (z. B. Sprache, Schrift).

Zeichenrelation als gleichschenkliges Dreieck:

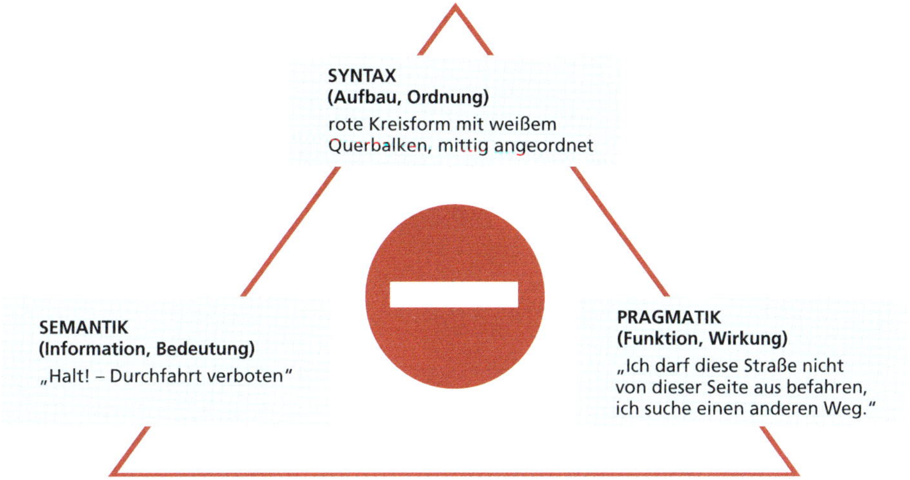

Die Vermittlung von Informationen erfolgt innerhalb des Kommunikationsprozesses über die Wahrnehmung von gesellschaftlich vermittelten und allgemein gewordenen Zeichen und Zeichensystemen. Die Fixierung auf materiellen Trägern ermöglicht die breite Vervielfältigung und eine indirekte Massenkommunikation. Printmedien bedienen sich vor allem **visueller Zeichen** und Zeichensysteme (Schrift und Bild). Audiovisuelle Medien benutzen außerdem **akustische Zeichen** (Wort, Ton, Klang usw.). Alle verwendeten Zeichen und Zeichensysteme haben einen unterschiedlichen Grad der Genauigkeit der Wiedergabe der Informationen. Mithilfe von Schriftzeichen sind wir z.B. in der Lage, interpretationsfrei exakte Angaben über Ort und Zeit zu geben. Trotzdem lässt die Wortwahl und die künstlerische Gestaltung von Schrift und Texten mögliche Interpretationen durch den Empfänger und Manipulation seitens des Senders zu. Bildmedien sind prinzipiell mehrdeutig. Das hängt damit zusammen, dass die verwendete Zeichensprache nicht eindeutigen Regeln folgt, sodass der Empfänger die vermittelte Information je nach individuellen Bedingungen (Bildung, Alter, kulturelle Beziehungen usw.) interpretieren kann. Aber auch hier kann die Verwendung bildkünstlerischer Gestaltungsmittel zielgerichtet Emotionen und Handlungen hervorrufen. So wird ein relativ dunkel gehaltenes Bild mit entsprechenden Motiven (Grabsteine, Trümmer, Ruinen) als traurig empfunden, da die Bildzeichen einen hohen Allgemeinheitsgrad aufweisen und relativ allgemeinen Lebenserfahrungen entsprechen.

Visuelle Zeichen: Schrift, Bild, Piktogramm, Icon, Signet, Signal, Symbol, Diagramm, Wappen

Massenmedien

Der Begriff **Massenmedien** wurde in den 1920er-Jahren mit dem Aufkommen von Radio und dem Erscheinen von Tageszeitungen und Zeitschriften für die breite Bevölkerung geprägt. Er bezeichnet alle Einrichtungen der Gesellschaft, die mithilfe technischer Vervielfältigungsmöglichkeiten Informationen verbreiten. Ein weiteres Merkmal der Massenmedien ist das Herstellen einer öffentlichen Kommunikation, welche oft einseitig **(asymmetrisch)** abläuft: Die vom Sender selektierten und verbreiteten Informationen erreichen eine hohe Anzahl von Empfängern, können aber durch sie nicht im Sinne von Rückfragen o. Ä. beeinflusst werden. Da Zeit und Ort der Produktion und Rezeption nicht identisch sind, wirken Massenmedien indirekt und wenden sich an eine große Anzahl von Empfängern, die als Masse bezeichnet wird.

Multimedia: Oberbegriff für eine Vielzahl moderner Produkte aus dem Computer-, Telekommunikations- und Medienbereich. Die digitale Technik (Speicherung und spätere Bearbeitung von Daten), die interaktive Nutzung (Verändern von Inhalten und Auslösen von Aktionen durch den Empfänger) und die Kombination unterschiedlicher Medientypen (dynamisch und statisch) sind gemeinsame Merkmale dieser Produkte.

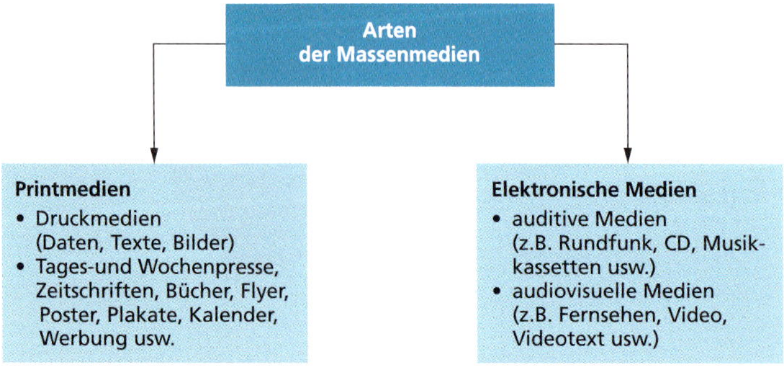

8.2 Printmedien

8.2.1 Arten der Printmedien

Printmedien sind meist auf Papier gedruckte Informationsquellen.

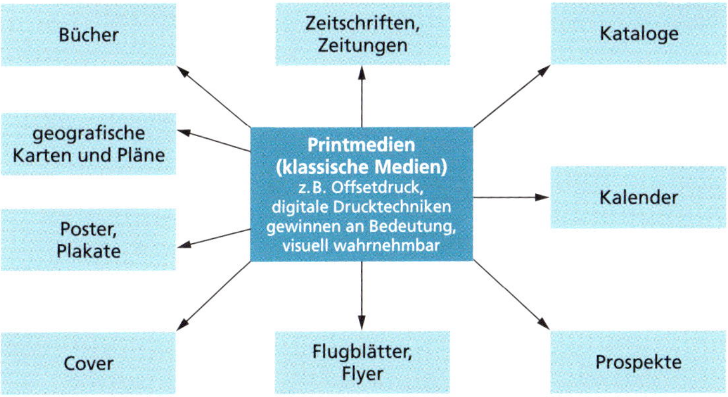

In Deutschland lesen ca. 80 % der Erwachsenen regelmäßig Zeitung. Dafür werden täglich etwa 370 Tageszeitungen mit einer Auflage von 25 Mio. Exemplaren gedruckt. Neben den Zielgruppen- und Fachzeitschriften gewinnen besonders die unternehmensfinanzierten Kundenmagazine mit absatzorientierter Informationsübermittlung an Bedeutung. Während 1987 noch 762 verschiedene Titel gedruckt wurden, gab es 1998 bereits 1 200 mit einer Gesamtauflage von fast 300 Mio. Exemplaren pro Ausgabe.

8.2.2 Layout

Der Begriff **Layout** bezeichnet zunächst den Entwurf des Erscheinungsbildes einer Drucksache oder elektronischen Publikation, aber auch deren visuelle Gestalt.

Layout, engl. to lay = Entwurf, Planung oder Anordnung

Der gestalterische Prozess umfasst die Planung von Formaten, das Festlegen des Satzspiegels, Text- und Bildanordnung, Schriftcharakter und -größen und die Auswahl eines Farbklimas bzw. -spektrums. Ziel der Layoutgestaltung ist die optimale Lesbarkeit und die ästhetische Schönheit von Druckseiten. Dabei ist zu beachten, dass die didaktisch informelle Absicht und das künstlerisch gestalterische Anliegen eine Einheit bilden und dass Interessen, Bildung und Erwartungshaltung des Lesers berücksichtigt werden.

Die Erstellung eines Layouts am Computer wird als **Desktop-Publishing** (DTP) bezeichnet.

Textgestaltung

Bestandteile des Layouts

Die Festlegung des Satzspiegels erfolgt innerhalb der roten Diagonalen in Form eines Vierecks.
Die Größe des Vierecks ist abhängig vom zu nutzenden Raum auf dem Papier.

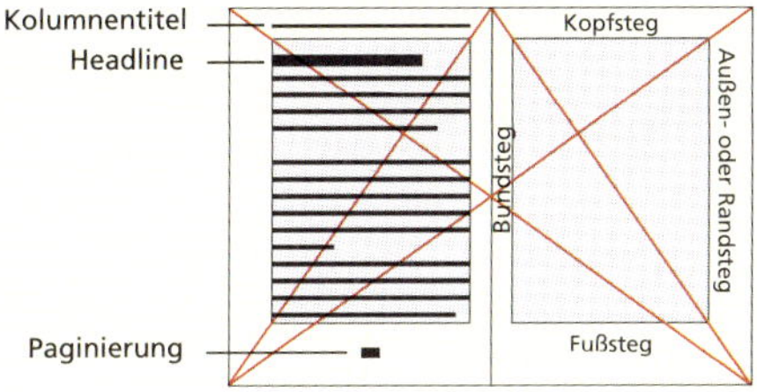

Typografie: Zusammensetzung aus griech. typos (Abdruck, Abbild, Form) und graphein (schreiben, einritzen), Lehre von der Form und Gestaltung der Schriftzeichen und der Darbietung von Text auf verschiedenen Oberflächen

Text

Fließtext

Anordnung

axiale Textanordnung
- symmetrische Satzordnung
- gemeinsame Mittelachse
- ruhige, ausgeglichene Wirkung

anaxiale Textanordnung
- keine optische Übereinstimmung zweier Hälften
- dezentralisierter Textaufbau
- Auflösung der Schriftkomplexe in Textgruppen
- Wirkung: Spannung, Bewegung

Displaytext

Hervorheben durch:

- Schriftart
- Schriftgröße
- Ränder, Boxen
- Unterstreichungen
- Farbe

Zeilenfall

Blocksatz
(geschlossen)

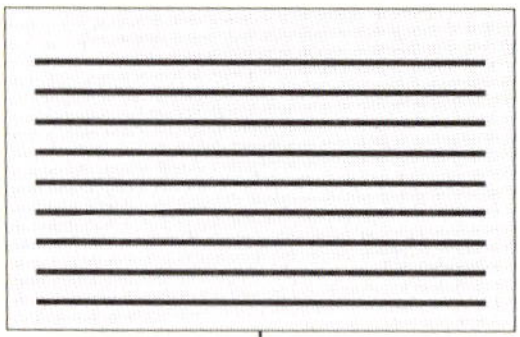

freier Zeilenfall
(links oder rechts gebundener Flattersatz)

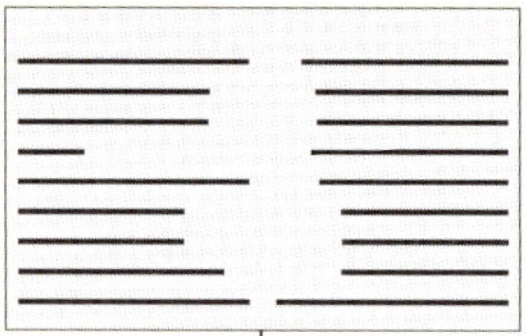

rhythmischer Zeilenfall
(ausgewogenes Versetzen von Zeilen in einem rhythmischen Zusammenhang)

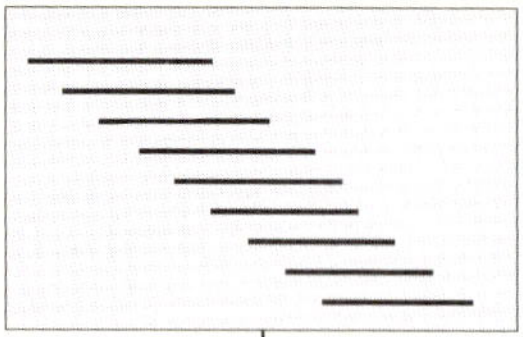

Mittelachsensatz
(zentriert, Wechsel zwischen kurzen und langen Zeilen)

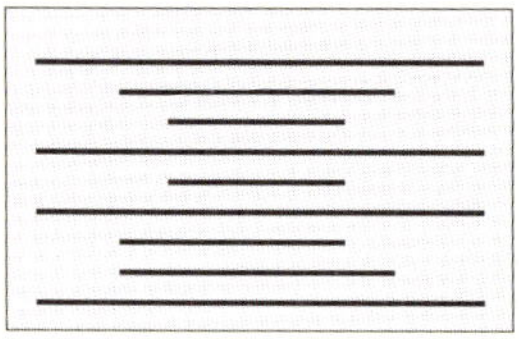

Konturensatz
(Satzkante verläuft an der Kontur einer Abbildung oder eines anderen Gestaltungselementes entlang)

Formsatz
(quadratische, dreieckige, treppenförmige Anordnung)

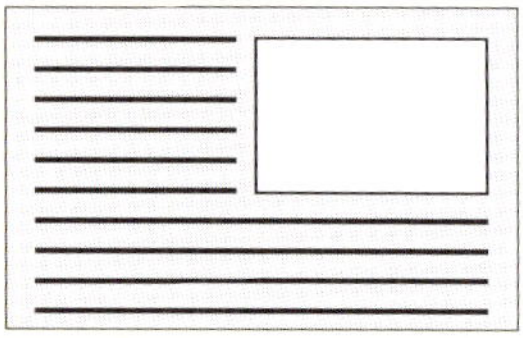

Schriftgestaltung

Schriften

Schriftfamilie	**Kennzeichen**	**Beispiele**
Antiqua-schriften	Kopf und Fuß der Buchstaben enden in Serifen (Abschluss-Striche)	
Renaissance-Antiqua	**(ca. 1500)** • dreieckig ausgerundete Serifen • gleiche Linienstärke	Garamond Times
klassizistische Antiqua	**(ca. 1780)** • linienhafte Serifen, Abstriche tropfenförmig • stark ausgeprägter Unterschied zwischen Grund- und Haarstrich	Bodoni Didot
Serifenbetonte Linearantiqua	**(ca. 1815)** • gleiche Linienstärke • meist quadratische, stark betonte Serifen	Memphis Excelsior
Wirkung/Eignung:	• klassisch, ausgewogen, stilvoll, für größere Textmengen geeignet, da die Serifen die Buchstaben optisch verbinden • gute Lesbarkeit, Grundschrift für Bücher und Zeitungen	
Grotesk-schriften (serifenlose Linearantiqua)	**(ca. 1815)** • serifenlose Schrift • gleichmäßige Linienstärke	Arial Futura Formata
Wirkung/Eignung:	• technisch konstruiert, sachlich, modern • zunehmender Einsatz für umfangreiche Texte, Bildschirmtexte	
Gebrochene Schriften	**(ca. 1300)** • Brechung der Bogen • unterschiedliche Linienstärke, wie mit der Breitfeder geschrieben	Fraktur
Wirkung/Eignung:	• wirken altertümlich, hart • Benutzung vor allem bei Inhalten mit historischen Bezügen • Hinweis auf „Gemütlichkeit“ und Tradition	
Schreibschriften	• zusammenhängende Buchstaben • schräg gestellte Schrift	Brush Script Mistral
Wirkung/Eignung:	• persönlich und individuell, im Druckbereich geeignet für einzelne Wörter oder Zeilen, die wie eine persönliche Ansprache wirken sollen	
Mischformen	• setzen sich aus verschiedenen Grundelementen zusammen • lassen sich nicht eindeutig einer Schriftfamilie zuordnen	Zierschriften, Dekorations-schriften
Wirkung/Eignung:	• wirken kunstvoll und kreativ • nicht für längere Texte geeignet • besonders für festliche oder einmalige Drucksachen verwendet	

in der Typografie verwendete **Maßeinheiten:**
- Didot-Punkt (dd) = 0,375 mm
- DTP-Punkt (pt) = 0,351 mm
- Konsultationsgrößen 8 Punkt u. weniger
- Lesegrößen 9–12 Punkt
- Schaugrößen 13 Punkt und größer

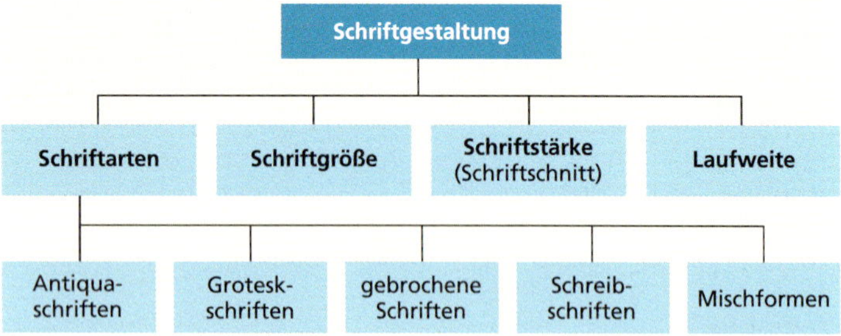

Bezeichnungen für die **Schriftstärke** sind: ultraleicht, extraleicht, leicht, normal, halbfett, fett, extrafett, ultrafett

In Deutschland lesen ca. 80 % der Erwachsenen regelmäßig Zeitung. Dafür werden täglich etwa 370 Tageszeitungen mit einer Auflage von 25 Mio. Exemplaren gedruckt. Neben den Zielgruppen- und Fachzeitschriften gewinnen besonders die unternehmensfinanzierten Kundenmagazine mit absatzorientierter Informationsübermittlung an Bedeutung. Während 1987 noch 762 verschiedene Titel gedruckt wurden, gab es 1998 bereits 1 200 mit einer Gesamtauflage von fast 300 Mio. Exemplaren pro Ausgabe.

Der Einsatz von Abbildungen und grafischen Elementen (Linien, Rahmen, Boxen, Symbole, Piktogramme usw.) richtet sich nach dem künstlerisch gestalterischen Anliegen des Layouts.
Diese Elemente können sich dem Spaltenlayout unterordnen oder es sprengen, sich im Satzspiegel befinden oder darüber hinweg platziert werden. Fotos und andere Illustrationen bestimmen durch Größe, Farbigkeit und äußere Form wesentlich den Stil und die Wirkung eines Layouts. Sie können der Blickfang sein, aber auch einen sachlichen Text dezent illustrieren.
Von der Form unterscheidet man freigestellte und Abbildungen mit geraden oder anderen geometrischen Rändern.

Allgemeine Layout-Gestaltungskriterien

- Neue Kapitel und Artikel beginnen auf neuer Seite.
- Planung auf einer Doppelseite günstig
- Herstellen eines optischen Gleichgewichtes (Größe, Farbe, Form, Richtung)
- gleiche Platzierung wiederkehrender Elemente (Seitenzahl, Kopfzeile, Kolumnentitel, ...)
- Blickfang (Abbildung) außen links in der oberen Hälfte einer Seite
- Überschriften im oberen Drittel oder in der oberen Hälfte
- Blickrichtung des Lesers bewusst einplanen und lenken
- Oben und unten abschließende Zeilen sitzen auf einer gedachten Linie.
- Gedachte Hilfslinien bestimmen den Stand von Abbildungen und grafischen Elementen.
- Wahl der Schrifttype sollte dem Inhalt zugeordnet sein, Groteskschriften wirken modern und sachlich, Antiquaschriften eher konservativ.
- Betonung der Waagerechten und Senkrechten und Beschränkung auf wenige ausgewählte Gestaltungselemente schaffen zurückhaltenden, ruhigen und sachlichen Eindruck.
- Kontrastreiche Gestaltung mit wechselnden Richtungen (besonders Diagonalen) wirkt dynamisch und spannungsvoll.
- Logische und ästhetisch nachvollziehbare Strukturen bestimmen den Gesamteindruck des Layouts.

8.3 Fotografie

8.3.1 Kameratypen und deren Aufbau

Fotografie ist ein weit verbreitetes Medium, mit dem man mit modernen Ausrüstungen unter fast allen Umständen Bilder erzeugen kann. Da der Fotograf mit Licht „malt“, muss er in seiner Aufnahmeabsicht alle technischen Überlegungen auf die Lichtsituation abstimmen. Je genauer ein Fotograf die Gegebenheiten – Möglichkeiten seiner Kamera und des Films kennt, desto genauer kann er seine Aussageabsicht verwirklichen.

Spiegelreflexkamera

Digitalkamera

Sofortbildkamera

Kameratypen

Es gibt heutzutage eine unüberschaubare Anzahl von Kameras für jeden Zweck und jeden Geldbeutel:

- Sofortbildkameras
- Pocketkameras
- Kompaktkameras
- Disckameras
- einfache Kleinbildkameras mit Durchsichtsucher
- automatische Kleinbildkameras mit Durchsichtsucher
- automatische und elektronische Spiegelreflexkameras im Kleinbildformat
- Mittelformatkameras
- Panoramakameras
- wetterfeste und Unterwasserkameras
- Digitalkameras

Allen gemeinsam ist, dass die Kameras lichtundurchlässige Boxen sind, in denen sich ein lichtempfindlicher Film befindet und eine Öffnung mit einem Objektiv. Jede Kamera hat einen Verschluss, der dem Fotografen den Zeitpunkt des Lichteinfalls auf den Film bestimmen lässt.

Im Folgenden wird auf zwei Kameratypen eingegangen, die sowohl in der klassischen Fotografie als auch der überwiegenden Mehrheit der Hobbyfotografen zur Verfügung steht. Dabei handelt es sich um die einäugige Spiegelreflexkamera und die Sucherkamera.

Aufbau einer Sucherkamera

Der röhrenförmige Durchsichtssucher liegt dicht neben dem Objektiv. Man sieht durch ihn direkt auf das Motiv. Es entsteht eine Ungenauigkeit, die Sucherparallaxe, denn das durch den Sucher der Kamera gesehene Bild entspricht nicht dem Ausschnitt, der auf dem Negativ sichtbar wird. Bei den Aufnahmen ist das zu berücksichtigen.

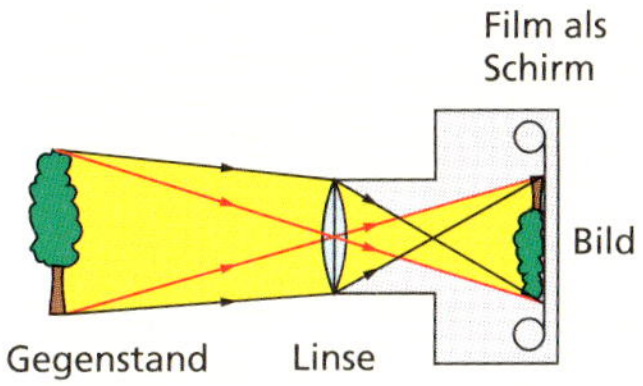

In **Digitalkameras** werden die Bilder über CCD-Sensoren und A/D-Wandler verarbeitet und auf Chips gespeichert.

Aufbau der Spiegelreflexkamera

Schematische Schnittzeichnung einer einäugigen Spiegelreflexkamera:

Strahlengang in einer Spiegelreflexkamera

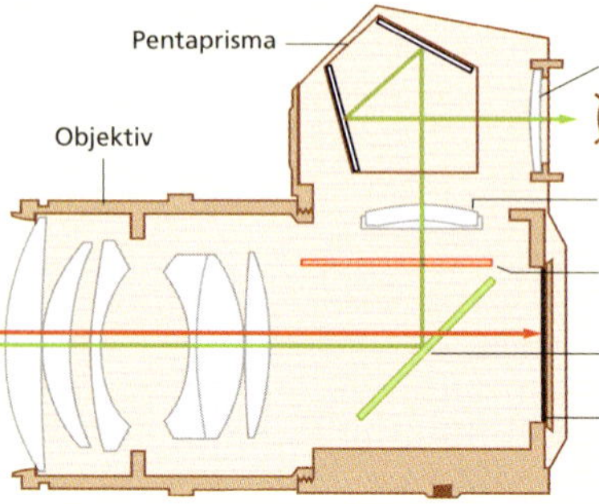

Objektive

Die verschiedenen Objektive, die zur Auswahl stehen, ermöglichen eine unterschiedliche Abbildungsart. Sie erhöhen die Helligkeit und die Abbildungsqualität. Das Normalobjektiv entspricht in etwa unserem Sehen, das Weitwinkelobjektiv schafft einen größeren Bildwinkel und das Teleobjektiv holt weit Entferntes nah heran.

Bezeichnung	Brennweite	Eigenschaften	Bildwinkel
Normalobjektiv	50 mm	normaler menschlicher Sichtwinkel, relativ hohe Lichtstärke	46°
Weitwinkelobjektiv	15–35 mm	gut bei beengten Verhältnissen, verzogene Senkrechte an den Bildrändern – stürzende Linien	62°–100°
Teleobjektiv	80–300 mm	Fernglaswirkung, geringe Lichtstärke – wegen Verwacklungsgefahr kürzere Verschlusszeiten erforderlich	8°–28°
Fernobjektiv	400–1200 mm	sehr geringe Lichtstärke, Stativ notwendig	2°–6°
Zoom-Objektive	z. B. 28–80 mm 28–200 mm 100–300 mm	praktisch, aber lichtschwächer als Festbrennweiten	
Fischaugenobjektiv	8 mm	extremer Weitwinkel, der zu einem kreisrunden Bild mit starker Verzeichnung führt	170°–220°

Kameraobjektive können aus vielen Glasteilen bestehen, die in ihrer Anordnung dazu dienen, die optischen Abweichungen auszugleichen. Wenn ein Objektiv die richtige Entfernung zu einer Bildebene hat, entsteht ein Bild mit scharfen Details. Die Entfernung zwischen Objektiv und Bild heißt Brennweite.
Mit der **Blendenöffnung** reguliert man die Menge des auf den Film fallenden Lichts. Eine große Blendenöffnung (eine kleine Blendenzahl) lässt viel Licht einfallen. Eine kleine Blendenöffnung (eine große Blendenzahl) lässt wenig Licht herein.
Die **Tiefenschärfe** gibt den Schärfenbereich vor und hinter dem Aufnahmegegenstand an. Sie ist abhängig von der Blendeneinstellung. Bei einer großen Blendenöffnung erhält man nur eine geringe Tiefenschärfe.
Die **Belichtungszeit** ist abhängig von der Blende, denn je größer die Blende, umso kürzer ist die Belichtungszeit, da viel Licht einfallen kann. Je kleiner die Blende ist, desto länger muss die Belichtungszeit gewählt werden, damit ausreichend Licht einfallen kann.
Die **Belichtungsmessung** erfolgt elektronisch durch die Kamera oder wird manuell mit einem Handbelichtungsmesser vorgenommen. Dabei wird entweder eine Objektmessung (bei der das vom Objekt reflektierte Licht gemessen wird) vorgenommen, oder eine Lichtmessung erfolgt.

ASA (American Standarts Associaton): amerikanische Bezeichnung für die Lichtempfindlichkeit eines Films
DIN: deutsche Bezeichnung für die Lichtempfindlichkeit eines Film
ISO (International Standart Organisation): Zusammenfassung der ASA-Werte und der DIN-Zahl; die erste Ziffer bezeichnet den entsprechenden ASA-Wert, die zweite die DIN-Zahl.

8

Der Film

Für den allgemeinen Gebrauch gibt es drei Arten von Filmen: Filme für Schwarzweiß-, Farbnegativ und Farbdiapositiv. Außerdem gibt es verschiedene Filme für Sofortbildkameras.
Auf einer Filmschachtel sind alle wichtigen Informationen enthalten: Art des Films, Lichtempfindlichkeit, Anzahl der Bilder, Filmformat, DX-Codierung und das Verfallsdatum. Darauf ist besonders zu achten, da das Verfallsdatum nur auf der Schachtel, nicht aber auf der Patrone steht. Da der Film empfindlich ist, lagert man ihn am besten in kühler und staubfreier Umgebung, z. B. im Kühlschrank.

DX-Codierung – schachbrettartige Muster – sowie der Strichcode auf dem Filmrand ermöglichen die automatische Erkennung der Filmempfindlichkeit für die Kamera. Der Strichcode ist für die Entwicklung des Films im Labor erforderlich.

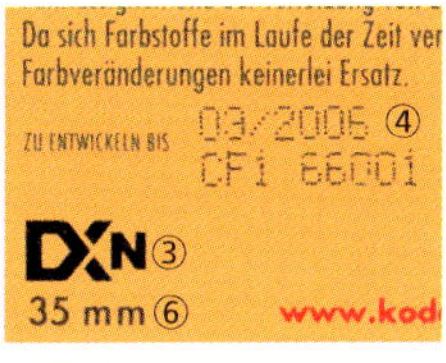

① Anzahl der Aufnahmen (hier 36)
② Lichtempfindlichkeit (hier 100)
③ DX-Codierung
④ Verfallsdatum (hier 03/2006)
⑤ Art des Films (Farbnegativfilm für Papierbilder)
⑥ Format – muss mit der Kamera übereinstimmen, Spiegelreflex- und Kompaktkameras haben die Bildgröße 24 x 36 mm.

Empfindlichkeit des Films	ASA	DIN	ISO
niedrig empfindlich	12, 16, 20, 25	12, 13, 14, 15	12/12°, 16/13°, 20/14°, 25/15°
mittel- und normal empfindlich	32, 40, 50, 64, 80, 100	16, 17, 18, 19, 20, 21	32/16°, 40/17°, 50/18°, 64/19°, 80/20°, 100/21
hoch empfindlich	125, 160, 200, 250, 320, 400	22, 23, 24, 25, 26, 27	125/22°, 160/23°, 200/24°, 250/25°, 320/26°, 400/27°
höchst empfindlich	500, 640, 800, 1 000, 1 250, 1 600, 2 000, 2 500, 3 200	28, 29, 30, 31, 32, 33, 34, 35, 36	500/28°, 640/29°, 800/30°, 1 000/31°, 1 250/32°, 1 600/33°, 2 000/34°, 2 500/35°, 3 200/36°

8.3.2 Kriterien der Aufnahmesituation und Bildbeurteilung

1. Wahl des Motivs
- Entscheidung für das Motiv und die Aussageabsicht
- eventuell Aufbau des Motivs oder Inszenierung
- Standpunktwahl:
  a) „Mitspieler", wenn Kamera in Handlungsrichtung
  b) „Betroffener", wenn Kamera entgegen der Handlungsrichtung
  c) „unbeteiligter Betrachter", Kamera befindet sich im rechten Winkel zur Handlungsrichtung
- Lichtverhältnisse beachten oder verändern

2. Fotografieren
- Wahl des Fotoapparates, des Films, des Objektivs, der Kameraeinstellungen

Gradation, Gradationsgrad: Begriff, der die Beschaffenheit des Fotopapiers für Schwarzweißabzüge definiert; weiche Gradationen geben wenig Kontraste, harte geben starke Kontraste.

3. Fotobearbeitung (klassische Fotografie)
- Filmentwicklung
- Wahl von Papiergröße, Gradation
- Ausschnittbestimmung
- Belichtungsmanipulation (abdunkeln, abwedeln, schablonieren, tonen)
- Verfremdung (Fotomontage, Collage, Brûlage, Chemogramm, Solarisation, Kolorieren)
- Präsentation

Bildbeurteilung (Kriterien nach Andreas Feininger)

- Klarheit und Einfachheit von Form, Farbe und Anordnung der Bildobjekte
- Kontrast in Hinblick auf Farbe, Tonwerte und räumliche Elemente und deren Differenzierung
- Formen von eindeutigem Schnitt („interessant und kühn")
- Umrisslinien, die eindeutig für die Objekte sind, klare Silhouetten

- grafischer Aufbau, künstlerisch gelungene Anordnung im Hinblick auf Linien, Formen und Anordnung von hellen und dunklen Bildelementen
- Tiefe, erzeugt durch Fluchtlinien, Luftperspektive oder Objekte auf verschiedenen Bildebenen
- Struktur, belebende Oberflächenbeschaffenheit eines Objektes
- sinnvolle, klare Einzelheiten
- Spontaneität und Bewegung, die auf Aktionen hindeuten
- Muster, Rhythmus und Wiederholungen interessanter und verwandter Formen

ANDREAS FEININGER (1906–1999), Sohn des Malers LYONEL FEININGER, studierte Architektur am Bauhaus, war Mitarbeiter von LE CORBUSIER, lebte ab 1939 in Amerika und war ab 1943 freier Fotojournalist für die Zeitschrift „Life", veröffentlichte Bildbände und Fachbücher („Die hohe Schule der Fotografie", 1961), erhielt hohe Auszeichnungen für seine Arbeiten als experimenteller Fotograf und Journalist.

Die Bildbeurteilungsschritte folgen dem Werk: ANDREAS FEININGER: „Die hohe Schule der Fotografie", Düsseldorf und Wien, 1999

8.3.3 Einstellungsgrößen und Storyboard

Die Entfernung zwischen der Kamera und dem Objekt der Aufnahme bestimmt den Bildausschnitt. Mit der Wahl des Bildausschnittes entscheidet der Fotograf oder Kameramann, welche Informationen der Betrachter von einer Szenerie mitgeteilt bekommt. Die **Einstellungsgrößen** werden folgendermaßen benannt:

Weit

Totale

Halbtotale

Amerikanisch

Halbnah

Nah

Groß

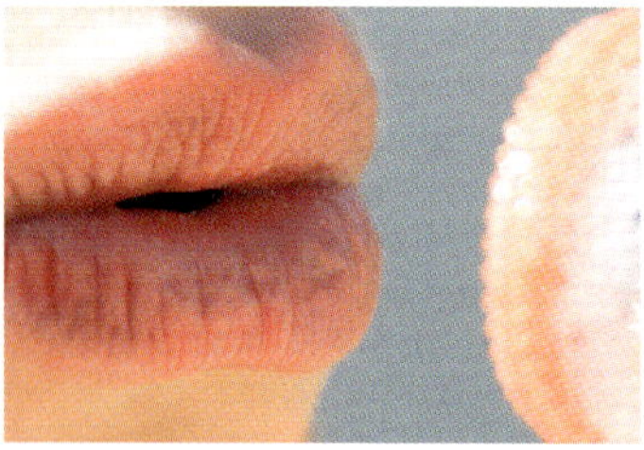

Detail

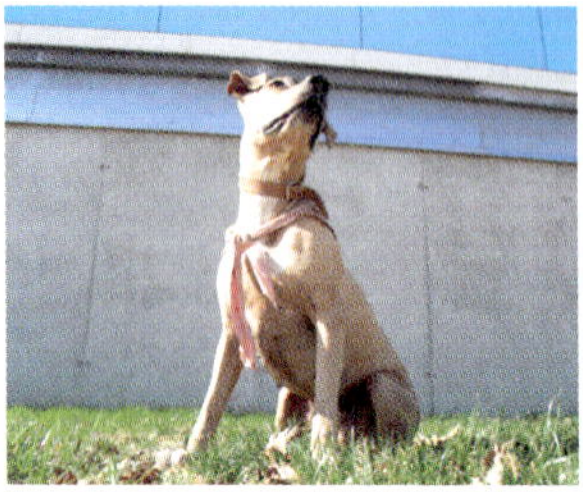

Froschperspektive

Normalperspektive

Vogelperspektive

Blickrichtungen können dabei aus unterschiedlichen Perspektiven festgelegt werden, sodass es die generelle Auswahl gibt zwischen Normalsicht – diese entspricht unserer Augenhöhe –, der Vogelperspektive – diese zeigt eine Aufnahme von oben – oder aber einer Froschperspektive – die die Aufnahme von unten wiedergibt.

Storyboard, engl. = Drehbuch

Storyboard

Storyboard ist die englische Bezeichnung für eine zeichnerische Abfolge von Bildern, die zur Vorbereitung einer filmischen Sequenz dient. Dabei wird im Voraus festgelegt, aus welcher Kameraperspektive und aus welcher Entfernung das Geschehen gefilmt wird. Jede Veränderung, z.B. Kameraeinstellung, das Hinzukommen einer weiteren Person und Ähnliches, wird in einem neuen Bild festgehalten.

Storyboards enthalten jedoch nicht nur die szenische Abfolge in Bildern, sondern auch eine verbale Darstellung des Inhalts, Regieanweisungen, den zu sprechenden Text und die dazugehörigen Geräusche (Ästeknacken, das Rufen eines Kauzes, Musik).

8.4 Medienkunst

8.4.1 Einführung

Die **Medienkunst** umfasst alle künstlerischen Werke des 20. und 21. Jahrhunderts, die mit den Neuen Medien wie Film, Video, Computeranimation, Installation und dem Internet arbeiten.

Die **Neuen Medien** werden hierbei als Träger oder Vermittler der Kunst eingesetzt, wobei die Wahl des Mediums meist durch Inhalt und Ökonomie bestimmt wird. Die künstlerischen Arbeiten der Medienkunst sind eine gleichberechtigte Kunstgattung neben den bereits etablierten Kunstformen wie Malerei, Grafik und Bildhauerei.

Sparten

Die aktuelle Medienkunst umfasst viele Sparten, wie etwa:
Experimentalfilm,
Filminstallationen,
Multiprojektionen,
Filmperformances,
Video,
Videoinstallationen,
Closed Circuit Installationen,
Videoperformances,
Computerkunst,
Computergraphik,
Computeranimation,
Internet- und Netzkunst,
Softwarekunst,
Virtual Reality,
Sound Art,
Visual Music,
Multimedia-Installationen und -performances,
VJ-Performances,
Anwendungen für Handys,
Augmented Reality,
Wirelesstechnologie,
Locative Media,
Fon- bzw. Faxart,
Computergames.

Die einzelnen Sparten der Medienkunst beziehen ihre Bezeichnung meist aus der Technologie, mit der sich der Künstler beschäftigt. Die Sparte Videokunst z. B. setzt somit im weitesten Sinne eine Benutzung des Videos als Medium voraus.
Medienkunst kann mittels traditioneller Medien wie Bücher oder Zeitschriften nur ansatzweise vermittelt und dargestellt werden, da die Träger bzw. Vermittler hier nicht verfügbar sind.

REEM-B, GERO VON BRAUNMÜHL & JOCHEN KRAUS, 2009

Inhalte

Inhaltlich sind Arbeiten der Medienkunst oft Werke, die Prozesse transparent machen. Diese Prozesse können unterschiedlicher Natur sein. Soziale, technische oder ästhetische Aspekte spielen hierbei eine wichtige Rolle.
Es kann passieren, dass der Rezipient als Teil der künstlerischen Arbeit mit in das Werk einbezogen wird und mit ihr interagiert. Der Betrachter wird dabei ein Teil des Kunstwerkes, indem z.B. sein Pulsschlag oder seine Schatten in eine Projektion bildnerisch mit einfließen. So hat der Künstler OLAFUR ELIASSON (geb. 1967) in einer seiner Ausstellungen das Publikum zu einem Teil seiner Lichtprojektionen gemacht. Die Schatten der Besucher zeichneten sich an einer weißen Wand ab und fügten sich zu immer neuen Bildfigurationen zusammen, die nur für einen Bruchteil von Sekunden existierten.

Die **Anfänge der Medienkunst** stehen eng im Zusammenhang mit der Entwicklung der fotografischen Technik. So waren die ersten Medienkünstler meist Experimentalfilmer.
Einer der bekanntesten Begründer der Medienkunst ist NAM JUNE PAIK (1932–2006), der seine Arbeiten meist mit dem Medium Video umgesetzt hat. Die Videoinstallationen waren ein wichtiges Mittel, die Gleichberechtigung der Medienkunst neben den traditionellen Kunstsparten, wie Malerei und Bildhauerei voranzutreiben. In den folgenden Jahren beherrschten auf internationalen Ausstellungen, wie der Biennale von Venedig oder der Documenta, Videoarbeiten von Künstlern wie BRUCE NAUMAN und BILL VIOLA (geb. 1951) das Bild. In der Sparte der Computerkunst sind FRIEDER NAKE (geb. 1938), GEORG NEES (geb. 1926) und A. MICHAEL NOLL (geb. 1939) als Vorreiter zu sehen.
Zunächst wurden einfache Monitore als Bildträger eingesetzt, die in den letzten Jahren häufig durch Beamer ersetzt wurden. Die Macht des Bildes wurde durch riesige Projektionen in abgedunkelten Räumen ver-

stärkt. Galerien und Ausstellungsräume verwandelten sich in begehbare Kinos, die den Betrachter in neue Welten entführte. Die Videokünstler hatten nun die Möglichkeit, ihre Videos in formatbrechenden Dimensionen zu zeigen.

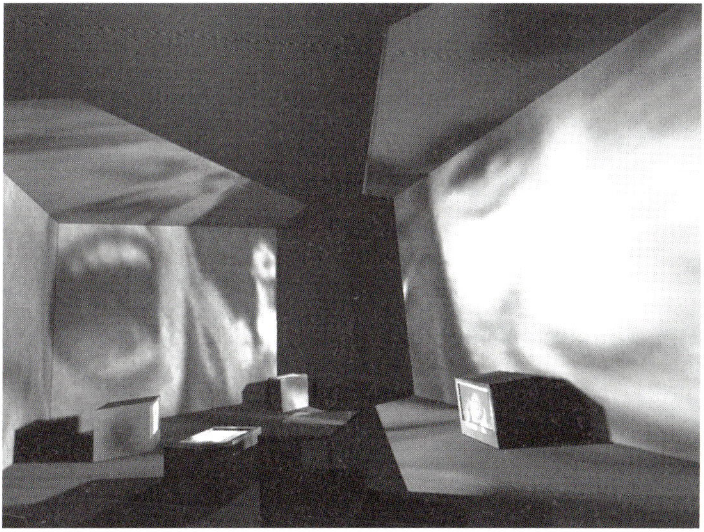

Beispiel für eine Rauminstallation mit Monitoren und Projektionen

Techniken

Die entsprechende **Bearbeitungssoftware** (z.B. Google SketchUp, Adobe Photoshop) erlaubt es dem Computernutzer, im 2D- und 3D-Bereich Bilder und Filme zu generieren sowie digitale Bilder bis zur Verfremdung zu

Computergeneriertes Bild

bearbeiten. In diesen Programmen werden „Werkzeuge" benutzt, mit denen man ähnlich wie im realen Raum virtuell gestalten kann. Dem Gestalten von 3D-Körpern und deren Animation werden hierbei kaum technische Grenzen gesetzt. Bei der Bearbeitung in 3D-Programmen können sogenannte **Renderings** erzeugt werden, die dreidimensional gezeichnete Objekte fotorealistisch darstellen können. Hierbei werden Schatten, Spiegelungen etc. vom Computer errechnet.

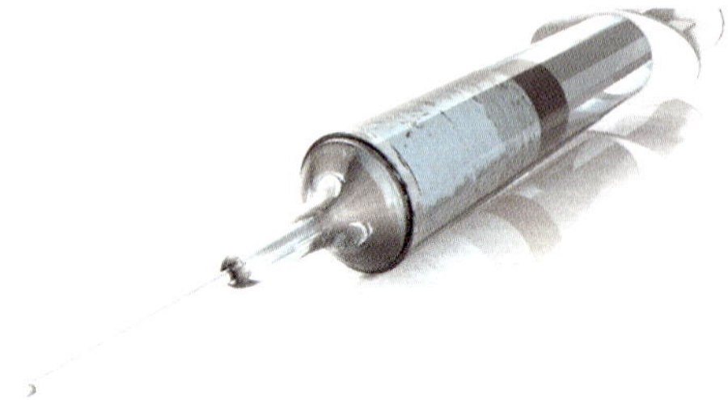

Rendering einer Spritze aus einem 3D-Programm

Die elektronische Bildbearbeitung nennt sehr viele verschiedene Varianten der Bearbeitung ihr Eigen. Je nach Art des Programms sind Gestaltungen, wie das Zusammenmontieren mehrerer Bilder zu einem neuen oder die Animation von menschlichen Körpern, möglich. Wenn der Benutzer eines Bildbearbeitungsprogrammes Realfotos und digitale Effekte verschmilzt, nennt man dies **Digital-Compositing,** welches häufig bei Computeranimationen angewendet wird.

Die **Animation** ist eine Technik, bei der durch das Abspielen einzelner Bilder die Realfotos, computergeneriert oder gezeichnet sein können, ein bewegter Film entsteht. Um Animationen erstellen zu können, wurden verschiedene Techniken entwickelt. Die Computeranimationen haben sich in den letzten 15 Jahren stark gegen andere Techniken, wie der des Trickfilms durchgesetzt.

In der folgenden Bildserie, werden die Bilder einer Computeranimation gezeigt. In den Abbildungen ist zu erkennen, dass futuristische Räume sehr gut mithilfe von 3-D-Animationen dargestellt werden können. Die Animation des Künstlers wird im Raum so installiert, dass der Betrachter mit dem virtuellen Raum in Lebensgröße konfrontiert wird. Der Besucher wird quasi durch die Räumlichkeiten geführt. Die Animation ist mit einem Sound unterlegt, der den Betrachter irritiert. Es sind Geräusche zu hören, die dem Besucher das Gefühl geben, dass es zu Störungen kommen kann, was sich auf das Gemüt des Betrachters auswirkt und seine Wahrnehmung beeinflusst.

Innenraumanimation, Weltraum, PASCAL MAIER, 2008

Filmstill aus einem Animationsfilm, „I'm walking" BODO & GERO VON BRAUNMÜHL, 2005. Software: HASH - Animation Master

8.4.2 Experimentalfilm

Unter **Experimentalfilm** versteht man einen Film, der abseits der konventionellen Sehgewohnheiten auf avantgardistische Weise neue Ausdrucksformen erforscht.

Als erster abstrakter Film gilt der 1921 in Berlin von WALTER RUTTMANN (1887–1941) aufgeführte „Lichtspiel Opus 1".
Vielen frühen Experimentalfilmen ist der Ansatz gemein, **Malerei in Bewegung** auszuführen. Es zeigt sich eine enge Beziehung zur bildenden Kunst in der Bildsprache. Den üblichen Erwartungen des Publikums wird nicht entsprochen, sondern es werden neue **Erzählstrukturen** erforscht und Möglichkeiten der **Filmtechnik,** wie Schnitt, Belichtung usw., neu ausgelotet.

In den 1960er-Jahren entstanden neue Bereiche des Films, wie der Underground- und Avantgardefilm, die nicht nur mit filmischen Techniken experimentierten, sondern auch mit Tabubrüchen, z.B. im Bereich der Sexualität. Ein Vorbild war hier „Un chien andalou" (dt. „Ein andalusischer Hund", 1929) von LUIS BUÑUEL und SALVADOR DALÍ. Der psychedelische Film, entstanden aus Drogenerfahrungen, stellt das Wahrnehmungsvermögen des Publikums und das klassische Denken in Frage. In dieser Tradition entwickelte sich auch der strukturelle Film, der sich nicht mit erzählerischen Inhalten, sondern mit der filmischen Wahrnehmung beschäftigt.

Im Gegensatz zum Spielfilm verfolgt der Experimentalfilm meist keiner linearen Handlung und Dramaturgie, sondern versucht mit Mitteln wie Verfremdung und Neuordnung, neue Bereiche jenseits der narrativen Struktur eines Spielfilms zu erschließen.

In „SMatka Wrong Love" zitiert, montiert und paraphrasiert GERO VON BRAUNMÜHL (geb. 1971) zahlreiche Bild- und Motivebenen, die sich spielerisch mit sexuellen Tabu-Themen wie Latex-Fetischismus und Bondage, japanischen Manga-Comics und Pop-Art auseinandersetzen. Das Ergebnis ist eine bildstarke Stilkollage, die nach dem Motto „Fetish goes Pop" einen gesellschaftlichen Entwicklungstrend der Enttabuisierung von Sexualität („Porno-chic") aufgreift und dabei zu einem Spiegelkabinett medial vermittelter Wirklichkeit wird.

Beispiel aus dem Underground-Film „SMatka Wrong Love" von GERO VON BRAUNMÜHL, 2005

8.4.3 Video

Die **Videokunst,** entstanden in den frühen 1960er-Jahren, ist eine Kunstform, die sich mit der Videotechnik beschäftigt. Hierbei lassen sich viele angewandte Techniken aus dem Experimentalfilm wiederfinden. Die Videokunst arbeitet aber auch mit der Präsentationsform als **Videoinstallation** oder **Videoskulptur,** wobei oft der Monitor als Leinwand oder Skulptur verstanden wird, um das Medium Video weiter auszuloten. Skulpturale und installative Aspekte treten bei der Verwendung von mehreren Monitoren oder Videoprojektionen oft in den Vordergrund.

Inhaltlich begann die Videokunst meist mit der Kritik an dem vorherrschenden Massenmedium Fernsehen und dessen Machtpotenzial. Im Laufe der Entwicklung entstanden immer mehr Arbeiten unter künstlerischen Aspekten und in Form von Installationen, die sich bewusst von den Sehgewohnheiten der Massenmedien, wie Fernsehen oder Kino abgrenzten.

Videoinstallation mit vier Projektionen (Ausstellungsaufbau), PASCAL MAIER, 2008

So entstanden z. B. Arbeiten, die mit einer Livekamera den Betrachter in das Kunstwerk integrierten. Durch die dokumentarischen Möglichkeiten des Videos kam es zu vielen **Körperperformances,** die auf Video aufgenommen und gegebenenfalls verfremdet wurden, um die ästhetischen Aspekte zu verstärken.

In der folgenden Bildserie sind Videostills zu sehen, bei dem die Künstlerin zunächst ihren eigenen Körper in einem weißen Raum filmte und diese Aufnahmen später in einem Schnittprogramm zu einem Video zusammengeschnitten hat. Sie setzt dabei den Schnitt als wichtigstes Instrument ein, um das Video in einen bildnerischen Verlauf zu bringen. Die Nahansicht einer Strumpfhose mit Nähten und Maschen lässt Land schaften entstehen, die mit ihrem eigentlichen Körper nicht mehr viel zu tun haben. Das bewegte Bild wird als malerisches Mittel empfunden und eingesetzt.

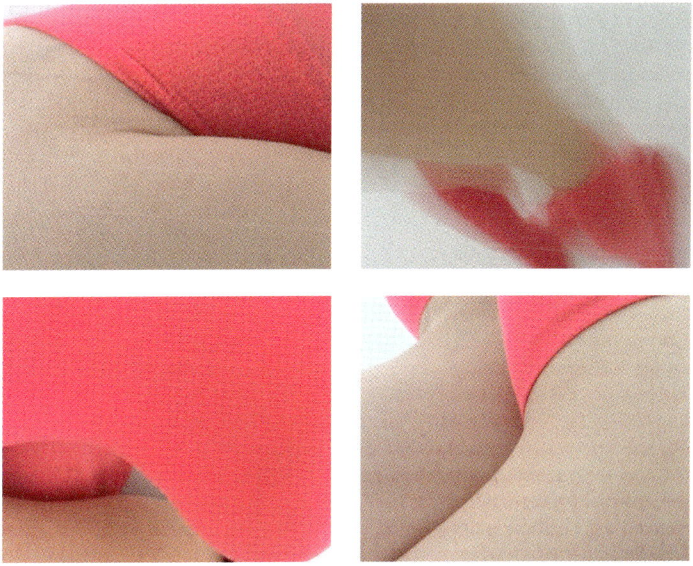

Rosa 1, 2, JULIA KRUSE, 2010

Ein entscheidender Punkt in der Entwicklung der Videokunst war die Verfügbarkeit der tragbaren Videotechnik für den Normalverbraucher. Jetzt konnten Künstler frei mit dem Medium Video experimentieren.

In der folgenden Bildserie sehen wir den Kopf der Künstlerin, wobei das Porträt nie zu erkennen ist. Das Video trägt den Titel „Headbanger". Die Künstlerin filmte sich selbst vor einem schwarzen Hintergrund und bewegte ihren Kopf im Sinne des Headbangers, wie es durch Heavy Metal Konzerte bekannt ist. Das Video entspricht jedoch nicht dem eigentlichen Thema, denn es läuft in einem sehr langsamen Tempo entgegen der eigentlichen Richtung. Es läuft rückwärts. Verschiedenste Assoziationen werden beim Betrachter geweckt. Es entstehen Bilder, die mit diesem Thema für gewöhnlich nicht in Verbindung stehen. Auch hier werden die Sehgewohnheiten durch den Umgang mit Neuen Medien aus der Bahn gebracht und neu reflektiert. Die Helldunkelgestaltung ist uns bereits aus den Medien der Malerei und Fotografie bekannt.

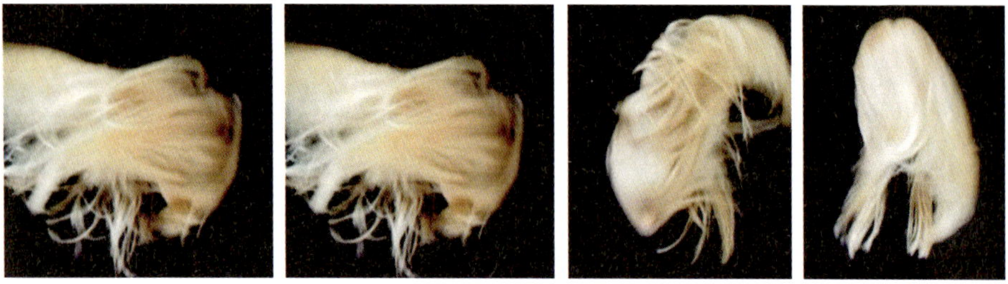

Headbanger, Videostill,
JULIA KRUSE, 2009

Oft kommt es zu Überschneidungen zwischen der Videokunst und dem Musikvideo, hierbei lassen Künstlerinnen wie PIPILOTTI RIST (geb. 1962) Videos zu Musik oder Musik zu Videos verschmelzen. Die Künstlerin verfremdet Musik von CHRIS ISAAK oder JOHN LENNON und verbindet sie mit Bildern. Dabei baut sie bewusst Bild- und Tonstörungen in ihre Videos ein, ein bildnerisches Mittel, das bereits im Experimentalfilm eingesetzt und in der Gegenwart weiterentwickelt wird.

8.4.4 Sound Art

▸ zur **Sound Art** (dt.: Klangkunst) gehören:
Klanginstallation/ Klangarchitektur
Musikperformance
Lautpoesie bzw. phonetische Kunst
Klangobjektkunst

Die **Sound Art** mit ihren Soundinstallationen ist ein wichtiger Bestandteil der Medienkunst. Die Sound Art konzentriert sich auf das Auf- und Erfassen sowie Reflektieren von Musik und Klang, wobei oft eine visuelle Komponente hinzugefügt wird. Sound Art grenzt sich von der unterhaltenden Musik ab, indem der Schwerpunkt auf den künstlerischen und kulturellen Bereich gelegt wird.
Es werden z. B. Themen der Akustik, Audiotechnologien oder das visuelle Darstellen von Tönen erforscht. Dabei sind auch Arbeiten der Surrealisten, Dadaisten und der Konzeptkunst als Sound Art zu sehen. Oft macht die Sound Art durch ihre Installationen Musik oder Klang visuell erfahrbar, oder geht den umgekehrten Weg und stellt visuelle Reize oder Daten als Musik oder Klang dar.

8.4.5 Netzkunst

Mit dem Beginn der technologischen Entwicklung im Bereich des Internets entdeckten die Künstler ein neues Medium, welches sich zu einer neuen künstlerischen Sparte entwickelte: die Netzkunst.

Die **Netzkunst** ist als Kunst in Netzen oder Netzwerken zu verstehen, wobei die benutzten Netze analoger (z.B. Post) oder digitaler Natur (z.B. World Wide Web) sein können.

Formen der Netzkunst sind:
Mail Art
Web Art

Meist bearbeitet die Netzkunst inhaltlich die gesellschaftlichen und kulturpolitischen Machtverhältnisse und stellt diese, oft durch soziale Utopien inspiriert, in Frage. Hierbei gehen Netzkünstler verschiedentlich vor, um ästhetische, digitale und gesellschaftliche Codes zu dekonstruieren. So werden z.B. im World Wide Web Waren und Orte dargestellt, die es gar nicht gibt oder geben kann, wobei Begriffe wie Wahrheit und Territorium kritisch bearbeitet werden. Auch die Präsentation eines Computerviruses auf der 49. Biennale Venedig stellte solch eine Art der radikalen Auseinandersetzung mit den Normen des Netzes dar. Die aktuellsten Arbeiten der Netzkünstler treten oft im Zusammenhang mit Weiterentwicklung des Netzes auf, wobei diese reflektiert werden.

Mit dem Fortschritt des World Wide Web nimmt auch die Begeisterung der Netzkünstler zu, auf soziale und technische Machtverhältnisse entgegen der Kommerzialisierung des Netzes einzuwirken. So steht Netzkunst auch für den freien Austausch von Informationen und Software im Netz.

MARSHALL MCLUHAN:
„The medium is the message" (dt.: „Das Medium ist die Botschaft"):
Nur die Charakteristiken eines Mediums wirken sich auf die Gesellschaft, in der das Medium auftritt, aus. Deshalb muss das Medium selbst untersucht werden.

Landschaft, PASCAL MAIER, 2006

8

Räume im Film

Film ist eine Darstellungsform, die unserer Wahrnehmung von Raum am nächsten kommt. Dabei wird dem Szenenbild (engl. production design) eine wesentliche Aufgabe zugewiesen. Das Filmszenenbild umfasst die Gesamtheit der visuellen Ästhetik eines Kinofilms. Es schafft eine räumliche Welt, in der die fiktive Handlung des Kinofilms angesiedelt ist. Künstlerische und dramaturgische Mittel sowie das Zusammenspiel von Licht, Farben und Formen lassen Raumatmosphären entstehen, die eine Filmhandlung plausibel erscheinen lassen. Das Filmszenenbild unterscheidet sich vom Bühnenbild im Theater dadurch, dass es die technischen Bedingungen der optischen Aufnahme durch die Filmkamera berücksichtigt. Bis zu 120 000 bewusst ausgewählte und gestaltete Bilder können in Kinofilmen auf den Zuschauer wirken. Die Filmarchitektur (engl. art directing) ist der Bereich des Szenenbildes, der sich mit den für den Film gestalteten Bauten befasst.

Entwicklung eines Filmszenenbildes am Beispiel des Films „Rosenstraße" (2003)
von MARGARETHE VON TROTTA

Drehbuch Einstellung 31: *„Synagoge Levetzowstraße 1943, innen, Tag*

Die Synagoge ist angefüllt von Menschen, sowohl der untere Raum als auch die Empore. Es herrscht ein heilloses Durcheinander, Menschen, die umherirren und von SS-Leuten zum Sitzen gezwungen werden, z. T. auf dem steinernen Fußboden, z. T. auf ihren Bündeln und Koffern. Auf jedem Koffer ist mit weißer Schrift der Name des Besitzers geschrieben."

Regie/Kamera **Szenenbild**

- Schaffung eines visuellen Konzeptes und seiner dramaturgischen Raumschaffung für die Schauspieler: Anteil von Außenmotiv (Exterieur) und Stio (Interieur)
- Motivsuche für Drehorte (locations) sowohl für außen/innen, als auch für Landschaften und außergewöhnliche Orte
- Aufarbeiten von Bild-, Foto- und Recherchematerial Skizzen zur baulichen Veränderung/Neugestaltung

Gespräch über dramaturgische Konzepte, Lichtgestaltung, besondere Raumsituationen, Spezialeffekte und Farbdramaturgie

- Entwickeln von Skizzen, Zeichnungen (Grundriss, Aufriss), Bauplänen, Modellen und evtl. Storyboards für Spezialeffekte
- Farbgestaltungen, Anfertigen von 3D-Modellen für Drehabsprachen

Korrekturgespräch, Detaillösungen und Veränderungen betreffend

- Detailzeichnungen, Arbeit mit Werkstätten, z. B. zur Erstellung von Requisiten
- Zusammenarbeit mit dem Requisiteur
- Beachten logischer Besonderheiten, z. B. Zeitsprüngen im Film
- Einrichtearbeiten an den Drehorten, um eine realitätsnahe Situation zu schaffen, Dekorationsübergabe

Geringfügige Änderungen im gegenseitigen Einverständnis und im Interesse einer optimalen Ergebnissicherung beim Drehen

Drehbeginn des Films

Filmschnitt

Ein Spiel- oder Dokumentarfilm ist das Ergebnis des Zusammenwirkens verschiedener Berufe der Filmbranche. Dabei fallen in Spielfilmen die Darstellerleistungen und die Kameraführung besonders ins Auge. Sie werden am ehesten als Ergebnis der Zusammenarbeit der betreffenden Personen (Schauspieler, Kameramann) mit dem Regisseur gesehen.

Von vornherein unterschätzt wird der Beruf des Cutters/Schnittmeisters. Der Cutter sorgt nicht nur für die fließenden Übergänge zwischen den Kameraeinstellungen und Szenen, sondern er ist gleichzeitig auch verantwortlich für die Dynamik eines Films, indem er, gemeinsam mit dem Regisseur, den Rhythmus der Bildwechsel bestimmt. Je schneller die Bilder wechseln, umso temporeicher erscheint uns der Film. Das Tempo ist bereits im Drehbuch vorgeschrieben. In einem Spielfilm kommen meist mehr als 400 Schnitte vor. Das Wort „Schnitt" (engl. = **cut)** suggeriert, dass der Cutter lediglich für das Wegschneiden überflüssiger oder technisch mangelhafter Szenen verantwortlich zeichnet. Das französische Wort **Montage** (engl.: **film editing)** für die Tätigkeit des Schnittmeisters verdeutlicht aber, dass Cutting wesentlich mehr beinhaltet. So kommt es u.a. darauf an, die gedrehten Einstellungen neu zusammenzuführen. Dabei richtet man sich nach dem vorher erstellten Drehbuch. Beim Dokumentarfilm entscheidet jedoch erst das nach dem Abdrehen vorliegende Material über dessen Platz im Film. Der letzte, endgültige Schnitt eines Films wird als „final cut" bezeichnet. Darüber hinaus können jedoch weitere Schnitte durchgeführt werden, so der director's cut, wenn der Regisseur nach dem Erscheinen der Kinoversion noch eine erweiterte oder veränderte Version veranlasst und überwacht. Dieser director's cut wird oft nur auf DVD oder VHS veröffentlicht. Ein Beispiel dafür ist WOLFGANG PETERSENS „Das Boot" von 1981.

Für „Der Herr der Ringe" (2003) wurden „Special extended versions" geschnitten, die Filmmaterial enthalten, das aus den Kinoversionen herausgeschnitten worden war. So ist „Die Rückkehr des Königs" 250 Minuten lang und wurde auf 2 DVDs gepresst.
Der Cutter hat in jedem Fall einen großen Einfluss auf die **ästhetische Wirkung** eines Films bzw. von Szenen eines Films. Film-Editoren müssen deshalb nach der **ersten Schnittfassung** selbstständig Schnittfolgen neu ordnen können sowie in der Lage sein, Szenen umzuschneiden und zu kürzen, um die **Erzählstruktur** des Filmes den geänderten Bedürfnissen anzupassen. Der Cutter muss wissen, welche Schnitt-Technik er einsetzen muss, um eine bestimmte Wirkung zu erzielen.

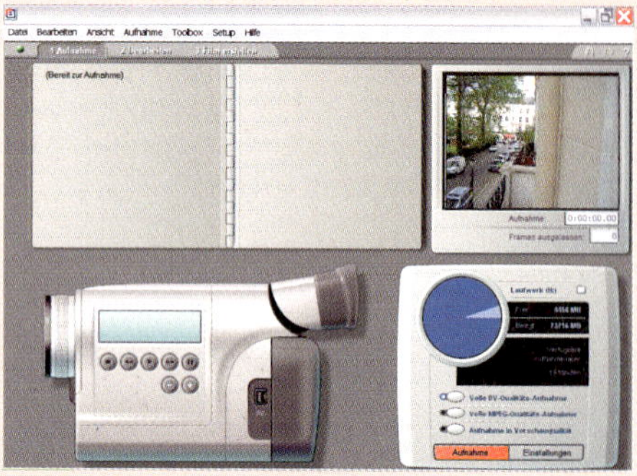

Übertragen eines Films von einer digitalen Kamera auf die Festplatte

Schnittverfahren

Traditionell wurden Filme mechanisch geschnitten. Der Cutter saß an einem **Schneidetisch**, schnitt die Filmstreifen auseinander und fügte sie neu wieder zusammen. Im Computerzeitalter werden **elektronische Schnittverfahren** verwendet, z.B. der **lineare elektronische Schnitt,** bei dem der Film etwa mithilfe von Magnetaufzeichnungs- (MAZ) Maschinen vom Zuspielband auf das Schnittband kopiert wird, dabei ist die richtige Reihenfolge der Szenen zu beachten. Falsches Aneinanderkopieren hat einen neuen Schnitt zur Folge.

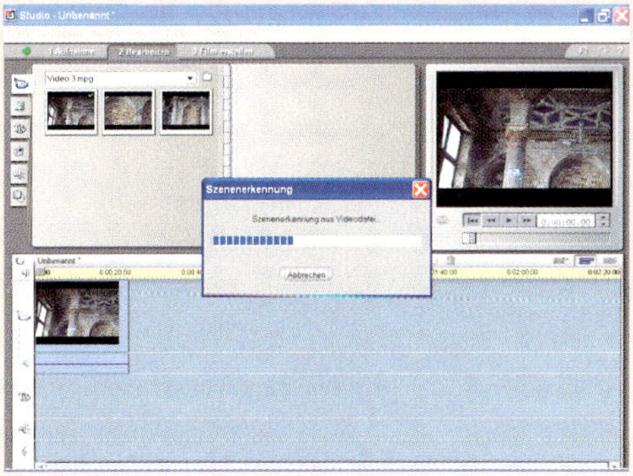

Automatische Szenenerkennung

Non-linearer Schnitt ist nur auf computerbasierten Schnittsystemen möglich. Der analoge bzw. digitale Film wird auf die Festplatte des Computers überspielt. Analoge Filme müssen erst digitalisiert werden, digitale Filme werden von einem Speichermedium (DV-Kassette, CD) auf ein anderes (Harddisc) ohne Bildverluste übertragen. Dabei beinhalten die PAL-Systeme (Westeuropa außer Frankreich) sowie die SECAM-Systeme (Frankreich, Osteuropa) eine Bildwiederholrate von 25 Bildern/Sekunde und die NTSC-Systeme (USA) von 30 Bildern/Sekunde.

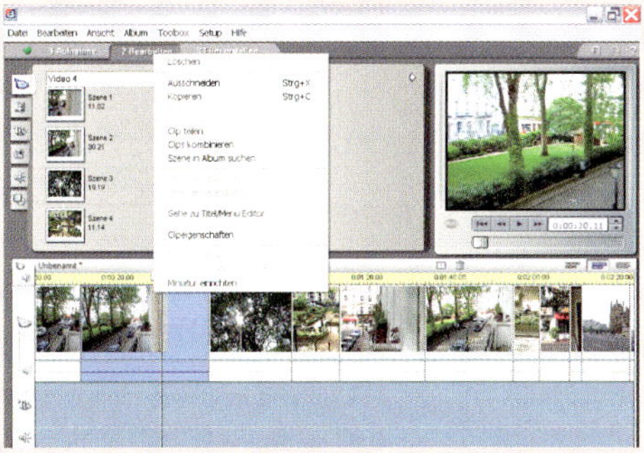

Hier zeigt das Pop-up-Menü den Befehl „Clip teilen". Am senkrechten Strich im Schnittfenster wird ein Schnitt eingefügt. Die markierte Szene könnte mit dem Befehl „Löschen" auch ausgeschnitten bzw. mit dem Befehl „Kopieren" an eine beliebige Stelle kopiert werden.

Beim Einfügen von Bildmaterial aus anderen Quellen bzw. beim Schreiben des fertigen Films ist also auf die richtige Bildwiederholrate zu achten. Die Schnitte können in beliebiger Reihenfolge durchgeführt und verändert sowie Szenen gekürzt oder verlängert werden. Filmsequenzen werden unter Umständen sogar gedehnt (Zeitlupe) oder in ihrer Farbigkeit verändert (Schwarz/Weiß bzw. Herausfiltern bestimmter Farben). Es gibt **Amateur-, semiprofessionelle und professionelle Schnittsysteme.** Amateurschnittsysteme wenden sich an den Hobbyfilmer. Sie sind bereits auf Rechnern mit 256 MB Arbeitsspeicher und Pentium III-Prozessoren ausführbar und sehr gut handhabbar.

Schnittprogramme erkennen die an der Firewire-Schnittstelle (auch: IEEE1394-Standard) angeschlossenen Geräte automatisch und steuern sie direkt. Sollen Filme über USB-Schnittstelle übertragen werden, müssen die (oft analogen) Lesegeräte manuell gesteuert werden.

Die Amateurprogramme erkennen bei digitalem Filmmaterial automatisch die **Takes** in den gedrehten Videos, d.h. die Passagen, die in einer Kameraeinstellung ohne Unterbrechung aufgenommen wurden. Werden analoge Filme überspielt, verwendet man die USB-Schnittstelle. Hier muss der Cutter die cuts meist selbst setzen, d.h., das Schnittprogramm erkennt – besonders bei langsamem USB 1.2 und bei geringerer Prozessorleistung – die schon im Videoband integrierten Schnitte nur ungenügend. Wird bei Übertragung über USB die Videoqualität zu hoch (etwa DVD-Qualität) eingestellt, versucht das Programm, die Informationen in einer Auflösung von 720×576 zu lesen, was den Einleseprozess ins Stocken geraten lässt, der Film wirkt abgehackt, Ton- und Videospuren stimmen nicht überein. Empfehlenswert sind hier Video-CD-Standards: Die Auflösung für Video-CD beträgt bei PAL 352×288 Bildpunkte, bei NTSC 352×240 Bildpunkte. Ein Ausschalten der automatischen Schnitterkennung kann hier eine bessere Videoqualität bedeuten.

Im Beispiel wurde eine Überblendung benutzt. Das Blendensymbol wird an der Schnittstelle angezeigt. Am Fenster rechts oben kann man die Vorschau der Blende kontrollieren.

Per pop-up-Menü fügt der Cutter weitere Schnitte **(hard cuts)** und Blenden **(soft cuts)** ein bzw. verändert er die Reihenfolge der Szenen (Ausschneiden, Einfügen).
Blenden, z. B. Überblende, Wischblende, Auf- und Abblenden, Trickblende werden aus einem Blendenvorlage-Ordner entnommen und per drag and drop an den entsprechenden Schnittstellen eingefügt.

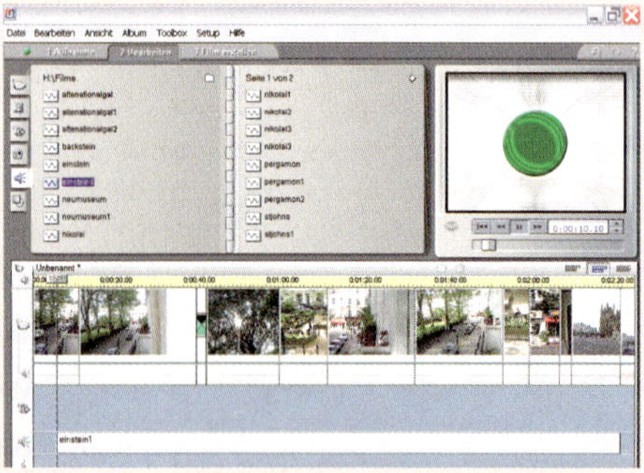

Einfügen einer MP3-Datei in den geschnittenen Film

Jedes Schnittprogramm kann Fotos importieren. Sie werden zu Standbildern im fertigen Film. Sie können ohne Qualitätsverlust beliebig gestreckt bzw. gestaucht werden. Auch Überblendungen sind möglich.

Für **Nachvertonungen** stehen Audiospuren (Musik, Sprache) zur Verfügung. Die meisten Schnittprogramme sind in der Lage, Musikdateien auch im komprimierten *.mp3- bzw. *.wma-Format zu lesen. Allerdings können sie nicht bearbeitet werden. Lediglich eine Lautstärkeregelung ist möglich, die auch punktuell gesetzt werden kann.

Es ist möglich, mehrere Audiodateien nacheinander – auch in größeren Abständen – einzufügen.
Für **Soundnachbearbeitungen** und das Erzeugen von **Spezialeffekten** eignen sich Audiobearbeitungsprogramme, wie Cooledit Pro, Adobe Audition, Cubase, die allerdings nicht kostenlos sind. Einfachere Effekte und Schnitte kann man auch mit kostenlosen Programmen erzeugen, dazu gehören Audacity, Wavepad und Wavosaur.

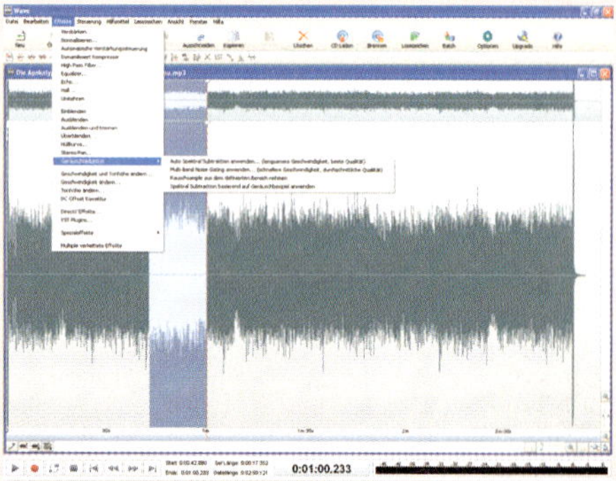

Bearbeiten einer Sounddatei

Semiprofessionelle Programme sind oft abgespeckte Varianten der professionellen Schnittsysteme. Sie sind weitaus komplizierter zu bedienen, bieten aber oft bessere Resultate bezüglich der Bildschärfe und Bildfarbe. Sie benötigen allerdings eine höhere Rechnerleistung, sehr viel Speicherplatz auf der Festplatte und oft zwei Monitore. Der Cutter kann in diesen Programmen allerdings auch die Nachsynchronisation realisieren, weil ein Wave-Editor integriert ist.

Anhang A

Register

A

C

A

A

A

G

H

A

A

L

A

A

S

T

A

Bildquellenverzeichnis

AEG Hausgeräte GmbH 370/2, 373/4; akg-images 118/2, 186/1, 254/2, 290/1, 384/1, 387/1; akg-images/Erich Lessing 145/1, 375/4; akg-images/Hilbich 355/2; akg-images/Archives CDA/St-Genès 125/2; akg-images/MARCO 166/1; Apple Corp. 400/1; Atelier Mendini, Mailand 374/2; Audi AG Pressefotos 373/3; Augustinermuseum, Freiburg im Breisgau 375/1; BackArts GmbH 411/3; B. Bauersfeld, Berlin 426/1, 427/1; Bayrische Staatsbibliothek, München 50/1; Bibliographisches Institut GmbH Mannheim 21/1, 42/2, 119/2, 139/1, 154/1, 182/1, 222/3, 258/2, 273/1, 340/2, 352/1, 352/2, 383/1, 388/3, 390/2; Bild und Wort, Literatur- und Medienagentur, H.-J. Rech, Kaarst 357/1; Bodo & Gero von Braunmühl, München 421/1; Gero von Braunmühl, München 418/1, 422/1; Braun AG 395/3; A. Burkatovski, Rheinböllen 114/1, 146/3, 212/1; Calder Foundation, New York/VG Bild-Kunst, Bonn 2010/Bibliographisches Institut GmbH, Mannheim 149/1, 296/2; Canon Deutschland GmbH 411/1, 411/2, 413/1; Corbis, London und Düsseldorf 100/1; Corel Photos Inc. 24/1, 26/2, 32/1, 33/1, 38/2, 42/1, 44/1, 47/1, 63/3, 64/1, 87/2, 113/2, 140/1, 189/1, 252/1, 252/2, 252/3, 267/1, 267/2, 268/1, 268/2, 269/2, 299/2, 300/1, 301/2, 303/1, 305/1, 305/2, 305/3, 306/1, 306/2, 306/3, 307/1, 307/2, 307/3, 307/4, 307/5, 307/6, 309/2, 309/3, 309/4, 309/5, 310/1, 311/1, 311/2, 311/4, 311/5, 312/1, 312/2, 312/3, 317/1, 318/3, 336/1; CvU/in-effigie.de 41/1, 119/1, 121/2, 388/2; Deutsche Gesellschaft für Kunststoff-Recycling, Köln 375/2; Deutscher Teeverband e.V. 373/1; di Alberto Vico & C. sas 381/1; Duden Paetec GmbH 371/2, 371/3, 393/5, 400/3; Estate of Robert Rauschenberg/VG Bild-Kunst, Bonn 2010/akg-images 179/1; H. Exl, Wien 269/1; Farb- und Schwarzweiß-Fotografie E. Böhm, Mainz 58/3, 279/2, 310/3; S. Felgentreu, Berlin 178/1, 202/1, 203/2, 250/1, 265/1, 284/1, 294/1, 294/2, 294/3, 295/1, 295/2, 295/3, 297/1, 297/2, 299/1, 300/3, 301/3, 301/4, 302/1, 302/2, 302/3, 302/4, 302/5, 302/6, 302/7, 363/1, 363/2, 368/1, 368/2, 368/3, 368/4, 368/5, 370/1, 376/1, 377/1; FLC/VG Kunst-Bild, Bonn 2010/Bibliographisches Institut GmbH, Mannheim 224/1; Fotoarchiv Panorama 170/1, 184/1, 271/1; Fotolia/Christa Eder 101/5; Fotolia/R. Affeldt 78/1; Prof. W. Fritz, Köln 59/2; Galerie Eva Poll, Berlin 173/2; GASAG, Berlin 385/1; Gruppe „Kunstflug", Düsseldorf 398/3; Hansestadt Stralsund, Pressestelle 322/1; K. Huster, Marburg 101/3, 101/4, 112/2, 318/2; IKEA Schweden 400/5; Image Source, Köln 44/2, 310/2; A. Kalenberg, Berlin 312/4, 349/1, 349/2, 349/3; A. Klein, Wendorf 416/6, 416/7, 416/8; M. Konrad, Falkenrehde 293/1, 315/1, 361/1, 431/1; Kodak 400/4; J. Kruse, Berlin 423/2, 423/3, 423/4, 423/5, 424/1, 424/2, 424/3, 424/4; D. Langermann, Berlin 7/1, 27/1, 27/2, 27/3, 49/1, 53/1, 54/1, 55/1, 59/3, 62/1, 63/2, 66/1, 74/1, 74/2, 88/1, 91/1, 92/1, 93/1, 94/1, 94/2, 96/2, 117/2, 117/3, 118/1, 119/5, 152/1, 154/ , 173/1, 175/2, 198/1, 206/1, 220/5, 221/1, 284/3, 288/2, 288/3, 301/1, 304/1, 304/2, 304/3, 308/1, 308/2, 308/3, 308/4, 308/5, 309/1, 311/6, 319/1, 332/2, 338/2, 339/1, 353/2, 356/1, 356/2, 358/3, 367/1, 369/1, 369/2, 369/3, 369/4, 369/5, 380/1, 381/2, 393/1, 395/1, 400/7, 428/1, 429/1, 429/2, 430/1, 430/2, 430/3; U. Lau-Franke, Berlin 287/3, 287/4, 287/5, 295/4, 300/2; G. Liesenberg, Berlin 124/1; P. Maier, Berlin 419/1, 419/2, 420/1, 420/2, 420/3, 420/4, 420/5, 423/1, 425/1; Marcel Duchamp/VG Bild-Kunst, Bonn 2010/akg-images 148/2; Mark Moran, Los Angeles 62/2; Messe Berlin GmbH 400/6; MEV Verlag, Augsburg 101/6, 124/2; Meyer, L., Potsdam 113/1, 383/2; mgo/in-effigie.de 56/1, 103/2; K. Nowald, Berlin 116/1, 119/3, 119/4, 121/1, 122/1, 122/2, 122/3, 122/4, 125/1, 126/3, 267/3; E. Oertel, Friedland 22/1, 23/1, 25/1, 26/1, 26/3, 26/4, 28/1, 29/1, 29/2, 30/1, 30/2, 31/1, 31/2, 32/3, 34/1, 34/2, 37/2, 38/1, 39/1, 40/1, 45/1, 317/2, 318/1, 320/1, 320/2, 321/1, 321/2, 321/3, 327/1, 328/1, 329/1, 330/1, 330/2, 330/3, 331/1, 331/2, 333/1, 335/1, 337/1, 337/2, 337/3, 338/1, 341/1, 341/2, 341/3, 342/1, 342/2, 342/3, 343/1, 343/2, 344/2, 344/3, 346/2, 346/3, 347/1, 348/1, 348/2; S. Oertel, Friedland 42/3, 44/3; panthermedia/Dieter Beselt 403/1; Philips Electronics N.V 393/4; Photo Digital, München 60/1, 112/4; picture-alliance/akg-images 39/2, 70/3, 354/1, 391/1, 392/1, 148/3; picture-alliance/akg-images/Erich Lessing 24/2, 95/2, 102/1, 108/2, 114/2, 310/4, 346/1; picture-alliance/akg-images/Heiner Heine 101/2; picture-alliance/akg-images/Hilbich 351/2; picture-alliance/akg-images/Paul M.R. Maeyaert 103/1; picture-alliance/akg-images/Rabatti – Domingie 43/1, 375/3; picture-alliance/akg-images/Schuetze/Rodemann 127/1; picture-alliance/dpa 176/2, 298/1, 327/2, 353/1, 394/1, 112/3, 151/1, 333/2; picture-alliance/

A

KPA/TopFoto 82/1; picture-alliance/ZB 332/1; picture-alliance/akg-images/Schuetze/Rodemann 350/1; picture-alliance/Helga Lade Fotoagentur, Frankfurt am Main 344/1; picture-alliance/landov 355/1; Pollock-Krasner Foundation/VG Kunst-Bild, Bonn 2010/Sammlung Frieder Burda, Baden-Baden/R. Cohen 197/4, 209/1; Presse- und Informationsamt des Landes Berlin W. Gerling 340/1; Pressestelle des Senats der Hansestadt Bremen 382/1; D. Ruhmke, Berlin 122/1, 208/2, 351/1, 358/1, 371/1, 389/2, 413/2; M. Ruhmke, Berlin 389/1; S. Ruhmke, Berlin 415/1, 415/2, 415/3, 415/4, 415/5, 415/6, 416/1, 416/2, 416/3, 416/4, 416/5; C. Ruppin, Berlin 393/2, 393/3; Salvador Dalí, Fundacio Gala-Salvador Dalí/VG Bild-Kunst, Bonn 2010 233/1; Salvador Dalí, Fundacio Gala-Salvador Dalí/VG Bild-Kunst, Bonn 2010/akg-images 162/1; Sammlung Frieder Burda, Baden-Baden/R. Cohen 171/1; Schmuckmuseum, Pforzheim 390/1; R. Scholz, Bad Freienwalde 63/1, 99/1, 102/2, 102/7, 103/3, 112/1; P. Schulz Leonhard, Berlin 276/1, 277/1, 277/2, 277/3; SIAT GmbH, München 331/3; Siemens AG, München 373/2, 400/2; Staatliches Lindenau-Museum, Altenburg 175/3; Staatliches Lindenau-Museum, Altenburg/B. Sinterhauf, Berlin 39/3, 268/3; Stiftung Weimarer Klassik und Kunstsammlungen 185/4; Succession Miró/VG Bild-Kunst, Bonn 2010/The Art Archive/Corbis 212/2; Succession Picasso/VG Bild-Kunst, Bonn 2010/The Art Archive/Corbis 168/2; Succession Picasso/VG Bild-Kunst, Bonn 2010/The Gallery Collection/Corbis 147/1; The Andy Warhol Foundation/Corbis 180/1; The Art Archive/Corbis 164/1; The Heartfield Community of Heirs/VG Bild-Kunst, Bonn 2010/akg-images 158/2, 165/1; The Munch Museum/The Munch Ellingsen Group/picture-alliance/akg-images 139/2; © 2003 The Yorck Project 17/1, 40/2, 48/1, 52/1, 57/2, 58/1, 58/2, 68/1, 69/1, 69/2, 70/1, 70/2, 71/1, 71/3, 72/1, 72/2, 73/1, 75/1, 76/1, 76/2, 79/1, 79/2, 80/1, 81/1, 82/1, 82/2, 84/1, 84/2, 84/3, 85/1, 86/2, 86/1, 86/3, 87/1, 88/2, 89/1, 89/2, 95/1, 103/4, 104/2, 105/1, 105/2, 106/1, 106/2, 107/1, 107/1, 110/1, 111/1, 111/2, 128/1, 129/2, 129/1, 130/2, 131/1, 131/2, 132/1, 132/2, 132/3, 132/4, 133/1, 133/2, 134/1, 134/2, 134/3, 135/1, 135/2, 135/3, 136/1, 137/1, 137/2, 138/1, 138/2, 141/1, 145/2, 145/3, 146/1, 148/1, 160/1, 192/1, 192/2, 193/1, 193/2, 194/1, 194/2, 194/3, 195/1, 195/3, 196/1, 196/2, 196/3, 197/1, 197/2, 197/3, 197/5, 197/6, 198/1, 198/2, 198/3, 198/4, 198/5, 201/1, 203/1, 206/2, 207/1, 208/1, 209/2, 209/3, 209/4, 214/1, 214/2, 215/1, 215/2, 217/1, 217/2, 217/3, 217/4, 218/1, 218/2, 219/1, 219/2, 219/3, 219/4, 219/5, 220/1, 220/2, 220/3, 220/4, 221/2, 221/4, 222/1, 222/2, 224/2, 224/3, 226/1, 226/2, 228/1, 230/1, 231/1, 232/1, 233/4, 247/1, 247/2, 247/4, 247/5, 248/1, 249/1, 249/2, 249/3, 249/4, 250/2, 251/1, 253/1, 253/2, 253/3, 254/1, 255/1, 255/2, 257/1, 257/2, 258/1, 259/1, 259/2, 260/2, 260/3, 261/1, 263/1, 264/1, 265/1, 266/1, 266/2, 266/3, 269/3, 269/4, 270/1, 272/1, 272/2, 272/3, 273/2, 274/1, 281/1, 281/2, 282/1, 282/2, 283/1, 284/2, 285/1, 286/1, 286/2, 287/1, 287/2, 288/1, 289/1, 290/2; Üstra Hannover 399/1, 399/2; VG Bild-Kunst, Bonn 2010/akg-images 164/2, 168/1; VG Bild-Kunst, Bonn 2010/picture-alliance/akg-images 146/2; VG Bild-Kunst, Bonn 2010/ picture-alliance/ maxppp 159/1; VG Bild-Kunst, Bonn 2010/Museum moderner Kunst, Wien, Sammlung Ludwig 177/1; VG Bild-Kunst, Bonn 2010/akg-images 155/1, 161/2, 163/1, 172/1, 175/1, 183/1, 233/2, 247/3; VG Bild-Kunst, Bonn 2010/akg-images/Erich Lessing 158/1, VG Bild-Kunst, Bonn 2010/Bibliographisches Institut GmbH, Mannheim 281/3, 297/3; VG Bild-Kunst, Bonn 2010/Corel Photos Inc. 311/3; VG Bild-Kunst, Bonn 2010/D. Langermann, Berlin 374/1; VG Bild-Kunst, Bonn 2010/ Elvira Bach /Foto: J. Littkemann 195/2; VG Bild-Kunst, Bonn 2010/Fotoarchiv Panorama 274/2; VG Bild-Kunst, Bonn 2010/Galerie Jörg Hamer, Großhansdorf 275/1; VG Bild-Kunst, Bonn 2010/ Kunstsammlung Nordrhein-Westfalen, Düsseldorf/W. Klein 157/1; VG Bild-Kunst, Bonn 2010/ picture-alliance/dpa 233/3; VG Bild-Kunst, Bonn 2010/S. Felgentreu, Berlin 185/1, 185/2, 185/3; VG Bild-Kunst, Bonn 2010/Staatsgalerie Stuttgart 180/2; VG Bild-Kunst, Bonn 2010/TECTA, Lauenförde 398/1; VG Bild-Kunst, Bonn 2010/Wilhelm-Hack-Museum, Ludwigshafen 221/3, 296/1; Vitra Design Museum, Weil am Rhein 386/1, 386/2, 386/2, 386/3, 386/4, 388/1, 389/3, 395/2, 396/1, 396/2, 396/3; Von der Heydt Museum, Wuppertal 126/2; Webgallery of Art 65/1, 67/1, 67/2, 96/1; Wilhelm-Hack-Museum, Ludwigshafen/172/2, 176/1; Wörlitz-Information 117/1; www.bigfoto.com 126/1, 358/2; www.culture.gouv.fr 279/1; Zeus Noto 397/1;

Basiswissen Schule – schnell auf dem Handy

Auch wenn du gerade unterwegs bist – dein **mobiles Basiswissen** (m.schuelerlexikon.de) unterstützt dich jederzeit bei den Hausaufgaben, bei Vorträgen und vielem mehr.

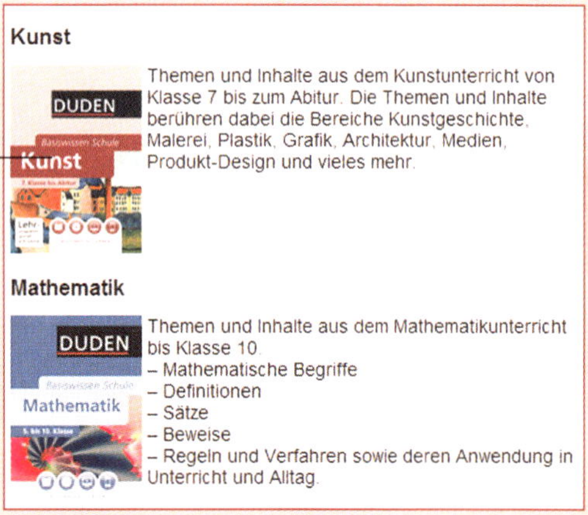

Auf ein Fach kannst du im Internet (m.schuelerlexikon.de/kunst) auch direkt zugreifen und das gesuchte Thema anklicken.
Für die Nutzung über einen mobilen Internetzugang können zusätzliche Transaktionskosten anfallen. Erkundige dich deshalb vor der Nutzung über den gültigen Tarif für deinen Zugang.

Zu jedem Thema erhältst du eine Abbildung mit verständlichen Kurztexten in übersichtlicher Anordnung und zum Display passend. Klickst du auf ein Bild oder eine Formel, erhältst du eine größere Darstellung.